二战风云人物

World War II

Figures

铁血首相
丘吉尔

鸿儒文轩 编著

中国书籍出版社
China Book Press

图书在版编目（CIP）数据

铁血首相——丘吉尔 / 鸿儒文轩编著 . —北京：中国书籍出版社，
2014.1
ISBN 978-7-5068-3889-4

Ⅰ . ①铁… Ⅱ . ①鸿… Ⅲ . ①丘吉尔，W.L.S.(1874~1965)- 传记
Ⅳ . ① K835.617=5

中国版本图书馆 CIP 数据核字 (2013) 第 291464 号

铁血首相——丘吉尔

鸿儒文轩　编著

图书策划	武　斌　崔付建
责任编辑	姚　兰
责任印制	孙马飞　马　芝
出版发行	中国书籍出版社
地　　址	北京市丰台区三路居路 97 号（邮编：100073）
电　　话	（010）52257143（总编室）（010）52257140（发行部）
电子邮箱	eo@chinabp.com.cn
经　　销	全国新华书店
印　　刷	三河市华东印刷有限公司
开　　本	710 毫米 × 1000 毫米　1/16
字　　数	252 千字
印　　张	17
版　　次	2015 年 5 月第 1 版　　2018 年 5 月第 4 次印刷
书　　号	ISBN 978-7-5068-3889-4
定　　价	45.00 元

·前　言·

第二次世界大战是人类历史上规模最大、战斗最为惨烈、影响最为深远的一场战争。在这场正义与邪恶的较量中，参战双方都涌现出了数以百计的风云人物。他们或为国家和民族的自由而奋战，成为了名传千古的英雄；或为法西斯卖命，成为了遗臭万年的战争罪犯。

温斯顿·伦纳德·斯宾塞·丘吉尔无疑是第二次世界大战舞台上备受瞩目的传奇英雄之一。丘吉尔是英国著名的政治家、演说家、作家及记者，曾于1940~1945年及1951~1955年两度出任英国首相，被认为是20世纪伟大的政治领袖之一、"最伟大的英国人"、近百年来世界上最有说服力的八大演说家之一。

他出身于声名显赫的贵族家庭，其祖先玛尔巴洛公爵是英国历史上的著名军事统帅，在安妮女王时代曾权倾一时。他的父亲伦道夫勋爵在青年时期也奋斗不止，曾就任英国政坛上仅次于首相的职务——财政大臣。祖先的丰功伟绩、父辈的政治成就以及家族的荣耀都成为丘吉尔一生奋斗不息的动力！

小时候的丘吉尔并不是一个聪明的孩子，甚至有些笨拙。他在学校里的表现并不突出，成绩也不大好。正是因为如此，他才在父亲的安排下选择了皇家桑赫斯特军事学校。虽然丘吉尔因为成绩不好而没能进入大学，但他却有着渊博的知识和多方面才能，这些都是他在部队服役期间通过刻苦自学获得的。渊博的学识使丘吉尔的思想更加深刻，人生信念更加坚定，也使他成为了"我们生活的时代里最杰出和多才多艺的人"。

第二次世界大战初期，德意法西斯挑起战争，英法等国处于极端不利的境地，张伯伦内阁倒台。丘吉尔临危受命，组建了战时内阁。至今，人们的耳边仍然回响着他那激动人心的就职演说："我没有别的，只有热血、辛劳、眼泪和汗水献给大家……你们问：我们的目的是什么？我可以用一个词来回答：胜利——不惜一切代价去争取胜利，无论多么恐怖也要去争取胜利；无论道路多么遥远和艰难也要去争取胜利；因为没有胜利就不能生存。"

在强敌压境之际，丘吉尔广泛施展外交、军事手段，指挥了敦刻尔克撤退、不列颠保卫战、北非登陆战和诺曼底战役，扭转了第二次世界大战的局势，带领英勇的英国人民取得了胜利，也为世界反法西斯战争的全面胜利作出了突出的贡献。毫不夸张地说，他是一位伟大的政治家，更是一位伟大的战士！

时光荏苒，虽然丘吉尔的身影已随着历史的烟云而远去了，但英国人民不会忘记他，世界上爱好和平的人们不会忘记他……他对祖国的忠诚，英勇不屈的斗争精神和不达目的决不罢休的坚强意志，仍是人们学习和借鉴的榜样！

本书在考证大量历史资料和细节的基础之上，以全新的视角，尽可能还原传主的面貌，客观、公允地叙述了丘吉尔的成长道路和心路历程。希望他的经历以及编者的评论能给广大读者带来一些启发，引起广大读者的思考。由于编者的水平有限，书中难免存在谬误与不足之处，请广大读者批评指正！

· 目 录 ·

目录

·第一章·

缺乏关爱的童年

一

从平民到贵族的丘吉尔家族

英国是世界近代史上最大的殖民国家。从 16 世纪开始，这个善于航海的民族就凭借着强大的海上力量，远涉重洋，在海外拓展殖民地。到 1876 年，其在全球范围内领有的土地已达 2250 万平方千米，遍及包括南极洲在内的五大洲、四大洋。殖民者洋洋得意地宣称："英国的太阳永远不会落下。"英国也因此得到了一个"日不落帝国"的别称。

广阔的殖民地为英国资本主义的发展提供了原料产地和倾销市场，也促使大英帝国的经济、文化、科学和工业出现了全面发展的蓬勃景象。

太平盛世催生了上流社会的奢侈、柔靡之风。平日里，贵族们都住在乡间别墅里，过着几乎足不出户的生活，仅和少数朋友及亲戚保持着有限的交往。

每当冬季来临之时，贵族们就会像候鸟一样，纷纷离开乡间别墅，带着家眷仆役搬到位于伦敦市区的大宅中，准备参加定期的议会会议。开会的间歇，贵族和他们的家眷不断地走亲访友，一年一度的伦敦社交季也随之开始了。

白天，穿着考究的绅士们或在议会中侃侃而谈，或三五成群地聚在沙龙里讨论政治、哲学等高深莫测的话题；女士们或慵懒地斜躺在宽大、舒适的沙发上阅读煽情的伤感小说打发时间，或乘坐华丽的马车上街购物、走亲访友……

黄昏时分，豪华的宅邸便热闹起来了。门前车水马龙，屋内也熙熙攘攘。绅士们三三两两地信步走到门口，等待男仆向男主人通报。女士们的派头则大得多，她们多半都会带着漂亮的贴身侍女，乘坐马车，款款而来。女仆们大都提着一个精美的小行李箱，里面装满了为晚宴、酒会、舞会等不同场合而准备的服装。

晚宴开始后，男女主人坐在长餐桌的两端，客人们也会按性别分坐在两边。餐桌上的食物丰盛而又讲究，进餐礼仪也十分繁琐。

贵族的宴会餐厅

晚宴结束后，女士们会在女主人的引领下走向专门为她们准备的更衣室，更换服装。绅士们则会在男主人的招呼下，一边频频举起手中的酒杯，一边耐心地等待着邀请他们心仪的女子共舞一曲。

灯光暗了下来，欢快的华尔兹响了起来，众人期待的舞会终于开始了。绅士们纷纷离座，走向舞池，邀请已经在那里静静等待的女子一曲又一曲地跳下去。这种欢快的舞会不但是贵族们交流政见、增进了解的平台，也是青年男女谈情说爱的好时机。伦道夫·亨利·斯宾塞·丘吉尔和他的妻子珍妮·杰罗姆便是在舞会上认识的。

伦道夫虽然其貌不扬，但家世却极其显赫。17世纪中期，英国的资产阶级开始登上历史舞台，向封建贵族的专制统治发起了强有力的进攻。克伦威尔的"铁骑军"和新模范军，同国王的保皇党军队进行着殊死的战斗。伦道夫的祖先温斯顿·丘吉尔本是一介平民，但在英国资产阶级大革命中却站在贵族一边，拿起武器为国王查理一世作战。因为作战勇敢，温斯顿·丘吉尔很快晋升为军官。

1649 年，克伦威尔的国会军取得了战争的胜利，查理一世被送上了断头台。背运的保皇党军官温斯顿·丘吉尔只好带着伤解甲归田，并且受到了胜利者的惩罚，被迫缴付 446 英镑 8 先令罚款。这在当时可是一笔巨款，不是一个小小的军官能够承受得起的。结果，温斯顿·丘吉尔破产了。他只好委曲求全，跟着新婚不久的妻子住到了岳父家中。

从此，温斯顿·丘吉尔上尉深居简出，埋头研究皇家政权渊源的演变，以寄托自己复辟君主制的企盼，希冀有朝一日会时来运转。事实证明，他的期待并不是一厢情愿的。

11 年后，即 1660 年，查理二世从多维尔登陆，在英国复辟了君主制。温斯顿·丘吉尔立即带着自己花了十多年时间撰写而成的皇族家谱学手稿前往伦敦，求见新君。查理二世有感于温斯顿·丘吉尔对皇家的忠诚，特别器重他。从此之后，温斯顿·丘吉尔便走上了飞黄腾达之路。

温斯顿·丘吉尔先被选为议员，后来又被查理二世派往爱尔兰出任收益颇丰的地方官，最后又被召回伦敦，为王室掌管财产。不能说温斯顿·丘吉尔在政治上有多么成功，但有一点是毋庸置疑的，他在特殊的历史背景下，以自己独特的方式奠定了丘吉尔家族的贵族地位。在他年迈之时，查理二世不但封其为爵士，还赋予了他持有族徽的特权。

因为温斯顿·丘吉尔的关系，其子约翰·丘吉尔被安排到宫中，充当国王查理二世的听差，其女阿拉贝勒则成了国王的弟弟约克公爵的情妇，并为约克公爵生了儿子菲茨詹姆斯。依靠阿拉贝勒与约克公爵的亲密关系，约翰·丘吉尔在上流社会备受青睐。

后来，由于国内政治斗争激化，在国王的劝告下，约克公爵出奔荷兰。此时已晋升为英军上尉的约翰·丘吉尔便成了约克公爵最为信赖的副官，随同约克公爵去荷兰政治避难。查理二世在与国会摊牌时取得了出乎意料的胜利。他宣布解散国会，而议员们则目瞪口呆，没有采取任何行动便顺从了。

1662 年 5 月，约克公爵从流亡地回到英国。随同回国的约翰·丘吉尔此后便青云直上。他凭借自己同王室的关系以及聪明的大脑、英俊的外貌，努力在宫廷中活动，取悦于颇有权势的贵妇人，无论在政治上还是在经济上都得到了不少好处。在此期间，他还在公爵府中遇上了一位颇受公爵爱女安妮公主宠信的宫女莎拉·杰宁斯。两人气味相投，很快便结为了夫妻。

1685年，查理二世逝世，约克公爵继位，是为詹姆斯二世。觊觎王位的查理二世的私生子蒙默斯公爵不甘失败，起兵讨伐"篡位者"。已经被封为勋爵的约翰·丘吉尔立即抓住机遇，率领着皇家骑兵和一个团的龙骑兵，镇压叛乱者。

在战斗中，约翰·丘吉尔展现了他过人的军事才能。他骁勇善战，指挥得当，很快就把蒙默斯公爵的叛军打得落花流水。公爵本人也被捕获，继而被送上了断头台。由于辉煌的战功，约翰·丘吉尔被擢升为少将，又被封为男爵。从此，丘吉尔家族便正式步入了贵族行列。

1688年，被历史学家称为"光荣革命"的新一轮资产阶级革命爆发了。这是一场由教派之争引发的革命。信奉天主教的詹姆斯二世企图借助法国的力量，在英国恢复天主教会和封建专制统治，而代表资产阶级利益的国会则主张继续以新教为国教。结果，国王和国会发生了激烈的

奥伦治亲王和妻子安妮公主

冲突。

有意思的是，信奉新教的约翰·丘吉尔在此时义无反顾地站到了他曾经热烈拥护的詹姆斯二世的对立面，支持被国会中的"辉格党"和"托利党"迎请来的荷兰执政者奥伦治亲王。奥伦治亲王是詹姆斯二世的女婿，安妮公主的丈夫，也就是后来的威廉三世。

由于得到了民众的普遍支持，威廉三世的军队几乎兵不血刃就征服了整个英国。詹姆斯二世灰溜溜地离开伦敦，逃往法国避难去了。

第二年，国会便宣布威廉三世为英国国王。与此同时，旨在限制王权、扩大资产阶级权力的宪法性文件《权利法案》也在国会获得了通过。至此，英国资产阶级革命结束了，英国确立了君主立宪制。约翰·丘吉尔男爵也因为护主有功，被晋升为玛尔巴洛伯爵。

伦道夫勋爵邂逅珍妮小姐

1702 年，国王威廉三世逝世，没有留下合法的继承人。结果，国会便推举安妮公主继位为英国女王。颇受安妮宠信的约翰·丘吉尔伯爵更加得意了。

当时，英国和法国之间的战争正打得如火如荼。这场战争爆发的原因有很多，其一是争夺殖民地，其二便是因为"光荣革命"。当时的法国国教是天主教，由大主教执掌教权和世俗王权。大主教担心英国的光荣革命会波及欧洲大陆，遂横加干涉英国内政，企图帮助詹姆斯二世复辟。由于法国在对付英国的同时，还想确立其在欧洲大陆的霸主地位，西班牙等国也站在了英国一方，组成了所谓的"强大联盟"。

1702 年，法军步步紧逼，"强大联盟"接连后退，战局十分危急。在这种情况下，安妮女王当机立断，立即任命约翰·丘吉尔为国内外军队的总司令，阻击法军的攻势。约翰·丘吉尔很快奔赴荷兰，又作为荷兰军队代理总司令，指挥"强大联盟"的军队，打响了历史上著名的马斯河战役。

结果，约翰·丘吉尔凭借他出色的军事指挥才能，扭转了战局，迫使法军撤退。当他回到英国之后，安妮女王立即封他为玛尔巴洛公爵，成了英国政界权倾一时的风云人物。

第二年，约翰·丘吉尔公爵又重返欧洲大陆指挥"强大联盟"联军，进行大陆战争。"强大联盟"和法军僵持了一年之久，终于在 1704 年的布兰尼姆战役中取得了决定性的胜利。玛尔巴洛公爵也因这次辉煌胜利得到了安妮女王的巨额赏赐，其中包括数千亩领地、50 万英镑和伦敦郊外的一座豪华宫殿。宫殿就以约翰获得荣誉的战役命名，称为布兰尼姆宫。

布兰尼姆宫

约翰·丘吉尔的丰功伟绩奠定了丘吉尔家族数百年的辉煌。当时，除了王室之外，整个英国只有20个公爵。玛尔巴洛公爵的名望在这些公爵中名列第十。遗憾的是，自约翰·丘吉尔之后，直到另外一个温斯顿·丘吉尔出现，再也没人能为家族的荣耀增加一抹绚丽的色彩！

伦道夫的父亲约翰·温斯顿·斯宾塞·丘吉尔已经是第七代玛尔巴洛公爵了。玛尔巴洛公爵七世是一个典型的英国绅士，行为拘谨，性格古板，笃信宗教，甚至给儿子写信也像是宣教布道。他有三个儿子，伦道夫是最小的一个。

按照规定，爵位传长不传幼。这一点与中国古代立嫡立长的传统非常相似。也就是说，作为玛尔巴洛公爵七世幼子的伦道夫无缘玛尔巴洛公爵的封号，只能通过自身的努力，另谋出路。好在伦道夫意志坚强，具有雄辩之才。在父亲的帮助下，他在24岁时就成了伍德斯托克选区著名的政治家，并代表选区进入了议会。与此同时，他还被维多利亚女王封为勋爵。

1873年的一天晚上，正在挑选舞伴的伦道夫一下子就被宛若天仙的珍妮吸引了。他轻轻走到女主人的身边，望了一下珍妮，轻声问："夫人，那位女子是谁？"

女主人回答说："伦道夫勋爵先生，你大概还不知道，她是美国富商莱纳德·杰罗姆的女儿珍妮。"

伦道夫笑而不语，告别了女主人，径直走向珍妮。他左手收拢在背后，右手伸到珍妮的面前，微微

伦道夫·丘吉尔

一弯腰，轻声说："斗胆邀请小姐共舞一曲，还请杰罗姆小姐赏光！"

珍妮落落大方地把左手递到伦道夫的右手上，粲然一笑，算是应允了。伦道夫微微一低头，在珍妮的手背上轻轻吻了吻。

两人走向舞池，跳起了欢快的华尔兹。他们的舞步是那样轻盈，是那样欢快，是那样优美，以至全场的人都停了下来，静静地看着他们。女主人在旁边会心一笑，低声道："真是天造地设的一对！"

两人越跳越默契，越跳越开心。一曲终了，一曲又响起，两人一直跳到曲终人散，才恋恋不舍地分开了。

降生在更衣室里的大人物

　　自从第一次见到珍妮之后，伦道夫便深深地爱上了她。珍妮的心中也燃起了一股熊熊的爱情之火！不久，伦道夫便向珍妮表明了心迹，两人双双坠入了爱河！

　　父亲对伦道夫寄予厚望，但没想到他却爱上了一个美国富商的女儿。尽管杰罗姆家族很有钱，但却没有社会地位。在思想传统的玛尔巴洛公爵七世看来，杰罗姆家族根本不配和地位显赫的丘吉尔家族联姻。

　　然而，伦道夫并没有被传统思想所束缚，他坚持要娶珍妮为妻，大有一副"非珍妮不娶"的样子。珍妮也死心塌地地爱上了伦道夫，宣称："非伦道夫·丘吉尔不嫁！"

　　两人的坚决终于打动了玛尔巴洛公爵七世。1874 年 4 月，伦道夫和珍妮在英国驻法国大使馆举行了婚礼。婚后 6 周，他们离开了浪漫之都巴黎，回到布兰尼姆宫。莱纳德·杰罗姆先生对这桩婚事非常满意，不仅极力赞成他们的婚事，还答应每年为他们提供 2000 英镑的生活补贴。

　　婚后，午轻的伦道夫夫妇更加恣意地享受灯红酒绿的生活了。他们谁也没有注意到，一个小生命正在珍妮的肚子里悄悄地孕育着。1874 年11 月 30 日的凌晨，布兰尼姆宫像往常的社交季节一样，被通明的灯火照得富丽堂皇，这里正在举行盛大的舞会。作为伦敦社交界的新宠，伦道夫夫人吸引着无数年轻绅士的目光，众人纷纷盼望着能与她共舞一曲。

　　然而，她那欢快的舞步突然停了下来，双手捂着肚子倒在了地上，声嘶力竭地发出了一声尖叫。悠扬的华尔兹戛然而止，人们纷纷围在伦道夫夫人的身边，七嘴八舌地问道："夫人，您怎么啦？"

伦道夫急忙穿过人群，赶到妻子身边，紧握妻子的手，关切地问："你怎么样了？先到房间里休息一下吧。"

侍女们闻声赶至，搀起伦道夫夫人走向离舞池最近的更衣室，伦道夫紧随其后。一名年龄较大的侍女拦住了他，轻声说："勋爵，请您在门外等候。夫人要生产了！"

伦道夫闻言大惊道："怎么？这么快吗？"

一名贵族妇女喊道："快点去请医生。"

伦道夫·丘吉尔夫人

伦道夫这才吩咐一名男仆去请医生。伦道夫焦急地在更衣室门外走来走去，完全失去了往日的镇静。众人都站在舞池边上，交头接耳地议论着。有人说："他们才结婚7个多月呀，怎么这么快就要生产了呢？莫不是早产儿吧！天呐，这可怎么是好！"

突然，更衣室里传出一阵婴儿的哭声。嘹亮的哭声紧紧地抓住了伦道夫的心。他急不可待地要推开更衣室的门，门突然被从里面打开了。一名侍女满面笑容地说："祝贺你，伦道夫勋爵，夫人产下了一名健康的男婴。"

次日一早，伦敦的《泰晤士报》便报道说："丘吉尔家族又添新贵！昨天晚上，伦道夫夫人顺利产下一子。"

这个婴儿就是日后叱咤风云的英国首相丘吉尔。不过，当时谁也不曾想到这个早产儿会成为英国首相，更没有想到他会领导英国人民取得反法西斯战争的胜利。

丘吉尔虽然出生于地位显赫的贵族之家，但并未感受到父母的关爱。生性活泼的伦道夫夫妇都无法忍受布兰尼姆宫的沉闷与刻板，他们给孩子取完名之后，便匆匆返回伦敦去了。伦道夫给孩子取的全名叫温斯顿·伦纳德·斯宾塞·丘吉尔。按照当时贵族之家的传统，伦道夫夫人给丘吉尔请了一个名叫艾维莉斯特的妇人当保姆。艾维莉斯特夫人是一位生性和善的中年女性，她待丘吉尔就像自己的亲生孩子一样，无微不至地照顾着他。

伦道夫夫人却很少亲自照顾自己的儿子。她仍然像从前一样，沉湎于上层社会的寻欢作乐，经常出入灯红酒绿的社交场所。丘吉尔出生后不久，她就凭借着美貌、聪慧和在巴黎生活多年所养成的优雅风度跻身于英国王太子威尔士亲王那个风流而又奢华的社交圈，成了伦敦最受欢迎的贵妇人之一。

父亲伦道夫整日里忙于政治活动，也难得来看丘吉尔一眼。每次来看丘吉尔，他总是板着面孔，摆出一副不可亲近的样子。因此，父母亲并没有在幼年丘吉尔的脑海里留下什么印象。保姆艾维莉斯特夫人反倒在他小小的心灵里留下了深刻的印象。他长大之后亲切地将这位陪伴他多年的保姆称为"爱姆"。心理学家分析，丘吉尔倔强的脾气很可能跟他幼年时期缺乏父母的关爱有关。

1876 年，丘吉尔家族遭遇了一场政治风波。伦道夫勋爵与威尔士亲王闹得极不愉快。亲王甚至公开声称要和他进行决斗。无奈之下，伦道夫只好到爱尔兰的首都都柏林担任总督秘书一职。当时，玛尔巴洛公爵七世正在担任爱尔兰总督之职。一年之后，刚满 3 岁的丘吉尔便随家庭一起迁居爱尔兰了。不久，伦道夫夫妇又为丘吉尔生下了一个弟弟，取名杰克。

他们的新家坐落在离总督府不远的凤凰公园附近。这是一个被郁郁葱葱的灌木丛林包围着的小村庄，环境幽雅、宁静，生活悠闲、自由。保姆艾维莉斯特夫人常常带着丘吉尔和杰克出去观赏哑剧，在林中游玩。

1880 年前后的温斯顿·丘吉尔

小时候的丘吉尔有些笨拙，到两岁多才学会说话。稍大一些的时候，父亲为他请了一位家庭教师，对他进行启蒙教育。他的学习能力也不强，常常记不住或听不进去老师所讲的内容。数学和拉丁文是他最讨厌的科目！他还常常逃学，无论家庭教师如何训斥，他都置若罔闻。有一次，为了躲避上课，他竟然偷偷躲到了附近的灌木丛中。

艾维莉斯特夫人找了好几个小时才在一棵大树后面找到他。小丘吉尔的倔强劲爆发了。面对家庭教师的质问，他采取了闷声对抗的策略。不一会儿，他又突然握紧拳头，一边猛力跺脚，一边高声怒吼着。最后，连家庭老师也无可奈何了。

1880 年，玛尔巴洛公爵七世在爱尔兰任职期满，伦敦的政治氛围也发生了变化。于是，伦道夫勋爵便带着家人回到了伦敦。回到伦敦后，伦道夫勋爵更加热心于政治活动了，后来他还担任了 5 个月的财政大臣。这在内阁中是仅次于首相的职务。丘吉尔和弟弟杰克能够得到的父爱就更少了。

四

在学校里练习飞翔的小雄鹰

1881 年，7 岁的丘吉尔被送到了阿斯科特的圣乔治学校读书。这是一所专门招收贵族子弟的寄宿学校。开学那天，丘吉尔拉着艾维莉斯特夫人的衣襟，哭闹着不愿离开家门。他不知道离开父母和保姆之后该怎样生活。优越的家庭条件使得丘吉尔养成了极强的依赖性，什么都不会做。多年之后，他的政敌曾讽刺他说："除了能娴熟地点燃他的雪茄烟以外，他还会什么呢？"

善良的艾维莉斯特夫人劝导他说："傻孩子，学校里有那么多小朋友跟你做伴，怎么会孤单呢？"

丘吉尔依然不安地问："他们能像你一样关心我吗？"

艾维莉斯特夫人鼓励他说："小伙伴们在一起玩多开心啊！他们肯定会比我给你带来更多的乐趣的。你是一只勇敢的小雄鹰，现在翅膀硬了，应该到外面和小伙伴一起练习飞翔啊！"

听了艾维莉斯特夫人的话，丘吉尔立即联想到了天空中那展翅飞翔的雄鹰。半响，他挺了挺小胸脯，擦干眼泪，很自信地走出了家门。就这样，7 岁的丘吉尔开始了他的寄宿生活。

圣乔治学校的条件非常优越，校园内不但有豪华的游泳池、宽大的足球场和板球场，甚至还装了当时十分少见的电灯。学校的师资力量在全国也是首屈一指的，且实行小班教学，每班只有 10 名学生。非常不幸的是，校长的教育方式极其刻板，教学方法也非常严厉。

在学校里，顽劣的丘吉尔免不了要受到老师的责罚。有一次，他站在桥上，准备跳到靠桥近的一棵树上去。可是他算错了距离！当他纵身跃起之时，没能像想象中那样稳稳当当地抓住树枝，而是一下子摔到了地上！

小伙伴们吓坏了，立即慌乱起来。他们一边往教室的方向跑，一边高声喊道："丘吉尔从桥上摔下来了！丘吉尔从桥上摔下来了……"

老师闻讯赶到，急忙将丘吉尔送到了宿舍。由于丘吉尔受了伤，学校并没有立即责罚他。不过，校长在考评中说他"淘气"、"贪吃"。

还有一次，丘吉尔起床比往常稍迟了一些，被老师告到校长那里，校长当即命令全体学生到图书馆集合。丘吉尔知道接下来会发生什么事了，心里不由得紧张起来。

校长把丘吉尔拉到一张凳子面前，大声命令道："趴下！"

丘吉尔胆怯地看了校长一眼，极不情愿地趴了下去。随着"叭"的一声响，丘吉尔的屁股上传来一阵刺痛——校长狠狠地打了他一顿。这个从小娇生惯养的贵族子弟哪里受过如此残酷的惩罚。倔强的丘吉尔拼命反抗，他双手在空中挥舞着，双脚乱踢，高声喊叫着。为了报复校长，他瞅准校长头上的硬草帽，一把将其扯到了脚下，胡乱地踩碎了。

丘吉尔恨透了圣乔治学校里的一切，十分怀念家里那种自由自在的生活。学期结束时，除了历史和地理成绩较好之外，他的其他功课都非常差。圣乔治学校给丘吉尔幼小的心灵造成了极大的创伤。他在回忆录中写道："它们的残酷甚于内务部所设的任何感化院中所能忍受的责罚……我在那里过了两年多的不安生活，功课方面收益其少。我每天都在计算着学期何时才能结束，何时才能离开这令人厌恶的、奴隶般的生活，回到自己的家去……"

由于缺少关爱和长期的体罚，丘吉尔心情郁闷至极，健康也受到了损害。1883年的暑假，丘吉尔回到了家中。他的脸色苍白，说话声音也微弱了许多。父母问他怎么了，他倔强地回答："没怎么，只是累了！"

艾维莉斯特夫人收拾他换下来的衣服时才发现上面的斑斑血迹。经过再三追问，丘吉尔才告诉她，这是因为校长体罚的缘故。艾维莉斯特夫人惊叫道："天呐！"

伦道夫夫人闻声赶来，心疼地让儿子脱下上衣，仔细查看了他的伤情。和丈夫商量之后，伦道夫夫人决定将儿子转到布雷顿的一所学校去学习。那是一所由汤姆逊姐妹办的学校。新学校的环境要宽松得多，尽管丘吉尔执拗、倔强的性格依旧，仍然是学校里最不守规矩的学生，但他再也不用担心受到体罚了。

布雷顿学校开设了英文、法文、历史、古典文学以及绘画等一些比较正规的课程，此外还组织学生参加骑马、游泳和跳舞等课外活动。由于心情愉快，少受拘束，丘吉尔在布雷顿学校读书的几年里进步很大。

1888 年 3 月，13 岁的丘吉尔从布雷顿学校毕业了。伦道夫打算将他送到哈罗公学去接受进一步的教育，为他将来进大学深造打基础。从理论上说，丘吉尔应该被送到伊顿公学读书。在当时的英国，达官显贵家庭出身的子女大多都会根据其家庭地位按照约定俗成的惯例到相应的贵族学校学习。丘吉尔家族的子女大多都是全国最好的伊顿公学的毕业生。伦道夫本人也是伊顿公学毕业的学生。但由于丘吉尔在布雷顿学校读书期间曾患过肺炎，医生认为坐落在丘陵地带的哈罗公学对他的健康会有所帮助，因此，伦道夫便计划将儿子送到仅次于伊顿公学的哈罗公学学习。

由于基础较差，丘吉尔在入学考试中的表现极差，拉丁文和数学几乎交了白卷。后来，丘吉尔在回忆这段生活时写道："我刚满 13 岁便走进冷酷的考试领域，这对我是一种很大的折磨。我愿意参加历史和英文测验，但主考方面却偏重拉丁文和数学。而这两门功课，我几乎都不能给以满意的答案。"

好在入学考试对丘吉尔来说不过是走一走过场，哈罗公学的年轻校长韦尔顿博士显然不会将前任财政大臣、地位显赫的伦道夫勋爵的长子拒之门外，但成绩很差的丘吉尔入学之后自然而然地被安排在了成绩最差的一个班中的最末一个组。

· 第二章 ·

出色的青年军官

一

对军事和政治的浓厚兴趣

在哈罗公学学习期间，丘吉尔的成绩很差，几乎一直在倒数几名徘徊。他性格孤僻，落落寡合，自制力很差，不能遵守学校制定的各项行为守则。对不喜欢的拉丁文、数学等课程，他也总是极力抗拒，从来不愿下功夫。为此，校长韦尔顿博士曾警告他说："丘吉尔，我有很充分的理由对你表示不满。"

丘吉尔立即针锋相对地回答说："而我，先生，也有非常充分的理由对您表示不满。"

丘吉尔的叛逆令老师和父母大感头疼，唯有外祖父杰罗姆先生乐观地对众人说："让他去吧！男孩子在找到了可以显示才能的平台之后自然会变好的！"

外祖父的判断是正确的。丘吉尔对自己爱好的学科，比如历史和文学等科目便极感兴趣，并显示出了卓越的学习才能。有一次，他背诵著名历史学家麦考利的一本关于古罗马的著作，背了1200行，竟然毫无差错，令老师和同学惊诧不已！除此之外，他还能大段大段地背诵莎士比亚作品中的台词。当老师在讲课时引述《奥赛罗》或者《哈姆雷特》之时，他总能精确地指出老师的错误，并予以纠正。

在哈罗公学所开设的所有课程之中，最令丘吉尔感兴趣的莫过于体育和军事训练了。伦道夫夫妇为两个儿子装修了一间宽敞漂亮的游艺室，其中摆满了车、马、枪、炮、小房子和小锡兵等男孩子喜欢的玩具。从7岁开始，丘吉尔就开始摆弄1500个锡兵组成的部队，把它们摆成各种战斗阵式，独出心裁地设计调兵遣将的方案。

有一天晚上，伦道夫刚躺到床上，就被一阵喊杀声吵得头疼欲裂。他侧耳一听，不由得苦笑起来，原来又是他的两个宝贝儿子在"布阵打仗"呢！伦道夫来到儿子们的卧室门前，往里面一瞧，不由得乐了起来。只见丘吉尔和弟弟杰克正撅着屁股，趴在地上，各自"指挥"着一大堆小锡兵，一会儿冲锋，一会儿防守……

伦道夫打趣道："两位'将军'，'战争'应该结束了吧！"

丘吉尔抬头望了望父亲，极不情愿地嘀咕道："真扫兴！"

弟弟杰克也嘟囔着小嘴，恋恋不舍地放下了手中的小锡兵，上床睡觉去了。伦道夫摸着丘吉尔的头，严肃地说："温斯顿，你已经上中学了，怎么还这么贪玩呢？将来怎么会有出息呢？"

丘吉尔争辩道："我不是在玩，我在学习布阵打仗呢！"

伦道夫笑着问："学习布阵打仗！你将来想干什么？"

丘吉尔毫不犹豫地回答说："当兵，那还有什么可说的！"

在哈罗公学里，学生不但可以参加步枪队接受操练和射击训练，还有机会参加以别的学校为假想敌的战术演习。每当有这样的机会，丘吉尔总是表现得特别积极。

丘吉尔一天天长大了，伦道夫开始考虑儿子的前途问题了。由于性格倔强，丘吉尔从来不能很好地遵守学校的纪律，也难以适应学校设置的课程和考试制度。上大学继续深造对他来说并不现实，选择当时最时髦的神学和法律为职业也不大可能。因为从事神学或法律工作需要精通拉丁文，掌握大量的古典作品，而拉丁文正是丘吉尔基础最薄弱的课程。

千思万虑之后，伦道夫决定根据儿子的兴趣，让其报考桑赫斯特皇家军事学校。在父亲的安排下，丘吉尔被转入了军事专修班。在哈罗公学，军事专修班很受歧视，同学们嘲之为"笨蛋的乐园"，但丘吉尔并不在乎这些，同学们的嘲笑反倒成了他学习的动力。

桑赫斯特皇家军事学校位于伯克郡，是英国陆军培养青年军官的主要基地。当时，能够进入该校学习的学生大都来自上层社会，因为学生每年需缴纳150英镑的学费。对普通家庭来说，这无异于一个天文数字。更何况，除了昂贵的学费之外，学生成为军官后仍需家庭的资助才能建功立业，因为年轻军官的薪资根本不足以应付日常开支。

尽管丘吉尔不用为学费担心，但入学考试却是他进入桑赫斯特皇家军事学校的一大障碍。尽管在哈罗公学学习期间，他就开始准备入学考试了，但前两次报考依然名落孙山。为了提高丘吉尔的法文成绩，伦道夫夫人决定把儿子送到法国凡尔赛的一个朋友家里去生活一个月。在凡尔赛，丘吉尔交了许多巴黎朋友，与母亲的朋友一家相处得也十分融洽。

桑赫斯特皇家军事学校校徽

不久之后，丘吉尔不但能熟练地运用法文给母亲写信，还养成了大胆讲法语的习惯。尽管他的法文口语不是很规范，有些地方不合语法，但已经足以清楚地表达自己的意思了。熟练使用法语的技能对丘吉尔日后的发展非常重要。当他成为万众瞩目的首相之时，他根本不需要翻译就可以自由地跟法国政要们交流了。

回国后，丘吉尔在父母和校长的安排下进入了詹姆斯上尉开设的补习班。这是专门为投考桑赫斯特军校的学生提供临阵磨枪的地方。詹姆斯上尉在教学上很有一套，许多成绩极差的学生在这里补习之后都获得了成功。

1892年的冬季降临了，距离桑赫斯特皇家军事学校入学考试的日期已经不足一年了。寒假期间，伦道夫夫妇带着两个儿子来到了伯恩默思庄园。丘吉尔的姑母温伯恩夫人在这里有一套宽敞的别墅。丘吉尔一家在温伯恩夫人的别墅里度过了一个愉快的新年。

1893年1月的一天，丘吉尔带着弟弟杰克和表弟在别墅附近的山林中嬉游。三个年轻人你追我打，玩得不亦乐乎。突然，丘吉尔发出了一声惨叫，随即便是一声闷响。杰克和表弟回头一看，丘吉尔已经不见了。两人焦急地喊道："温斯顿，温斯顿，你在哪里？"

"我跌到了山谷里，在这里。"山谷里传来了丘吉尔痛苦的叫声。

杰克和表弟跑到山谷边一看，只见丘吉尔满脸是血地躺在山谷里呻吟着。杰克急忙跑回别墅去喊父亲，表弟则留下来照顾受伤的丘吉尔。没多久，丘吉尔便痛得晕了过去。等他醒来的时候已经是三天后了。他躺在病床上，听到母亲正在跟医生讨论他的病情。医生说："他的一只肾脏被摔破了，恐怕要好好休养一段时间了。最好把他带回伦敦去治疗，这里的医疗条件无法满足治疗的需要。"

伦道夫夫人带着哭腔回答说："我们会好好照顾他的。等他稍好一些的时候，我们就把他带回伦敦。"

几天之后，丘吉尔跟着家人回到了伦敦的家。在伦敦养病的三个多月是丘吉尔人生的一个转折点。他不但体会到了父母的关爱，还接触到了伦敦的政治生活。许多议员和保守党的中坚分子经常在丘吉尔家里举行政治沙龙，跟前任财政大臣伦道夫讨论时局。他们谈论的话题逐渐引起了丘吉尔的兴趣，他开始尝试着用自己粗浅的政治知识去判断英国的政局。伤好后，伦道夫还经常带他到下议院旁听议会辩论。

在潜移默化之中，丘吉尔渐渐产生了参与政治活动的愿望。他希望父亲有朝一日能够东山再起，再度成为英国政界的中坚力量。等到他长大了，他也会跟着父亲投身政坛，支持父亲的政治斗争。

○二

从步兵士官生到骑兵中尉

　　温斯顿康复后继续在詹姆斯上尉的学校里进行补习，尽可能运用上尉的方法强化自己应付考试的能力。1893年8月，丘吉尔第三次报考桑赫斯特皇家军事学校之时终于如愿以偿地被录取了。他的成绩不算好，在389名考生中只名列第95位，其中几何绘图72分，绘画68分，英国历史64分，数学62分，英语作文62分，法文61分，化学41分，拉丁文则只有18分。

　　学校公布考试成绩的时候，丘吉尔和弟弟杰克正跟着父亲的好朋友伊顿公学校长在欧洲大陆旅行。当他们来到米兰的时候，丘吉尔收到了父亲的来信，得知自己已经被桑赫斯特皇家军事学校录取了。在信中，伦道夫先礼节性地对儿子表示祝贺，随即便严厉地批评了他。因为丘吉尔的成绩刚刚及格，而且并未达到步兵专业的分数标准，仅能进入分数要求较低的骑兵专业。

　　桑赫斯特皇家军事学校的骑兵专业并不受欢迎，因为步兵专业的学员只需要负担生活费就够了，而骑兵专业的学员除此之外还得自备马匹，以供训练、运动、狩猎之用。这就意味着，骑兵专业的学员每年至少要比步兵专业的学员多花200英镑。尽管丘吉尔家世显赫，又有一个家财万贯的外祖父，但伦道夫夫妇生活奢靡，不懂得量入为出，所以经常捉襟见肘。如今又需增加一笔额外的开支，无疑会让伦道夫心生不快！

　　伦道夫愤怒地斥责儿子说，他未能达到步兵专业分数标准的成绩简直是"丢人现眼"，这不容置辩地反映出"你懒懒散散、听天由命、轻率从事的工作作风"。在信的最后，父亲警告他说，如果再不努力，他就会堕落成为"社会废物"。

丘吉尔震惊极了，父亲还从来没有对自己发过这么大的火呢！丘吉尔隐隐感到，父亲退出政坛之后已经把希望寄托在自己的身上了，他不够理想的入学成绩肯定让父亲大失所望了。敏感的丘吉尔决定再也不能无所事事地混日子了，他要努力，要发愤图强，要成为像祖先和父亲一样叱咤风云的大人物。

丘吉尔立即给父亲回了一封信。他在信中说，他为自己过去的种种过错而表示歉意，并保证"将用我在桑赫斯特的学习与行动力争改变您对我的看法"。实际上，丘吉尔倒是非常喜欢富有浪漫气息的骑兵这一兵种的。但等他回到伦敦，准备去桑赫斯特皇家军事学校报到时，才发现自己已经被转入步兵专业了。很显然，父亲动用了自己庞大的社会关系，为他打开了"方便之门"。

桑赫斯特皇家军事学校在 19 世纪末已经形成了专业化的军事教育，开设的科目有队形操练、地形学、工事构筑、战术、射击、马术和军事管理等。从早上 6 点 45 分到下午 4 点，除了早餐和午餐之外，学员要轮番学习各个科目。下午 4 点之后，学员们便可以根据自己的喜好，以自己的方式进行体育运动、闲逛或者休息。丘吉尔一改过去懒散的习惯，全身心地投入到了学习之中。

丘吉尔的改变让伦道夫勋爵很欣慰。为了保证儿子的学习时间，伦道夫勋爵规定，丘吉尔一个学期只能回家过一次周末。自从丘吉尔成为桑赫斯特皇家军事学校的步兵士官生后，伦道夫就不再把儿子当作小孩子来看待，而是用真正的绅士对绅士的态度来跟儿子交流了。有时，他会把上好的雪茄烟送给丘吉尔，并叮嘱他省着点抽；有时，他还会带着儿子到一些政要的家中去做客，让丘吉尔参与政治沙龙的讨论。

不幸的是，伦道夫勋爵的健康状况迅速恶化了，父子间的这种新型关系未能持续发展下去。1894 年的秋季，伦道夫勋爵带着夫人到世界各地去旅行。丘吉尔从家庭医生罗斯先生那里得知，父亲的病情已经无法控制了，他在世的时间不会太长了。年轻的士官生在一夜之间成熟起来，除了认真学习之外，他还经常给父母写信，安慰他们。

1895 年 1 月，丘吉尔从桑赫斯特皇家军事学校毕业了。在 130 名毕业生中，他的成绩名列第 20。这一成绩足足比他入学考试时的成绩提高了 75 个名次。这表明，他在校学习期间有了长足的进步。在所有的科目中，他的马术考试成绩最好，因而他萌发了加入骑兵部队的强烈愿望。丘吉尔希望能够被分配到第四骠骑兵团。因为他原来就认识该团团长布拉巴松上校。这位年轻的上校是王太子威尔士亲王的好朋友，在战场上多次荣立战功，丘吉尔十分钦佩他。

就在这时，丘吉尔家族突遭变故。丘吉尔的父亲伦道夫勋爵因为长期纵情声色，身体透支严重，卧床不起。丘吉尔接到家信后，立即赶回伦敦，照顾父亲。但一切都已经晚了。1895 年 1 月 23 日晚，丘吉尔站在家里巨大的落地窗前，眉头紧锁，双眼噙着泪水，茫然地望着窗外光秃秃的树枝。父亲伦道夫勋爵已经病入膏肓，躺在床上几天了。他回想着在桑赫斯特皇家军事学校学习期间与父亲的交流，思考着家庭和自己的未来，不禁悲从中来，忍不住落下了伤心的眼泪。

第二天凌晨，伦道夫勋爵去世了，享年 46 岁。对年仅 21 岁的丘吉尔来说，父亲过早地去世是一个沉重的打击。几天之后，他穿着一身黑色的丧服，和母亲、弟弟一起护送着父亲的灵柩回到了故乡，将伦道夫勋爵安葬在了家族的墓地中。墓地十分偏僻，终年万籁俱寂，充满古朴的气氛。伦道夫勋爵去世后，丘吉尔家的日子渐渐艰难起来。

2 月 20 日，丘吉尔在英军总司令坎布里奇将军的推荐下被任命为第四骠骑兵团的骑兵中尉，开始了他的戎马生涯。丘吉尔终于实现了自己的愿望，但同时也给日益窘迫的家庭增加了沉重的负担。当时，骑兵中尉每年的薪俸只有 120 英镑，但要维持正常的生活和社交需要，一个中尉一年至少需要 650 英镑的生活费。幸亏玛尔巴洛公爵八世夫人、丘吉尔的伯母莉莉夫人资助了他 200 英镑，为他买了一匹马，才缓解了丘吉尔的经济压力。

经济的窘迫并没有改变伦道夫夫人挥霍的生活习惯。她依然像往常一样，花钱大手大脚，只计较买到的东西的好坏，而不管要花多少钱。伦道夫勋爵死后的 3 年时间里，她就欠下高达 14000 英镑的债务。为了偿还债务，伦道夫夫人只好靠借新债还旧债过日子。丘吉尔对这种陷入恶性循环的做法很不高兴，但出于对母亲的同情，他还是认可了这一做法。在给母亲的一封信中，他劝解母亲说："我同情您的一切铺张行为，甚至超过您对我的铺张的同情，正如您认为我花 100 英镑买一匹玩马球用的小马是一件要命的事一样，我也觉得您花 200 英镑去买一件舞会礼服同样是件要命的事。然而我还是以为，您应当有舞会礼服，我也必须有玩马球用的小马，问题的关键是我们太穷罢了。"

为了维持自己的正常开支和弟弟的生活费用，丘吉尔向朋友借了3500 英镑。3500 英镑在当时来看无异于一个天文数字，但丘吉尔并不担心无力偿还，因为他的名下除了家族中留下的产业之外，还有外祖父杰罗姆馈赠给他的一份产业。杰罗姆规定，这份产业只有丘吉尔才能动用，其他任何人都无权使用。

第四骠骑兵团驻扎在奥尔德肖特镇。刚入伍的丘吉尔中尉必须和普通新兵一样，每天进行 2 小时的例行马术训练、1 小时的马厩值勤和 90 分钟的操练。他娴熟的马术和显赫的家世引起了高级军官们的兴趣，也得到了不少额外的照顾。当英军总司令坎布里奇将军来奥尔德肖特视察期间，他被任命为将军的侍卫官，还幸运地见到了威尔士亲王、约克公爵及其夫人等。约克公爵就是后来的英王乔治五世，这是丘吉尔与未来国王的首次见面。

到古巴体验"传奇般的生活"

正当丘吉尔的事业稳步上升之时，他又接连遭受了两次打击。1895年4月，外祖母杰罗姆夫人逝世了。同年7月，艾维莉斯特夫人也病逝了。两者相较，艾维莉斯特夫人的逝世对丘吉尔的打击尤其大。接到"爱姆"逝世的消息之后，丘吉尔立即赶赴伦敦，参加了她的葬礼。他还为这位无微不至地关怀自己的保姆立了一块漂亮的墓碑。葬礼结束后，丘吉尔在艾维莉斯特夫人的墓前伫立良久，久久不愿离去。随着亲人一个个去世了，丘吉尔明白，今后的岁月只能靠他自己了！

在和平年代，青年骑兵军官的生活是多姿多彩的。贵妇人们纷纷向诸如丘吉尔这样的青年骑兵中尉发来请帖，邀请他们参加舞会。丘吉尔收到了许多请帖，只要他愿意，几乎天天晚上都可以在舞池中和漂亮的贵妇人一起跳舞，但性格严肃而孤僻的丘吉尔始终与浮华的社交圈保持着距离。尽管在第四骠骑兵团受到了优待，但是他的志向并不是仅仅当一个骑兵军官，他还有更高的理想——超越父亲，成为英国政界的新秀。

在业余时间里，丘吉尔常常一个人躲在图书室里，开始系统地研究一些经济和历史方面的著作。他先读了亨利·福西特的《政治经济学》，继而又研究了吉本的《罗马帝国衰亡史》和莱基的《欧洲的道德》。书中的知识深深地吸引了丘吉尔，这些都是他在军校没有学到的。

按照规定，骑兵军官每年可以享受5个月的假期。1895年10月，丘吉尔轮上了一次休假。他没有利用这个假期去游山玩水，或者尽情享受英国和平生活的美好。他想到古巴去体验一下"传奇般的生活"。当时，古巴人民反抗西班牙殖民统治的游击战争正在如火如荼地进行着。

母亲很支持丘吉尔的想法。她对儿子说："既然参军了，体验一下战争的氛围也是应该的。你去吧！"

丘吉尔用力地点了点头。伦道夫夫人将自己在美国的许多亲属和朋友介绍给了儿子，其中有丘吉尔的外祖父莱纳德·杰罗姆的好友、美国民主党领袖伯克·科克兰。科克兰曾担任几届国会议员，是当时美国最有才华的演说家之一。这为丘吉尔的美洲之行提供了极大的方便。

不过，要想名正言顺地到古巴去体验战场生活，他还必须得到西班牙政府和英国军方的双重批准。时任英国驻马德里大使的亨利·德拉蒙德·沃尔夫先生是伦道夫勋爵的生前好友。丘吉尔动用了这一关系网。西班牙国防大臣很快就将他和同在第四骠骑兵团服役的巴恩斯中尉介绍给了在古巴指挥作战的西班牙将领马丁内斯·坎波斯元帅。

西班牙政府方面的障碍排除了，剩下的事情便是得到英国军方的批准了。刚刚接替坎布里奇将军担任英军总司令的沃尔斯利元帅与伦道夫勋爵的友谊也十分深厚。当丘吉尔求见他时，他立即单独接见了这位军阶极低的中尉。

丘吉尔将自己的计划向沃尔斯利元帅和盘托出了。沃尔斯利元帅不仅批准了他们的计划，还交代情报部说，将丘吉尔的古巴之行安排成为一次公差：情报部要求他们尽可能地搜集有关西班牙军队使用的新式枪弹的情报。如此一来，丘吉尔便可以节约一大笔旅行费用了。

加尼特·约瑟夫·沃尔斯利

丘吉尔还和伦敦的《每日纪事报》社联系，希望作为该报的随军记者为该报撰写战地通讯。报社当即采纳了丘吉尔的建议，并答应每写一篇文章给他5英镑稿酬。因为丘吉尔的父亲伦道夫勋爵在访问南非期间曾为该报撰稿，所收到的效果相当不错。正所谓"虎父无犬子"，《每日纪事报》很看重丘吉尔家族的声望。

抵达古巴的第二天，丘吉尔就请求西班牙军队战地指挥官马丁内斯·坎波斯元帅，允许他们亲临战场。经过慎重考虑之后，坎波斯元帅同意他们跟随一个在古巴丛林中"清剿"游击队的后备纵队进行活动。丘吉尔兴奋极了，他终于可以亲眼目睹战场上的硝烟了。

丘吉尔和巴恩斯一起，跟随后备纵队经过 8 天的行军终于抵达了一个名为圣提·斯皮里托斯的小镇，与驻守在那里由瓦尔德兹将军指挥的西班牙纵队会合了。一路上，他们披荆斩棘，领略了美洲原始森林的魅力与险恶！

1895 年 11 月 30 日，丘吉尔在战场上迎来了 21 岁的生日。也是在这一天，他接受了第一次战斗的洗礼。清晨，丘吉尔跟在西班牙军队的后面，艰难地在原始森林中穿梭着。森林里的雾气很重，挡住了人们的视线。

忽然，枪声四起，爆炸声也此起彼伏，他们遭到了古巴游击队的伏击。西班牙军队乱成一团，到处搜索目标，但哪里还有敌人的影子。他们早在浓雾的掩盖下悄悄退去了。

浓雾散去之后，丘吉尔从军需官那里领来了半只鸡，坐在地上撕着吃。突然，枪声和爆炸声又响了起来。一颗炮弹在他身边爆炸了，丘吉尔的耳朵"嗡嗡"响了半天。他站起来之后才发现，身边的一匹马被打死了，鲜血正汩汩地往枯叶上流着。如果不是那匹马挡住了子弹，丘吉尔可能已经 命呜呼了。

敌人退去之后，丘吉尔走到那匹马的尸体旁，毕恭毕敬地向它鞠了一躬，郑重其事地说："谢谢你，是你救了我一命！"

丘吉尔有点害怕，他在日记中写道："战争中有许多时候使我认识到，我们仅仅为了猎奇冒险而不顾生命危险，这种做法是何等轻率。"

不过，总体来说，丘吉尔的古巴之行收获还是巨大的。当他和巴恩斯中尉于一个月后回到伦敦之时，立即获得了西班牙政府授予他们的红十字勋章，以表彰他们在遭遇袭击时所表现出的"勇敢精神"。

从 1895 年 12 月 13 日起至 1896 年 1 月 13 日的一个月间，丘吉尔一共为《每日纪事报》撰写了 5 篇战地报道。这些报道吸引了一大批读者，并得到上流社会中许多人的赏识。丘吉尔的声誉得到了很大的提高，上流社会的邀请函像雪片一样飞到了他的手中。丘吉尔这才惊奇地发现，原来自己和父亲一样，具有文学方面的天赋。从此之后，丘吉尔又多了一个爱好，那就是写作。

第二章　出色的青年军官

四

在印度班加罗尔的战斗经历

为了在写作上获得更高的声誉，丘吉尔又向《每日纪事报》建议，由他作为该报特派记者前往克里特岛进行战地报道。当时，克里特人民反抗土耳其统治的起义战争进行得非常激烈。不过，《每日纪事报》不愿为此支付丘吉尔的旅行费用，他的打算落了空。

后来，丘吉尔又打算到南非去体验战场生活，因为那里的布尔人与大英帝国军队的矛盾日益激化，随时有爆发战争的可能。丘吉尔给母亲写了一封信，希望她能帮助自己促成此事。他在信中说："在南非的几个月会使我赢得南非勋章，并且很有可能使我获得不列颠南非公司的明星勋章。然后，我将马不停蹄赶往埃及，一年或两年后我将再带回二枚勋章。到那时，我将弃武从文。"

然而，丘吉尔的如意算盘再一次落空了。因为丘吉尔性格严肃、孤僻，第四骠骑兵团军官伙食班的一个老兵十分讨厌他。因此，他便无中生有地控告丘吉尔有同性恋行为。丘吉尔十分气愤，立即提起了诉讼，控告此人诽谤。

经过审理，法庭判丘吉尔胜诉并获400英镑的名誉损失费。为了接受陆军部拟议进行的进一步调查，丘吉尔被告知短期内不能外出，必须尽量配合陆军部的调查。丘吉尔坚信，陆军部一定会调查清楚一切，还他一个清白的。果然，没过多久，他在第四骠骑兵团的声誉便恢复了。

正所谓"皇天不负苦心人"，丘吉尔扬名的机会终于在1896年9月来临了。第四骠骑兵团奉命调往印度，驻扎在印度南部的班加罗尔。班加罗尔的纬度很低，但海拔却近千米，白天骄阳似火，晚上则十分凉爽。

营地的周围开满了各种各样的野花，白天会有蝴蝶在花丛中飞舞，晚上则会有美丽的印度姑娘在花丛旁翩翩起舞，一切都充满了异国的浪漫情调！

1896 年丘吉尔任骑兵中尉

不过，丘吉尔对这些并不感兴趣，他将全部精力都投入到了读书和学习之中。他请母亲给他寄了一些历史、哲学、宗教和经济方面的书。从当年 11 月到第二年的 5 月，他每天都要读四五个小时的历史和哲学著作。丰富的阅读使得丘吉尔的思想变得深刻起来，也使他逐渐形成了坚定的人生信念。他曾经简练地将其概括为"一个人的生命毕竟总得钉在行动的或思想的十字架上"。

1897 年春天，丘吉尔回到伦敦度假。在假期将满时，他获悉印度西北边境山区帕坦部族爆发了反抗英军统治的起义。丘吉尔意识到，自己渴望已久的机会来到了。他马上给英军战地指挥官布勒德将军发报，要求将自己调到战斗部队。布勒德将军回复说："作战部队的编制已满，但非常欢迎阁下以战地记者的身份前来战场。"

丘吉尔大喜过望，立即向团部递交了请假条，并在布勒德将军的帮助下领到了《加尔各答先驱报》和伦敦《每日纪事报》的记者证，赶到了战场。帕坦人的反抗战斗十分激烈，他们不仅娴熟地使用大刀、长矛跟英军厮杀，还学会了使用从英军手中缴获的现代化武器。

丘吉尔赶到战场的第一天晚上，布勒德将军在军营中为他举办了欢迎晚宴。正当大家兴致盎然之时，外面出现了短暂的骚动。布勒德将军立即熄灯，要求大家保持安静。恢复平静之后，布勒德在黑暗中举起酒杯，向丘吉尔说："看来我们只有在黑暗中为你接风洗尘了。"

丘吉尔知道，亮灯的军营很可能会成为帕坦人袭击的目标。他干笑了两声，回答说："为了将军和大家的安全，我看只能这样了。"

残酷的战斗使得英军野战部队战斗减员数量很大，其中尤以军官的伤亡最大。作为战地记者的丘吉尔也被编入了战斗部队，直接参加战斗。最初，他被任命为布勒德将军参谋部的联络官，骑马奔驰于英军各分遣队之间。这是一项十分危险的任务，因为帕坦人经常埋伏在山间的小道上，射杀或活捉落单的英军士兵。有一次，丘吉尔差一点就被帕坦人活捉了。为了保障丘吉尔的安全，布勒德将军命令两名印度骑兵随同保护他。

1897年9月16日，丘吉尔完成联络任务后跟随一支分遣队返回驻地。当他们来到一个狭窄的山谷之时，四面突然爆发出密集的枪声和纷乱的喊杀声，帕坦人纷纷从岩石后面跳出来，向英军冲来。英军立即举枪还击。一时间，战场上血流成河，肢体横飞，场面异常惨烈。

丘吉尔在《我的早年生活》中回忆道："只见后边的五个人已经倒下了，两人已死，另外三人受伤。一人胸部被射穿，鲜血如泉涌；另一个腹部受伤，手抓脚踢；还有一位军官右眼被射出，满脸是鲜血。惨呀，这是多么惊险的一幕啊！"

战斗刚开始之时，丘吉尔只是帮助运送伤员，但随着伤亡不断增多，他也不得不举起手枪，向帕坦人射击。手枪里的子弹打光了，他又捡起伤员丢下的步枪，继续战斗。他回忆说："我虽不能确切地知道，但我觉得射中了4个敌人。"

不久，英国援军赶来了，丘吉尔和这支分遣队终于脱离了危险。经过六十多个小时的跋涉，他们终于来到了离战场最近的火车站，乘车赶回了兵营。英军在战斗中损失惨重，伤亡达一百五十余人。不过，丘吉尔十分幸运，他毫发无损。

五

“一个年轻军官”的战地报道

残酷的战争使丘吉尔意识到，每个人在战场上都是在跟命运之神赌博！为了达到更高的人生目标，赢得荣誉，丘吉尔决定跟命运之神赌一赌。在给母亲的信中，他毫不隐晦地表达出这种想法：“我骑上灰白色的小马，沿着散兵线行进，而敌人却匍匐隐蔽在那里。这或许是愚蠢的，但我下了巨额赌注，好让人们看到，再也没比这更为勇敢或更有气魄的行动了。倘若失去了观众，事情就会变成另一个样子。”

布勒德将军十分赞赏丘吉尔的英勇。他在给第四骠骑兵团团长布拉巴松上校的信中说盛赞丘吉尔，说他“干起来一个人能顶两个普通的中尉军官”。

在战斗间隙，丘吉尔撰写了大量的战地报道，并将其及时地寄给了伦敦《每日纪事报》和印度的《加尔各答先驱报》。在报道中，丘吉尔站在英国军方的立场上，以生动的笔触描述了他所经历的战斗场面。不过，这些报道在伦敦《每日纪事报》上发表时并没有署上丘吉尔的名字，仅署名“一个年轻军官”。伦道夫夫人担心丘吉尔不知轻重，在报道中会说一些令英国军政界不满的话，影响丘吉尔在军队的前途。

结果，丘吉尔的战地报道虽然在英国国内引起了轰动，但谁也不知道“一个年轻军官”就是丘吉尔。显然，伦道夫夫人的谨慎违背了丘吉尔想在“选民面前扬扬名”的热切渴望。为了弥补这一缺憾，丘吉尔在战地报道的基础上撰写了自己的第一部著作——《马拉坎德野战军纪实》。他将手稿寄往伦敦，请母亲代为联系出版事宜。

1898 年春，英国朗曼公司出版了丘吉尔的《马拉坎德野战军纪实》

一书。遗憾的是，由于丘吉尔远在印度，无法亲自校对书稿，他那文学修养极差的姨夫莫尔顿·弗雷温在修改时，改正的错误还没有他增加的错误多。

英国文学协会评价这本书时说："这本书在风格上，就好像是迪斯雷利写的书让一个当印刷工的狂妄读者进行了修改似的。"

丘吉尔《马拉坎德野战军纪实》手稿

不过，这本书依然得到了大多数评论家的好评。《泰晤士报》评论说："这位年轻作者所显示的直截了当的笔锋，毫不犹豫的坦率精神和幽默感，将被认为是一个家学渊源在起作用的明显例证。"

专供军官们阅读的刊物《三军联合》杂志认为《马拉坎德野战军纪实》是"一部非常优秀的作品"，并向英军的每一位军官推荐这本书。该杂志的编辑还特意邀请丘吉尔为该刊撰写一篇论述边疆政策的稿件。在这篇文章中，丘吉尔对英国殖民政策中陈旧过时的做法提出了批评，并由此引起了英国军方和驻印英军司令部的不快。因此，当丘吉尔于1898年要求再次参加印度北部边疆地区英军的新的军事行动时，理所当然地被拒绝了。

虽然未能参加新的远征行动，但丘吉尔并没有消沉下去。他利用空闲时间写了一部小说——《萨伏罗拉》。丘吉尔并不打算成为一名职业作家，但他知道，文学与政治并不是毫无联系的。在很多时候，文学都可以作为踏入政界的敲门砖。英国保守党人崇拜的偶像——著名政治家迪斯雷利就是通过写作而走向政坛的。

丘吉尔在《萨伏罗拉》中虚构了一个叫"劳拉尼亚"的地中海小国，小说的主题是围绕政治斗争而展开的。劳拉尼亚人民开展的争取人民解放的运动，成功地推翻了反动政权的独裁统治。但取得胜利之后，劳拉尼亚又受到了共产主义革命的威胁。这实际上是丘吉尔的政治宣言，是他首次公开披露自己的政见。

作为丘吉尔一生中唯一的一部小说，《萨伏罗拉》多次再版，并成为了历史学家和传记作家们研究青年丘吉尔内心世界珍贵的第一手资料之一。

通过写作获得极高的声誉之后，丘吉尔在 1898 年夏天又利用例行休假的机会赶赴埃及，以保守党《晨邮报》记者的身份参加了第二十一轻骑兵团对苏丹的战争。在北非茫茫的沙漠中，丘吉尔吃尽了苦头，但仍然撰写了大量的战地报道。仅在战争爆发的第一个月里，他从《晨邮报》就得到了三百多英镑的稿酬。

当然，对丘吉尔来说，稿酬是次要的，他更看重由此为他带来的极高的声誉。当战争结束后，他再次发挥自己的文学天赋，撰写了战争回忆录——《河上的战争》。1899 年 10 月，《河上的战争》分两卷出版了。这部书再次为丘吉尔赢得了声誉。评论界一致认为，这是年轻的丘吉尔中尉取得的巨大成就。由于作者搜集资料丰富，构思精巧，叙述准确，鲜明生动，行文富有逻辑性，写出了一部引人入胜的英国征服埃及和苏丹的历史巨著。

·第三章·

初登政坛的新秀

一

"贵族的儿子"成了俘虏

随着服役生涯的延长，丘吉尔逐渐意识到，无论他在军队中待多长时间都无法实现自己的愿望。青年军官要取得指挥一支庞大军队的权力并在战场上赢得荣誉，必须经历多年刻板、艰苦的军人生活。何况，他在新闻报道、文章和专著中对军方高级将领们的颇多批评早已引起了他们的不快，将军们肯定不会让这个自负高傲、乱发议论的年轻中尉得到迅速提升的。年轻的丘吉尔产生了退出军队的想法。他在给母亲的信中写道："我对士兵的生活观察得越多，就越是不喜欢这种生活，而且更加相信这不是我的天职。"

1899年3月，丘吉尔鼓足了勇气，向第四骠骑兵团团部提交了退役申请。随后，他离开了班加罗尔，回到了伦敦。虽然退出了军队，但马上进入政坛并不现实。他参加了奥德姆地区参议员的竞选，结果毫无悬念地败下阵来！丘吉尔只能选择干自己的老本行——战地记者。他只有慢慢积蓄力量，逐渐赢得民众的支持，这样才有望在日后登上政治舞台。

1899年9月，丘吉尔敏锐地意识到，英国与南非的两个由荷兰布尔人建立的独立共和国之间马上就要爆发战争了。他立即同《晨邮报》报社商议，决定以该报战地记者的身份前往南非。报社同意了，并答应4个月每月支付丘吉尔1000英镑，此后每个月支付200英镑的活动经费。

出发之前，丘吉尔还受到了英国殖民地大臣、保守党领袖约瑟夫·张伯伦的约见。随后，他便登上了英军总司令布勒将军及其参谋部乘坐的轮船，离开伦敦，向南非驶去。在海上，身材修长、顶着一头淡红色头发的丘吉尔显得相当活泼。他时常跳上甲板，凭栏眺望，双手时而交叉在一起，时而展开，似乎在思索着什么。他的思绪早已飞到了战场上，他甚至担心英布战争会在他抵达南非前就结束了。

当船驶抵开普敦时，丘吉尔才发现，自己的担心是多余的。英军在战场上频频失利，战争肯定还将持续一段时间。丘吉尔决定到战斗最激烈的纳塔尔前线进行采访。在那里，他遇到了自己在印度时认识的老朋友艾尔默·霍尔丹上尉。

有一天，丘吉尔跟随霍尔丹上尉指挥的一列装甲车去执行侦察任务。车上载着两个连建制的士兵和一些筑路民工，并装备有重型舰载大炮和大量先进的火器。从理论上说，他们是完全可以对付布尔人的袭击的。可是谁也没有想到，由于瞭望哨的疏忽，他们遭到了布尔人的袭击。高速行驶的列车突然撞到了布尔人在铁路上设置的大石头，被迫停了下来。有两节车厢被甩出了轨道，挡住了去路。布尔人乘机发起了进攻。

霍尔丹上尉立即指挥士兵在列车周围构筑临时阵地，举枪还击。丘吉尔则主动担负起了清除铁道障碍的指挥工作。战斗进行得非常激烈，数倍于英军的布尔人渐渐压了过来。如果不及时疏通铁路的话，两个连队的士兵都会成为布尔人枪下的亡魂。

火车司机受伤了，正打算撤离。丘吉尔拦住了他，千方百计地劝说他开动机车去冲撞挡住道路的车厢。经过一个半小时的努力，道路终于被疏通了，装甲列车缓缓开动了，五十多名士兵和一些伤员安全地撤离了遭受伏击的地点。

霍尔丹上尉指挥剩下的五十多名官兵且战且退，打算沿铁路线撤回营地。丘吉尔在列车开动后又跳了下来，协助霍尔丹上尉指挥战斗。不幸的是，由于寡不敌众，霍尔丹上尉、丘吉尔和五十余名官兵一起被布尔人俘虏了。

布尔战争（1899～1900）中穿着军装的年轻丘吉尔

丘吉尔对布尔人的指挥官说："我是新闻记者，你们不能关押我！"

那名指挥官回答说："你帮助半数人员逃脱了伏击，应被视为参加了战斗，所以我们不能释放你。"

丘吉尔又说："我只是一名出身贵族的随军记者，你们凭什么关押我呢？"

布尔人的指挥官听到这句话，大笑道："那我们更不能释放你了！因为我们并不是每天都可以捉到贵族的儿子的。"

很显然，俘虏了一个英国贵族的儿子让布尔人感到十分自豪！就这样，丘吉尔在退役之后居然在战场上成了俘虏。

丘吉尔一行被押解到了比勒陀利亚的一所师范学校里，同六十余名英国军官关在一起。看守师范学校的只有 40 名南非警察，而且警戒也不是特别严。丘吉尔向俘虏中的高级军官提出了一个大胆的越狱计划：首先袭击警卫，夺取武器，占领师范学校；然后袭击比勒陀利亚的跑马场，释放囚禁在里边的 2000 名英国士兵，夺取步枪和机关枪，举行武装暴动；最后争取全歼城内的 500 名守军，占领整个比勒陀利亚要塞。

丘吉尔的计划遭到了高级军官们的强烈反对，他只好作罢。他又和几名低级军官商议，决定制订一套越狱计划，逃出去。师范学校四周是一个四方形的小院，东西两边围着铁栅墙，南北两边则竖有约三米高的铁板墙。对受过专业训练的军官们来说，这些围墙并不是他们越狱的最大障碍。他们的障碍来自持枪警戒的守卫！守卫们站立的地方距囚室仅有 50 米远，无论丘吉尔他们有什么动静，守卫都会发现。

怎么办呢？丘吉尔苦苦思索着！晚上的时候，他突然发现，当守卫们沿着东边巡逻时，他们有几分钟时间看不见圆厕所附近几米铁墙的上端。院子中间的电灯虽照得全院通明，但东西墙角却在暗影里。因此，只要躲过圆厕所附近两名守卫的视线，他们就有机会利用这几分钟的时间逃走。12 月 11 日，丘吉尔、霍尔丹上尉和一名叫布罗奇的中尉悄悄潜入了圆厕所。他们进行了一次实验，结果表明，偷踱到圆厕所并不困难，躲过守卫的视线也不困难，唯一困难的是如何从墙上爬过去。

第二天晚上，丘吉尔决定再做一次试验。他趁守卫不防，悄悄地穿过方院，潜入了圆厕所中。然后，他从铁门缝里一直注视着守卫，等待最佳的时机。过了一会儿，一个守卫转身走向他的同伴，与他闲聊了起来。第一个守卫背对着圆厕所方向，另一个守卫的视线则被第一个守卫挡住了。最佳时机来临了！丘吉尔在心中暗呼道："此时不走更待何时！"

丘吉尔立即踩在一个小架子上，双手扒住墙头，用力攀登。或许是因为太紧张了，前两次用力都失败了。直到第三次，他才爬到墙头上。外面是一家别墅的花园，里面长着郁郁葱葱的植物。丘吉尔悄悄溜下墙，藏在了花园里的植物下面。

时间一分一秒地过去了，夜深了！花园里安静极了，别墅里的灯光也熄了一个多小时了。丘吉尔爬出了花园，立即奔向铁路沿线！他爬上了一列车速缓慢的东行货车，藏在一堆装过煤的空袋子里。他希望乘车逃到葡萄牙的殖民地莫桑比克境内，然后再从那里回到英国军营。

天亮了，丘吉尔从火车上跳下来，躲在野外的荒草中。此时，布尔人也已经发现丘吉尔越狱了，立即组织兵力进行搜捕。他们甚至发出了悬赏布告，上面还写明了丘吉尔的外貌特征："该犯25岁，高约170厘米，身材一般，走路时有些驼背，面色苍白，头发红褐色，蓄有不显眼的小胡子，说话带有鼻音，发不好字母S这个音，不会说荷兰语，出逃前最后一次见到时穿着一套棕色服装。"

不过，布尔人的悬赏却不高。布告上说，不管死活，只要能将丘吉尔缉拿归案，当局就会奖励有功人员25英镑。此时，丘吉尔身上足有75英镑，还有几颗巧克力糖。

无论如何，被布尔人抓住都不是好玩的。丘吉尔决定白天潜伏在山谷里的一片小树林里，等到晚上再扒火车东行。南非的白天炎热而漫长，小森林里杳无人迹，只有一只大兀鹰在高高的天空中盘旋，时而发出几声高亢的鸣叫。丘吉尔有些害怕，肚子也在"咕咕"叫，但他不敢冒险走出山谷。

二

"黑暗的一周"唯一的光明

在漫长的等待中，黑夜终于降临了。丘吉尔急不可待地钻出小树林，又回到了铁路边上。不幸的是，他等了大半个晚上，也没有等到过路的火车。他小声嘀咕道："看来今天不会有火车通过了。"

丘吉尔抬头向远方望去，只见前面几公里处有时隐时现的灯光。在疲乏和饥渴的驱使下，丘吉尔决定冒一冒险，到那里去投宿。他走了好几个小时，终于在凌晨三点左右来到了亮灯处。原来，这里是一座小煤矿，周围还有几栋小房子。几经犹豫，丘吉尔横下心来，走到其中的一处房屋前，敲了敲门。

开门的是一个中年白人男子。看到丘吉尔，那人惊呼道："天呐，原来是你！南非当局已经发布了通缉令，正在通缉你呢！"

丘吉尔害怕极了，转身要走。那人拦住他，请他不要担心。原来，那人名叫约翰·霍华德，是一位南非籍的英国人，已经在这里经营小煤矿多年了。霍华德把丘吉尔迎进屋里，紧紧地握着他的手说："感谢上帝把你带到这里来！我是附近三十多公里内唯一不会把你交给南非当局的一户人家……我们一定会救你出去的。"

霍华德端来了一些食物，丘吉尔一把接过，胡乱地塞进了胃里。然后，霍华德叫来了两名苏格兰矿工，协助丘吉尔坐升降机降到了深达六十余米的矿井里。然后，他们又把丘吉尔藏在了一个废弃的采掘点上。在幽深的矿井里，丘吉尔躲藏了好几天。为了打发无聊的时光，他把斯蒂文森的小说《拐骗》读了好几遍。

丘吉尔躲在矿井里的时候，外面的世界简直闹翻了天。伦敦和南非各地的报纸都在连篇累牍地报道着丘吉尔越狱的消息。有的报道说，丘吉尔虽然巧妙逃脱监狱，但越过边境的可能性甚微；有的报道说，丘吉尔已经在边境上的小站——考玛提普特车站被捕了；还有的报道说，丘吉尔已经再次被南非当局逮捕，并执行了死刑。一时间，丘吉尔越狱事件成了人们争相谈论的热门话题。

12月18日，霍华德跟荷兰籍的羊毛商伯根纳达成了秘密协议，打算将丘吉尔藏在装羊毛的车厢里偷运出境。当天深夜，丘吉尔装扮成搬运工人，混杂在搬运羊毛的工人中，来到了铁路支线上的一个小车站。装完羊毛之后，他顺利地躲进了车厢里。丘吉尔躺在装羊毛的大筐里，一动也不敢动，唯恐惊动车站的警察。

火车缓缓开动了，丘吉尔暂时脱离了危险。火车行驶了16个小时，终于在次日黄昏时分抵达了洛伦索—马斯贵货运场。火车刚停稳，伯根纳便开始招呼搬运工卸货，他自己则向车站外的英国领事馆走去。丘吉尔趁着混乱，远远地跟在伯根纳的身后，慢慢地走着。

不一会儿，他便看见了迎风飘扬的英国蓝白红三色米字国旗！丘吉尔激动极了，他终于在精疲力竭之时见到了英国国旗，来到了英国政府管辖的地区。他三步并作两步，匆匆地跑进了领事馆。一位年轻的外交官接见了丘吉尔！当听到伦敦味的英语时，丘吉尔一下子跌坐在椅子上，再也站不起来了！他的体力和精力都已经严重透支了！

然而，那位年轻的外交官却公事公办地对他说："领事今天不能见你！如果有事，请你明天上午9点再来吧。"

丘吉尔勃然大怒，立即高声叫道："我是英国公民，我有权要求立即见领事本人！"

两人在领事馆的一楼大厅里吵嚷了半天，争吵声终于惊动了在楼上办公的领事。当领事得知眼前这位满脸疲惫的年轻人就是荷兰军警正在缉拿的丘吉尔时，立即热情款待了他。当地的英国侨民听说丘吉尔已经抵达了领事馆，也都自发地拿起武器，到领事馆周围来保护他。

丘吉尔越狱后的一周里，英军在前线接连失利，损失惨重，英国国内及其殖民地的舆论为之哗然。这凄惨的一周被英军称为"黑暗的一周"。丘吉尔奇迹般地从布尔人的监狱里逃出来这件事，似乎成了这"黑暗的一周"中唯一的光明，丘吉尔也自然而然地成为了英国民众心目中的英雄！

12月19日晚上10点整，丘吉尔在英国驻洛伦索—马斯贵领事的帮助下登上了驶往德班的"印度纳"号海轮。在海上颠簸了3天之后，丘吉尔抵达了南非第二大城市德班。轮船还没有靠岸，港口已经聚集了一大批英国人。他们手举英国国旗，高声喊着："丘吉尔，丘吉尔……我们的英雄！"

丘吉尔刚刚步下舷梯，小伙子们便一拥而上，抓住丘吉尔，把他高高地抬在肩头往前走去。随后，几名小伙子又拉着人力车，在人群的簇拥下，将丘吉尔从码头送到了市区。丘吉尔俨然成了凯旋归来的英雄。海军大将、陆军将领以及市长已经在城防司令部等待他了。丘吉尔还受邀发表了简短的演说。随后的几天里，向丘吉尔祝贺、表示慰问的电报纷纷从英国国内以及世界各地飞来。

这段被俘以及逃亡的经历让丘吉尔对战争有了更深层的认识。在到达德班的当天，他便给《晨邮报》发回一篇文章，含蓄地批评了英军的战略和战术失误，并肯定了布尔人在战术上取得的成功。丘吉尔对英军战略和战术的批评再次招致了英国军方的不满。

尽管对英军的战略和战术极其不满，但这并没有影响丘吉尔的爱国热忱。他立即求见了布勒将军，要求参加作战部队。他希望能用自己的战略思想来参与战争。再者，他对军旅生涯一直抱着积极乐观的态度，感到"我们在旷野上过得十分舒服，夜晚十分凉爽，白天阳光明媚，肉、鸡和啤酒供应得异常充足"。

丘吉尔的要求让布勒将军为难极了。自从丘吉尔从印度和苏丹对英国的殖民政策提出批评之后，陆军部已经颁布了一道禁止作战部队的军官参与新闻报道活动的命令。如今，丘吉尔已经不是现役军人了，而是一名战地记者。如果布勒将军满足了他的要求，无疑会受到陆军部的惩罚。

无论如何，办法总是有的。布勒将军采取了一种变通办法，把丘吉尔编入了殖民军部队——南非轻骑兵团中。丘吉尔被任命为助理副官，但是不领军饷，并可享有一定自由，仍然可以履行他作为《晨邮报》记者所承担的采访职责。丘吉尔随南非轻骑兵团参加了几次战斗，取得了相当不错的战绩。他还想办法在该团为弟弟杰克谋到了一个军职。

1900 年 2 月 27 日，英军向布尔人发起了总攻。布尔人招架不住了，开始节节败退。丘吉尔跟随作战部队，迅速向北推进。当英军攻克比勒陀利亚之时，丘吉尔随第一批进城部队突入了城里。他特意跑到自己曾经被关押的地方去看了看。看着师范学校上空升起的英国国旗，丘吉尔伫立良久，脸上不自觉地露出了笑容。

英布战争结束后，丘吉尔回到了伦敦。像前两次一样，他在战地通讯的基础上充实一些新材料，写了两本关于英布战争的专著。正如他越狱的经历赢得了一大批忠实的崇拜者一样，他的书也吸引了大量的读者！此后，他又在英国、美国和加拿大进行了巡回演讲，讲述他在战争中的经历。在纽约，著名作家马克·吐温为他主持了一次演讲会。他在这次演讲中收到了当时最高的报酬——150 英镑。在短短的几个月里，丘吉尔的稿费和演讲收入就达到了 10000 英镑。这笔数额巨大的财产至少可以保证他在未来的几年中不用再为衣食发愁了！

三

从传奇英雄到保守党议员

丘吉尔从南非回到伦敦之时，时任英国首相索尔兹伯里已经解散了议会，宣布举行下议院选举。保守党人试图利用英布战争期间甚嚣尘上的沙文主义热潮，夺取下议院的多数议席。他们的口号是——将南非战争进行到底。保守党领袖约瑟夫·张伯伦认为，战争还没有真正结束，布尔人很有可能以游击战的方式卷土重来。因此，他在竞选演讲中说："政府在议会中失掉的每一个席位，都将是布尔人赢得的席位。"

丘吉尔瞅准了时机，打算利用自己在南非的传奇经历，再次竞选奥德姆地区的议员。现在，丘吉尔在民众心目中再也不是那个只能写作的战地记者了，而是机智勇敢的英雄，是上流社会认可的人！

丘吉尔找到了堂兄玛尔巴洛公爵九世，希望他能支持自己。公爵当即表示，他愿意出400英镑作为丘吉尔的竞选经费，此后每年会捐100英镑给当地的保守党组织。已改嫁的母亲也不遗余力地帮助他竞选！她利用前夫伦道夫的社会关系，请殖民地大臣约瑟夫·张伯伦在奥德姆的一次竞选集会上发表演说，支持丘吉尔。

作为英布战争中的传奇英雄，丘吉尔赢得了奥德姆地区民众的广泛支持。在他刚刚逃出布尔人的牢笼时，奥德姆地区的民众便写信向他表示祝贺，甚至连支持自由党的选民都表示在下次选举中"不管政局如何"都将投他的票。保守党人也不失时机地利用丘吉尔的传奇经历大做文章。他们请了专业的歌手为丘吉尔谱写赞歌，并在音乐厅里公开演唱。一时间，要求选举丘吉尔为奥德姆地区议员的呼声响彻了大街小巷。许多支持者高举着丘吉尔的照片，在大街上呼吁："我们需要英雄温斯顿，奥德姆需要英雄温斯顿，下议院需要英雄温斯顿，英国也需要英雄温斯顿……"

丘吉尔则乘坐马车，在民众的前呼后拥中上街发表演说。他公布了在英布战争中获得的第一手材料，并特别宣传了他本人传奇般的英雄事迹。丘吉尔占尽了天时、地利、人和，轻而易举地赢得了民众的支持。结果，丘吉尔在奥德姆地区选出的3名议员中排名第二，顺利地夺回了上次选举中在该区所失去的席位！从此，丘吉尔开始了长达61年的政治生涯。

丘吉尔在1900年当议员时的正照

面对如此光鲜的荣誉，26岁的丘吉尔一改过去张扬的作风，发表了一篇成熟、大度的演说。他在演说中谦卑地指出："你们推举了3位有较高才能的人，我不过是第4位。令人诧异的是，自由党候选人朗西曼先生却站在失败者中间！不过，我们不可能全是胜利者。"

丘吉尔的演说技巧十分娴熟，处世态度也非常谦卑。英国著名新闻记者史蒂文斯评价他说："论年龄，甚至论气质，温斯顿还是个孩子，但若论个人抱负、深思熟虑、运筹自如、有的放矢、手段高明等方面，他已经是一个成熟的男子汉了……"

奥德姆地区的选举结束后，保守党人向丘吉尔发出了邀请，希望他们能到其他地区帮助该党发表助选演说，连约瑟夫·张伯伦等保守党领袖也请他前去捧场。丘吉尔很聪明，他清楚地意识到，这是一次在全国范围内提高自己声望的大好时机，也是为从事政治活动募集资金的机会。在此后的几个月里，丘吉尔四处发表演说，不但赢得了巨大声誉，也赚了个盆满钵满。

多年之后，丘吉尔回忆这段经历时说："除了星期日以外，我差不多每晚都要演说一个小时或更多的时间，有时一昼夜演说两场。"

丘吉尔终于找到了适合自己的职业。他喜欢那种吵吵嚷嚷的热闹场面，喜欢那种众星捧月的感觉！这正是政治家需要具备的基本素质。由此可见，丘吉尔选择从政，是完全符合他的性格特点的。

1901 年 1 月，在位长达 64 年的维多利亚女王逝世了，女王的长子威尔士亲王继位为国王，称爱德华七世（1841～1910 年，1901～1910 年在位）。大英帝国也迎来了一个悲惨的转折点，由鼎盛走向了衰落。贵族地位和影响力开始衰退，资产阶级、工人和农民在政界的影响力日益凸显。

2 月 15 日，丘吉尔第一次作为议员走进了位于泰晤士河畔的议会大厦——威斯敏斯特宫。他昂首阔步地走到下议院保守党后座议席的第一排坐下。这是他父亲伦道夫勋爵曾经坐过的位置。按照惯例，新议员应该在进入下议院后一个月发表亮相演说，但这位"伟大的急于求成的年轻人"不愿等那么长时间，在进入议会的第 4 天，他便发表了在下议院的首次演说。

演说的主题依然是英布战争，这是丘吉尔最熟悉的话题。为了取得轰动效应，丘吉尔作了精心的准备，并尽力把全部内容背了下来。传奇英雄的亮相演说吸引了众多的听众。那一天，下议院里座无虚席，连走廊上都挤满了人。

丘吉尔的演说获得了巨大的成功。针对自由党人士指责保守党政府烧毁布尔人庄园的行为，丘吉尔进行了辩护。这就赢得了保守党的掌声。之后，他又阐明了给予布尔人以自由，并将投降条件规定得宽大一些的观点，他说："无论哪一个民族都没有像布尔人那样在言论上得到如此多的同情，而在事实上又得到如此少的实际支援。"

殖民地大臣约瑟夫·张伯伦听到丘吉尔居然攻击保守党的政策，当即心生悔意，他对邻座的议员耳语道："议会的席位就这样白白扔掉了。"

虽然诸如约瑟夫·张伯伦这样的保守党领袖对丘吉尔攻击该党的政策极为不满，但自由党人和保守党的年轻议员们却给予了他极大的支持。首相索尔兹伯里侯爵对丘吉尔的表现也十分满意。

在演说结束时，他很有技巧地把自己和他父亲联系起来，他说："这里，如果不表达我的感激之情，我将无法安然入座。感谢诸位善意而耐心地在下议院听我讲话。我完全知道这种善意与耐心赐给我，并非出于我本人的原因，而是由于在座许多尊敬的议员先生至今仍保留着某种美好的回忆。"

丘吉尔步下讲台，向自己的座位走去。自由党领袖劳合·乔治热情地站了起来，挤到过道上，迎上去，紧紧地握住了丘吉尔的双手。丘吉尔成功了，这次亮相演说让他成了大部分自由党和保守党人都支持的新议员！

精明的丘吉尔知道，如果无条件地服从政党领袖想法的话，他将会做一辈子的议员，永无出头之日。要想走上政治快车道，他必须像他的父亲伦道夫勋爵那样，在党内建立自己的派别，同党的领袖们唱对台戏。在随后的几个月里，他结交了几个和自己志同道合的保守党议员，同下议院中的自由党右翼站在了一起。漫画家们把这个小集团与当年伦道夫勋爵的"第四党"相提并论，将其称为"休里干斯"。这一名称是由这个小集团中最著名的成员休·塞西尔勋爵的名字引申而来的。塞西尔勋爵是首相索尔兹伯里的小儿子，在英国政坛上具有很大的影响力。

不久，这个小集团的名字就被传得走了样儿，被人们称作"胡里干"了。"胡里干"在英文中是小流氓、小混混的意思。不过，人们这样称呼丘吉尔的政治小集团并没有什么贬义！"胡里干"成员在政治上极为活跃，他们一个接一个地相继邀请两党政治领袖吃饭，经常和一些著名政治活动家在一起共同探讨政治问题，思考英国的未来。

实事求是地说，丘吉尔公开和保守党唱对台戏有作秀的成分在内，但也是他对政见的自由表达，是在为英国的利益着想。因此，他那从公正、公平的角度提出来的诸多方案大都得到了民众和舆论的支持。基于这一点，当时有一家自由党的报纸曾预测，这位大胆带头批评政府提案的年轻议员，有朝一日可能成为自由党的政府首相。

四

因政见不同而脱离保守党

20 世纪初，英国在国际市场上的垄断地位逐渐遭到了后起之秀——德国和美国的威胁。两国的矿产和重工业产品已打入了英国国内及其殖民地市场。殖民地大臣约瑟夫·张伯伦产生了设立"关税壁垒"的想法。他想让大英帝国本土和殖民地、自治领之间进出口商品享有优惠税率，而大英帝国范围以外的商品，则加重关税，以降低德国与美国的工业产品在英国的竞争力。

约瑟夫·张伯伦是一位具有敏锐眼光的杰出政治家。他的这一主张也是符合英国的国家利益的。但在当时的条件下，实施这一政策的时机还不成熟。因为一旦实施"关税壁垒"，除了重工业能够得到一定的实惠之外，轻工业和普通百姓的生活都会受到严重的影响。"关税壁垒"会增加需要从国外进口原料的轻工业和造船业的成本，也会促使进口粮食价格的上扬。

1902 年 4 月，"胡里干"成员邀请"伟大的约瑟夫"共进午餐。约瑟夫欣然前来，并诙谐地对丘吉尔等人说："嘿，年轻的绅士们，我是在一伙很坏的人当中用午餐呢！"

约瑟夫·张伯伦的诙谐把丘吉

英国殖民地大臣约瑟夫·张伯伦

尔等人逗笑了。但在告别时，他们便笑不起来了。因为约瑟夫·张伯伦向他们透露了"关税壁垒"。他说："你们，年轻的绅士们，像招待国王一样地招待了我。为此，我要告诉你们一个像无价之宝一样的秘密——关税壁垒！这是将来，甚至是不久的将来的政治实质。你们要好好地研究它，彻底地弄通并掌握它。要知道，你们不会为殷勤地招待了我而感到遗憾的。"

丘吉尔等人大吃一惊，明显感到英国政坛将爆发一场地震。为了弄清这一政策的利弊，丘吉尔展开了调查，并就此请教了财政专家。他很快发现，"关税壁垒"是不符合英国民众当前的利益的。于是，他在10月份来到了自己的选区奥德姆城，公开向选民们表示，他将坚定地维护自由贸易的原则。

1903年5月，约瑟夫·张伯伦在他的故乡伯明翰发表了主张实行"关税壁垒"政策的演说。丘吉尔预料中的政坛地震终于爆发了！约瑟夫·张伯伦的主张遭到了大多数民众和议员的反对，甚至连保守党内部也有不少人反对这一政策。

丘吉尔抓住这一有利时机，向约瑟夫·张伯伦发难了。他给新任首相阿瑟·巴尔弗写信说，如果首相不明确表示对张伯伦的谴责之意，那么"我必须重新考虑我在政治上所持的立场"。巴尔弗也是自由贸易政策的拥护者，但他十分清楚，如果这一争论持续下去的话，保守党很可能会因此陷入分裂，影响内阁的稳定。因此，他给了丘吉尔一个含糊其辞的答复。

实际上，当时的保守党已经陷入分裂了。反对关税壁垒的保守党成员已经成立了保守党食品自由贸易同盟，由德文希尔公爵担任同盟主席。丘吉尔曾主张食品自由贸易同盟与自由党联合起来，但没有取得成功。自由党则利用保守党陷入分裂的有利时机，同刚成立不久的工党达成了协议，在将来的选举中建立同盟关系。如此一来，主张自由贸易的保守党人与自由党结盟的可能性就被排除了，保守党食品自由贸易同盟也濒于瓦解。丘吉尔现在意识到，他未来的政治前途不能寄托于陷于分裂的保守党，他必须转向与自己的政见相合的自由党。

1903 年夏，保守党内阁终于因为在关税问题上的尖锐对立濒临垮台的边缘。殖民地大臣约瑟夫·张伯伦于 9 月 18 日辞去了在内阁中的职务，另外 3 位主张自由贸易的大臣也同时辞职了。巴尔弗不得不着手组建新内阁了。人们满心以为，巴尔弗肯定会在新内阁中为政坛新秀丘吉尔留一个位置的，但巴尔弗根本没有考虑风头甚健的丘吉尔。

巴尔弗首相的做法终于促使丘吉尔下定了决心：脱离保守党。1903 年 12 月，他在演讲中激烈地抨击了保守党的政策，并讨好自由党说："感谢上帝，我们还有个自由党！"

1904 年 3 月，丘吉尔开始自称为"独立的保守党人"。这是他第一次脱离保守党，也是他政治生涯中极为重要的一步。他的政见与保守党格格不入，与自由党则有颇多相似之处。如果长期待在保守党内，他只能做一个颇有名气但永无出头之日的异类。丘吉尔脱离保守党之后，自由党议员们不失时机地鼓励了他。自由党内著名的激进分子劳合·乔治甚至与丘吉尔成了无话不谈的莫逆之交。

5 月末，丘吉尔在下议院的座位从保守党人一边转到了反对党一边。从前，他的父亲伦道夫勋爵也这样做过。伦道夫勋爵坐在反对党的座位上之后再也没有离开过，直至郁郁而终。丘吉尔会与他的父亲有同样的结局吗？显然不会！他正确地判断了形势，跳下了一条即将倾覆的破船，踏上了向上攀登的阶梯，甚至连约瑟夫·张伯伦都为保守党多了这样一个对手而感到不安。他曾对身边的人说："温斯顿是所有年轻人中最聪明的一个，巴尔弗任凭他离开党是犯了一个错误。"

丘吉尔脱离保守党后，曾有 6 个选区建议他以自由贸易的独立拥护者身份作为该选区下届议会选举的候选人。奥德姆地区的保守党人联合会也向丘吉尔许诺，只要议会存在，就让他继续担任奥德姆的下议院议员。丘吉尔知道，这些提议不失为一条政治出路，但绝不是最好的道路！想要登上更高的权力之峰，他必须获得一个大党的支持。加入自由党无疑是他最好的选择。

5 月 16 日，丘吉尔来到了英国著名的大城市曼彻斯特，向保守党"开炮"了。他抨击保守党是为大资本家服务的"强大同盟"，在国内贪赃受贿，在国外发动侵略；抨击"关税壁垒"政策是千百万人"昂贵的粮食"、百万富翁的"廉价劳力"。说着，他拿起一小块面包，向听众晃了晃，朗声道："实施保守党人的政策时，你们将得到这样一块面包。"

丘吉尔的话刚说完，人群中就发出了一阵"嘘"声。显然，大多数人对"关税壁垒"政策都极为不满。

丘吉尔丢下手中的面包，伸开双手，手心朝下，往下压了压，示意大家安静。然后，他又拿起一块比第一块面包大得多的面包，举过头顶，高声道："如果保持自由贸易，你们将得到这样一块面包啊！"

人群中立即爆发出了热烈的掌声和欢快的呐喊！人们高举右手，大声呐喊道："自由贸易，自由贸易……"

1905 年 1 月，丘吉尔被保守党组织秘书取消了保守党员资格。同年 3 月，当他对关税改革发表自己的看法时，一大帮支持政府的保守党议员在首相的亲自带领下退出了议会大厅。丘吉尔彻底与保守党脱离了关系！

· 第四章 ·

年轻的内阁大臣

出任殖民地事务部副大臣

1905 年 7 月，巴尔弗内阁提出的"关税壁垒"议案在议会表决中被否决了。按照英国的政治传统，巴尔弗内阁应该集体辞职，但巴尔弗首相却拒绝辞职。义愤填膺的丘吉尔立即攻击他说："在其他一些事情上，我对首相的聪明才智十分敬佩，他的品格就像内政大臣一样崇高……但首相拒不辞职，则是对议会传统的藐视，将使英王的荣誉蒙受耻辱。"

巴尔弗回敬道："一般说来，我不希望把这种有预谋和粗暴的谩骂作风带到议会大厅中来。倘若事先经过谋划，措辞应当更文雅一些；倘若是非常粗鲁，则无疑会暴露出其内心的真实情感。"

这次演说恐怕是丘吉尔第一次在议会中如此粗鲁地表达自己的政治观点。在大多数情况下，他都能很好地控制自己的情绪，这一次为什么失控了呢？原来，丘吉尔正在收集资料，撰写父亲伦道夫的传记。他的父亲只活了 46 岁，而他现在已经 30 岁了。如果他只能活到父亲那样的年龄的话，他的人生岂不是已经走过了三分之二？正是出于对岁月流逝的恐惧感，丘吉尔才急不可待地要实现自己的政治抱负，对不得人心的巴尔弗内阁发起了攻击。

1905 年底，巴尔弗内阁终于在多方的压力下倒台了，巴尔弗辞去了首相之职。自由党领袖坎贝尔－班纳曼于 12 月 5 日组成新政府，解散了议会，并确定于次年 1 月举行大选。这对丘吉尔来说无疑是个天大的好消息，因为此时他已经在自由党内站稳了脚跟。坎贝尔－班纳曼看到了这几年丘吉尔的表现不俗，便邀请他在内阁中担任财政副大臣。

在英国内阁中，财政大臣是仅次于首相的职务，往往会成为首相的继承人。当年，丘吉尔的父亲伦道夫勋爵就曾当过5个月的财政大臣。但丘吉尔辞谢了新任首相的好意，因为他十分了解自己，他一看到数字就感到头疼，财政副大臣的职务并不适合他。

经过权衡之后，丘吉尔要求改任殖民地副大臣这一地位较低的职务。他到过印度、埃及、苏丹和南非等多处英国的殖民地，对殖民地的情况知之甚详，而殖民地大臣额尔金则对殖民地问题了解甚少，而且是上议院议员。因此，丘吉尔可以全权代表殖民地事务部在下议院发言。这无疑为他充分发挥积极主动性，发表独立见解，施展才华提供了更加宽广的舞台。

按照规定，内阁各部大臣及副大臣都可以配备私人秘书。丘吉尔的秘书是瘦瘦高高、博学多才的年轻人埃迪·马什。埃迪·马什的文学造诣颇高，在修辞学方面的审美能力尤其令人敬佩。作为丘吉尔的秘书，埃迪是称职的。他不但能为性急的丘吉尔很快地准备好各种资料，还能在丘吉尔发脾气时劝住他。从此之后，两个建立了深厚的友谊，并一直合作到1953年埃迪去世时为止。

1905年底，丘吉尔就带着马什住进了威斯敏斯特附近的米德兰特旅馆，并在一连串的政治集会上发表了极受听众

丘吉尔和第一个私人秘书埃迪·马什

欢迎的演说。因为他不得不面对1906年举行的大选。在演讲中，丘吉尔充分运用了丰富的阅历和娴熟的演说技巧，与政治对手威廉·乔因森—希克斯展开了辩驳。威廉·乔因森—希克斯是一位强有力的宗教界人士，在关税改革问题上是个稳健派。他抓住丘吉尔由保守党人转为自由党人这一事实，指责丘吉尔的政治态度前后矛盾。

在曼彻斯特的一次演说上，威廉·乔因森—希克斯甚至印了攻击丘吉尔的小册子，当面递给了丘吉尔。丘吉尔再也不是初出茅庐的雏鹰了，

他已经学会了如何应付这种令人尴尬的局面。他接过小册子，不慌不忙地回答说："我为保守党工作时，确实说了一些蠢话。我退出保守党，正是由于我不愿继续说蠢话。"

说完，丘吉尔把那本小册子一把撕碎，露出一副不屑一顾的神色。丘吉尔的机智逗得听众们哄堂大笑，也让那些试图攻击他的保守党人自讨没趣。从此之后，丘吉尔步入了自由党的行列。不久之后，他便以自由党党员的身份当选为议员了。

大选结束后，丘吉尔立即精力充沛地投入到殖民地事务部的工作中。他与他的顶头上司额尔金勋爵年龄相差悬殊，性格迥然不同，阅历和修养自然也有很大区别，在工作中难免会有一些摩擦。不过，出于对丘吉尔能力的欣赏，额尔金勋爵忍受了丘吉尔的高谈阔论和坏脾气。

额尔金在处理与丘吉尔的关系时显得很老到，他总是先耐心地听取丘吉尔关于各种问题的高谈阔论，然后再坚持自己的意见。他曾说："我决心让他接触一切政务，但要对他有所控制。"

总的说来，丘吉尔与额尔金勋爵之间的关系处理得还算不错，两人平时来往时也都表现出了他们固有的绅士风度。尤其难得的是，在处理重大政策问题方面，他们总会保持相对一致的意见。

在殖民地事务部工作将满一年时，丘吉尔在给额尔金勋爵的信中表达了自己的感激之情。他在信中写道："没有一个人能像我这样感到非常幸运，在第一次参加内阁之际，就遇到一位对人信任、宽大为怀的上司；在处理政务的过程中，我从你的教诲和楷模中学习到很多东西，而如果我在别的地方，或许我的一生依然是茫无所知。"

一

"贵族的儿子背叛了贵族"

1907 年下半年，丘吉尔赴英国各东非殖民地作了一次为期 3 个月的半视察半休假的旅行。东非地区丰富的自然资源引起了丘吉尔的强烈关注。他的心中萌发了一个雄心勃勃的计划——如果在这里大修铁路、大建电站、大盖工厂的话，东非沉睡的丛林、滚滚而去的瀑布都将变成大英帝国巨大的财富。于是他一边旅行，一边把即兴而生的设想倾注笔端。遗憾的是，额尔金对丘吉尔不断寄来的汇报和备忘录并不感兴趣！

丘吉尔只好退而求其次，将他在东非的见闻撰写成文章，在《滨海杂志》上连载，以期引起民众的关注。不久，他又依旧例对其增补编撰，以《我的非洲之行》为题，发行了单行本。在这本书中，丘吉尔提出了一些开发非洲、在乌干达进行国家社会主义的实验的设想。

在处理繁杂的殖民地事务的同时，丘吉尔也未放弃对国内事务的关注。在非洲之行即将结束之时，丘吉尔曾写信给商务部劳动统计局局长，向他请教关于运用德国在职业介绍、残疾保险等方面的经验，把他们的成功经验移植到英国来，以便"在比较低水平的国家保险的基础上，加强现存的社会保险机构"。丘吉尔甚至已经开始构思演讲稿，打算于1908 年 1 月底在伯明翰发表关于社会改革问题的演说。

与此同时，丘吉尔对自己的老本行——军事也产生了浓厚兴趣。他与海军元帅费希尔建立了亲密的关系，并系统地了解了英国海军的改革情况。

十分明显，丘吉尔并不满足于做一个小小的殖民地副大臣，他还有更高的理想。事实也证明了，他在国内事务和军事方面投入的精力都没有浪费。因为，他很快就要在这两个领域施展才干了。

丘吉尔回到伦敦后不久，坎贝尔－班纳曼首相就因突然中风而辞去了首相之职。财政大臣阿斯奎斯奉英王爱德华七世之诏，开始筹划组建新内阁。阿斯奎斯想让丘吉尔担任海军大臣或地方政府事务大臣。现任海军大臣特威德蒙斯勋爵是丘吉尔的姑父，他不想取而代之，便退而求其次，选择了地方政府事务大臣一职。但现任地方政府事务大臣是内阁中唯一的工联主义者约翰·伯恩斯，他根本不愿意离开这一职位。

几经考虑，阿斯奎斯首相决定安排丘吉尔接替劳合·乔治担任商务大臣一职，劳合·乔治则接任阿斯奎斯本人的财政大臣之职。阿斯奎斯首相还答应丘吉尔，他会将商务大臣的地位提高到内阁大臣的等级。就这样，在1908年4月丘吉尔进入了内阁，时年34岁，成为了英国政府近五十年来最年轻的内阁大臣。

根据英国1707年摄政法的规定，丘吉尔在就任内阁大臣之前必须辞去下议院议员的职位，重新参加补缺选举。丘吉尔不得不于4月中旬来到了曼彻斯特，展开了竞选演说。然而，时过境迁，今日的曼彻斯特已经不是两年前的曼彻斯特了！曾经支持丘吉尔的大部分爱尔兰人都转向了保守党。保守党人也趁机兴风作浪，在《曼彻斯特信使报》上刊登了诬陷丘吉尔的信件，说他在南非时越狱违背了他立下的绝不逃走的誓言。结果，丘吉尔落选了。好在丹迪市在关键时刻向丘吉尔发出了邀请，请他到该选区参加竞选，才使他避免了尴尬的失败。

现在，他终于可以放心地到商务部上任去了。上任的第一天，丘吉尔就在办公室的写字台上摆了一尊拿破仑的小铜像。拿破仑是丘吉尔佩服的法国人之一，也是他的偶像！这尊小铜像似乎表明，丘吉尔想做一个拥有英国最高权力的人——首相！

商务部的职能范围十分广泛。贸易问题、运输问题、工业问题、劳工问题，甚至专利和版权问题都归商务部管辖。而当时英国的工人运动方兴未艾，罢工事件时有发生。因此，丘吉尔一上任便开始进行社会改革，试图解决劳工问题。

这位出身贵族的商务大臣从社会稳定的角度出发，出台了一系列有利于工人的措施。他向议会提交了"血汗劳工"问题的法案，以保障底层工人的生活；他率先在煤炭工业系统建立了 8 小时工作日制度；在商务部内设立劳工职业介绍所，帮助失业者寻找工作，帮助企业家雇佣工人，减少因失业引起的惊恐情绪；制订了强制保险法案，包括失业和残疾保险，以确保工人们在失去工作机会和丧失劳动能力后还能维持基本的生活。

为了筹措解决保险问题的资金，财政大臣劳合·乔治曾提出增加1400 万英镑的财产和地产税的方案，打算通过向富人征税来弥补为工人缴纳保险的开支。但是，这一法案引起了代表贵族和大资产阶级利益的保守党人的强烈反对。他们先在下议院中逐条批驳了劳合·乔治的财政计划，又于 11 月凭借在上议院中的多数席位彻底否决了劳合·乔治的财政预算。

为了打破僵局，丘吉尔站了出来，主动请缨，要担任劳合·乔治"预算同盟"的主席，与代表贵族和大资产阶级利益的保守党人展开了唇枪舌战。为此，有人指责他说："贵族的儿子背叛了贵族。"

实际上，丘吉尔和劳合·乔治不过代表了自由党中要求彻底进行社会改革的那部分人。进行彻底的社会改革不但符合英国的长远利益，也符合自由党人的利益。因为他们的行动很容易赢得工人的好感，可以让工人们明白，自由党比工党更加关注工人的生存状态。丘吉尔的种种努力不但获得了工人们的好感，也因罢工事件的减少而受到了议会和内阁的好评。

内阁大臣的"罗曼蒂克"

进入内阁这一年，丘吉尔还收获了一份美满的爱情和婚姻。丘吉尔继承了父亲伦道夫勋爵敏锐的政治嗅觉，但却没能继承父亲在社交上的潇洒风度。尽管出身贵族的丘吉尔也像父亲一样，经常参加上流社会社交活动，但他根本不和年轻姑娘们接触。他参加社交的目的是为了了解政治动向，而不是为了谈情说爱。每当接到舞会邀请函的时候，丘吉尔都会事先准备好一个小金属箱子，里面装着他喜欢的书和笔记本。讨论完政治话题之后，其他人纷纷去邀请年轻的姑娘们跳舞，而丘吉尔则静静地走到角落里，坐下来读书、记笔记。

对丘吉尔这种类似清教徒的生活习惯，周围的人议论纷纷，有人说他要打一辈子光棍了，也有人说他有同性恋倾向。了解他的朋友则说："他整个身心投入到了工作。在没有政治活动时，就读书和写作……"

1908年的夏天，丘吉尔终于告别了单身生活。

有一次，他跟堂兄玛尔巴洛公爵九世去丹迪市进行演说，晚上就住在当地的拉特兰小镇上。深夜的时候，他们住的公寓突然燃起了熊熊烈火。由于小镇太偏僻了，消防队没有及时赶到。当地的大多数青年只是围在火场周围，焦急地等待着。如果这样下去的话，整个公寓和里面所有的东西都会被烧光的。

丘吉尔见状，立即高呼道："嘿，小伙子们！拿出你们的绅士风度来，赶快去救火吧！"

说完，丘吉尔率先冲进了大火之中，往外搬东西。众人见内阁大臣都冒着生命危险冲进火场去搬东西了，也纷纷加入到其中。当丘吉尔最后一次从里面跑出来时，公寓的屋顶在他背后几米的地方轰然倒塌了。人们都为他捏了一把汗，如果他再晚出来一秒钟的话，就会命丧火场了。

第二天，当地的报纸报道了丘吉尔奋不顾身英勇救火的事迹。这个贵族出身的内阁大臣成了当地人的英雄，许多少女都对他产生了爱慕之情。丹迪市一位名叫克莱门蒂娜的少女还给丘吉尔发了一封洋溢着爱情之火的电报。

丘吉尔几个月前在丹迪市竞选时，克莱门蒂娜就被他那英姿勃发的气质和口若悬河的演讲所打动了。如今，丘吉尔那惊人的勇敢再一次征服了她的芳心。于是，她便鼓起勇气，给丘吉尔发了这样一封电报，并表示想见她爱慕的英雄一面。

接到克莱门蒂娜的电报之后，丘吉尔的心底也悄悄地燃起了爱情之火。他立即给克莱门蒂娜回电说："火灾是一种顶好的娱乐，我们痛痛快快地享受它的乐趣吧。"

几天之后，他便接受了克莱门蒂娜见面的邀请。在堂兄玛尔巴洛公爵九世的热心帮助之下，两个年轻人在丘吉尔出生的布兰尼姆宫相见了。克莱门蒂娜长着一双漂亮的眼睛，肤色白皙，一头乌发浓密而又柔软。更加难能可贵的是，她能说一口流利的法语，对政治也很感兴趣，和丘吉尔有着很多共同语言。两人聊着聊着，就忘记了时间，忘记了身旁的一切。

丘吉尔和未婚妻克莱门蒂娜·霍齐尔

　　经过几次接触后，丘吉尔感到，克莱门蒂娜就是他梦寐以求的女子，他必须向她求婚。克莱门蒂娜也产生了非丘吉尔不嫁的想法。于是，当丘吉尔向她求婚时，她毫不犹豫地答应了。克莱门蒂娜寡居的母亲对丘吉尔也很满意，认为他是一个好儿子，也会是一个好丈夫。她对女儿说："我认为一个好儿子一定会是个好丈夫的。"

　　就这样，丘吉尔与克莱门蒂娜于 9 月 12 日顺利地步入了婚姻的殿堂。丘吉尔的婚礼吸引了许多人。丘吉尔是内阁大臣，其婚礼的规格相当高，主婚人是两位主教，证婚人则为财政大臣劳合·乔治，连英王爱德华七世也派人送来了一件特别的礼物——一根嵌有马尔巴罗家族徽饰的镶金马六甲手杖。到场表示祝贺的人多达 1400 人，教堂四周的街道上还挤满了大批围观者。大部分人都是冲着丘吉尔内阁大臣的身份而来的，还有一部分人是来看热闹的，人们纷纷感叹道："这个清教徒终于结婚了！"

　　婚后，丘吉尔和克莱门蒂娜的生活过得十分平淡。像当时的大多数英国贵族家庭一样，丘吉尔很少过问家庭琐事。

　　好在克莱门蒂娜是一个通情达理的女子。她不但有美丽的容貌、高雅的气质，而且还十分自信，并有着极好的忍耐力。她不但能够对付丘吉尔的各种要求和癖性，甚至是异想天开的怪念头，还能使他在发怒的时候冷静下来。在两人共同生活的 56 年中，克莱门蒂娜成功地扮演了妻子的角色，成了站在丘吉尔背后最有力的支撑者。

四

"多管闲事"的内政大臣

丘吉尔婚后一年多，英国政坛再一次爆发了地震。1909 年 12 月，下议院通过了一项决议案，谴责上议院破坏宪法并篡夺了下议院的权利。随后，政府解散了下议院，并宣布于 1910 年 1 月举行大选。这主要是因为保守党人利用上议院多数席位否决了劳合·乔治提出的财政预算。在英国的政治传统中，上议院和下议院已经形成了一种默契，那就是——上议院不得否决下议院通过的议案。保守党人的行为打破了这一传统，自由党人立即指责他们破坏了英国立宪准则和立宪传统。

自由党本来可以依靠在下议院的多数席位开展反对上院的斗争，但他们太自信了，希望通过大选得到选民们的肯定！1910 年 2 月 9 日，大选结果统计出来了！令所有自由党人大吃一惊的是，选民判定他们失败了！自由党在下议院失去了多数席位，内阁也面临着垮台的危险。好在爱尔兰民族主义者和工党在关键时刻支持了自由党，才使内阁勉强维持了下去。

在自由党全面失利的情况下，

首相劳合·乔治和丘吉尔 1910 年于伦敦

丘吉尔在丹迪市的竞选却轻而易举地获得了成功。丘吉尔敏锐地意识到了工人阶层在政坛上发挥的作用越来越大，遂与工党议会党团领袖结成了竞选联盟，联手对付两名保守党人。代表贵族和大资产阶级的保守党人宣称："所有的文明都是贵族所创造的。"

作为玛尔巴洛公爵的后代，丘吉尔并没有为贵族唱赞歌。他站在了公理一边，以他出色的演说技巧，强有力地表达了自己的政见。他说："奥德姆没有一个公爵、侯爵、伯爵或子爵不认为应该向他表示敬意。但是，我们应该更确切地说，供养贵族是整个文明世界的艰苦工作。"

丘吉尔此言遭到了亲朋们的责骂，不少人都说他"玷污门庭"。但工人阶层却十分佩服这位目光如炬的贵族政治家，他们纷纷将手上宝贵的一票投给了丘吉尔。由于丘吉尔在这次竞选中表现突出，阿斯奎斯首相更加器重他了，遂将他调任到了更加重要的职位上——内政大臣。内政大臣是英国内阁中地位较高、权力很大的职务。年仅35岁的丘吉尔能登上内政大臣的宝座，不能不说是一个很大的成就。

比起商务大臣来说，内政大臣的工作更具挑战性。内政部负责管理全国的监狱、少年罪犯营、消防队和伦敦警察局。该部可以建议国王赦免罪犯，对组织议会选举有一定的权力。全国的道路、桥梁、运河、矿山、农业、渔业、社会治安在一定程度上也属于该部管辖。在如此重要的岗位上，丘吉尔应对各种突发事件的能力得到了很大的提升，政治素养也有了很大的改善。

1910年5月，英王爱德华七世突然逝世，他的次子乔治继位为新的英王，称乔治五世（1865～1936年，1910～1936年在位）。此时，大英帝国不但世界经济霸主的地位不保，世界军事霸主的地位也遭到了德国等后起之秀的威胁。为了重新瓜分世界，德国公开加强了军备，其中对海军的投入尤其大。

英国政界很快就意识到了德国的野心。作为军人出身的内政大臣，丘吉尔对德国的野心看得尤其清楚。他与时任德国驻英大使麦德尔·尼赫伯爵是十分要好的朋友。尼赫伯爵回国前，丘吉尔为他举行了欢送晚宴，并在送别时明确对他说："德国不应企图同英国在海上开战。如有必要，德国建成一艘军舰，我们将建造两艘……激进派与保守派无论怎样相互指责，但在这个问题上立场是一致的。"

但海外殖民地对德国的诱惑力实在太大了，德国军政界根本没有理会丘吉尔等英国政治家的警告。1911年7月，德皇威廉二世乘坐"豹子号"炮艇突然来到了摩洛哥名不见经传的小鱼港阿加迪尔。当时，摩洛哥刚刚沦为法国的保护国。威廉二世为什么会突然来到这个败落的小鱼港呢？丘吉尔敏锐地意识到，这是德皇威廉二世觊觎北非之心最好的明证！他立即撰写了一沓厚厚的备忘录，送到了内阁大臣们的手中，希望德皇威廉二世的举动能引起他们的戒心。

然而，妄自尊大的英国人并不认为德国会对英国世界霸主的地位构成威胁。他们一向认为英国海军盖世无双，后起的德国海军只是小字辈。而且，荒凉的摩洛哥又是法国的殖民地，英国人何必多管闲事呢？再说了，即便要对德国保持戒心，这个备忘录也不应该由丘吉尔提出来，而应该由军方或外交部提出来。外交大臣格雷就曾挖苦他说："温斯顿见多识广，看来不用多久，政府中除了当首相以外，别的什么职务都不合适他了。"

丘吉尔不理睬这些，频频地走访外交部和陆军部，了解英国同欧洲各国的关系和英国的战备情况，查阅国防委员会会议记录，向将军们询问军事形势。了解得越多，他对英国的未来就越担心！他敏锐地意识到，英、德之间的战争已经不可避免了。当前英国应该未雨绸缪，积极备战。根据他所了解的军事情报，丘吉尔于8月13日写了一份详尽的《本大陆军事行动问题》备忘录上报首相阿斯奎斯。他预测未来战争主要战役将在法、德两国领土上进行。如果要打赢这场战争，英国应向法国派遣13个师的远征军和一些辅助部队，共计30万人。

丘吉尔的这份报告写得有理有据，处处体现了他的深思远见。英国内阁和国防委员会很快便批准了它，并认为这份报告显示出了丘吉尔"丰富的想象力和天才的军事思想"。首相阿斯奎斯也更加倚重他了，遂决定将其调往海军部任职，以加强海军建设。

英国是一个岛国，其殖民地又遍布世界，要管理这些殖民地也需要漂洋过海。此外，英国人的很多生活用品和工业原材料也需要其他国家供给！而这一切一切都离不开海上运输和军事保障。因此，海军在英国历史上一向占有重要地位，而管理海军的海军大臣在内阁中的地位也举足轻重。

五

最出色的海军大臣之一

1911 年 9 月下旬，阿斯奎斯首相前往苏格兰的阿什菲尔德海滨度假，邀丘吉尔同往。两人一边打着高尔夫球，一边聊着英国的政局和世界形势。突然首相问道："温斯顿，我打算调你前往海军部任职，任海军大臣，你有什么意见？"

丘吉尔诧异地看了首相两眼，随即会心一笑，毫不犹豫地答应了。尽管海军大臣的官阶比内政大臣要低一些，但丘吉尔知道，在大战将临之际，在海军部工作更能发挥他的作用。就这样，丘吉尔于 1911 年 10 月 25 日和原海军大臣麦肯纳交换了职位，成为了新任海军大臣。

丘吉尔是一名军人出身的政治家，但他从没有当过一天海军。对海军建设来说，他完全是一个"门外汉"！因此，他甫一上任便遭遇了多方的质疑。人们都担心这个"门外汉"会把英国海军弄得一团糟。但事实很快就证明，人们的担心完全是多余的。丘吉尔知人善任，一上任便进行了人事改革，起用了一批很有才华的青年军官。

随后，丘吉尔便针对英国海军部队和海军部存在的种种弊端展开了大刀阔斧的改革。他像一个工作狂一样，每天都马不停蹄地奔波于各海军基地之间，甚至连周末的时候也要工作八个小时以上。

为了加强海军部判断形势和制定政策的能力，丘吉尔在海军部建立了参谋人员值班制度，规定值班人员在必要情况下发紧急警报。他在办公室的墙上挂了一张北海地区的形势图，让参谋人员随时用小纸旗在上面标出德国海军的兵力部署情况。他想在海军部中极力营造一种临战气氛，使部内各级人员相信：英国海军面临的威胁已经迫在眉睫。

1912 年 1 月，丘吉尔在海军部正式建立了作战参谋部，由第一海务大臣具体领导。他还下令对参谋人员进行培训，要求参谋人员认真研究英国历史上所发生的经典海战范例，寻找对付德国海军的办法。他的这一措施收到了明显效果！战争爆发后，英国海军部参谋部提出了许多富有建设性的意见，其中最著名的便是对德国实行"远距离封锁政策"。

为了提高英国海军的战斗力，丘吉尔提高了普通士兵的薪饷标准，修改了军纪条例中的某些处罚士兵的荒唐规定，并规定优秀的士兵可以被任命为军官。丘吉尔此举不但为普通士兵升迁打通了一条通道，也极大地提高了士兵们的战斗积极性。海军杂志《舰队》在丘吉尔任海军大臣约一年后曾撰文指出："在海军历史上，在处理下级军官与士兵的各种待遇方面，还没有一位海军大臣能比温斯顿·丘吉尔具有更为实际的同情心。"

在完成内部管理改革的同时，丘吉尔还充分注意到科学技术的发展对提高海军作战能力的重要作用。他积极地建议政府采用性能更好的石油取代煤炭，作为军舰的新燃料。但是当时的英国并不产石油！于是，丘吉尔又说服政府，以 200 万英镑之巨资成立了伊朗石油公司。他冒着风险决定将新型军舰上的主力火炮由 340 毫米口径改为 380 毫米口径！此外，他还极力鼓励皇家海军航空兵部队在使用水上飞机和飞艇方面进行大胆试验！在此期间，丘吉尔自己也学会了开飞机。事实证明，这些举措在后来的战争中发挥了极其重要的作用。

英国海军在丘吉尔领导下所取得的成就赢得了国王和首相的赞赏，也引起了德国方面的不安。1912 年 1 月，德国政府主动向英国提出，他们想就限制海军军备与英国达成谅解协议。这是一种外交上的策略，也是对英国政府开战决心的试探。英国政府立即派出陆军大臣霍尔丹前往柏林，与德国政府谈判。

令霍尔丹大吃一惊的是，他刚到柏林，德皇威廉二世就在国会宣布：德国将大幅度增加军费开支。这位被称为"恺撒"的德国皇帝宣称："支持和加强德国在陆地和海上的国防实力，是我的永恒职责和本分……德国人民并不缺少能够拿起武器的年轻人。"

德皇威廉二世的举动激怒了英国人！丘吉尔于 2 月在格拉斯哥发表了一篇针锋相对的演说。他宣称，英国人从儿童开始就开始接受热爱海洋的教育，每个人都有当海军的精神准备，所以"英国从来都不缺海员"。他特别指出："英国海军是一支无比强大的防御力量。英国海军对我们来说是必需的。而德国海军，从某种意义上说，对德国人是一种奢侈。我们的海军实力直接关系到英国本身的生死存亡，是我们生存的保证。但对德国人来说，强大的海军实力就是扩张。"

丘吉尔的这篇演说在德国和英国都引起了强烈的轰动！德皇威廉二世斥责丘吉尔"狂妄自大"，英国内阁中一些人则斥责丘吉尔讲话不知轻重。但英国新闻界和民众对丘吉尔的这篇演讲却好评如潮。

丘吉尔在海军的改革取得了极大的成就，但也因海军军费的大幅度增加引起了一些人的不满，甚至连财政大臣劳合·乔治也认为海军部的预算是过于庞大了。不过，他同时认为内阁不能少了丘吉尔这样杰出的人才！他曾公开宣称，丘吉尔留在内阁里"值百万英镑"。

事实也是如此！丘吉尔无疑是英国历史上出色的海军大臣之一，他在海军部任职期间要比他的前任干的出色得多！后来，当丘吉尔离开海军部时，原陆军大臣基奇纳对他说："您永远可以引以自豪的是，您已使英国舰队作好了充分的战争准备。"

·第五章·

接受战争的历练

一

开战！开战！开战！

　　1914 年夏，帝国主义之间的矛盾已经公开化了。德、意、奥等组成的三国同盟和英、法、俄等组成的三协约国之间的关系十分紧张，一场席卷整个欧洲的大战一触即发。

　　6 月 28 日上午 9 点，波斯尼亚青年普林西普在萨拉热窝刺杀了主张吞并塞尔维亚的奥匈帝国皇储斐迪南大公夫妇。这一事件被称为萨拉热窝事件，是第一次世界大战的导火索。

弗兰茨-斐迪南大公及其夫人

　　7 月 23 日，奥匈帝国在获得德国无条件支持下向塞尔维亚发出了最后通牒，包括追查凶手、镇压反奥活动和罢免反奥官员等。虽然塞尔维亚同意了奥匈帝国的大部分条件，但奥匈帝国在德国的支持下依然将冲突迅速升级到了军事层面。7月28日，奥匈帝国对塞尔维亚宣战，打响了第一次世界大战的第一枪。

消息传到伦敦之后，丘吉尔立即命令各舰队进入战备状态，随时准备开赴战场。战争是一件令人讨厌的事情，但是既然无法避免战争，战争巨子们就得在战场上表现他们的杰出才能和智慧。出身军人的丘吉尔也意识到，战争将是他表现自己的一次大好机会。他在给妻子的信中说："发生的每件事都在导致灾难和崩溃。我感到有趣、亢奋和快乐……我乞求上帝宽恕我这种令人可怕的轻率情绪。然而为了和平，我将竭尽全力，没有什么能诱使我会不公正地去回击这种灾祸。"

从表面上看，第一次世界大战的爆发是由萨拉热窝事件引起的。其实不然，这场战争爆发的真正原因是帝国主义之间积累的矛盾。站在塞尔维亚背后的是强大的俄罗斯帝国和法国。英国虽然没有公开表示要支持塞尔维亚，但也在私下里鼓励俄国积极备战。8月1日，德国正式向沙俄宣战。

丘吉尔获悉之后，立即赶往唐宁街10号的首相府邸，开门见山地对阿斯奎斯首相说："尊敬的首相阁下，在当前的形势下，我准备先自行下达总动员令，然后再请内阁追认。"

阿斯奎斯略一沉思，点点头说："温斯顿，你的判断是正确的。除此之外，我们还能有什么办法呢？这场战争迟早会降临到不列颠的头上的。"

丘吉尔立即返回海军部，向各舰队下达了总动员令。第二天，内

愤怒的丘吉尔

阁召开会议，追认了丘吉尔所下达的命令。就在此时，德军出兵中立国卢森堡的消息传来了。内阁大臣们坐在办公室里，面面相觑，陷入了沉默。丘吉尔突然站起来，挥舞着紧握的拳头，高声喊道："开战！开战！开战！"

8月3日，德国向其西部的邻国法国宣战。次日，德国又出兵中立国比利时，驱逐该国境内的法军。比利时被迫对德国宣战。英国考虑到比利时对自己国土安全的重要性，立即向德国发出最后通牒，要求德军在当晚11点以前从比利时撤退。

夜深了，丘吉尔焦急地在海军部的办公室里踱来踱去，等待着宣战时刻的到来。他时不时抬头看看墙上的挂钟，已经10点45分了，如果德国方面在15分钟内不作回复的话，英国便要向其宣战了！

晚上11点整，德国方面依然没有就英国的最后通牒作任何回复。英国政府向德国宣战，丘吉尔也在同一时间向海军下达了作战命令。命令签发之后，丘吉尔立即迈着坚定的步伐，在民众的欢呼声和《上帝保佑英王》的国歌声中穿过近卫骑兵检阅场，前去唐宁街10号的首相府邸向阿斯奎斯通报最新情况。他的表情看上去十分平静，既不沮丧，也不得意洋洋，就像一个人去从事一件极其习惯的工作一样！

在开战后几周内，丘吉尔和他建立的海军部执行委员会每天上午都会在海军部召开会议，研究兵力部署相关事宜。英国海军最初的战况并不理想，令丘吉尔和海军部深感失望！9月22日，德国潜艇在荷兰沿海击沉了英国的3艘老式装甲巡洋舰，英国海军阵亡达一千五百余人。

与此同时，丘吉尔应法国人的请求，向敦刻尔克派出了一支海军陆战队。为了运送数量庞大的陆战队队员，丘吉尔从伦敦街头征用了50辆公共汽车。在他的亲自监督下，陆战队队员们先被运到了海滨，随后又在海军的护送下顺利地穿越了英吉利海峡，抵达了法国重要的海港敦刻尔克。但敦刻尔克并没有发生任何战斗！丘吉尔领着他的陆战队，在前线各处跑来跑去，寻找战机。人们戏谑地将这支奇怪的队伍称为"敦刻尔克马戏团"或者"丘吉尔马戏团"。

由于丘吉尔大部分时间都在法国前线跑来跑去，到各处去巡视海军陆战队和海军航空基地，这造成了内阁召开讨论海军问题的会议时，海军大臣常常缺席。阿斯奎斯首相只好替他掌管海军部的日常工作，放手让丘吉尔在欧洲大陆大干一场。

10月初，德军已经深入到了法国和比利时的腹地，比利时最重要的海港城市安特卫普岌岌可危。寡不敌众的比利时政府决定放弃安特卫普，撤往奥斯坦德。由于阿斯奎斯首相不在伦敦，无法及时处理这一紧急事件，丘吉尔立即和外交大臣格雷、陆军大臣基奇纳等人商议应对办法。经过商议后，他们决定要求比利时政府坚守安特卫普。当时，丘吉尔正要再次到敦刻尔克去视察海军陆战队，大家便要求他前去安特卫普向比利时政府转达上述意见。

10月3日下午，丘吉尔到达安特卫普，与比利时政府进行了商谈。比利时人同意在该地坚守十天左右，以等待协约国援军的到达。丘吉尔也当即命令敦刻尔克的英国海军陆战队先派两个旅来增援安特卫普。

10月4日，丘吉尔致电阿斯奎斯，请求准予辞去海军大臣职务，并授予他在安特卫普的正式军事指挥权。基奇纳建议首相授予丘吉尔中将军衔，全权指挥安特卫普方向的军事行动。阿斯奎斯首相略一沉思，便拒绝了这一建议。当天，阿斯奎斯首相在日记中写道："温斯顿从前是一名骠骑兵中尉，如果接受他这个建议，他就有权指挥两名卓越的少将，更不要说准将、上校等军官了！可是海军只不过提供了很少几个旅的兵力。"

最后，英国内阁决定任命亨利·罗林森爵士统率安特卫普的英国军队。实际上，丘吉尔此时已经把英军的指挥权抓在了手里。不过，他奉命于10月6日交出了指挥权，返回了伦敦。丘吉尔走后几小时，比利时政府就放弃了这座伟大的城市。比利时军队主力撤离阵地，向西南方向移动。在溃退中，英国海军陆战队的几个旅被德军打散了，约二千五百人成了德军的俘虏。一时间，舆论哗然！在保守党的组织下，人们对丘吉尔进行了猛烈抨击。

身份特殊的丘吉尔少校

1914 年下半年和 1915 年初，英国海军接连击沉了德国海军多艘巡洋舰，终于扭转了战局。在胜利的鼓舞下，丘吉尔向帝国防务委员会提出，消除敌军入侵英国威胁的最好防御手段就是主动进攻！他还提出了两个作战方案：其一，在北海封锁德国各海港出口；其二，进攻达达尼尔海峡，进攻土耳其最大的城市君士坦丁堡，与俄国人取得联系。

1915 年 1 月 2 日，俄国陆军总司令尼古拉·尼古拉耶维奇大公发电给英国首相阿斯奎斯，请求英军对土耳其采取牵制行动，以减轻俄军在高加索地区的压力。如此一来，内阁会议便确定首先执行丘吉尔提出的后一种方案，即达达尼尔方案。结果，由于指挥不力，英国海军在达达尼尔海峡损失惨重，再一次引起了舆论的哗然！

5 月中旬，时任第一海务大臣、海军元帅费希尔断然提出辞职，丘吉尔与费希尔的合作关系结束了。阿斯奎斯首相曾试图挽留费希尔。但费希尔拒绝与丘吉尔和解，并要求更新海军部班子。在诸多政治压力下，阿斯奎斯首相决定与保守党合作，组织联合政府。在与保守党领袖进行协商之后，阿斯奎斯解除了丘吉尔的海军大臣职务，而让其担任"不管部"大臣的虚职。因为保守党领袖博纳·劳曾公开声明，如果丘吉尔不离开海军部，保守党就拒绝支持政府。

10 月，英国历史上第一届联合政府成立了达达尼尔委员会，指挥土耳其方面的战斗。但这个机构结构臃肿，人员冗多，意见难以统一，再加上前线指挥官的贻误战机，致使前线的战事毫无进展。

10 月下旬，阿斯奎斯首相决定将达达尼尔委员会改为作战委员会，精减人员，负责监督一般的作战行动。由于保守党的排挤，丘吉尔被迫离开了作战委员会。这样一来，丘吉尔完全被排除出了战争指挥机关。

11月15日，丘吉尔在下议院发表了辞职演说。他在演说中特别指出："我在海军部任职期间，没有一项重大的政策性行动、舰队的重新分派计划、船只的调动和作战计划，不是征得了海军第一海务大臣同意的，而且记录在案。"

丘吉尔成了政治斗争的牺牲品，但他并没有因此而痛恨保守党人。为了国家和民族的命运，丘吉尔从一开始就建议首相吸收保守党人进入内阁，组织联合政府；在战争中，他毫无保留地与保守党朋友一起坦率地讨论战时政策；甚至在离职时，他还向首相推荐保守党领袖巴尔弗继任海军大臣。相形之下，丘吉尔要比那些囿于党派之争的政治家们高尚得多。

从海军部调往"不管"部任职，继而又被排挤出作战委员会，这对丘吉尔来说是一次极大的打击。他在《随想与奇遇》一书中就此事写道："我了解每一件事情，但却什么事情也做不了……就像海兽从深海被捕捞后带出海面，或像潜水员突然浮出水面，我的血管由于压力突降而有暴烈的危险。"

母亲伦道夫夫人十分担心儿子的状态。她曾写道："害怕他会因无所事事感到十分悲伤，那是对他多么可怕的伤害和肢解，把他从那里的工作岗位上调离，就好像贝多芬变聋了一样。"

可以想象，对一个从小就向往从政的人来说，在刚刚取得一定成果，还没来得及仔细品尝时就被莫名其妙地赶下台，是一件令人多么悲伤的事情啊！

1915年的冬季，丘吉尔的心情就像伦敦雾蒙蒙的天空一样阴郁！从1905年担任殖民地副大臣开始，年轻的丘吉尔已经在英国政坛度过了风光无限的10年！没想到，他竟像父亲当年一样，突然从位高权重的位子上跌落了下来。

丘吉尔伤心极了！他曾无数次伫立在办公室的窗前，望着凋敝的伦敦街头，思索着自己的未来。最终，他作出一个惊人的决定：以少校军衔奔赴英国远征军，到法国前线打仗去。以一个前海军大臣的身份自告奋勇去前线当一个普通军官，这其中多少有几分赌气的成分！要知道，战场上子弹可是不长眼睛的，它才不会因为丘吉尔是前海军大臣而躲着他的！

1915 年 11 月 18 日，丘吉尔身着少校军服，悲壮地步出了家门。母亲伦道夫夫人、妻子克蒂门蒂娜、秘书埃迪·马什和几个孩子都在门前的台阶上为他送行。老母亲伦道夫夫人抹着眼泪，满脸绝望地望着儿子。她不知道儿子这一去还能不能回到自己的身边。丘吉尔轻轻走上前去，紧紧拥抱着母亲，含情脉脉地说："亲爱的母亲，别担心！我会回来的！你知道，我在战场上向来是十分幸运的！"

克蒂门蒂娜走上前去，拉着丈夫，呜咽着说："温斯顿，去吧！我会照顾好家里的一切的！"

丘吉尔忠实的秘书埃迪·马什站在台阶上，望着丘吉尔的背影，眼泪止不住地流了下来。丘吉尔不知道该怎样安慰他，便走上前去，用力握住了他的手，然后一扭头钻进了开往码头的小汽车。

几天之后，丘吉尔踏上了开往法国圣·奥莫尔的轮船。他完全失去了以往外出巡视时的派头，挤在一群假满归队的官兵中间，静静地望着波涛汹涌的英吉利海峡。令丘吉尔感动的是，当轮船靠岸后，他发现英国远征军总司令弗伦奇将军已经让司机开着他自己的小汽车在那里等候了。丘吉尔随车来到设在布伦迪克城堡的司令部里，与弗伦奇将军一起进餐。后来，丘吉尔回忆这段经历时曾感动地写道："我们几乎是单独在一起进餐，并以同等的地位对战争形势作了长谈，仿佛我还是海军大臣。"

弗伦奇将军建议丘吉尔指挥一个旅，丘吉尔准备答应下来。但转念一想，他又拒绝了，因为他还从来没有指挥过任何战斗，哪怕是指挥一个连队。丘吉尔对弗伦奇将军说："我希望能到基层先去见习一段时间，熟悉一下陆军战斗的特点。"

弗伦奇将军略一沉思，微笑着点了点头。就这样，丘吉尔被安排到了近卫步兵团的一个营。任命刚一下达，近卫步兵团的步兵营便沸腾了。

士兵们奔走相告："前海军大臣丘吉尔到营里来实习了！"

几个年轻军官轻蔑地撇了撇嘴，闷声道："哼，前海军大臣，贵族出身的政客！"

丘吉尔来到营里，官兵们对他都十分冷淡。营长乔治·杰弗里斯中校甚至开门见山地对他说："我想我应该告诉你，你到我们这个营来，这件事根本没有同我们商量过。"

丘吉尔知道，官兵们对他的成见主要是因为他的前海军大臣和贵族的身份，但丘吉尔并没有摆出"大人物"的架子，他在工作中处处小心谨慎，努力搞好与战友和军官们的关系。他还要求到战壕里去体验普通士兵的作战生活，以便丰富自己的作战经验。这样做是十分艰苦而且危险的，丘吉尔因此赢得了士兵们的尊敬！他们对他的看法也有了根本性的改变！

有一次，团部命令丘吉尔到军部去见军长，汇报作战情况。他在泥泞的小道上步行了5公里，好不容易才来到约定地点，但团部派给他的汽车并没有来。丘吉尔气愤极了！他憋着一肚子的怨气，又回到了掩蔽部。这时，他才发现这件令人不快的事竟使他逃过了一场灭顶之灾！他的掩蔽部已经被德军炮火完全摧毁了。如果不是因为这件令人不快的差事的话，他可能已经成了德军炮火下的亡魂！想到离开伦敦时对母亲所说的话，丘吉尔喃喃自语道："我是多么幸运啊！"

毛瑟枪团第六营中校营长

1915 年 12 月中旬，丘吉尔在近卫步兵团的见习任务结束了。他回到了英国远征军的司令部，等待弗伦奇将军给他委派新的任务。弗伦奇将军本打算派丘吉尔到第十九师担任某旅旅长的，但这项任命未等批准就被取消了。弗伦奇在回伦敦时向阿斯奎斯首相汇报工作时，提及了这项任命。阿斯奎斯对弗伦奇将军的做法十分不满，认为丘吉尔不应得到特殊照顾。

不久，道格拉斯·黑格将军取代了弗伦奇将军，成为英国远征军新任总司令。黑格的观点和阿斯奎斯首相十分接近，不主张对丘吉尔因其前海军大臣的身份就予以特殊照顾。他对身边的参谋人员说："在丘吉尔显示出他能以营级指挥官的身份负起指挥战斗职责的能力之前，就不能任命他为旅长。"

就这样，丘吉尔被任命为皇家苏格兰毛瑟枪团第六营中校营长。皇家苏格兰毛瑟枪团第六营的官兵基本上都来自低地苏格兰，虽然思想单纯，却个个骁勇善战。当时，战事并不紧张，敌我双方只是躲在战壕里，用炮火猛轰对方的阵地。但欧洲大陆潮湿阴冷的冬季和肆虐的伤寒却把士兵们折磨得痛不欲生了！部队里几乎每天都有因得了伤寒而失去战斗力的士兵，后方医院里几乎每天都有因为得了伤寒不治而亡者！伤寒是一种急性传染病，虱子和跳蚤是伤寒杆菌传播的主要途径。

丘吉尔一上任，就把官兵们集合了起来。他用大拇指和食指捏着一只虱子，高声喊道："嘿，先生们，谁知道这是什么东西？"

大家凑上前去，仔细一瞧，都乐了起来，纷纷道："虱子嘛！在前线，这个小东西可不是什么稀奇的玩意，我们每个人身上都有！"

丘吉尔陪着官兵们笑了一阵，然后一本正经地对大家说："这个可恶的小东西专门吸我们的血，还传染疾病给我们，可不能等闲视之。现在，我发布第一条命令：先生们，向虱子开战吧！"

由于长时间待在战壕里，士兵们的衣服上满是污垢和受伤时留下的血渍，浑身上下都散发着一股令人作呕的味道。在丘吉尔的指挥下，士兵们痛痛快快地洗了澡，洗了衣服。丘吉尔还把自己洗澡用的白铁浴盆拿出来与大家共用。几天之后，第六营的官兵们便面目一新了！玛尔巴洛公爵的后代竟然如此平易近人！官兵们感到分外亲切，很快便与丘吉尔打成了一片！

丘吉尔十分努力地工作着，每天都要到防线巡视 3 次。他穿着英国军官的制服，戴着法国军官的钢盔，看上去十分特别！他走到前线，士兵们一眼就能认出他来。他精心地安排兵力部署，要求士兵们加固掩体，以防敌人的炮火袭击。刚毅果决、勇敢机警的丘吉尔经常鼓励士兵们说："战争是一种游戏，应当满面笑容地作战。"

在他的鼓舞之下，第六营的士气大振，成了皇家苏格兰毛瑟枪团最富战斗力的部队。

自从丘吉尔来到法国前线之后，战场上并没有发生重大战斗，这令丘吉尔感到有些失望。他主动请他的老朋友、炮兵师长杜德准将炮击敌人的战壕，打破了战场上的沉寂。德军立即以猛烈的炮火还击。

更多的时候，战场上显得异常

丘吉尔戎装照

安静，士兵们都躲在战壕里，静静地抽烟、擦枪或者目不转睛地注视着对面的阵地。丘吉尔也不得不靠阅读随身携带的袖珍本莎士比亚作品和亲友的来信来打发寂寞的时光。

英国政坛的要员们经常到前线巡视！作为曾经的海军大臣，丘吉尔也得到了他们的特别关照。西利将军等人每次到前线巡视时，总免不了要去看望一下丘吉尔。看着丘吉尔穿着笔挺的中校制服，西利将军半开玩笑地对他说："嘿，温斯顿，看来你过得不错嘛！"

看着西利将军身上干净的将军制服和锃亮的皮鞋，丘吉尔一边拉着西利将军，一边说："老朋友，去参观一下我们的战壕吧！"

丘吉尔拉着西利将军，在满是泥泞的战壕里爬来爬去，不一会儿就把将军那身名贵的制服弄得满是泥污了！每当这时，丘吉尔和官兵们就会哈哈大笑！

1916年3月初，下议院召开会议，讨论当年度的海军预算问题。作为下议院议员，丘吉尔请了一个星期的假，返回了伦敦。丘吉尔在会议上发言，力主必须制订一项更大的造舰计划，以确保英国海军对德国的优势。同时，丘吉尔还希望内阁能够重新任命费希尔元帅为海军部第一海务大臣。

丘吉尔的发言刚刚结束，议员们就发出了一片嘘声。人们纷纷低声议论道："这个滑头又在玩弄什么政治伎俩啊！"

费希尔与丘吉尔不和是众所周知的事情。他乍一提出让费希尔复职，人们难免会认为他是为了重返政界才提出这种妥协方案的。实际上，丘吉尔确实认为海军部需要像费希尔这样有能力、有魄力的军官！

只不过，由于远离政治中心，消息不灵，丘吉尔错误地判断了伦敦的政治形势。当时内阁正处于极度困难之中，内阁成员在政策上存在较大分歧，劳合·乔治甚至决意辞职，准备加入反对派的行列。如果劳合·乔治加入到反对派行列中去的话，自由党就失去了两员大将——另外一位是已经离开内阁的丘吉尔。丘吉尔寒心极了。他隐隐感到，自己必须重返伦敦，早日回到政治生活的中心地带去。他的一些朋友，甚至连与他一向不和的费希尔也都敦促丘吉尔早日离开军队，回到伦敦来。

几天之后，丘吉尔怀着一种非常复杂的心情回到了法国前线。经过深思熟虑，丘吉尔决定离开军队，重返政坛。对他来说，在政坛上所发挥的作用要比在军队中指挥一个营大得多！不过，他的内心里仍然在挣扎着。他在给一位朋友的信中写道："战争形势愈趋严重，我内心深感要用我的知识和力量弥补时间，加之改弦更张绝非容易，又得顾及我所向往的事业，在这种左右为难的情况下，异乎寻常的犹豫不决是不言而喻的。"

4月中旬，一件突发事件帮助丘吉尔作出了抉择。由于部队战斗减员很大，各部队都出现了缺编的情况。为了加强战斗力，英国远征军决定将第六营并入皇家苏格兰毛瑟枪团第七营，由资深军官第七营营长出任合并后的新营长。丘吉尔没有离开自己的营，但他的营离开了他。这下，丘吉尔可以合乎情理地退伍回国了。

返回伦敦之前，丘吉尔借了一辆汽车，几乎跑遍了英国远征军所有的部队，以便把他手下的军官安排到合适的岗位上。由此可以看出丘吉尔对下属的关心。也正因为如此，当他离开时，他的下属们都恋恋不舍。他的副官吉布上尉惋惜地说："我坚信，再也不会有比他更得人心的军官来指挥部队了。他作为一名军人，工作努力，不屈不挠，坚忍不拔……他热爱军职，时刻把它放在心上，我认为他称得上是一位非常伟大的军人。"

1916年5月9日，丘吉尔返回了伦敦。当天，他发表了一项声明，说他"获准回来休假"，并打算"继续尽其在议会和政治上的职责"。3周之后，《伦敦公报》宣布，丘吉尔放弃了他的中校军衔。这是陆军部批准丘吉尔退伍时的一个附加条件。这意味着，丘吉尔从那之后再也不能到军队中任职了。

· 第六章 ·

跌宕起伏的人生

重返政坛出任军需大臣

对丘吉尔来说，重返政坛并不是一件容易的事情。首先，他必须要有一定的经济基础作保障，因为内阁官员的薪俸根本不够支付庞大的政治活动经费和家庭支出。另外，他还需要重新恢复自己的政治声誉。前一件事情比较容易解决，丘吉尔那数量可观的稿费足以应付经济需要。但后一件事就不那么容易了。

重返伦敦之后，丘吉尔未能立即进入政坛。他只能在下议院的会议上侃侃而谈，在报刊上发表文章，呼吁官方在工业和军队中提高机械化程度，科学地使用人力，以便解决军队和工业争夺人力的矛盾，同时保护"神圣的生命之花"。

工作之余，丘吉尔还爱上了绘画。有一天，他看到弟弟杰克的妻子、业余画家琼娜夫人在作画，突然灵感迸发，从她手中接过画笔画了起来。丘吉尔这才发现自己很有绘画方面的天赋，对色彩的感受也十分敏感。于是，他决定发展自己在绘画方面的天赋。他起初用侄子的画笔和颜料作画，接着又从画店中购买了全套工具。后来，在著名画家莱弗尼的辅导下，他的进步很大，几乎达到了专业画家的水平。战后，丘吉尔还在巴黎举行了个人画展，出版了《绘画集》。20 世纪伟大的画家之一毕加索曾评价他说："要是他是一个职业画家的话，准可以不愁吃穿！"

在丘吉尔赋闲的这段时间里，前线的战况依然未见好转。阿斯奎斯内阁终于因指挥战争不力而垮台了。主张加强作战力量、夺取战争胜利的劳合·乔治奉命组织新内阁。1916 年 12 月，劳合·乔治主持的战时联合政府成立了。

对丘吉尔来说，劳合·乔治组阁无疑是一个天大的好消息。劳合·乔治与丘吉尔一向是志同道合的好朋友，因此他有心让丘吉尔重新参加政府工作。不过，由于保守党的竭力反对，劳合·乔治一直未能找到让丘吉尔入阁的机会。

1917年年初，达达尼尔海峡战役调查委员会先后公布了一些调查结果。调查结果指出，达达尼尔海峡战役的失利应由阿斯奎斯首相和陆军大臣基奇纳负主要责任。丘吉尔虽然也犯了错误，但却不是整件事的罪魁祸首。达达尼尔海峡战役失利的真相大白于天下了，丘吉尔的名誉也得到了一定程度的恢复。这就为他重返政坛打下了良好的基础。

丘吉尔陷入困境之时，欧洲大陆的战争局势意外地得到了缓解。1917年4月，美国总统伍德罗·威尔逊代表美国对德宣战，出兵欧洲，参加了对德作战。德军的压力陡增，战局对德国越来越不利了。

这时，丘吉尔的处境有所好转。1917年7月，劳合·乔治首相巧妙地帮助了丘吉尔，让他当上了军需大臣。尽管丘吉尔重新进入了政府，但却招致了诸多的反对之声。《晨邮报》的评论尖刻地嘲讽道："尽管我们还未发明永不沉没的舰船，但我们却已经发现有不会倒台的政治家……我们可以蛮有把握地预料，他会继续铸成有损于国家的大错。"

陆军大臣德比勋爵马上以辞职相要挟。保守党议员们更是组成了近四十人的代表团向该党领袖博纳·劳提出抗议，质问他为什么向"这个冷酷无情、从来不留余地地向保守党开火的叛徒"加入政府？

劳合·乔治和丘吉尔最终顶住了压力，并在一定程度上化解了丘吉尔与保守党之间因政见而引起的不和。丘吉尔也在军需大臣的位子上坐稳了。军需大臣是1915年才设立的新职务，并不属于内阁大臣之列，无权参与重大问题的决策。不过，丘吉尔并没有太多的抱怨。对他来说，能够重新加入到战争领导者的行列中已经是一件不容易的事情了。他决心吸取以往的教训，脚踏实地干实事，用行动说话。他谈到自己的新使命时说："既然没有让我提议案，我就抓紧制造武器的工作。"

在短短的时间内，丘吉尔似乎完全变了一个人。他再也不是那个动辄拍桌子瞪眼睛公开挑战的雄狮了，他学会了韬光养晦，学会了如何用强有力的沉默来表达自己的政见。他的变化太大了，甚至连《泰晤士报》一位记者采访丘吉尔时也惊讶地说："我从未见过，哪一个人能在如此短暂的时刻里完全变成一个崭新的人。"

军需大臣虽然不属于内阁大臣之列，但权力却很大。整个远征军的后勤供应都归军需部管。但军需部1200人的庞大队伍却缺乏健全的管理制度，工作效率十分低下。丘吉尔敏锐地意识到，这种管理方式是无法有力地配合前线的战事的。因此，他上任伊始就展开了大刀阔斧的改革，建立了一套行之有效的管理制度。在理顺了内部管理系统的同时，他还紧张地奔波于各个兵工厂，督促工人把大炮、枪支、子弹、坦克、飞机源源不断地制造出来，以备前线之需。

1917年11月，西线战局发生了微妙的变化。当时，俄国爆发了十月（俄历10月，公历11月）革命，新成立的苏维埃政权宣布退出第一次世界大战。德国结束了艰苦的两线作战，将东线的兵力迅速抽调到西线，专心对付美、英、法等国。协约国的压力陡增，但胜利已成定局。

1918年3月以后，由于前线战事吃紧，武器装备的损耗很大，丘吉尔加快了军需生产的速度。他甚至要求250万工人在必要时放弃复活节的休假。他还不断飞往法国战场。为了更快地向英国作战部队和盟军及时提供军需品，他在法国设立了英国军需部的分部。他常常飞到英国远征军指挥部去，同将军们讨论战略和军需供应问题，了解和满足前线将士对军需品的需要，及时对军需品的品种和结构进行更合理的调整。

在军需部工作期间，丘吉尔仍然一如既往地注重科学技术对增强军队战斗能力的关键作用。他主张尽可能地用最科学的战争武器来装备英国军队，比如用飞机、坦克、机枪，甚至毒气。早在担任海军大臣时，他就曾动用海军经费改进和大量建造被称为"陆地行舟"的履带式战车。这种由轮式装甲汽车发展起来的新型武器装备，后来演变成威力巨大的现代坦克。在坦克发展史上，丘吉尔作出了重要的贡献。有一些关键性的技术改进，比如由轮式改为履带链轨，就是丘吉尔在听取了军事专家的建议后实施的。

履带链轨坦克

第一次世界大战期间，英国远征军率先在战场上使用了坦克。结果表明，坦克不仅能碾倒铁丝网、跨越战壕，还能以强大的火力压制对方而不怕对方的射击，战果十分显著。因此，丘吉尔建议扩大坦克生产和组建坦克部队。1918年3月5日，丘吉尔在一份报告中提出："为了在1919年对敌人进行打击，我们应该创建一支坦克军队，这支部队在其构成上和作战方法上，都应与双方所使用的任何一支部队根本不同。"战时内阁批准了丘吉尔的在1919年4月之前制造4000辆坦克的报告。

虽然坦克并不是哪一个人发明的，但丘吉尔在坦克发展史上所作的贡献是十分巨大的。战后，为弄清坦克发明权而成立的皇家委员会撰写报告指出："委员会愿意首先指出，由于丘吉尔的敏锐、勇敢和坚决……用坦克这种武器作战的设想才得以实现。"

第六章　跌宕起伏的人生

二

身兼陆军和空军大臣两职

在忙活自己本职工作的同时，丘吉尔依然像往常一样，改不了爱管"闲事"的习惯。他设计了诸多夺取主动权和打赢战争的大胆战略方案，源源不断地送交到劳合·乔治首相的办公室。劳合·乔治也乐意与这位足智多谋、刚毅果断的军需大臣就一些重大问题进行非正式磋商。劳合·乔治甚至派他为私人代表，前往法国求见法国总理克列孟梭，敦促法军发起反攻，以减轻英军的压力。

丘吉尔受到了克列孟梭总理的热情接待。76 岁高龄的克列孟梭还邀请他一起去前线巡视。中途，他们遭受了德军猛烈炮火的袭击。丘吉尔埋怨说："阁下不应冒着生命危险到前线来。"

克列孟梭总理笑了笑，奔放地回答说："这是我特殊的乐趣。"

与法国总理的这次见面让丘吉尔消除了对战争形势的忧虑。他敏锐地意识到，在英、法等国军队的合力打击之下，德国人已经猖狂不了多长时间了。果然不出他所料，战争持续到 1918 年 7 月之时，德军已经成了强弩之末，从此一蹶不振了。

9 月末，德军统帅部建议德皇威廉二世更换政府。德国新政府成立后，立即

乔治·克列孟梭

以美国总统威尔逊提出的"十四点"为基础，试图达成一项和平解决第一次世界大战的办法。丘吉尔知道，德国人再也坚持不下去了。不过，为了"确保敌人即使形势有利也不能继续战斗下去"，他依然没有放松军需生产工作。

在英国政府举行的讨论停战问题的会议上，大臣们提出："考虑到协约国方面目前已确实占有战略上的优势，因此停战条款必须严厉。"丘吉尔同意这一观点。不过，丘吉尔也敏锐地意识到，这样做可能会激起德国人的复仇情绪。因此，他后来在曼彻斯特的演讲中指出："我们并不要求德国无条件投降。对任何一个国家，亦即对人类大家庭中任何一个伟大的分支，都无权进行掠夺，而理应保证它在未来世界中的地位。我们并不图谋去毁灭德国。"

贡比涅森林停战协定与福煦车厢

1918 年 11 月 11 日上午 11 点，德国与协约国签订了《贡比涅森林停战协定》，宣布投降！历时 4 年 3 个月的第一次世界大战终于以协约国的胜利而告终了。第一世界大战极大地改变了欧洲和世界的格局。俄罗斯帝国、奥斯曼帝国、奥匈帝国和德意志第二帝国在战争中或战争结束后的几年内全部解体了。奥斯曼帝国和奥匈帝国还分裂成了许多独立的民族国家。英、法等老牌帝国主义国家在战争中受到重创，远离欧洲战场的美国和日本却在战争中以倒卖军火和攫取殖民地等方式而大发其财，迅速成长为新兴的帝国主义国家。

胜利的消息传到伦敦之后，丘吉尔立即带着怀有身孕的妻子克莱门蒂娜，乘汽车前往唐宁街 10 号向首相劳合·乔治表示祝贺。欢呼胜利的人蜂拥而来，聚集在白厅前的广场上举行庆祝活动。这一场面令丘吉尔想起了 1914 年 8 月 4 日深夜经过这里去向阿斯奎斯首相通报战况时的情景，他不禁感慨万分！

后来，他曾不无感慨地说："当我听到英勇的人们欢呼时，想起他们肩负这样的重担，贡献所有的一切，从不动摇，对祖国及其前途从不失去信心；在表达他们情感的时刻到来时，对犯有过错的人宽宏大度；我内心的感情实非言词所能形容。"

战争的胜利让劳合·乔治也十分高兴。不过，随着议会任期届满，他所考虑的是如何利用战争胜利给他的政府及他本人带来的崇高声望，在未来的大选中获胜并组成一个向和平时期过渡的新政府。

战后的第一次全国大选呈现出了前所未有的复杂局面。根据当年通过的《公民权利法案》，21 岁到 30 岁的女性首次获得选举权。这意味着，英国女性在政坛上所发挥的作用将越来越大。此外，为了应对支持阿斯奎斯的工党和部分自由党人的联合，战时联合政府的保守党人同拥护劳合·乔治的自由党人也结成了联合派。保守党与自由党联合，这在英国历史上是不多见的奇怪场面。

1919 年 1 月的选举结果表明，联合派获胜了，但联合派中的保守党人却远远多于自由党人。在保守党人的支持下，劳合·乔治组织了新政府，丘吉尔则被任命为陆军大臣兼空军大臣。对丘吉尔来说，担任陆军大臣和空军大臣双重职务是向前跨越了一大步。如此一来，他就了解了海军、陆军和空军各军种的情况。这对他日后担任首相，领导英国人民取得第二次世界大战的胜利奠定了良好的基础。

登上陆军大臣和空军大臣的宝座之后，好斗的丘吉尔立即将矛头指向了刚刚成立不久的苏维埃俄国。在第一次世界大战末期，俄罗斯人民在列宁的领导下掀起了轰轰烈烈的十月革命，建立了世界上第一个社会主义国家。他感到"其他敌人依然存在，在胜利者中间，有一股阻碍公正解决世界问题的新生力量，正在争权夺利"。出身贵族的丘吉尔对共产主义学说抱有强烈的偏见。11月初，他在丹迪发表竞选演说时，对苏维埃政权大加污蔑，说布尔什维克是"残暴的大猩猩"，"很快就会把俄国拖回到动物形态的野蛮时期"，"共产主义理论……就是倒退到中世纪"。

为了对付新生的苏维埃俄国，丘吉尔处心积虑地使用各种手段，企图说服劳合·乔治扶植德国，遏制世界上第一个社会主义国家的发展。不过，丘吉尔的如意算盘落空了。德国在战后爆发了大规模的工人和士兵的起义，建立了奉行中间路线的魏玛共和国，不愿插手干涉苏维埃俄国的事务。

此后，丘吉尔又极力促使英国和协约国支持俄国白军和红军作战，并直接进行武装干涉。丘吉尔甚至声称，如果俄国败军将领邓尼金占领莫斯科，他打算去那里"帮助邓尼金制定俄国新宪法"。在诸如丘吉尔这样的英国贵族的支持下，英国先后向白军输送了数百万英镑的军火和装备。

丘吉尔的这些做法在国内遭到了普遍的反对。工党领袖麦克唐纳就曾讽刺丘吉尔说："就算丘吉尔先生是个权力无限的帝王，也不该如此慷慨地挥霍国家的财产和人们的生命！"

三

美、英、法联合制裁德国

  1919年6月28日，第一次世界大战的各参战国在巴黎的凡尔赛宫签订了《凡尔赛和约》。这个条约的签订标志着第一次世界大战正式结束了。法、英、美三国是巴黎和会的主导国。三国领导人从各国自身的利益出发对战败国提出了不同的惩罚措施。

签署《凡尔赛和约》

  法国总理克列孟梭主张，法国收回德国通过普法战争从法国获得的阿尔萨斯和洛林两省；将德国的鲁尔工业区交由法国管理，用该项收益来支付德国应承担的战争赔款；当众处死德皇威廉二世，以惩罚德国军国主义；将德军军力削减至不再对法国构成威胁的程度；由战胜国瓜分德国的海外殖民地等。

  英国首相劳合·乔治也同意惩罚德国，但在具体措施上较法国为轻。

劳合·乔治认识到，一旦克列孟梭提出的条件全都得到满足的话，法国就会成为欧洲大陆的超级强国。欧洲大陆的势力均衡势必会被破坏。这和英国意图维持一个均衡的欧洲的传统政策相悖。因此，他主张瓜分德国的海外殖民地，以加强英国的海上霸权；削弱德国军力至较低水平；要求德国进行战争赔偿但不可过分，以免激起德国的复仇心理；帮助德国重建经济。

美国总统伍德罗·威尔逊提出的惩罚措施比英、法两国都要轻。一方面，美国因为在战争中通过军火贸易而大发其财，一跃成为第一经济强国，所以美国政府倾向于安抚德国并保证平等的贸易机会从而顺利收回战争债务。另一方面，为了避免再次爆发世界大战，威尔逊反对过分苛刻的条款，以免造成德国的复仇心理。

经过长达几个月的争吵，在英、法、美三大国主导下的巴黎和会终于通过了《凡尔赛和约》。该条约共分15部分，440条，对德国的经济、军事等各方面进行了严厉的制裁，对德国的部分领土进行了瓜分。条约签订后，德国丧失了13%的领土，12.5%的人口，所有的海外殖民地，16%的煤产地及半数的钢铁工业。

根据条约规定，法国收回了阿尔萨斯和洛林两省，并取得了德国萨尔煤矿的开采权。萨尔区的行政权暂时交由国际联盟，15年后由公民投票决定其归属。莱茵河以西的地区由协约国军队分区占领15年，莱茵河以东50公里宽的地区划为非军事区，德军不得在此设防。

德国通过普丹战争取得的北石勒苏益格经公投归还给了丹麦。德国把18世纪侵吞的波兰领土，包括西普鲁士、波森省、部分东普鲁士及部分上西里西亚归还波兰，并给予波兰海岸线，承认其独立。德国将东上西里西亚割给从奥匈帝国分裂出来的新国家捷克斯洛伐克。但泽由国际联盟管理，称为但泽自由市。尤本及萨尔梅迪割让给比利时，克莱佩达地区则割让给立陶宛。德国必须承认奥地利独立，并且永远不得与它合并。此外，德国的所有海外殖民地都被英、法、日等国以"委任统治"的形式瓜分了。

根据协约国赔偿委员会的决定，德国共需支付战争赔款2260亿马克

（后来减至 1320 亿帝国马克），并且必须以黄金支付。历史学家一般认为，英、法、美等国对德国的过分制裁，以及沉重的赔偿给德国经济戴上了一副沉重的枷锁，并间接导致了纳粹党在德国的崛起，为第二次世界大战的爆发埋下了隐患。

《凡尔赛和约》除了在政治和经济上对德国进行了严厉的制裁之外，还对其军事力量进行了严格的限制。按照规定，德军必须解散总参谋部；取消义务兵役制；将陆军的规模限制在 10 万人以下，并且不得拥有坦克或重型火炮等进攻性武器；不得拥有海军，船舰方面只能有 6 艘排水量一万吨以下的战列舰，不准拥有潜水艇；不得组织空军等。

1919 年 7 月 9 日，德国的国民议会不得不通过了《凡尔赛和约》。此后，德国便被一股恐慌与复仇的情绪笼罩着。德国政府开始大规模地裁军。

战后的英国也被各种问题困扰着，尤其是殖民地问题。1921 年 2 月，丘吉尔带着埃迪·马什等人转任殖民地事务大臣，但同时仍兼任空军大臣。劳合·乔治做出这样的决策主要是看中了丘吉尔的铁腕政策。当时，英国殖民地的民族独立运动正在风起云涌地进行着，中东地区的人民反对英国殖民统治的斗争尤其激烈。因此，英国统治集团需要一个铁腕人物来对付殖民地的民族独立运动。恰在此时，年迈的殖民地大臣米尔纳决定退休，劳合·乔治遂要求丘吉尔接任这一职务，希望利用他的才干一劳永逸地解决大英帝国面临的殖民地难题。

就任新职后，丘吉尔立即施展手腕，展开了工作，解决了中东问题。随后，丘吉尔被解除了空军大臣职务，以便他集中精力做好殖民地的工作，尤其是解决爱尔兰方面的事务。自第一次世界大战后期开始，爱尔兰新芬党人就领导共和军进行了反对英国统治的武装斗争，英军再次陷入了旷日持久的战争。英国政府此时已经无力承担巨大的军费开支了，便决定用谈判的方式来解决爱尔兰问题。

作为殖民地大臣和谈判高手，丘吉尔被劳合·乔治首相派往爱尔兰与新芬党人进行谈判。旷日持久的谈判开始了。有一次，丘吉尔在家中与爱尔兰代表克林斯举行会谈。两人谈着谈着竟然吵了起来。克林斯猛地站起来，大声说："你们日夜追捕我，还公布了我脑袋的价钱。"

丘吉尔慢慢站了起来，踱到墙角，从墙上取下一个镜框，拿出镶在镜框中的一张布告。那是当年布尔人通缉他的布告。他瞅了瞅布告，又瞅了瞅克林斯，幽默地说道："不只是您一个人碰到这种事。但是，给您出的是一个好价钱——5000 英镑！瞧，我才值多少钱？死的活的都是25 英镑！这不令您感到骄傲和愉快吗？"

丘吉尔强有力的反驳令对方哑口无言。经过旷日持久的谈判，双方最终达成了一份协议。英国政府允许爱尔兰南部26 郡建立在大英帝国内部实行自治的"自由邦"，北部6 郡仍归英国统治。但是，这一带有折中性质的协议激化了英、爱双方的内部矛盾。爱尔兰的激进派认为谈判没有达到民族彻底独立的愿望。因此，他们一方面发动内战进攻拥护谈判协议的一派，一方面进行恐怖活动，袭击和暗杀英方军政要人，宣布建立爱尔兰共和国。在丘吉尔的支持下，克林斯借助英军大炮才击败了极端分子，保全了爱尔兰临时政府的权威性。

英国保守党则对丘吉尔发起了攻击！他们斥责以劳合·乔治、丘吉尔等为首的联合派对爱尔兰人作了太多的让步，并且以此为借口攻击战时组建的联合内阁，要求恢复战前的一党执政。

恰在此时，英国与土耳其的关系也骤然紧张起来。丘吉尔受命撰写了一份措辞强烈的公报，并在各自治领总理未接到公报之前就向媒体公布了。结果，英国与土耳其再一次爆发了军事冲突。虽然双方很快就签订了停战协议，但联合政府的强硬战争政策还是招致了保守党人的攻击。保守党人宣布，已经没有必要再同自由党人联合了。

四

悄然重返保守党的阵营

1922 年 10 月 19 日，劳合·乔治内阁终于因对待苏维埃俄国问题、爱尔兰问题、土耳其问题的态度和方式而垮台了。联合政府垮台了，丘吉尔也理所当然地失去了殖民地大臣的职务。

联合内阁解散后，保守党领袖博纳·劳一上台就宣布解散议会，举行大选。此时丘吉尔正因患急性阑尾炎在医院动手术，未能参加前期的竞选活动。克莱门蒂娜在关键时刻挺身而出，抱着刚刚出生不久的女儿来到丹迪市代表丈夫发表竞选演说。

当地的工人早就因为丘吉尔对共产主义的态度和处理殖民地问题的方法产生了不满。克莱门蒂娜的演说常常被工人们的喊叫声打断，她根本没有办法说清楚丈夫的政见。最后，丘吉尔不得不拖着虚弱的病躯，脸色苍白地来到丹迪市，亲自发表竞选演说。他的演说也不成功，拥护工党的工人们差一点就要冲上台去，把他打死了。丘吉尔曾写道："如果不是我处于病后软弱无力状态，我相信，他们是会把我打死的！我可能连眨眨眼睛的机会都没有。"

大选结果表明，自由党已经失去了民心。保守党和该党领袖博纳·劳获得了民众的拥护。丘吉尔落选了，一下子跌到了人生的低谷。他只好拿起手中的笔，用写作和绘画来打发无聊的时光。

历史的发展有时候会让所有人都大吃一惊！正当丘吉尔默默无闻地与家人共享天伦之乐时，英国政坛再一次爆发了地震。博纳·劳仅仅当了 7 个月的首相就因喉癌于 1923 年 5 月辞职了。保守党人斯坦利·鲍尔温继任首相。鲍尔温上台之后，立即解散了议会，并宣布于 1923 年 12

月举行大选。

丘吉尔再一次回到了政治舞台上。不过，他已经清楚地意识到，自由党已经成了一条正在下沉的大船，唯有登上保守党这条正在乘风破浪的船，他才有可能施展自己的抱负。因此，他决心在竞选演说中发表支持保守党的言论。

在竞选中，丘吉尔一手高举自由贸易的大旗，一手高举反对社会主义的大旗，向工党发起了攻击。这一次，丘吉尔上错船了。因为工党已经成长为可以和保守党对抗的第二大政治力量。他反苏反社会主义的言论遭到工党的强烈反对。丘吉尔再一次落选了。

丘吉尔生怕自由党支持工党上台，在英国实行社会主义政策，急忙劝说自由党领袖阿斯奎斯同保守党合作，结成反社会主义联盟。可是阿斯奎斯却认为可以让工党试一试。如果工党政府违反资产阶级根本利益，那时撤回自由党的支持，它就会因议席不够而垮台。在自由党的支持下，工党领袖拉姆齐·麦克唐纳于 1924 年 1 月组织了英国历史上第一个工党政府。

拉姆齐·麦克唐纳

1924 年 3 月，伦敦威斯敏斯特教堂选区有个刚当选不久的保守党议员去世，需要进行补缺选举。丘吉尔决心在无任何党派组织支持的情况下参加这次补缺选举。消息传出去之后，丘吉尔一下子成了新闻界讨论的焦点。在英国政治史上，以个人身份参加竞选的例子并不是很多。人们都想看一看，丘吉尔的个人魅力到底有多大。

丘吉尔在竞选演说中尖锐地指出："社会主义者的政府做得多么好啊！他们是何等稳健和全面……可是我要说，我们知道这平静的表面，与我们所知道的在下面流动的急流，是完全不相吻合的。"

结果，他的这种反社会主义言论遭到了工党的抨击，再一次落选了。

消息传来，丘吉尔伤心极了，"他拖着沉重的脚步在大厅里走来走去，耷拉着脑袋，身体东摇西晃，活像一只陷于绝望状态中的困兽"。

不过，丘吉尔很快就调整好自己的情绪，继续小步慢移地转向保守党。通过一些老朋友的帮忙，丘吉尔应邀出席了保守党在利物浦和爱丁堡等地的集会，发表了令保守党人听来很舒畅的演说。这标志着，时隔多年之后，丘吉尔又悄悄返回了他曾经"背叛"的保守党中来了。

1924 年 10 月，自由党撤回了对工党政府的支持，麦克唐纳内阁倒台了。丘吉尔再一次迎来了参加竞选的机会。这一次，他抓住工党内阁在执政中出现诸如失业率上升等问题，进行了猛烈的抨击。他在伍德福特发表的演讲中说："让英国丢弃社会主义者想方设法披在她身上的那件德国制造和俄国制造的可笑而不体面的破烂伪装和外衣吧；让英国在自己的宝座上再次显示那庄重的神态吧；她决心要牢牢抓住海神三叉戟，在她的盾牌上悬挂的不是可恶的共产主义红旗，而是英国国旗。"

丘吉尔充满感情色彩的演讲抓住了听众的心。人群中不时爆发出热烈的掌声和欢呼声。保守党领袖鲍德温也在这次演说之后给丘吉尔寄去了一封"求爱"信。鲍德温在信中说："你对各党派的温和主义者能起到杰出的引导作用……我们热烈欢迎你能在下议院给予帮助，下议院已很久没有领略你从事议会政治的巨大才能了。"

在这次大选中，保守党以绝对多数获得了成功。保守党总共获得了 413 个席位，工党仅获得了 151 个席位，而自由党则彻底失败了，仅仅获得了 40 个席位。从此之后，自由党在议会中再也起不了什么作用了。这次，丘吉尔因为获得了保守党的支持，终于回到了下议院。丘吉尔也正式向外界宣布，在阔别 20 年之后，他又投入了保守党的怀抱。

英国新闻界对丘吉尔的出尔反尔评论说："他换一个党就像换一个舞伴那样轻率。他只忠实于他真正相信的一个党，这个党就是温斯顿·丘吉尔牌号的党。"

丘吉尔机智地反击道："并不是因为我改变了自己的立场，而是保守党已经非常英明地回到或正在回到有远见的进步的行动纲领上来。"

五

从财政大臣跌入人生低谷

1924年11月7日，保守党领袖鲍德温组织了新政府，但是给丘吉尔一个什么样的职务却让他颇费脑筋。鲍德温认为"把丘吉尔放在政府内要比放在外面更容易控制"，但他同时认为这个"反工党分子"不宜担负处理国内事务的职责，想安排他担任印度事务大臣。内阁副秘书汤姆·琼斯认为性情急躁的丘吉尔不宜担任此职。因为，与英国矛盾尖锐的印度需要一位冷静的大臣，如果让丘吉尔担任印度事务大臣的话，很有可能会因为采取过火的政策而激化矛盾。因此，

斯坦利·鲍德温

鲍德温建议让丘吉尔重返海军部或者任卫生大臣。

张伯伦家族的第三位杰出人物、约瑟夫·张伯伦的儿子、奥斯汀·张伯伦的弟弟内维尔·张伯伦则担心丘吉尔重返海军部会使局势更加复杂。作为保守党的第二号人物，内维尔·张伯伦并不想担任财政大臣，而是想到卫生部任职。因此，他极力推荐丘吉尔出任财政大臣。鲍德温在无奈之下也只好接受了内维尔·张伯伦的建议。

下定决心之后，鲍德温立即召见了丘吉尔。鲍德温开门见山地问："温斯顿，你是否想当大臣？"

鲍德温说"大臣"时使用了专指"不管"部大臣和财政大臣的"chancelor"一词，而不是泛指一般大臣的"minister"。"不管"部大臣

虽然没有什么权利，但地位却相当尊崇，在正式场合被称为兰开斯特公爵郡大臣。

丘吉尔没有想到鲍德温首相会让自己担任地位仅次于首相的财政大臣，便问道："是公爵领地大臣吗？"

鲍德温摇了摇头，回答说："不，是财政大臣。"

丘吉尔惊讶地看着鲍德温，眼泪突然夺眶而出。他的父亲伦道夫勋爵曾担任过 5 个月的财政大臣，他本人也把此职位作为长期奋斗的目标。不过，由于政治上的升沉起伏，他刚刚从失败的困境中挣扎出来，根本没有想过能够担任如此重要的职务。刚从困境走出来就能一跃成为仅次于首相的国家领导人之一，这怎能不令他激动万分呢！

半晌，丘吉尔才喃喃地对鲍德温首相说："你为我做的事情比劳合·乔治所做的还要多。"

几天之后，丘吉尔就穿着父亲当年穿过的财政大臣制服走马上任了。伦道夫夫人将这套制服用薄纱和樟脑精心地保存了三十多年。

丘吉尔虽然阴差阳错当上了财政大臣，可是他对财政问题一窍不通，再加上他自小就对数字不感兴趣，他突然感到了前所未有的压力。好在丘吉尔是一个知人善任之人。他立即扩大了秘书班子，请了 5 个专职秘书，还加强了财政部的顾问班底。丘吉尔在财政大臣的位子上一干就是 5 年。在众多杰出人物的辅佐下，丘吉尔在担任财政大臣期间总算没有出过什么差错，但也没有取得什么明显的成就！

在一个政治体制成熟的国度，一个政治家没有取得成就就等于向民众宣布了自己的失败。更何况，20 世纪 20 年代末的世界经济环境十分恶劣。1929 年，正当丘吉尔任期届满之时，一场席卷整个资本主义世界的经济危机爆发了。由于丘吉尔在任期内削弱了国库，致使英国政府应对经济危机的能力遭遇了前所未有的挑战。这也使得丘吉尔在民众和政府中的威信扫地。鲍德温首相打定了主意，如果他还有机会组织新政府的话，决不把丘吉尔延揽进去。

1929 年的大选对保守党十分不利。在世界性经济危机的影响下，英国的工人运动持续高涨，失业率也居高不下。作为执政党，保守党根本拿不出什么像样的解决方案，这就致使民众对政府失去了信心。在大环境不利于保守党的情况下，丘吉尔感到了前所未有的压力。他在竞选中出动了所有能够出动的力量。他的妻子克蒂门蒂娜出面主持妇女集会，刚18岁的儿子伦道夫则发表简短的演说，长女黛安娜也在社交界广泛活动，积极帮助丘吉尔竞选！

但竞选结果表明，丘吉尔和他的保守党已经无可挽回地失败了。虽然丘吉尔当选了议员，但他的票数不占优势。保守党败得更惨！代表工人利益的工党在竞选中获得了288个席位，一跃成为第一大党，而保守党则失去了组阁的机会。

6月3日，鲍德温决定辞职。工党领袖拉姆齐·麦克唐纳受到了英王的召见，奉命组阁。作为保守党员的丘吉尔随即在巴克俱乐部举行了"一次非常愉快的告别宴会"，与他的高级财政顾问们告别。丘吉尔怎么也没有想到，他这次离开政坛一去就是10年。

辞去财政大臣之时，丘吉尔已经55岁了，头顶的头发脱落了一大片，体重也越来越难控制了。不过，丘吉尔并没有丧失斗志！他暗暗发誓，只要他的身体还硬朗，就要继续战斗下去，争取早日返回政坛。但命运似乎跟他开了一个玩笑，他越是努力，离政坛就越远。

丘吉尔和妻子在画画

在那10年安静的时光里，丘吉尔和家人快乐地生活在一起。闲暇时间，他的消遣方式有很多：写作、绘画、打马球、打高尔夫球、打猎、游泳、亲手建造房子，甚至还在后花园里养了猪。据说，他养的猪长得特别大、特别肥，多次在农业展览会上展出，还获得了金奖。

丘吉尔还十分热爱旅游。过去，由于工作繁忙，他只能在每年夏天或冬天的时候，带着家人在地中海周围欧、亚、非洲各国旅行，很少远涉重洋到北美去。现在，他有了充足的时间，可以带着儿子伦道夫去领略一下加拿大和美国的自然之美了！

1931 年 12 月，丘吉尔的美国之行还遭遇了一次交通意外。到达纽约不久，丘吉尔打算去看望一下当地的一位老朋友。他对妻子说："亲爱的，我出去一下，去看看我的老朋友。"

克蒂门蒂娜关切地说："我给你叫一辆出租车吧！"

丘吉尔回答说："不必了！天气这么好，我正好可以散散步。"

说着，丘吉尔拿起手杖和帽子就走出了旅馆。心情愉快的丘吉尔浑然不觉，他已经违反了美国的交通规则。在英国，车辆是靠左行驶的，但在美国却是靠右行驶的。当他横穿马路时，一辆飞驰而来的卡车把他撞倒在地。好在货车司机及时刹住了车，否则的话，后果不堪设想。尽管如此，丘吉尔的腿部和手臂还是受了重伤，前额和鼻子也被擦破了。

货车司机立即把丘吉尔送进了医院。英国前财政大臣在美国遭遇了车祸！美国新闻界的记者们立即到医院去采访丘吉尔。他们既想弄清楚丘吉尔的伤势，也想知道丘吉尔对这起交通事故的态度。

丘吉尔并没有将责任推到司机的头上，他坦然向警察承认，是因为自己不熟悉交通规则才造成了这出悲剧，并不是司机的过错。他还跟那位货车司机合影留念。对这次意外，丘吉尔表现得非常镇静，他写道："大自然仁慈宽厚，不想让她的孩子，人或兽，越出她的怀抱。"

丘吉尔哪有那么多钱过如此悠哉的生活呢？他的稿费和演讲收入足以让全家人过上奢华的生活了。在野期间，他不但在世界各地发表演说，赚取演讲费，还接连出版了《世界危机》的第三卷和第四卷、《我的早年生涯》、《遨游世界》、《东方战线》、《印度》、《玛尔巴洛传：他的生平和时代》、《英语民族史》等书。仅《世界危机》在杂志上的连载权就使丘吉尔获得了高达 200 万美元的收入。难怪《星期日泰晤士报》说："20 世纪很少有人比丘吉尔拿的稿费多。"

· 第七章 ·

新一轮的世界大战

一

呼吁政府警惕纳粹的野心

丘吉尔赋闲期间，世界政治、军事形势越来越紧张了。1929 年，从美国开始的经济危机迅速席卷全球。各国的政治、经济矛盾变得越来越尖锐。德国在经济危机的打击之下，政局也再次动荡起来。阿道夫·希特勒趁机鼓动中下层人士，利用德国人的复仇情绪扩充纳粹党，走上了反对魏玛共和政府的道路。

纳粹党迅速壮大起来。经济危机爆发之前，纳粹党只有 10.8 万人，到 1932 年时已经超过了 100 万。在公元 1932 年 7 月 31 日举行的国会选举中，纳粹党获得了 37.3% 的选票，一跃成为国会中最大的党派。希特勒趁机施展手段，于 1933 年 1 月 30 日登上了德国总理的宝座。魏玛共和国宣告垮台，德国正式进入了希特勒法西斯独裁统治时期，史称德意志第三帝国。

希特勒上台后，大力排挤其他政党，施展手段迫使总统兴登堡解散了国会，并指使已经发展到数百万人的冲锋队、党卫队和钢盔团成员组成"辅助警察"，接管了各地的警察部门。1933 年 2 月 27 日，他还一手策划了震惊世界的国会大厦纵火案，并将之嫁祸于德国共产党人，在国内掀起了空前的反共浪潮。

随后，他在冲锋队和党卫队的参与下，对德国各邦特别是那些不在纳粹党掌握之中的邦进行了自上而下的夺权。从此，各邦的主权被纳入"一体化"，德国这一法制国家趋于瓦解，纳粹党一党独裁的统治基础基本确立了。

1934 年 6 月 30 日，希特勒又策划了"长刀之夜"事件，以冲锋队政变为借口，铲除了冲锋队头目罗姆及前总理施莱切、前军情局局长布利多等大批要员。在这次事件中，希特勒大肆镇压、打击及削弱党内反对派，并获得了国防军及总统兴登堡的支持，巩固了自己的独裁势力。

希特勒竞选时发表演说

就这样，希特勒在上台后的一年多时间里基本上结束了从上到下的夺权活动，建立了纳粹党一党独裁的法西斯极权统治。

当时，大多数德国军官都十分崇拜希特勒，对他的一切行动都持极其宽容的态度。对希特勒在全国范围内进行的血腥大屠杀，这些军官们都十分宽容。在他们看来，这正是拯救德国和德意志民族必须经历的阵痛。日后成为希特勒手下著名战将的隆美尔就对此持极其宽容的态度。

疯狂的希特勒鼓吹复仇主义和大德意志民族主义，企图以军事手段称霸世界。欧洲的上空迅速被一层浓密的战争阴云笼罩了。1935 年 4 月，希特勒正式向全世界宣布，德国将再次实行普遍兵役制，建立一支规模为 12 个军、36 个师约五十万人的强大军队。这一惊人的举措宣告德国已经完全废弃《凡尔赛和约》对其所施加的军事限制，德国的扩军备战从偷偷摸摸的地下状态进入了堂而皇之的公开阶段。

丘吉尔就像一个天文学家观察星空一样，警觉地看到了在欧洲上空密布的战争阴云。他愤怒地写道："我们以吃惊和忧伤的心情看到：残忍的暴力和好战的狂热甚嚣尘上，对少数民族进行残酷无情的虐待，仅以种族为借口而拒绝对文明社会为数众多的个人提供正常的保护。"

丘吉尔通过各种方式频频地发出警告，呼吁英国政府警惕纳粹德国的侵略野心，但大多数人仍然沉浸在和平的幻想中，将丘吉尔的警告当成耳旁风。工党和自由党都提倡和平主义，主张裁军。工党议员威尔莫特就曾公开宣称："英国人民要求……英国政府立即提出普遍裁军的政策，从而给全世界作出榜样。"

丘吉尔则因主张加强军备建设而被称为"战争贩子"和"恐怖贩子"。丘吉尔在一次演说中忧伤地指出："我深恐有一天，不列颠帝国……会落入德国目前的当权者的手中。我们将会落到一种可悲的境地，同时也使从事日常工作、爱好和平的广大群众遭受极大的危险。我生怕有那么一天，而且也许为期已不远了……"

尽管丘吉尔的警告并不是危言耸听，但鲍德温这个圆滑的政治家为了重新当选首相，并没有重视丘吉尔的警告。因为工党领袖麦克唐纳一直致力于裁军工作，并且获得了民众的广泛支持。鲍德温于 1935 年 6 月重新出任首相之后，邀请丘吉尔参加空防研究委员会。但他却对丘吉说："我的邀请，并不是想叫你以后不能畅所欲言，而是对老同事的友好表示。"

尽管不能畅所欲言，但丘吉尔依然参与了空防研究委员会的工作。不管如何，在战争即将降临的时刻，每多生产一支步枪，每多建设一处雷达，甚至每多生产一颗子弹，英国的国家安全就多一分保障。在丘吉尔的努力下，英国很快建成了海岸雷达网，并为海军建设提出了一系列富有建设性的意见。他的这些努力在后来的反法西斯战争中都起到了十分重要的作用。

1936 年 3 月 7 日，希特勒在国会宣布，他准备重新占领莱茵兰地区。随后，一支小规模的德军部队象征性地跨过莱茵河上的桥，开进了莱茵非军事区。结果，英、法等国对此只是吵吵嚷嚷了一阵子，便默认了德军出兵莱茵非军事区的事实。从此之后，希特勒的行动更加肆无忌惮了！对于德国这一公然违反《凡尔赛和约》的行动，英国的一些媒体居然报道说："说到底，这不过是德国人回到他们自己的土地上罢了。"

但丘吉尔却看到了问题的严重性。他立即指出："侵犯莱茵兰一事之所以具有严重性，是因为荷兰、比利时和法国都因此受到威胁……希特勒已撕毁各种条约，在莱茵兰驻了兵，而且准备永久驻下去。所有这些事实表明，在德国国内和所有邻近的国家，纳粹政权获得了新的威望。一旦这些防御工事完成，随着工程日趋完备，中欧的整个形势也就跟着发生变化……波罗的海各国，波兰、捷克斯洛伐克，还必须加上南斯拉夫、罗马尼亚、奥地利和其他一些国家，在这个巨大的军事建筑工程完工的时候，一定会受到决定性的影响。"

此时，鲍德温首相也感受到了来自德国的威胁。他决定在政府中成立一个协调各军事部门的新机构——国防协调部。由谁来担任国防协调大臣呢？内维尔·张伯伦认为丘吉尔比较合适，丘吉尔对这一职位也抱有希望。但鲍德温坚定了自己的意志，决心在他担任首相期间决不让丘吉尔握有实权。最终，鲍德温首相任命了已年近六十岁而且对高级军事管理工作缺乏经验的托马斯·英斯基普爵士担任国防协调大臣。

这对丘吉尔不能不说是一次沉重的打击。不过，在政坛摸爬滚打了三十多年的丘吉尔已经学会了如何控制自己的情绪。他清楚地看出了鲍德温的用心，因此决定平心静气地等待时机。但无论如何，他都要喊出自己的声音，让英国人从和平的迷梦中醒来。

1936 年 6 月 6 日，丘吉尔以私人身份替国防协调大臣英斯基普爵士写了一个备忘录，主张重新成立军需部，以保证战备物资的生产和供应。但政府却始终没有什么采取有效的行动。看着政府在和平的迷梦中久久不愿醒来，丘吉尔伤心极了。他在下议院的演说中严厉地抨击了鲍德温政策。他说："政府根本没有下决心，或者他们根本不能使首相下决心……我们就这样，月复一月，年复一年——这些对英国的伟大也许至关重要的宝贵光阴，都让蝗虫吃掉了。"

在不停地发表演说、警告国人来自德国的威胁越来越近的同时，丘

第七章 新一轮的世界大战

吉尔还不断敦促英国与法国进一步加强合作，以应付随时可能发生的战争。丘吉尔在《每日电讯报》上发表文章说："如果法国垮掉了，那么一切都会垮掉。纳粹对欧洲的支配，以及潜在的对世界很大部分的支配，都将是难以避免的了……我们站在一起，给我们找麻烦就很危险，摧垮我们就很困难。"

不巧的是，英国政坛在此时再一次爆发了地震。1936 年 1 月，英王乔治五世逝世，其子爱德华继位为新的国王，称爱德华八世。但爱德华八世风流成性，不爱江山爱美人。他坚持要和一位来自美国的寡妇——辛普森夫人结婚。尽管这是爱德华八世的个人选择，但对王室来说，这是何等大的丑闻啊！

1936 年 11 月 16 日，爱德华八世召见了鲍德温首相，正式向他表达了自己想和辛普森夫人结婚的想法。鲍德温首相对爱德华八世说："陛下，你的想法在精神上是不可被接受的。作为英国国教会的领袖，离婚和再婚都是不被国教教义接受的。此外，大英帝国的臣民也不能接受辛普森夫人为王后。"

为了缓和国王与国会之间的关系，爱德华八世提出了一个结婚方案，那就是辛普森夫人在婚后不拥有王后头衔，她所生的孩子也不能继承王位。但这个方案依然被国会拒绝了。根据 1931 年制定的威斯敏斯特法案，英国国王头衔和王位继承问题的变动必须经过英联邦各自治领政府的批准。当爱德华八世向英联邦各自治政府征求意见时，澳大利亚、加拿大和南非政府正式宣布反对国王迎娶离婚女子，爱尔兰政府表示不关心，新西兰政府犹豫不定。

爱德华八世无奈地向鲍德温首相说："如果不能迎娶辛普森夫人，我将退位。"

爱德华八世非常清楚，摆在他面前的道路只有这一条了。如果他保留王位，同时迎娶辛普森夫人的话，一定会引发宪政危机的。因为在君主立宪政体下国王必须保持政治中立的基本宪法方针。结果，爱德华八世成为了英国和英联邦历史上迄今为止唯一一位自动退位的国王。

国王逊位对英国政坛的冲击很大，官员们都借机改善自己的地位。

丘吉尔的一位密友比弗布鲁克就想借国王逊位把鲍德温拉下首相的宝座，让丘吉尔取而代之。不过，鲍德温首相的手腕很巧妙，他非常平稳地实现了新老国王之间的权力交接。爱德华八世的弟弟约克公爵于 1937 年 5 月 12 日加冕为新的英国国王，称乔治六世。

二

英美法绥靖政策大行其道

乔治六世登基之后，善于明哲保身的鲍德温首相便在"公众的感激和尊敬的热烈气氛中"引退了。保守党领袖、前财政大臣内维尔·张伯伦奉命组阁。张伯伦不但容不得性格刚毅的丘吉尔，而且很快就与外交大臣艾登产生了尖锐的矛盾。艾登主张对德国采取强硬措施，以避免形势进一步恶化。但张伯伦却于1937年7月以个人名义写信给希特勒的盟友意大利独裁者墨索里尼，希望改善英意关系，并表示可以承认意大利在埃塞俄比亚的地位。

贝尼托·墨索里尼（1883～1943），意大利法西斯党魁，独裁者，第二次世界大战的元凶

艾登认为张伯伦首相的做法太不明智了。随后，他便因与张伯伦的政见不合而提出了辞职。丘吉尔在外交政策方面的观点与艾登是一致的。消息传来后，丘吉尔黯然神伤了好一段日子。在那些天里，他整夜整夜地睡不着，被痛苦的失眠折磨着。他认为艾登"代表英国民族的全部希望"，而今这"唯一的希望"也被迫下台了。

丘吉尔对张伯伦的评价很高，但他绝不敢苟同张伯伦的和平主义思想。他曾说："（张伯伦是）一个极其精明能干、固执而自信的人。他和鲍德温不同，他认为他对于欧洲整个局势，甚至对整个世界都了如指掌……他不论任财政大臣还是任首相，都严格控制军事开支。在他的任期内，他是一切紧急措施的最有力的反对者。他对当代国内外所有的政界人物都有明确的判断，他认为他完全能够对付他们。他脑子里充满着这样的希望：他要作为一个伟大的和平缔造者而永垂史册。可惜他卷入了其力量绝非他所能估量的洪流中，遇到了他毫不退缩但又无法抗衡的旋风。"

丘吉尔的判断是正确的，由于英、法等国的绥靖政策，世界局势进一步恶化。在欧洲，法西斯德国和意大利公开支持西班牙右翼势力，打击人民阵线和共和政府；在亚洲，日本军国主义发起了全面侵华战争；在美洲，拉丁美洲国家的共和政权在经济危机中纷纷被推翻，逐步走上了独裁或准独裁的道路。

在张伯伦对德国采取绥靖政策的同时，另一个有能力阻止德国进一步走向战争的国家美国在经济危机和孤立主义的困扰下也无暇顾及欧洲大陆的局势。

兰克林·德拉诺·罗斯福（1882~945），美国第32届总统

在民主国家里，作为总统的罗斯福为了稳固自己的地位，并全力解决国内的经济大衰退，不得不对孤立主义者采取妥协的政策。在这种背景下，美国国会在1935年通过了一项中立法案。法案规定，对一切交战国实施武器、弹药和军需品的强制性禁运，但同时也授权总统，由他确定哪些属于军需品和什么时候实施禁运；禁止美国船只向交战国运送军火；授权总统不保护乘坐交战国轮船旅行的美国人；规定建立一个军火管理委员会来监督从美国运出的武器。这项法案的有效期原本只有半年，但在1936年2月，国会将其延长了一年。

罗斯福政府的政策在客观上起到了绥靖的效果，它有利于佛朗哥势力的壮大，也有利于德意法西斯实施其战争意图。

令人匪夷所思的是，英、美这两个非欧陆国家对德国纳粹采取漠不关心的态度，与德国毗邻的法国居然也紧随其后，一再容忍纳粹的恶行。1934 年 5 月，日后成为法国著名领袖的戴高乐中校在其《建立职业军》一书中指出，在战争条件下，法国的地形是很不利的，尤其是与比利时接壤的法国边界更加脆弱。英国和美国可以依靠海洋，西班牙和意大利各自有比利牛斯山和阿尔卑斯山作为屏障。但法国首都巴黎的周围却是一马平川的开阔地带，无险可守。因此，在这种情况下，构筑再坚固的防御工事也无济于事，唯一的办法是建立一支可以立即调遣的机动力量，也就是说，"一批常备的、团结的和能够熟练地使用武器的队伍"，而且必须在陆地、海上和空中都有一批"精选的人员"。

戴高乐认为，全部现役人员应当在十万人左右，由常备军组成，他们应在精锐部队中服役 6 年，掌握专门技术，培养进取精神和集体精神，并且在指挥艺术方面也要有相应的变化，以适应机械化战争的瞬息万变的局势，所以必须发展无线电通讯系统。

这些主张在当时是积极主动的进攻战略思想。在当时法国的军界、政界中，静止防御理论依然占据着主流地位。当时，法国政府正在耗巨资修建马其诺防线，以防御德国和意大利的入侵。这一计划是由 1930 年新上任的国防部长马其诺提出来的。他综合了前几任国防部长福煦元帅、贝当元帅和晓夫勒元帅的防御计划，提出了在法、德和法、意边境建造一系列防御工事的计划。这条耗资 50 亿法郎，长达 700 公里的防御工事就是著名的马其诺防线。

马其诺防线直到 1936 年才大体完工。这条坚固的防线让大部分法国人都产生了一劳永逸的幻想。马其诺防线全线共部署 344 门火炮，建有 152 个炮塔和 1533 个碉堡，所建地下坑道全长达 100 公里，道路和铁路总长 450 公里。每一组工事包括一个主体工事和一些观察哨所，相互间以电话联系。

主体工事一般距地面 30 米，其中有指挥部、炮塔、发电设备、修理设备、医院、食堂、宿舍等各类设施，工事外面则密布金属柱、铁丝网，号称固若金汤。工事内粮食和燃料的储存一般可坚持 3 个月。为体现这一工事的防御性质，工事内火炮的射程一般不超过 10 公里，即保证炮弹不落在边境之外。如有战事，各观察哨所可用潜望镜观察敌情，随时将情况用电话报告指挥部，而炮塔内的炮兵则在 3 米厚的水泥工事内根据指挥部的命令开炮。

从防线本身来说，马其诺是有史以来最为成功的防线！直到法国在第二次世界大战中投降了，它依然固若金汤、毫发无损，而负责防守它的法军官兵也在它的保护下从那场战争中得以全身而退。但在军事史上，马其诺防线却成为"消极防御"和愚蠢的代名词。这条被全体法国人寄予最大希望的防线最终没有给他们带来所期盼的安全，却间接导致了法国的迅速战败并最终投降！

就是因为这一条防线，法国眼睁睁看着自己的盟友一个一个地被德国消灭却始终不曾主动进攻德国空虚的西线，以至于出现了 1939 年 9 月

马其诺防线地面工事

至 1940 年 5 月的"静坐战"这样的咄咄怪事！马其诺防线就像一条无形的镣铐，紧紧地禁锢了法军的思想；它也是一条真正的镣铐，束缚住了法军的手脚。

臭名昭著的"慕尼黑会议"

出于对英国未来的考虑，丘吉尔在1937年之后走上了反对政府的道路，而希特勒也在此时加紧了侵略的步伐。1938年3月11日，德军越过边界迅速占领了奥地利全境，打开了通向捷克斯洛伐克的门户。根据《凡尔赛和约》的规定，德国永远不得与同以德意志民族为主体的奥地利合并，但希特勒根本没有把《凡尔赛和约》放在眼里。占领莱茵兰和吞并奥地利之后，希特勒的胃口越来越大，他的下一个征服目标直指捷克斯洛伐克。

尽管如此，幻想着永垂史册的张伯伦仍然不愿意放弃对希特勒的幻想。此时，他面对的最棘手的问题便是如何避免德国吞并捷克斯洛伐克。捷克斯洛伐克是在第一次世界大战后根据《凡尔赛和约》取得独立地位的新国家。这个国家有1400万人口，其中有350万人属于德意志民族。捷克斯洛伐克的德意志人主要居住在西部与德国接壤的边界山区——苏台德区。德国并吞奥地利时，希特勒一再扬言希望改善德、捷关系，但在暗地里却为侵略该国做着准备。

开始的时候，希特勒并不直接出面，而是唆使他在这个国家的代理人、苏台德区日耳曼人党头目康拉德·汉莱因出面闹事。日耳曼人党实际上是德国纳粹党在捷克斯洛伐克境内的"第五纵队"。汉莱因是希特勒的忠实走狗，完全按柏林的指示行事。希特勒企图制造一种德意志人在捷克斯洛伐克遭遇困境的假象，借以迷惑友邦，掩饰他侵占捷克斯洛伐克的真实意图。

面对着法西斯德国咄咄逼人的侵略，英、法两国的有识之士，如丘吉尔和戴高乐等人都心急如焚，但百般呼吁无效。就整个局势而言，法国的处境最为不利。由于政局不稳，法国的内阁像走马灯一样换来换去，法国几乎完全丧失了大国地位，只能在一切外交事务中以热衷搞绥靖的英国马首是瞻。

然而，时任法国总理的达拉第与英国首相张伯伦都没有意识到希特勒的真实意图，再加上他们害怕战争以及战后可能爆发的社会主义革命，对制裁德国一事讳莫如深，竟然默许了希特勒提出的"捷克斯洛伐克的德意志人自治"要求。

当时间来到1938年的初秋之时，战争已经无法避免了。整个欧洲就像是一堆泼了汽油的干柴，只需要一颗火星儿，就能燃起熊熊大火。奉行绥靖政策的英国首相张伯伦和法国总理达拉第都在竭尽所能地忍让着希特勒的无理要求，企图避免大规模的战争。

1938年9月13日晚上11点，英国首相张伯伦急电希特勒，愿前赴柏林屈尊求见。他在电报说："鉴于局势日益严重，我提议立即前来见你，以寻求和平解决办法。我提议乘飞机前来，并且准备明天启程，请赐告你最早能在什么时候接见我，并请告会面地点。"

这位掌握着大英帝国命运的人——一个从来没有坐过飞机的69岁老人居然屈尊坐7个小时的飞机到德国最偏远的伯希特斯加登去见希特勒，这简直太不可思议了。连希特勒看了张伯伦的电报之后，都喜出望外地惊叫起来："啊，我的天呐！"

9月15日中午，张伯伦乘坐的飞机在慕尼黑机场着陆了。然后，他乘火车前往伯希特斯加登。此时，德国所有的电台都在转播汉莱因要求苏台德区归并德国的声明。这是张伯伦下飞机后听到的第一条新闻，也是令他感到最不安的新闻。他此行的目的正是为了跟希特勒商议这件事情的。

希特勒没有到伯希特斯加登火车站去迎接高贵的英国首相，而是故意摆出一副不可一世的大国元首的架子坐在伯格霍夫高高的台阶上等候着张伯伦。这一下马威给张伯伦的震动不小。在接下来的会谈中，希特勒的恫吓更是让这位老人胆战心惊。年仅49岁的希特勒说："我现在下

英国首相张伯伦（中，黑色礼服、圆礼帽者）飞抵德国，参加慕尼黑会议

定决心，不论用什么方法都要解决一个问题，即捷克斯洛伐克境内的300万日耳曼人必须重返德国。"

张伯伦表面上做出一副漫不经心的样子，但内心里已经有些招架不住了。紧接着，希特勒又恐吓他说："我今年49岁，如果德国为捷克斯洛伐克问题而卷入一场世界大战的话，我希望我能以壮盛之年领导德国度过危难。为此，我准备迎接任何战争，甚至一场世界大战……英国是否愿意同意割让苏台德区？还是按民族自决的原则作出割让？"

张伯伦似乎早已料到希特勒会这样说。他略微沉思了一会，回答说："在同阁员和法国人商量以前，我还不能作出任何承诺。不过，就我个人来说，我同意苏台德区脱离捷克斯洛伐克的原则。"

这次英、德两国首脑的会晤确立了解决苏台德区问题的基调，也进一步助长了希特勒的侵略野心。

一回到伦敦，张伯伦便立即召集内阁会议，直截了当地提出"把以日耳曼人占多数的地区移交给德国"。这位老人深信，只有把苏台德区割让给德国才能阻止希特勒武装侵犯捷克斯洛伐克的步伐。张伯伦强调，希特勒"充满斗志"，而英国的盟国法国是毫无斗志的，因此根本谈不

神情黯淡的张伯伦与希特勒会谈后合影

到抗拒希特勒向捷克斯洛伐克提出的要求。结果，张伯伦的提议很快在内阁会议上获得了通过。剩下的事情便是征求法国方面的意见了。

9月18日，法国总理达拉第和外交部部长庞纳应邀来到伦敦。达拉第与张伯伦一拍即合。法国内阁甚至还送来了一份"比较周到"的割让草案。他们不赞成公民投票，而赞成直截了当地把苏台德区割让给德国。他们这样做主要是担心斯洛伐克和其他地区也会采取同样的方式取得独立地位。除此之外，法国内阁还提出，英国政府应该和法国、苏联一起保证捷克斯洛伐克的新国界。张伯伦同意了法国内阁提出的方案，但他和达拉第都未就此事同苏联政府沟通。

随后，法国和英国政府将他们的决定以最后通牒的方式通知了捷克斯洛伐克政府。捷克斯洛伐克总统贝奈斯在无奈之下，只能接受了英、法的联合建议。但希特勒却突然改变了主意，极力要求武装占领苏台德区。

正在戈德斯堡与希特勒举行第二轮会谈的张伯伦听到这个消息之后，气得满脸通红，但又无可奈何，只能眼睁睁地看着以牺牲捷克斯洛伐克人的利益为代价建立起来的和平大厦轰然倒塌下去。

张伯伦回到伦敦后，立即召开了内阁会议，企图说服同僚们接受希特勒的新要求。不过，这次他碰到了前所未有的阻力。英国广泛开展了要求张伯伦下台，反对出卖捷克斯洛伐克的运动。法国政府也在此时提出了异议，并于9月24日下令全国部分动员。捷克斯洛伐克政府不但愤然拒绝了纳粹的要求，而且大量征召新兵入伍，现役军人总数达到了100万人。

英、法两国军方的中上层将领都已经清醒地意识到，对德国的让步和投降不可能避免战争。戴高乐就在法国政府下令部分动员之时给雷诺写了一封信。他在信中预见了未来的悲剧，以及他为雷诺效劳的决心。他说："至于我，我毫不惊奇地看到，法兰西历史上最伟大的事件就要来到了。我确信，您将因发挥主导作用而彪炳青史。请让我对您说吧，不管怎样，我都决心为您效劳——除非我一命呜呼。"

野心勃勃的希特勒宣称无论如何他都要在10月1日拿下苏台德区，并于9月27日下午向军队发出了向捷克斯洛伐克边境进击的"绝密"命令。这一下可把张伯伦吓破了胆。他在当天黄昏时分向全国发表了广播讲话。他说："为了在一个遥远的国家里我们对之毫不了解的民族之间所发生的争吵，我们居然在这里挖战壕，试戴防毒面具，这有多么奇怪，多么荒诞，多么不可思议……不论我们如何同情一个强邻压境下的小国，我们决不能不顾一切地使整个大英帝国仅仅为了它而陷入一场大战。"

与此同时，张伯伦还给墨索里尼发了一份电报，请他参加德、英、法将要召开的国际会议。这正中希特勒和墨索里尼的下怀。经过阴谋家们的精心策划，臭名昭著的慕尼黑会议便这样开场了。令人奇怪的是，这场决定捷克斯洛伐克领土命运的会议居然不允许捷克斯洛伐克政府派代表出席。

在赴慕尼黑之前，达拉第于9月28日晚上向全国发表了广播讲话。他说："我曾宣布今晚要向全国发表有关国际局势的讲话。但是，我在中午过后得知，德国邀请我明天到慕尼黑去同希特勒总理、张伯伦首相以及墨索里尼先生会晤。我已经接受了这一邀请。你们一定能够理解，在进行如此重要的谈判的前夕，我应当把我想向你们作出的解释加以推迟。"

讲到这里，达拉第停顿了几秒钟，随即又说道："在我动身之前，我愿感谢法国人民的态度，这是一种充满勇气和尊严的态度。我要感谢法国人民，因为他们响应国家的入伍号召，再次显示出了他们已表现过的镇静和决心。我的任务是艰巨的。自从我们现在经受的困难出现的那一刻起，我就一天也没停止尽我的全部力量为保障和平与法国的切身利益而工作。明天，我将继续进行这种工作。在我继续努力的时候，我知道，我和全国人民的想法是一致的。"

达拉第虽然对德国的侵略行为也持忍让态度，但远远没有达到张伯伦那样疯狂的程度。捷克斯洛伐克是法国的盟国，两国签订的条约规定，一旦捷克斯洛伐克遭受武装侵略，法国有义务援助它打退进攻。如果战争爆发的话，与德国相邻的法国除了出动大批军队应战之外，别无选择。与法国相比，英国要安全得多！英国与欧洲大陆之间隔着英吉利海峡，不会遭受德国的直接威胁；而且，英国虽然也有责任援助弱小的捷克斯洛伐克，但那绝非义务。所以，无论从责任，还是从军事的角度讲，法国都应该在慕尼黑会议中占据中心地位。

不幸的是，优柔寡断的达拉第在这一紧要关头不敢作出强硬的决定，结果主动权被张伯伦抢了过去。伯希特斯加登会谈和戈德斯堡会谈上的一切决策都是张伯伦决定的，达拉第只是跟在他的屁股后面的一个应声虫而已！

德、英、法等国将举行慕尼黑会议的消息传开后，英、法两国人民紧绷的神经终于得到了暂时的缓和。除了少数清醒者之外，所有政界人物和报刊都竞相表达兴高采烈的心情。在他们看来，争取和平的希望又复活了！街头巷尾，热衷政治的男人们纷纷呐喊道："和平！不惜任何代价地实现和平！"

但9月29日召开的慕尼黑会议并没有保住欧洲的和平。与希特勒沆瀣一气的墨索里尼极力支持希特勒的主张。9月30日凌晨2点，欧洲"四巨头"在出卖捷克斯洛伐克的文件上签了字。文件规定，苏台德区

1938 年 9 月 29～30 日，英国首相张伯伦、法国总理达拉第、纳粹德国元首希特勒和意大利首相墨索里尼在德国慕尼黑举行的关于割让捷克斯洛伐克的德意志族聚居区苏台德领土给德国的四国首脑会议

捷克人从 10 月 1 日起分 5 批撤退，在 10 天内完成。最后的边界由一个国际委员会来决定。

在敌人和"盟友"的共同压力下，捷克斯洛伐克政府向慕尼黑协议屈服了。捷克斯洛伐克总统贝奈斯辞职了，因为"他可能已成为新国家必须去适应的发展的一个障碍"。他愤然离开了捷克斯洛伐克，寄居英国。紧接着，希特勒又向德国的盟国波兰和匈牙利号召说："凡是要一起吃饭的人，就得下厨帮忙。"

结果，波兰和匈牙利也各自分割了捷克斯洛伐克的一块土地。就这样，捷克斯洛伐克这个曾经的工业强国强行被肢解了。根据慕尼黑协定，希特勒得到了他所要求的一切。除了大片土地和人口之外，希特勒还从捷克斯洛伐克获得了大量的作战物资。据统计，捷克斯洛伐克被肢解以后，丧失了 60% 的煤，80% 的褐煤，86% 的化学工业，80% 的水泥工业和纺织工业，70% 的钢铁工业和电力工业，40% 的木材工业。

四

呼吁人民"为保卫自由而战"

　　慕尼黑会议对英、法来说不但是一次耻辱，也是一次沉重的打击。慕尼黑会议之后，捷克斯洛伐克被肢解了，原先部署在坚固的山地工事中的 35 个装备精良的捷克师也撤离了。要知道，35 个捷克师牵制了大批德国军队。如今，这一支重要的军事力量几乎无法发挥任何作用了。更为重要的是，慕尼黑会议让英、法两国的信誉在东欧各国中遭到了严重的质疑，谁还会相信英、法政府信誓旦旦的保证呢？波兰、罗马尼亚等国都争先恐后地想在为时尚不算太晚的时候，同希特勒搭上桥，谋求保全自己，免遭大害。

　　张伯伦却在此时向英国人民宣布："在我国历史上，这是第二次把光荣的和平从德国带回到唐宁街来，我相信这是我们时代的和平。"

　　那些依然做着和平美梦的英国人也以为首相为他们赢得了和平。但和丘吉尔一样具有深刻洞察力的人早就识破了希特勒的野心。海军大臣达夫·库珀就从欢呼的人群中冲了出来，愤而辞职，以示抗议。

　　丘吉尔也在报纸上发表声明说："捷克斯洛伐克在英、法两国的压力之下被分割了，这无异于是西方民主国家向纳粹武力威胁的彻底投降。这种失败不会给英国和法国带来和平或安全。恰恰相反，这将使这两个国家的处境更为软弱无力和更为危险……"

　　丘吉尔在下议院也生动地表达了自己的观点。他把希特勒比喻成一个强盗，一针见血地指出："他先用手枪对着你，要你给他一英镑。等到如数照给之后，他又用枪口对着你，要求给两英镑。最后那个独裁者答应先收 1 英镑 17 先令 6 便士，剩余的部分要你保证随后付清……不要认为这件事会从此结束。这不过是算账的第一步。这不过是以后每年还要递给我们的苦杯的第一口，第一次尝尝味道罢了。除非我们振作精神，恢复我们的战斗活力，我们才能像往日一样重新站起来，为保卫自由而战。"

一切正如丘吉尔预料的那样发生了！德国占领了苏台德区之后，希特勒马上就开始觊觎捷克斯洛伐克剩余的领土了。1939 年 3 月 10 日，捷克斯洛伐克中央政府解散了亲德的斯洛伐克地方政府，并逮捕了一批追随纳粹德国的分裂主义分子。希特勒抓住这一事件，立即向部队下达了于 3 月 15 日占领捷克的命令。3 月 15 日凌晨 2 点，德军大举侵入捷克境内。与此同时，德军空军元帅戈林和德国外长里宾特洛甫不断向捷克总统施压。年迈的捷克斯洛伐克总统艾米尔·哈查心脏病突发，昏了过去。醒来后，他极不情愿地在《德捷协定》上签字，"邀请"德军入境。

至此，希特勒的诡诈伎俩已经达到登峰造极的地步。签完字之后，希特勒冲进了他的办公室，拥抱了在场的每一个人。他狂妄地宣告："捷克斯洛伐克再也不存在了！孩子们！这是我生平最伟大的一天！我将以最伟大的德国人而名垂青史！"

占领捷克斯洛伐克全境后，德国立即将目光锁定在了波兰身上。与此同时，欧洲其他地区和亚非的局势也让人担忧。日本侵华战争正如火如荼地进行着，装备落后的中国军队凭借着肉体之躯跟日本侵略者对抗着。3 月末，佛朗哥粉碎了共和政府的抵抗，攻占了马德里。墨索里尼也在这一时期占领了阿尔巴尼亚。

紧张的世界局势也让美国人越来越不安了。在白宫里，美国总统罗斯福整天忧心忡忡地阅读着美国驻各国大使和各国领导人寄来的邮件。有一次，罗斯福在给一位朋友的信中写道："我一生从未见过世界上出现这种矛盾交错、瞬息万变的局面。"

对德意法西斯和日本军国主义的暴行，罗斯福除了发表抗议声明之外，几乎无能为力。因为中立法案的存在，使得他无权对任何一个国家采取任何行动。世界局势的发展变化已经说明，绥靖政策彻头彻尾地失败了。有鉴于此，英国首相张伯伦对德国法西斯的立场也变得比以前强硬了。如此一来，欧洲再次爆发大战的可能性也就增大了。而一旦英法两国战败的话，希特勒很可能施展军事与经济威慑双管齐下的战略，进而攻占拉丁美洲国家。如此一来，美国无疑会被卷入战争，甚至遭到侵略。

在所有的不愉快事件中，佛朗哥在西班牙的得势无疑对罗斯福震动最大。因为这正是他当年主导制定的禁运法案导致的结果。为了防止类似的事件再次发生，罗斯福指示他的得力助手皮特曼加紧活动，设法修改中立法案或予以废除。当然，修改或废除中立法案并不容易。一向奉行孤立主义的美国国会并不会轻易让罗斯福的这一愿望得以实现。因此，修改中立法案的议案被提交到国会之后，迟迟没有消息。

罗斯福有些坐不住了。1939 年 4 月中旬，一个星期五的晚上，他突然行动起来，向希特勒和墨索里尼发出完全相同的呼吁书。他要求他们把问题拿到会议桌上来，实际上，也就是要他们把"枪炮置于会场外面"。他的这个呼吁的中心内容具有一个新颖的手法，他直截了当地询问希特勒和墨索里尼，能够承诺不进攻 31 个国家，并将这些国家的名字一一列举出来。呼吁书的结尾把决定人类命运的责任寄托在大国首脑的身上。

第二天，闻讯赶来的记者把罗斯福团团围住，就这项呼吁书频频向他提问。为了安抚国会那些奉行孤立主义的议员，让他们不要借机大做文章，罗斯福对记者一再强调说："呼吁书绝没有背离不卷入纠葛、不承担义务的政策。我答应扮演的角色不是调停人，而是中间人，其作用正如邮政局、电报局一样。"

罗斯福的这份呼吁书就像是一道灿烂的阳光一样温暖了整个世界。民主国家的政府和人民感到欣欣鼓舞，苏联领导人斯大林更在讲话中大加赞扬，但轴心国的领袖们却嗤之以鼻。法西斯德国的第二号纳粹人物戈林当时在罗马跟墨索里尼会晤，他们对罗斯福大加嘲弄。戈林说，呼吁书的作者患有初期脑癫狂症；墨索里尼则认为更可能是蔓延性的小儿麻痹症（罗斯福患有小儿麻痹症）。

希特勒更是对罗斯福的呼吁书逐句地加以批驳，并巧妙地运用了美国孤立主义分子的各种论调。关于 31 个国家的问题，希特勒说他已问过所有被指名的国家，它们是否感到德国的威胁，每个国家都回答"没有"！希特勒的这一席话引起听众的一片喝彩声。

希特勒还极尽渲染蛊惑之能事，把德国说成是一个受害者，而在罗斯福领导下的美国则是一个仗势欺人的国家。他叫嚷着说："罗斯福先生！我完全理解，你仗着你们国家幅员辽阔，财力雄厚，自认为你对全世界的历史承担责任……而我，亲爱的先生，却置身于一个比你的国家要小得多，也逊色得多的地方。"

狡猾的希特勒并没有就其未来侵略动向这个中心问题而做出任何解释，反倒是逐条批驳了罗斯福的论点，而且针对美国在国际问题上无所作为窘态的批驳又颇中要害，因此大受德国舆论的支持。在这场口头交战中，希特勒占了上风。于是乎，美国国内的孤立主义分子大为得意，直斥罗斯福的呼吁书为"自讨没趣"！罗斯福此时就像一个吃了黄连的哑巴一样，有苦难言。

更让罗斯福担忧的是，修改中立法案的议案在参议院受到了挫折。也就是说，美国民众在承担着巨大的战争和政治风险。一旦战争爆发的话，无论是侵略者还是被侵略者，美国都将对其实施武器禁运。如此一来，美国势必在政治上遭受巨大的压力，而且还要承担潜在的军事风险。

在参议院内既然受到了挫折，罗斯福只好转向了众议院。他私下对众议院领袖们说，取消禁运也许可以阻止欧洲爆发战争；而一旦爆发战争的话，取消禁运也会使轴心国取胜的可能性减小。但罗斯福这些苦口婆心的劝说根本毫无用处。孤立主义的势力实在太强大了。他们操纵众议院，通过了一个新的提案，但保留了禁运条款的实质内容。

对此，罗斯福感到十分震惊。在欧洲战云密布之时，他把参议院的领袖们召集到白宫来磋商大事。罗斯福一再向参议员们强调，战争发生的可能性极大，美国必须趁早投入物质力量，否则后果将无法挽回。国务卿赫尔的发言比罗斯福更加悲观，他认为战争是一触即发的事情，美国必须马上行动起来。

参议员们只穿衬衫，手里拿着饮料，舒舒服服地围坐在总统的书房里，似乎根本没有把总统的话放在心上。老牌孤立主义者博拉提出了与罗斯福截然相反的观点。他说："今年决不会爆发任何战争，所有这些歇斯底里都是制造出来的，人为的。"

赫尔对这个狡猾的老参议员说："我希望这位参议员先生能到我的办公室来读一下电报！"

博拉粗鲁地打断了赫尔的话，对他说："我在欧洲有情报来源，我认为它们比国务院的消息更可靠。"

驾驶美国这艘大船的船长并不是那么好当的。罗斯福竭尽全力想把美国驶入一处安全的港湾，但孤立主义者们面对着风暴却不自知，极力阻止他这样做。百般无奈的罗斯福只好做出一副彬彬有礼的样子，送走了参议院的领袖们。

五

第二次世界大战拉开了帷幕

德军占领捷克斯洛伐克不久，希特勒就从捷克斯洛伐克掠夺了 95 亿马克的资金、100 多万支步枪、4.3 万挺机枪、1500 多架飞机、2100 多门大炮、500 多门高射炮、300 多万发炮弹、10 亿发子弹和 400 多辆坦克。东欧当时最大的军工厂斯科达也被德军占领了。与此同时，希特勒还把大批捷克斯洛伐克青年男女掳去当兵和服劳役。德国的军事实力得到了很大的加强。德国空军总司令戈林在德军占领捷克斯洛伐克一个月后曾对墨索里尼说："捷克斯洛伐克巨大的生产能力转归德国而产生的经济因素显著加强了轴心国对付西方国家的能力。不仅如此，如果发生更大的冲突，德国现在毋需保留一个师的兵力去防御那个国家了。"

希特勒的侵略野心终于惊醒了张伯伦和支持他的民众。张伯伦在下议院公开宣布，如果波兰遭到入侵，英国政府将保证给予波兰政府以全力支持。法国政府已授权让他明确表示，法国将与英国采取同样立场。但张伯伦在此时采取措施已经太晚了。德国先后占领了奥地利和捷克斯洛伐克，使它获得了强大的军工生产能力。英国无力保障法国的边境防务。而远离欧洲大陆的美国也深陷和平主义与孤立主义的泥潭之中，根本无法向英、法伸出援手。

大部分英国人都清醒地意识到，要对抗来自德国侵略的潜在威胁，必须像第一次世界大战期间一样，建立联合政府，加强政府的凝聚力。同时，人们要求丘吉尔参加内阁的呼声也越来越强烈。在世界大战一触即发的时刻，英国需要有一个像丘吉尔这样坚强的保护神。

《每日电讯报》公开称赞丘吉尔说："不仅是一位由于同国家事务有

着长期而密切的接触而训练得极有责任心的政治家；而且也是一位对处理在战争中出现的，特别是具有高度战略意义的棘手问题，具有无可比拟的实际经验的政治家。"

丘吉尔也在此时加紧活动，希望能早日重返内阁。他参加了一个由知名人士组成的"保卫自由与和平中心"，还担任了"新联邦协会"的主席。这些团体在丘吉尔的领导下展开了广泛的宣传活动。丘吉尔认为，在当前情况下，唯有建立一个维护世界和平的国际组织，才能对抗来自德国的威胁。丘吉尔宣称，在这个"大联盟"的国际组织中，不仅应包括法国，也应该包括苏联在内。他的这一主张与之前的反苏宣传有极大的反差。但正是这种反差才体现出了丘吉尔务实的特点。在国家安全面前，意识形态的敌视是次要的。

丘吉尔的主张得到了民众广泛的支持。丘吉尔也知道，战争的可能性越大，他进入政府的机会就越多。他曾对身边的人说："我知道，如果战争爆发——谁还能怀疑这一点呢？——一副沉重的担子将落在我的肩上。"

3月21日，德国政府又向立陶宛提出了领土要求，要求其立即派全权代表到柏林签字，把默默尔交给德国人统治。弱小的立陶宛不敢违拗希特勒的意见，不得不于3月22日派代表到柏林在协约上签了字。希特勒不等谈判结束，便在斯维纳明德登上了"德意志号"袖珍战舰前往默默尔，炫耀他的"丰功伟绩"。从苏台德区到奥地利，从捷克斯洛伐克到立陶宛，法西斯德国已经兵不血刃地将其领土扩大了数倍。

得意忘形的希特勒随即将矛头指向了波兰。第一次世界大战结束后，德国割让给波兰的出海口，即通往波罗的海的"波兰走廊"但泽将原本连成一片的德国领土分成了两块，位于"走廊"之东的东普鲁士成了远离德国本土的"孤岛"。但泽则被辟为了自由市，国际联盟管理。德国人一直对失去但泽和"走廊"地区耿耿于怀。

吞并奥地利和捷克斯洛伐克之后，希特勒企图用恫吓和军事两种手段，迫使波兰同意德国合并但泽自由市，并允许德国在"波兰走廊"建造一条治外法权的公路来连接东普鲁士和德国本土。值得玩味的是，仅仅在半年之前，波兰政府还跟在希特勒的身后，在德国占领了苏台德区之后也趁火打劫地侵占了捷克斯洛伐克一小块领土。仅仅半年的时间，希特勒便翻脸不认人，开始对他的波兰"小兄弟"下手了。

波兰政府拒绝希特勒的所有要求，并于1939年3月30日得到英、法的承诺，保卫波兰的国家主权。但希特勒坚信英、法不会为波兰向德国开战，便决定对波兰采取军事行动。4月28日，德国发表声明，终止了《波德互不侵犯条约》。随后，希特勒便下令德军总参谋部制定了一项"闪击波兰"的作战计划。

5月，法国与波兰签订了一个协议，法国承诺会在波兰被侵入后15日内加入战争，援助波兰。8月25日，英国也与波兰签订了成为军事盟友的条约。但实际上，英法两国对法西斯德国依然抱有一丝幻想，不愿意相信德国会发动对波兰的战争。

波兰军队根本不具备长期抵抗德军进攻的能力。即使是法军，此时也已经无法对付德军在飞机掩护下的地面行动中大量使用坦克的闪电战攻势。因此，法、英两国对波兰的承诺在军事上并不具有现实意义。英、法两国政府都清醒地意识到，如果不能及时地同苏联建立政治和军事联盟，波兰就毫无生存下去的可能。

不过，由于英、法两国对社会主义苏联的敌视，直到英国无条件地承诺捍卫波兰的领土完整之后，才提出同苏联签订协议，实现和解。但此时，希特勒也已经意识到了与苏联结盟的重要性。在希特勒看来，与苏联签订协议是使德国避免在两条战线上同时作战的唯一办法。结果，英、法两国与苏联的谈判破裂了。德国外长里宾特洛甫却在希特勒的授权下，于8月22日在莫斯科与苏联秘密地签订了《苏德互不侵犯条约》。如此一来，形势就变得对英、法更加不利了。一旦爆发大规模战争的话，德国便可以毫无顾忌地把全部兵力投入到西线战场对付英、法了。

9月1日凌晨，德军大举越过德波边境，分北、西、南三路，向波兰首都华沙进逼。这是人类历史上第一次大规模的机械化大进军。德军的轰炸机群呼啸着向波兰境内飞去，目标是波兰的部队、军火库、机场、铁路、公路和桥梁。德军趁势以装甲部队和摩托化部队为前导，以每天50～60公里的速度向前突进。德军闪击波兰，标志着第二次世界大战欧洲战事正式拉开了帷幕！

消息传到英国后，一大帮青年立即手举标语牌，来到了下议院和首相府邸旁边的街道上游行，高呼口号，抨击张伯伦的错误政策。一些激进的青年甚至四处张贴"丘吉尔必须回到政府去"的标语和海报，希望让主张对德国采取强硬措施的丘吉尔担任首相。

张伯伦终于被迫改变了对德国的态度。9月1日上午，他向军队下达了动员令。当天下午，他又在唐宁街10号召见了丘吉尔，邀请丘吉尔参加由6位大臣组成的小型战时内阁。但张伯伦说，由于自由党和工党对各大党派的联合尚未作出决定，所以暂时不能发出正式任命。

9月3日，张伯伦在下议院发表了一通充满悔意的演说。他在演说中指出："今天是我们大家最感到痛心的日子，但是没有一个人会比我更为痛心。在我担任公职的一生中，我所信仰的一切，我所为之工作的一切，都已毁于一旦。现在我唯一能做的就是：鞠躬尽瘁，使我们必须付出重大代价的事业取得胜利……"

随后，张伯伦向法西斯德国发出最后通牒，要求德军立即从波兰撤军。当天上午，一群纳粹头目正聚集在柏林总理府的前厅。突然，一名翻译官从人群挤过去，径直走进希特勒的书房，口译了最后通牒的内容。当翻译完毕，希特勒沉默无言，好一会儿呆坐不动，然后，冲着一直强调英国不会参与这场战争的德国外长里宾特洛甫恶声质问："现在你有什么话说？"里宾特洛甫默默无言地站在希特勒的对面，显得十分窘迫。第二号纳粹人物戈林在外面前厅里做了回答："如果我们打输了这一仗，那么求上帝保佑我们吧。"

希特勒未对英国的最后通牒作出回应。英国政府遂于上午11点对德宣战，并宣布全国进入战争状态。下议院立即批准了政府的这两条决定。同时，在下院的首相办公室里，张伯伦正式向丘吉尔宣布：邀请陆军大臣和海军大臣参加战时内阁，并请丘吉尔任海军大臣。

就这样，丘吉尔在阔别了24年之后，又回到海军部。由于形势危急，丘吉尔没等在王宫向过往行吻手礼，就捎话给海军部说，他将在当天下午6点到部视事。海军部立即电告各海军舰队："温斯顿回来了。"

· 第八章 ·

受命组建战时内阁

一

罗斯福发表"炉边谈话"

战争爆发之初，单纯从军事力量和经济实力上来讲，英、法等国占有一定优势。当时，波兰有 40 个步兵师和 12 个骑兵师；法国有约 110 个师的兵力。而当时德国只动员了 98 个师。在经济实力方面，英、法拥有广阔的殖民地，战略资源丰富，然而，德国却缺乏铁砂、橡胶和石油等重要的战略物资。

但是由于英、法没有做好应战的准备，而且不想真正打仗，在行动上磨磨蹭蹭，甚至根本没有采取真正的军事行动。张伯伦就曾宣称，这是一场"晦暗不明的战争"。所谓"晦暗不明"，实际上是指"战"与"和"还在两可之间。正是因为英、法两国首脑处于这样一种精神状态之中，盟国在战争初期一直处于被动挨打的局面。英、法违背了自己许下的"如果德意志帝国胆敢入侵波兰，英法联军将直捣鲁尔谷地"的诺言。法国屯集重兵却躲在马其诺防线后面，眼睁睁地看着波兰独自抵抗着强大邻国的侵略。

从 1939 年 9 月 1 日到 1940 年 5 月 10 日，这段奇特的历史时期在德国被称之为"静坐战"，而其他国家则称之为"假战"。英、法两国的"假战"助长了法西斯德国的侵略野心，同时也让自己在后来付出了沉重的代价。

英国对德宣战的当晚，美国总统罗斯福也用广播向美国民众发表了欧战后的第一次"炉边谈话"。尽管罗斯福知道美国很难不被卷入这场罪恶的战争，但为了安抚民众，并争取孤立主义者的支持，他不得不在表明自己观点的同时，小心翼翼地表示：作为美国总统，他将尽力使美国不介入这场战争。

德国军车开进波兰

在此以后的几天，德军以古德里安强大的装甲集团为先锋，继续快速向波兰腹地推进。波兰军队根本无力抵抗强大的德军。一周之后，波兰在事实上已经处于亡国状态了。由于英法两国的纵容，希特勒更加嚣张了，派出大量的潜艇出没于世界的各个航道，企图控制制海权。

希特勒估计，波兰可以抵挡数周之久；英法方面则估计，波兰可以支持到 1940 年春；波兰军事当局则盲目自信，认为波兰军队完全可以挡住德军的入侵。但德军突如其来的攻势，装甲部队与空军配合的"闪电战"使波兰猝不及防。波兰 500 多架飞机甚至没有来得及起飞就被德军摧毁了。到 9 月 17 日，波兰军队的崩溃已成定局。

德军和苏联红军（苏联因与波兰的边境纠纷，也加入了这场战争）也在东西两个方向上快速向波兰的腹地推进。9 月 18 日，德苏两国军队在布列斯特—力托夫斯克会师。9 月 25 日，德军开始向华沙外围的要塞、据点及重要补给中心进行炮击。随后，德第八集团军开始向华沙发起攻击。仅仅 3 天之后，华沙守军司令便正式签署了投降书。至 10 月 2 日，波兰的最后一个城市格丁尼亚也停止了抵抗。至此，波兰全境都沦陷了，但波兰政府并没有向法西斯正式投降。

战争给波兰造成了严重的创伤。时任希特勒大本营司令的隆美尔在家信中写道："华沙已经残破不堪，房屋十有八九都被烧成了枯架。商店消失了，里面的陈列品已荡然无存，店主们只好用木板把它堵上。这

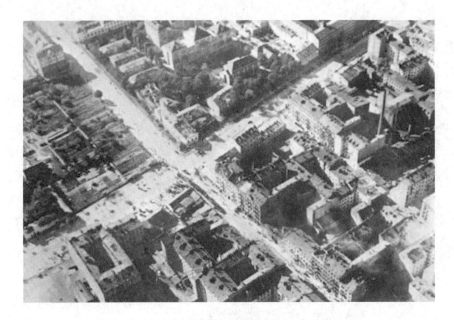

被德军占领的华沙

里已经整整两天没水没电，没有煤气，没有粮食了……老百姓几乎都暴露在无法逃避的炮火之下。市长统计的伤亡人数是四万……"

虽说英国和法国已正式向德国宣战，声明要援助他们的盟国波兰，但当纳粹肆意践踏波兰国土、残酷屠杀波兰人民时，英法却无动于衷，西线出现了惊人的平静。10月11日，波兰战事结束3个星期以后，英国才派了4个师，共15.8万人，到法国去"参战"。

10月底，罗斯福与孤立主义者的斗争取得了初步胜利。在双方作了某种妥协之后，参议院以63对30票通过了取消禁运一案。几天后，这项在很多地方措词含糊的新法案在众议院也获得了通过。罗斯福修改中立法案的斗争虽然没有取得预期效果，但毕竟获得了成功，这对加速第二次世界大战的结束是大有裨益的。根据修改后的中立法，盟国需要什么物品，就可以在美国购买什么物品，比如火炮、飞机和坦克，只要盟国支付现金，并用自己的船只将补给品运走就行。

在美国积极采取行动之时，作为欧洲大陆上抗击法西斯德国主力的法国却依然没有意识到形势的严峻性。法国政府和军方居然漠视正在战场上发挥巨大作用的机械化部队，不愿将其作为主力使用。对此，戴高乐悲伤极了，他在致雷诺的信函中悲观地写道："即使我们真的拿起武器，来阻止德国在中欧、巴尔干半岛、北欧和东欧地区建立霸权，我们也没有办法取得成功，再说并没有试图这样做……因此，人们可以说，这场战争已经完蛋了。但是，现在还是赢得另一场战争的时候。如果我们失去另一场战争的胜利，那么世界，首先是法兰西，就会逐渐地习惯于希特勒正在欧洲最大地区建立的新秩序……几天后，在我们眼里，由希特勒在既成事实基础上向我们建议的和约就会是唯一的解决办法。此后，我们就会对沉沦、孤立和毁灭熟视无睹了。"

二

放弃党派之争，全力抗战

丘吉尔对英、法两国政府奇怪的举动非常不满，但又无可奈何。他唯一能做的就是领导海军部，打好这场战争。重新就任海军部长之后，他立即把全副精力都投入到海军部的各项工作中去。他夜以继日地视察了英国沿海各基地的舰队。丘吉尔惊讶地发现，皇家海军的战舰大都是他第一次当海军大臣期间建造的，不仅装备陈旧，而且数量也不足。

看到这些情况，丘吉尔十分寒心。看来，皇家海军在短时间内是无法挡住德国的攻击了。丘吉尔的判断十分正确。不久之后，英国皇家海军的惨剧就接连发生了：几艘英国客轮被德国鱼雷击沉了，"无畏号"航空母舰被德国潜水艇击沉了，停泊在英国港湾中的"皇家橡树号"主力舰被德国飞机炸沉了。

丘吉尔没有向媒体封锁消息，他主动向新闻界通报了这些情况。随后，他就向下议院提出，必须建立商船护航制度。因为英国本土所生产的粮食和其他战略资源十分有限，根本不足以应付长时间的战争的消耗。为了支持日后大规模战争和维持全国人民日常生活需要，丘吉尔迅速组织了强大的护航队。为了提高商船的自卫能力，他还为商船装备了反潜大炮。

为了重树海军的形象，鼓舞士气，丘吉尔网罗了大批专家，成立了一个专门的统计处，研究关系全部战局的数据、图表、情报和作战方案。11月末，在泰晤士河口的河滩上，发现了一个德国磁性水雷。海军部派出一个勇敢的技术小组，想方设法拆开了它，揭开了它的秘密，找到了对付它的方法。从此以后，英国的船只上都装上了各种消磁装置，消除了德国磁性水雷的威胁。

另外，丘吉尔还提出在莱茵河上投下漂浮水雷，在挪威海岸线布下水雷，以阻止德国潜艇将瑞典铁矿经由挪威的纳维克港运往德国的计划。丘吉尔的这些计划有力地反击了德国潜艇的威胁，也重新树立了英国皇家海军在民众心目中的形象。

欧洲大陆漫长的冬季终于过去了。随着春季的来临，希特勒也开始行动了。为了确保从瑞典进口铁矿砂的供应线，希特勒按照海军的建议，暂时推迟了向西线发动进攻的计划，决定挥师北上，向丹麦和挪威开刀。

希特勒收买了挪威前国防大臣吉斯林。1940 年 3 月 1 日，希特勒发出了代号为"威塞演习"的密令，准备入侵丹麦和挪威。

就在这时，法国政局再一次出现了动荡。早在 1939 年，苏联为在其西北部建立一条更有效的防线，先后合并了拉脱维亚、立陶宛和爱沙尼亚。由于列宁格勒离国境线太近，不利于防御，苏联希望通过与芬兰"交换"领土，使列宁格勒方面的国境线向西延伸数百公里。

芬兰拒绝了苏联的要求。1939 年 11 月 30 日，苏芬战争爆发。芬兰人开始时进行了成功的抵抗，但后来却无法顶住苏联红军的强大压力。在芬兰呼吁下，国际联盟于 1939 年 12 月作出了谴责苏联的决议并将其开除出了国际联盟。

英、法两国经过长时间的辩论后，提出了一项从挪威和瑞典借道援助芬兰的计划，但挪威和瑞典迟迟不予答复。这件事情拖了几个月后，芬兰终于在没有外援的情况下，被迫于 1940 年 3 月 13 日按照苏联开出的条件签订了和平协议。这一事件在一定程度上影响了法国国内的政治形势。达拉第政府于 3 月 21 日倒台了。

勒布伦继任法国总统，他召见了雷诺，请他出任政府总理。但是，如果在议会中得不到激进社会党的支持，雷诺就寸步难行，而激进社会党把达拉第留在战时内阁作为合作的条件。雷诺无奈，只好再一次任命达拉第为国防和陆军部长。就这样，达拉第这位绥靖政策的主导者之一在倒台之后并没有失去对权力的掌控。

副总理卡来耶·肖当是激进社会党的领导人之一，曾当过总理，和达拉第一样，都是绥靖主义者。副国务秘书也是一贯反对雷诺的人。在这种情况下，主战的雷诺被缚住了手脚，处处受到制约，根本无法展开对抗德国的新局面。

4月9日上午5点20分，德国驻哥本哈根和奥斯陆的使节，向丹麦和挪威政府递送了德国的最后通牒，要求他们毫不反抗地立刻接受"德国的保护"。这份备忘录宣称，德国是来援助丹麦和挪威抵抗英、法两国的占领的。因此，德国要求挪威、丹麦政府和人民不要抵抗德军，因为"任何抵抗将不得不受到一切可能手段的击破，从而只能导致绝对无益的流血牺牲"。

与此同时，德军代号为"威赛演习"的行动也开始了。仅仅4个小时，德军便占领丹麦全境。德军空降兵、登陆兵也于同一时间陆续在挪威沿岸的奥斯陆、克里斯蒂安桑、斯塔万格和拉尔维克等地空降和登陆了。

德军遭到挪威军队的顽强抵抗，德国海军舰队遭到重创，最新型的"布吕歇尔"号重巡洋舰被挪威海岸炮台开火击沉，1600名德军官兵葬身鱼腹，舰队司令奥斯卡·孔末茨将军被俘。尽管如此，德军空降部队依然在当天占领了挪威首都奥斯陆。挪威第二大港口卑尔根也在当日午前被德军占领了。此后，挪威军队的抵抗持续了两个月之久，但终因力量悬殊而失败了。

德军在攻占挪威的过程中付出了沉重的代价。在20艘驱逐舰中损失了10艘；8艘巡洋舰中损失了3艘；主力巡洋舰"夏恩霍尔斯特"号和"格奈斯脑"号及袖珍战舰"卢佐夫"号都负了重伤。不过，与取得的战果相比，这些损失是微不足道的。法西斯德国得到了冬季运输铁矿砂的线路，进一步保护了通往波罗的海的进出口，为德国的潜艇和海面舰只对英、法作战提供了良好的港口设备。

更为重要的是，征服丹麦和挪威大大强化了法西斯德国不可战胜的神话。一时间，西方上层社会被一种严重的失败主义情绪笼罩住了。英、法军政界的高层们苟且偷安，无所作为，只知道哀叹："未来的潮流看来是属于希特勒和纳粹主义了。"

在国际和国内舆论的谴责下，张伯伦内阁不得不派出军队前往挪威同德军交战。可是，由于英军没有滑雪部队，缺乏在寒冷地带作战的经验，又对挪威地形不熟悉，英军在挪威遭到了惨败，成千上万的士兵死在了异国他乡的雪地里。挪威隔北海与英国相望，对英国的国家安全十分重要，而且又是英国的保护国。挪威作战失利致使英国本土遭受到了严重的威胁。

张伯伦政府立即遭到了保守党、工党和自由党的一致声讨。5月7日，在下议院的辩论中，著名的保守党议员利奥波德·艾默里，引用克伦威尔向议会说过的话对张伯伦进行了猛烈的轰击。他说："你们在这里坐得太久了，再也干不出什么好事来。我说，你们走开！让我们和你们从此一刀两断。看在上帝的面上，走吧！"

艾默里的发言赢得了议员们热烈的掌声，但张伯伦却依然赖在首相的位子上，不想下台。他向议员们说，他愿意改组内阁，成立由他领导的联合政府。但是工党表示不接受他的领导，自由党和保守党中反张伯伦集团的领导人也敦促工党领袖艾德礼提议进行表决。表决结果，政府的支持票由原来的200票以上一下子跌到了81票。这下，张伯伦众叛亲离，只好黯然神伤地下台了。

张伯伦下台了，由谁担任首相呢？丘吉尔理所当然地成了众望所归的人物。各党政要都认为，只有丘吉尔才具备担负战时首相重任所必需的意志和活力。英国民众也认为，丘吉尔无论遭到什么挫折和失败，始终是一个强者，他善于鼓舞民众并且毫不妥协地抵抗德国的入侵。战争局势的发展在呼唤丘吉尔，英国民众在呼唤丘吉尔，世界反法西斯战争的形势也在呼唤丘吉尔……

　　丘吉尔也顺天应时地发表了一通颇具领袖风范的演说。他在演说中指出："让党派利益搁在一边，把我们的全部精力集中起来，使国家的全部才智与力量都投入到战争中来，把所有的健壮马匹都套上轭具……"

三

丘吉尔受命组建战时内阁

　　5月10日，德国进攻法国的"镰刀行动"揭开了大幕。西线的平静终于被希特勒装甲部队闪电式的进攻打破了。德国集中了136个师，其中10个坦克师、7个摩托化师，2580辆坦克，3824架飞机，分A、B、C等3个集团军群向荷兰、比利时、卢森堡发动了大规模的闪电式进攻。

　　A集团军群为左翼，避过比利时和卢森堡，拟在迪南与色当之间强渡马斯河，穿过法国边界防线，直取松姆河口。B集团军群为右翼，也将绕过马其诺防线攻入法国。只有C集团军群对法国视作生命线的马其诺防线发动佯攻，以迷惑法军。

　　英、法、比、荷等国部署在西线的部队共有142个师，其中法军100个师、荷军10个师、比军22个师、英军10个师，坦克2300辆，总兵力与德军大体相当。但由于战备不足，盟国没有组成联合参谋部和统一指挥，加上比利时和荷兰在德军发动进攻之时还深信希特勒的保证，恪守中立，所以盟国处于劣势。再加上英、法政府始终一厢情愿地认为德国即使进攻，也会像第一次世界大战时期那样取道比利时。如果那样的话，德军就会被阻挡在固若金汤的马其诺防线以东地区。

　　法国人万万没有想到，德国庞大的装甲部队会像戴高乐在《建立职业军》里所预言的那样，从马其诺防线的北端，法、比边境的阿登山区绕过法军的防线。马其诺防线没有延伸到阿登山区，也是法、比军队防守最薄弱的地方。因为法军总参谋长甘默林等人深信，德军大规模的装甲部队无法越过崎岖的阿登山脉。

　　德军发动进攻的当天，军事力量薄弱的卢森堡就不战而亡了。闻知这一消息，英国上下一片震动。下午 6 点，英王乔治六世在白金汉宫召见了丘吉尔，授权他组织政府。丘吉尔终于如愿以偿地登上了首相的宝座。但他所面临的却是一个炮火连天的世界。随即，丘吉尔就跟工党领导人举行了会谈，商讨内阁名单。午夜时分，战时内阁的名单被送到了国王乔治六世的手中。

战时内阁 5 名主要的阁员分别是：首相兼国防大臣丘吉尔、保守党下议院领袖兼枢密院院长张伯伦、外交大臣哈利法克斯、掌玺大臣艾德礼、副首相兼"不管"部大臣格林伍德。

除此之外，自由党领袖辛克莱任空军大臣，保守党艾登任陆军大臣，工党亚历山大任海军大臣。

张伯伦与丘吉尔之间矛盾重重，曾屡次阻挠丘吉尔进入内阁，丘吉尔为什么还要把如此重要的职务放在他的肩上呢？丘吉尔认为，如果在当时的情况下和张伯伦算旧账的话，势必会危害内阁的稳定性，从而使英国输掉整场战争。

丘吉尔对内阁大臣的安排不但表明了他具有宽宏大量的领袖气度，也符合他于 5 月 7 日的演说中提出的"团结一致"原则。正是这种气度和原则才让丘吉尔在未来的几年里领导英国民众取得了反法西斯战争的胜利。

多年之后，丘吉尔在回忆自己临危受命主持国政之时的心情写道："在最后的这个充满危机的多事之秋，我在凌晨 3 点才上床休息。我有一种如释重负之感，我终于获得指挥全局的大权了。我觉得我是幸运的人，我以往的全部生活，不过是为了这个时刻，为了承担这种考验而进行的一种准备罢了。我想我对全局了如指掌，深信自己不会失败。"

丘吉尔对胜利具有坚定的决心。他曾对战时内阁的成员们说："如果我们打不赢这场战争，应当被送到伦敦塔山斩首的，就只有我们 5 个人。其余的人要处分的话，那只是因为他们掌管的部门有所失职，而不是因为他们制定了政府的政策。"

伦敦塔山是英国中世纪监禁和处决囚犯的地方。丘吉尔的这番话表明了他打赢战争的坚强信心，也表明了他将拉着英国这架古老的马车渡过危机的责任感。

5月13日，下议院召开了特别会议，对新政府进行信任投票。在会上，丘吉尔首次以首相的身份发表了激动人心的演说。他站在演说台上，目光坚定地扫视了一圈。下议院里座无虚席，议员们坐在座位上安静地盯着他；过道上和外面走廊里前来旁听的民众也默默地盯着他。他们的目光里充满了恐慌和祈求，似乎在说："请你给我们力量吧！"

丘吉尔发表了一篇简短但却十分有力的演说：

星期五晚上，我接受了英王陛下的委托，组织新政府。这次组阁，应包括所有的政党，既有支持上届政府的政党，也有上届政府的反对党，显而易见，这是议会和国家的希望与意愿。我已完成了此项任务中最重要的部分。战时内阁业已成立，由5位阁员组成，其中包括反对党的自由主义者，代表了举国一致的团结。三党领袖已经同意加入战时内阁，或者担任国家高级行政职务。三军指挥机构已加以充实。由于事态发展的极端紧迫感和严重性，仅仅用一天时间完成此项任务，是完全必要的。其他许多重要职位已在昨天任命。我将在今天晚上向英王陛下呈递补充名单，并希望于明日一天完成对政府主要大臣的任命。其他一些大臣的任命，虽然通常需要更多一点的时间，但是，我相信会议再次开会时，我的这项任务将告完成，而且本届政府在各方面都将是完整无缺的。

我认为，向下院建议在今天开会是符合公众利益的。议长先生同意这个建议，并根据下院决议所授予他的权力，采取了必要的步骤。今天议程结束时，建议下院休会到5月21日星期二。当然，还要附加规定，如果需要的话，可以提前复会。下周会议所要考虑的议题，将尽早通知全体议员。现在，我请求下院，根据以我的名义提出的决议案，批准已采取的各项步骤，将它记录在案，并宣布对新政府的信任。

组成一届具有这种规模和复杂性的政府，本身就是一项严肃的任务。但是大家一定要记住，我们正处在历史上一次最伟大的战争的初期阶段，我们正在挪威和荷兰的许多地方进行战斗，我们必须在地中海地区做好准备，空战仍在继续，众多的战备工作必须在国内完成。在这危急存亡之际，如果我今天没有向下院做长篇演说，我希望能够得到你们的宽恕。我还希望，因为这次政府改组而受到影响的任何朋友和同事，或者以前的同事，会对礼节上的不周之处予以充分谅解，这种礼节上的欠缺，到目前为止是在所难免的。正如我曾对参加本届政府的成员所说的那样，我要向下院说："我没什么可以奉献，有的只是热血、辛劳、眼泪和汗水。"

摆在我们面前的，是一场极为痛苦的严峻的考验。在我们面前，有许多许多漫长的斗争和苦难的岁月。你们问：我们的政策是什么？我要说，我们的政策就是用我们全部能力，用上帝所给予我们的全部力量，在海上、陆地和空中进行战争，同一个在人类黑暗悲惨的罪恶史上所从未有过的穷凶极恶的暴政进行战争。这就是我们的政策。你们问：我们的目标是什么，我可以用一个词来回答：胜利——不惜一切代价，去赢得胜利；无论多么可怕，也要赢得胜利，无论道路多么遥远和艰难，也要赢得胜利。因为没有胜利，就不能生存。大家必须认识到这一点：没有胜利，就没有英帝国的存在，就没有英帝国所代表的一切，就没有促使人类朝着自己目标奋勇前进这一世代相传的强烈欲望和动力。但是当我挑起这个担子的时候，我是心情愉快、满怀希望的。我深信，人们不会听任我们的事业遭受失败。此时此刻，我觉得我有权利要求大家的支持，我要说：来吧，让我们同心协力，一道前进。

丘吉尔为了鼓舞人们比出的代表胜利的"V"形手势，成了鼓舞人们战斗最有力的号角之一

听着丘吉尔铿锵有力的演说，人们眼睛里的恐慌渐渐消失了，他们用热烈的掌声向丘

吉尔表明了他们的态度。丘吉尔伸出右手，掌心向外，叉开食指和中指，摆出了英文中"胜利"一词的第一个字母"V"的形状。

　　丘吉尔简短的演讲结束了，会场上立即响起了暴风雨般的掌声。投票结果表明，丘吉尔的新政府以 381 票对 0 票赢得了举国一致的支持。从此以后，他这次掷地有声的演说和那经典的"V"形手势便在世界反法西斯人民中间传开了，成了鼓舞人们战斗最有力的号角。

四

悲壮的敦刻尔克大撤退

5月14日，希特勒的爱将古德里安将军指挥一支强大的装甲部队由德国边境越过阿登山脉，强渡马斯河，以破竹之势突破了法军第九军团和第二军团仅8万人的防线，向法国北部铺天盖地地压来。法国人一直坚信不疑的"马其诺神话"破灭了！

消息传来后，法国人被吓坏了，荷兰人被吓坏了，比利时人和英国人都被吓坏了。荷兰军队的总司令签署了停战投降令。法国新任总理雷诺则于15日清晨7点30分给丘吉尔打来电话，喃喃地说："我们被打败了！我们被打败了！"

丘吉尔立即致电美国总统罗斯福。他在电文中指出，德国正以惊人的速度征服欧洲，而墨索里尼也将伺机劫掠。因此，他希望罗斯福宣布美国处于"非交战"状态，即不派遣武装部队直接参战，但提供一切必要的援助。在电文的最后，丘吉尔以近乎孤傲而悲壮的语调说："如果必要的话，英国将单独战斗下去。"

但罗斯福受到美国国内孤立主义势力的阻挠，根本无法向英、法提供强有力的援助。而欧洲大陆的战局却迅速恶化了。到5月16日早晨，在欧陆作战的英国远征军出现了全线溃退之迹。第一军率先向后方撤去，第二军紧随其后。5月18日，英国远征军第一军出现了混乱的局面。这主要是由于该军军长年龄较大、过于紧张和慌乱造成的。为了减轻他的负担，远征军司令戈特将军命令日后成为英军总参谋长的布鲁克（当时担任英国远征军第二军军长）接管第一军第一师的指挥权。该师长则是日后名震欧亚的哈罗德·亚历山大。

5月18日晚，英国远征军副总参谋长李斯特准将向戈特将军提交了一份报告。报告指出，根据目前的情况，英军必须撤往敦刻尔克，从那里将人员和一部分补给撤回本土。戈特同意了李斯特的方案，但法国方面却一再要求英国远征军对德军侧翼实施反冲击，以减轻法军的压力。

哈罗德·亚历山大（1891～1969），英国元帅。第二次世界大战期间历任师长、军长、中东战区总司令、北非战区盟军最高副司令兼第18集团军群司令、地中海战区盟军最高副司令兼第15集团军群司令和地中海战区盟军最高司令。因指挥突尼斯战役获胜而被封为"突尼斯的亚历山大勋爵"

丘吉尔从全局考虑，同意了法国方面的要求。不过，他对当前的战局非常担忧。5月20日，他再次给罗斯福发电，慷慨激昂地说："如果英国打败了，我将和我的政府同归于尽。"

5月21日，戈特将军调集第五师、第五十师和第一皇家坦克团向德军侧翼发动了攻势。由于力量太过薄弱，反冲击被德军瓦解了。除了第五十师在阿拉斯俘获了四百余名德军之外，其他各部的攻势均以惨败而告终。英国各大报刊故意忽略了英军的失败，反而大肆宣扬第五十师的胜利。客观地说，第五十师的胜利对整个战局并没有产生什么影响，不过却粉碎了德军不可战胜的神话，消除了英军对德军的恐惧心理！

战局的发展变得对英国远征军越来越不利了。德军第二装甲师和第一装甲师等部队已经推进到了英吉利海峡沿岸。英国远征军已经陷入了德军的包围圈之中。戈特计划率领部队向南突围，到索姆河一线与法军主力会合。

实际上，近四十万英法联军已经被德军围逼在法国北部狭小地带，只剩下敦刻尔克这个仅有万名居民的小港可以作为海上退路。形势万分危急，敦刻尔克港口是个极易受到轰炸机和炮火持续攻击的目标。如果40万人被围困在这个港口的话，德国的炮火势必会给英法联军以毁灭性打击。

5月24日，第三师第八步兵旅在战斗中缴获了德军部分机密文件。有一份文件说，德第六军预定在英国远征军最北端实施钳形迂回包围，从北面把英国远征军全部卷入口袋。第三师师长蒙哥马利立即将这一文件上缴给了第二军军长布鲁克。

布鲁克扫了一眼文件，豆大的汗珠顿时从额头上沁了出来。如果德军第六军的意图达成了的话，英国远征军定会落个全军覆没的结局。布鲁克不敢耽搁，立即携带着这些文件，赶到了远征军司令部，去见戈特将军。

戈特将军似乎在一夜之间老了很多！布鲁克还没有将文件交给他，就听到他说："法军在南面的攻击已经完全失败了，左翼比利时军队的抵抗也被粉碎了。我们现在已经成了一支孤军！"

布鲁克低头沉思了一会儿，将手上的文件递给了戈特将军。戈特将军瞅了瞅文件，半天说不出一句话来。尽管缺乏远见，但他依然清醒地意识到，他唯一能做的事情只剩下把尽可能多的英军撤回本土去了。

此时，南线德军沿海岸推进到距敦刻尔克只有三十余公里，很快就要锁住海岸边狭窄的出口了。就在此时，希特勒突然向他的装甲部队发出了停止前进的命令。希特勒判断，他的装甲部队距离主力部队已经太远，如果英国人发动反攻的话，装甲部队恐怕无力抵挡。

英国远征军司令戈特将军立即将希特勒的这一错误判断报告给了丘吉尔。丘吉尔决定充分利用这个意外的宝贵喘息机会，一面加强陆、海、空三军的配合，加强防御，一边悄悄将部队撤向海边。

5月26日黄昏时分，英国海军部下令开始执行代号为"发电机"的撤退行动，前往敦刻尔克接应撤退的英国远征军。英国政府和海军部发动了大批船只，动员人民起来营救军队。他们的计划是力争撤离3万人。对于即将发生的悲剧，人们怨声载道，争吵不休。他们猛烈抨击政府的无能和腐败，但仍然宁死不惧地投入到了撤离部队的工作中去。于是出现了驶往敦刻尔克的奇怪的"无敌舰队"。

这支船队中有政府征用的船只，但更多的是自发前去接运部队的人民。他们没有登记过，也没有接到命令，但他们有比组织性更有力的东西，这就是不列颠民族征服海洋的精神。许多英国部队的高级指挥人员也参加了援救行动，海军部的文职官员地图室主任皮姆上校也驾驶一艘荷兰小船，在4天内顺利接回了800人。

5月28日，比利时国王奥波德三世命令比利时军队向德军投降。大量德军从英、法部队的侧翼长驱直入，迅速把敦刻尔克地区包围了起来。英、法军队一边组织抵抗，一边有序地撤离敦刻尔克。

在实施"发电机"计划的9个昼夜中，65岁的丘吉尔昼夜不眠，全神贯注地在关注着局势的发展。他一面指挥撤退，一面向政府官员发布通令："在这黑暗的日子里，如果政府中所有的同僚以及重要官员能在他们的周围保持高昂的士气，首相将不胜感激……"

英法联军在敦刻尔克大撤退

到6月4日下午2点23分，"发电机"行动结束之时，从敦刻尔克撤向英国本土的英法联军达33.5万人。敦刻尔克大撤退保存了英法联军的有生力量，粉碎了希特勒在敦刻尔克消灭英法联军主力的幻想，为最终取得反法西斯战阵的胜利创造了条件。

五

敦刻尔克大撤退的演说

敦刻尔克大撤退虽然保住了英、法军队的有生力量，但却丢弃了大量的武器装备。英法联军的 2300 门大炮、4 万辆坦克、12 万辆车辆以及大量的枪支弹药都成了德军的战利品。敦刻尔克撤退之后，英国几乎没有任何反坦克炮和反坦克弹药，坦克不到 200 辆，野炮不足 500 门。这就意味着，英、法两国在短时间根本无法装备足够数量的军队，对抗德国的入侵了。

但无论如何，英法联军总算得到了一次喘息之机。撤退成功的当天下午，丘吉尔就在下议院发表了一篇充满斗志的演讲：

这次战役尽管我们失利，但我们决不投降，决不屈服，我们将战斗到底！

我们必须非常慎重，不要把这次援救说成是胜利。战争不是靠撤退赢得的。但是，在这次援救中却蕴藏着胜利，这一点应当注意到。这个胜利是空军获得的。归来的许许多多士兵未曾见到过我们空军的行动，他们看到的只是逃脱我们空军掩护性攻击的敌人轰炸机。他们低估了我们空军的成就。关于这件事，其理由就在这里。我一定要把这件事告诉你们。

这是英国和德国空军实力的一次重大考验。德国空军的目的是要使我们从海滩撤退成为不可能，并且要击沉所有密集在那里数以千计的船只。除此之外，你们能想象出他们还有更大的目的吗？除此而外，从整个战争的目的来说，还有什么更大的军事重要性和军事意义呢？他们曾全力以赴，但他们终于被击退了；他们在执行他们的任务中遭到挫败。

我们把陆军撤退了，他们付出的代价，四倍于他们给我们造成的损失……已经证明，我们所有的各种类型的飞机和我们所有的飞行人员比他们现在面临的敌人都要都好。

当我们说在英伦三岛上空抵御来自海外的袭击将对我们更有好处时，我应当指出，我从这些事实里找到了一个可靠的论据，我们实际可行而又万无一失的办法就是根据这个论据想出来的。我对这些青年飞行员表示敬意。强大的法国陆军当时在几千辆装甲车的冲击下大部分溃退了。难道不可以说，文明事业本身将有数千飞行员的本领和忠诚来保护吗？

德军突然大举进攻，好像一把锋利的镰刀，紧紧围逼住北部联军的右翼和后方。德军的八九个装甲师，每师约有各种装甲车 400 辆，这些车辆分组成一个个精心搭配、相互呼应的独立作战单位，插入了我军，切断了我军和法军主力的一切联系。德军切断了我军的粮食弹药供应。德军沿岸直抵布洛理和加莱，逼近敦刻尔克。

在这支装甲机械部队突击之后，是用军车运载的许多个德军集团军，再后面紧跟着的就是大批行动缓慢、阴险残酷的德国侵略者。这些人素来是甘心情愿地被人牵着鼻子闯进别人的自由与安适生活的。这种自由与安适生活，他们在自己的国土地上从未享受过。

与此同时，皇家空军早已参战，在航程所及范围内从国内基地出动打击敌人。此外，一部分城市空防战斗机也起飞袭击德国轰炸机群及其用作掩护的大批战斗机。

战斗的时间持续很长，也十分激烈。后来的战场的形势突然明朗起来，仅仅到现在，隆隆的枪炮声才暂时渐渐止息。展现在我们眼前的是，靠着完善的工作、机智、技能和耿耿忠心争取得来的奇迹般的解救。

我们的海军动员了各种舰艇近千艘，援救了 33.5 万余名英法军兵士使之脱离虎口，免遭凌辱，安返本国，立即投入新的斗争。

法国军队被削弱，比利时军队全军覆没，曾经赖以确保安全的防线大部分被破坏，许多宝贵的矿区和工厂已归敌人所有，海峡港口全部落入敌手，后果严重，我们还必须准备承受对我们或对法国接踵而来的第二次打击。

我们听说，希特勒计划入侵英伦三岛。这事我们早就预料到。当拿破仑率领他的平底军舰和大军在布洛涅驻扎了一年之久后，有人告诉他："英国到处有荆棘蒺藜。"的确，英国远征军归来后，英国的荆棘蒺藜就更多了。我们目前在英国本土拥有的兵力比我们在这次大战中或上次大战中任何时候的兵力不知要强大多少倍，这当然对用于抵抗入侵的本土防御很有利，但不能这样继续下去。我们不能满足于只能打防御战。我们对我们的盟国负有义务。我们必须在英勇的总司令戈特勋爵指挥下重建英国远征军。这一切都在进行中。但是在这期间，我们应该使我们本土防御达到这样一种高水平，即只需要极少数的人便可有效地保障本土安全，同时又可最大潜力地发起攻势。我们现在正在进行这方面的部署。

如果所有的人都能忠于职守，如果我们的工作不出差错，事事都像现在这样安排周密，那么我充满信心。我们将又一次证明我们能够抵御战争的风暴，抗击强暴的威胁，保卫自己的岛国。如果必要，我们就进行持久战，如果必要，就孤军奋战。

无论如何，这就是我们准备做的。这就是英王政府以及政府中每个人的决心。这就是国会和全国国民的意愿，由共同的目标和共同的需要联系起来的英帝国和法兰西共和国，将誓死保卫自己的国土，将亲如同胞，尽一切力量彼此支持，即使是欧洲的大片土地和许多文明古国已或即将沦于盖世太保及一切可憎的纳粹机构之手，我们也不会气馁，也不会屈服，我们要坚持到底，我们要在法国国土上作战，要在各个海洋上作战。我们的空军将越战越强，越战越有信心，我们将不惜一切牺牲捍卫我国本土，我们要在滩头作战，在登陆地作战，在田野、在山上，在街头作战，我们在任何时候决不投降，即使整个英伦岛或大部分土地被占，我们饥寒交迫，我们所有由英国舰队武装和保护的海外帝国也将继续战斗。直到上帝认为适当的时候到了，新大陆将挺身而出，以其全部力量支持旧世界，解放旧世界！

六

《联合宣言》和法国的沦陷

战争的形势对英国越来越不利了。在大军压境之际，法国军政高层分裂成了投降派和主战派两派。以法国副总理兼军事委员会副主席贝当元帅和法军总参谋长魏刚将军为首的投降派主张放弃抵抗，法国总理雷诺和国防部兼陆军部副部长戴高乐将军则主张抵抗到底。但雷诺总理在内阁中软弱无力，戴高乐地位卑微，两人根本无力阻挡贝当元帅和魏刚将军走向投降的步伐。

为了敦促法国继续抵抗下去，丘吉尔在一个月之内5次前往法国，与法国军政高层举行了会晤。6月9日，雷诺总理也派戴高乐将军为代表，飞往伦敦求见丘吉尔，请求英国的帮助。然而，一切都太晚了。德军迅速消灭了法军的主力部队，随即像潮水一般地涌向法国腹地。

6月10日，墨索里尼见德军已经逼近法国首都巴黎，想趁机捞一把，随即对英、法宣战。意大利在北非的驻军随即向驻守在埃及的英军发起了进攻。丘吉尔立即命令英军中东总司令韦维尔将军组织反击。墨索里尼的加入让德军如虎添翼。同日，法国政府匆忙地撤离巴黎，迁到了图尔，法军总参谋部则设在布里阿尔附近。

6月11日上午11点，雷诺总理给英国首相丘吉尔发了一封电报，表示他能在奥尔良附近的布里阿尔接待英国客人。同时，他也给美国总统罗斯福发了一封电报，要求美国派来"遮天蔽日的飞机"。然而，由于美国的孤立主义与和平主义思想严重，罗斯福被缚住了手脚，除了对法国的遭遇表示同情之外，什么也做不了。

当天下午2点，丘吉尔一行乘坐的飞机抵达了奥尔良机场。随丘吉尔一起抵达法国的还有英国陆军大臣艾登先生、帝国总参谋长迪尔将军等人。法国方面参加会谈的有雷诺总理、贝当元帅、魏刚将军、国防部兼陆军部副部长戴高乐等人。

英、法军政界高层举行的这次会谈，主要是讨论战与降的问题。丘吉尔力劝法国政府保卫巴黎，哪怕在城市内进行巷战也在所不惜。丘吉尔特意向贝当元帅追述了第一次世界大战时期的法国总理克列孟梭曾经说过的话。克雷孟梭曾经说："我决定在巴黎的前面作战，在巴黎的城里作战，在巴黎的后面作战。"

但贝当元帅却回答说："那时，他可以调动60个师以上的大军！可是现在，我手上连一个师也没有了。再说，那时战线上有60个师的英军，就是把巴黎化为灰烬也不会影响最后的结局。"

丘吉尔重申了自己的立场，无论在任何险峻的情况下都坚持继续作战，相信盟国能够无限期地打下去，而最终能取得胜利。丘吉尔建议法军在敌强我弱的情况下开展游击战争。他说："德军在接触点上并不像人们想象的那样强。如果所有的法国军队，每一个师，每一个旅，在他们的战线上都不遗余力地作战，就可以使敌军的活动全部陷于停顿。"

贝当却回答说："公路上的状况十分可怕，难民拥挤，遭到无法抵御的德机机关枪的扫射，大量居民成批地逃难，还有政府机构和军事机关都在继续崩溃……"

突然，法军总参谋长魏刚将军打断了贝当元帅的话，插嘴道："法国将不得不要求停战。"

雷诺总理立即喝阻他道："那是政治问题！"

贝当元帅和魏刚既然已经下定决心要投降了，再劝说他们也无济于事了。于是，丘吉尔说："如果法国在苦难中认为最好的办法是让它的陆军投降，那就不必为了我们而有所犹豫。因为不管你们怎样做，我们都将永远、永远、永远地打下去。"

由于贝当元帅与魏刚将军坚决放弃抵抗，丘吉尔与法国军政高层的会晤最终不欢而散了。英国代表团走后不久，贝当和魏刚就自作主张地宣布巴黎为不设防的城市。贝当元帅声称法国政府应当不惜任何代价，要求停战。他断言，"不迁移，不逃跑，政府就不可能放弃法国领土"。

这位第一次世界大战期间的法国英雄固执地认为这是法兰西复兴的唯一机会！他在一份声明中说："关于法兰西的复兴，必须在原地待着，等待复兴的到来，而不是在一种无法预见的条件和期限的情况下，让盟国的大炮来征服法国领土。"

坚信自己代表法兰西的贝当元帅认为，法国人民应当"接受痛苦"，因为那是"法兰西复活"必须付出的代价。他还宣布了自己的意愿："就我而言，我将继续在法国人民中间，与他们同甘共苦。"

6月12日，法国内阁决心将政府迁移到波尔多。此时，雷诺通过法国驻美国大使圣康坦获悉，罗斯福只能向自己发来一份同情电，并保证提供更多的物资援助。但除此之外，他什么也做不了。雷诺立即给罗斯福总统发去了一封电报，肯定地说，只有"当胜利的机遇在遥远的将来出现时"才能同意在海外继续进行抗战。他断言，英国的失败"即使不是多半可能的，也是可能的"。因此，他请求美国对这场战争进行干预，帮助法国继续进行斗争。他向罗斯福建议说："如果在未来的时刻里，您不能使法国相信，美国将在短期内参战，那世界的命运就会改变。"

但这封电报根本无法促使美国介入到第二次世界大战中来。雷诺的电报除了得到一些"深表同情和遗憾"的回复之外，什么也得不到。

6月14日，形势进一步恶化了。德军第十八集团军顺利开进了不设防的法国首都巴黎。巴黎的铁塔上立即升起了纳粹的"卐"字旗。雷诺立即叫来海军上将达尔朗，商量转移到北非的后勤问题，又命令戴高乐赴伦敦请求英国对转移提供援助。

戴高乐匆匆告别，当晚赶到布列塔尼，第二天清晨乘上"米兰号"驱逐舰前往伦敦。但他没想到，雷诺在贝当元帅的影响下，又给丘吉尔发了一封要求英国方面同意法国单独与德国媾和的电报！软弱的雷诺总理甚至按照贝当元帅的意思，在电报中暗示，如果英国拒绝，他就将辞职。

接到雷诺的电报之后，丘吉尔暴跳如雷地将其扔在了地上。如果法国投降了，英国将不得不单独面对强大的德、意法西斯。丘吉尔摇了摇头，他的"英国将单独战斗下去"的预言马上就要变成了事实。但法国还有强大的海军，如果这些海军落入希特勒之手，英国皇家海军将如何抵抗猖獗的希特勒呢？

法国海军上将达尔朗曾向丘吉尔保证，决不让法国落入希特勒之手。但在战争面前，达尔朗那软弱的个人保证又有什么用处呢？无论如何，法国将要投降都是不争的事实，丘吉尔根本无力阻挡贝当元帅和魏刚将军走向投降的步伐。6月16日，英国战时内阁作出决定，在法国舰队尽快驶往各港口的条件下，英国同意法国寻求停战。

但丘吉尔并没有放弃努力。当天中午，他就和前来访问的戴高乐将军草拟了《联盟宣言》，企图将法国绑在英国的战车上。《联盟宣言》的内容如下：

在当今世界历史这一紧要的关头，联合王国政府和法兰西共和国政府谨发表宣言，宣布两国结成永久的联盟，在共同保障正义和自由的事业中有毫不退缩的决心，反对把人类陷入机械生活和奴隶状态的制度。

两国政府宣布，法国和英国今后不再是两个国家，而是一个法英联盟。

联盟的宪法将规定执行国防、外交、财政和经济政策的联合机构。

每一个法国公民将立即享有大不列颠的公民身份；每一个英国臣民也将成为法国的公民。

无论两国领土的任何地方遭受战争的破坏，恢复的责任将由两国分担，两国的资源将同等地并像一个国家似的用于抵抗战争。

在战争期间，只设一个单独的战时内阁，所有英国和法国的武装力量，不论是陆军、海军或空军，都将归于该战时内阁的指挥之下。最宜于从什么地方指挥，就从什么地方指挥。

两国议会将正式合并。不列颠帝国所有的国家已在组织新军。法国将在陆地、海洋和空中继续维持其现有的兵力。联盟将向美国呼吁，大力补充盟国的经济资源，并为共同的事业提供大量的物资援助。

不论战斗发生在什么地方，联盟将集中全力打击敌人。这样，我们必将战胜敌人。

这一宣言的意义在于让英法两个民族合并为一体，共同承担战争责任。如此一来，法国的单独媾和就没有任何意义了。

下午 4 点 30 分，丘吉尔打电话给法国总理雷诺，兴奋地对他说："喂！雷诺，戴高乐是对的！我们的建议可能产生巨大的效果。你要坚持住！"

但丘吉尔高估了雷诺的抗压能力。《联盟宣言》遭到了以贝当元帅和魏刚将军为首的投降派的坚决抵制，雷诺总理于当晚愤而辞职！勒布伦总统已召见贝当元帅，并命他组阁！第二天，贝当元帅便通过广播号召全国军民"停止战斗"。

希特勒和法国的停战谈判是在贡比涅森林中的一块小小的空地上举行的。就在这个地方，22 年前法国人接受了德国人的投降。法国福煦元帅与德国人签订停战条约的那节卧车还保留在博物馆里。如今又轮到法国向德国投降了，历史发展让人多么地诧异啊！6 月 22 日下午，法国代表和凯特尔在停战协定上签了字。趾高气扬的希特勒以轻蔑的神气注视着法国于 1918 年为庆祝胜利而树立的纪念碑，仿佛在说："1918 年的仇已经报了。"

法国投降了，英国不得不单独面对强大的德、意法西斯。为了号召法国人民继续抵抗下去，并为将来反攻欧洲大陆做好准备，丘吉尔支持戴高乐将军在伦敦成立了流亡政府——"自由法国运动"。从此，法国出现了两个政府并存的局面，以戴高乐将军为领袖的法国称自由法国；以贝当元帅为首的法国因首都设在维希市，称维希法国。

· 第九章 ·

全面抗击德国纳粹

冷静地指挥不列颠空战

　　法国与德国签订停战协定的消息传到伦敦之后，丘吉尔坐在宽大的办公桌前，呆呆地看着前方，半晌才喃喃地说："法兰西之战已告结束，不列颠之战就要开始了……"

　　沉重的危机感促使丘吉尔不得不采取非常措施！这位65岁的老人每天早上八点钟左右就开始了紧张的工作，所有最重要的会议都在晚上召开，往往开到深夜才结束。有时，他会带着女秘书走进电报机房，一直工作到翌日凌晨两三点甚至5点。在丘吉尔的带动下，政府机关公职人员和民众的办事效率和精神面貌也有了很大的改变。在短短几天时间内，每个人的心中都树立起了随时迎战的紧迫感。政府机关的公职人员取消了休假；参谋长联席会议不间断地举行着；东部和南部沿海的民众也在热火朝天地修筑着防御工事；各地的兵工厂更是在加班加点地生产武器装备……

　　一切正如丘吉尔预料的那样，德军击溃法军之后立即将矛头指向了英伦三岛。希特勒和他的帮凶们制定了代号为"海狮"的战役计划。1940年7月10日，希特勒向帝国元帅、德国空军总司令戈林发出指示，先行摧毁英国皇家空军，取得英伦三岛的制空权。当天，德国空军就对伦敦实施了大规模的空袭行动，"不列颠空战"正式拉开了帷幕。

　　此后，一直到1940年末，疯狂的希特勒每天派出数千架次的战斗机和轰炸机轮番轰炸英国首都伦敦、各大港口、海上运输线、海军基地、雷达站和飞机场等重要战略目标。坚强的丘吉尔立即命令英国皇家空军予以反击。在肆虐的战火中，伦敦、伯明翰等大城市被德军的炸弹炸得千疮百孔，居民伤亡也十分惨重。但丘吉尔始终没有放弃抵抗，也没有这样的打算。他已下定决心，哪怕英国仅剩下一寸土地、一个人，也要继续战斗下去。

9月15日，德军再次掀起了空袭的高潮。200多架德军轰炸机和600多架战斗机飞临伦敦上空，肆虐地投下数百吨炸弹。空袭警报拉响之际，丘吉尔走出办公室，仰头望了望在天空中盘旋的德军飞机。随后，他命令司机把汽车开到门口，他要到第十一空军大队的指挥部去亲眼看看英国空军的反击。

德军轰炸机在伦敦工业区上空准备轰炸

秘书拦住了丘吉尔，劝道："首相，这太危险了！"

丘吉尔一把推开秘书，大怒道："我要和我们英勇的空军在一起。"

几分钟后，丘吉尔和妻子克蒂门蒂娜来到了设在阿克斯布里奇的第十一空军大队司令部。当他们走到地下指挥中心之时，第十一空军大队司令帕克少将迎了上来，喃喃地对丘吉尔说："我不知道今天会发生什么情况，目前还平静无事。"

15分钟，情况发生了变化。参谋人员不断走来走去，操作着墙上的指示牌。指示牌最底下的一排灯泡全部亮了起来，这表示第十一空军大队下属的各个中队全部做好起飞准备。

又过了 10 分钟，激烈的战斗开始了。伦敦上空布满了双方的战斗机。参谋人员不断移动着指示牌上的坐标，标明德军飞机的数量和飞行路径。"40 架"、"60 架"、"80 架"，德军的飞机越来越多！丘吉尔平静地看着指示牌，静静地等待着最后的战况。

由于全力抢占高空，英国空军的飞机油耗量和弹药消耗量都很大，每战斗 5 分钟就要降落补充弹药，每飞行 70 分钟就要降落加油。因此，当空战进行了一个多小时之后，第十一空军大队的所有战斗机中队都投入了战斗。

帕克少将着急起来，额上沁出了汗珠。丘吉尔觉察到了司令官的不安，忍不住问道："我们还有预备队吗？"

帕克少将望了望丘吉尔，沉重地回答道："没有了，一个也没有了！"

丘吉尔不禁倒吸了一口凉气，如果德军的飞机再增多一些的话，后果将不堪设想。帕克少将也感觉到了首相的不安，立即打电话给驻守在斯坦莫尔的第十二空军大队，要求抽调 3 个飞行中队归他指挥，作为预备队。第十二空军大队司令道丁少将答应了帕克少将的要求。

10 分钟后，指示牌上的坐标发生了变化，代表德军飞机的坐标开始向后方移动。这意味着，德军的飞机开始离开了。丘吉尔担心的事情没有发生，德军再也没有能够出动的飞机了。随后，战斗结束了，战斗警报也解除了。

丘吉尔缓缓走向通向地面的台阶。帕克少将出来送他时说："首相，我们感到很高兴，您亲自看到了这次空战。今天使用的力量已经远远超出了他们的限度！"

丘吉尔问："接到战果报告了吗？"

帕克少将回答说："还没有。一有消息，我就派人送到您的办公室。"

当晚，丘吉尔接到了当天的战果报告。据英国皇家空军方面的统计，德国空军损失了 183 架飞机，英国空军损失了 80 架。这个战果在无意之间被夸大了，英国空军的统计中有一部分数据重复了。德国空军真实的损失数据仅仅是 56 架。但不管如何，丘吉尔和他的人民经受住了德国空军的狂轰滥炸。

英国飞行员的英勇顽强给他留下了难以磨灭的印象！后来，丘吉尔曾写道："最突出的是，我们的战斗机驾驶员们始终保持着不屈不挠的最大的毅力和勇气。不列颠得救了。所以我在下院这样说：'在人类战争的领域里，从来没有过这么少的人对这么多的人作过这么大的贡献。'"

德国空军持续不断的袭击使英国民众伤亡惨重。哪里有灾难，丘吉尔就会出现在哪里，鼓励人们拿出勇气，擦干眼泪，继续战斗。在丘吉尔的鼓励下，英国民众在战争中表现出了前所未有的坚强。

有一天午后，财政大臣金斯利·伍德到唐宁街 10 号的首相府邸来找丘吉尔洽谈公事。突然，泰晤士河对岸的伦敦南区传来了一连串巨大的爆炸声。丘吉尔拉着他的财政大臣，立即跑出办公室，到现场去看望有没有人受伤。

爆炸造成的破坏很大，爆炸点周围 30 多栋 3 层楼房几乎全部被炸毁了。让丘吉尔深受震动的是，受伤的人们已经在废墟上插满了许多小小的英国国旗。当地居民认出了丘吉尔乘坐的轿车，纷纷从四面八方围拢过来。1000 多情绪高昂的民众围在丘吉尔的身边，一面欢呼，一面表达对他的热爱，甚至有人想过来摸一摸他的衣襟。

丘吉尔忍不住落下了眼泪，但那并不是悲哀的眼泪，而是赞叹和钦佩的眼泪。有如此坚强的人民，英国绝不会输掉这场战争！

一位老太太看着落泪的丘吉尔，感动地说："看，他真的关心我们呢！他在落泪！"

当丘吉尔返回他的轿车，人们再次围拢上来。一群面色憔悴的人们激愤地喊道："我们要还击，我们要让他们也尝尝悲伤的滋味！"

丘吉尔丢掉手中的雪茄，用力握了握拳头，高声道："还击！"

另一次空袭过后，丘吉尔去察看废墟，发现一个被炸成废墟的小饭店旁，店主夫妻和一群年轻的服务员正在那里失声痛哭。丘吉尔被深深地触动了。他喃喃地说："他们的家在哪里呢？他们今后靠什么生活呢？"

在返回的途中，丘吉尔便口述了一封给财政大臣的信。信中确定了这样一项原则：凡由敌人轰炸造成的一切损失，应由政府立即全部赔偿。如此一来，被炸毁家园的人们就不用单独承担战争带来的损失了，而由全国人民平均分担。内阁根据这一原则制定的战争保险方案对动员全民抗战发挥了重要作用。

11月19日到22日，德军对伯明翰连续实施了大规模的空袭。当地居民损失惨重，死亡800多人，受伤2000多人。丘吉尔在空袭过后前往该地视察。丘吉尔的汽车在街上慢慢地行驶着，突然一位年轻的女工跑过来，朝车里扔了一盒雪茄烟。

丘吉尔酷爱抽雪茄，这是全国人民都知道的事情。那位年轻的女工说："我这个星期因为生产成绩最好，得到了奖金。我在一个钟头前才听说您要来。"

丘吉尔感动极了，这件小小的礼物得花费她两三个英镑呢！这说明，英国人民对丘吉尔和他的战时内阁充满了信任。

丘吉尔酷爱吸雪茄，烟瘾极大的丘吉尔留下了许多烟不离手的照片

在不列颠空战的日子里，英国人民表现出了极大的爱国热情。他们乐观镇定、临危不惧、誓死抵抗。大街小巷都贴着丘吉尔的名言："让我们投身报国吧，我们要参加战斗，参加工作，每个人要站在自己的岗位上。"

正是在全国人民一致的努力之下，英国顶住了德国空军疯狂的轰炸。无数志愿者在丘吉尔的号召下参加了防火瞭望哨和消防训练班，德军投下的燃烧弹大多在燃起大火之前就被扑灭了。

　　一批受过专业训练的人还争先恐后地投入到了排除定时炸弹的工作中去。萨福克伯爵和他的女秘书、司机就宣称，他们"三位一体"，哪里危险哪里去。他们在伦敦排除了 34 颗定时炸弹，在拆除第 35 颗定时炸弹时，由于引信爆炸，3 人当场壮烈牺牲。他们的英勇事迹传遍了全国！

　　军工生产企业则在丘吉尔巧妙的安排下化整为零，躲过了德军的轰炸。工人们很快就适应了在爆炸声中工作。飞机生产部的工人们甚至自愿延长劳动时间，取消休假，全力为空军生产战斗机。他们从被击毁和损坏了的飞机上拆下有用的零部件进行装配，几天之内甚至几个小时之内，两三架破烂的飞机就能变成一架新的喷火式飞机。正是因为有了他们的无私奉献，英国飞机的生产量才远远超过了德国，使得英国空军在战争后期牢牢掌控了制空权。

尽力争取美国的物资援助

随着飞机被源源不断地制造出来，英国皇家空军力量逐渐恢复了！复仇的时候到了！丘吉尔发出了向德军开炮的反击令。英国空军飞行员怀着对纳粹分子的刻骨仇恨，驾驶着轰炸机，飞越英吉利海峡，对德国本土实施了一系列猛烈的轰击。纳粹德国重要的城市和工业基地被英国空军复仇的炸弹炸成了废墟。汉堡、德累斯顿、柏林、科隆、法兰克福、慕尼黑和斯图加特到处都是断壁残垣，残存的房屋在火海浓烟中仿佛孤岛一般耸立着。

希特勒没想到英国空军发展如此之快，更没有想到丘吉尔这样一位年迈的老人能有如此坚决的抵抗意志。在空袭达不到目的的情况下，希特勒意识到，跨越英吉利海峡征服英伦三岛的可能性已日趋渺茫。因为德国根本无力集结大规模渡海作战必需的船舶和登陆艇。所以，从1940年底开始，德军对英伦三岛的空袭逐渐由白昼转为夜间，而且规模和强度也逐渐减小，500架次以上的规模屈指可数。后来，希特勒不断推迟入侵英国的"海狮"，直至1942年2月13日完全取消该计划。

与此同时，英军在非洲也在对意大利作战中取得了胜利。英国的保护国埃及地处欧、亚、非三大洲的连接处，战略位置十分重要。墨索里尼希望占领埃及，继而扼住地中海这个重要海上通道，控制整个北非和巴尔干半岛等地。然而，墨索里尼空有一腔趁火打劫的野心，却没有足够的军事实力。40万意大利军队在北非被英军中东总司令韦维尔将军指挥的10万英军打得落花流水，丢盔弃甲，溃不成军。

仅仅在三四个月以前，丘吉尔还对埃及的防卫十分担心。现在，他的忧虑已经随着频传的捷报一扫而空了。他接连向前线将士发出祝捷电报，鼓励将士们再接再厉。他引用著名诗人沃尔特·惠特曼的话勉励他们说："一个成功的果实，无论它是多么圆满，都将带来一些需要我们投入更大的战斗才能加以解决的问题。"

在激励士气的同时，丘吉尔还不忘施展外交手段，号召意大利人民反对意大利的独裁者——墨索里尼。12月23日夜，丘吉尔通过广播向意大利人民发表讲话，在追述了英意两国人民长期友谊之后，他揭露了墨索里尼掌权18年中所犯下的种种罪行。随即，丘吉尔宣布："我们的军队还在粉碎并且一定要粉碎你们的非洲帝国……我将等到意大利民族能再次创造自己命运的那一天，这一天必定要到来。"

在鼓励英国人民抵抗法西斯侵略的同时，丘吉尔积极与美国总统罗斯福、苏联领袖斯大林接触，希望能得到他们的援助。丘吉尔以英属西印度群岛中一系列海、空军基地为期99年的租借权为代价，换得了美国在第一次世界大战时所建造的50艘驱逐舰、50万支步枪、8万挺机枪、900门75毫米的火炮及大量的弹药。这些装备在反法西斯战争中起到了十分重要的作用。

不过，由于美国国内孤立主义势力的阻挠，美国对英国的援助只能通过"现购自运"的原则进行。这就意味着英国不但要支付巨额军火费用，还要承担运费。很快，英国国库中的黄金就消耗殆尽了。为此，丘吉尔还曾遭到议员们的抨击。不过，丘吉尔知道，美国对英国实行"现购自运"政策基本等于对德国宣战了。这就意味着，美国朝着直接参战对抗法西斯德国又往前迈了一大步。

12月8日，丘吉尔给罗斯福写了一封长信。当时，罗斯福正在加勒比海巡视英国租给美国的海军基地。在这封信中，丘吉尔对战争的总形势及其在新的一年中的发展作了展望，详细地说明了生产和运输两方面的紧急问题，以及德国飞机和潜艇袭击造成的危险，坦率地摆明了英国财政的困难状况。他在信中说："我国无力为运输费用和各种军需物资偿付现金的时刻即将来临。我们愿意尽力而为，不惜作出任何牺牲，为我们购买的东西付款。可是如果在这场斗争达到高潮之际……用我们的鲜血赢得了胜利之后，美国固然赢得了时间得以充分武装来防止任何不测事件，然而我们却被剥得周身精光，赤条条地站着，那么，这种状况是不符合我们两国中任何一国的道义原则和经济利益的。"

在长信的最后，丘吉尔巧妙敦促罗斯福说："我们深信，你们是一定能够找到将来为大西洋两岸子孙后代赞扬的途径和方法来的。"

丘吉尔这一封饱含深情和渴望的信深深地打动了罗斯福。从道义和友谊的角度出发，他都想支援这位老朋友。更何况，一旦英国战败，谁又能保证德、意法西斯不会将战火引向北美洲呢？可是，他还需要找出一个合情合理的方式说服孤立主义情绪严重的美国民众。在一位财政部总顾问的提醒下，罗斯福终于找到了可以说服美国人的理由。

美国 1892 年出台的一份法案规定：陆军部长"在他职权范围之内，出于维护公众利益"，可以租借陆军财产。看到这个规定，罗斯福一下子恍然大悟。他马上开始在"租借"这个概念上做文章了。1940 年 12 月 17 日，罗斯福刚刚返回华盛顿，就召开了记者招待会。他用一个生动的故事向记者们阐述了将美国建成民主国家兵工厂的必要性。他说："一个邻居家失火了，我不能将水管卖给他，但是我却可以先借给他用，并收取一定的租金。等扑灭大火之后，他再将这条水管还给我……美国必须成为民主国家的兵工厂。"

12 月 29 日，罗斯福在关于国家安全的"炉边谈话"中，再一次向美国民众指出，如果英国倒下了，轴心国家就会控制欧、亚、非和澳洲等各大洲以及各大洋，到那时，整个美洲就会生活在可怕的纳粹枪口下。

罗斯福说："我们现在要走的每一条路都有风险。正在奋勇作战的欧洲人民并不是要求我们替他们作战，只是要求我们提供一些必要的作战物资。我们必须成为民主制度的伟大兵工厂，对我们来说，这是同战争本身一样严重的紧急状况。我们必须以同样的决心、同样的紧迫感、同样的爱国主义和牺牲精神来致力于我们的任务，就如同我们自己置身于战争中所表现的那样。"

1941 年 1 月 6 日，罗斯福在致国会的咨文中谴责了美国至今仍然存在的一部分孤立主义者，并再次强调美国所能起到的最有效和及时的作用，是担当民主国家以及我们自己的兵工厂。几天之后，他向国会提交了由财政部起草的租借法案。

租借法案刚刚送交国会就引起了轩然大波。国会孤立派和最具实力的孤立主义组织强烈反对此法案。参议员塔夫脱抱怨说："出借作战装备非常像是出借橡皮、口香糖。你是别想收回来的。"

参议员雷诺兹坚决主张："应当等到英国的富豪们把他们的城堡式庄园、骏马、名犬和珠宝统统都献出来以后，再来要求美国的'仅有一条吊裤带的工装裤阶级'出钱。"

孤立主义者在国会上竭尽所能，大力阻挠租借法案的通过，并对罗斯福大加侮辱。罗斯福愤怒地对记者说："这实在是我这一代人之中公开说出来的最混账的话。"

随着战事的不断恶化，美国民众越来越多地站到了罗斯福的身旁，认为他所说的有道理，并且只有他才能让美国在不直接介入战争的前提下保障自身的安全。多种民意测验综合表明，全国有71%的人同意罗斯福的做法，并且有54%的人主张立即开始租借。民间的呼吁在很大程度上加速了租界法案通过的进程。另外，落选的共和党总统候选人威尔基也在国会上极力支持罗斯福，营造了对其极为有利的政治环境。

1941年3月，国会最终以多数票通过了租借法案。3月11日，罗斯福正式签署，并颁布实施。租借法案授权总统"向总统认为其防务对保卫合众国至关重要的任何国家的政府出售、转让、交换、出租、借与任何防务器材"。除此之外，该法案还规定，美国各造船厂的设备也可以供这些国家使用。租借法案通过之后，罗斯福又不失时机要求国会拨款70亿美元，作为生产与输出租借物资之用，国会很快予以通过。

租借法案实际上使1939年的新中立法中的限制性条款自动失效了。从此之后，罗斯福政府把美国从忸怩作态的中立引向了与国际合作和直接参加世界反法西斯战争决定性的一步。为了保障航线的安全，美国不可避免地扩大了巡逻区，并进而以海军护舰来对付德国军舰和潜艇组成的"狼群"。当一再发生德国潜艇击沉美国舰只的恶性事件之后，罗斯福便以三军总司令的身份发出了"遇敌即歼"的指令。实际上，此时的美国在大西洋上已经与德国处于交战状态了。

在整个第二次世界大战期间，美国共向英、苏、法、中等几十个反法西斯国家提供了 500 多亿美元的物资援助。英国及英联邦国家是租借法案的最大受惠国，到 1945 年 8 月 31 日日本投降前夕为止，英联邦所得的租借援助共 300 亿美元，占美国租借支出总额的 60%，其中英国受援 270 亿美元。

1941 年 5 月 6 日，罗斯福宣布租借法案适用于中国，并对中国政府直接提供援助物资。到日本投降为止，美国共援助中国约 8.45 亿美元。

租借法案对反法西斯战争的胜利起到了积极的作用。丘吉尔曾说："法案一通过，就马上改变了整个局面。"

租借法案使盟国的各条战线保持了不致枯竭的战斗力和高昂的士气，也使得美国没有过早地卷入战争，并为其日后直接参战提供了准备时间。租借法案的另外一个重要意义是，在美国尚未直接采取武装行动的条件下，为应付紧急事态，在方法上提供了一个富于历史意义的先例。

德军执行"巴巴罗沙"计划

1941年春，北非战场出现了新的复杂情况。不甘心失败的墨索里尼向法西斯轴心国之一的德国苦苦乞援。疯狂的希特勒立即任命他的爱将隆美尔为非洲军军长，率部开赴利比亚协助意大利部队作战。隆美尔作战英勇，剽悍泼辣，曾以闪电战的方式在法兰西之战中最先追到敦刻尔克海边，迫使未及撤往英国的3万多法军投降。

隆美尔一到北非就利用英国前方兵力空虚之际，率部长驱直入，在两周内向前推进了600多公里，包围了利比亚最重要的托布鲁克港，并直逼利、埃边境地区。英军损失惨重，甚至连两名正在进行权力交接的中将也被德军俘虏了。中东总司令韦维尔听到这个消息后，一夜之间仿佛老了10岁。

埃尔温·约翰内斯·尤根·隆美尔（1891～1944），二战中德国最负盛名的将领，有"沙漠之狐"之称

丘吉尔听到战争失利的消息后，在庄园中独自一人郁郁不乐地徘徊了数小时之久。他想："韦维尔已经是一个心力交瘁的人了，我们已把这匹驯良的马骑得走不动了。五六个各不相同的战区的任务都压到他一人身上……"

为了扭转战局，丘吉尔立即和战时内阁及军界高层商议，进行人事调整，将韦维尔同驻印总司令奥金莱克互调，并且让军队进行一段时间的休整，以便更好地进行战斗。

虽然英军在地中海战区暂时处于不利地位，但他却于当年3月获得了一个令他兴奋不已的消息——德国将进攻苏联。1941年春天，希特勒派鲁道夫·赫斯"访问"英国，企图与他无法征服的英国媾和。赫斯驾驶着一架飞机飞临伦敦上空后便跳伞了。英国军队立即抓住了这一"入侵者"。在与英国政府代表的密谈中，赫斯表示，希特勒希望丘吉尔辞去首相之职，并与英国签订合约，共同对付苏联。

丘吉尔没有答应希特勒提出的建议，但也没有公开表示异议。他这种晦暗不明的态度引起了舆论界的猜疑。人们纷纷怀疑首相对纳粹德国的真实态度。其实，丘吉尔是在暗示希特勒，他在进攻苏联时可以得到英国的某种帮助。至少，英国不会干预德国对苏联的入侵。

很明显，赫斯是希特勒丢给丘吉尔的一个诱饵，但丘吉尔却巧妙地将这个诱饵又丢给了希特勒。希特勒和德国的将军们都反对同时在东西两线作战，丘吉尔这种"暗示"打消了纳粹德国的这种疑虑。

3月，丘吉尔获悉，德国装甲部队正在从布加勒斯特到克拉科夫的铁路上往返调动。丘吉尔高兴极了。他说："这份情报对我来说好像是一道闪电突然照亮了整个东欧。突然之间把这么多用于巴尔干半岛的装甲部队调往克拉科夫，只能意味着希特勒打算在5月份进攻俄国。"

丘吉尔一直对社会主义苏联抱有强烈的敌视，但如果德国真的击溃了苏联，对英国来说并不是一件好事。那他为什么要为此而兴奋呢？苏联是世界上最强大的国家之一，拥有强大的军事实力。如果将战火引向东方，德国势必会陷入两线作战的境地。届时，德军在苏联红军和英军的夹击之下，定然会走向失败。

其实，早在1940年12月18日，希特勒就将侵略的矛头指向了苏联。在空袭英国受挫之后，希特勒就亲自制定了"巴巴罗沙"作战计划，准备入侵苏联。"巴巴罗沙"的意思是"红胡子"。"红胡子"是神圣罗马帝国皇帝腓特烈一世的绰号。腓特烈一世崇尚扩张与侵略，他曾6次入侵意大利，并指挥十字军东侵。

德国军政界大部分都知道，入侵苏联是危险的。因此，一些军事和外交人员屡次劝告希特勒，应该先解决英国后再开辟对苏战场较为妥当。希特勒的决策通常与德军将领的建议相反，但直到制定"巴巴罗沙"之时，他的这些决策都取得了辉煌的胜利。因此，不但被他蛊惑的人认为他是政治和军事天才，就连他自己也认为自己是千年难遇的奇才。希特勒认为，德军可以像闪击波兰一样，迅速对苏展开战争，并迅速结束战争。他狂妄地认为在1941年的冬季之前一定可以攻下苏联全境，因此不必准备过冬物资，以抵御苏联寒冷的冬天。这在后来成为德军受挫的主因之一。

4月3日，丘吉尔向英国驻莫斯科大使发了一份电报，嘱托他转交斯大林。丘吉尔在电报中委婉地指出了德国入侵苏联的可能性。遗憾的是，丘吉尔的警告没能引起斯大林的足够重视。因为当时苏联与德国签订的《苏德互不侵犯条约》依然在有效期内。

6月15日，丘吉尔电告罗斯福总统："根据我能从各方面获得的消息，其中并有最可靠的消息，德国看来即将大举进攻俄国……如果这场新战争爆发，我们当然要遵循希特勒乃是我们必须击败的敌人这项原则，给予俄国人以最大的鼓励和我们能够提供的任何援助。"

罗斯福当即通过口头方式同意了丘吉尔的这一建议。他承诺，一旦德国入侵苏联，美国立即公开支持苏联。

1941年6月21日，丘吉尔来到伦敦郊外的官邸度假。美国驻英大使南怀特夫妇和重新登上英国外交大臣宝座的艾登夫妇等人也在那里。席间，丘吉尔与他们谈起了德国与苏联之间的事情。丘吉尔抽了一口雪茄，慢声慢气地说："德国进攻俄国，现在已经是确定不疑的事情了。希特勒正指望博得英国、美国资本家和右翼势力的同情。但希特勒错了，我们应当全力帮助俄国。"

南怀特坚定地说："美国的态度也一样。"

饭后，丘吉尔同他的秘书之一科尔维尔在官邸附近的草地上散步。他们又回到了这个话题上。科尔维尔问道："对你这个头号反共分子来说，这样一来是不是就同流合污了？"

丘吉尔看了看科尔维尔，坚定地回答说："完全不是这样，我只有一个目的，就是打倒希特勒，我的一生这样一来就变得简单多了。如果希特勒攻打地狱，我至少会在下议院为魔鬼说几句好话。"

6月22日凌晨，希特勒撕毁《苏德互不侵犯条约》，突然出动190个师，3700辆坦克，4900架飞机，47000门大炮和190艘战舰，兵分三路以闪电战的方式突袭苏联。第二次世界大战的规模扩大了，反法西斯阵营中出现了一个强大的盟友——苏联。

四

发表演说，积极援助苏联

凌晨 4 点，科尔维尔被外交部打来的电话惊醒了。当他听到德国已经进攻苏联的消息之时，惊讶得半天合不拢嘴。不过，丘吉尔已经明确告诉科尔维尔，除非希特勒攻打英格兰，否则不准叫醒他。因此，直到早晨 8 点，科尔维尔才把这一消息告诉丘吉尔。

丘吉尔听到这一消息时显得十分平静。他只是淡淡地说："通知广播公司，我在今晚 9 点发表讲话。"

丘吉尔一向是反对苏联的，可是在苏联遭受德国法西斯的攻击时，丘吉尔突然改变了自己的立场要支持苏联，这令很多人为此不解。因此，这篇演讲可以说是丘吉尔政治生涯的转折点。在这篇演讲中，丘吉尔不仅阐明了自己的立场，而且还说明了援苏的重要性。他以政治家的勇气和视野，从英国人民的根本利益出发，号召与不同意识形态下的反法西斯力量结成统一战线，从而获得战争的最终胜利。

援助苏联的演说全文如下：

今晚，我要借此机会向大家发表演说，因为我们已经来到了战争的关键时刻。

今天凌晨 4 时，希特勒已进攻并入侵俄国。既没有宣战，也没有最后通牒；但德国炸弹突然在俄国城市上空像雨点般地落下，德国军队侵犯俄国边界。一小时后，德国大使拜见俄国外交部部长，称两国已处于战争状态。但正是这位大使，曾喋喋不休地向俄国人保证，德国是朋友，而且几乎是盟友。

希特勒是个十恶不赦、杀人如麻、欲壑难填的魔鬼；而纳粹制度除了贪得无厌和种族统治外，别无主旨和原则。它横暴凶悍，野蛮侵略，为人类一切形式的卑劣行径所不及。

在过去25年中，没有一个人像我这样始终一贯地反对共产主义。我并不想收回我说过的话。但是，这一切，在正在我们眼前展现的情景对照之下，都已黯然失色了。过去的一切，连同它的罪恶，它的愚蠢和悲剧，都一闪而逝了。我看见俄国士兵站在祖国的大门口，守卫着他们的祖先自远古以来劳作的土地。我看见他们守卫着自己的家园，他们的母亲和妻子在祈祷——呵，是的，有时人人都要祈祷，祝愿亲人平安，祝愿他们的战斗者和保护者回归。

我看见俄国数以万计的村庄正在耕种土地，正在艰难地获取生活资料，那儿依然有着人类的基本乐趣，少女在欢笑，儿童在玩耍。我看见纳粹的战争机器向他们碾压过来，穷凶极恶地展开了屠杀。我看见全副戎装，配剑、马刀和鞋钉叮响的普鲁士军官，以及刚刚威吓、压制过十多个国家的、奸诈无比的特工高手。我还看见大批愚笨迟钝，受过训练，唯命是从，凶残暴戾的德国士兵，像一大群爬行的蝗虫正在蹒跚行进。我看见德国轰炸机和战斗机在天空盘旋，它们依然因英国人的多次鞭挞而心有余悸，却在为找到一个自以为唾手可行的猎物而得意忘形。在这番嚣张气焰的背后，在这场突然袭击的背后，我看到那一小撮策划、组织向人类发动这场恐怖战争的恶棍们。

于是，我的思绪回到若干年前，他们坚韧不拔，英勇善战，帮助我们赢得了胜利，但后来，他们却完全同这一切隔绝开了——虽然这并非我们的过错。

我亲身经历了所有这一切。如果我直抒胸臆，感怀旧事，你们是会原谅我的。但现在我必须宣布国王陛下政府的决定，我确信伟大的自治领地在适当时候会一致同意这项决定。然而我们必须现在，必须立即宣布这项决定，一天也不能耽搁。我必须发表这项声明，我相信，你们绝不会怀疑我们将要采取的政策。

我们只有一个目标，一个唯一的、不可变更的目标。我们决心要消灭希特勒，肃清纳粹制度的一切痕迹。什么也不能使我们改变这个决心。什么也不能！我们决不能谈判；我们决不同希特勒或他的任何党羽进行谈判。我们将在陆地同他作战；我们将在海洋同他作战；我们将在天空同他作战，直至邀天之助，在地球上肃清他的阴影，并把地球上的人民从他的枷锁下解放出来。

任何一个同纳粹主义作斗争的人或国家，都将得到我们的援助。任何一个与希特勒同流合污的人或国家，都是我们的敌人。这一点不仅适用于国家，而且适用于所有那些卑劣的、吉斯林之流的代表人物，他们充当了纳粹制度的工具和代理人，反对自己的同胞，反对自己的故土。这些吉斯林们，就像纳粹头目自身一样，如果没有被自己的同胞干掉（干掉就会省下很多麻烦），就将在胜利的翌日被我们送交同盟国法庭审判。这就是我们的政策，这就是我们的声明。因此，我们将尽力给俄国和俄国人民提供一切援助。我们将呼吁世界各地的朋友和盟友采取同样的方针，并且同我们一样，忠诚不渝地推行到底。

我们已经向苏俄政府提供了力所能及的，可能对他们有用的技术援助和经济援助。我们将夜以继日地、越来越大规模地轰炸德国，月复一月地向它大量投掷炸弹，使它每一个月都尝到并吞下比它倾洒给人类的更加深重的苦难。

值得指出的是，仅仅在昨天，皇家空军曾深入法国腹地，以极小损失击落了28架侵犯、玷污并扬言要控制法兰西领空的德国战斗机。

然而，这仅仅是一个开端。从现在起，我国空军的扩充将加速进行。在今后6月，我们从美国那儿得到的援助，包括各种战争物资，尤其是重型轰炸机，将开始展示出重要意义。这不是阶级战争。这是一场整个大英帝国和英联邦不分种族，不分信仰，不分党派，全都投入进去的战争。

希特勒侵略俄国仅仅是蓄谋侵略不列颠诸岛的前奏。毫无疑问，他指望在冬季到来之前结束这一切，并在美国海军和空军进行干涉之前击溃英国。他指望更大规模地重演故伎，各个击破。他一直是凭借这种伎俩得逞的。那时，他就可以为最后行动清除障碍了，也就是说，他就要迫使西半球屈服于他的意志和他的制度了，而如果做不到这一点，他的一切征服都将落空。

因此，俄国的危险就是我国的危险，就是美国的危险；俄国人民为了保卫家园而战的事业就是世界各地自由人民和自由民族的事业。

让我们从如此残酷的经验中吸取教训吧！在这生命尚存、力量还在之际，让我们加倍努力，合力奋战吧！

从保卫英国和英国人民的角度出发，丘吉尔在意识形态面前作出了让步，表现出了一个伟大国务活动家的卓识、气魄和风度。在丘吉尔的促成下，英、苏两国于7月12日签订了在对德战争中采取共同行动的协定，规定双方不同德国谈判和单独媾和。随后，英国还派遣两个中队"飓风"式战斗机到苏联摩尔曼斯克去护卫北部运输线，派军队到伊朗建立当地供应线，并防止德国夺取油田。1942年5月26日，两国正式签订《英苏同盟条约》。

德国入侵苏联极大地改变了战争格局，也促使日本在亚洲确立了南进政策。7月24日，日军对法属印度支那（即今中南半岛大部地区）发动了攻势，并于当天占领了印度支那南部。日军占领印度支那之后，已经可以随时进攻马来亚的英国人、菲律宾的美国人和东印度的荷兰人了。

因此，美国政府对日军的这一侵略行为立即做出了强烈反应。罗斯福总统立即要求日本政府促使印度支那中立，从那里全面撤军。为了加强这一敦促的分量，他颁发了冻结日本在美国的所有财产的行政命令。丘吉尔立即响应了罗斯福的这一声明。两天之后，荷兰政府也宣布对日本实施制裁，限制对日本的石油供应。

五

两位历史巨人的历史性会晤

　　随着美、英两国在反法西斯战争中的联系逐步密切，丘吉尔感到有必要同美国总统罗斯福见一见面。1941 年 8 月 4 日，丘吉尔和他的随从登上了"威尔士亲王号"，在几艘驱逐舰的护卫下驶往纽芬兰普拉森夏湾。他已经与罗斯福约定，两人将在那里举行会晤。

　　8 日早晨，"威尔士亲王号"抵达了目的地。罗斯福已经坐在"奥古斯塔号"的甲板上等待丘吉尔了。当丘吉尔登上"奥古斯塔号"的船梯时，美国海军仪仗队立即举枪向他致敬。丘吉尔也停下了脚步，礼节性地向后甲板方向致敬！

1941 年 8 月 9 日，罗斯福与丘吉尔在"威尔士亲王号"上会晤

然后，他迈着有力的步伐走向了坐在轮椅上的罗斯福总统。丘吉尔向罗斯福伸出双手，朗声道："终于见到您了，罗斯福先生！"

罗斯福立即回答道："能在这儿跟您相会，我感到很高兴，丘吉尔先生！"

两位历史巨人的手紧紧地握住了一起，这意味着美国将和英国携起手来，共同对付德、意、日三国轴心。

双方攀谈过后，罗斯福留丘吉尔一起吃午饭，又邀请丘吉尔晚上回到军舰上出席正式晚宴。这正合丘吉尔心意，他正想借吃饭与罗斯福加深友谊，进而争取美国对英国的支持。举行晚宴次日，罗斯福与随行人员登上英国"威尔士亲王号"军舰与英国人一起做礼拜。礼拜结束后，丘吉尔郑重其事地对罗斯福说："我并不笃信宗教，可是我得感谢上帝，美国政府此时此刻的领导人不是别人，而是你。"

这次历史性的会晤对改变第二次世界大战的态势具有重要作用。后来，丘吉尔写道："这是一次伟大的历史性的礼拜，一次感人至深的两国人民精诚团结的表现。"

罗斯福希望会议结束时发表一个简短的声明，而且，他已经让人拟定了一份文字："他们已经在海上举行了一次会议；参加会议的还有双方有关部门的成员，他们讨论了根据租借法对民主国家进行援助的计划；会谈绝没有涉及国会法令授权以外的对将来的承诺。这个声明还说首相和总统讨论了有关世界文明的某些准则，并同意对这些准则发表一项联合宣言。"

当时，为了避免遭到国会和舆论的攻击，罗斯福并没有将与丘吉尔会晤的消息在美国公开，而是以休假和钓鱼的名义来到普拉森舍湾的。因此，他对联合声明的形式十分看重，以免日后遭到国会与孤立主义者的攻击。

丘吉尔急切盼望着美国在援助英国对抗德国的道路上走得更远一些，但同时也担心美国会趁机从英国攫取利益，尤其是攫取英国在海外的殖民地。因此，在第一次会晤的过程中，丘吉尔一直对罗斯福保持着很强的戒心。不久，他就发现，罗斯福是一个无比精明和高深莫测的人物，更是一个巧妙的规避者，很不容易逼他在具体问题上就范，也不能在违背他的判断、意志或本能的情况下，迫使或诱使他承担特定的义务。

罗斯福自然也不会对丘吉尔掉以轻心，他自然不会毫无目的地援助英国。除了保障美国的安全之外，他当然要想为美国日后的发展谋求更大的空间。不过，丘吉尔也不是一个容易对付的人。罗斯福发现，他在追求某种既定目标时具有一种不屈不挠、勇往直前的定力，这种人在逆境中的能量要大于平时。

就这样，两个历史巨人在合作中斗争，在斗争中合作，竟然产生了惺惺相惜之情。他们时而会激怒对方，但马上又会将争端化解于无形；他们时而会将对方逗得开怀大笑，但马上又会将话题转入十分严肃的战事上来。后来，罗斯福在丘吉尔的一封电报中曾说："能与你同处于这同一个十年（指20世纪40年代）是多么有趣啊！"

美、英双方的会谈共进行了4天。两位领导人商讨了新形势下的共同行动方针，并共同发表了一项被称为《大西洋宪章》的8点原则声明：

第一，他们（指罗斯福与丘吉尔）两个国家（指美国与英国）不寻求任何领土的或其他方面的扩张；

第二，他们不希望看见发生任何与人民自由表达的意志不相符合的领土变更；

第三，他们尊重所有民族选择他们愿意生活于其下的政府形式之权利；他们希望看到曾经被武力剥夺其主权及自治权的民族，重新获得主权与自治；

第四，他们要在尊重他们现有的义务下，努力促使所有国家，不分大小、战胜者或战败者，都有机会在同等条件下，为了实现它们经济的繁荣，参加世界贸易和获得世界的原料；

第五，他们希望促成所有国家在经济领域内最充分的合作，以促进所有国家的劳动水平、经济进步和社会保障；

第六，在纳粹暴政被消灭之后，他们希望建立和平，使所有国家能够在它们境内安然自存，并保障所有地方的所有人在免于恐惧和不虞匮乏的自由中，安度他们的一生；

第七，这样的和平将使所有人能够在公海上不受阻碍地自由地航行；

第八，他们相信，世界上所有国家，为了现实的和精神上的理由，必须放弃使用武力。如果那些在国境外从事或可能以侵略相威胁的国家继续使用陆海空武器装备，则未来的和平将无法维持；所以他们相信，在一个更普遍和更持久的全面安全体系建立之前，解除这些国家的武装是必要的。同样，他们会协助和鼓励一切其他可行的措施，来减轻爱好和平的人民在军备上的沉重负担。

9 月底，苏联驻英大使宣布，苏联政府同意《大西洋宪章》的基本原则。几乎与此同时，英国、苏联、比利时、卢森堡、荷兰等国家在伦敦召开了讨论《大西洋宪章》的同盟国会议。实际上，《大西洋宪章》已成为这些国家继续进行反法西斯战争的纲领，也为战后建立联合国宪章奠定了基础。几个月之后，罗斯福也向美国民众指出："我们联合国家关于我们争取的和平已经在某些广泛的原则上取得一致。《大西洋宪章》不仅适用于大西洋沿岸地区，也适用于整个世界。"

声明表达了两方共同战胜法西斯，争取世界和平的原则立场，提出了为此有必要建立一个全球性国际组织的问题。《大西洋宪章》的发表表明，美、英、苏联合起来共同反对法西斯势力已有了共同的原则基础，同时奠定了在战后建立联合国的基础。

六

美国被卷入第二次世界大战

《大西洋宪章》发表 3 个月后，即 1941 年 12 月 7 日，日本不宣而战，偷袭了美国在太平洋上最重要的海军基地——珍珠港。当天下午 1 点 47 分，美国海军部长诺克斯与罗斯福通了电话。诺克斯在电话中焦急地说："总统先生，看样子日本人好像袭击了珍珠港！"

罗斯福显得很平静。沉默了一阵之后，他怀着沉重的心情说："如果

珍珠港上空巨大的黑色烟幕，象征着当时日本短暂的战术胜利和美国的悲剧，这一事件直接导致美国走出孤立主义，参加第二次世界大战。它是继 19 世纪中墨西哥战争后第一次另一个国家对美国领土的攻击

第九章 全面抗击德国纳粹

· 187 ·

这则消息属实的话，我将无法控制整个局势了。"

下午2点5分，罗斯福打电话给国务卿赫尔，转达了这则令人震惊的消息。赫尔告诉他，日本特使刚到国务院，情报机构截获的日本方面的情报显示，东京明确地告诉这两名日本特使，要他们在下午1点转达日本拒绝接受美国和平建议的照会。这个照会显然是打算在袭击珍珠港前几分钟中断两国关系。但是，日本大使馆一片混乱，照会没有及时翻译出来。这就使得照会送到美国国务院的时间落在了袭击珍珠港之后。

罗斯福指示赫尔接见日本人，但是不要提袭击珍珠港的事，他应该对他们以礼相待，然后冷淡地把他们打发出去。根据罗斯福的指示，赫尔拒绝同日本特使握手，也没有请他们坐下。他对日本特使送来的照会上的内容已经一清二楚了，但还是装模作样地浏览了一遍。还没有看完，他就把照会恶狠狠地摔在了桌子上，冷冰冰地说："我担任公职50年来从来没有看见过这样一份充满无耻谎言和歪曲事实的文件！无耻的谎言和歪曲的事实竟然如此之多，在今天以前，我从来没有想象过地球上会有任何政府能说出这种话来。"

日本特使想说些什么，但是赫尔没有给他机会，而是愤怒地挥手，示意他们出去。两名日本特使回到马萨诸塞大街的日本大使馆后才获悉日本袭击珍珠港的消息。这时，诺克斯也已经将这一消息证实了，并立即向罗斯福作了汇报。罗斯福把战时内阁召集在一起，研究对策。

罗斯福设法同夏威夷驻军司令打通了电话，他在电话里一遍又一遍地说："该死的，竟有这样的事！"

丘吉尔从伦敦打来电话，想证实一下他在收音机里听到的消息。他问罗斯福："总统先生，关于日本，这是怎么回事？"

罗斯福回答说："十分确实，他们已经在珍珠港发动了袭击！现在我们大家是风雨同舟了。"

日军投向珍珠港的炸弹，不但粉碎了美国的太平洋舰队，同时也打破了罗斯福战争政策的僵局。从此之后，美国便全面卷入了第二次世界大战。美国的全面介入，对加速第二次世界大战结束的进程起到了非常重要的作用。

得到确切的消息之后，每个人都陷入了极大的痛苦与恐慌之中。一些官员预料，日本人在对珍珠港进行毁灭性的袭击之后接着又会入侵夏威夷，另一些官员认为，西海岸会成为下一目标。当罗斯福在电话里同夏威夷州州长瑟夫·波因德克斯特就日军偷袭珍珠港的事件进行沟通之时，旁边的人听到波因德克斯特尖叫着："天啊！就在此刻夏威夷上空又有一群日本飞机！"

罗斯福表面上显得镇定自若，但内心里却满腔怒火。他马上同陆军参谋长乔治·马歇尔将军讨论了部署部队的问题，指示国务卿赫尔随时向拉美国家介绍情况，使他们准备就绪，并命令史汀生和诺克斯在所有的国防工厂和关键的设施设置岗哨。

罗斯福把新任秘书格雷斯·塔利叫到他的书房，并示意其他人全部离开。当书房里只剩下他们两个人的时候，罗斯福说："请坐，格雷斯，明天我去国会发表讲话，我想口述我的讲稿，篇幅不长。"

说完，罗斯福点燃了一支香烟，深深地吸了一口，又把烟吐出来。他看了看塔利，开始以他通常口述信件的那种冷静的调子口述讲稿。他清晰地，慢慢地念出每一个字，小心谨慎地说出每一个标点符号和新的段落。讲稿有500多字，罗斯福一口气口述完毕，中间没有犹豫，之后也没有进行修改。

此时，珍珠港的救援工作已经全面展开了。美军太平洋舰队损失惨重，总共有19艘军舰被击沉、击坏，其中包括太平洋舰队的全部作战舰只。除了军舰之外，美军损失265架飞机，士兵死亡2403人，受伤1187人。珍珠港事件成为美国军史上最严重的惨案。

第二天，罗斯福在长子詹姆斯的搀扶下走向众议院的讲台时，会场上爆发出了前所未有的热烈掌声，甚至连曾经百般刁难他的共和党人也鼓掌欢迎。日军偷袭珍珠港已经使政治上的敌意消失了，所有的美国人都团结在了罗斯福的身边，准备同日本人大战一场。

罗斯福一手扶着讲台，一手打开一个好像小学生使用的黑色笔记本，众人都在安静地等待着他的发言。罗斯福极力地抑制着自己的情绪，环视了一下会场，他的目光时而停留坐在前排的内阁成员身上，时而又停

1941年12月7日，日军在2个小时内出动350余架飞机偷袭珍珠港的美军基地，炸沉炸伤美军舰艇40余艘，炸毁飞机200多架

留在最高法院的大法官和各国外交使节身上。最后，他用坚定而充满信心的目光瞅了瞅座无虚席的观众席。在那里，他的妻子埃莉诺坐在前总统伍德罗·威尔逊的夫人身边，默默地支持着他！

此时此刻，全国各地的美国人也都坐在收音机旁，静静地守候着，等着收听罗斯福的讲话。妇女们不时地抹着眼泪，男人们则目光坚定，似乎已经做好了上战场的准备。

罗斯福终于以他那沉稳而富有魅力的声音说道：

副总统先生、议长先生、参众两院各位议员们：

昨天，公元1941年12月7日，这是一个遗臭万年的日子。在这一天，美利坚合众国遭到了日本帝国海空军队突然和蓄谋的进攻。

在那时，美国同该国仍然处于和平状态。根据日本的请求，我们当时仍在同该国政府和天皇进行着对话，期望尽最大的努力来维持太平洋的和平。实际上，直到日本空军中队开始轰炸美国瓦胡岛之后一个小时，日本驻我国大使及其同事才向国务卿提交了对美国最近致日方的信函的正式答复。虽然复函声言继续现行外交谈判已无用，但并未包含有关战争或武力进攻的威胁或暗示。

应该记录在案的是：由于夏威夷同日本的距离，这次进攻显然是许多天乃至若干星期以前就已蓄谋进行了策划的。在策划的过程中，日本政府通过虚伪的声明和表示希望维系和平而蓄意对合众国进行了欺骗。

昨天对夏威夷群岛的进攻，给美国海陆军部队造成了严重的损害。我遗憾地告诉各位，很多美国人丧失了生命。此外，据报，美国船只在旧金山和火奴鲁岛之间的公海上也遭到了鱼雷袭击。

昨天，日本政府还对马来西亚发动了袭击。

昨天晚上，日本人袭击了香港。

昨天晚上，日本人袭击了关岛。

昨天晚上，日本人袭击了菲律宾群岛。

昨天晚上，日本人袭击了威克岛。

今天早晨，日本人又袭击了中途岛。

因此，日本在整个太平洋区域采取了突然的攻势。昨天和今天的事实不言自明。合众国的人民已经形成了自己的见解，并且十分清楚这关系到我们国家的安全和生存本身。

作为陆海军总司令，我已指示，为了防务我们采取一切措施。但是，我们整个国家都将永远记住这次对于我们进攻的性质。

不论要用多长的时间才能战胜这次预谋的入侵，美国人民以自己的正义力量一定要赢得绝对的胜利。

我现在断言，我们不仅要作出最大的努力来保卫我们自己，我们还将确保这种形式的背信弃义永远不会再危及我们。我这样说，相信是表达了国会和人民的意志。

对敌行动已经存在。毋庸讳言，我国人民、我国领土和我国利益都处于严重危险之中。

信赖我们的武装部队——依靠我国人民的坚定决心——我们将取得必然的胜利——上帝助我！

我要求国会宣布：自公元 1941 年 12 月 7 日日本进行无缘无故和卑鄙怯懦的进攻时起，合众国和日本帝国之间已处于战争状态。

罗斯福的讲话结束后，参议院没有像往常一样展开辩论。在一个小时之内，参议院便以全票通过了罗斯福的请求。议案提交众议院时只有一个投了反对票。就这样，美国在 1941 年 12 月 8 日正式对日宣战了。

罗斯福和美国人都在为珍珠港的损失而伤心不已，但大洋彼岸的丘吉尔却十分兴奋。日本的袭击将美国卷入战争，这对丘吉尔来说是"最大的喜讯"。在日本袭击珍珠港的当天，丘吉尔就通知第二天召集议会两院联席会议，同时亲自打电话给外交部，部署立即办理对日宣战事宜，然后又通知召集战时内阁成员开会。

下午 3 点，英国国王按照国家宪法规定，根据战时内阁的意见，在两院联席会议上对日宣战。由于外交大臣艾登出访莫斯科，所以由丘吉尔亲自签发了对日宣战的外交照会。

12 月 9 日，中国国民政府在与日本实际交战多年之后，正式对日宣战。紧接着，对日宣战的国家增加到了二十多个。

德意日三国同盟条约的第三款规定：任何一方遭受攻击，其他方会尽全力协助，包括政治，经济和军事等等。根据这一规定，德国于 12 月 11 日对美国宣战，意大利也紧随其后。

美国直接介入到第二次世界大战中来极大地改变了战争的格局。至此，第二次世界大战中的阵营结构最后形成了。德国、意大利、日本三大轴心国及芬兰、匈牙利、罗马尼亚等国为一方，美国、英国、苏联、中国等反法西斯同盟和全世界反法西斯力量为另一方。

美英这两个西方最强大的资本主义国家同社会主义的苏联结成了同盟是第二次世界大战进程中重要的里程碑。美国总统罗斯福、英国首相丘吉尔和苏联最高统帅斯大林面对着严峻的形势，为了争取战争的胜利，都从不同侧面并以不同方式进行了不懈的、坚忍不拔的和真诚的努力！

·第十章·

铁腕政策扭转战局

一

英美发表《联合国共同宣言》

鉴于战争形势进入了新的历史阶段，丘吉尔认为有必要立即与罗斯福总统再次会晤。他在要求国王批准成行的上书中写道："在我的思想上已经形成了一个信念，认为那是我的职责，即应当毫不迟延地访问华盛顿，只要此事为罗斯福所赞同，而我相信他会赞同的。关于英美防务与攻势的全部计划必须根据现实情况予以商定。当我在华盛顿时，艾登先生将在莫斯科，这样三大盟国间的一些重大问题当可更易于解决。"

很显然，丘吉尔担心美国会把全部力量投入到太平洋战争，从而忽略援英、援苏方面所承担的义务！罗斯福很爽快地答应了丘吉尔的提议。

12 月 14 日，丘吉尔乘坐新下水的"约克公爵号"，冒着狂风巨浪和遭遇德国潜艇的危险，经过漫长的 8 天航程，终于在 12 月 22 日抵达了华盛顿。丘吉尔这次访美是秘密进行的。除了罗斯福和几位重要的军政界人物之外，再也没有人知道丘吉尔已经抵达了华盛顿。当晚，丘吉尔和罗斯福就进行了一系列的会谈。

这次会谈就是历史上著名的"阿卡迪亚"会议。阿卡迪亚是古希腊的一个小城邦，位于伯罗奔尼撒半岛中部的高原地区。由于与世隔绝，这里的居民在古希腊时代过着一种富有淳朴气息的田园生活。他们远离世俗，远离喧嚣，就如中国伟大诗人陶渊明笔下的"桃花源"一样。于是，在西方文化中，阿卡迪亚便成了世外桃源。罗斯福和丘吉尔将这次会议的代号定为"阿卡迪亚"也表明了他们重建和平世界的美好愿望。

会议进行得很顺利，几乎所有的重大问题都达成了协议。罗斯福与丘吉尔重申了双方参谋人员早先作出的决定，采取"先欧后亚"的战略，先打败德国这个最主要的敌人，然后再着手对付日本。这次会议确定，成立英美联合参谋长委员会，在太平洋地区建立英、美、荷盟军联合司令部，成立军需品分配委员会等5个联合机构，统筹盟国在军火、船运和原料等方面的经济活动。鉴于苏联在抗击法西斯德国中的重要作用，罗斯福决定恢复曾一度终止的对苏援助。

会议的主要政治成果是起草了一份所有参加反轴心国战争的国家所必须接受的原则宣言。这个宣言便是历史上著名的《联合国家宣言》。宣言是由美国国务院起草的，罗斯福看过之后表示满意，便交给了丘吉尔和苏联政府，希望他们也能同意。

《联合国家宣言》重申了《大西洋宪章》的宗旨与原则，并规定：各签字国政府保证使用全部军事和经济资源来抵御与之处于交战状态的轴心国成员及其附属国；保证同本宣言签字国政府合作，保证不同敌人单独停战或媾和。至此，不同社会制度、种族、信仰和语言的国家在打败法西斯的共同旗帜下，实现了从政治、经济和军事方面的空前大联合，以美、英、苏、中为主体部分的国际反法西斯同盟正式宣告成立了。

鉴于美国与苏联之间接触并不多，两国之间的对立情绪并没有多大的缓和。所以，在两国接触的最初阶段，丘吉尔扮演了斯大林与罗斯福之间纽带的角色。但是由于苏联在战争爆发后曾伙同德国秘密瓜分了波兰，这就导致了英国与苏联之间的裂隙越来越大。因为英国原本是援助波兰而直接参与第二次世界大战的。斯大林曾对前去商讨加强英苏关系的英国外交大臣艾登指出，苏联要求盟国正式承认苏联在1941年6月间的边界状态。也就是说，苏联在此之前攻占的波兰、芬兰、爱沙尼亚、立陶宛、拉脱维亚等国的领土都要归属于苏联。

丘吉尔和罗斯福当然不会同意斯大林的这一要求。一则，如果同意苏联这样做，就意味着反法西斯同盟与法西斯德国并无二致，不过都是为了自己的利益而发动战争的罪犯；二则，如果承认了苏联的这个新边境，就相当于让其在战后有了更加广阔的发展空间。到时候，苏联势必会发展壮大起来，很有可能会超过英美。让苏联强大起来是不符合美英两国的世界利益的。

　　有鉴于此，罗斯福就此难题在阿卡迪亚会议上与丘吉尔进行过讨论，并宣称，如果接受斯大林的要求，"那将同我们正在为之而战的全部原则背道而驰"，因此边界问题必须等到战胜法西斯德国之后再行商讨。为了达成这一目的，罗斯福与斯大林达成了一种心照不宣的妥协，他通过加大对苏联的物资援助让陷于苦战的斯大林把边界问题搁置了起来。

　　尽管各国之间还有一些矛盾，但阿卡迪亚会议所取得的成果，尤其是《联合国家宣言》的签署标志着世界反法西斯同盟正式形成了。《联合国共同宣言》的发表壮大了反法西斯国家的力量，鼓舞了世界人民反法西斯的斗志，加速了世界反法西斯战争的胜利进程，也为战后创建联合国组织奠定了基础。

　　会谈期间，丘吉尔和罗斯福相处非常亲密。他们总是一起共进午餐和晚餐，罗斯福每次都亲自配好餐前饮用的鸡尾酒，丘吉尔常常为罗斯福推轮椅。有一次，丘吉尔正在淋浴，罗斯福无意之间打开了浴室的门。他连忙向丘吉尔道歉道："哦，温斯顿，真是对不起！"

　　丘吉尔笑着回答说："没关系，英国首相对美国总统没有任何隐瞒的东西。"

　　两人还经常在晚上到对方的房间交谈。丘吉尔知道罗斯福有早睡的习惯，每到晚上10点便假装告辞。而罗斯福知道丘吉尔习惯在夜间工作，便挽留他继续谈下去。就这样，两人经常把酒畅谈，聊到凌晨。罗斯福的妻子埃莉诺有些生气了。她经常在屋里进进出出，暗示时候不早，想让丘吉尔回去休息，但丘吉尔就是不走。

二战时期，丘吉尔和罗斯福相处融洽

　　12月24日晚上是西方的平

安夜。这一天，华盛顿的节日气氛并没有因为战争而受到多大的影响，依然像往年一样热烈。白宫轮廓映现在火树银花中，3万多名民众聚集在白宫前的草坪上，希望跟他们的总统共同度过这一美好的节日。他们不知道，这一年的平安夜对世界来说具有多么重大的意义。因为罗斯福的身边多了一个人，他就是英国首相丘吉尔。

丘吉尔和罗斯福共同主持了白宫草坪上点燃圣诞树的仪式。当缀满缤纷饰物的圣诞树闪烁出瑰丽的光芒时，罗斯福向美国民众介绍了丘吉尔，并称他为"伙伴、老相识和好朋友"。丘吉尔随即发表了一篇词藻华丽而又动情的演说。

从事自由事业的同事们：

我的朋友、伟大而卓越的罗斯福总统刚才已经发表过圣诞节前夕的演说，已经向全美国的家庭致友爱的献词。现在，我为自己能追随其后讲几句心里话而感到无限的荣幸！

虽然我在这一个特殊的日子里远离自己的家庭和祖国，但能够跟你们在一起度过这个欢快的节日，我一点也没有异乡的感觉！我不知道这是因为我本人的母系血统（丘吉尔的母亲是美国人）和你们相同，抑或是由于我多年来在这个伟大的国家所获得的友谊，抑或是由于这两个文字相同、信仰相同、理想相同的国家在共同奋斗中所产生出来的认同感，抑或是由于上述种种原因的综合！

总之，我在美国的政治中心——华盛顿过节，完全不觉得自己是一个异乡之客！我和各位之间本来就有手足之情，再加上各位欢迎的盛意，我觉得很应该和各位共坐炉边，同享这圣诞之乐！

今年的圣诞前夕与以往的任何一个圣诞节都不同，它是如此奇异！因为整个世界都卷入了一场生死搏斗之中！人类充分发挥了自己的聪明才智，使用科学所能设计的一切恐怖武器互相厮杀着！假如我们不是深信自己对别国领土和财富没有贪图的恶念，没有攫取物资的野心，没有卑鄙的念头，那么我们在今年的圣诞节中，一定会很难过！

战争的狂潮虽然在各地奔腾，让我们时刻都处在心惊肉跳之中，但在今天，每一个家庭都在宁静的肃穆的空气里过节！今天晚上，我们可以暂时把恐惧的忧虑的心情抛开，为那些可爱的孩子们营造一个快乐的世界吧！今天晚上，全世界说英语的家庭都应该变成光明的和平的小天地，让孩子们尽情享受这个良宵，让他们因为得到父母的礼物而高兴！让我们这些成年人也尽情地和他们一起畅享无限的快乐吧！

快乐之后，请大家不要忘记摆在我们面前的严峻使命！明年，我们将面对更为艰巨的任务，但我们必须战斗，战斗，再战斗！我们要让我们的孩子所应继承的产业，不致被人剥夺；我们要让我们的孩子在文明世界中所应的自由生活，不致被人破坏！

在上帝庇佑之下，我谨祝各位圣诞快乐！

丘吉尔的这篇演说一下子拉近了他跟美国民众的距离，把在场的人感动得热血沸腾！人们奔走相告，将丘吉尔的这篇演说传到了美国的每一个角落。

圣诞节过后，丘吉尔在罗斯福的陪同下到美国国会向两院联席会议致辞。这一次，丘吉尔再次发挥了自己作为一个伟大演说家的天赋，向参众两院的议员们发表了自己生平动人的演说之一。他说，在未来的岁月里，英美两国将为了人类文明的命运而庄严地并肩战斗。为唤醒议员们的亲近和认同感，他再次把自己的母亲是美国人这一事实搬了出来。他说："我不禁想起：如果我的父亲不是英国人而是美国人，而我的母亲不是美国人而是英国人的话，那我大有可能凭自己的力量成为诸位在座中的一员。"

丘吉尔的演说引来了议员们雷鸣般的掌声。他成功了，他成功地调动了美国人民反抗法西斯的热情，也为他此行的真正目的奠定了基础。

二

扭转战局，稳定战时内阁

1942 年 1 月 15 日，丘吉尔准备乘波音客机飞往百慕大，准备从那里换乘轮船返回英国。结果，刚到百慕大，丘吉尔就接到报告，英国东地中海舰队遭遇德、意海空军的袭击，损失殆尽。丘吉尔先是大吃一惊，然后便忧心如焚起来。

为了增强英军抵抗德、意法西斯的信心，丘吉尔突然心血来潮决定乘坐飞机飞越大西洋。虽然丘吉尔早年学会了驾驶飞机，也曾经历过多次危险，但他现在毕竟已经是快 70 岁的老人了，还患有高血压、心脏病。在德、意法西斯在大西洋上肆虐之时，丘吉尔乘坐飞机飞越大西洋需要巨大的勇气。但为了鼓舞士气，丘吉尔顾不上那么多了。结果，他有惊无险地回到了英国，比原定时间早了一个星期。

回国后，丘吉尔立即发现，社会舆论对战时内阁十分不利。由于东地中海舰队的惨败，一种令人窒息的情绪笼罩了整个英伦三岛。为了鼓舞民众的斗志，提高他们对战时内阁的信任，丘吉尔决定在下议院举行一场辩论。

1 月 27 日，辩论开始了。作为首相，丘吉尔首先在会上作了发言。他强调，虽然德、意法西斯的战斗力十分强劲，尤其是隆美尔指挥的德国非洲装甲集团军，但他们并不是不可战胜的。东地中海地区的战斗中，隆美尔的部队也遭受了极其惨重的损失。不过，丘吉尔也坦率地称赞隆美尔道："他是一位极其果敢而机智的敌人……若撇开战争带来的巨大破坏不谈，我可以说他是一位伟大的将军。"

随后，丘吉尔谈到了对苏援助，谈到了他的华盛顿之行在政治和军事上所取得的成果。最后，他以退为进地谈到了英国面临的困难和他应负的责任。他说："我就是议会和全国应该责备的人，因为我为他们服务得不够好。虽然发生了过去的错误，而且今后还会发生，可是我若得不到他们的信任和诚心诚意的帮助，我也无法有效地为他们服务。"

丘吉尔这篇坦率的演说获得了意想不到的成功。议员们纷纷对战时内阁投了信任票。结果，丘吉尔的战时内阁以464票对1票的比数赢得了下议院高度一致的拥护。

然而，由于盟国巨大的经济和人力潜力暂时还没有转化为战斗力，英、美、苏的军队在前线依然处于劣势。英军在北非遭到了隆美尔非洲装甲集团军新一轮的攻势；新加坡的6万多驻军也于2月15日向日军缴械投降了；在北大西洋中，德国潜艇仍活跃异常，英国的商船损失惨重，仅1942年头两个月就被击沉52艘。

英军在前线的一系列惨败严重影响了丘吉尔和他的战时内阁在民众中的威望。为了安抚人心，丘吉尔对政府进行了大规模的改组，但是这并未扭转战争的形势。英军遭到惨败的消息依然不断从前线传来。3月初，日军攻陷了缅甸的首都仰光。在中国远征军的援助下，驻缅英军才在哈罗德·亚历山大将军的指挥下顺利撤往印度边境地区。

此时，苏联红军也面临着强大的压力。苏德战场是抵抗法西斯侵略最主要的战场，苏联红军牵制着德军的主力部队。为了减轻苏联红军的压力，斯大林和罗斯福不断催促丘吉尔在欧洲开辟第二战场。1942年春，罗斯福总统派美军总参谋长乔治·马歇尔将军和总统顾问哈里·霍普金斯携带一份名为《两欧作战计划》的备忘录前往伦敦，与英国政府讨论落实计划的问题。

4月3日，罗斯福总统写信给丘吉尔说："哈里和乔治·马歇尔所要告诉你的一切，均是我由衷之言。你我两国人民要求开辟一个战场，以便卸下俄国人肩上的压力。两国人民很有智慧，完全能够看到俄国人今天所杀死的德国人和所摧毁的装备比你我两国加起来的总和还要多。即使还没得到全盘的成功，这毕竟是一个巨大的收获。必须实现这个计划！只有这样，叙利亚和埃及才能转为安全。纵使德国人发现了我们的计划，也毫不足惧。"

5月，苏联外长莫洛托夫访问英国，与丘吉尔政府就1942年在欧洲开辟第二战场的问题进行了磋商。丘吉尔在原则上赞成开辟第二战场的计划，但他同时认为，"保卫印度和中东是极其重要的"，"我们所承担的大英帝国的首要义务是保卫印度不受日本的侵略"。同时，丘吉尔还认为，与其在欧洲大陆作战，倒不如进攻北非或者解放挪威北部。

由于在具体看法上存在分歧，丘吉尔在与莫洛托夫的会谈中表现得十分慎重，始终未就美、英军队在欧洲开辟第二战场的问题作正面回答。鉴于莫洛托夫还将访问华盛顿，丘吉尔建议他返回时再经伦敦，届时他将根据华盛顿关于第二战场问题的讨论情况再对此给予具体回答。

莫洛托夫出访华盛顿期间，苏德战场的形势发生了微妙的变化。苏联红军不但顶住了德军疯狂的夏季攻势，还迫使希特勒将作战计划推迟了一个月之久！但苏联红军也遭受了惨重的损失。丘吉尔担心斯大林得不到美、英两国的帮助，无法击溃德军，从而单独与希特勒媾和。因此，当莫洛托夫从华盛顿返回伦敦时，丘吉尔同意了开辟第二战场的作战计划。

不过，丘吉尔依然十分审慎。在致苏联政府的《备忘录》中，他写道："我们正在为1942年8月或9月登陆一事进行准备……事前很难预料到时候能否具备实现登陆的条件，因此我们在这方面无法作出许诺。但是，如果条件正常而又合理的话，我们将毫不犹豫地实施计划。"

一般认为，丘吉尔这种审慎的态度是为了英国的国家利益而"玩弄外交手腕"。对英国人来说，北非和挪威北部战场才是主要战场，两地对英国的国家安全和国家利益要比欧洲大陆重要得多！不过，丘吉尔解释说，虽然苏、美、英有共同的愿望，但在美、英两军合作的具体细节上仍有待考虑，尤其在英、美军事当局都没有能力准备这项计划之时更应该慎重考虑。

为了解决这一问题，丘吉尔于6月7日再次飞赴华盛顿，同罗斯福总统进行了会晤。在这次会晤中，丘吉尔不但与罗斯福讨论了开辟第二战场的问题，还就研发原子弹方面的事务与罗斯福交换了意见。

就在丘吉尔访问华盛顿期间，北非的战局再度恶化了。6月20日，隆美尔的非洲装甲集团军攻克了英军重兵防守的托布鲁克港，数万名英军被俘。当天上午，丘吉尔正在白宫与罗斯福交谈。忽然，罗斯福离开了一会儿。回来后，罗斯福一脸忧虑地交给丘吉尔一封电报。

丘吉尔接过电报，只扫了一眼便呆住了。电报上说，25000 名英军在托布鲁克港被俘。后来进一步证实，被俘人数实际多达 33000 人。

半晌，罗斯福关切地问："我们能帮你什么忙？"

丘吉尔回答："给我们大量谢尔曼式坦克，能给多少就给多少，并且尽快运往中东。"

罗斯福立刻叫来总参谋长马歇尔将军，命他立即就此事进行安排。罗斯福一次性就给英军提供了 300 辆谢尔曼式坦克和 100 门自行火炮，并直接运送到苏伊士运河。罗斯福对英军的援助起到了十分重要的作用。美制谢尔曼式坦克无论在装甲厚度上，还是火力上都要比德国的虎式坦克优越。

6 月 26 日，丘吉尔返回了伦敦。因为英军在托布鲁克港的失利，他刚回国就遭到了下议院议员们的抨击，但批评者们也提不出什么建设性的议案。丘吉尔坦然承认了托布鲁克港的悲剧，也不为自己辩解，但他抓住非难者们自相矛盾的发言和错误的说法进行了有力的还击。结果，在信任投票中，他和他的战时内阁以 475 票对 25 票再次获得大胜。

这场风波虽然逐渐平息了，但丘吉尔已经意识到，只有战场上的胜利才能稳固自己的首相地位。这一情况促使丘吉尔更加坚定地认为，首先攻击法属北非无论对英国来说，还是对他个人来说，都要比在欧洲大陆开辟第二战场更加紧迫。经过一系列紧张的谈判，罗斯福总统最终同意了丘吉尔的观点。

8 月初，丘吉尔借访问莫斯科之机顺道察看了埃及前线。在英军总参谋长布鲁克将军的支持下，丘吉尔撤换了英军中东总司令和第八集团军司令官之职，令哈罗德·亚历山大将军接替奥金莱克任中东总司令，伯纳德·蒙哥马利将军担任第八集团军司令官。蒙哥马利和亚历山大在北非很快就扭转了战局，为英军赢得了声誉，也让丘吉尔稳固了他在战时内阁中的地位。

执行登陆北非的"火炬"计划

1942 年 8 月 10 日深夜，丘吉尔从埃及首都开罗飞往莫斯科，准备当面向斯大林通报关于改变在法国北部登陆开辟第二战场的决定。两天后的下午，丘吉尔的座机安全地降落在了莫斯科的首都机场。

当天晚上，丘吉尔就前往克里姆林宫，与苏联领袖斯大林举行了会谈。在会谈开始的两个小时里，克里姆林宫的气氛显得阴森而沉闷。丘吉尔一开始就坦率地告诉斯大林，1942 年无法在法国北部登陆以开辟欧洲第二战场。

斯大林显然对此不大满意，他阴沉着脸说："我对战争有不同的看法。不准备冒险就不能取得成功。我真不明白，贵国为什么如此惧怕希特勒呢？我的经验告诉我，必须使军队在作战中流血。否则的话，你就不能了解军队的力量。"

丘吉尔反驳道："阁下是否问过自己，希特勒在 1940 年为什么不打到英国呢？当时，希特勒正当力量全盛之时，而我们只有 20 万军队、200 门大炮和 50 辆坦克。事实是，希特勒也惧怕这样的战役，横渡英吉利海峡实施登陆战并不是一件容易的事情！"

斯大林说："不能做这样的类比。希特勒在英国登陆会遭到英国人的抵抗，但英国人在法国登陆会受到法国人无比热烈的欢迎……"

丘吉尔打断他说："因此，更重要的是，不要使法国人民在我军撤退时遭到希特勒的报复。我们不能现在就耗尽 1943 年的巨大战役所需要的法国人力。"

至此，会场上出现了令人窒息的沉默。为了缓和气氛，丘吉尔谈到了英国皇家空军对德国本土的轰炸。斯大林对这个问题很感兴趣，会场上的气氛也逐渐缓和下来。随即，丘吉尔将话题一转，对斯大林说："现在我要回到开辟第二战场的问题上来，我不认为法国是进行这样一场战役的唯一地点，还有别的地点。我们已经和美国人制定了另外的计划。美国总统授权我将这个计划秘密地告诉阁下，我要求阁下严格保守这个秘密。"

丘吉尔简明扼要地向斯大林介绍了在北非登陆的"火炬"计划。斯大林对此很感兴趣，他打趣地说："希望贵国报纸一点消息也不走漏！"

丘吉尔笑了起来，并以鳄鱼作比喻，说明"火炬"计划是打击鳄鱼柔软的下腹部。他说："假如我们能在今年年底占领北非，我们就可以威胁希特勒欧洲的腹部；这次战役应当被认为是同1943年的战役相配合的。这是我们和美国人已经决定进行的一场战役。"

斯大林的兴致也高昂起来，他高兴地说："愿上帝使这项事业获得成功！"

这次会谈直到午夜才结束，丘吉尔达到了自己的目的。事后，他欣慰地说："冰块已经打开，通人情的接触已经建立起来。"

8月15日晚，丘吉尔去向斯大林辞行。斯大林邀请他到自己的寓所喝一杯。丘吉尔欣然接受。与斯大林喝酒可不是件轻松的事情，他不但酒量大，还擅长激起对方的酒兴。丘吉尔虽然能喝酒，但毕竟年龄大了，身体也多有不适，根本喝不过斯大林。当他为斯大林的酒量吃惊时，斯大林打趣道："你这么看着我做什么？不要怕，我不会把俄罗斯都喝掉的。"

酒会结束后，丘吉尔又与斯大林共进了晚餐。丘吉尔后来给身在伦敦的副首相发电报说："我（与斯大林）长谈一番，吃了6个小时，在他的私人公寓里，只有他和莫洛托夫……离别时，我们的关系达到无比诚挚和友好的程度。"

在这天的晚宴上，斯大林还笑着向丘吉尔提及英国干涉俄国革命的事。丘吉尔问自己现在是否已得到宽恕，斯大林幽默地说："这一切都已过去了，过去的事应该属于上帝。"

丘吉尔与斯大林在这次晚宴上达成的协议对世界反法西斯战争的发展起到了极其重要的作用。丘吉尔后来就曾夸口说："我要是每星期都能和斯大林吃顿饭，什么问题都解决了。"

在丘吉尔访问莫斯科期间，"火炬"行动的各项细节工作已经在紧锣密鼓地准备了。

当时，法国的维希政府在北非有大约 60000 名士兵及海岸炮台，在卡萨布兰卡驻有 10 艘战列舰及 11 艘潜艇。罗斯福根据驻阿尔及利亚大使罗拔·戴利·梅菲提供的情报判定，维希政府不会阻止盟军登陆。

为评估维希法国军队的意向，梅菲被任命为美国在阿尔及利亚的特使，其主要任务是试探法国军队的心情及与可能支持盟军入侵的人士建立沟通。梅菲不负重望，成功地与数名法国军官建立了沟通关系，其中包括法国在阿尔及尔的最高军事将官查理·伊曼纽尔将军。他们愿意和盟军合作，但要求与一名盟军高级军官在阿尔及尔进行一次秘密会议。

1942 年 10 月 21 日，盟军北非远征军总司令艾森豪威尔派出他的高级指挥官马克·韦恩·克拉克中将乘坐潜艇"六翼天使号"前往阿尔及尔的歇尔谢尔与这些法国高级军官举行了会晤。

10 月 23 日，蒙哥马利将军指挥第八集团军发起了阿拉曼战役，隆美尔的非洲装甲集团军和意大利部队损失惨重，一路向西溃退。这次战役是北非战场的转折点。从此，英军就牢牢

蒙哥马利部署阿拉曼战役

掌握了战略主动权。阿拉曼大捷终于可以让丘吉尔扬眉吐气了。后来，他曾说："在阿拉曼战役之前，我们从未打过一次胜仗，而在阿拉曼战役之后，我们从未打过一次败仗。"

11月8日，美英联军共同承担的"火炬"战役也打响了。由于种种原因，维希法国的士兵朝盟军开了枪，并不是像之前允诺的那样，不予抵抗。但盟军依然很快就占领了整个摩洛哥和阿尔及利亚，并直逼突尼斯城下。

在盟军总司令艾森豪威尔将军的指挥下，盟军665艘军舰和运输舰载运13个师，在1700架飞机提供空中保障情况下，在首尾相距800英里的摩洛哥、卡萨布兰卡和阿尔及利亚的阿尔及尔3处同时登陆，迅速占领了法属北非。

四

在卡萨布兰卡与罗斯福会晤

　　1943 年 1 月 11 日早晨，罗斯福乘坐一架波音 314 型飞机从迈阿密空军基地起飞，飞往了卡萨布兰卡。丘吉尔已经在那里等候他了。会前，罗斯福曾两度邀请斯大林参加会议。由于当时正值苏联红军积极准备向盘踞在斯大林格勒附近的德军发起总反攻，斯大林走不开，没能参加这次历史性的会议。

卡萨布兰卡会议　从左到右：吉罗、罗斯福、戴高乐与丘吉尔

罗斯福与丘吉尔经过会商决定，1943 年应优先考虑攻占西西里岛，迫使意大利退出战争，减轻德军对苏联红军的压力；消除德国潜艇的威胁，确保大西洋的交通安全；分散德国对俄前线的压力；加强对德战略轰炸，继续准备横渡英吉利海峡的力量，把在法国北部登陆开辟第二战场的计划推迟至下一年执行；执行太平洋和远东的作战计划，以击退日军进犯和支持中国。

在援助苏联的计划上，丘吉尔与罗斯福的观念有所不同。丘吉尔一向厌恶共产主义，认为共产主义的实质与法西斯独裁统治并没有什么区别。因此，他在与苏联合作抗击法西斯德国的同时，也在想办法防范苏联在战后成为英国最强大的敌人。罗斯福则强调，竭尽所能援助苏联是一种"有利可图的投资"。在这一点上，英国与美国之间产生了些许裂隙。

两国之间的另外一个矛盾是在对待法国的态度上。法国沦陷之后，戴高乐将军即流亡伦敦，成立了"自由法国"全国委员会，以此作为流亡政府的胚模。这样，法国就出现了两个政府并存的局面，一个是德国扶植的傀儡政权，一个是毫无实力的流亡政权。

一向以民主自由自夸的美国人认为，法国中部的维希政权虽然是德国的傀儡政权，但它毕竟实际上统治着法国，残留着"正统合法"的形式。所以，罗斯福主张继续同维希政府保持外交关系。丘吉尔则视戴高乐领导的流亡政府为法兰西抗战的象征，并从道义上和物资上给予支持。

卡萨布兰卡会议的主要目标之一便是为"法国的困境"找一条出路。不知道出于什么原因，罗斯福不大喜欢戴高乐，并且认为他是一个令人生厌的家伙。在罗斯福看来，戴高乐不愿为抗战的努力而暂时放弃政治上的对立，希望用非民主的手段使自己成为法国独裁的政治领袖，这一切都是罗斯福无法接受的。更让罗斯福感到恼火的是戴高乐竟然想在战后重新让法国成为欧洲大陆的中心。罗斯福认为法国在反抗法西斯德国的战争中并没有起到什么作用，应该在战后退居次要位置，但戴高乐却处处力争恢复法兰西殖民帝国，企图在战后让法国重新成为欧洲大陆的霸主。

罗斯福嘲讽戴高乐说："他不自量力地自比圣女贞德和克雷孟梭，然而他不可能同时像这两个人。"

当然，丘吉尔极力支持戴高乐也不是没有目的的。他想在战后的欧洲建立一个由英国领导的国家集团，帮助戴高乐无疑有利于这目标的实现。一个统一而强大的欧洲国家集团无疑会对美国形成某种压力。因此，罗斯福对丘吉尔的这种野心也表示强烈的不满。他曾说戴高乐是"大英帝国马厩里喂养和训练的赛马"，是丘吉尔养活的"不听话的孩子"，而丘吉尔则是个"蹩脚的爸爸"。

到卡萨布兰卡会议召开之时，德军已经占领了法国全境，维希政权已经名存实亡了。罗斯福再与其保持外交关系似乎说不过去了，便转而支持从纳粹监狱出逃并与维希政权关系不密切的前法国政府的亨利·吉罗将军。如此一来，英美各支持一方，矛盾便公开化了。

罗斯福设想了一个解决办法，这便是由戴高乐和吉罗共同领导法属北非的事务，等到战后由法国人按照民主的方法自行决定他们的分歧。于是，罗斯福让丘吉尔邀请戴高乐来卡萨布兰卡，而他则负责邀请吉罗。实际上，罗斯福在此时已经打算对法国实行一次"包办婚姻"，并且认为凭借自己的声望和妥协天赋，这场婚姻是不会出问题的。丘吉尔对罗斯福的这种妥协表示基本接受。

戴高乐不会不知道罗斯福不喜欢自己，因此他很不情愿到卡萨布兰卡参加这次决定流亡政府命运的会议。但罗斯福和丘吉尔好不容易抓到一个解决两国矛盾的机会，怎么会轻易罢休呢！于是，丘吉尔在邀请电报中便以威胁的口吻催促戴高乐赶快前来，否则的话，英国将不得不与他分道扬镳。

戴高乐终于到了卡萨布兰卡，但他却拒绝与吉罗将军合作。戴高乐的这种不合作态度有两个方面的原因。一方面，他领导的自由法国在过去的几年里确实取得了一些成就，他据此认为自己是法兰西精神的化身，也是法国战后唯一的领袖人选。另一方面，他对罗斯福那种强行为法国"包办婚姻"的态度极为不满。他曾说："从他（指罗斯福）那彬彬有礼的贵族面孔后面，可以看出他对我是毫不留情的……他说的和平是一种美国式的和平，他深信自己必定是主宰和平结构的人物，被蹂躏的国家应屈从他的评判，特别是法国，应该承认他是救星和仲裁者。"

戴高乐的不合作态度激恼了丘吉尔。他已经向罗斯福表示，将大体接受这种妥协，但戴高乐的不合作态度却让他下不来台。丘吉尔发火了，他无法忍受一个靠自己一手扶持而跃居高位的人让自己如此难堪。1月26日，在丘吉尔大发雷霆之后，戴高乐终于作出了让步，同意了罗斯福提出的方案，并在联合公报上签了字。联合公报生效了，但并没有规定任何具体事务。罗斯福决定，等到5个月之后再另行商议。

戴高乐的态度让罗斯福确信，他是在为战后争取法国领袖的地位而做准备，对他更加不满。在会谈的最后一天，罗斯福没有通知丘吉尔就与吉罗签署了一项协议，保证美国和英国援助吉罗保留全法国在军事、经济、财政和精神上的利益，协助他将法国人民团结起来，共同对抗法西斯德国。

几天之后，丘吉尔获悉这些协议时，他坚持要修改协议，并把戴高乐也包括进去。罗斯福并没有同意丘吉尔的要求。他根本不想让"自由法国"染指北非战役，并称不管戴高乐"多么生气或多么仆人"，就是不能在成功之前向他透露丝毫消息。

他甚至对丘吉尔说："一旦让'自由法国'参与盟军行动，德国人马上就知道了。"

戴高乐在战后推行反霸抗美的外交路线，一部分原因可能就源于对罗斯福及美国人的报复心态。他一直对罗斯福在第二次世界大战期间对他的冷淡和厌恶耿耿于怀，这也使得他的性格更加孤傲与倔强。

卡萨布兰卡会议期间，苏联红军也在斯大林格勒会战中取得了巨大胜利。苏联红军在此一役中击毙、俘虏德军约150万人，摧毁、缴获了德军3500辆坦克和强击火炮、12000门火炮和迫击炮、约3000架飞机及大量的其他技术兵器。这些兵力和兵器的损失对德国的战略地位产生了极大的影响并彻底动摇了其战争机器。从此之后，红军便转入了全面反攻，掌握了战略主动权。

· 第十一章 ·

"霸王"行动的胜利

一

意大利退出轴心国联盟

卡萨布兰卡会议决定，突尼斯战役结束后，盟军即在西西里岛登陆，然后向意大利本土展开攻势，迫使意大利退出三国轴心集团。与此同时，两国领导人还达成了于1943年夏季在欧洲大陆开辟第二战场的初步协议。

5月4日，在突尼斯战役即将结束之际，丘吉尔又启程赴美同罗斯福进行秘密军事会谈。这一次，丘吉尔又施展他独特的外交手段，说服了罗斯福和马歇尔，决定将横渡英吉利海峡、开辟第二战场的计划推迟到1944年。盟军于1943年的主要任务是进攻意大利本土，迫使意大利退出罪恶的轴心国集团。

就这样，代号为"赫斯基"的西西里登陆战役被提上了日程。1943年6月初，盟军总司令艾森豪威尔命令英国空军上将特德将军组织力量，对西西里岛前沿的小岛班泰雷利岛实施了轰炸。盟国空军连续6昼夜不间断地实施了轰炸，将上万吨炸弹倾泻在了该岛东部的狭小地区。岛上的意大利守军溃不成军，与盟军甫一接触，便缴械投降了。此次战斗，盟军以一伤一亡的微小代价攻占了班泰雷利岛，并俘虏了11000名意大利士兵。有意思的是，盟军这名受伤的士兵还不是在战场上受的伤，而是被骡子咬伤的。

7月10日，"赫斯基"战役打响了。蒙哥马利将军指挥的英国第八集团军和巴顿将军指挥的美国第七集团军竞相向西西里岛的德、意守军发起了攻击。7月22日，第七集团军率先攻破了西西里首府巴勒莫。这一消息传到罗马之后，墨索里尼走到了穷途末路。

7月24日下午5点，意大利法西斯最高委员会开会。这是一次与墨索里尼摊牌的会议。该党的元老、前外交部部长和驻英大使迪诺·格兰迪提出了一项决议案，内容包括要恢复宪制，国王应掌握更大的权力，指挥军队；墨索里尼只是党的领袖，不应再主持国务等。

7月25日凌晨2点30分，最高委员会以19票赞成，8票反对，1票弃权的结果通过了这项决议。墨索里尼愤怒地说："你们挑起了政权的危机。简直糟糕透了！"

让墨索里尼没有想到的是，这场会议结束了他在意大利长达21年的独裁统治。当天下午5点，意大利国王埃曼努尔在萨沃伊宫接见了墨索里尼，宣布废黜他的一切军政职务，由巴多格利奥组织新政府。国王说："事情再不能这样继续下去了。军队反对你，阿尔卑斯山轻步兵在唱一支歌子，歌中说他们不再以墨索里尼的名义去打仗。"

墨索里尼政府垮台后，原来就不愿积极抵抗的意军更是成批地走出战壕，纷纷向盟军缴械投降。德军在西西里岛也独力难支了！德军剩下的任务就是如何尽可能安全地撤出西西里岛了。到8月中旬，"赫斯基"行动便结束了。盟军以伤亡3.1万人的代价毙伤敌军3.3万人，俘虏13.2万人，解放了整个西西里岛。

在如何处置战败的意大利上，罗斯福与丘吉尔再次产生了分歧。罗斯福希望废除意大利的君主立宪制，彻底清除法西斯主义的痕迹。但丘吉尔则认为，君主立宪制对欧洲国家而言，是最坚强和最稳定的政府形式。如果同盟国不给意大利现政府以某种程度的承认，它就会垮台，意军就不会抵抗德国，或者意大利就会"赤化"。

为了商议如何处置战败的意大利以及下一步的军事行动，罗斯福与丘吉尔于8月14日到24日在加拿大的魁北克举行了一次会议。这就是历史上著名的第一次魁北克会议。会议代号为"四分仪"，联合参谋长委员会的全体成员都参加了这次会议。中国政府的外交部部长宋子文也以观察员身份参加了会议。

罗斯福在处置意大利的问题上向丘吉尔做出了让步。与此相对应，丘吉尔也在法国的问题上对罗斯福做出了让步。罗斯福和丘吉尔就即将在莫斯科会议上进行商谈的《四国宣言》草案问题达成了协议，声明不承认由戴高乐控制的法国国民解放委员会。

讨论"霸王"作战计划是第一次魁北克会议的主要内容。丘吉尔坚持优先进军意大利和巴尔干，企图拖延"霸王"计划，罗斯福则力主应横渡英吉利海峡进攻欧洲大陆，在欧洲开辟第二战场，以缓解苏联红军的压力。经过激烈的争论，丘吉尔最终向罗斯福做出了妥协，同意"霸王"计划应比地中海计划占有优先地位。第一次魁北克会议还决定，在德国无条件投降一年之内击败日本。

第一次魁北克会议中的罗斯福、加拿大总理麦肯齐·金及丘吉尔

第一次魁北克会议结束后不久，意大利的巴多利奥政府便与盟军签订了停战协定，并于当年的 10 月 13 日对德宣战。这标志着轴心国的解体。

此时，战场上的形势对盟国越来越有利了，法西斯的失败已经是可以预见的事情了。随着胜利的临近，美、英、苏三国之间的矛盾也越来越突出。罗斯福希望能够举行一次三国首脑会议，当面同斯大林就一些重大问题进行磋商。

在第一次魁北克会议期间，罗斯福就与丘吉尔联名致电斯大林，建议举行三国首脑会谈，以便在"战争的关键时刻共同探讨整个局势"。斯大林建议可先举行三国外长会议，然后在 11 月底再举行首脑会议。

10 月 19 日，三国外长会议在莫斯科举行。三国外长在这次会议就各自关心的问题进行了磋商。英国外长艾登在战后回忆说："每一个主角都有一个他认为特别重要的题目。俄国人所关心的是公元 1944 年春在欧洲开辟第二战场。赫尔最关心的是关于战争目标的四国宣言和维持和平的国际组织。我的目的是就建立使盟国可以磋商与战争有关的欧洲问题的机构达成协议。"

会议公报宣布：三国的首要目标是尽快结束战争；决定在伦敦成立欧洲咨询委员会，以研究战后合作问题，并负责制订有关法西斯国家投降的条款。

英美苏发表《德黑兰宣言》

　　三国外长会议为即将召开的三国首脑会议奠定了基础。外长会议结束后不久，三国首脑便决定在德黑兰举行一次会晤。11 月 28 日，罗斯福、丘吉尔和斯大林这三位历史巨人终于首次在德黑兰的会议桌旁聚齐了。

　　下午 4 点，三国领导人会议正式开始了。罗斯福被推举为会议主席。罗斯福在致辞中表示："作为在座三人中最年轻的一个，请允许我冒昧地欢迎两位长者，并对加入到这个家庭圈子里来的新成员（指苏联）表示欢迎。"

　　罗斯福的率直赢得了一阵热烈的掌声。随后，罗斯福又接着说："俄国人、英国人和美国人第一次作为家庭的成员相聚一堂。我们所抱的唯一目标，是赢得战争的胜利。希望大家自由讨论，畅所欲言。"

　　丘吉尔接着说："这次会议也许象征着人类有史以来，整个世界力量空前的大聚会，人类的幸福及命运已完全掌握在我们手中。"

　　斯大林也说："美英苏三大国的友谊是非常重要的，希望大家很好利用这个机会。"

　　在讨论具体的问题之前，每一个人都表现出了良好的修养，并尽可能地用语言来赞美对方。但是，当讨论到具体问题的时候，他们就发生了分歧。在开辟欧洲第二战场的问题上，三国的立场首先发生了分歧。当时，苏联是抗击德军的主要力量，迫切需要美英在欧洲西部开辟另一条战线，牵制德军，缩短战争时间。斯大林早在 1941 年就要求英国开辟第二战场，却遭到了丘吉尔的拒绝。后来美国和英国国内也掀起了要求开辟第二战场的声浪，两国才在第一次魁北克会议上制定并商讨了"霸王"战役计划，准备在 1944 年从法国诺曼底登陆。

让罗斯福感到意外的是，丘吉尔在魁北克会议上已经同意了"霸王"行动，但再次讨论到这个问题之时，丘吉尔却再次提出了所谓的"地中海战略"，主张英美从地中海进攻意大利，再往巴尔干进军。

斯大林反驳丘吉尔说："进行地中海战役对打败德军意义不大，巴尔干离德国心脏太远。所以，还是尽快进行'霸王'战役好。"

丘吉尔思索了一阵，又提出两路并进的办法，实际上还是想把巴尔干作为主要战场。这时候，连罗斯福也觉察出丘吉尔的用心了。他知道丘吉尔是想从巴尔干打进中欧，不让苏联红军进入奥地利、罗马尼亚和匈牙利，以防苏联在战后插手中欧的事务，成为英国最强大的敌人。

罗斯福是一个地道的实用主义者，他认为当前最重要的事情就是在最短的时间内打败法西斯德国，减少牺牲美国士兵的生命。至于防范苏联的事情可以拖一拖，等到战争胜利之后再说。当然，罗斯福之所以有这种想法与美国的实力是分不开的。美国本土并没有遭到战争的破坏，实力与战前相比并没有太大的削弱。苏联在短时间内还不是美国的对手。但英国由于频繁地遭到德军的空袭，很多城市已经是一片瓦砾了。丘吉尔不得不提前防范苏联这个潜在的敌人。

罗斯福说："如果在地中海登陆作战，就会把战役推迟两三个月，我不想推迟'霸王'战役。"

经过反复争论，最后三国达成了一致协议，在 1944 年 5 月实行"霸王"行动并进攻法国的南部，在欧洲开辟第二战场。斯大林也答应同时发动攻势，阻止东线德军西调。

在谈到处置纳粹德国时，罗斯福认为应该让德国人从思想深处消除"帝国"这个观念。斯大林则认为这还不够，必须使这个帝国本身永远无力再把世界拖入战争。丘吉尔则用三根火柴形象地提出了自己的见解，他用三根火柴分别代表苏、波、德三国，在桌面上将它们集体向西移动。斯大林当即表示这是个好主意。

于是，当再次谈及如何处置德国的问题上时，斯大林赞成丘吉尔的三根火柴图解法，主张牺牲德国来重建和扩大波兰，并表示可以有条件接受寇松线为苏波边界。为防止德国法西斯主义的复活和消除斯大林的忧虑，罗斯福提出把德国分割为 5 个部分和两个地区的计划。丘吉尔则仍旧主张把普鲁士从德国分离出来，再把德国南部诸省与中欧多瑙河沿岸国家合并成一个多瑙河联邦。

斯大林认为倘要分割德国，那就应当是真正的分割，他宁愿建立一个由许多小国组成的、分散的、割裂的和软弱的德国。罗斯福表示同意斯大林的观点，他指出："当德国分成 107 省时，它对文明的危险性就比较小了。"

在德黑兰会议期间，三巨头还就战后世界格局的问题进行了讨论。有一天罗斯福画了三个圆圈，表示他对联合国这样一个战后维护和平的国际组织的基本体制的构思。中间那个圈表示"执行委员会"，右边那个圈代表由美、苏、英、中 4 个大国组成的"警察"，左边那个圈代表"40 个联合国家"。在执行委员会的下面，还写着"国际劳动组织、卫生、农业、粮食"等字样。这是罗斯福构想的关于联合国机构的最初草案。罗斯福说服斯大林接受了这一想法。

在德黑兰会议上，三国还就对日作战的问题上进行了谈判。斯大林表示，苏联将在欧洲战争结束后，出兵中国东北，直接对日作战。

12 月 1 日，德黑兰会议结束了，三国首脑发表了《德黑兰宣言》。德黑兰会议和《德黑兰宣言》是反法西斯联盟主要国家在战争后期建立有效军事合作的重要步骤，对加强盟国团结、加快第二次世界大战的进程、彻底打败德意日法西斯产生了重大作用和影响。后来，罗斯福曾如是评价这次会议："我认为这次会议是很成功的，我并且确信它是一件历史性的事件。它表明，我们有能力共同战斗，更能在融洽气氛中为和平而工作。"

美、英、苏在开辟第二战场的问题上达成一致协议之后，"霸王"行动的准备工作就紧锣密鼓地展开了。英国空军对德国进行了大规模空袭，并且对德国秘密武器的几处试验基地进行了猛烈的轰炸。美国空军则集中消灭德国战斗机，空袭法国的运输网，包括铁路、公路和机场，以阻止"霸王"行动开始后德军增援部队的迅速调动。

蒙哥马利修订"霸王"计划

12月31日，丘吉尔和盟军总司令艾森豪威尔将军在马拉喀什会见了英军将领蒙哥马利。首相的身体不大好，正在那里休假。艾森豪威尔则打算在就任"霸王"行动的总司令之前回国向罗斯福和马歇尔汇报情况，途经马拉喀什。

伯纳德·劳·蒙哥马利（1887～1976），英国杰出的军事家，英国陆军元帅，战略家，第二次世界大战中盟军杰出的指挥官之一。著名的阿拉曼战役、诺曼底登陆为其军事生涯的两大杰作

除夕晚宴之前，丘吉尔把"霸王"计划的草案递给了蒙哥马利。首

相嘴里叼着雪茄，含混不清地说："蒙蒂（蒙哥马利的昵称），看完后说说你的看法。"

蒙哥马利接过档案袋，认真地瞅了瞅。艾森豪威尔在一旁说："我也只知道这个计划的大概，看来不怎么好。请蒙蒂在我回国期间作为我在伦敦的代表，完善一下这个计划。等我回来时，我们再一起商量。"

晚宴很热闹，但蒙哥马利对这种喧哗的活动一点兴趣也没有。他见丘吉尔坐在主位上不停地抽着雪茄，似乎要等到新年的钟声敲响才肯离去。晚宴刚一结束，早已不耐烦的蒙哥马利便走上前去，借口要读"霸王"计划，便告别首相，回自己的房间去了。

回到房间，蒙哥马利从档案袋里抽出"霸王"计划的草案，认真地看了起来。看着看着，他的眉头紧锁起来。这份行动方案已经得到了美英联席参谋长会议的批准。丘吉尔也大力支持这一计划。根据"霸王"行动的方案，盟军应于5月在法国南部的诺曼底实施两栖登陆作战。根据历次登陆作战的经验教训，登陆地点要具备3个条件。首先，要在从英国机场起飞的战斗机半径内；其次，航渡距离要尽可能短；最后，登陆地附近要有大型的港口。

根据这3个条件来看，从荷兰符利辛根到法国瑟堡长达480千米的海岸线上，有3处地区比较合适，即康坦丁半岛、加莱和诺曼底。再进一步比较，康坦丁半岛地形狭窄，不便于部队的展开，最先被否决。加莱和诺曼底各有利弊，加莱的优点是距英国最近，仅33千米，而且靠近德国本土；缺点是此处的德军防御力量非常强，守军是精锐部队，工事完备坚固，并且附近没有大港口，也缺乏内陆交通线，不利于部队在登陆后向纵深发展。

诺曼底虽然距离英国较远，但优势十分明显，一是德军防御较弱，二是地形开阔，可同时展开30个师，三是距法国北部最大港口瑟堡仅80千米。综合考虑之后，盟军将登陆地点选在了诺曼底。

这份方案计划以3个师在卡朗坦至卡昂之间32千米宽的3个滩头登陆，同时空降2个旅。第二梯队为8个师，将在两周内占领瑟堡。在第三周，盟军的兵力将增加到24个师之多。这一计划有两个明显的缺陷：

其一突击正面太窄，在登陆初期容易造成登陆部队的拥堵问题；其二，在最初攻击中缺乏足够的突击力量。

蒙哥马利敏锐地意识到了这些问题。凌晨时分，他铺开稿纸，提笔写道："最初登陆的正面太窄，局限于过分狭窄的地带。从大举进攻欧陆开始之日算起，12 天内总计有 16 个师在最初登陆的滩头上登陆。这会在滩头上引起可怕的混乱，地面战斗即便可以开展，也会极其严重地影响其顺利进行。此后，将有更多的师不断向同一些滩头涌来。到大举进攻欧陆开始日后的第 24 天，在同一些滩头登陆的兵力将达 24 个师之多。到那时，要保持这些登陆滩头的秩序将非常困难。混乱状况不仅不会得到改善，反而会日益恶化。我的初步印象是：这个计划行不通。"

第二天早晨，丘吉尔还没有起床，蒙哥马利便拿着一份打印的报告来到了他的卧室。蒙哥马利简明扼要地陈述了"霸王"行动方案的缺陷，并把报告递给了丘吉尔。丘吉尔对蒙哥马利所提的意见很感兴趣。他说："我总认为拟议的作战计划有些问题，但三军参谋长都表示赞同，我也没有办法。现在好了，有你这位实战经验丰富的指挥官为我作了分析，让我对情况有了新的了解。"

1944 年第一天的上午，蒙哥马利陪着丘吉尔夫妇去野外午餐。一路上，蒙哥马利与丘吉尔继续谈论着"霸王"作战计划。蒙哥马利郑重地对首相说，他在战争中学得的教训之一是，必须让有实战经验的指挥官尽早参加作战计划的制定工作，如果太晚了，军事行动的布局就可能无法改变了。丘吉尔对此非常赞同，并决心给蒙哥马利更多的主动权，让他在"霸王"行动中发挥更大的作用。

几天后，蒙哥马利便被任命为盟军第二十一集团军群总司令，主持修订"霸王"计划。当时，盟军最高司令部参谋长摩根已经向联席参谋长会议提交了一份新的计划。尽管摩根花了很多时间和精力来思考关于登陆的各种问题，但蒙哥马利仍对该计划十分不满。他对摩根选择塞纳湾为登陆目标没有异议，但认为进攻正面太窄，突击力量太弱，指挥安排不妥。因此，他下令进一步研究在布列塔尼以及科唐坦半岛两侧登陆的可能性。研究结果表明，塞纳湾更为可取。从此以后，将塞纳湾作为登陆地点就被最后确定下来了。

蒙哥马利建议扩大登陆正面，由两个集团军并肩发动攻势。与此同时，美国第八十二空降师和第一〇一空降师在奥恩河的另一边实施空降作战。蒙哥马利还建议，所有登陆部队均由一个军司令部或特遣部队司令部控制。如此一来，盟军初期登陆的突击力量便得到了明显的加强，指挥结构也更加简单明了了。

1月中旬，艾森豪威尔从华盛顿返回了伦敦，正式就任"霸王"行动的总司令。1月21日，蒙哥马利把修改后的计划纲要呈送给他。艾森豪威尔认真地研究了这一方案。他认为蒙哥马利的方案比原来的方案要有力得多，也清晰得多！他提笔在方案的最后签了名，并将其转呈给了联席参谋长会议。很快，联席参谋长会议也批准了该计划。就这样，"霸王"行动由设想逐渐转化为了行动。

由于增强了突击力量，新"霸王"计划对登陆艇的需求也大大增加了。按照计划，"霸王"行动需要3323艘登陆艇，其中美国方面提供1024艘，其余全部由英国提供。为了赶造登陆艇，英国的各大造船厂一直在加班加点地工作。战时内阁甚至颁布了特别命令，把建造1艘航空母舰、4艘驱逐舰和14艘快速舰的任务往后推迟了3个月，以打造额外需要的75艘坦克登陆艇。蒙哥马利扩大了进攻正面，海军还需要约150艘扫雷艇、24艘战舰和1000艘登陆艇，才能把登陆部队和装备送到英吉利海峡对岸。但英国各大造船厂的生产潜能已经发挥到了极限，根本不可能再生产这么多船只了。

蒙哥马利清醒地意识到，此时唯有把代号为"铁砧"的登陆计划降为仅起恫吓作用的行动，从而将节省下来的登陆舰艇用于"霸王"行动。"铁砧"是盟军拟在法国南部的土伦以东地区的登陆行动。美国方面打算将在意大利作战的美、法部队调往该地，从法国南部向巴黎方向推进，以牵制部署在法国南部的德军。法国人也十分支持这一行动，因为他们都盼望着一支由法国总司令统率的法军解放法国领土。斯大林也喜欢这个行动，因为这一计划一旦实施的话，苏联红军便可抢在西方盟军之前攻占维也纳了。

英国人对"铁砧"行动却不以为然。丘吉尔和蒙哥马利尤其不喜欢这一行动，甚至主张完全放弃它。他们的理由有两点：其一，"铁砧"行动会占用大量的登陆艇；其二，这一行动会削弱盟军在意大利战场的兵力，给苏联红军创造抢先到达维也纳的良好时机。

为了解决登陆舰艇严重短缺的问题，艾森豪威尔不得不向联席参谋长会议建议，将"霸王"行动推迟一个月，并将"铁砧"行动降为仅起恫吓作用的军事行动。经过激烈的争论和慎重的推演，联席参谋长会议最终批准了艾森豪威尔的建议。"霸王"行动登陆艇短缺的问题终于解决了，蒙哥马利也松了一口气。

随后，蒙哥马利又开始考虑登陆后的战役行动了。他计划，盟军在诺曼底站稳以后，就要在东翼作出向内陆突进的威胁姿态，以牵制德军的主要后援，尤其是装甲师。然后，盟军便从西翼出击，向南推进，切断德军沿海岸阵地与内陆部队的联系。最后，盟军再笔直向东，向环绕巴黎的塞纳河前进，解放巴黎，乃至整个法国。

4月7日，蒙哥马利在伦敦召集了4个野战集团军的全体将领，详细地介绍了他的计划。海、空军总司令也参加了这次会议，并提出了他们的计划纲要。此时，整个"霸王"计划已经全部装在了蒙哥马利的脑子里。在会上，他向众人解释说，塞纳湾区域将被分成5个独立的登陆点，每个登陆点都用一个代号加以区分，并分配给一个不同的部队。按从西向东的顺序，这几个登陆区域是："犹他"，分配给美第四步兵师使用；"奥马哈"，分配给美第一步兵师使用；"戈尔德"，分配给英第五十步兵师使用；"朱诺"，分配给加拿大第三师使用；"斯沃德"，分配给英第三步兵师使用。

蒙哥马利还向各级将领介绍说，海军方面已经组织了两支海军特遣部队，一支用来保障美军的登陆，一支用来保障英军的登陆。在登陆当日，空军也将采取大规模和多样的形式来支援登陆部队的行动。在这一天，各类飞机的总数，英军达到 5510 架，美军达到 6080 架，总计11590 架。

四

诺曼底登陆前的最后准备

在蒙哥马利修订"霸王"计划的同时，丘吉尔和罗斯福也在紧张地工作着。在他们的精心运筹下，靠近诺曼底的英国南部也变成了一座巨大的军营。到 5 月中旬，盟军已经集结了多达 288 万人的部队。业已部署到位的陆军共 36 个师，其中 23 个步兵师，10 个装甲师，3 个空降师，约 153 万人。海军投入作战的军舰约 5300 艘，其中战斗舰只包括 13 艘战列舰，47 艘巡洋舰，134 艘驱逐舰在内约 1200 艘，登陆舰艇 4126 艘，还有 5000 余艘运输船。空军作战飞机 13700 架，其中轰炸机 5800 架，战斗机 4900 架，运输机滑翔机 3000 架。除此之外，还有四五十个师正从美国乘船赶往英国，准备参加战斗。

看到如此壮观的场面，丘吉尔的心情十分激动。这将是人类有史以来最大规模的两栖登陆战，也将是粉碎纳粹德国最有力的一战。激动的丘吉尔经常到盟军司令部去会见总司令艾森豪威尔将军。他希望自己能亲自目睹这一宏大的战事。

艾森豪威尔考虑到丘吉尔的年龄和身份地位，没有答应他。丘吉尔依然不依不饶地说："虽然参战的各部队均归您指挥，但是参战人员并不由您确定。"

艾森豪威尔点点头，表示同意。

丘吉尔笑着说："那么，我可以以英舰水兵的名义签名参战，将军无法阻挡。"

艾森豪威尔无可奈何地苦笑着说："话是这么说，但是首相阁下，您这样做会给我肩上增加沉重的责任。"

见丘吉尔的意志如此坚决，艾森豪威尔只好派他的参谋长史密斯将军去觐见英王乔治六世。乔治六世听到丘吉尔这个冲动的念头后，对史密斯说："温斯顿的问题由我来处理。"

几天后，乔治六世召见了丘吉尔。国王对他的首相说："如果您决心参加战斗，我也有义务与您一同参战。"

丘吉尔吓坏了。如果国王在战争中有何闪失的话，他可担当不起。因此，他只好放弃了亲自参战的念头。

由于集结部队需要时间，盟军统帅部决定在 6 月初实施这一计划。但在具体的日期和时间上却很难统一。这是一个复杂的协同问题，各军兵种根据自己的需要提出不同要求，陆军要求在高潮上陆，以减少部队暴露在海滩上的时间；海军要求在低潮时上陆，以便尽量减少登陆艇遭到障碍物的破坏；空军要求有月光，便于空降部队识别地面目标。最后经认真考虑，科学拟定符合各军种的方案，在高潮与低潮间登陆，由于 5 个滩头的潮汐不尽相同，所以规定 5 个不同的登陆时刻，登陆日则安排在满月的日子，空降时间为凌晨 1 点。符合上述条件的登陆日期，在 1944 年 6 月中只有两组连续三天的日子，6 月 5 日至 7 日，6 月 18 日至 20 日，最后选用第一组的第一天，即 6 月 5 日。

战役目的是横渡英吉利海峡，在法国北部夺取一个战略性登陆场，为开辟欧洲第二战场最终击败德国创造条件。战役企图是在诺曼底登陆，夺取登陆场，在登陆的第 12 天，把登陆场扩展到宽 100 公里，纵深 100 公里。计划在登陆场右翼空降 2 个美国伞兵师，切断德军从瑟堡出发的增援，并协同登陆部队夺取"犹他"滩头，在左翼空降 1 个英国伞兵师，夺取康恩运河的渡河点，然后首批 8 个加强营在 5 个滩头登陆，建立登陆场，在巩固和扩大登陆场后，后续部队上岸，右翼先攻占瑟堡，左翼向康恩河至圣罗一线发展，掩护右翼部队的攻击；第二阶段攻占冈城、贝叶、伊济尼、卡朗坦，第三阶段攻占布勒塔尼，向塞纳河推进，直取巴黎。

5 月 15 日，艾森豪威尔手下的司令官们在古老的圣·保罗学校开会。这次会议实际上是一次战前动员大会。蒙哥马利的第二十一集团军群总部就设在这所学校里。会议的规模不大，但却十分隆重。艾森豪威尔以盟国远征军最高司令的身份向英国军政要员发出了精致的请帖。出席会议的有英王、首相、元帅等。艾森豪威尔致简短的欢迎词，接着由地面部队司令蒙哥马利主持会议。

蒙哥马利向大家介绍了阵前敌军的情况。1944 年 5 月，德军在西线的法国、比利时、荷兰，只有归西线总司令陆军元帅龙德施泰特指挥的 58 个师，其中 33 个海防师，15 个步兵师，8 个装甲师，2 个伞兵师。即使再加上由希特勒亲自指挥的战略预备队 2 个装甲师，总共才 60 个师，约 76 万人。

西线司令部所属的 58 个师，编为两个集团军群，共 4 个集团军。B 集团军群由陆军元帅隆美尔指挥，驻守法国北部，共 39 个师，是西线德军的主力。下辖第十五集团军，司令是萨尔穆特上将，驻加莱，拥有 14 个海防师，4 个步兵师，5 个装甲师，共 23 个师；第七集团军，司令是多尔曼上将，驻布列塔尼半岛，拥有 8 个海防师，5 个步兵师，1 个装甲师，共 14 个师。另有 2 个党卫军装甲师划归 B 集团军群指挥。

G 集团军群，由布拉斯科维兹上将指挥，驻守法国卢瓦河以西地区，共有 19 个师。下辖第一集团军，司令为谢瓦莱里中将，驻比利时，共 10 个师；第 19 集团军，司令为松德施泰因中将，驻法国南部，共 9 个师。

西线德军装甲部队总共有 10 个装甲师和 3 个重型坦克营，其中 6 个装甲师是由希特勒亲自指挥的，而且德军统帅部认为坦克不适宜于在海滩使用，所以部署在海滩附近地区的装甲部队仅有驻卡昂的第二十一装甲师，只有 127 辆 4 号坦克和 40 辆自行坦克突击炮。

海军兵力为驱逐舰 5 艘，潜艇 49 艘，远洋扫雷舰 6 艘，巡逻舰 116 艘，扫雷艇 309 艘，鱼雷艇 34 艘，炮艇 42 艘，总共才 561 艘中小军舰，实力非常弱小。空军为第三航空队，作战飞机约 450 架，其中战斗机 160 架。与盟军作战飞机数目相比，处于 1：30 的绝对劣势。

在诺曼底地区守军为第七集团军所属的 6 个师外加 3 个团，其中 3 个海防师，战斗力较弱；2 个步兵师，一个装甲师，战斗力稍强；3 个团是 2 个独立步兵团和一个伞兵团，总兵力约 9 万人。

防御工事也比较薄弱，只构筑了若干钢筋混凝土的独立支撑点，大部分工事都是野战工事，纵深也只设置了少量防空降障碍物。1942 年 7 月 20 日，希特勒下令从挪威北部至西班牙海岸构筑由 1.5 万个坚固支撑点组成的防线，也就是所谓的大西洋壁垒，希特勒要求在公元 1943 年 5 月 1 日之前完成，但直到 1944 年 5 月，除加莱地区外，在 960 公里广阔海岸线上，只修筑了少数相距遥远的零星支撑点，在塞纳—马恩省河以东地区完成了 68%，塞纳—马恩省河以西地区仅完成了 18%。

海岸炮兵方面，德军部署在法国西部沿海地区的大口径火炮主要有：格里角地区有 4 门 280 毫米和 3 门 381 毫米岸炮、维梅纳地区有 3 门 305 毫米岸炮、桑卡特西部地区有 3 门 406 毫米岸炮。而由于盟军情报机关的卓越努力，使德军最高统帅部认为挪威将是盟军优先夺取的地区，反而投入大量人力物力，在挪威沿海修建了 350 座可部署 88 毫米到 381 毫米火炮的炮台。此外，德国还有一项优先建设的工程是海峡群岛设防工程，至 1944 年共建成 11 座配备 38 门 210 毫米至 305 毫米火炮的炮台，这一工程在战略上毫无意义，只是浪费了大量宝贵的人力物力。

因此被德国宣传部门大肆渲染的大西洋壁垒，实际只是徒有虚名而已。倒是隆美尔元帅就任 B 集团军群司令后，非常重视对沿海地区的防御建设，亲自率领特派代表团实地视察了从丹麦、荷兰、法国的沿海防御情况，并特别要求前沿防御要前推至海中，从高潮线开始，在深海中布设水雷，在浅海中设置障碍物，这些斜插入海的木桩被盟军称为"隆美尔芦笋"，海滩上则是锯齿状的混凝土角锥、坦克陷阱，其间还布设大量地雷，在能俯视海滩的制高点构筑隐蔽火力点，海滩后面的开阔地区，则布设了大量防机降的木桩，布置这些爆炸物和障碍物，工程浩大，仅仅完成了一部分。

蒙哥马利讲话后，英王和首相分别作了简短的讲话。这次会议进一步鼓起了将士们的勇气，驱散了丘吉尔长期以来的疑虑。直到 1944 年 5 月初，丘吉尔还怀疑横渡海峡的进攻是否明智。有一次，他跟艾森豪威尔共进午餐。分手之时，丘吉尔含着眼泪，激动地对艾森豪威尔说：

“我和你一起把这件事做到底。如果失败了，我们一起下台。”

　　圣·保罗会议之后，丘吉尔告诉艾森豪威尔：“我对这一事业正变得坚定起来。”

五

"霸王"行动的伟大胜利

1944年5月底，盟国空军对法西斯德国最重要的交通线中心进行了密集轰炸，炸毁了82个具有战略意义的铁路枢纽。如此一来，德国人就无法迅速调配后备队和向告急的地区派出增援部队了。

在轰炸进行的同时，盟军在普利茅斯、波特兰、朴次茅斯，以及英国的许多其他大小港口开始准备登陆艇。为了保证登陆成功，一切准备工作都得考虑周详。艾森豪威尔也确实是这样做的。用他自己的话来说，就是"强大的军队像卷着的弹簧一样绷得紧紧的，等待着释放它的能量和飞越英吉利海峡的时刻到来"。

不过，有一个因素却不是考虑周详便可以解决的。这个无法控制的因素便是天气。6月初，海峡上的天气状况糟糕透了。一种让人焦虑的低气压笼罩着整个不列颠，实施空中行动的条件突然恶化。天空中阴云密布，海上的大风更是在海峡上掀起了数米高的巨浪。这种天气对登陆作战是极其不利的。飞机无法正常起飞，巨浪也会让登陆士兵们头昏脑涨以致无法正常作战。

6月2日，艾森豪威尔以极其忧郁的心情下令低速攻击舰起航。

6月3日，天气仍然没有好转。天气预报的消息也很糟糕。当晚，艾森豪威尔在索斯威克别墅的餐厅会见他的司令官们和皇家空军斯泰格上校，后者是艾森豪威尔的主要气象情报人员。气象专家斯泰格上校向艾森豪威尔汇报了一个十分糟糕的消息——计划登陆日有暴风雨。更糟糕的是，天气在很快恶化，因而24小时以上的预报是非常不可靠的。艾森豪威尔决定推迟下达命令时间。但必须把命令下达给运送布雷德利的部队到奥马哈和犹他滩头的美国海军，因为他们的航程最远。

司令部成员在是否按计划实行"霸王"行动上产生了分歧。空军司令特德说，天气太坏，空中援助有困难。蒙哥马利却一再主张马上动手。艾森豪威尔有些犹疑不定，他驱车回到了自己的别墅，阅读起了星期日的报纸和最新的西部小说，借以转移和缓和自己的焦急心情。当天下午，已经出发的登陆艇大部分都回到了港湾，在等候总司令的新命令。

所有人都在焦躁不安中等待着，艾森豪威尔显然是最焦躁的一个。6月4日上午，艾森豪威尔在别墅里会见他的部下。斯泰格上校说，海上的情况将比预期的略为好转，但是空军仍然无法出动。蒙哥马利仍然坚持说，无论怎样都应当干下去。

艾森豪威尔指出，"霸王"行动是由并不占压倒优势的地面部队来进行的。之所以可以实行这次战役行动，主要是因为盟军在空军方面占据优势。如果空军无法出动的话，登陆就太冒险了。随后，艾森豪威尔同大家商议决定，将登陆时间推迟24小时。

6月4日晚，盟军的高级军官都聚集在艾森豪威尔的别墅餐厅里，安静地坐在椅子上喝着咖啡。餐厅的墙上挂着一张巨大的军事地图，地图上满是大头针、箭头和标出盟军及德军位置的其他符号。

所有的人都和艾森豪威尔一样，在静静地等待着斯泰格上校关于天气的最新汇报。9点30分，斯泰格上校终于带着最新的天气预报走了进来。他对众人说："天气出现转机！"

盟军的高级军官们听到这个消息居然像孩子一样，兴高采烈地欢呼起来。斯泰格上校继续汇报说，大雨将在两三个小时以内停止，接着是36小时好转的天气，风力中等。虽然受到云层的妨碍，但轰炸机和战斗机可以在6月5日至6日间的晚上出动。

听完这个消息之后，艾森豪威尔背着手，低着头，不停地踱来踱去。所有人的目光都注视在他的身上。大家都明白，无论此时做出什么决定，都是有风险的。天气预报的不准确性很可能毁掉整个战役行动。如果"霸王"行动失败了，盟军将不得不再花几个月的时间来准备一次相同规模的战役。显然，这要消耗盟军更多的人力和物力，而且打垮德国法西斯的时间也很可能要向后延迟一年。

想到这里，艾森豪威尔抬头看了看参谋长史密斯。大家在一起共事两年之久，参谋长史密斯对艾森豪威尔的心思了如指掌。他迎着艾森豪威尔的目光，神情凝重地说："这是一场赌博！不过，这可能是一场最好的赌博。"

艾森豪威尔点了点头，将目光移向了地面部队总司令蒙哥马利，问道："星期二不进行，你认为怎样？"

蒙哥马利挺直了身子，盯着艾森豪威尔的眼睛，毫不犹豫地答道："不，我要干下去！"

空军司令特德再次表达了自己的意见，他不同意这样做。艾森豪威尔收住脚步，环视了一下众人，问道："问题是，你们还能把这一战役在树梢上挂多长时间？"

窗外风雨交加，艾森豪威尔充耳不闻。他陷入了沉思，在冷静地衡量各个方案的可行性。9点45分，艾森豪威尔抬头看了看大家，坚定地说："我确信必须下达命令。好，让我们干！"

盟国远征军最高总司令说要下达命令，原本犹疑不决的将军们都坚定了信念，点了点头，要跟艾森豪威尔一起干下去。于是，艾森豪威尔便以盟国远征军最高统帅部的名义，向全军下达了进攻的命令。

1944年6月6日凌晨，盟军为大规模登陆实施了猛烈的炮火准备，对德军前沿阵地进行了一番梳理。随后，大批的盟军开始登陆了。由于盟军成功实施了欺骗计划，防守海岸的德军没有丝毫准备。

盟军的登陆行动进行得十分顺利。经过一天的激战，从海上登陆的英国和加拿大部队已达到75215人。他们在宽约40公里的正面上向纵深突入了6～10公里。成功登陆的美国部队也达到了57500人。虽然他们"奥马哈"滩头的登陆行动不大顺利，付出了3000余人伤亡的代价，但在"犹他"却站稳了脚跟。与此同时，两个空降师也正在巩固阵地。战局正朝着蒙哥马利预料的方向发展，盟军掌握着制空权和制海权，德军的坦克则被牢牢地吸在了卡昂。"霸王"行动的第一步顺利完成了。

战斗进行到6月12日之时，盟军已经初步在80公里宽的正面上建

1944 年 6 月 6 日，盟军在诺曼底登陆

立了统一的登陆场，并在同一时期输送了 32.6 万名官兵、5.4 万辆车辆和 10.4 万吨军用物资上岸。虽然从登陆场的纵深来看，盟军的登陆场纵深为 13～19 公里，平均每昼夜的前进速度仅为 1.9～2.7 公里，但盟军已立住了脚。德军在西线的败局已定。8 月 21 日，盟军攻占了巴黎。8 月 25 日，自由法国的将领勒克莱克将军奉命光荣地接受了德军的投降。从此，被德国占领达 4 年之久、有法兰西荣誉之称的这一伟大城市解放了。巴黎的解放标志着"霸王"行动的结束。

8 月 26 日，盟军最高司令部发布的简报说："两个半月的苦战，最终使嗜血的德军伤亡惨重，支撑不住，因此，欧战结束近在眼前，几乎唾手可得。德国陆军在西线已土崩瓦解，巴黎再次回到法国人的怀抱，盟军正以排山倒海之势朝着第三帝国的疆界挺进。"

· 第十二章 ·

悄然走下政坛

一

争论不休的"雅尔塔会议"

随着对德作战接近尾声，丘吉尔于9月再次抵达魁北克，同罗斯福商讨战后重建事宜。丘吉尔受到热情的款待，但是由于各自的利益，两人的会谈并不愉快。

随着冬天的降临，盟军被迫放慢了进攻的节奏。在这种背景下，丘吉尔于10月8日访问了莫斯科，与斯大林就波兰和巴尔干各国的问题进行会谈。丘吉尔不希望看到战后这些国家由左翼力量执政。然而，随着胜利逐步来临，英、美、苏三国之间的分歧越来越大。和第二次魁北克会议的结局一样，丘吉尔与斯大林的会晤进行得也不顺利，他们在许多问题上都未能达成谅解。

11月10日，丘吉尔到法国对已被罗斯福承认的戴高乐政府进行正式访问，受到了极盛情的接待。12日，丘吉尔被授予巴黎荣誉公民称号。

在对胜利的渴望中，丘吉尔送走了1944年，迎来了崭新但却是不愉快的1945年。1945年1月，丘吉尔致电斯大林，要求他"在维斯拉前线或其他某一地区发动强大攻势"。

斯大林决定在中线加强进攻，强大的苏军在三周时间内推进了500公里，进入距柏林70公里的奥得河地区，为西线的盟军减轻了压力，也创造了夺取最后胜利的条件。苏军在挺进中迅速席卷了以前属于波兰的大部分领土，并深入到匈牙利和南斯拉夫。苏军的迅速前进，使丘吉尔、罗斯福与斯大林的会晤显得迫切。

1945年2月4日至11日，丘吉尔、罗斯福和斯大林在苏联克里米亚半岛的雅尔塔举行了新一轮的会谈，商讨战后重建对日作战事宜。

1945 年 2 月雅尔塔会议上的三巨头：丘吉尔、罗斯福和斯大林

　　雅尔塔会议是盟国在战时所有 9 次会议中争论最激烈的一次。它在协调盟国最后战胜德、日法西斯的战略计划方面卓有成效，对战后世界格局的形成和大国势力范围的划分有重大关系，也为战后冷战和国际间的纷争播下了某些种子。三方围绕着处置德国问题、波兰和东欧问题、联合国问题、远东问题等展开了激烈的讨价还价。会期匆匆，许多棘手而分歧太大的问题被搁置，只留下了一个框架性或意向性的协议。

　　在惩治德国的问题上，三国决定由美、英、法、苏四国分区占领德国，德国必须交付战争赔偿以及彻底消灭德国军国主义和纳粹主义的一般原则。

　　三国决定波兰东部边界大体上以寇松线为准，在若干区域作出对波兰有利的 5～8 公里的逸出，同意波兰在北部和西部应获得新的领土，其最后定界留待和会解决；关于波兰政府的组成经过激烈争论，同意以卢布林的波兰临时政府为基础进行改组，容纳国内外其他民主人士。

　　斯大林承诺在欧洲战争结束后 2～3 个月内参加对日作战，其条件是：维持外蒙古的现状，库页岛南部及邻近岛屿交还苏联，大连商港国际化，苏联租用旅顺港为海军基地，苏、中共同经营中东铁路和南满铁路，千岛群岛交予苏联。

三巨头还就创建联合国的问题进行了磋商，同意苏联的乌克兰和白俄罗斯加盟共和国为联合国创始会员国，决定美、英、法、苏、中等5国为安理会常任理事国，规定实质性问题常任理事国一致同意的原则。此外，会议还讨论了希腊、南斯拉夫、意大利等欧洲国家的有关问题。

雅尔塔会议巩固和维护了三国战时联盟，对协调盟国对德、日作战，加速反法西斯战争的胜利进程和促进战后和平稳定局面的形成起到重要积极作用，为联合国的建立奠定了基础。但会议的某些协议未经有关国家同意，具有明显的大国强权政治和绥靖政策的倾向，严重损害了中国等国的主权、利益和领土完整。三大国在会议上作出的战后世界秩序的安排被称为雅尔塔体系。这次会议对战后世界影响巨大，尤其是为战后社会主义与资本主义两大阵营的对抗埋下了隐患。

但不管如何，战争的主动权已经完全掌握在盟国的手中。3月末，盟军强渡了莱茵河。渡过莱茵河之后，盟国之间就今后的行动问题再次出现了分歧。根据原定作战计划，渡过莱茵河之后，盟军应首先抵达易北河，然后再向柏林推进。因此，蒙哥马利渡过莱茵河之后，便立即向他的部队迅速下达了命令：第一集团军和第九集团军分别向汉堡和马格德堡推进，然后准备与美第十二集团军群配合，摧毁鲁尔工业区。与此同时，加拿大集团军将扫荡盘踞在荷兰的残敌，并沿海岸线向易北河推进。

3月27日6点，蒙哥马利把他的计划用电报告知了艾森豪威尔。但是艾森豪威尔却否决了蒙哥马利的计划，指示部队当前行动的第一步仍是包围鲁尔，但不用急于攻取它。因为鲁尔是人口稠密的工业区，本地并无食品来源，单靠饥饿就能使它投降，这样可以减少盟军的大量伤亡。鲁尔合围完成以后，可以考虑让布莱德雷穿过德国中部，在易北河同苏联红军会师，而后再分别向北、向南两个方向突击进入丹麦和奥地利。德弗斯的第六集团军群和蒙哥马利的第二十一集团军群则在布莱德雷两侧支援。这就意味着，蒙哥马利在战争的最后一刻将只能担任一个次要角色，而盟军的主要目标也将不再指向柏林。

消息传出去之后，丘吉尔和英国军界人士极为恼火，纷纷指责艾森豪威尔改变了计划，不让蒙哥马利担任主要突击力量去攻占柏林。柏林是法西斯德国的大本营，攻占柏林是莫大的荣誉。英国人不愿意将这个荣誉让给苏联。但这主要是政治上的考虑，包括艾森豪威尔在内的美国人并不赞同这种看法。

丘吉尔多次写信给罗斯福，希望他能让艾森豪威尔改变主意。此时的罗斯福已经病入膏肓，距离逝世之日仅十余天的时间，所有的军事大权都握在参谋长马歇尔的手中，而马歇尔又极力支持艾森豪威尔的计划。就这样，丘吉尔始终未能改变盟军的战略计划。

实际上，艾森豪威尔做出这样的决定是正确的。首先，从军事上来讲，盟军根本不可能赶在苏联红军之前攻克柏林。当时，苏联红军在东线战场已经清除了进攻柏林的主要障碍，朱可夫元帅指挥的白俄罗斯第一方面军距离柏林仅仅 60 公里，而蒙哥马利的部队距离柏林尚有 480 公里。也就是说，盟军想抢先攻占柏林几乎是不可能的了。

其次，柏林是法西斯德国的大本营，希特勒势必会部署重兵把守，而且势必会拼死抵抗。在这种情况下，要强攻柏林，肯定要付出重大的伤亡代价。布莱德雷将军回忆说："假设即使我们能在朱可夫元帅强渡奥德河之前到达易北河，那么易北河离柏林反正还有 80 公里的低地带。在柏林西部一带地区，湖泊棋布，河网纵横。艾森豪威尔问我，从易北河冲到柏林，我们要付出多大代价？对这个问题，我说，我估计我们大约要损失 10 万人。"

艾森豪威尔是一个十分珍惜士兵生命的统帅，他绝对不会用 10 万人的生命去换取一个不可能存在的胜利。

最后，苏、英、美三国首脑在雅尔塔会议上划定了各自在德国的占领区，柏林是在苏联占领区内，但柏林市将有盟军与苏联红军共同驻守。也就是说，盟军如果要攻克柏林，必须先帮苏联红军打几仗，占领柏林之后还要退出来。这从军事角度来讲是极不合算的事情。于是，艾森豪威尔极力坚持自己的意见，不愿为了政治上的威望而付出军事上的牺牲。

有意思的是，一向喜欢坚持己见、爱与艾森豪威尔争论的蒙哥马利在这时却异常平静地接受了这一既定事实。在给艾森豪威尔的回电中，他只提了一个要求，即在他到达易北河以前，暂时保留目前的指挥机构。艾森豪威尔答应了他的要求。

4月1日，蒙哥马利指挥第二十一集团军群与布莱德雷的第十二集团军群相向而行，顺利地完成了对鲁尔的合围，把德军B集团军群的21个师装进了大口袋。时任B集团军群司令的莫德尔将军多次率部突围，但都被盟军打了回去。4月18日，盟军攻入鲁尔，B集团军群全部被歼。莫德尔下落不明，有人说他最后时刻自杀了。

二

希特勒和第三帝国的覆灭

当鲁尔战役进入尾声时，盟军的一部分部队便开始向东挺进，直指易北河。蒙哥马利指挥部队迅速推进，很快就抵达了预定地点，与苏联红军顺利会师了。在易北河上稍事休整后，蒙哥马利又日夜兼程地指挥大军按计划直指波罗的海沿岸。在这里，他同苏联红军展开了行军竞赛，他要抢在苏军之前进入丹麦。为了加快行军速度，蒙哥马利命令各师在狭窄的挺进线上，作大纵深挺进作战。装甲先头突击部队绕过德军还在抵抗的地区，开足马力向前推进，把攻击该地区敌军的任务交给后面赶来的步兵部队。

在蒙哥马利迅速向波罗的海沿岸推进之时，朱可夫元帅率领的白俄罗斯第一方面军已经连续突破了德军的3道防线，逼近了柏林防御圈。希特勒被迫把全部预备队都投入了战斗，但已经毫无办法抵挡苏联红军摧枯拉朽般的攻势了。

4月20日，苏联红军开始炮击柏林。次日，朱可夫元帅指挥的白俄罗斯第一方面军从东面、北面，乌克兰第一方面军从南面和东南面向柏林突击，在郊区展开激战，并冲入市区。从4月21日到5月2日，白俄罗斯第一方面军11000门火炮向柏林发射了180万发炮弹，相当于36000吨钢铁的重量。整个柏林几乎被夷为平地。在红军的猛烈攻击下，柏林的防御终于土崩瓦解了。

在生死存亡的最后一刻，希特勒命令党卫军向柏林南郊的苏联人发动全面反攻。他要求柏林的所有德军"必须全部投入战斗"。在命令中，他发狠道："所有按兵不动的司令，都要在5小时内被处决，保证只剩最后一个人也要投入战斗！"

但是德军大多数官兵在最危险的时刻没有选择同希特勒一起走向灭亡，他们选择了逃生。大量的德军官兵纷纷乔装出逃，甚至连他身边的指挥官也跑得无影无踪了。希特勒在这一刻绝望了，他尖叫道："这就是末日了！每个人都背叛了我。除了背叛、撒谎、腐化和怯懦之外，没有别的。一切都完啦！"

希特勒决心留在柏林，同他的第三帝国一起走向灭亡。尽管有人劝他离开柏林，到南方去，因为那里还有大量完整的集团军，还可以组织抵抗。但希特勒已经没有这个勇气了，他叫来秘书，当场面授指示：元首将要留在柏林，保卫到底。他命令把这一指示立即向德国和全世界广播出去。

让希特勒没有想到的是，在危难时刻，第三帝国的第二号人物戈林和最忠诚的党卫队全国总队长希姆莱都背叛了他。4月23日，戈林从上萨尔斯堡给希特勒拍了一封电报，探问他现在能不能替代希特勒，接管德国的全部领导权。希特勒看到这封电报，气得浑身发抖，戈林分明是在逼他下台。疯狂的希特勒立即下令解除了戈林的职务，并命令党卫军就地逮捕他。希姆莱也在背地里悄悄跟美国方面联系，表示德国愿意投降。

希特勒真的疯了，他冲着人群不断喊叫："把他们统统枪毙！把他们统统枪毙！"

整个地下室除了希特勒的尖叫声之外，剩下的便是几个女人低低的啜泣声。在生命的最后几天里，希特勒完全是在焦躁不安中度过的。志愿与他共存亡的军官和女人们也都是在焦躁不安中度过的。

4月28日晚，希特勒在地下室里收到消息：朱可夫的部队已经离总理府只有一条街了，可能在30小时以后，即4月30日早晨发起突击。希特勒意识到，他和第三帝国的末日来临了。希特勒作出了他一生中最后的决定——在黎明时与他的情妇爱娃·布劳恩结婚。

结婚仪式非常简单，气氛也非常凄凉。希特勒回顾了传奇性的一生，大大斥责了一番那些背叛的朋友和支持者，最后又凄惨地说："我一直认为婚姻会阻碍我把全部的精力献身于我们的党，影响领导我们的国家称霸世界。现在这一切都不存在了，我的生命也要结束了，我决定与我有过多年真诚友谊，自愿在柏林已遭围困之时来到这里与我同生共死的女人结婚。她自愿作为我的妻子同我一道死去。这就弥补了由于我服务于人民，投身于工作而给我们两人所带来的损失。"

4月30日早晨，希特勒指定海军元帅邓尼茨作为他的继承人，组建新政府。此时，他已经做好了自杀的准备。希特勒像往常一样，细嚼慢咽地吃了早餐。但与往日不同的是，他吃完早餐后把新婚妻子叫到了身边，与她一道同周围的人道别。凄凄惨惨的告别结束之后，希特勒带着爱娃·布劳恩回到了自己的卧室。

戈培尔、鲍曼等希特勒的铁杆粉丝守在元首的卧室外。下午3点30分，卧室里传来一声枪响。他们等待着第二声枪响，但是却久久没有动静。过了一会儿，他们轻轻地走进元首的房间，他们看到希特勒的尸体趴在沙发上，还在流血。他是对着自己的嘴开了一枪。他的新婚妻子躺在他的身旁，手中还有残留的毒药。

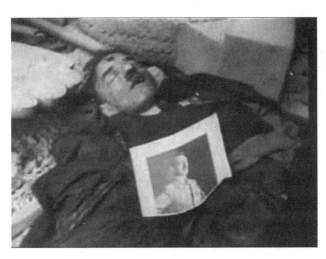

希特勒的尸体

众人把希特勒和爱娃的尸体搬到花园里的一个弹坑中，然后浇上汽油点燃。当火焰升起时，在场的纳粹党徒们纷纷举起左手向他们的元首行告别礼。但仪式还没结束，红军的炮弹就落在了花园里。纳粹们纷纷四散逃命。对此，英国首相丘吉尔曾这样说："希特勒的火葬柴堆，和越来越响的苏联红军炮火的轰鸣，构成了第三帝国的悲惨结局。"

就在希特勒自杀的这个早晨，朱可夫指挥部队向国会大厦发起了突击。当晚，红军在大厦的主楼圆顶上升起了苏联的旗帜。

希特勒自杀之后，纳粹德国便树倒猢狲散了。5月8日午夜，苏联元帅朱可夫在柏林主持举行了正式的德国无条件投降仪式。德国陆军元帅凯特尔代表德国政府向美、苏、英、法四国投降，并在无条件投降书上签字。至此，第二次世界大战欧洲战场的战事全部结束了。

丘吉尔完成了他的历史使命

战争结束了，丘吉尔也完成了他的历史使命。然而，随着反法西斯战争的胜利，丘吉尔内心深处对共产主义的敌视又暴露出来了。他曾发电报给时任英国第二十一集团军群总司令蒙哥马利，吩咐他集中收藏好德国武器，"一旦苏军的攻势继续下去，我们便可以很容易地将武器重新分给同我们合作的德国士兵。"

英、苏人民都厌倦了战争，再也不想自相残杀下去了。1945 年 5 月23 日，英国的战时内阁正式辞职了。英王乔治六世立即命令丘吉尔组织看守政府。丘吉尔满心以为，凭借他在第二次世界大战中领导英国人民取得反法西斯战争胜利的不争事实，他肯定会再次当选首相的，就像第一次世界大战结束后，劳合·乔治再次当选首相一样。

但历史的发展和人民的选择并不会因为个人意志而转移。厌倦了战争的英国人民对工党提出的建设福利国家的目标极感兴趣，对丘吉尔那好战的个性却保持着强烈的戒心。最为关键的是，工党当时提出的建设福利国家的目标对战后一贫如洗的英国人民有着极大的吸引力。民众普遍希望英国在战后实行社会改革，改善生活，特别是要尽快解决因敌机轰炸造成的住房严重短缺问题。

可是丘吉尔此时的态度却由联苏转向强烈的反苏，违拗了英国人民的愿望和情绪。这一点，就连丘吉尔的妻子克莱门蒂娜也意识到了。他对丘吉尔的医生说："温斯顿经常是戴着有色眼镜看世界……他一点也不了解普通百姓的生活。他从来没有坐过公共汽车，只坐过一次地铁。"

英国人也许担心丘吉尔上台后，会把枪口指向苏联或者其他什么社会主义国家，再打一次战争呢？英国人民可不希望他去策动反苏战争。

按照丘吉尔的个性来说，他是比较好斗的。德国投降不久，他就对莫兰勋爵说："没有战争，我感觉很孤独。"但是，目前，好斗的环境已经不存在了，也就是说丘吉尔完成他的历史使命了。其实，早在1944年12月，著名英国作家赫伯特·威尔斯发表题为《丘吉尔必须走开》的文章中就暴露出这种思想。文章写道："现在俨然以英国未来元首自居的温斯顿·丘吉尔，是一个满脑子冒险思想的人。他的这些思想在英国政治生活中是不可能实现的……国家要斗争，而他好斗，当时找不到更合适的人选，所以他成了我们斗争意志的象征。这个作用已经完结……丘吉尔完成了自己的任务，早该下台啦。"

可是当时，丘吉尔和保守党对选民内心动向并未觉察。保守党竞选总部认为至少可以取得56%的多数票，他们的报纸更认为得票会超过60%。在这种错误的估计下，他们采取了错误的竞选策略，重点放在攻击工党和大树丘吉尔的威信上去了。丘吉尔信口开河地攻击工党说："工党上台是对英国人民的自由和荣誉的危险挑衅。"

他甚至将工党执政和希特勒统治等同起来。他把自己从一个全国的领袖降为一个党派利益的维护者了，而保守党人谴责工党是"社会主义政党"，这正好帮了工党的忙。

再者，工党的竞选纲领的确符合民心。工党许诺在许多重要的经济部门实行国有化，彻底改革社会保险制度，加紧进行民用住宅建设，战后继续维护英美苏联盟。这些都是战后处于恢复期的英国人民最关心的。工党的候选人艾德礼和丘吉尔不同，他不乘坐豪华轿车，而是由夫人驾驶一辆很旧的敞篷汽车，而且他举止谦和，不事张扬，耐心地倾听选民的意见。这种简朴的形象和谦虚的态度都加大了人们对工党的好感。人们认定，这样的党上台后会发出自己的声音，解决目前的困难。

在竞选期间，丘吉尔还同杜鲁门、斯大林在柏林附近的波茨坦举行会议，研究对日作战及日本投降以后的有关问题。7月26日，突然传来消息说，保守党在大选中败给了工党，工党领袖克莱门特·艾德礼当选为新任首相。丘吉尔身上被猛地"戳了一刀"，从好梦中惊醒了。

当晚，丘吉尔就向国王乔治六世提出了辞呈。丘吉尔伤心极了，他能打赢场面壮观宏伟的二次世界大战，能打败希特勒和墨索里尼这些凶残的法西斯分子，可是却打不败国内一个小小的竞争对手！

随后的几天里，丘吉尔呆若木鸡，甚至连一句话也说不出来。但71岁高龄的丘吉尔并不死心，他相信："工党政府不会永久存在……我们应当回去。我们一定回去，这是必然的，就像太阳明天必须会重新升起一样。"

下台后的丘吉尔又开始了旅游赋闲、演说和著书的生活。在社会活动之余，除画画写生之外，他把主要的时间和精力都投入到了撰写六卷本、长达数百万字的《第二次世界大战回忆录》中。

他在书中多次提到建立一个统一的"欧洲合众国"的设想。在1945年11月，丘吉尔先后在苏黎世、海牙、卢森堡等地演说，多次鼓吹法德和解，提出要恢复德国的实力，成立"欧罗巴合众国"、"欧洲联邦"，希望实现英国在战后西欧的主导作用，共同抵御共产主义在欧洲的扩散。

要实现英国在战后西欧中的主导作用就需要削弱苏联的势力。在他看来，苏联是当时威胁英国外交地位的国家。这一思想在丘吉尔的演说中就能体现出来。

· 第十三章 ·

一代伟人最后的岁月

一

发表反苏反共的"铁幕"演说

1946 年 1 月，丘吉尔应邀访美。3 月 5 日，他在美国总统杜鲁门陪同下抵达密苏里州富尔顿，在杜鲁门的母校威斯敏斯特学院发表了题为"和平砥柱"的演说，即著名的"铁幕"演说。演说的内容如下：

1946 年，丘吉尔"铁幕演说"

美国此刻正高踞于世界权力的顶峰。对美国民主来说，这是一个庄严的时刻。拥有最大的力量，也就是对未来负有令人敬畏的责任。

放眼四顾，你不但觉得已经尽了应尽的责任，也感到忧虑，恐怕以后的成就未必能达到这样高的水平。对你我两国来说，现在都有一个机会在这里，一个明确的、光彩夺目的机会。如果拒绝、忽视或糟蹋这个机会，我们将受到后世长期的责备……

美国的军事人员在立场严重的局势时，他们习惯于在他们的指令的头上写上'全面战略概念'字样。这种做法是明智的，因为它能使思想明朗化。那么，什么是我们为今天所应题写的全面战略概念呢？它不应该低于在一切地方的所有男女的所有家庭的安全和幸福以及自由和进步……

为了使这些无数的家庭得到安全，必须保护他们，使他们不受两个可怕的掠夺者——战争和暴政——的侵犯。

……为了防止战争这一主要目的，已经建立了一个世界组织。……我们必须使这一切得到肯定：它的工作是有成果的，它是一种现实而不是一种假象，它是一种行动力量而不仅只是语言的空谈，它是一种真正的和平之宫而不仅只是纷纷扰扰争吵的场所……

然而，我有一个明确而实际的行动建议要提出来。宫廷和地方行政长官没有县吏和皂吏就不能办事。因此，必须马上着手给联合国配备一支国际武装力量。在这个问题上，只能一步一步来，但我们必须从现在开始着手做。我建议，应邀请每一个大国和其他成员国派出一定数量的空军中队，为这个世界性组织服役。这些中队将由本国训练和筹备，但在各国轮流驻扎。他们身着本国的军服，佩戴不同的徽章。不能要求他们对自己的国家作战，但在其他方面将受这世界性组织的指挥。这个办法可以小规模地实行起来，让它随着我们信心的增长而扩大。第一次世界大战后我曾希望做到这一步，相信现在会立即办到。

不过，如果把美国、英国和加拿大现在所共同掌握的制造原子弹的秘密知识和经验托付给这个仍处于婴儿时代的世界性组织，那是错误的和轻率的。如果任凭这种秘密知识在这依然骚动和不团结的世界上自然发展，那是罪恶的发狂。……

现在我讲到威胁着茅舍家庭和普通老百姓的第二个危险，即暴政。我们不能无视一个事实，就是美国和大英帝国的个别公民到处都能享受的自由，在相当多的国家里是不存在的，其中一些是十分强大的国家。在这些国家里，各种包罗万象的警察政府对老百姓强加控制，达到了压

第十三章 一代伟人最后的岁月

倒和违背一切民主原则的程度。或是一些独裁者，或是组织严密的寡头集团，他们通过一个享有特权的党和一支政治警察队伍，毫无节制地行使着国家的大权。在这多难的岁月，我们的责任不是用武力去干预那些我们不曾征服的国家的内部事务。但是，我们绝不能放弃以大无畏的声调宣扬自由的伟大原则和基本人权。这些英语世界的共同遗产，继大宪章、人权法案、人身保护法、陪审团审讯制以及英国习惯法之后，它们又在美国独立宣言中得到举世闻名的表现。

到此为止，我们显然是完全一致的。现在，当仍然奉行这个实现我们全面战略概念的方法的时候，我要讲一讲此行要谈的关键问题。没有我所称之为各英语民族同胞手足一样的联合，有效地防止战争和继续发展世界组织都是办不到的。这种联合就是以英联邦与帝国为一方和以美利坚合众国为另一方建立特殊的关系。现在不是泛泛空谈的时候，我要明确地谈谈。

兄弟般的联合不仅要求我们两个庞大的、有血缘关系的社会制度之间存在着日益增长的友谊和相互谅解，而且要求双方军事顾问继续保持密切的联系，以便共同研究潜在的危险。武器的异同，训练的教材，以及在军事院校互换军官和学员的问题。它还应包括联合使用两国在世界各地掌握的所有海空基地，使现有的设施继续用于共同安全的目的……

不久刚被盟国的胜利所照亮的大地，已经罩上了阴影。没有人知道，苏俄和它的共产主义国际组织打算在最近的将来干些什么，以及它们扩张和传教倾向的止境在哪里，如果还有止境的话。对于英勇的俄罗斯人民和我的战时伙伴斯大林元帅，我十分钦佩和尊敬。在英国——我毫不怀疑，在这里也是一样——人们对俄国各族人民怀有同情和善意，决心经受种种分歧和挫折，建立起持久的友谊。

我们理解，俄国需要它西部边界的安全，以免再次遭受德国的侵略。我们欢迎它占有它在世界大国中有权占有的地位。我们特别欢迎的是，在俄国人民和大西洋两岸的我方人民之间保持经常不断的、频繁的和日益增多的接触。但是，我有责任把有关当前欧洲形势的某些事实摆在你们面前。

从波罗的海的斯德丁（什切青）到亚得里亚海边的里雅斯特，一幅横贯欧洲大陆的铁幕已经降落下来。在这条线的后面，坐落着中欧和东欧古国的都城。华沙、柏林、布拉格、维也纳、布达佩斯、贝尔格莱德、布加勒斯特和索菲亚——所有这些名城及其居民无一不处在苏联的势力范围之内，不仅以这种或那种形式屈服于苏联的势力影响，而且还受到莫斯科日益增强的高压控制。只有雅典，放射着它不朽的光辉，在英、美、法三国现场观察下，自由地决定它的前途。

受俄国支配的波兰政府被怂恿对德国领土实行大片的、不义的侵占，正在以可悲的、梦想不到的规模把数以百万计的德国人成群地驱逐出境。在所有这些东欧国家原来都很弱小的共产党，已经上升到同它们党员人数远不相称的主导的、掌权的地位，到处争取极权主义的控制。几乎在每一处，都是警察政府占了上风。到目前为止，除了捷克斯洛伐克，根本没有真正的民主。

土耳其和波斯（伊朗）都为莫斯科政府向它们提出的要求和对它们施加的压力而感到惊惶万分。驻在柏林的俄国人正试图通过对各左翼领导集团的袒护，在他们的德国占领区建立一个准共产党。去年6月战斗结束时，美国和英国军队按照先前的协议，从一条将近四百英里宽的战线上西撤，在某些地方深达一百五十英里。这样就让俄国人占领了西方民主国家所攻打下来的辽阔的土地。

现在，如果苏联政府试图单独行动，在他们的地区建立一个亲共的德国，就将给英美两国占领区制造严重的困难，授予了战败的德国人以在苏联和西方民主国家之间拍卖抬价的权力。这些都是事实。不论我们从中得到什么结论，这肯定不是我们进行武装斗争所要建立的解放的欧洲，也不是一个具有永久和平必要条件的欧洲。

在横跨欧洲的铁幕前面，还有其他令人焦虑的因素。意大利共产党由于不得不支持共产党训练的铁托元帅对亚得里亚海顶端的前意大利领土的要求，受到严重的牵制。尽管如此，意大利还是前途未卜。再一点，欧洲的复兴，如无一个强大的法国，这是不可思议的。在我的全部公职生活中，我总是为使法国强大而工作着，甚至在最黑暗的日子里，我也不曾对它的命运丧失信心。现在也不会丧失信心。

不过，在远离俄国边界、遍布世界各地的许多国家里，共产党第五纵队已经建立。它绝对服从来自共产主义中心的指令，完全协调地工作着。除了在英联邦和美国——那里的共产主义运动还在婴儿时代——共产党，即第五纵队到处构成对基督教文明的日益严重的挑衅和危险。这是任何人在取得胜利的次日都应该记诵的一些黯淡的事实。这一胜利是通过在战斗中以及在自由和民主的事业中结成情谊深厚的战友关系取得的。如果我们不趁还来得及的时候正视这些事实，那就太不明智了。

……我不相信苏俄希望战争。他们所希望的是得到战争的果实，以及他们的权力和主义的无限扩张。因此，趁今天还为时未晚，我们在这里要考虑的是永久制止战争和尽速在一切国家为自由和民主创造条件的问题。

对于困难和危险视而不见，不能解决问题；袖手旁观，也不解决问题；采取绥靖政策，也无济于事。现在需要的是作出解决问题的安排。拖得越久，就越困难，对我们的危险也就越大。大战期间，我对我们俄国朋友和盟友的观察所得的印象使我坚信，他们所钦佩的莫过于实力，而他们最瞧不起的是军事上的虚弱。由于这个缘故，势力均衡的旧理论不适用了。如果可以避免的话，我们再也经不起在只留有狭小余地的情况下进行工作，从而提供了进行较量的诱惑。假使西方民主国家团结一致，严守联合国宪章的原则，那么，它们推行这些原则的影响力将是巨大的，没有人会来冒犯它们。不过，假使它们四分五裂，在自己执行职责时手软，假使让这紧要关头的几年白白混过去，那么，我们大家确实都要在浩劫中被毁灭了。

上一次，我曾目睹大战来临，对自己本国同胞和全世界大声疾呼，但是人们都听不进。近至1933年，甚至1935年，或许还能把德国从后来落到它头上的可怕命运中拯救出来，使我们大家都免遭希特勒强加于人类的苦难。

在全部历史中，没有一次战争比前不久使地球上这么多广大地区沦为废墟的这次大战，更容易用及时的行动加以制止。它本来可以不发一枪就被制止住，而德国本来可以至今是一个强大、繁荣、受尊敬的国家。但是，谁也听不进。于是所有我们这些国家，一个接一个都被卷入可怕的漩涡中了。

我们肯定地必须不让那种事重演。这只有这样做才能达到：在现时，即一九四六年，在联合国普遍权威之下，就所有问题同俄国达成良好的谅解；并且通过这个世界性组织，在讲英语的世界及其一切联系地区的全力支持下，使上述良好的谅解在许多和平的年份中维持下去。

请不要把不列颠帝国和联邦的坚持的能力加以低估……如果在美国的人口之外，再加上英语联邦的人口，再加上这种合作关系所涉及的在空中、海上、科学和工业各方面的合作，那就不会出现不稳定的、靠不住的力量均衡，致使野心家和冒险家情不自禁。……倘若英国所有道义上、物质上的力量和信念，都同你们的力量和信念兄弟般的联合在一起，那么，就将不仅为我们、为我们的时代，而且也将为所有的人，为未来的世纪，带来一个广阔的前程，这是明确无疑的。

二

从第二次任首相到交出权力棒

"铁幕演说"迅速在世界各地传开了，并引起了轩然大波。很多人把丘吉尔看成战争贩子。斯大林也对苏联《真理报》记者发表谈话，指责丘吉尔"实质上是站在战争贩子的立场上"。

即便受到很多人的抨击，但丘吉尔依然坚持他的政治偏见。在1948年10月召开的保守党年会上，丘吉尔甚至号召英国人民趁苏联尚未掌握核武器生产技术之机发动反苏战争。实际上，工党政府的外交政策也在某种程度上贯彻了丘吉尔的这种思想。只不过，工党政府在对待战后风起云涌的民族独立运动和对待苏联的问题上要比丘吉尔温和一些。

当然，丘吉尔的这种态度并不是毫无来由的。第二次世界大战结束后，美国和苏联一跃成为世界上两个头号超级大国，而英国则沦为了"二流国家"。出于对"日不落帝国"的怀念，丘吉尔曾在英国的殖民地，如印度、缅甸等国独立之时，千方百计地阻挠。阻挠不成，他便无可奈何地哀叹："我满怀悲伤地注视大英帝国，连同它的全部光荣，连同它为人类所曾作过的全部贡献，咔嗒作响地崩坍了。"

进入20世纪50年代之后，以苏联为首的社会主义阵营与以美国为首的资本主义阵营逐步走上了对立，英国的政治形势又变得对丘吉尔有利起来。英王乔治六世因长期吸烟患上了严重的肺癌和喉癌，决定于1951年秋季动手术。为了保证这一事件不影响英国的政局，乔治六世于9月下旬敦促艾德礼首相举行大选。77岁的丘吉尔终于等到了时来运转的这一天。他的命运又一次发生了奇迹般的大改变。在1951年的大选中，保守党重夺政权，丘吉尔竟然再度出任首相。这简直是一个奇迹！

那么，这次竞选，丘吉尔是怎样获胜的呢？原来保守党吸取了上次的教训，做了大量的前期准备工作。

第一是整顿、壮大党组织：竞选前，丘吉尔任命原粮食大臣伍尔顿主管党务，伍尔顿在一年内就征集到成百万新党员，使保守党增加了活力，扩大了保守党的群众基础。但是他又限制党员向选区党组织捐款数额，使捐款者不能掌握本选区提名议员候选人的权利，这就为竞争者设置了一道壁垒。

第二是提出建设性竞选纲领：丘吉尔任命原教育大臣巴特勒为党的研究部主任。巴特勒制定了"工业宪章"等一系列文件，接受了英格兰银行和煤炭工业国有化的主张。这种改变和苏联当时的模式有很多相同之处，在战后物资缺乏的时代也容易被人们接受。

第三是改变形象：丘吉尔了解人民希望和平，希望同苏联友好的愿望，丘吉尔为了让选民们忘记他的"铁幕演说"留下的坏印象，在竞选前夕又提出同苏联重新进行最高级会谈的主张来争取人心。

10 月 25 日公布大选结果，微弱的多数转到了保守党方面，保守党以 321 票对工党的 295 票取胜，年近 77 岁的丘吉尔再度担任首相。

丘吉尔再次担任首相之后，很快就发现，由于秘密研制原子弹、氢弹，英国已陷入财政和经济危机。但是，搞经济建设并不是丘吉尔的强项，而且他的年龄实在太大了，已经无法承担繁重的国务活动了。他的私人医生曾于 1952 年说，他"已经没有以往那种活动精力了，他所做的一切都是很吃力的"。

在外交上，丘吉尔的第二届任期也没有取得什么建设性的成就。这主要是由当时的世界形势所决定的。1952 年，美国举行大选，艾森豪威尔当选为新任美国总统；1953 年初，乔治六世因病逝世，其女伊丽莎白继位为新的国王，称伊丽莎白二世；1953 年 3 月，苏联领袖斯大林逝世。在世界政局发生变化之际，丘吉尔也放弃了反苏的强硬态度，转而以"和平演变"的方式与社会主义国家"和平共处"。

1953 年，瑞典文学院决定授予丘吉尔诺贝尔文学奖。这是该奖设置以来首次颁发给仍然在职的政治家。瑞典文学院主席瓦兹教授在颁奖时说："由于他在描绘历史与传记方面之造诣，以及由于他那捍卫人之高超价值的杰出演讲，大政治家和大战士难得也是大作家……丘吉尔的政治和文学成就太大了，我们忍不住要将他描写成拥有西塞罗文才的凯撒大帝。以前从来没有一个历史领袖人物两样兼备又这么杰出，跟我们如此接近……一个协助造历史的人写出来的史书自有其特殊的价值。"

1953 年 12 月 10 日，克莱门蒂娜代丘吉尔领取诺贝尔文学奖时也称赞说："在黑暗的年代里，他的言语以及与之相应的行动，唤起了世界各地千百万人们心中的信念和希望。"

这对于热爱写作的丘吉尔来说，无疑是一个很大的鼓励。的确，他文风犀利、幽默、直率、爱铺排，他的不少名言脍炙人口，如"在战争时，坚决；在失败时，反抗；在胜利时，慷慨；在和平时，仁慈"。他的政论富于文采、激动人心，他曾这样自评："正是这个民族和散居在世界各地的这个人种具有一颗雄狮之心，而我有幸被召唤去发出吼声。"

取得这些成就离不开他一生的辛勤耕耘。晚年时，丘吉尔深知时间有限，便抓紧时间把二战前已写好大部分草稿的四卷《英语民族史》完成。由于兴趣和知识面的限制，在写到战争及政治方面时得心应手，可是写到社会经济生活就无话可说只以寥寥几页草草带过。但是，这也并不影响他的声誉。因为在动荡的岁月，人们毕竟还无法集中精力发展经济。就这样，1948 到 1954 年他出版了六卷《第二次世界大战回忆录》。

丘吉尔可以说是著作等身的作家。他一生中写了 26 部共 45 卷（本）专著，几乎每部著作出版后都在英国和世界上引起轰动，获得如潮好评，被翻译成多国文字在世界各国广为发行。

在取得辉煌成就的同时，丘吉尔的健康状况也在逐步恶化。早在 1953 年 6 月，丘吉尔在宴请了意大利总理后，出现了第三次中风的状况，左边身躯开始麻痹，口齿也变得不清了。丘吉尔越来越感到，对恢复大英帝国昔日的辉煌一事，他已经是心有余而力不足了。1954 年 3 月，他不无悲伤地对朋友说："我感到自己像一架正要结束飞行的飞机。天色已是薄暮，汽油也将耗尽，可我还在寻找安全降落的地点。"

1954 年 11 月 30 日，丘吉尔迎来了他的 80 大寿。就是在这一天，丘吉尔决定于 1955 年 1 月 5 日辞去首相之职。随后，他便让正在东南亚参加国际会议的老搭档艾登返回伦敦，准备接班组阁。

由于各种原因，丘吉尔最终于 1955 年 4 月才辞去首相之职。4 月 4 日，丘吉尔在唐宁街 10 号的首相府邸举行了告别午宴。英国女王伊丽莎白二世夫妇应邀出席了午宴。女王对丘吉尔辞职一事特别关心。政府官员、著名的工党成员以及一些著名的军事将领也纷纷赶来参加首相的告别午宴，向丘吉尔表达了敬仰之情。

丘吉尔夫人（左）和丘吉尔在唐宁街 10 号迎接女王

4 月 5 日中午，丘吉尔主持最后一次内阁会议。下午 4 点 30 分，他到白金汉宫正式递交了辞呈。5 点左右，丘吉尔搬出了唐宁街 10 号的首相府邸。当走到门口时，丘吉尔一边悠闲地抽着雪茄，一边举起右手，再次摆出了他那著名的"V"形手势。等在门口的民众们立即向他高呼致敬！随后，丘吉尔钻进汽车，离开了他熟悉的唐宁街 10 号。

三

一代伟人长眠布赖顿教堂墓地

丘吉尔虽然辞去了首相之职，但并没有完全退出政治舞台。每次大选，他都参加了，并且毫无悬念地赢得了下议院议员的席位。直到1963年5月，他才最后宣布退休，不参加下次大选了。

1964年7月27日，丘吉尔以89高龄，最后一次去下议院参加了会议。次日，时任英国首相的道格拉斯·霍姆提出议案，就丘吉尔对议会、国家和世界所作的贡献，表示了无限赞颂和感谢。朋友们和医生担心丘吉尔过于激动，所以没有请他参加这次会议。

1964年11月30日，丘吉尔迎来了90华诞。这天，他收到6万封贺信、贺电和许多贺礼，包括女王送来的鲜花和新首相威尔逊转达的工党内阁的祝愿。体力不支的丘吉尔并没有为自己的90华诞举行隆重的仪式。他只是穿着一身按照战时式样缝制的服装，站在二楼的窗口，向聚集在家门口附近的祝寿人群挥手致谢。

1965年1月9日，丘吉尔得了感冒。晚上，他第一次拒绝吸烟和喝白兰地。次日，丘吉尔静静地躺在床上，没有食欲，神志也不清。第三天，医生们给丘吉尔作了会诊，结果发现，他再次出现了中风症状。

1月15日，丘吉尔因脑血栓而昏迷了。听到这个惊人的消息，他的子女们纷纷从各地赶回家中，希望见老父亲最后一面。热心的记者和市民们也在门前屋后踱来踱去，打听着丘吉尔的身体状况。丘吉尔的私人医生莫兰已经80多岁了，实在无法应付热心的民众，干脆把临街宣布的病情公告送到了通讯社。得到丘吉尔病危的消息，内阁和议会也暂停了原定的日程，密切关注着丘吉尔的病情。

1月24日早上8点刚过，年迈的丘吉尔油尽灯枯，无声无息地离开了世界。那天，天空飘洒着细细的冷雨，议会大厦前的英国国旗缓缓降了半旗，教堂里敲响了吊丧的钟声，800万伦敦市民从电台听到丘吉尔逝世的消息后，纷纷自发地前来吊唁……

这时，广播中又响起了丘吉尔出任战时首相时发表的就职演说："我没有别的，只有热血、辛劳、眼泪和汗水献给大家……你们问：我们的目的是什么？我可以用一个词来回答：胜利——不惜一切代价去争取胜利，无论多么恐怖也要去争取胜利；无论道路多么遥远和艰难也要去争取胜利；因为没有胜利就不能生存。"

丘吉尔那雄壮、坚强的声音一下子把人们带回了25年前那危急和拼搏的岁月！人们想起了，正是在这位历史巨人的带领下，英国人民才战胜了法西斯。威尔逊首相站在丘吉尔的灵前，喃喃地说："温斯顿·丘吉尔阁下亲手创造并谱写了历史。"

女王建议为丘吉尔举行国葬。在此之前，英国为非国家元首而举行国葬只有两次，一次是1853年为打败拿破仑的惠灵顿将军，另一次是1898年为大政治家格莱斯顿首相。丘吉尔非常荣幸地得到了英国历史上第三次为非国家元首而举行的国葬。

人们忘不了，正是丘吉尔拯救了危难中的英国，为他们赢来了和平安定的局面。尽管丘吉尔这个杰出人物一生有过过失，但是，当伟人辞世的时刻，人们本能地只想起他在世时的优良品质和卓越贡献，因此越发地敬爱和怀念他。

英国为丘吉尔举行国葬

1月27日，丘吉尔的灵柩安放在议会大厦威斯敏斯特大厅，用红色地毯铺盖的四层台阶的中央高台上。一切都像丘吉尔的希望那样——像军人那样安葬他。丘吉尔一向为自己是军人而感到自豪。现在他如愿以偿。为他守灵的不仅有军人，也有国会的议长和三个政党领袖们以及四名参谋长。还有伦敦32万公民自发地前来瞻仰遗容，最后再看这个伟人一眼，向他表达最后的敬意。

1月30日，是丘吉尔国葬日。寒风刺骨，伦敦上空笼罩着一片阴云。那辆只为英王葬仪使用过的炮车，现在载着丘吉尔，这个世界伟人，载着他覆盖英国国旗和嘉德勋章的灵柩，从威斯敏斯特大厅出发，穿过议会广场，经过白金汉宫，缓缓驶过伦敦的街道。在长达1.6公里的大街上，自发地汇集起3500人的送葬队伍。

当灵车来到圣保罗大教堂时，伊丽莎白女王和各国元首、首脑等贵宾等候在这里。隆重的仪式由合唱圣诗和奏哀乐开始，接着大主教做祈祷，大家垂首默哀，以唱丘吉尔喜欢的《共和战歌》结束。

午后，灵柩又被装上炮车，来到了伦敦塔旁的栈桥。然后，几名海军军官把它抬上了游艇。游艇离开码头，沿泰晤士河逆流而上。空军喷气式飞机以分列式掠空而过，护卫着这个空军大臣、曾经指挥海陆空三军的伟人……

游艇在滑铁卢车站靠岸了。丘吉尔的灵柩被送上了由"不列颠战役"号改装的"温斯顿·丘吉尔"号特别列车，缓缓驶向了丘吉尔的故乡。丘吉尔最后被安葬在故乡伍德斯

英国皇家仪仗队护送丘吉尔的灵柩通过伦敦市区

托克旁边的布赖顿教堂墓地，同他的父母和弟弟长眠在一起。这次，丘吉尔终于结束了一生的奔波，回到了生他养他的故土上，他可以长久地安息了。

时光匆匆逝去，但世界各国人民始终没有忘记这位伟大的首相。盟军最高统帅和后来的美国总统艾森豪威尔这样回忆丘吉尔："他是一位很有威望的领袖。他具有英国人在困难时所表现出的勇敢而坚定及在顺利时所表现出的因循守旧的典型性格。他有非常强烈的信念，善于争论和答辩……如果有一种信念和他的观点发生抵触，这时要想争辩过他确实是很困难的……我钦佩他，也喜爱他……他是一位对战争发展和军事史有深刻研究的专家，即使和他讨论纯专业问题，也不是毫无益处的……在许多方面都可以看出，如果他不是那样伟大，他就会使我的工作更加艰巨；因此，尽管他对一些重要决定并不喜欢，但对他的一贯彬彬有礼和热诚支持，我始终表示无限感激。他是一位伟大的军事领袖，也是一位伟大的人物。"

1973 年 11 月，英国新修复的议会大厦落成时，高达 3.66 米的丘吉尔全身雕像也威严雄壮地伫立在了它的正门前。2002 年，在英国广播公司（BBC）举行的"最伟大的 100 名英国人"的调查中，丘吉尔高居榜首，获选为"有史以来最伟大的英国人"。

二战风云人物

World War II

Figures

不死老兵
麦克阿瑟

鸿儒文轩 编著

中国书籍出版社
China Book Press

图书在版编目（CIP）数据

不死老兵——麦克阿瑟/鸿儒文轩编著.—北京：中国书籍出版社，
2014.8

ISBN 978-7-5068-4416-1

Ⅰ.①不… Ⅱ.①鸿… Ⅲ.①麦克阿瑟，D.(1880~1964)–传记
Ⅳ.① K837.125.2

中国版本图书馆 CIP 数据核字 (2014) 第 210215 号

不死老兵——麦克阿瑟

鸿儒文轩　编著

图书策划	武　斌　崔付建
责任编辑	张翠萍　牛　超
责任印制	孙马飞　马　芝
出版发行	中国书籍出版社
地　　址	北京市丰台区三路居路 97 号（邮编：100073）
电　　话	(010) 52257143（总编室）(010) 52257140（发行部）
电子邮箱	eo@chinabp.com.cn
经　　销	全国新华书店
印　　刷	三河市华东印刷有限公司
开　　本	710 毫米 × 1000 毫米　1/16
字　　数	252 千字
印　　张	17
版　　次	2015 年 5 月第 1 版　　2018 年 5 月第 4 次印刷
书　　号	ISBN 978-7-5068-4416-1
定　　价	45.00 元

·前 言·

第二次世界大战是人类历史上规模最大、战斗最为惨烈、影响最为深远的一场战争。在这场正义与邪恶的较量中，参战双方都涌现出数以万计的风云人物。他们或为国家和民族的自由而奋战，成为名传千古的英雄；或为法西斯卖命，成为遗臭万年的战争罪犯。

道格拉斯·麦克阿瑟无疑是第二次世界大战舞台上最受瞩目的传奇英雄之一。他出身于一个声名显赫的军人之家。他的父亲亚瑟·麦克阿瑟少年从军，在军中度过了40余年，参加过南北战争、美西战争，最高军衔为中将，最高职务为首位菲律宾军事总督。

正所谓将门虎子！在父亲的影响和安排下，麦克阿瑟在极小的时候就对军旅产生了浓厚的兴趣。连麦克阿瑟自己都说："我先学会了打枪，然后才学会识字；先学会了骑马，然后才会写自己的名字。"

麦克阿瑟天赋异禀，自幼聪慧，学习成绩优异。从西得克萨斯军事学院毕业时，他的平均成绩高达96.67分，是该校首名毕业生。他从西点军校毕业时，平均成绩更是高达98.18分。据说，这是西点军校25年来的最高成绩。

麦克阿瑟性格安静，风度翩翩，但也喜欢出风头，尤其是在运动场上。他曾是西得克萨斯军事学院的网球冠军、西点军校棒球队的队长。这些表现为他赢得了女孩子的青睐。据说，麦克阿瑟在西点军校读书期间曾同时和8个漂亮的女孩保持恋爱关系，打破了此前7名的纪录。

麦克阿瑟作战勇敢，指挥沉着。在两次世界大战的战场上，尤其是第二次世界大战期间，他率部与敌周旋，赢得了一个又一个胜利。作为盟军西南太平洋战区司令，他率部鏖兵新几内亚、登陆霍兰迪亚、大战莱特湾、重返吕宋岛、解放菲律宾……他的名字始终与西南太平洋连在一起。

他是名副其实的澳大利亚的保护者和菲律宾的解放者。战后，菲律宾发行了带有麦克阿瑟肖像的钱币和邮票，上面的铭文是"保护人——解放者"。美国陆军总参谋部授予了他美国军队有史以来的最高军衔——五星上将；美国政府两次授予他"铁十字"功勋勋章；菲律宾政府授予他菲律宾"荣誉公民"的荣誉；也赢得了菲律宾人民对他永久的感激；澳大利亚政府授予他"太平洋星章"……

虽然时光荏苒，麦克阿瑟的身影已随着历史的烟云而远去了，但美国人民不会忘记他，世界爱好和平的人们不会忘记他，历史也不会忘记他……他对祖国、人民的无限热爱和忠诚，英勇不屈的斗争精神和不达目的决不罢休的坚强意志，仍是人们学习和借鉴的榜样！

本书在大量考证历史资料和细节的基础之上，以全新的视角，还原传主的全貌，客观、公允地叙述了麦克阿瑟的成长轨迹和心路历程。希望他的成长经历以及作者的评论能给广大读者带来一些启发，引起广大读者的思考。由于作者的水平有限，书中难免存在谬误与不足之处，请广大读者批评指正！

·目 录·

目录

第一章

光环与压力并存的青年时期

一

为统一而战的苏格兰移民后裔

美国是一个年轻的移民国家。在哥伦布发现这片新大陆之前，只有印第安人安静地生活在这片广袤的土地之上。伴随着新大陆的发现，大批欧洲人怀着狂热的"黄金梦"涌到北美，定居在东海岸和五大湖地区。到18世纪中叶，这里已经形成了13个英国殖民地。来自欧洲各国的居民经过长期的融合，逐渐形成了一个新的民族——美利坚。

随着民族意识的觉醒和资本主义的发展，美利坚人开始寻求民族独立之路。1774年，来自13个殖民地（后演化为美国的13个州）的代表齐聚费城，召开了第一次大陆会议，试图以和平的方式摆脱英国的殖民统治。

日不落帝国自然不愿放手。于是乎，轰轰烈烈的独立战争开始了。经过数年艰苦卓绝的战斗，再加上法国等国家的支持，这场战争最终以美国的胜利而告终。美国顺理成章地摆脱了英国的殖民统治，获得了独立的地位。

独立战争虽然让美国在政治上获得了独立地位，但并未扫除资本主义发展的所有障碍。南方的种植园经济严重禁锢了黑人奴隶的人身和经济自由，影响了劳动力的自由流动和商品市场的进一步扩大，从而阻碍了市场经济的发展。

出于各自利益的考虑，北方诸州大声疾呼，要求废除奴隶制，而南方诸州则要求维持现状。与此同时，文化界和舆论界废奴的呼声也不断高涨，其中以斯托夫人的小说《汤姆叔叔的小屋》（又译《黑奴吁天录》）影响最为巨大。

1860年，因反对奴隶制度的温和派亚伯拉罕·林肯当选总统，南方诸州宣布脱离联邦，成立美利坚联盟国（简称"邦联"）。南北矛盾迅速激化，内战的爆发不可避免。1861年4月12日凌晨4点30分，联盟军炮轰联邦军驻守的要塞萨姆特堡，南北战争正式爆发。

林肯总统立即发布动员令，号召青年们踊跃参军，平息叛乱。数十万工人、职员、机械师，甚至学生，个个热血沸腾，纷纷穿上军装，加入联邦军，开赴前线。战争初期，联邦军在战略、战术上连连失误，导致节节失利，损失惨重，增援部队源源不断地开向前线。

7月，第六志愿步兵团以连排为单位列队穿过密尔沃基，向火车站进发。道路两旁挤满了为他们送行的人。几个老人叼着烟斗，冲士兵们喊道：

林肯总统

"嘿，孩子们，去吧，打死那些南方佬！"

一个士兵握着枪冲着老人们做了个鬼脸，高声回答说："等着瞧吧，我们一定能把南方佬打趴下的！"

连长瞪了士兵一眼，同时命令道："保持安静，注意队形！"

这时，一个十五六岁的中学生小跑着来到连长的面前，喊道："连长阁下，连长阁下！"

连长被他这不伦不类的称呼逗笑了，摸了摸他的头，问道："嘿，小家伙，有什么事？"

"我要参军，去打南方佬！"中学生决绝地回答说。

连长望着他那稚嫩的脸庞，先是愣了一下，然后问道："孩子，你叫什么名字，今年多大了？"

中学生学着军人的样子，双脚一并，举起右手，手掌与眉齐，向连长敬了一个礼，这才回答说："报告长官，我叫亚瑟·麦克阿瑟，还差一个月16岁。"

连长几乎惊叫着说："不行，孩子！我不能让孩子上战场，上帝不会原谅我的！"

小亚瑟恳求说："求你了，长官！"

连长摇了摇头，附在他耳边低声道："想当兵，你还太小，也不够强壮。或许，你连一个月都坚持不下来。"

小亚瑟右手握着拳头，手臂微曲，显出肱二头肌，不依不饶地说："长官，你看，我有多强壮，我一定能成为一名合格的士兵！"

连长无奈地提高了声音，以命令的语气吼道："好吧，麦克阿瑟先生，我现在命令你回去好好读书，你更适合在教室里读书，而不是到战场上去流血！"

小亚瑟还想说什么，连长已经快步离开了。望着连长的背影，小亚瑟大声喊道："看吧，长官，我两样都能做好！"

亚瑟·麦克阿瑟是一名苏格兰移民的后裔。他的父亲老亚瑟·麦克阿瑟于1828年移居美国，依靠自身的努力先后被选为密尔沃基市检察官、威斯康星州副州长、代理州长和巡回法官等职。小亚瑟和父亲这位狂热的民主党人、政治家不同，他一心想要投身军旅，成为一名指挥千军万马的将军。

赴前线作战的梦想受挫后，小亚瑟在父亲的安排下进入一所私立军事学校参加短期培训，准备报考西点军校。林肯总统也已经答应将1867届（1863年入学）的一个机动名额授予小亚瑟·麦克阿瑟（美国大学和军校入学考试需要名人的推荐，总统手上每年有10个西点军校的机动名额）。

西点军校

西点军校素来被称为"将军的摇篮",进入西点就等于向将军梦迈进了一大步。然而,年轻的小亚瑟对父亲这种按部就班的安排不屑一顾。他觉得也许等不到毕业,叛乱就会平息,甚至还没来得及入学,战争就会结束。小亚瑟决定直接参战。

1862年夏季,损失惨重的联邦军不得不征召更多的部队开赴前线。小亚瑟趁机弄到了一张威斯康星州新编第二十四志愿步兵团少尉副官的委任状。消息传到第二十四步兵团后立即激起了轩然大波。士兵们议论纷纷:"仗还没打,我们就遭遇了第一次失败。"

团长查尔斯·拉拉比上校也惊诧不已地说:"天哪,太不可思议了,我竟然要依靠这个毛头小子来管理全团。"

官兵们的担忧并不是多余的,事实也确实如此。新编第二十四志愿步兵团举行第一次阅兵典礼时,小亚瑟出尽了洋相。他面色苍白,声音柔弱,发出的口令只有离他最近的几个士兵才能听见。

拉拉比上校扭头对身边的参谋人员说:"看吧,这算怎么回事。我得想办法让这个面色苍白、奶声奶气的男孩滚蛋,然后请求州长给我派一个真正的军人来。"

当时,参战的联邦部队共200余万人,其中只有5%是正规军,其余95%全部是像新编第二十四志愿步兵团这样的地方部队,而且正规军并未被分散到各地方部队以增强部队的整体作战能力。在这种情况下,想要找一个合格的副官并不是一件容易的事情。所以,尽管拉拉比上校竭力反对,但小亚瑟还是保住了威斯康星州新编第二十四志愿步兵团副官的职位。

战争是男人的炼狱,也是男人成长的天堂。在战火的洗礼下,小亚瑟几度受伤,又几度康复,很快就成长为一名出色的指挥官。1864年1月,他在士兵们的拥戴下,越过上尉军衔,直接当选为第二十四步兵团的少校,佩戴上了橡树叶肩章。

在同年6月爆发的亚特兰大战役前哨战中,亚瑟受命指挥一支侦察部队,对前线进行火力侦察。这次火力侦察一直被美国军事学家视为19世纪最成功的侦察案例。美国军事史上较有影响力的一本教科书这样写道:"威斯康星第二十四步兵团的战士得到命令,每人在战壕前方50码(45.72米)左右处选定一棵树,听到口令就向前冲,到达所选树后面停下来。通过一系列这样的跃进,该团将距敌人的距离缩短了四分之三,改善了自己处境，完全达到了侦察的目的，仅牺牲2人，伤11人。"

遗憾的是，第二十四团隶属的第二志愿师师长谢尔曼将军，并未有效利用亚瑟给他带来的大量情报，他居然命令部队向邦联军防守最为坚固的地段发起进攻。惨烈的战斗仅仅打了两个小时，第二志愿师的伤亡就达3000余人，其中包括年仅19岁的亚瑟·麦克阿瑟少校。不幸中的万幸是，亚瑟胸前紧贴的一叠信和一本袖珍版的《圣经》救了他，子弹穿过信和圣经，威力大减，亚瑟才得以保住性命。

在随后的几个月中，亚瑟又率领部队参加了几场恶战，其中最著名的是纳什维尔阻击战。第二十四步兵团受命阻击邦联部队，为第二志愿师的战略撤退争取时间。在战斗中，亚瑟沉着冷静，一看时机成熟，便率部发起了一次反冲击，成功缴获火炮8门和团旗一面。当然，亚瑟也付出了惨重的代价，部队伤亡很大，他的胸部和腿部也受了重伤，并且留下了跛脚的后遗症。

1865年4月，南北战争以联邦部队大获全胜而告终。此时，亚瑟已经升任第二十四步兵团中校团长。初夏，在率部返回家乡的途中，亚瑟又被擢升为上校。同年7月4日，他率威斯康星州第二十四团参加了密尔沃基的独立日阅兵式。不久，第二十四步兵团解散，亚瑟也随之复员了。

后来，亚瑟这位苏格兰后裔为美利坚统一而战的光荣事迹，成为整个麦克阿瑟家族宝贵的精神财富，一代一代流传下来，直到今天仍为后人津津乐道。

未来的五星上将出生在军营中

战争结束了，幸免于难的人们又回到了田野、车间和课堂。21岁的亚瑟试图回到学校，静心地当一名学生，学习法律。但他很快就发现，自己梦寐以求的职业并不是律师，而是军人。

1866年2月23日，亚瑟以少尉军衔重返部队，加入了联邦第十七步兵团。尽管他在第二天就被擢升为中尉，但他依然感到很委屈，认为自己的战功未得到应有的承认。于是，他继续活动，努力争取更高的军衔。

7月，亚瑟的游说终于收到成效——他被提升为第三十六步兵团的上尉连长。此时，该团正开向内布拉斯加州的科尔尼堡，主要任务是保护联邦太平洋公司修筑的铁路。铁路修到哪儿，部队就开到哪儿。

亚瑟工作很努力，也很受士兵的欢迎。不过，他对现状并不满意，原因是他认为自己的实际军衔应该是上校，而非上尉。所以，他不停地给国防部写信，交涉军衔问题。实际上，当时这种情况并不少见。在战时升迁神速的军官（战时临时军衔）在和平时期只能得到一个低得多的军衔（正式军衔），薪水也比战时少很多。

1869年5月，联邦太平洋公司修筑的西进铁路与中央太平洋公司修筑的东进铁路在犹他州的普罗蒙托里会合，工程全部竣工。第三十六步兵团的任务也随之结束。亚瑟失去了连长的职务，只保留了上尉军衔。不久，他便返回家乡，等待国防部的新任命。

几个月后，亚瑟被派往鲍厄里大街骑兵征兵处工作了一段短暂的时间，旋即被调到罗林斯堡的第十三步兵团任职。南北战争虽然结束了，但在西进运动的大背景下，小规模的种族冲突却此起彼伏。亚瑟奉命参与了远征路易斯安那州的军事行动。可以说，他和他的士兵们手上都沾满了印第安人的鲜血。

在远征期间和占领期间，亚瑟完成了他人生中最为重要的大事之

————娶妻生子。1875年2月，亚瑟在一次狂欢节舞会上结识了来自弗吉尼亚州诺福克的玛丽·平克尼·哈迪。玛丽22岁，身材高挑，满头金发，容貌姣美，一双深邃的蓝眼睛水汪汪的，饱含感情。亚瑟在人群中一眼就看中了玛丽，玛丽也注意到了亚瑟。后来，两人都回忆说，他们当时一见钟情。

5月，这对年轻人在诺福克结了婚。此后，亚瑟上尉调到了华盛顿，在几个不同的陆军机构任参谋。1876年春天，玛丽返回诺福克，生下了第一个孩子亚瑟三世。不久，亚瑟上尉又被调回路易斯安娜，重任第十三步兵团K连连长。

在随后的几年中，麦克阿瑟一家随着第十三步兵团驻防地的变化而迁徙着，家中的人口也不断增加。1878年，他们的第二个孩子马尔考姆在康涅狄克州出生（1883年春因麻疹不治而夭折）。1880年1月26日，他们的第三个儿子道格拉斯，在阿肯色州中部小石城军营的军火库——一栋有着两座引人注目的八角塔的红砖大楼里出生了。这个孩子就是日后叱咤风云的美军五星上将道格拉斯·麦克阿瑟。

麦克阿瑟出生的这一年，美国陆军3万余名士兵中的三分之二以上被调往了密西西比河以西地带。士兵们大多以连为单位，驻守在远离城市的要塞中。麦克阿瑟6个月大的时候，他的父亲亚瑟受命指挥新墨西哥州温格特堡的K连。后来又被调往更偏僻、更荒凉的塞尔登堡。

对成年人来说，要塞里的生活未免单调乏味，但对孩子来说，这里的荒凉、粗犷却无异于天堂。那里有马骑，有枪玩，还有一群大兵和他们胡闹……麦克阿瑟的童年就是在这种环境下度过的。多年后，连麦克阿瑟自己都说："我先学会了打枪，然后才学会识字；先学会了骑马，然后才会写自己的名字。"

时光荏苒，岁月如梭，麦克阿瑟在父母的精心照顾下渐渐长大了。他的父亲亚瑟也在从军24年后迎来了人生的转折点。1886年，奇里卡瓦人（印第安人一支）向联邦政府缴械投降，整个西南地区的印第安战事宣告结束，第十三步兵团也随之解散了。该团下属的10个连队被分散到联邦各地驻防。亚瑟指挥的K连被分配到堪萨斯州的利文沃斯堡步骑兵学校充当示范连。

与西部的大部分要塞相比，利文沃斯堡简直就是天堂。这里远离战场，靠近铁路和城市，交通便利，生活安逸。但亚瑟对这次调动依然不满意，原因依然是军衔过低。他一如既往地和国防部纠缠着，令军方的头头们十分头疼。他这种计较名誉和地位的性格似乎也遗传给了儿子道格拉斯·麦克阿瑟。

麦克阿瑟和哥哥亚瑟三世在利文沃斯堡第一次跨进了学校的大门。在此之前，他们的教育一直由母亲负责。兄弟俩都很聪明，但学习成绩却是天壤之别。哥哥亚瑟三世野心勃勃，勤勉努力，成绩一直名列前茅。麦克阿瑟的成绩却一直在中下游徘徊。有历史学家认为，大概是兄长的光芒盖住了他，使得他一直生活在亚瑟三世的阴影下，遂在学习上产生了自暴自弃的心理。

学校里不但教必要的文化知识，还向学生们灌输社交规范。每个月，学校都要在要塞的教皇大厅舞蹈间举行舞会。利文沃斯堡的指挥官亚历山大·麦克库克上校有时也来参加。他教导男孩子一定要有绅士风度，如何在舞曲开始时邀请女孩子跳舞，如何在舞曲结束时护送女孩子回到座位，一切都要遵循维多利亚时代的礼仪。

利文沃斯堡的礼仪教育对麦克阿瑟一生影响至深。此后的数十年间，他始终保持着优雅自然的风度，哪怕是在战争最紧张的关头也未曾有丝毫改变。

课余时间，利文沃斯堡的孩子们，尤其是男孩，活动非常丰富。麦克阿瑟和他的伙伴们常常分成两派，玩打仗或抓俘虏的游戏。有时候，他们还会冒险跑到操练场上看骑兵列队操练或者到靶场看炮兵连实弹演习。亚瑟从来不阻止孩子这样做。这位外表斯文，内心粗犷的军官认为，这正是培养孩子们冒险精神的大好时机。

麦克阿瑟在利文沃斯小学上了两年的学，就转到了华盛顿。起因是，他的父亲亚瑟企图在利文沃斯堡进行一场军事改革。改革虽然失败了，但却引起了新任陆军部副官署署长约翰·凯尔顿准将的注意。巧合的是，该署恰好有一个陆军副官署长助理的空缺，军衔为少校。凯尔顿有意让亚瑟·麦克阿瑟上尉担任此职，但又担心他无法胜任。

亚瑟·麦克阿瑟大喜，立即利用自己出色的社交才华和父亲老亚瑟广泛的人脉，向凯尔顿准将发起了"进攻"。利文沃斯堡指挥官麦克库克在推荐信中写道："毫无疑问，亚瑟·麦克阿瑟是美国军队中最出色的上尉！"

曾担任过联邦最高法院法官的老亚瑟则直接向陆军部长游说。他动员来了多位高级军官和有权有势的政客，众人的推荐书加在一起竟然长达22页。

1889年7月1日，表现出色的亚瑟·麦克阿瑟上尉终于在众多要人的推荐下当上了陆军副官署长助理。随后，他被提拔为少校，薪水也增加了不少。不久，他又想方设法地为自己弄到了一枚荣誉勋章，获得了全军传令嘉奖。当然，他的工作成绩也是有目共睹的。在晋升制度的改革中，他主张个人优势与资历并重，并提出了许多可行的操作办法，深受凯尔顿准将和其他改革专家的赞赏。

和父亲的春风得意相比，道格拉斯·麦克阿瑟却显得有些郁郁寡欢。在经历了西部令人激动和丰富的日常生活之后，他觉得华盛顿的一切都一成不变，太单调乏味了。每天，他穿上格子花呢制服，打着领带，到学校上课，学习那些他并不感兴趣的呆板知识；放学了，再原路返回。在华盛顿读书的3年间（他比父亲晚一年到华盛顿），他成绩中等，不好也不坏，并没有给老师和同学留下什么印象。

对麦克阿瑟来说，每天最开心的时刻就是和爷爷老亚瑟在一起的时候了。此时，老亚瑟已经退出了政坛，但依然颇有影响力。他是国立大学的校董事会主席、华盛顿慈善协会主席。在几个孙子当中，他最疼爱道格拉斯·麦克阿瑟，除了工作和孙子上学的时间之外，祖孙俩几乎形影不离。究其原因，很可能是两人出生在同一天。

许多年后，麦克阿瑟回忆起爷爷时说："他是一个很有风度的大个子英俊男人，面容慈祥……是他教我玩牌，包括扑克游戏。和他玩最后一手牌时，我握4张王后（扑克牌中的Q），于是压上了全部赌注。我还记得他亮出4张国王（扑克牌中的K）时，我是多么震惊。我忘不了他说的话，'亲爱的小家伙，生活中没有百分之百的事。'"

三

成绩与风度俱佳的翩翩少年

　　1895年，亚瑟被调往位于圣安东尼奥市郊的萨姆·豪斯顿堡的得克萨斯军区总部，继续从事陆军副官的参谋工作。玛丽和孩子们随后也回到了西部。

　　麦克阿瑟高兴极了。他满心以为又可以像从前一样，没有限制，没有功课，整天玩枪、骑马、与大兵们在一起嬉闹，听他们讲印第安战争的故事了。不过，事实并非如此。他和哥哥亚瑟三世分别被父亲送到了西得克萨斯军事学院和安纳波利斯海军军校。

　　西得克萨斯军事学院刚刚组建，正好在萨姆堡的大门附近，除了一栋建在荒地上的木头房子，什么也没有。西得克萨斯军事学院虽然名为学院，实际上教授的是初中和高中课程；学生虽然名为"军官候补生"，身着西点军校的灰制服，但大多数都是各地的顽劣子弟。学院强调服从和纪律的军人品德，其他学校不愿接收的顽劣学生才会被转到这里。由此看来，麦克阿瑟在父母眼中也不是一个"乖乖儿"。

　　令人诧异的是，一向以学习不努力闻名的道格拉斯·麦克阿瑟突然刻苦起来了。谁也不知道，他的这种改变源于何种动力。但有一点是不容置疑的，那就是他一旦静下心来学习，成绩很快就超越了班上其他的同学。到年末的时候，他甚至成了学院的模范生。

　　除了学习成绩优异之外，麦克阿瑟在运动上的天赋也爆发出来了。据他的同班同学后来回忆，麦克阿瑟在网球、骑术等运动上在全校独领风骚，对橄榄球、棒球等运动也颇为在行。一时间，麦克阿瑟在圣安东尼奥声名鹊起，直追乃父。

　　很快，麦克阿瑟就成了圣安东尼奥少女心中的梦中情人。和美国大部分学校一样，西得克萨斯军事学院非常注重培养学生的社交能力。学院与当地的美国新教圣公会女子学校圣玛丽学院建立了联谊关系。每个月，两

道格拉斯·麦克阿瑟

校都会组织联谊活动。英俊潇洒、风度翩翩的麦克阿瑟自然而然成了少女们争相约会的对象。

少女们的青睐给了麦克阿瑟自信，也给了他表现勇气的机会。有一天下午，他和一名同班同学一起，带着3个少女到布兰肯里奇公园骑自行车。途中有一座摇摇晃晃的索桥，桥长约30米。女孩子们害怕了，其中一人说："看上去，它快要垮了！"

麦克阿瑟的同学也附和着说："我们还是绕过去吧！"

麦克阿瑟推着车，率先走到索桥上，大声道："嘿，如果它能承受我，就能承受你们。"

众人看着麦克阿瑟推车走过了晃晃悠悠的桥，这才学着他的样子，依次过了桥。3个少女朝麦克阿瑟投去崇拜的目光，又斜眼看了看另一名男生，"咯咯"地笑了起来。

就这样，麦克阿瑟在荣誉之光的笼罩下在西得克萨斯军事学院度过了3年的时间，还有一年就要毕业了。至于未来的出路，父亲亚瑟早就替他安排好了。麦克阿瑟向时任美国总统的格罗弗·克利夫兰申请了西点军校1897年6月入学班的机动名额，那正是他将从西得克萨斯军事学院毕业的时间。

他的爷爷和父亲还邀请了众多名人支持他的申请。资料显示，在支持麦克阿瑟申请西点军校入学机动名额的强大阵容中有得克萨斯军区的司令、萨姆堡的指挥官、威斯康星州参议员约翰·米歇尔、4名州长、两位主教、两位众议员和佛蒙特州参议员雷得菲尔德·普罗克特。普罗克特当时是参议院军队事务委员会主席，曾担任过陆军部长的要职。

不过，克利夫兰总统拒绝了他的申请。从长远看，这次拒绝并不是什么坏事。到1897年6月，麦克阿瑟还只有16岁，无论是知识储备，还是阅历，都还不够。就算他能进入西点军校，也很可能会在一年级的时候就被淘汰。退一步说，就算他侥幸没有被淘汰，也不大可能成为班里的第一名，从而获得上尉军衔。

当然，一直笼罩在光环之下、自信满满的麦克阿瑟并不这样认为。他的内心充满失望，甚至觉得这是民主党人克利夫兰对麦克阿瑟家族的报复，因为麦克阿瑟家族已从民主党的阵营转入了共和党。就在这时，他又遭受了人生中第二次沉重的打击。1896年8月，老亚瑟·麦克阿瑟在亚特兰大度假时去世了。

在接踵而至的打击面前，麦克阿瑟显示出了极强的自制力和顽强精神。他将痛苦埋在内心深处，一如既往地在成绩、学业和操练方面保持着领先位置。在即将毕业的时候，他不但获得了他的首枚奖章——橄榄球奖章，还成了西得克萨斯军事学院首届毕业班的致辞代表。他的平均成绩达96.67分，几乎为满分。麦克阿瑟认为，他没有拿到满分的原因是：学校不允许学生拿满分，以防学生产生骄傲之心。

不过，这已足以让麦克阿瑟自豪的了。96.67分的平均成绩不但让他成了西得克萨斯军事学院的首名毕业生，也成了当届成绩最好的毕业生。或许正是从此刻开始，骄傲的麦克阿瑟便鞭策自己，无论做什么都要争第一，他必须是有史以来最佳的或是有史以来的第一个，最好两者都是。

具有讽刺意味的是，命运很快就给他浇了一盆冷水。毕业后不久，他就得知，自己向克利夫兰的继任者威廉·麦金莱总统申请的西点军校入学机动名额再次被拒绝了。麦克阿瑟有些想不明白，自己如此出色，为何会被一再拒绝呢？

西方谚语说："上帝给你关上了一扇门，就会给你打开一扇窗。"麦克阿瑟很快又接到了爷爷的老朋友、国会议员西奥博尔德·奥特金的邀请，希望他去参加1898年春奥特金主持的西点军校入学择优考试。

由于向总统或议员申请西点军校入学机动名额的学生太多，往往令人无法取胜。议员们便本着公平竞争的原则，先组织一次择优考试，按照成绩优劣安排手中的机动名额。考生只有在国会议员主持的择优考试中脱颖而出，才有资格参加西点军校的入学考试。

对麦克阿瑟来说，直接获取机动名额已经不可能了，接下来唯一的机会就是参加择优考试了。碰巧，他的父亲亚瑟新近被擢升为中校，派往达科他军区任职。中校要到达科他军区司令部所在处圣保罗就职，麦克阿瑟和母亲则准备搬到故乡密尔沃基居住。

如此一来，他不但可以获得奥特金考区的居住权，同时还能有充足的时间准备这次考试。就这样，麦克阿瑟夫人和她于1897年秋出生的小儿子住进了又大又舒适的密尔沃基普兰金顿宾馆。中校则在每周末坐班车从圣保罗赶过来和家人团聚。

四

如愿以偿地考入西点军校

尽管麦克阿瑟已经高中毕业，但为了能够顺利通过择优考试，父亲还是把他送进了西沿高中，接受强化教育。麦克阿瑟觉得，这可能是他最后一次进入西点军校的机会了。所以，他一点也不敢懈怠，每天早上总是早早出门，步行3公里穿过城市去学校，一般都是第一个到校；晚上最后一个离开学校，步行返回宾馆。

或许是中校的嘱托，又或者仅仅是因为麦克阿瑟太过出色，西沿高中的校长麦克拉纳根先生对这名特殊的学生非常关照，亲自给予辅导。因为高中的课程已经学完，而且成绩不错，麦克拉纳根给他讲授的是大学一年级的知识。麦克阿瑟明白，校长教给他的知识很可能会派上用场。因为报考西点军校的人中有不少是大学毕业生，有的至少也读过一年大学。

就在麦克阿瑟专心准备择优考试的时候，美西战争爆发了。1898年4月21日，美国和西班牙为争夺古巴、波多黎各、菲律宾等地兵戎相见，打得一塌糊涂。美国人宣称，他们此举乃是为了把古巴等地从西班牙的殖民统治下解放出来。但实际上，这只是一场为争夺殖民地的非正义战争。

尽管如此，对任何一个立志投身军营的美国青年来说，没人能够不受它的影响。麦克阿瑟也是一样，他甚至考虑放弃西点军校的择优考试，马上参军，开赴前线。不过，在战争初期，他的这种想法并不坚定。

3周后，道格拉斯·麦克阿瑟参加了国会议员奥特金主持的考试。头天晚上，他紧张得睡不着觉。到密尔沃基市政厅时，他几乎要放弃了。一直陪在他身边的母亲给他打气说："孩子，只要不丧失信心，你就能赢。"

麦克阿瑟望了母亲一眼，用力点了点头。考试进行得很顺利，题目也比预想的要简单一些。6月7日，麦克阿瑟获知，他以93.3分的高分名列榜首，而第二名的成绩不足80分。国会议员奥特金在给玛丽的信中说："他

· 15 ·

第一章　光环与压力并存的青年时期

是一名能力和智慧出众的年轻人。"

俗话说"枪打出笼鸟"，出类拔萃的成绩给麦克阿瑟带来了一些小麻烦。密尔沃基的几份报纸发表文章批评说，国会议员奥特金考试的状元并非真正的密尔沃基人。有人甚至公开指责道格拉斯·麦克阿瑟是一个地道的投机者。

不过，也有人坚定不移地声援麦克阿瑟。曾担任过威斯康星州州长的密尔沃基市长乔治·佩克评论道："有他这样成绩的孩子总该属于什么地方，我断言他将为威斯康星州争得荣誉。"

争论很快就平息了，但这并不意味着麦克阿瑟可以顺利地进入西点军校了。他还有两关要过，一关是体检，一关是入学考试。体检的时候，医生发现他的脊柱有点问题，似乎稍稍有些弯曲，不过稍加治疗就好了。

麦克阿瑟对此很好奇，向医生询问了很多相关问题。给他治疗的年轻医生弗朗茨·普菲斯特耐心地给他讲解着，并风趣地说："这哪里是治疗，分明是辅导课。"

治疗快要结束的时候，普菲斯特突然问道："伙计，你喜欢医学吗？"

麦克阿瑟微笑着回答说："喜欢。不过，它必须为我将来的军旅生涯服务。"

普菲斯特遗憾地摇摇头，伸出右手和麦克阿瑟握了握手，然后说："那么，祝你成功！"

多年后，当麦克阿瑟已经成为五星上将之时，普菲斯特回忆当时的情景说："我很遗憾，他喜欢的是军旅生涯。不然的话，他肯定能够成为一名伟大的医生。"

治疗结束后，麦克阿瑟和母亲依然住在普兰金顿旅馆，依然每天早出晚归，到西沿高中学习，准备西点军校的入学考试。而他的父亲亚瑟·麦克阿瑟中校在美西战争爆发不久后就被任命为第三军参谋长，驻守在奇卡莫加。

中校对这一任命非常不满。他认为，像他这样具有丰富战斗经验的指挥官应该到前线指挥战斗，而不是拿着笔在地图上画来画去。他向国防部递交申请，请求担任一个志愿步兵旅的旅长。这一次他终于如愿了，主要是因为战争的爆发给军人带来了机会。亚瑟·麦克阿瑟中校很快就越过上校的军衔，直接被晋升为准将，派驻马尼拉去了。

麦克阿瑟突然激情万丈，就像他的父亲当年急于投身战场一样，希望在战争尚未全面结束之际一展身手。为此，他甚至愿意放弃报考西点军校的名额。亚瑟阻止了儿子。他在给儿子的信中以一名老兵的悲观信念保证说："孩子，请相信我，将来还会有更多的战争。"

1899年春，麦克阿瑟和母亲一起来到了西点，住在学校不远的一个旅馆里。19世纪90年代，每年大约有250人被提名到西点军校，其中大部分人都是直接拿到机动名额之人，像麦克阿瑟这样通过择优考试脱颖而出的青年并不多。

入学考试并不轻松。250名被提名者中只有约200人前来应考，通过率也只有75%。这个比例看似很高，但要知道，他们中的大部分人都上过一年或两年大学，甚至有不少大学毕业生。麦克阿瑟属于那胜利的75%。1899年6月13日，麦克阿瑟跨进了西点军校的大门。不过，这并不代表最后的胜利。西点军校采取末位淘汰制，他必须保证在接下来的4年中不落在大部分学员的后面，才能顺利毕业。

西点军校的制度非常严格，甚至可以说很苛刻。当时，地方大学都在努力摆脱19世纪各种清规戒律的束缚，但西点军校依然牢牢抱住传统不放。学校对学生培养的首要目标是让他们养成军人的品质，一切都要循规蹈矩。早上几点起床，用多长时间穿衣服，用几分钟洗漱……乃至上楼梯时一步该走几级台阶都有严格的规定。

平时，学生必须待在校内。周末，他们可以骑马跑出10公里远，但不得停步、下马或与任何人交谈；也可以在哈得逊河上划船，但不得靠岸或与任何船上的任何人交谈。据说，这种与世隔绝的气氛很容易就能把那些可塑性强的年轻人造就为合格的军官。

新生们不但要遵守这些不近人情的条条框框，还得忍受高年级学生的各种恶作剧。他们千方百计地戏弄新生，让新生们将蚁窝里的蚂蚁一只只弄出来，背诵无聊的故事和诗篇，长时间伸臂平举体操棒，双腿在桌下伸直坐着进餐……

作为著名军官的儿子，麦克阿瑟自然而然成了高年级学生戏弄的主要对象。来自北方的学生因为他的父亲是全军著名的军官而讨厌他，排挤他；来自南方的学生则因为他的父亲在南北战争期间曾参与亚特兰大战役而存有一种报复心理，企图从他身上讨回"血债"。

麦克阿瑟曾被迫背诵他父亲在南北战争期间的英勇事迹。尽管他背诵的时候很可能带着悠然自得的心情，但被迫说出家族的荣誉也不是一件让人舒心的事情。

还有一天晚上，他被命令在碎玻璃上做一小时的"老鹰展翅"。他得用脚尖站立，两臂举过头顶，向下蹲在碎玻璃上，稍稍起立，两臂向下作扇翅状，再次下蹲，然后再脚尖站立，从头开始。中途，他还被迫用手指吊在单杠上很长时间。

大约做了200多个"老鹰展翅"后，麦克阿瑟两腿支撑不住了，一头栽倒，晕了过去。醒来后，他蹒跚走回帐篷。他的同伴弗雷德里克·坎宁安吓了一大跳，赶忙迎上去扶住他。麦克阿瑟再次倒了下去。他两腿失控，乱颤不已。他要了一张毯子垫在下面，以免让人听见他的腿在地板上哆嗦的声音，然后他让坎宁安在他嘴里塞了一块毛巾，以免他因疼痛而叫出声来。

由于不堪忍受高年级学生的戏弄，很多新生在训练期间就退出了西点军校。一位和麦克阿瑟住在同一帐篷里的学员入学后不足3个月就退出了，但麦克阿瑟忍受了下来。他认为这是从一个男孩变为男子汉必须经历的过程。

五

莫名其妙地被卷入政治风波

新学员集训结束了，麦克阿瑟和他的同学住进了向往已久的西点宿舍。在此之前，他不止一次在心中描绘过西点的美妙生活。但自从跨进西点宿舍的那一刻起，他便明白了，此前的种种描绘只是自己的一厢情愿罢了。

西点军校的基础设施十分破败，处处都肮脏不堪，与大城市中的贫民窟无异。两人一间的宿舍十分狭窄，一旦放好制服、步枪和刺刀之后，两人便无法同时站起来了。更糟糕的是，宿舍里除了两张床之外，什么也没有，连门窗都没有，冬天冷得像冰窖，夏天热得像火炉。

这时，麦克阿瑟突然交了一回好运。高年级生亚瑟·海德要找一名室友。他对麦克阿瑟在集训期间表现出来的高贵风度印象很深，便主动问他："嘿，老鼠（西点军校高年级学生对新学员的蔑称），你愿意搬过来和我同住吗？"

麦克阿瑟对高年级学生的种种恶作剧记忆犹新，没有贸然答应。他回答说："可以考虑。"

当晚，麦克阿瑟将此事告诉了住在西点旅馆的母亲。母亲建议他接受海德的邀请，因为海德是四年级学生，宿舍可以亮灯到11点，而其他年级学生的宿舍必须在10点之前熄灯。多一个小时的灯光，就意味着他将比他的同学多一个小时的学习时间。

就这样，麦克阿瑟和海德住进了同一间宿舍，这对他的学习有很大的帮助。当然，他后来之所以能够取得比别人优秀得多的成绩，主要还是依靠他那超强的记忆能力。严格地讲，世界上根本不存在过目不忘之说，但麦克阿瑟却可以近乎完整地复述遥远的往事，他这种惊人的记忆能力保持了大半生。

西点的主要课程有数学、化学和物理，其中物理被一分为二，一门称为"化学物理",另一门称为"自然与实验哲学"。学员在这3门课的表现将确立他在同学中的地位,并会在很大程度上影响他在军队中的未来。在所有课程中,又以数学最为重要,在所有的学科中位居榜首。如果想进入前5名,数学必须优秀。到1900年6月第一学年末时,麦克阿瑟的班级还有134名学员(刚入学时为143人),他数学第一,英语第一,操练条例第一,综合表现第一。

很快,又一批新生入学了。此时,麦克阿瑟被校方选中,前去操练新兵。按照西点军校的传统,这下轮到麦克阿瑟欺侮新生了。然而,他并没有这么做。相反,他全身心地投入了日常的训练中。

一天,战术教官埃德蒙得·布莱克前来视察。麦克阿瑟像往常一样,十分卖力地训练新兵,似乎根本没有注意到战术教官就站在他的身旁。过了一会,布莱克转身向新兵A连连长查尔斯·本内特上尉说:"这是我见过的最好的操练教官。"

集训结束后,麦克阿瑟以他那无可挑剔的军人风度和娴熟的操练技巧获得了二年级学生所能获得的最高嘉奖——他被任命为A连一级下士。

就在这时,西点军校爆发了一场政治风波,莫名其妙地将麦克阿瑟卷入其中。一个叫奥斯卡·莱尔·布茨的人突然在宾夕法尼亚布里斯托尔的家中死去。此人曾是1898年6月入学的西点学员。新生集训之时,他被强迫在每顿饭前都喝下一大碗的酱油。后来,布茨不堪受辱,终于退学了。

1900年秋,布茨突然死于肺结核。他的家人认为,布茨患上肺结核的直接原因是喝下了大量的酱油。当然,从医学角度来讲,这是不可能的事情。可是,此事经过媒体的报道后一下子成了社会热点。时任美国总统的麦金莱不堪舆论压力,只能责成西点军校彻底调查此事。

几乎每一名西点学生都受到了传讯,以便查出学员中喜欢恶作剧之人。1900年12月底,麦克阿瑟被叫到了军官委员会。委员会成员们知道麦克阿瑟在集训期间也曾遭遇过不少折磨,希望他能把折磨他的那些人的名字写下来。

麦克阿瑟在众多军官的注视下平静地坐着,但心里却思潮起伏。如果他说出那些学

威廉·麦金莱

生的名字，他将被同学们视为懦夫，自己的良心也将受到谴责；如果不说，他很可能面临校方严厉的惩处，说不定是开除。

一名军官见麦克阿瑟不说话，有些不耐烦地吼道："嘿，小伙子，我想你还是说出来比较好。"

麦克阿瑟直了直身体，仍是一言不发。

军官们无奈，只得暂时将麦克阿瑟单独关在教室中。麦克阿瑟有些害怕了，几乎要出卖自己的良心了。就在这时，他的母亲送来一张纸条，上面写着这样几句话："有其母，必有其子，此话真不假。你将决定人们对你母亲的看法。"

麦克阿瑟看着纸条上的字，欣慰地笑了。

第二天，麦克阿瑟很配合地说出了一些人的名字。但那些人都是已经主动认错，或者已经被开除的人。

一名军官看着麦克阿瑟提供的名单，无奈地摇了摇头，厉声道："小子，你不要和我们耍滑头！"

麦克阿瑟无畏地环视着众人，缓缓道："请长官们原谅，我只知道这些人。你们不能因为我所知有限而开除我。我一出生就待在军队里，我的父亲正在菲律宾代表美利坚作战，我想他也不希望我被西点开除。"

过了半晌，军官委员会的负责人向身边的一名中尉低声吩咐了几句话。中尉站起来，宣布道："麦克阿瑟下士，你可以回营房了。"

麦克阿瑟简直不敢相信自己的耳朵。他缓缓起身，走出了教室。此后，麦克阿瑟再也没受到过军官委员会的传讯，也没有受到任何处罚。当时的麦克阿瑟肯定不会想到，校方之所以将他和其他学生区别对待，主要是由于他父亲的原因。此时，亚瑟·麦克阿瑟已经被擢升为少将师长，乃美国陆军中最为显赫的人物之一。在战争年代，这样的人可惹不起。

麦克阿瑟的仗义受到了不少同学的称赞。但这场政治风波并没有就此结束。不久，国会开始介入。麦克阿瑟因为有一位名人父亲，不可避免地受到了新闻界的注意。一些好事的记者千方百计地打听他在集训期间的种种遭遇，并以文学手法在报纸上大加渲染。

1901年1月，国会传麦克阿瑟听证。他力图淡化自己在集训期间的痛苦经历，轻描淡写地说："他们对我施的欺辱算不上狠毒，也非故意要伤害我，与一般的情形没有什么两样。我当时的身体状况丝毫不会对我今后的发展造成伤害。"

一名议员问："听说，你曾被折磨得神志不清，双腿抽搐！"

麦克阿瑟否认说："不，先生，没有这回事。我从来没有神志不清，至于传闻中的腿部抽搐也只不过是过度抽筋罢了。"

议员追问道："那么，请你说出那些折磨你的人的名字。"

麦克阿瑟仍然只说出了那些已离开西点军校和虽未离开但已承认过错的人。议员们对麦克阿瑟的回答颇为不满，变着法儿地逼问他。

有人问："孩子，你认为接受残酷考验是否是军官基本训练的一部分？"

麦克阿瑟顿了顿，吞吞吐吐地回答说："我认为它并非基本的……不是，先生。"

那人又问："那么将别人置于如此残酷的境地是否是军官训练的一部分呢？"

麦克阿瑟又道："我想不是。不是，先生。"

麦克阿瑟虽然承认了高年级学生的恶作剧很残酷，但始终没有出卖任何人。议员们对他的回答虽然不满，但也只能如此了。

一周后，议员们向曾在集训期间和麦克阿瑟住在同一帐篷里的学生弗雷德里克·坎宁安取证。坎宁安描述了麦克阿瑟当时蹒跚着走进帐篷的情景，并说："全体学员都很钦佩他的勇敢……为他骄傲……"

议员们又问："他们为什么要这样对待他？"

坎宁安耸了耸肩，回答说："麦克阿瑟的真正祸根，在于他是亚瑟·麦克阿瑟将军的儿子。"

一名议员不解地问："你的意思是说他爱慕虚荣，喜欢在其他学员面前炫耀自己的家族？"

坎宁安笑着说："不，先生。他是班上最好的小伙子。"

议员们这才明白坎宁安的意思，大家心照不宣，相视一笑。

不久，国会就在西点军校的下一年度财政拨款表决中要求校长"有效地制止欺辱的做法"。将此事和财政拨款绑在一起，其威胁的意味非常明显。

校长不敢怠慢，战术教官们也不敢对高年级学生的恶作剧听之任之了。不过，西点军校戏弄新生的传统根深蒂固，在此后的数年中虽然有所收敛，但并未完全消失。直到后来开始招收女学员，这种传统才成为历史。

六

西点军校成绩最优秀的毕业生

从1900年秋到1901年春天，麦克阿瑟在西点军校反欺辱的政治风波中一直处于风口浪尖上。这给他造成了不小的困扰，但并没有打乱他生活和学习的节奏。在此期间，他参与组建了西点棒球队，并在和海军学院队的比赛中以4比3胜出。

据说，麦克阿瑟在比赛中击出了第一个跑垒球。也有人说，他得了最后一个取胜的跑垒球。不过，这两种说法均无据可查。但不管怎么说，他的运动天赋和组织才能确实在比赛中起到过重要作用。

赛季结束的时候，他获得了校名首字母标志荣誉——在左胸上绣一个大大的蓝黑色字母"A"。这个字母被他视为崇高的荣誉，伴随了他一生。直到去世，他总爱在沐浴后穿着绣有那个蓝黑色字母"A"的浴袍。

在学习上，麦克阿瑟也是同年级最优秀的学员。第二学年结束的时候，全年级还剩下104名学员。麦克阿瑟的数学成绩仍是第一，其他各科的成绩均在前5名之内，综合成绩第一。

按照规定，第二学年结束的时候，每个学员都将获得为期10周的休假。麦克阿瑟兴奋极了。因为他的父亲马上就要从前线返回祖国了。

美西战争结束后，美国人并没有像他们宣称的那样"解放菲律宾"，而是取代西班牙人，成了菲律宾新的殖民者。亚瑟·麦克阿瑟少将被任命为菲律宾军事总督，镇压菲律宾人民的起义。随后，以威廉·霍华德·塔夫脱为首的菲律宾委员会开赴菲律宾，接管群岛的政务。

骄傲的麦克阿瑟少将很快就和过度自尊的塔夫脱产生了分歧，以致不得不分道扬镳。1901年7月4日，塔夫脱就任菲律宾总督，麦克阿瑟少将则踏上了返乡的邮轮。

由于缺乏资料，无从考证麦克阿瑟的假期是如何度过的。不过，有一点可以肯定，他和父亲的大部分时间都用来讨论军队和战争。少将一定向儿子讲述了自己在菲律宾的传奇经历，而且他很可能有夸大之嫌。

返回学校之后，麦克阿瑟骄傲地向他的同学讲述了父亲平定菲律宾群岛之功。最后，他神情忧伤地说："我有些担心。"

一名同学问："你担心什么呢？"

"我常常怀疑自己将来能否像父亲一样伟大，"麦克阿瑟顿了顿，又忧郁地说："不过，天道酬勤，只要肯努力，我想我还是有机会的。"

实际上，麦克阿瑟处处都在刻意地模仿父亲。他的一位同班同学曾说："当麦克阿瑟对班上的同学说话时，他生动的想象力使他觉得自己真的随着父亲的军队于1863年冲上了修士岭。"

对一名西点学生而言，刻意模仿优秀的将军似乎并不是过错，反倒可以增强他的军事素质和风度。这一点从校方对麦克阿瑟的重视即可看出。同年9月，麦克阿瑟被提拔为A连中士，这是三年级学生所能获得的最高军衔。

身为中士，麦克阿瑟负责维持连队的纪律。和其他学生军官不同的是，麦克阿瑟从来不靠打小报告来讨战术教官的欢心。他有时会对严重的违纪行为视而不见，甚至还会加入其中。

有一天晚上，麦克阿瑟正在巡查宿舍。当他推开一扇门的时候，突然发现六七个学员跪在地上赌骰子。赌博行为是西点军校明令禁止的行为。学员们不约而同地抬头向麦克阿瑟望去，眼睛里充满了祈求的神色。

麦克阿瑟冷冷地说："先生们，我必须提醒你们不要太用功。否则你们的眼前不久就会冒黑点了。"

学员们吓了一跳，心想："这下糟了，如果中士向战术教官报告的话，我们都要被开除。"

但令他们诧异的是，麦克阿瑟只是在语言上警告了他们，并没有做出进一步的行动。他冷冷地看了众人几秒，就转身离开了，还不忘把门关上。

还有一次，麦克阿瑟在深夜里组织了数名学员，将战利品陈列馆的大炮拽到了西点教学大楼的顶上。当战术教官们发现重近1吨的大炮在午夜悄无声息地通过4层楼梯，被拉上屋顶的时候，无不目瞪口呆。他们无论如何也想象不出，学员们是怎么做到这一点的，更不知道策划这一史无前例的恶作剧之人竟然是麦克阿瑟中士。

这一年，麦克阿瑟还接任了西点棒球队队长。或许是因为将太多的时间用在管理棒球队上了，也或许是因为在恋爱上花费了太多的精力，麦克阿瑟的综合成绩有所下降，从第一落到了第四。流传甚广的一种说法是，麦克阿瑟曾同时和8个漂亮的女孩保持着恋爱关系，打破了学院之前7名的纪录。这种说法不甚可靠，麦克阿瑟本人也否认了这一说法。人们很可能将麦克阿瑟在不同时间段交往的女孩全都集中到了一起。不过，不管怎么说，麦克阿瑟的风流由此可见一斑。

尽管综合成绩有所下降，但麦克阿瑟还是被任命为A连级长，而且是学员中的优秀级长。这是西点学员所能获得的最高荣誉。这主要是因为麦克阿瑟的军人风度和对从戎的兴趣给校长、指挥官和战术教官们留下了深刻的印象。

可能是意识到了自己的成绩正在下降，麦克阿瑟在西点最后一学年中依然一如既往地努力学习，甚至更加努力。1903年5月底，最后的成绩公布了。麦克阿瑟再次在本年级92名学员中荣登榜首，平均成绩达98.18分。据说，这是西点军校25年来的最高成绩。这一成绩给他带来了双重荣誉——第一上尉和全班第一。

马上就要毕业了，麦克阿瑟开始考虑选择哪个兵种的问题了。按照规定，西点军校的前10名毕业生可以自由选择兵种。当时，升迁最快的兵种是工程兵。对像麦克阿瑟这样出身中上层白人家庭的学生而言，自然都盼望着早日成为高级指挥官。因此，前10名中大多数都选择了工程兵。

然而，麦克阿瑟却有自己的想法。进入西点军校之前，他就盼望着成为一名骑兵。这一想法多少有些浪漫的成分。骑兵穿长靴，配马刀，骑着矫健的骏马，驰骋疆场，不但威风，而且颇有中世纪的骑士风度。

当然，麦克阿瑟之所以想选择骑兵，还有另外一个原因，那就是在众多学科中，他的工程科成绩最差，难以发挥自身的优势。

麦克阿瑟将自己的想法告诉了父亲，立即遭到了一顿臭骂。进入20世纪之后，随着各种机械化运输工具的出现，骑兵的没落已成定局。亚瑟·麦克阿瑟少将不希望儿子毁了大好前程。

于是，麦克阿瑟又想到作战部队去当一名步兵。他的父亲再次劝阻了他。理由是，步兵升迁太慢，平时的提升机会都给了工程兵部队。他对儿子说："当战争爆发时，你可以由工程兵部队调往步兵部队。这样，比起你一开始就待在步兵部队里好得多，你能以更高的军衔参加战争。"

麦克阿瑟接受了父亲的建议，在工程兵部队中谋了一个官职，军衔为少尉。

1903年6月11日，陆军部长埃里胡·鲁特给1903届的西点毕业生颁发毕业证书。作为陆军高级将领之一的亚瑟·麦克阿瑟被邀坐在家长席的第一位。不过，他拒绝了校方的安排，谦虚地坐到了后面。

作为第一名，麦克阿瑟第一个走上主席台，从陆军部长手中接过毕业证书。然后，他走向父母所坐的地方。他手捧毕业证，向母亲微笑着。母亲感动得热泪盈眶，不停地擦拭着眼泪。

麦克阿瑟将毕业证书递给父亲，轻轻揽住母亲的肩膀，轻声安慰了几句。母亲满眼泪花，抬头向儿子笑了笑。

亚瑟·麦克阿瑟少将似乎更加激动。他不停地摩挲着毕业证书，仿佛想到了年轻时代的憾事。如果不是在1862年参战的话，他也将于1863年进入西点军校学习。现在，事情终于有了一个圆满的结局。他虽然未能成为西点军校的一员，但他的儿子已经成功地帮他完成了心愿。

第二章

五星上将军旅生涯的起点

一

工程兵少尉首赴马尼拉

　　毕业后，麦克阿瑟接到了前往马尼拉第三工兵营任职的命令。对年轻的少尉来说，恐怕再也没有比前线更能吸引他的地方了。麦克阿瑟惊喜万分，马上乘车前往旧金山，准备从那里乘船赶赴菲律宾。

　　此时，麦克阿瑟少将已经是美军太平洋军区司令，司令部就设在旧金山。在启程前往菲律宾之前，麦克阿瑟将有两个月的时间和父母住在一起。他每天都要到父亲的办公室去一次，有时也会到营地四周逛逛，提前感受真正的军营生活。

　　在父亲的办公室，麦克阿瑟认识了刚从马尼拉前线归来的约翰·潘兴上尉。两人一见如故，很快就成了好朋友。这是两名著名军事家的第一次会面。一名传记作家在描述这次平凡而特殊的会面时如是写道："潘兴身板笔挺，目光犀利，下巴显示出一股自信，简直就是天生的军人。他给麦克阿瑟少尉留下了极深的印象。同时，潘兴也指出：'麦克阿瑟少尉的男子汉气质和精干的形象，给我留下了良好印象。'"

　　在营地，麦克阿瑟经历了他人生中第一次具有传奇色彩的冒险。当时，旧金山有不少菲律宾俘虏，在美军的严密监视下修建城堡。有一次，一名俘虏在工作时悄悄藏了一把镰刀，并靠它挖了一条通道，逃出了俘虏营。

　　美军搜索了很多天，都没有找到他。麦克阿瑟身上与生俱来的冒险精神在这一刻爆发了。他获知这一消息后，马上把左轮手枪插进枪套，全副武装地钻进了灌木丛。他判断，那名俘虏虽然逃出去很多天了，但军营四周守卫森严，他无法逃出军营，很可能还藏身在俘虏营附近的灌木丛中。

　　麦克阿瑟的判断没有错。当天黄昏，他就在灌木丛中发现了俘虏的踪迹。麦克阿瑟马上警觉起来，拔枪在手，轻轻打开了保险。顺着俘虏在灌木丛中留下的踪迹，麦克阿瑟追了大约500米，突然看见一颗黑色的脑袋，在一片树叶中若隐若现。他悄悄靠近，枪管顶住了那人的脑袋。

"啊！"那名俘虏惊叫一声，不由自主地举起了双手。

麦克阿瑟用英语吼道："双手上举，站起来，回到俘虏营。"

那人"叽里咕噜"地说了一大串话，麦克阿瑟一句也没有听懂。不过，从他的眼中，麦克阿瑟看到了恐惧和顺从。

就这样，麦克阿瑟少尉把逃跑的俘虏带回了军营。士兵们对他的英勇行为交口称赞，而亚瑟·麦克阿瑟少将则警告他说："作为一名军官，你不能总想着表现个人英雄主义。你要时刻牢记，你是军官，而不是普通士兵。"

麦克阿瑟看得出，父亲嘴上虽然这样说，但心里对他的表现还是颇为认可的。后来，当被问及第一次战功是何时所立时，麦克阿瑟总会不厌其烦地向人们讲述这次传奇经历。

1903年9月，麦克阿瑟和他的同学登上了"谢尔曼号"运输舰，前往马尼拉。他哥哥亚瑟三世此时已是美国驱逐舰"亨得森号"的舰长，刚刚从日本返回美国。他特地赶到码头给弟弟送行。自从亚瑟三世进入安纳波利斯海军学校后，兄弟俩就很少见面。不过，他们的关系并没有因为时空的阻隔而变淡。两人的关系非常密切，经常以电话或书信互通消息，每次分别也都表现得恋恋不舍。

麦克阿瑟对马尼拉炎热的气候和枯燥的生活很不适应。据说，这位穿着考究的少尉每天要换4次衣服，洗3次澡。每次外出，他总是穿着洁白的制服，坐在考究的马车里。这种独特的方式限制了他到马尼拉城里消遣的次数，因为他的薪水很少，无法每天都请车夫和马车送他进城。

据麦克阿瑟本人讲述，到马尼拉不久，他就遭到了一次袭击。1903年11月，他到吉马里斯岛检查一项工程。两名躲在草丛中的起义者突然用步枪向他射击。一颗子弹从麦克阿瑟军帽的顶部穿过，但并没有击中他的头部。

麦克阿瑟不等起义者打第二枪，就拔出左轮手枪，"砰砰"两枪，将两人全部击毙了。

一名陆军军士听到枪声，匆匆赶到现场，看了看两具尸体，又瞟了一眼麦克阿瑟帽子上的洞，惶恐不安地说："请少尉原谅！愿上帝保佑您今后一生平安！"

麦克阿瑟用手枪顶了顶帽檐，笑了笑，转身离开了。

　　麦克阿瑟很喜欢讲这个故事。几乎每个认识他的人都听过不止一遍。但事件的真实程度却不得而知。大多数人都认为，麦克阿瑟不太可能杜撰一道弹痕，因此可以相信有人曾向麦克阿瑟开枪。在这种情况下，他几乎肯定会开枪还击。至于他是否真的击毙了什么人就值得怀疑了。

　　1904年春天，麦克阿瑟经考核提升为中尉。考核委员会的高级军官，一名上校，问他：“当港口受到海陆袭击时，你将如何防御？”

　　麦克阿瑟解释了他将如何部署部队，如何防御。

　　然后，上校把他的兵力减少到几乎为零，又问：“现在你该怎么办？”

　　麦克阿瑟以他那特有的语调，不慌不忙地说：“两件事。首先，我将召集附近所有的油漆工，让他们写上‘小心，港口有水雷’。然后，我把这些标志放漂出港口。”

　　上校追问道：“第二件事呢？”

　　麦克阿瑟笑着回答说：“我将跪下来祈祷，最后冲出去杀他个天昏地暗。”

　　上校被麦克阿瑟的机智和幽默逗笑了，轻松地说：“伙计，你通过了考核。”

　　升为中尉后，麦克阿瑟被任命为马尼拉工程总指挥助理。实事求是地说，麦克阿瑟能够得到这样一个职位，多半和他有一个少将父亲有关，而非他真的比其他工程兵军官出色。

　　麦克阿瑟虽然看上去很忙，但他并没有将太多的精力放在工程兵部队上。在此期间，他写了一本侦察手册，供菲律宾警察部队使用。菲律宾警察部队是由塔夫脱创建的准军事警察部队，士兵全部是菲律宾人，只有指挥官是美国人。

　　据说，麦克阿瑟的侦察手册写得很到位。警察部队指挥詹姆斯·哈伯德上尉非常满意。他特意请这名年轻的中尉到马尼拉的陆海军俱乐部吃了一顿饭。陆海军俱乐部是一座白色的3层楼房，是马尼拉当时最富丽堂皇的建筑之一。俱乐部四周风景迷人，内部装修也美轮美奂。

　　当然，最吸引麦克阿瑟的并不是俱乐部的环境，而是在饭局上认识的两名菲律宾律师——马努尔·奎松和舍乔·奥斯梅纳。这两名律师都曾是起义者，后来转而学习法律，期望以政治手段赢得祖国的独立。当然，这多少有些妥协的意味在其中。后来，奎松和奥斯梅纳都成为了麦克阿瑟生活和工作中不可或缺的助手，而麦克阿瑟也成为了他们一生中的重要人物。

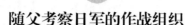

二

随父考察日军的作战组织

1904年10月，麦克阿瑟因为疟疾久治不愈而被送回美国养病。马尼拉工程总指挥在给陆军部的报告中对麦克阿瑟在过去一年的表现赞赏有加，并恳请陆军部给他安排一份有利于恢复健康的工作。

麦克阿瑟被分到旧金山地区工程兵办公室。最初的几个月，他在加利福尼亚尾矿委员会负责清理内华达山脚下一座沙矿开采时留下的环境垃圾。他经常骑着马，在蓝天下的矿区巡视，呼吸山区醉人的空气。这是任何医生都开不出的良药。松林覆盖的山坡，波光粼粼的溪流，鹰击长空的呼啸，儿时西部的生活再现眼前。年轻的麦克阿瑟很快就恢复了健康和活力。

此时，国际环境发生了很大的变化。欧洲大陆的老牌资本主义国家

日俄战争，日本战舰

英、法、西、荷等逐渐衰落，而德国则异军突起，虎视眈眈，企图在世界范围内重新划分殖民地。各国矛盾日益尖锐，战争日益逼近。有人断言，不出10年，整个欧洲都将笼罩在战火之下。

与此同时，日、俄在东亚地区的矛盾也不断升级，终于兵戎相见，爆发了日俄战争。一贯对东亚地区的形势颇感兴趣的亚瑟·麦克阿瑟中将请求前去当观察员。他说他希望能目睹至少一次主要战斗，以研究日军集团军的野战组织。

中将的请求得到陆军部的许可之时，日俄战争已经接近尾声。他以美国驻东京大使临时武官的身份和常驻武官约翰·潘兴上校一起前往东京。他们的夫人随行前往。

这时，已经恢复健康的麦克阿瑟也向陆军部递交了申请，希望能被任命为战时观察员。他太渴望战场了，哪怕不能亲自领兵冲锋陷阵，看看别人如何打仗也是好的。可惜的是，他的军衔太低，资历也不够，不可避免地遭到了拒绝。

不过，他的中将父亲有的是办法。中将从东京辗转抵达中国东北，到了日俄战争的前线。此时，战斗已经结束。中将遗憾地回到了东京。9月，他的助手帕克尔·韦斯特上尉奉命回国。中将立即动用手中的权力，设法让陆军部任命他的儿子接替了韦斯特的职位。

10月底，麦克阿瑟抵达横滨。3天后，他就和父亲开始了巡视。父子俩对日俄战争中出现的新武器和海军的决胜作用很感兴趣，在日本做了大量的调研。此后，麦克阿瑟一家又游历了新加坡、爪哇、缅甸、印度的加尔各答、暹罗（泰国旧称）等地。

当时，暹罗是东南亚唯一未被西方列强殖民的国家。国王热情地接待了他们。在一次宴会上，大厅的电灯突然熄灭了。国王的卫兵惊慌失措，立即组成一道人墙，护住了国王。

麦克阿瑟"嗖"地站起来，快速点燃一支蜡烛，来到配电箱旁。不过一分钟的时间，他就找到了问题所在，换上保险丝，挽救了局面。

国王大喜，当即表示要给他颁发勋章，以表彰他敏捷的行动。

麦克阿瑟一愣，马上弯腰向国王行了一礼，礼貌地说："谢陛下厚爱，但这勋章，我恐怕不能接受。"

国王话一出口就有些后悔了，他觉得因为换一根保险丝就颁一枚勋章的话，确实有点欠考虑。他笑了笑，默许了麦克阿瑟的请求。

麦克阿瑟不愿接受这枚勋章，因为换一根保险丝就获得勋章的话，对他的前途可没有什么好处。

随后，麦克阿瑟一家从暹罗前往中国。在中国的两个月里，他们参观了青岛的德国海军基地，也视察了中国兵营。

1906年6月，麦克阿瑟一家回到日本横滨，结束了旅行。将军和他的儿子与日军高级指挥官探讨了日俄战争中出现的一些新武器和新战术，并断言："环太平洋地区将成为未来世界的焦点。"

在回国的途中，将军又对儿子说："日本已经不可避免地要崛起，终将成为一支重要的军事力量。如果有一天，他们成为美利坚的敌人，情况可能会很糟糕。"

身为一名军人，麦克阿瑟虽然期待战争，但并不是一个战争狂。他回答说："世界上不可能有永远的敌人。在亚洲这片古老的土地上，殖民秩序不可能永远持续下去。我相信，终有一天，这里将会变得人口众多、经济发达。美利坚的生存将更多地依赖于与亚洲的关系，而非与欧洲在血缘和信仰上的旧纽带。"

麦克阿瑟刚回到国内，就接到陆军部的命令，前往新建立的华盛顿兵营学校和工兵学校报到。美军正在大刀阔斧地进行军事体制改革，建立不久的总参谋部希望部队中能有更多的像麦克阿瑟父子那样文武兼修的军官。是故，总参谋部建立了兵营学校和各兵种学校，重点培养部队中优秀的中下级军官。

与此同时，时任美国总统西奥多·罗斯福还亲自干预，任命麦克阿瑟为总统军事助理的助手。麦克阿瑟为何会在突然之间受到总参谋部和总统的双重关注呢？仔细分析起来，不外乎三点原因。第一，他是西点军校数十年来最优秀的毕业生，在校期间大出风头；第二，他风度翩翩、思维敏捷，又有海外阅历，对战争的看法与众不同；第三，他是麦克阿瑟将军的儿子。

麦克阿瑟的任务并不繁重，只是在白宫的宴会和招待会上打打下手，撑撑场子。能够近距离地接近总统，这使他看上去很兴奋。而西奥多·罗斯福也很偏爱这个年轻的中尉，对他的意见几乎言听计从。这给了麦克阿瑟充分的自信，同时也让他更加骄傲了。

有一天，总统召开内阁紧急会议。他很希望这次会议能在秘密状态下进行，但媒体记者就像蜜蜂关注花朵一样关注着白宫的动静，根本不给总统任何机会。会议室的门刚一打上，记者们就蜂拥而至，把现场围了个水泄不通。

当总统从会议室走出来之时，早已蓄势待发的记者们七嘴八舌地向他提出了早已准备好的问题。总统毫无准备，涨红了脸，呆呆地站着。虽然他尽量保持着迷人的风度，但谁都能看出内心的尴尬。

就在这时，一名仆人端着托盘走向会议室，给总统和他的下属们送咖啡和三明治。一直笔直地站在会议室门口的麦克阿瑟突然计上心头，伸脚绊倒了仆人。巨大的银盘砸在地上，三明治和热咖啡溅到了记者们身上。

现场顿时混乱起来，记者们纷纷低下头，用手帕擦去溅在衣服上的咖啡。总统趁乱溜回了会议室，并关上了大门。等他再次出现的时候，手里已经多了一份为记者们准备的特别声明。

就这样，麦克阿瑟帮助总统摆脱了一次不必要的麻烦。总统再次见到麦克阿瑟的时候，由衷地称赞他说："中尉，你是个大外交家。你应该当大使！"

三

爱情和工作双双受挫

1907年8月，麦克阿瑟提前从兵营学校和工兵兵种学校毕业，前往密尔沃基地区工兵司令部报到。麦克阿瑟对这次任命很满意，因为他的父亲正赋闲在家，撰写回忆录。到密尔沃基任职，就代表他可以常常和家人团聚了。

密尔沃基的工程兵部队主要任务是开挖河道，修筑港口。麦克阿瑟很高兴被派到密尔沃基工作，但对工作性质却颇为不满。突然之间，他陷入了一种两难的境地。如果他干得出色，以后就很难离开工程兵部队了；如果干得不好，他将很难有提升的机会，说不定同样无法转到作战部队。

麦克阿瑟这才发现，当上工程兵部队的指挥官虽然较容易升迁，但却像走进了一条死胡同，要么原地踏步，要么越陷越深。除此之外，别无选择！

麦克阿瑟虽然在仕途上走进了寒冬，但却迎来了爱情的春天。这一年，他恋爱了。和以往的恋爱不同，这次并不仅仅是和漂亮姑娘玩玩那么简单，他真的坠入了爱河。那是一个叫范尼贝尔·冯·戴克·斯图尔特的美丽姑娘，她出身高贵，富有教养，阅历广泛，正是那种让麦克阿瑟欲罢不能的类型。

几乎整个秋冬季节，麦克阿瑟都在一丝不苟地给斯图尔特小姐写情诗，诉说着内心的相思之苦。他甚至创作了一部27页的诗歌剧，向她求婚。

诗歌剧的内容很老套，讲述的是一对互敬互爱的年轻夫妇和他们的两个儿子——马尔考姆和亚瑟的幸福生活。战争爆发了，作为步兵上校的丈夫应征上前线。

男主人公道格拉斯回家时伤势严重，女主人公范则精心照料他恢复健康。这时，战火也烧到了他们生活的平静山谷。道格拉斯毅然归队，率部和敌人死战。经过几天几夜艰苦卓绝的战斗，敌人终于被击退了，但己方也伤亡惨重。

道格拉斯英勇牺牲，范守了寡。她强忍巨大的悲痛，为她勇敢的军人丈夫而骄傲，并无悔地去面对漫长而孤独的寡妇生活。

麦克阿瑟似乎想通过这部诗歌剧向斯图尔特小姐表达这样的思想：真正的爱情都是凄美的。作为一名军人的妻子，与生俱来就应该在享受美好生活的，同时做好随时独守寂寞的准备。

遗憾的是，斯图尔特小姐似乎并不愿意在孤寂中度过下半生。麦克阿瑟写了几个月的情诗，除了让他的文笔更加优美，字体更加漂亮之外，什么作用也没有。

密尔沃基工程兵部队司令官贾德森少校对麦克阿瑟颇为不满。一方面，麦克阿瑟一心追求斯图尔特小姐，根本没有把工作放在心上；另一方面，贾德森少校发现这名中尉的名字远比他肩上的少校军衔吸引人。

有一次，他们到马尼托沃克城（属于威斯康星州，麦克阿瑟的父亲发迹之地）里办事，住进了当地唯一的一家宾馆。麦克阿瑟被领进宾馆里最好的一个房间，而贾德森却得到一间狭小而阴暗的房间。

如此一来，两人本就紧张的关系更加紧张了。到了冬天，麦克阿瑟索性离开马尼托沃克，到密尔沃基和父母团聚去了。

将军开始为儿子寻找新的出路。当时，巴拿马运河正在热火朝天地施工，麦克阿瑟想到那里去一展身手，但陆军部却打算把他送回西点军校去任战术教官。这一下，他从父亲身上继承的那种倔强劲爆发了，他不断和陆军部交涉，最后终于达成妥协，重返工兵第三营，任K连连长。

工兵第三营已经离开马尼拉，驻守在国内的利文沃斯堡。那里是麦克阿瑟少年时代曾经生活过的地方。和麦克阿瑟少年时代不同的是，此时的利文沃斯周围已经建起了好几所陆军军事学校。野战部队指挥官学校专门招收兵营学校最优秀的毕业生；陆军参谋学院则招收野战部队指挥官学校的前50名学员；陆军通信学校是全军最优秀的兵种学校之一。

工兵第三营并不承担具体的工程任务，而是其中两所学校的示范部队。如果学校研究出了什么新的作战理论，就会动用工兵第三营去实验这一想法。

麦克阿瑟的K连是要塞中最差的连队。不过，他有信心在此后的一年中将最差的帽子摘掉。要塞附近有一个不大的淡水湖，麦克阿瑟经常率领全连到湖边训练，要求他们以最快的速度搭建几架浮桥。

　　他还不断鼓励士兵，对众人说他们是整个要塞，乃至全军中最优秀的士兵。麦克阿瑟的鼓励很快就发挥了意想不到的作用。不到一年的时间，K连就从要塞中最差的连队成了最优秀的连队。

　　麦克阿瑟的任务还包括到赖利堡给骑兵学校讲课，主要内容是工兵和骑兵如何在战争中协同作战。骑兵学校的学员们很喜欢这个英俊潇洒的教官，校方也对他的工作给予了高度评价。

　　在1908年的工作鉴定中，工兵第三营营长托马斯·里斯将中尉的表现如实向总参谋部作了汇报，并推荐他破格进总参谋部工作。然而，意外发生了。贾德森少校也向总参谋部递交了一份工作鉴定，并在其中写道："他工作专心的程度非常一般，缺乏学习热情，上班时间不在办公室的时间过多……我认为麦克阿瑟中尉的行为不值得嘉奖，他的任务完成得也不令人满意。"

　　贾德森少校的报告虽有恶意报复之嫌，但所述基本上是事实。在密尔沃基执行任务期间，麦克阿瑟忙着追求斯图尔特小姐，确实很少关注工程事务。贾德森的报告让麦克阿瑟感到恐惧，马上针锋相对地给陆军部写了一份长长的报告，反驳贾德森的说法。

　　在报告中，他振振有词，同时又小心翼翼地说："我认为，贾德森少校所看到的并写进我的军事档案中的那些无可更改的缺点言过其实了。"

　　陆军部的头头们没有理会麦克阿瑟的报告，而是采纳了贾德森少校的说法。这一下，不光麦克阿瑟觉得自己要倒霉了，就连母亲也认为他的前途暗淡，已经没有必要再在部队待下去了。

　　1909年4月，母亲背着他给联合太平洋铁路公司总裁爱德华·哈里曼写了一封信。她在信中极力称赞儿子的才能，并希望哈里曼能给他提供一个较有前途的职位。她说："坦率地讲，我想看到我的儿子找到一个比在军队更有前途的工作。"

　　哈里曼曾在东京的一次

联合太平洋铁路公司

晚宴上见过麦克阿瑟一次，对这个西点军校的优秀毕业生印象深刻。他在回信中热情地说："我们永远欢迎一流的人才。"

不久，哈里曼就派了一名行政人员会见了麦克阿瑟。中尉对这位陌生来访者的到来十分吃惊，而且有些不快。当来访者把事情的来龙去脉说清楚之后，麦克阿瑟礼貌地说："感谢哈里曼先生的厚爱！可是，我还不想离开。"

为了尽快摆脱贾德森报告的影响，麦克阿瑟写了一本名为《军事爆破》的书。他在书中极尽所能地表达了自己对工程兵作业的兴趣，还附上了不少他正在作业的插图。虽然书中有一部分故作新颖、吸引人眼球的地方，但其精髓在于高度实用。麦克阿瑟在书中提出了炸毁桥梁、摧毁铁路、阻塞公路等又快又好的手段迟滞敌人进攻的应急方法。

利文沃斯堡的司令官对这本书很感兴趣，并决定在所有的陆军军事学校教学中使用。工程兵司令也称赞这本小册子"是一项有价值的贡献"！

四

柳暗花明，踏上飞黄腾达之路

1909年夏季，《军事爆破》一书的出版和传播终于帮助麦克阿瑟扭转了局面。他很快接到了陆军部的新任命，再次前往利文沃斯堡报到。这一次，他主要负责工兵学校的转移问题。

当时，全军工兵学校课程正逐渐向利文沃斯堡转移。麦克阿瑟的任务就是保证移交顺利进行，不出岔子。麦克阿瑟干得很成功，很快就获得司令官的推荐，前往纽约参加晋升上尉的考试。

麦克阿瑟除了努力工作，准备晋升考试之外，只剩下谈恋爱了。风流倜傥的麦克阿瑟在情场上从来不甘寂寞。在遭到斯图尔特小姐的拒绝后，他又追求过一位姑娘——珍妮·克拉克。珍妮·克拉克是一名上尉军官的女儿，年龄和麦克阿瑟应该有不小的差距。但年龄从来就不是爱情的障碍，两个人似乎相处得很好，克拉克一家也很喜欢麦克阿瑟。

就这样，时间在平静中一天天过去了。1911年2月，麦克阿瑟晋升为上尉，并被任命为第三工兵营的副官兼陆军军事学校教官。随后，他获得了短期休假的机会，立即前往巴拿马，领略新运河的壮观景色。

回国不久，麦克阿瑟即被派往得克萨斯萨姆堡，参加美国历史上第一支机动师的军事演习。当时，各主要资本主义国家因为在资源和商品市场方面矛盾重重，战争的风险正在日益迫近。英、法、德等国都以常备作战师为重点，组建各自的军队。

巴拿马运河

而美国由于远离欧亚大陆，并没有参与这一进程。该年夏季，美国和墨西哥在边界发生了冲突，陆军立即抓住这一机会，准备着手组建常备师。于是，陆军部下令从全国各地调集部队，开赴萨姆堡，组成了一支临时的机动师。在萨姆堡，麦克阿瑟差点命丧黄泉。

当时，飞机刚刚问世，但是已经不少人相信这种会飞的"大鸟"在将来必定成为战场上最可怕的武器之一。麦克阿瑟在利文沃斯堡的棒球队友本杰明·福罗伊斯上尉（昵称本尼）便是一位飞行员先驱，他是美军中第二位陆军飞行员。

和很多先驱飞行员一样，本尼急于证明飞机很快将成为战场上的主宰。有一天，他和野炮部队的士兵发生了争执。野炮部队的士兵坚称野炮才是战场上的唯一主宰，但本尼却宣称，野炮的地位很快就会让位给飞机。

为了证明这一点，本尼驾驶一架飞机升空，打开仿机枪声音的喇叭，驱赶马群。突然，飞机失控了，笔直地冲向第三工兵营的一排帐篷。麦克阿瑟就住在其中的一顶帐篷里。

本尼猛拉操纵杆，想要调转方向。就在这时，迎面驶来一辆马车。本尼想要再次调转方向，但已经晚了，他只能将飞机稍稍驶往别处，但却无法避免和马车相撞了。

骏马被突如其来的状况吓坏了，前蹄腾空，带翻了马车，径直向炮队的马群中跑去。与此同时，飞机也坠毁了。

本尼一头栽倒在地，过了半晌才爬起来。惊恐万状的马车夫从泥地上挣扎着站起来，气急败坏地咆哮道："嘿，伙计，你想谋杀吗？"

本尼也气急败坏地开口回骂。两人正嚷嚷着，麦克阿瑟从帐篷中走出来，高声道："本尼，发生了什么事？"

本尼转过头，看到麦克阿瑟正向他们走来，心有余悸地想："天哪，如果刚才我没有避开的话，现在他已经成肉饼了。"

麦克阿瑟又问了一句："怎么了？"

本尼沮丧地回答说："道格，我要么把你的帐篷铲平，要么与这位的马车相撞。事情就是这样。"

麦克阿瑟马上就明白发生了什么事情。他走过去，仔细看了看飞机残骸，转过身来对本尼说："本尼，以一个没有利害关系的旁观者的身份，我想说你作出了正确的决定。"

事后，麦克阿瑟回想起当时的情况，心脏也不免"扑通扑通"乱跳。如果本尼没有及时调转方向的话，他的躯体很可能已经和飞机的残骸搅在一起了。

演习期结束后，麦克阿瑟回到了利文沃斯。这时，麦克阿瑟家族遭遇了一次惨重的变故。1909年6月，64岁的麦克阿瑟将军迎来了退休的日子。他发表了一份声明，骄傲地宣称："我接受了我的祖国所能授予士兵的所有最高荣誉，只有冲锋陷阵，为国捐躯的荣誉例外。"

实际上，这份声明背后隐藏着的却是深深的失望。他曾试图登上总参谋长的宝座，但始终未能成功。这份声明的言下之意，乃是他既没能像最光荣的士兵那样战死疆场，也没能成为陆军第一人。

退休后，亚瑟·麦克阿瑟将军彻底告别了军营。他发现密尔沃基狭小的天地和整日无所事事实在令人难以忍受。在孤独和寂寞中，他的健康状况日益恶化。到1912年初秋季节的时候，将军的身体已经非常虚弱了。

9月5日晚上，将军抱病出席了在密尔沃基城里大学大楼举行的第二十四志愿步兵团建团50周年纪念会。虽然已经是初秋时节，但那天的天气依然非常酷热。将军感觉很不舒服，但为了不让老战友们失望，他还是颤巍巍地走上讲台，开始回顾他在亚特兰大战役中率部进行火力侦察的行动。

讲着，讲着，他的身体突然颤抖起来，声音含混地说："战友们，我很累，无法继续说下去了。"

说完，将军瘫倒在一把椅子里。原第二十四志愿步兵团的老军医快步走上前去，查看将军的病情。他摸了摸将军心脏的部位，又翻开将军的眼睑，仔细查看了一番，摇摇头说："他已经走了，心肌梗死！"

老兵们把将军的遗体放在地上，跪在他周围祈祷。祈祷完毕，原副官取下讲台边的星条旗盖在将军的身上。就在这时，副官也突然倒了下去，同样死于心肌梗死。

将军的去世对麦克阿瑟母子的打击非常大。父亲一直是麦克阿瑟的榜样，现在父亲去世了，他突然觉得自己有必要为母亲做些什么事情。父亲去世后，母亲就病倒了，卧床数月不起。

恰在此时，麦克阿瑟已经在利文沃斯堡待了4年，该换岗了。他申请了贾德森少校以前的职位，指挥密尔沃基工兵管区，以便能留在母亲身边，照顾母亲。遗憾的是，他的军衔太低，又对挖河修港的工作不感兴趣，这次申请未能成功。不过，他依然设法调到了华盛顿，以便能常常到母亲住的巴尔的摩约翰斯·霍普金斯医院看望母亲。

时任总参谋长伦纳德·伍德曾是亚瑟·麦克阿瑟的部下。他觉得将军为陆军奉献了一生，他的儿子理应受到照顾。于是，他很快就设法把麦克阿瑟调到了陆军部。不过，由于当时没有职位空缺，麦克阿瑟只能打打杂，负责处理总参谋部不管的一切事务。

就这样，麦克阿瑟成了陆军部的"总管"。再加上有伍德的照顾，他工作起来得心应手。年末的时候，总参谋长在他的工作鉴定报告中写道："上尉是一名极有才智和办事利落的军官。"

就因为总参谋长的这句称赞，麦克阿瑟终于时来运转，踏上了飞黄腾达之路。

第三章
赴欧参加第一次世界大战

一

只身深入敌后抢夺火车头

1913年初，玛丽·麦克阿瑟病情有所好转，遂搬到了华盛顿居住。她买了一辆凯迪拉克轿车，并雇了一名黑人司机。麦克阿瑟经常让司机载着自己乘坐这辆时髦的轿车去追求马里兰州的一位少女。

由于缺乏确切的资料，再加上麦克阿瑟一生追求的女人实在太多，现在已经无法知道这位少女的出身和个人情况。不过，有一点可以肯定，此时的麦克阿瑟并没有将心思放在恋爱上。他一心一意地想要爬上高位，就像他父亲曾经做过的那样。

麦克阿瑟发现，他和总参谋长伦纳德·伍德有很多相似点，或者说他在刻意模仿这位被称为"政治将军"的改革家。伍德身材伟岸，穿着考究，是那种能让人在人群中一眼就发现的帅哥。他并不是科班出身的军官，也没有上过西点军校，陆军中的很多人都看不起他。众人以为，他不过是凭借与前总统西奥多·罗斯福关系密切才被时任美国总统塔夫脱任命为总参谋长的。

实际上，伍德是一位很有眼光的军事战略改革家。尽管当时美国陆军只有一架飞机，但他刚上任就宣称："飞机迟早会成为本世纪世界事务中最重要的因素。"

当时，美军在国内的要塞大约有50个，全部兵力约9万人，部署分散，而且无论是装备，还是战术，都相对落后。伍德准备关闭一些不必要的要塞，将陆军编为3个步兵师和1个骑兵师，同时大力推行军队的现代化建设，给战斗部队装备现代化的火炮、机枪等装备。很明显，他想把总数只有9万余人的美军打造成一支高效的战斗力量。

很多人认为伍德的想法太过天真，但麦克阿瑟却觉得他说的很有道理，并且为其马首是瞻。伍德也很欣赏这个英俊潇洒的上尉，给他分派了不少能增长见识和阅历的工作。当时耗资700万美元的夏威夷防御工事就是在麦克阿瑟上尉的主持下修建的。700万美元在当时是一笔很大的财富，总参谋长把如此重要的工程交给麦克阿瑟，其用意是非常明显的。

当年2月，墨西哥爆发政治危机，美国准备出手干预。塔夫脱总统召见陆军部长亨利·史汀生，问道："我们有多少兵力可以随时开赴墨西哥？"

史汀生毫不犹豫地回答说："只要一道命令，我们随时可以把一个整编师派往墨西哥城。"

伍德罗·威尔逊

美国人的这份"财大气粗"很大程度上都是伍德的功劳。当然，麦克阿瑟在这场改革中也发挥了"马前卒"的作用。

1913年是总统换届之年。3月，塔夫脱下台，伍德罗·威尔逊登上了总统的宝座。此时，墨西哥的政治危机不断升级，政界对"保护墨西哥政权不被颠覆"的呼声很高，而伍德也急需一处试验场，以便检验陆军的战斗力。

1914年春，伍德卸任总参谋长之职，改任野战集团军司令。野战集团军下辖陆军全部4个师的兵力。美国人准备向墨西哥动手了。为了刺探墨西哥的兵力部署情况，同时摸清进军墨西哥的路线，伍德决定派麦克阿瑟先行前往维拉克鲁斯。

麦克阿瑟上尉兴奋极了，这是他从军以来第一次真正地踏上战场。5月1日，上尉混在普通士兵中，乘坐"内布拉斯加号"战列舰，悄悄抵达维拉克鲁斯。

当时，美军的先头部队方斯顿旅已经抵达边境，但由于不熟悉进军路线和墨西哥部队主力所在，不敢贸然行动。同时，部队也缺乏运输兵力的火车头。维拉克鲁斯倒是有数百节车厢，但没有牵引机车。而美国的火车轨距与墨西哥的标准完全不同，即便从国内调机车过来也没有意义。

作为集团军司令的心腹，麦克阿瑟上尉自然了解这些内幕。他打算在完成侦察任务的同时，穿插到墨西哥人后方，带回几辆火车头，帮助方斯顿旅解决运输工具的问题。而且，在他的心里，后者已经明显成了他的主要任务。

麦克阿瑟描述这段经历的时候，生动、刺激，听起来就像是电影剧本。据说，他贿赂了几名墨西哥铁路工人，毫不费力地登上了他们的手泵车（一种以手摇提供动力的小型轨道车），到了维拉克鲁斯60余公里外的阿尔瓦拉多。

在夜色和浓雾的掩护下，麦克阿瑟和他的几名墨西哥助手悄悄潜进阿尔瓦拉多火车站。那里停着3台大功率机车。麦克阿瑟高兴极了，立即寻思如何把这些机车开走。

就在这时，5名全副武装的墨西哥士兵发现了他们，走上前来用西班牙语厉声问道："你们是什么人？"

一身便装的麦克阿瑟扭头看了看身边的墨西哥助手，示意他用西班牙语回答问话。那人会意，随即吞吞吐吐地回答说："我们……我们是铁路工人。"

墨西哥士兵见他们身着铁路工人的制服，手掌粗大，面色黧黑，很符合铁路工人的特征，但麦克阿瑟却细皮嫩肉，看上去颇为斯文，怎么看也不像是工人，遂指着他问道："你又是什么人？"

麦克阿瑟的西班牙语很糟糕，无法回答，只能求助他的助手。一名勇敢的铁路工人上前道："他是我的朋友，来见见世面。"

几名墨西哥士兵似信非信地转身离去。就在这时，麦克阿瑟拔出了腰间的手枪，"砰砰"开起火来。

墨西哥士兵马上端起步枪，子弹上膛，予以还击。麦克阿瑟一边开枪射击，一边用蹩脚的西班牙语命令他的助手说："快，快，把机车开走。"

铁路工人们爬进机车，发动起来。墨西哥士兵只顾向麦克阿瑟射击，全然没有想到墨西哥铁路工人和眼前这个细皮嫩肉的奸细是一伙的。等他们反应过来，想阻止的时候，一切都已经晚了。而麦克阿瑟也趁这个机会跳上一台机车，匆匆离开了。

在返回维拉克鲁斯的途中，麦克阿瑟一行又遇到了15名乘坐手泵车的墨西哥骑兵。据麦克阿瑟描述，他们之间又发生了激烈的枪战，3发子弹穿过他的衣服，但他却未受伤。

当接近美军阵地时，众人又和墨西哥部队发生了一次交火。这一次，麦克阿瑟又理所当然地获得了胜利。虽然他的衣服再次中弹，依然毫发无损。麦克阿瑟坐泵车在前面开路，3位墨西哥人驾着3辆大型机车，紧跟其后，安全回到了维拉克鲁斯。

因为没有佐证，一切全凭麦克阿瑟自己叙述，这次冒险到底有几分真实性，已经不得而知了。不过，麦克阿瑟到过墨西哥人防线的后方并带回了3辆机车，这是千真万确的事情。至于3次交火，杀出一条血路云云，很可能是麦克阿瑟的信口开河。这样说，他更容易得到荣誉勋章。

1914年5月7日，麦克阿瑟回到了维拉克鲁斯军营。似乎是想向伍德将军夸耀自己骄人的战绩，他给集团军司令官写了一封信。他在信中写道："亲爱的将军，我怀念您那果敢决断的作风，它给我以鼓舞。我真诚地希望事态的发展会使您不久就前来指挥这次战役，如果死神不把您召走，这次战役能把您带向的唯一地方是——白宫。"

麦克阿瑟这封极尽奉承之能事的信并没有打动伍德，或者说伍德也身不由己。美军占领维拉克鲁斯不久，第一次世界大战就爆发了。一向高举国际主义旗帜的威尔逊总统当然不希望在这个时候和墨西哥爆发更大规模的战争。于是，进军墨西哥的计划被取消了，伍德也转而就任东部军区司令去了。

这时，麦克阿瑟的目标也转向了荣誉勋章。他写了一份详尽的报告，描述深入敌后的传奇经历。伍德和两名远征维拉克鲁斯的军官也给他写了联名推荐信。

麦克阿瑟很想得到这枚荣誉勋章，而且颇为自信。他的父亲在南北战争期间曾得到过这枚勋章，他要想赶超父亲，最起码也应该得到一枚。但事情并不像他想的那么简单。授勋委员会认为，即便麦克阿瑟报告中所陈述的全是实话，但缺乏目击证人。而那几个因收受贿赂而背叛祖国的墨西哥人所说的话自然也不能相信。他们能因为收受贿赂而背叛祖国，自然也能因为收受贿赂而说假话。

前线指挥官方斯顿上呈的报告对此事则持模棱两可的说法。他说："从我个人的观点看，麦克阿瑟英勇的行为应该受到嘉奖。但麦克阿瑟上尉当时不归我指挥，我并不知道他的侦察行动。我认为此时不宜讨论这次冒险行动未告知战地指挥官，即方斯顿是否明智，我假定麦克阿瑟上尉行动的主观愿望是好的。"

就这样，麦克阿瑟和荣誉勋章失之交臂。授勋委员会的3名成员一致决定不予授勋。一名成员的理由是，事实不够充分，无法认定麦克阿瑟的英勇行为。另外两名成员的看法是，如果授勋给一名未经战地指挥官授权即行动的军官，将来很可能引发更多的类似事件，从而导致指挥官无法实施打击敌人的预定计划。

麦克阿瑟发飙了！他马上写了一份充满怨言的备忘录，呈交给新任总参谋长休·斯科特少将。斯科特决定组织一次复审，但复审无疑只是象征性的，因为麦克阿瑟情绪化的表现让复审委员会的成员颇不耐烦。

二

出任彩虹师参谋长，赴欧作战

尽管麦克阿瑟和授勋委员会纠缠不清，但到1915年的时候，他还是如愿以偿地晋升为了少校。军衔的升迁安慰了他那颗因没有得到荣誉勋章而受伤的心。

在麦克阿瑟和授勋委员会纠缠不清之时，政界和舆论界也就美国是否应该参加欧战而爆发了一场史无前例的争论。大部分人出于信仰和血缘的纽带关系，希望美国出兵欧洲大陆。但政界和军界领袖显然要比普通民众理智得多。美国陆军的正规部队只有十余万人，而正在欧洲大陆厮杀的两大集团却各有数百万兵力。

明眼人一看便知，这个仗没办法打。麦克阿瑟也很清楚，如果美国参战的话，只有一个办法，那就避免用整建制的正规部队和敌人正面接触。具体的办法是，将正规部队分散，让军官和军士去训练数百万的志愿者和国民警卫队队员，由他们去打这场战争。

另外，要趁尚未参战之机，尽快地扩建正规部队，使其人数达到22万人。1916年3月，麦克阿瑟少校开始游说国会军事事务委员会的共和党高级官员、国会议员朱利叶斯·卡恩同意一项大规模的扩军计划。

时任陆军部长贝克尔支持麦克阿瑟的计划，同时给了他一项额外的任务：改善陆军部与新闻界的关系。放眼整个军界，似乎再也没有人比英俊潇洒、风度翩翩的麦克阿瑟更适合和新闻界打交道了。喜欢出风头的麦克阿瑟本人对这份工作也很满意。

参加欧战的准备正在有条不紊地进行着，意外发生了。1916年春，美墨边境再次爆发冲突。约翰·潘兴准将立即组织了一次报复性远征。后来成为盟军总司令的艾森豪威尔也参加了这次远征行动。只不过，此时的艾森豪威尔还只是一名默默无闻的下级军官。潘兴的远征行动一直持续到1917年1月才结束。

第三章 赴欧参加第一次世界大战

艾森豪威尔

麦克阿瑟焦急万分，在这个时候对墨西哥动武无疑会打乱美军参加欧战的计划。1917年2月19日晚，他留在总参谋部值夜班。深夜，电话铃响了。麦克阿瑟拿起听筒，电话里传来一个焦急的声音："报告，方斯顿将军因心肌梗死不治而去世了。"

麦克阿瑟一屁股坐在椅子上，半晌说不出话来。方斯顿时任美军南方军区司令，也是美军中实战经验最多的将官。如果美军参加欧战，方斯顿无疑将是这场战争的前线指挥官。但偏偏在这个紧要关头，方斯顿死了！

麦克阿瑟站起来，戴上帽子，匆匆赶往陆军部长贝克尔的家。在陆军部长家门口，侍从长拦住了麦克阿瑟。麦克阿瑟不客气地说："我有非常非常重要的事情要见部长先生。"

侍从长也毫不客气地回敬道："无论多么重要的事情都要等明天再说，因为部长正在设宴招待总统先生。"

麦克阿瑟一把推开侍从长，大踏步走了进去。威尔逊看见了他急匆匆的身影，温和地招呼道："进来吧，少校，把消息告诉我们大家。在这儿没有秘密。"

晚宴上的客人被总统幽默的话逗笑了，但麦克阿瑟依然一脸的严肃。贝克尔问："发生了什么事情，少校？"

麦克阿瑟两腿一并，敬礼道："先生，我很遗憾地报告，方斯顿将军刚才去世了！"

众人立即陷入了沉默，晚宴也结束了。威尔逊一脸沉重地问陆军部长："部长先生，现在谁来指挥陆军呢？"

贝克尔没有回答，而是转向麦克阿瑟，问道："少校，你认为陆军会选谁？"

据麦克阿瑟回忆，他当时回答说："当然，我不能代表陆军说话，但我个人认为，合适的人选是潘兴或佩顿·马奇。"

贝克尔和威尔逊都陷入了沉思。

据贝克尔后来回忆，麦克阿瑟当时并没有推荐潘兴，只推荐了佩顿·马奇。佩顿·马奇和方斯顿一样，都是亚瑟·麦克阿瑟将军的老部下，而且都是将军忠实的追随者。而麦克阿瑟一家和潘兴的关系非常平淡，只能说他们

佩顿·马奇　　　　　潘兴

一家很欣赏潘兴。后来，潘兴成了远征军司令，而且与麦克阿瑟之间发生了很多戏剧性的故事，这种关系可能影响了麦克阿瑟的回忆。这一细节看似无关紧要，实际上却能真实地反映出麦克阿瑟的性格。

1917年4月，美国对德宣战，卷入了第一次世界大战。麦克阿瑟和陆军部长贝克尔千方百计地说服了总统，将正规军分散到国民警卫队中，以警卫队为主力，而不是让正规军去和悍勇的德军正面对抗。

因为战争准备期间出色的表现，麦克阿瑟被贝克尔委以重任，但他并不满意。一想到他将在整个战争期间都待在华盛顿的办公桌前，而那些将军们却可以在战场上肆意驰骋时，他就心痒难耐。

一天，几名熟悉的记者来看望少校。少校陪着众人沿着贯穿陆军部、国务院和海军大楼的走廊，向外走去。突然，他感慨地说："你们看到这条走廊边办公室里的那些将军了吗？几个月后他们一个个都不会在这儿了。更年轻的人将替代他们。战争是年轻人的游戏。"

一名记者问道："你会待在这儿占据总参谋部的那些重要位置吗？"

麦克阿瑟摇了摇头，回答说："不，到法国去的人才应该加官晋爵。"

对德宣战一个多月后，美军仍然没有开赴法国，这其中主要的原因是陆军部尚未协调好各师参战的战斗次序问题。当时，美国仅有两个国民警卫队师，分别来自纽约和宾夕法尼亚，另外还有十几个师正在组建之中。问题是，不管先派哪个师去法国，势必都会招致其他各州的嫉妒，甚至会因此而影响部队的战斗力和作战效果。

贝克尔头疼不已，多次和麦克阿瑟商议对策，均无果。一天，两人又

在讨论这一问题。疲惫的贝克尔开玩笑似的说了句："要是我们有一个士兵来自各州的师就好了。"

麦克阿瑟眼前一亮，回答说："这倒是个好办法，我们完全可以用尚未分派任务的部队组成这样一个师。"

贝克尔沉思半晌，缓缓道："好，这个任务就交给你去完成。"

麦克阿瑟少校马上联合国民军局局长威廉·曼少将查明了可供调遣的部队。当他回来向贝克尔报告的时候，情绪已经激动得几乎无法控制了。他说："建这样一个师不仅是可行的，而且会像一道雨后的彩虹普照全美。"

就这样，从各州抽调兵力组成的第四十二师组建起来了，代号"彩虹"。这就是彩虹师的来历。国民军局局长威廉·曼少将出任彩虹师首任师长，麦克阿瑟出任首任参谋长。为了使他的职位和军衔相匹配，贝克尔于该年8月破例提拔他为上校。

9月，彩虹师开赴长岛亨普斯特德港外的密尔斯军营，开始接受作战训练。虽然参谋长麦克阿瑟利用其与参谋部的密切关系，竭尽所能地为部队争取了不少优秀的指挥官，也竭尽所能地训练部队，但包括他本人在内，大部分人都缺乏实战经验。师长威廉·曼少将完全是一个政治军官，根本不懂如何排兵布阵。营、连级军官虽然有不少人出自科班，其中不乏西点军校的优秀毕业生，但空有一脑袋的理论，他们需要首先训练自己，然后才能训练他们的部属。

更加令人吃惊的是，距离开赴战场的日子已经不足一个月了，但部队的装备尚未完全到位。应该说，这一责任主要应该由威尔逊总统承担。宣战后，他没能充分动员美国的军事工业，这才导致了有部队无装备的尴尬境况。

麦克阿瑟心急如焚。他像一个被抽打的陀螺一样，整日转个不停，一面组织部队的训练，一面东奔西走，争取装备。就在这时，麦克阿瑟又遭受了一次打击。来自新英格兰、代号为"扬基"的第二十六师启程了，成了第一支赶赴欧洲的美国军队。该师师长克拉伦斯·爱德华兹是首批进入总参谋部的军官，关系很硬，面子很大，抢了头功。

麦克阿瑟无奈，只能接受现实，并盼着第四十二师早点启程。10月，彩虹师接到了出征的命令。但由于缺乏大型运输舰，部队只能以团营为单位，分别乘坐六七艘小型运输舰，分批行动。但不管怎么说，他们毕竟踏上了征程！

身先士卒，参加对德袭扰战

　　1918年初的欧洲异常寒冷，战场上的情况尤为糟糕！但寒冷并非美国人面对的最可怕的敌人，甚至连德国人也没有想象中那么可怕！他们最可怕的敌人是他们自己，是那种源自19世纪的战略、战术观念。

　　刚到欧洲大陆的美国人根本不知道什么叫现代战争。尽管他们的指挥官潘兴将军曾到过中国东北，考察过日俄战争，但他并不知道该如何在现代战争中使用兵力。法国人建议他们组建17000人的规模的轻装师，以便在遭遇敌人的火力压制时迅速撤出战场。但潘兴则要求组建28000人的整装师，以便于持久战，并能集中成密集队形突破德军防线。

　　潘兴的这一错误决定让美国人在战争初期吃了大亏。因为在现代快射火炮和轻机枪的火力下，密集的步兵进攻队形除了成为别人砧板上的鱼肉之外，毫无意义。

　　此时，陆续抵达法国的美军已达4个师的兵力，分别为第一、第二、第二十六和第四十二师。除了第四十二师为满员师之外，其他师均缺编严重，平均缺额7000人。远征军作战部长福克斯·康纳准将建议潘兴将第四十二师作为补充师，拆散充实第一、第二和第二十六师。

　　而此时，对第四十二师存亡起重大作用的师长威廉·曼少将又接到了解职回国的命令。这一下，就剩下参谋长麦克阿瑟能够和潘兴对抗了。但麦克阿瑟只是一名上校，在将军云集的司令部，他看起来似乎无足轻重。

　　为了挽救第四十二师，麦克阿瑟直接给陆军部发了一封电报。他说："潘兴拟拆散彩虹师作补充师。这意味着毁掉一个团结一致的优秀师，破坏那些因身为彩虹师一员而骄傲的官兵的士气。请求迅速采取行动拯救这个由威尔逊总统亲自组建的师。麦克阿瑟。"

　　或许是麦克阿瑟父亲的一些老部下起了作用，第四十二师得救了。但麦克阿瑟也因此得罪了远征军的参谋人员，更加惹恼了潘兴。无论对麦克阿瑟本人，还是对第四十二师来说，这都不是什么好事。

果不其然，第四十二师的"灾难"接踵而至。首先，威廉·曼少将回国了，接替他的是一位野战炮兵军官查尔斯·梅诺尔少将。此人是潘兴在西点军校的同学，同时也是他的心腹。其次，美国远征军司令部把麦克阿瑟花了很多时间从四处搜集来的给养和设备抽调了一大部分，补充给了那些士气并不怎么高的师。最后，彩虹师被划拨给了法国第七集团军。该集团军的防区在法国东北部的山区和森林地带。那里地形复杂，对面的德军力量强大，战斗难度非常大。

麦克阿瑟对前两项安排颇为不满，但也只有干瞪眼的份儿。他对第三项安排倒是很满意，他是到欧洲来打仗的，而不是来度假的。很快，他就和法国人打成了一片，向他们学习如何组织步炮协同作战。

2月20日晚，麦克阿瑟还参加了法国人组织的一次袭扰战。下午2点，法军的重炮开始向德军阵地倾泻炮弹，德军也立即加以报复。在"轰隆隆"的巨响中，大地开始颤抖，双方的阵地被一团团黑烟笼罩了。

麦克阿瑟和他的法国战友们趴在战壕里，密切注视着对面的动静。可能看到了法国官兵脸上都脏兮兮的，麦克阿瑟伸手抓了一把黏糊糊的泥巴，抹到脸上。一名法国士兵憨厚地笑了起来，递过来一把战壕刀。

麦克阿瑟摇了摇头，拒绝了。他一手拿着一根轻便手杖，另一手拿着一把专门对付铁丝网的钳子，默默地等待着。

时间一点一点过去了，黑夜降临了。法国官兵开始蠢蠢欲动，麦克阿瑟也看了看手表。突然，指挥官命令道："行动！"

士兵们身手矫健地纵出战壕，向前匍匐前进。麦克阿瑟紧随其后，"嗖嗖"追了上去。众人在泥泞的无人区默默地爬着，悄悄逼近德军设置的铁丝网。突然，一枚照明弹升空，照亮了大地。紧接着，前方传来一阵"嗒嗒"的机枪声，子弹悉数射在了众人旁边的泥地里，钻出一个个小洞。

麦克阿瑟的腿抽搐了一下。一名法军士兵向他做了个噤声的手势，示意他德军并没有发现他们，这阵机枪只不过是虚张声势而已。

照明弹落下后，众人又开始前进。如此数次，他们终于来到了铁丝网前。麦克阿瑟和众人一起，剪开铁丝网，溜了过去。

逼近德军战壕后，众人巧妙地躲过了照明弹和机枪，一跃而下，进了德军战壕。德军发现有人偷袭，立即予以还击。但双方士兵已经搅在一起，除了徒手肉搏和手枪外，机枪和步枪都失去了用武之地。

一番厮杀后，法国士兵抓了几名俘虏，开始撤退。就在这时，一名德军上校手持手枪，冲出了掩体。麦克阿瑟眼疾手快，一个箭步冲上去，用轻便手杖顶住那人的后心。德国人立即举起了双手。

在德军的追击下，撤退远比悄悄潜伏过来困难。麦克阿瑟把德军上校交给法国士兵，拔出手枪还击。但德军的火力实在太猛，一通乱打之后，麦克阿瑟和他的战友们被打散了。

法国官兵回到阵地后，不见了麦克阿瑟，都异常害怕。这个英俊的美国青年可不是普通的美国大兵，他是第四十二师参谋长，如果遇险，后果不堪设想。

直到午夜时分，麦克阿瑟才回到阵地。虽然满脸疲惫，但依然难以掩盖他内心的兴奋。他说，他和法国战友们失散后独自一人穿过了德军炮群，还通过了步兵攻击梯队的前沿。众人简直不敢相信自己的耳朵，全都诧异地瞪着他！

第二天早晨，麦克阿瑟把一顶德国钢盔放在桌子中间，向彩虹师的战友们叙述了他昨晚的疯狂经历。他兴奋地说："德国佬的齐射棒极了。他们留下的弹着点在地上每隔5码（1码=0.9144米，5码约合4.572米）一个，直得像地图上的一根标尺。法国人也很棒，他们抓了很多俘虏……"

一名军官说："先生，你不应该冒这么大的险，你是我们的参谋长。"

麦克阿瑟满不在乎地回答说："这是战争的一部分。"

法国第七集团军司令乔治斯·德·巴扎莱尔因麦克阿瑟在这次袭击中的表现立即向他颁发了十字军功章。法国人在这一点上素来保持着神速的风格。但美国远征军则保守得多！他们层层上报，过了很久，麦克阿瑟才得到他的第一枚银星奖章。

四

关爱士兵，赢得尊重和忠诚

法军的偷袭很快遭到了德军的报复。似乎是为了试探美军的实力，德军于3月4日向第四十二师一六八团发起了突袭。两天后，德军又偷袭了该师第六十九团。毫无战斗经验的美国大兵伤亡惨重，有近百人的死伤，而对方却全身而退了。

美国人大受打击，士气十分低落。为了扭转士气，麦克阿瑟决定利用第一六八团的一个营进行还击。3月9日傍晚，法军用炮火压住了德军的火力。麦克阿瑟和一名法军少校参谋来到一个准备出击的步兵连指挥所。

法军少校向准备投入第一次实战的美国人作讲解。美国大兵个个义愤填膺，士气高昂。少校转身对麦克阿瑟说："他们行动起来像老兵，我从未见过这么高昂的士气。"

第一六八团在美西战争中隶属第二师，曾在菲律宾受亚瑟·麦克阿瑟的指挥。麦克阿瑟深受感触，对站在他周围的士兵说："知道我父亲为什么为这个团感到如此骄傲了吧？"

出击命令下达后，麦克阿瑟脱掉外套，扔进旁边的灌木丛，又摘掉上校肩章揣在口袋里，和士兵们一起冲出了战壕。因为没有军衔肩章，士兵们根本不知道这位和他们一起往前冲的年轻人是他们的参谋长。他们叫他"伙计"或"嗨"。

在震天的喊杀声中，众人快速前进，很快逼近了德军战壕。令麦克阿瑟感到意外的是，除了阵阵机枪声外，他没有听到德军步枪的声音。等到冲进第一道战壕，他才发现，那里根本没有一个人，只有一块突出阵地上的机枪阵地向他们射来凶狠的子弹。

麦克阿瑟没有多想，带着士兵迂回到机枪阵地两侧，投出了手雷。"轰"的一声巨响，手雷爆炸了，德军的机枪阵地被端掉了。不过，美军也遭受了不小的损失。

在这场短暂的战斗中，麦克阿瑟表现出了一名军官无畏牺牲的精神和出色的指挥能力。他也因此而获得了"服役优异十字勋章"。

德军的报复行动很快。3月11日，德军对美军发动突袭，并使用了毒气弹。麦克阿瑟不幸中毒，住进了医院。

3月19日，正在医院接受治疗的麦克阿瑟闻知，陆军部长贝克尔来到了第四十二师视察，兴奋得差点跳起来。他抱病回到师部，迎接贝克尔的到来。

贝克尔出席了彩虹师一名牺牲士兵的葬礼。麦克阿瑟得意地把他在第一次袭击中缴获的德军尖顶头盔送给了陆军部长。贝克尔向麦克阿瑟敬了一个漂亮的军礼，麦克阿瑟双脚一并，回了一礼。

贝克尔回国后，将麦克阿瑟缴获的头盔转交给了麦克阿瑟的母亲。玛丽·麦克阿瑟双手捧着头盔，泪水止不住地流了下来。她的儿子已经成长为了一名真正的军人，她的丈夫应该瞑目了！

麦克阿瑟的英勇行为很快赢得了士兵的尊重，甚至永久的忠诚。他的一名士兵在多年后回忆说："他是士兵之魂。尽管他要求我们所有的人都要拿出士兵的样子来，但他不做作，很友善。他总是首先考虑士兵，收集给养，检查脚冻伤和战壕足，把热饭给士兵送到前线，妥善安排一切情。我在他身边待了一年半，作为军人他从未出过错。"

麦克阿瑟定期视察前线，亲自观察情况。一天，他来到一个连队视察，问士兵："你们是否见过指挥本团的上校？"

士兵们回答说："没有，没见过。"

麦克阿瑟又问："营长呢？"

他们又回答："也没见过。"

然后，一名士兵高声叫道："但我们见过你！"

麦克阿瑟笑了起来，士兵们也跟着笑了起来。

虽然麦克阿瑟经常直接参与对德军的偷袭，但他很清楚自己的职责。他大部分时间都坐在师部，冷静地分析着前沿阵地送来的每一份报告。然后，他会向炮兵下达命令说："告诉某某向某某地方每30秒用155毫米口径炮打一发。用75毫米口径炮向某某地方每隔10秒打一发，射击时间15分钟。向某某地方施放毒气。"

他的指挥镇定自若，连师长梅诺尔都有些自愧不如。梅诺尔将军是一名出色的指挥官，但却缺乏个性。这在军队中是致命的缺点，很有可能导致整个师在部队中默默无闻。所以，他非常需要像麦克阿瑟这样个性十足的参谋长。私下里，他也很赞赏麦克阿瑟亲自领兵冲锋陷阵的疯狂行为。

不过，远征军潘兴将军对麦克阿瑟的举动则颇为不满。他认为，现代战场已经和19世纪那种小规模的战斗不可同日而语，作为一名指挥官，不能只想着表演个人英雄主义，而应该更多地考虑如何组织兵力。他说："将军身先士卒，挥舞着军帽，高呼'弟兄们冲啊'的时代在实战中已经成为过去。"

不能不说，潘兴的观点是正确的。但麦克阿瑟就是这样一个人，个性十足，甚至有些张扬。也正是因为这一点，一向认为"个性即人"的法国人很欣赏他。他们对麦克阿瑟的评价是："姿态优美、能力非凡、无所畏惧，有着出色的服装品位。"

麦克阿瑟赢得法国人的青睐还有另外一个原因。尽管他的法语并不流利，但只要和法国人在一起，他总是用法语和他们交谈。这自然能够增进双方的关系。

麦克阿瑟除了母语之外，还能说法语、西班牙语、德语和意大利语。虽然这些语言并不熟练，甚至有些蹩脚，但在文盲成群的军队里已经足以令他闻名遐迩了。1918年初春，潘兴的参谋部对每个师进行了一次语言技能调查。结果，麦克阿瑟的语言知识无可争议地名列第四十二师榜首。

当然，麦克阿瑟那腼腆的性格也使得他看起来有些不太合群。这从他少年时代就已经开始了，而且终生如此。战斗间隙，他为美法军官们组织了一个俱乐部，但他自己却从未去过那儿。他还在路纳维尔最好的宾馆，为第七集团军的60名法军军官安排了一次晚宴。晚餐非常成功，但他只待了一分钟，看看自己辛苦的成果。见一切顺利，他笑笑便告辞了。

五

戏剧性地被提升为陆军准将

春天本该是百花开放、争奇斗艳的季节。但欧洲1918年的春天却比地狱还要可怕！1917年冬，俄国爆发了十月革命。随后，新生的苏维埃政权和德国达成停战协定，退出了罪恶的第一次世界大战。至此，德军结束了两线作战的艰苦境地，并从东线抽调了100万人增援西线战场。

惨烈的屠杀开始了！德军凭借出色的战术和单兵作战能力，在英、法、美防线上撕开了一道巨大的缺口，在10天内向前推进了60多公里。英、法、美损失惨重，伤亡达30万人！尚未完成训练的美军几乎全军覆没！

美国远征军司令潘兴将军急匆匆地赶赴联军最高司令费迪南德·福煦元帅的司令部，绝望地喊道："步兵、炮兵、航空兵——我们的一切都是你们的。想怎么用就怎么用吧！"

福煦元帅正因为兵力捉襟见肘而发愁呢！潘兴此举无异于雪中送炭。美军尚未完成训练的4个师全部投入了战斗。第四十二师奉命参加了巴黎西北部的大会战。在路纳维尔以东16公里处的班卡拉特，彩虹师和德军展开了艰苦卓绝的阵地战。梅诺尔这位进攻性十足的指挥官让士兵不断地炮击敌军阵地，每天打出的炮弹多达3万发。与此同时，麦克阿瑟几乎日夜都在组织袭击和巡逻。

没日没夜的战斗虽然给敌人以重创，彩虹师自身的伤亡也很大。在短短4个月的时间里，全师伤亡达4000余人。

6月份，德军占据了马恩河谷，兵锋直指巴黎。这是整个第一次世界大战期间最危急的关头之一。彩虹师受命前往马恩河畔沙隆，参加阻止德军进军巴黎的战役。作战双方不断向马恩河畔增兵，不断试探对方的实力，甚至动用了飞机。麦克阿瑟敏锐地意识到，双方铆足了劲，都想打赢此战，说明这是一场决定战争胜负的战役。

巴黎战役的准备工作在有条不紊地进行着，麦克阿瑟和他的母亲则陷入了另外一场战争——荣誉之战。由于麦克阿瑟出色的表现，梅诺尔决定推荐他升任准将。一向沉不住气的麦克阿瑟立即写信向母亲透露了这一消息。

玛丽·麦克阿瑟虽然远离战场，但一直密切关注着前线的动态。或者说，她一直密切注视着儿子的一举一动。作为美国远征军最引人注目的人物之一，麦克阿瑟一直是美国战地记者争相采访的对象。因此，有关他的报道经常出现在国内的报刊上。玛丽·麦克阿瑟准备了一本大大的报刊剪贴簿，收集一切与儿子事迹有关的新闻报道。

她深信，儿子出色的表现已经足以使他升任准将了。但为了尽量避免意外，她还是写信向陆军部长贝克尔求助，希望他能附议梅诺尔的推荐。贝克尔知道麦克阿瑟和潘兴之间的关系非常微妙，没有贸然答应玛丽·麦克阿瑟的恳求，而是狡猾地在回信中写道："我敢肯定，您了解我对麦克阿瑟上校的感情，从我的内心来讲，如果我可以随心所欲的话，以及从我个人的判断，您应该清楚我的倾向，我非常欣赏他的勇士精神。"

不过，贝克尔还是把玛丽热情的长篇大论转交给了潘兴。随后，玛丽又给潘兴写了一封信。她在信中几近哀求地说，她知道不久将有近百名军官被提升为将军，希望潘兴能考虑西点军校的优秀毕业生道格拉斯·麦克阿瑟。

这时，更高的权力人物开始插手了。亚瑟·麦克阿瑟将军生前的老部下佩顿·马奇新近登上了总参谋长的宝座。他向美国远征军总部索要了有资格提升的军官名单。潘兴立刻呈交了一份近50人的名单，其中不少人是美国远征军司令部的参谋。

马奇看了看名单上的人，提笔划去了5人，加上了麦克阿瑟的名字。随后，这份修改过的名单被正式提交给参议院批准，产生了4名少将和43名准将。就这样，麦克阿瑟成了将军，确切地说，是一名准将。

6月26日下午，一位名叫帕特·罗宾逊的列兵找到正在战壕视察的麦克阿瑟。他首先向麦克阿瑟行了一个漂亮的军礼，然后汇报说："朱达上校向麦克阿瑟上校……哦，不，对不起长官，我是说向麦克阿瑟将军表示祝贺！"

诺贝尔·朱达上校是第四十二师的情报官，他译出了一份刚从华盛顿来的电报。电报上列出了新将军的名单。

麦克阿瑟马上明白了是怎么回事。他笑着回了一礼，说道："谢谢你，罗宾逊。"

任命下达后，玛丽写给潘兴的信也到了远征军司令部。也就是说，玛丽的哀求对麦克阿瑟的升迁似乎并没有起到多大的作用。

尽管推荐的人90%都获得了晋升，但潘兴依然很气愤。他甚至觉得这是佩顿·马奇故意使他难堪。他决心联合几个实权人物，把这位新任总参谋长赶下台。

麦克阿瑟不知道马奇才是助他成为将军的关键人物，他写了一封热情洋溢的感谢信给潘兴。他说："我真诚地谢谢您提升我为准将。您如此慷慨地对我的肯定，使我受到极大的鼓励……愿您继续实现您伟大的使命，那是一个感激您的国家所应给予您的。"

这是多么富有戏剧性的一幕啊！潘兴虽然气愤不已，但也无可奈何了。麦克阿瑟继续当他的第四十二师参谋长，不过现在已经不是上校参谋长了，而是准将参谋长。他喜欢这份工作，虽然和做军事主官比起来，它少了一些荣耀！这个职位既可以让他运筹帷幄，领导一大批出色的平凡人干一番不平凡的事业，也可以让他直接领兵冲锋陷阵，表演他的个人英雄主义。

7月，第四十二师被调拨给法国第二十一军，编入了第四集团军的作战序列。麦克阿瑟领着士兵们在兰斯东南的一座小镇苏旺周围挖战壕，以阻击德军即将发起的进攻。

7月14日下午，兰斯地区下起了阵雨。雨后，一道彩虹高高挂在天际，像是给彩虹师以警示。午夜，德国的重炮开始向联军阵地倾泻炮弹，进攻就要开始了。这天是法国的国庆日，德国选择在这一时刻进攻，显然是想趁法国人庆祝国庆之机，打他们一个措手不及。

第四集团军司令官古罗将军命令炮兵用短程密集炮火予以还击，并组织兵力对德军阵地进行了两次袭击。袭击队带回了27名俘虏，包括一名军官。从俘虏的口中印证了今晚确实是大战之夜。

这时，第四十二师师部的电话响了。美军第五集团军司令部打来电话，说："法国570，法国570，祝好运。"

"法国570"是一段代码，意思是"德军已经开始进攻，做好战斗准备"。

麦克阿瑟放下电话，转身对梅诺尔将军说："德国佬的进攻就要开始了。"

梅诺尔问："准备好了吗？"

麦克阿瑟回答："就等着他们来了。"

11点30分，美、法部队调集的2500门火炮开始怒吼，向对面敌军阵地倾泻炮弹。高爆弹和毒气弹划破夜空，把整个战场都变成了地狱。此时，德军20多个步兵师已经集结在出发地域待命，炮击给他们造成了极大的伤亡。

德国人似乎已经习惯了死亡，依然按照预定计划发动了总攻。凌晨时分，德军开始炮火准备。美、法也被巨大的爆炸声和惨烈的叫声笼罩了。

7月15日4点30分，德军步兵像潮水一样涌了过来。第四集团军设置的第一道防线开始还击。机枪和火炮射击时喷出的火焰把天空照得如同白昼，看上去非常可怕。

法军的顽强抵抗没能挡住德军。天亮时，德军已经突破第一道防线，逼近第四十二师的防御据点。梅诺尔和麦克阿瑟立即下达命令，予以阻击。

战斗十分激烈，双方士兵都恨不能在一瞬间打光所有的子弹。和德军士兵相比，美国大兵毕竟少了一些实战经验。战斗持续几十分钟后，一些防御薄弱的地点已经开始出现溃退的迹象，另外一些地段也面临着和德军展开白刃战的风险。

这时，第四集团军司令古罗把预备队派给了麦克阿瑟。形势立即被扭转过来了。在猛烈的炮火轰击下，德军开始四散逃窜。

麦克阿瑟松了口气，爬出战壕，跟着一队押送战俘的士兵向后方走去。战俘们个个无精打采，完全丧失了斗志。他摇了摇头，暗想："德国佬并没有传说中那么可怕！"

这一天注定要被载入彩虹师的史册，他们挡住了德军猛烈的进攻，取得了第一个重大胜利。麦克阿瑟也因为沉着、冷静的指挥而获得了一枚银星勋章。不过，彩虹师在此战中也付出了沉重的代价，全师伤亡达1600余人。

在随后的几天里，除了零星的战斗之外，德军再也没有发动大规模的总攻。吃了败仗的德军开始收缩防线，转入防御。从此以后，战场的主动权转到了美、英、法等国联军的手上。

第四章
从彩虹师师长到西点校长

一

临危接任第八十四步兵旅旅长

德军退却一周后，联军最高指挥部决定向兰斯西部的德军发起总攻。草草休整后的彩虹师被划拨给法国第六集团军指挥。

麦克阿瑟大吃一惊，甚至有些愤怒。他早就听说，第六集团军的司令让·马里·约瑟夫·德古特将军固执、呆板，而且从不爱惜士兵的生命。不管是法军士兵，还是美国大兵，都不喜欢这个蹩脚的指挥官。

彩虹师接到的命令是：向奥尔克河一线追击溃退的德军。德古特将军估计，德军在马恩河谷退却后，会全面撤向奥尔克河。在盛夏的干旱时节，奥尔克河根本算不上一条河，只是一条水流缓慢的小溪，不宽、不深，也不美丽。德古特将军打算让彩虹师轻装前进，悄悄涉过奥尔克河，不放一枪一炮，端着刺刀冲向正在溃退的敌人。

实际上，情况并不像德古特将军想象得那么简单。奥尔克河虽然很容易渡过，但两岸陡峭的河岸却潜伏着巨大的危机。德军在不远处，连绵不绝的小山上设置了机枪和迫击炮阵地，河岸全部在德军的射程范围内。

7月28日白天，彩虹师的步兵部队抵达奥尔克河，炮兵部队远远跟在步兵的后面，相距好几天的路程。步兵还没有站稳脚跟，对岸就传来了密集的枪声。紧接着，站在最前面的士兵惨叫着倒在了血泊中。

"开火！"一名指挥官喊了一声，美国大兵们迅速趴在地上，子弹上膛，开始还击。与此同时，通讯兵开始和师部联系。

麦克阿瑟得知步兵受阻，喃喃地说了一句："这将是惨烈的一天！"

随后，麦克阿瑟联系了集团军司令部，报告说："第四十二师步兵部队遭到敌步兵猛烈阻击。"

集团军司令部的回答是："这只是敌人的溃兵，不足为惧！"

奥尔克河边的枪战持续了一整天，但伤亡不大。

夜幕降临时，各团按照预定计划踏上横跨小溪的独木桥，向对岸冲去。众人还未来得及爬上对岸，德军设置在小山上的机枪和迫击炮阵地发出了怒吼。瞬间，彩虹师被打乱了。

麦克阿瑟得到消息的第一时间就冲出师部，赶往炮兵部队，命令他们火速前进，支援奥尔克河前线。

直到这时，集团军的第四十二师师部才搞清楚，德军根本没有撤退，彩虹师对面有4个德军师，其中包括精锐的第四普鲁士卫队师。战斗异常残酷，残酷到无以复加的地步。

麦克阿瑟马上命令师直属炮兵部队也赶赴支援。他这一系列出色、冷静的指挥为他赢得了第三枚银星勋章。

但是，第八十四步兵旅旅长罗伯特·布朗却违背了麦克阿瑟的命令。他担心炮兵发射的炮弹会落到自己人的头上，因为有些部队已经渡过奥尔克河，冲到了德军阵地下面的山坡。

师长梅诺尔将军异常震怒，马上解除了布朗的职务，并令麦克阿瑟兼任第八十四旅旅长。由于当时的情况非常混乱，麦克阿瑟3天后才正式接任该旅旅长。

7月31日，麦克阿瑟来到前线，指挥部队作战。天空下着大雨，河水暴涨，土地泥泞，更要命的是反常的寒冷。麦克阿瑟身穿大衣，头戴钢盔，冲在了队伍的最前头。士兵们见旅长身先士卒，个个士气高昂，"嗷嗷"叫着向德军阵地扑去。

惨烈的战斗又打了一夜，到第二天早上的时候，德军终于挡不住了，开始有序地撤出阵地。麦克阿瑟这才松了口气，开始统计各团的战斗减员情况。令他吃惊的是，全师伤亡3000余人，平均每天减员1千人。

麦克阿瑟跳上了一辆开往小镇谢尔吉的战地救护车，彩虹师刚刚占领了这座小镇。简单地考察了谢尔吉后，他确信德军正在撤退。为了巩固来之不易的战果，他打算让已经筋疲力尽的彩虹师拿出最后一点力气，向前追击。

返回师部后，麦克阿瑟向师长梅诺尔将军汇报了前线的情况，并解释了自己的想法。梅诺尔将军有些犹豫，集团军司令德古特将军已下达新命令：固守阵地，不得追击，这完全和麦克阿瑟的想法相反。

沉默了片刻之后，梅诺尔将军向麦克阿瑟说："参谋长，我不能按照你说的那样下达命令。但我也不会阻止。"

麦克阿瑟明白了师长的意思，火速返回前线，开始组织兵力。他已经下定决心，独自承担违抗命令的责任。

彩虹师的进攻正面为4000米。士兵们在那儿流血流汗、疲惫不堪，随时都可能倒下。麦克阿瑟走遍了阵地，一个团一个团地催促、请求、微笑、施展魅力，要求最后一次向前推进。

士兵们已经知道，美军第四师正赶来接替他们。他们也已经完成了集团军交给他们的任务。既然如此，大家又何必再前进一步，再多牺牲一个人呢？

在疲惫和死亡面前，没有人理会麦克阿瑟的要求。麦克阿瑟非常理解这种状况，但他不想轻易放弃任何一个机会。他坚信，只要能使一个团移动，其他团都会跟上。

最后，他把注意力放在第六十九团上。该团团长弗兰克·麦科伊上校是一名出色的指挥官，同时也是一个非常具有冒险精神的爱尔兰人。麦克阿瑟向麦科伊和他的参谋们说明了情况，最后说："由你决定吧，麦科伊。"

麦科伊上校征询站在他身边的马丁·米尼上尉，问道："上尉对参谋长的要求有何想法？"

米尼上尉指了指减员过半的第三营。麦科伊会意，苦笑着说："我的人员几乎耗尽，并且他们都很累，但只要下命令，他们愿意到任何地方去，他们认为前进的命令对他们是一种鼓励。"

麦克阿瑟用力握住麦科伊的手，朗声道："谢谢你上校！"

几分钟后，第六十九团三营开始前进，并带动了整个师。麦克阿瑟兴奋地说："以上帝的名义，麦科伊，要干大事儿真得找爱尔兰人。"

麦克阿瑟的判断是正确的，正在撤退中的德军简直不堪一击。他和彩虹的官兵们追击了两天，向前推进了8公里，迫使德军放弃了马恩河的锥形突出阵地。

梅诺尔欣喜若狂，马上向潘兴汇报说："根据军司令部的命令，他一分钟也没有耽搁，迅速鼓动全师追击，不久便追上敌人，全面控制了维斯勒斯山的主峰……麦克阿瑟将军亲自指挥各步兵团，走遍了全师4000米宽的正面，使炮兵和支援部队随时跟上，尽管那个地方连一条路都没有。"

因为这次出色的表现，麦克阿瑟获得了他的第四枚银星勋章。不过，彩虹师也付出了沉重的代价。到8月3日第四师接防的时候，第四十二师的伤亡统计也已出来了。在一周的时间里，该师向前推进了11公里，伤亡6500人。许多步兵连队伤亡惨重，只剩下一个排的兵力。

指挥部队参加圣米耶勒战役

1918年8月，麦克阿瑟卸任彩虹师参谋长，前往第八十四旅就任旅长。总参谋部曾打算让他回国就任第十一师一个旅的旅长，但梅诺尔设法留住了他。

这时，潘兴终于摆脱英、法的政治压力，组建了一支全部由美国人组成的集团军——第一集团军。整个集团军下辖14个师，总兵力35万人，另有10余万法国人组成的后勤部队。潘兴急于向他的盟友证明，英法传统的阵地战战术在现代战争中已经落伍，而机械化战术才是最有效的战术。

因此，潘兴决定调集50万人的兵力，1500架飞机和1个坦克旅进攻圣米耶勒的德军突出部。当时谁也不相信刚刚出现在战场上的飞机和坦克能够决定战役的胜负。法国人和英国人想都不敢想，将50万人放在5平方公里的战场上，后果将会如何。麦克阿瑟对这种新战法也持有保留意见。他对第四十二师的一名军官说："肖蒙（联军最高指挥部所在地）传言，要攻下圣米耶勒，美军将付出伤亡75万人的代价。"

大概是想让士兵们进行生命中的最后一次狂欢，麦克阿瑟在进攻前给全旅放假几天，让士兵们去巴黎寻欢作乐。这下可惹恼了潘兴。和大多数高级指挥官一样，潘兴认为普通士兵只是指挥官手中的棋子，他们应该像弹药一样供消耗，而不应该有灵魂，更不要说放假狂欢了。

对士兵来说，他们能在简陋的小村庄或被战火摧残得七零八落的小镇休息一两天，就已经是难能可贵的事情了。第八十四旅的士兵们在去巴黎的路上被集团军的宪兵挡住了。

士兵们吼道："嘿，我们可不是逃兵，旅长给我们放了假。"

宪兵亮了亮乌黑的枪管，也高声吼道："我们奉潘兴将军的命令，不准任何士兵脱离阵地。"

在枪口的威胁下，第八十四旅的士兵们纷纷返回旅部。他们恨透了潘兴，对他们的旅长也更忠心了。

潘兴计划于9月12日早晨5点发起圣米耶勒战役。然而，麦克阿瑟却在9月10日得了该死的流感，虚弱得连站都站不起来。很多人都认为，麦克阿瑟将错过这场战役了。但顽强的麦克阿瑟却发誓，哪怕是爬，他也要爬到战场上去。

9月12日凌晨，一场突如其来的大雾笼罩了整个战场。这是潘兴梦寐以求的事情。他打算将炮火准备削减到最低程度，让步兵在浓雾的掩护下悄悄靠近敌军阵地，打他们一个措手不及。

早晨5点，进攻命令下达了。士兵们纵出战壕，在泥泞中跋涉前进。1500架飞机和1支美军坦克旅也出动了。无论从哪个方面来看，美军都占据了绝对优势。

德军的阻击很弱，这倒是潘兴没有想到的。他不知道，德军在美军发动总攻前两天就已经接到了撤退命令。此时，驻守在圣米耶勒突出部的德军只有23000人。

麦克阿瑟在火炮发出怒吼的那一刻就率领该旅第一六七团B连冲出了战壕。他穿着士兵服，把准将肩章揣在口袋里，端着步枪冲在队伍的最前面。坦克部队指挥官乔治·巴顿上校刚好在B连附近。他和麦克阿瑟虽然不熟，但却认识这位年轻的准将。他从坦克里跳出来，向麦克阿瑟走去。

就在这时，几发炮弹在他们不远处爆炸了。士兵们纷纷跳进弹坑，躲避纷飞的弹片。麦克阿瑟似乎毫不在意，他平静地站在一处高地上，注视着前方。

银星勋章

巴顿来到麦克阿瑟身边，大声道："将军，炮弹！"

麦克阿瑟笑道："上校，别害怕，你是听不到打中你的那发炮弹的。"

麦克阿瑟的镇定自若赢得了巴顿永久的尊重，也为他本人赢得了第五枚银星勋章。

在美军猛烈的攻击下，德军的撤退变成了大溃败。德军急切地向他们所见到的几乎每一位美国军官投降。为了接收俘虏，麦克阿瑟和巴顿不得不放缓推进速度。

到下午的时候，麦克阿瑟的第八十四旅距离

法国工业和军事重镇梅斯只有22.5公里了。为了弄清楚前方的情况，麦克阿瑟带着几名随从参谋悄悄来到梅斯郊外，作了一次现地侦察。他惊喜地发现，梅斯城的防守十分空虚，只要一个旅的兵力就能拿下。

回到师部，麦克阿瑟立即向师长梅诺尔说明了梅斯城的情况，并请求他允许自己率第八十四旅发动一次闪电攻击，占领该城。梅诺尔犹豫了半晌，喃喃地说："这已经超出了我的权限。"

麦克阿瑟扭头冲了出去，驱车前往潘兴的司令部。潘兴对麦克阿瑟的到来感到非常诧异，问道："将军有什么事？"

麦克阿瑟向潘兴行了一个漂亮的军礼，然后把梅斯城的情况作了汇报。潘兴似乎对这种超乎常规的作战并不感兴趣，不置可否。

麦克阿瑟立即争辩道："拿下梅斯，联军可以直接进军德国中部。我保证48小时拿下它。届时，总统将任命您为元帅，我想您也会同意我将赢得第二颗将军星。"

潘兴不是那种口齿伶俐的人，也不打算在这种事情上和麦克阿瑟纠缠不清，他怒吼道："滚出去！少管闲事。"

无奈的麦克阿瑟离开了远征军司令部。回到旅部后，他气呼呼地对副官沃尔特·伍尔夫上尉说："我犯了个错误。我应该先拿下梅斯，然后再征求他的许可！"

直到很多年后，麦克阿瑟一直认为，没有拿下梅斯，是远征军在整个战争期间犯下的最大的战略错误。但他只是从自身的角度来考虑问题，却没有看到，占领梅斯之后，美军需要更多的兵力和后勤补给才能在那里站稳脚跟。但潘兴的第一集团军根本抽不出任何机动兵力。

圣米耶勒战役打到9月16日的时候，实际上就已经结束了。战役的顺利让所有人都大吃一惊！美军伤亡70000人，而不是战前传闻的75万人，其中第四十二师伤亡1200人。当时尚没有现成的理论可以解释这一现象。但包括麦克阿瑟在内的许多军官都已经意识到，飞机和坦克的参战一定起到了某种意想不到的效果。

三
血战夏提隆 "288号" 高地

圣米耶勒战役结束后的两周时间里，美军第一集团军约50万部队向前推进了近百公里，已进入默兹河—阿尔贡地区。随后，英、法的一些步兵师也陆续赶到了。潘兴惊喜地发现，他手中可以动用的兵力竟达100余万人。与德军相比，他们的兵力多了5倍，火炮数量则多了9倍。除此之外，他们还有数百辆坦克和1000余架飞机。

潘兴当机立断，决定利用这一绝对优势，攻下德军的克里姆希尔特防区，切断其在西线最主要的交通线——从色当通往卡里格南的铁路线。克里姆希尔特防区的核心是一群山地，名为罗马格尼高地。潘兴计划进攻的第一天从罗马格尼高地两侧穿插，孤立这些高地，然后慢慢吃掉。在圣米耶勒附近休整的第四十二师等少数几个师展开佯攻，牵制敌军的兵力。

9月26日上午，克里姆希尔特战役打响了。战斗打得很艰苦，在狭窄的进攻正面上，那些刚刚赶赴战场的新兵就像没头的苍蝇一样，到处乱撞，不但成了德军的活靶子，还冲散了自己的队形。结果，潘兴预想中的侧翼穿插失败了，只能开始残酷的正面进攻。

在圣米耶勒附近休整的第四十二师也在此时对敌展开了佯攻。麦克阿瑟至少参加了一次战斗，并因此而获得了他的第六枚银星勋章。

战场的情况持续恶化，气温也开始急剧下降。到10月11日，很多美军士兵都得了流感，战斗力大大降低了。潘兴把第一集团军的指挥权交给了亨特尔·利格特将军。将军赶紧把第四十二师等少数几个有战斗经验的部队抽调到克里姆希尔特，加强攻势。

当晚，彩虹师被编入第五军的战斗序列，进驻位于罗马格尼高地山麓的阵地，换下了第一师。山坡上到处是腐烂的尸体，散发着阵阵恶臭。德军可能发现了这是他们的老对头，立即释放了毒气弹。因为没戴防毒面具，麦克阿瑟再次中毒。

第二天，麦克阿瑟又吸进了毒气，休息了大半天才能说话。他望着不远处的编号288的夏提隆高地，那里是夺取罗马格尼高地的关键。远远望去，100多米高的夏提隆高地黑黝黝的，突兀地耸立在平缓的土地上，异常醒目。也正因为四周的地形太过平缓，想要夺取该高地并不是一件容易的事情，除非用尸体堆起一道道壁垒。

10月13日晚，第五军军长萨默罗尔将军视察了第八十四旅。这位飞扬跋扈的将军从来不把士兵的性命放在心上，而且素来以他自以为是的粗鲁方式管理着部队。匆匆吃罢晚饭，萨默罗尔将军恶狠狠地对麦克阿瑟说："要么给我拿下夏提隆，要么给我一份5000人的阵亡名单！"

麦克阿瑟朗声回答道："如果这个旅拿不下夏提隆，你就公布一份全旅阵亡的名单，第一个就是旅长的名字。"

10月14日凌晨6点，彩虹师冒雨向夏提隆高地发起了攻击。麦克阿瑟挣扎着从床上爬起来，来到了指挥所。攻击持续了好几个小时，部队伤亡惨重，但依然未能逼近夏提隆高地。麦克阿瑟有些着急，弯腰钻出掩体，冲到了全旅的前沿。

第八十四旅一遍一遍地组织兵力往前冲，又一次一次地被压下来，冲锋的路上横七竖八地躺着许多尸体。在左侧展开攻势的第八十三旅已经停止攻击，全部低头趴在战壕里，躲避敌人的子弹。在右侧展开的第三十二师由于受到敌军的反冲锋，处境也大为不妙。

麦克阿瑟脱掉大衣，拎起一杆步枪，纵出战壕，恶狠狠地说："让他们看看，我们是怎么打仗的。"

麦克阿瑟身先士卒，第八十四旅继续向前压。士兵们紧紧跟随着他们的旅长，喊声震天。麦克阿瑟对身边的一名步兵说："如果是活，我与大家一块活；如果是死，我也与大家一块死！"

这句话很快传遍了全旅。士兵们的斗志更高了。天黑时，终于有一个团冲上了山顶，但却面临着随时被压下来的可能。

麦克阿瑟企图在天亮前占领罗马格尼的最高峰288号高地。可是，由于两翼的第八十三旅和第三十二师进展缓慢，第八十四旅的两翼已经暴露。如果继续向前推进，很可能会陷入孤军奋战的危险境地。

麦克阿瑟有些担心，暂时回到了他的指挥所。已经有两名战地记者在指挥所等他了。一名记者见麦克阿瑟毛衣的左衣袖上有个洞，问道："什么时候准将也要冲锋陷阵了？"

麦克阿瑟尴尬地笑了笑，回答说："呃，有时候就是将军也得上阵。进来，我们喝点儿咖啡。"

咖啡倒是准备了，但谁也没有心情喝。采访匆匆结束后，麦克阿瑟又回到了阵地前沿。他再次组织兵力，发起正面冲锋。这一天，第八十四旅一共发起了5次冲锋，但始终没能成功。

部队伤亡惨重，很多刚才还奋力向前的士兵，转眼间就已经倒在了血泊中。麦克阿瑟算是幸运的，除了手臂被机枪子弹擦伤之外，毫发无损。

军长萨默罗尔将军对战役的进展很不满，咆哮着解除了第八十三旅旅长和第一六五团团长的职务。他不愿意听任何解释，他关心的只是结果。

第二天，萨默罗尔将军电令麦克阿瑟："无论如何，一定要在16日傍晚前夺取夏提隆高地。"

麦克阿瑟再次保证："包括旅长在内，第八十四旅不成功则成仁。"

这时，美军飞行员和巡逻队发现有一处德军的铁丝网快被炸没了。麦克阿瑟闻讯大喜，立即决定亲自前去侦察一番。

夜幕再次降临时，麦克阿瑟带着他的侦察兵按照飞行员和巡逻队指示的方向摸了上去。他们果然找到了一处铁丝网稀疏的地方。众人低着头，悄悄向前爬行着。突然，一阵猛烈的炮火向队伍袭来。

麦克阿瑟一个翻身，滚进了弹坑。其他人紧随其后，寻找掩护。一阵猛烈的炮火过后，麦克阿瑟抬起头，从一个弹坑跃进另一个弹坑，低声呼唤士兵的名字。他已经看清楚了最佳的进攻路线，想带众人返回彩虹师的防线。

他很疲惫，用力摇动他的士兵。士兵没有反应，他以为他们像他一样已完全精疲力竭，只要一躺下就会睡着。但他错了，短短的几十秒后，他就意识到，除了他之外，其他人全都死了。

回到阵地后，麦克阿瑟向官兵们讲述了刚才发生的可怕一幕。他的脸上满是惭愧、惊愕和恐惧之色。他喃喃地说："他们都死了，我还活着。那是上帝用手引导我，像他引导约书亚（古代以色列先知，英雄）那样。"

天亮后，麦克阿瑟率领全旅大部在强大炮火和机枪的掩护下出击，对德军当面发动佯攻，但并不靠近。营长劳埃德·罗斯少校则按照麦克阿瑟指示的路线迂回到了敌军背后，突然发起攻击。

德军腹背受敌，很快便支撑不住了，开始纷纷后退。一些来不及撤退的士兵当场做了俘虏。随后，第四十二师深入德军主要防御阵地将近两公里，这才停止追击。

麦克阿瑟向潘兴报告："我已占领288号高地。"

说完，麦克阿瑟就倒下去睡着了。等他醒来的时候，已经是第二天下午了。他这一觉竟然睡了16个小时。

在克里姆希尔特战役中，彩虹师损失惨重，全师伤亡达4000余人，其中第八十四旅的损失最大，有些步兵营只剩下20%的兵力。但不管怎么说，这一牺牲是值得的，联军进军色当至卡里格南铁路线的障碍被扫清了。

随后，第四十二师奉命驻守原地，进行休整。麦克阿瑟也在此时接到潘兴的电报，远征军司令和师长已经联名推荐他提升为少将。不久，他又获知，师长梅诺尔将军还推举他获得服役优异十字勋章。

麦克阿瑟激动极了，他完成了一个壮举，一个可能从来没有人完成过的壮举。在此后的岁月中，只要有人提起夏提隆高地，麦克阿瑟就无法控制住自己的感情。这对他来说，可是不多见的事情。

在彩虹师进行休整的时候，英、法、美等国军队迅速向前推进，以摧枯拉朽之势扫荡着走到穷途末路的德军。10月30日，彩虹师奉命开往色当，参加对德军的最后一击。战场上的状况非常混乱，无论是联军，还是德军，建制都已经被打乱。各部队只能从着装上分辨敌我，见到敌人就杀。

此时，梅诺尔接到命令，前去担任一个军的军长。彩虹师师长的职位自然而然就落到了麦克阿瑟的头上。同时，麦克阿瑟还获得了他的第七枚银星勋章。

战斗在11月11日上午11点彻底结束了。德国和美、英、法等国签订的《停战协定》正式生效，第一次世界大战

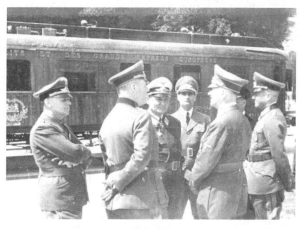

赫尔曼·戈林、鲁道夫·赫斯、阿道夫·希特勒、约阿希姆·冯·里宾特洛甫和瓦尔特·冯·布劳希奇等人站在签署《停战协定》的火车车厢前

结束了。

战争结束后，第四十二师奉命留在欧洲，承担占领任务。彩虹师的大部分士兵都被安顿在德国人家里。他们和被占领的主人间很少有冲突，他们很高兴住在温暖的屋子里，睡在舒服的床上，吃着精心烹调的食物，似乎过得很惬意。但实际上，包括麦克阿瑟在内的每一个人都在默默计划着回家的日子。

而麦克阿瑟的第二颗将军星也随着战争的结束成为了泡影。总参谋长马奇冻结了提升计划，不再授将军衔。麦克阿瑟奉命把彩虹师的指挥权交给了查尔斯·弗拉格尔少将，回到了第八十四旅旅长的位子上。

四
推动西点军校的教育制度改革

1918年的冬天，麦克阿瑟的心情很不好，身体状况也很糟糕。由于多次受到毒气弹的袭击，他大部分时间都是在病床上度过的。直到1919年3月16日，麦克阿瑟的健康状况才有所好转。

这一天，潘兴来到彩虹师，为麦克阿瑟举行了授勋仪式——他获得了服役优异勋章。这使得麦克阿瑟尤其与众不同。他既有服役优异十字勋章，又有服役优异勋章，这是对参谋军官的最高奖励。获得两种勋章的军官在美国远征军中很少，包括麦克阿瑟在内，一共只有3人，另外两人分别是巴顿和威廉·多诺万。

1919年夏季，麦克阿瑟回到国内，开始了新的旅程。马奇第一时间把他召到华盛顿，对他说："道格拉斯，西点军校里一团糟。学院落伍了40年。"

马奇曾试图劝说西点军校的学术委员会进行改革，但委员会和现任校长顽固地抵制马奇的建议。所以，他想到了个性十足、魅力十足的麦克阿瑟，想让他去收拾西点军校的烂摊子。

麦克阿瑟似乎没有明白马奇的意思，问道："应该怎么办？"

马奇缓缓道："我们想让你到那里去，使学院恢复活力，改变面貌。过去太狭隘了。我希望拓宽思路，培养更多的学员进军队。"

麦克阿瑟吓了一跳，大声道："我是打仗的，不是教育家。况且，那儿很多都是我的老教授，我做不到。"

马奇以近乎恳求的语气说："你能做到。"

冷静下来的麦克阿瑟很快意识到，马奇的这项建议是在保护他们俩共同的利益。一方面，正因为他没有管理学校的经验，才不会被那些条条框框所束缚，才能更好地进行改革。更何况，他是一个从来不把传统和规矩放在眼里的人。

另一方面，战争结束后，想要保住自己的军衔并不容易，很多战时的将军回国后没多久就降到了和平时期的正式军衔，而麦克阿瑟的正式军衔是少校。在和平时期，他想要保住准将的军衔，唯一的办法只有出任西点军校校长。麦克阿瑟接受了总参谋部的新任命。

可是，收拾西点军校的烂摊子绝不是一件容易的事情。战争时期，由于缺乏军官，西点军校不得不一再违反优秀的传统，降低标准，让学生提前毕业。有的毕业生在西点军校甚至只待了半年左右的时间就毕业了。

麦克阿瑟简单地分析了一下他将面临的状况，就走马上任了。上任的第一天，他身穿短大衣，用饱经战火的卷皮带把褪色的绑腿紧紧捆在瘦骨嶙峋的小腿上，手持一根马鞭，走向西点军校。

学员们见到新校长，不约而同地向他敬礼。麦克阿瑟满不在乎地举起马鞭，在取掉了帽圈的军帽边轻轻一划，以示回答。

这是麦克阿瑟一向的风格，但外人看来，他更像是故作轻松。西点建校宗旨是，未来战争将由一小批职业军人决定，士兵只不过是军官以纪律和奖惩加以控制的棋子罢了。军校的任务就是培养能带领这种部队的军官。

但事实已经证明，这种观念是错误的。在20世纪大规模战争的背景下，战场不可能只是一小批职业军人的事情。无论哪个国家，派往战场的主力必定会由非职业的年轻人组成。他们很可能是刚从工厂、农场或教室里征召来的义务兵。

麦克阿瑟从第一次世界大战的实际经历中总结出这样一条经验：这些来自工厂、农场或教室的义务兵中很多人有文化、头脑灵活，用那种传统的、残酷的指挥方法根本无法有效指挥他们。而且这种方法在现代文明社会也会遭到舆论的谴责。

麦克阿瑟认为，在现代战争条件下，需要一种新型的军官，"这类军官继承了以往所有的军事美德，但他深知人类情感的机制，全面了解世界和国家大事，思想开放，这一切使他的指挥心理发生转变。"

对总参谋长马奇、陆军部长贝克尔和大部分经历过第一次世界大战的指挥官来说，麦克阿瑟的这一结论是显而易见的，根本无须解释。但他面对的是由12名从来没有上过战场的老学究组成的学术委员会。大部分委员都坚信，西点军校根本没有出问题，出问题的是总参谋部。

麦克阿瑟召开第一次学术委员会会议时，就遭到了诸位老学究的刁难。一名老教授不断地打断他说话，让他忍无可忍，终于拍案而起，吼道："坐下，先生！我在讲话！"

老教授憋得满脸通红，尴尬地坐了下去。从此之后，委员会的成员们表面上对麦克阿瑟尊敬多了，但依然不遗余力地反对他推行的改革。

接连碰壁之后，麦克阿瑟终于明白，想在短时间内改变西点军校几乎是不可能的事情。他能做的只有把改革意识的种子撒在西点军校这块土地上，最终为具有改革意识的未来校长们铺平道路。

他先从调整课程入手。《内战研究》课被取消了，代之以《世界战争研究》；内燃机引擎首次进入了课堂；计算尺的使用终于得到了认可；地形学的课时减少，法语课增加了；开办历史系，主任是霍尔特上校，他曾写过几本关于欧洲历史的书，并编了一本英国诗歌的教材。麦克阿瑟还使委员会同意开设一门综合研究政府和经济的新课。这是委员会面对社会科学这一20世纪突飞猛进的学术领域的兴起所作出的唯一让步。

除此之外，麦克阿瑟还决心打破西点军校封闭的环境，加强学员和外界的联系。他要求每个学员每天都要阅读一份日报，高年级的学员可以获得几天假期，到纽约自由活动。和女孩子跳舞也是学员的必修课程。这是典型的麦克阿瑟风格。他声称："跳舞是每个男人都应该具有的素质。"

改革进行得虽然不顺利，但多少取得了一些成果。麦克阿瑟也因此而获得了总参谋部的嘉奖。可是，他并没有因为远离战场而去享受舒适的校长生活。他时刻提醒自己，他是一名军人，一名真正的野战军人。西点军校给麦克阿瑟校长配备了一套大房子、一队仆人和全套黄金打造的餐具。麦克阿瑟认为，这种生活对军人而言是不相宜的。他在地下室里架起了一张行军吊床。有些夜晚，他就在地下室里的吊床上度过，身上只裹着几床毯子，冻得发抖。

这些是麦克阿瑟在回忆录中陈述的。他的一些朋友则对此表示怀疑。他们相信麦克阿瑟在初到西点军校的那段日子里确实保持了艰苦、朴素的军人作风，但绝对不会保持太长时间。

有一次，麦克阿瑟和来自纽约的几位体育专栏作家共进午餐，用的便是黄金餐具。饭后，麦克阿瑟领着众人参观了地下室的吊床。

一名作家大概想检验麦克阿瑟所说的是不是实话，就藏了一个金盘子在吊床上叠着的两床毯子之间。

大约一周后，厨师向麦克阿瑟报告说，有一只金盘子不见了。仆人们把房子翻了个底朝天，但哪里有金盘子的影子呢？

麦克阿瑟这才想起，最近和他进餐的一批人是来自纽约的那几个体育专栏作家，便写信询问他们说："你们是否能够解开这个谜团呢？"

做恶作剧的那人回信说："如果将军真的每周都要在地下室里睡好几晚的话，你应该早就发现丢失的盘子了。"

五

"风流将军"钟情"风流寡妇"

麦克阿瑟一生追求的女人实在不少,但除了落个"风流将军"的名声之外,到了40来岁还没有成家。这倒成了母亲玛丽·麦克阿瑟心头的一个疙瘩。1921年9月,麦克阿瑟的几名军官朋友从纽约到西点军校来玩,还带了几名女伴。

麦克阿瑟马上被一位名叫路易斯·克伦威尔·布鲁克斯女子迷住了。路易斯时年31岁,体型娇小,长着苹果脸,有一双棕色的眼睛,虽然不是特别漂亮,但却是那种能够让人在人群中一眼就发现的女人。

路易斯还是当时世界上最富有的女继承人之一。她的父亲奥利弗·克伦威尔是一位百万富商,据说是英格兰护国公奥利弗·克伦威尔的直系后裔。她的继父爱德华·斯托蒂斯伯雷更是堪称世界上最富有的人之一。当时有人估计,爱德华的财产起码有1.5亿美元。这在当时可是一个天文数字。要知道,在20世纪20年代,一名熟练工人的周薪不过3~5美元。

不过,麦克阿瑟绝对不是因为这一点才喜欢上她的。他视荣誉如生命,但从来没有把金钱放在心上。麦克阿瑟后来曾说,就算路易斯是一名小店里的柜台女,也一样会迷住他的。

正是由于出身优越,自幼锦衣玉食,路易斯完全被宠坏了,个性倔强,从不服输。1911年,她嫁给一名巴尔的摩商人沃尔特·布鲁克斯二世。布鲁克斯是一个傲慢自大的人。路易斯无法忍受他的嘴脸,经常在公开场合故意贬低他。不过,她也尽了作为一名妻子的责任,给他生了两个孩子——沃尔特三世和路易斯二世。

自命王族的超级富豪布鲁克斯家族在各类胜地都有别墅。美国卷入第一次世界大战后,他们曾利用在巴黎的公寓招待过不少地位显赫的军官。在一次晚宴上,路易斯认识了远征军司令潘兴将军。

不可否认,潘兴是一名伟大的军人,也是一名出色的指挥官。但他同时也是一个臭名昭著的色鬼。他和路易斯很快就上演了一出男欢女爱的好戏。戏演完后，路易斯向潘兴提出了一个明确的要求——与她结婚。

潘兴似乎从来没有想过再结婚这回事（他是个鳏夫）。更何况，他并不喜欢路易斯，他和她上床，只不过是垂涎她的身体。此时，潘兴还和一名年轻的罗马尼亚女子保持着暧昧关系。他还想把他们之间的关系向前推进一步。至于路易斯，自然遭到了他粗暴的拒绝。他直言不讳地说："路易斯，和你结婚就好比买一本书给别人看。"

路易斯不是一个容易被击倒的女人。她似乎并没有因为和潘兴的关系破裂而过分伤心。很快，她就再次振作了起来。更加具有戏剧性的是，和潘兴的关系引起了路易斯对军人的兴趣。随后，她勾引了英国年轻英俊的海军上将大卫·贝蒂爵士，成功帮助他结束了婚姻。与此同时，她还和一名英军准将秘密约会。至于关系发展到了何种程度，那就不得而知了！有一段时间，路易斯住在华盛顿。新泽西州参议员沃尔特·埃奇也对她大献殷勤。

路易斯天生就是一个不安分的女人。第一次世界大战结束后不久，她又和潘兴恢复了朋友关系。野心勃勃的潘兴正努力想爬上共和党总统候选人的宝座。他是个鳏夫，而登上政界高峰需要一个女主人，所以他想路易斯助他一臂之力。

可能是潘兴一心只想着权力，冷落了路易斯。她在和潘兴保持暧昧关系的同时还和他年轻英俊的助手、陆军马球队队长约翰·奎克梅尔上校约会。奎克梅尔上校和麦克阿瑟一样，英俊潇洒，但也风流成性，一直未婚。

路易斯身上散发出来那种成熟的女人气息令奎克梅尔如痴如醉。不久，两人就开始谈婚论嫁。很奇怪的是，一直将奎克梅尔视为儿子的潘兴对这件奇怪的事情也表示支持。

就在此时，路易斯认识了麦克阿瑟。就像是麦克阿瑟被路易斯所吸引一样，她也被麦克阿瑟深深吸引了。两人一见钟情，迅速坠入爱河。分别的时候，路易斯邀请麦克阿瑟到纽约去看她。麦克阿瑟忙于改革事务，无暇离开，但邀请她回西点军校来出席几周后的赛季，第一场橄榄球赛——陆军队对耶鲁队。

几周后，路易斯如约而至。麦克阿瑟陪她坐在看台上，根本没有注意赛场上的情况。当裁判吹响终场哨，宣布耶鲁队获胜的时候，麦克阿瑟转身面向路易斯，单膝跪地，羞涩地说："嫁给我吧，美丽的路易斯！"

路易斯毫不犹豫地答应了他。路易斯自认为他们的爱情是有史以来最伟大的爱情之一，肯定是命运之神的有意安排。自命不凡的麦克阿瑟也是这样认为的。

赛季结束后，路易斯回到了纽约。心醉神迷的麦克阿瑟几乎每天都要给她写信，不断告诉她，在他的生命中，她就是一切。

玛丽·麦克阿瑟似乎也很喜欢路易斯，尽管她离过婚并且有两个孩子。有人说，是路易斯那传奇般的财富吸引了她。麦克阿瑟写信告诉路易斯："她让我告诉你，你的房间早已准备好了，等着你随时去往。"

路易斯倒是对玛丽·麦克阿瑟保持着很强的警惕心，她不能确定未来婆婆是不是真的愿意让她的儿子和一个寡妇结婚。自命不凡的白人中上层家庭素来很忌讳这个。麦克阿瑟安慰路易斯说："你放心吧，妈妈非常爱你……"

决定结婚后，他们却无法决定结婚的时间。尽管路易斯已经和布鲁克斯先生离婚一年有余了，但关于两个孩子的信托基金问题还没有解决，双方的律师一直在进行谈判。麦克阿瑟似乎有些急不可耐，他写信给路易斯，如痴如醉地说："这个世界上何曾有过这样的罗曼史！伟大的命运之神把我们结合在一起了……"

很快，寒冷的冬季降临了。11月末，玛丽·麦克阿瑟因心肌梗死而住进了纽约的一家医院。一连10天，她一直昏迷不醒。主治医师诺曼·斯科特医生不敢离开半步。几乎所有的人都相信，玛丽过不了这一关了。

这时，潘兴也开始插手麦克阿瑟和路易斯之间的关系。有人说，这是因为麦克阿瑟抢了他心爱的姑娘。实际上，真正令潘兴生气的是，路易斯抛弃了奎克梅尔。潘兴在给麦克阿瑟的信中写道："现在通知你，在本学期结束时你将有一次到美国以外的出差旅行。"

很明显，这是赤裸裸的威胁！西点军校校长并没有固定任期，但一般只有4年左右的时间。麦克阿瑟接受任命的时候曾保证，他将在军校工作4年。

但潘兴现在却制订了一条海外服役规定。没有人会怀疑，所谓的海外服役规定纯粹是针对麦克阿瑟的。规定制订以来，从来就没有军官按照规定被派往海外。麦克阿瑟明白，潘兴派他去的地方不是巴拿马就是菲律宾，路易斯是不会喜欢这两个地方的，她更喜欢纽约或巴黎的生活。

路易斯有些迷茫。麦克阿瑟安慰她说："潘兴只不过想让你感到害怕，吓唬你，让你后悔与我结婚。"

麦克阿瑟和路易斯的结合阻力重重，似乎无法突破，但奇迹发生了。1922年2月，玛丽·麦克阿瑟的病情有所好转，路易斯两个孩子的信托基金问题也圆满解决了。路易斯也明确表示，无论麦克阿瑟去哪里，她都将跟着他。兴奋不已的麦克阿瑟决定于2月14日情人节这天和路易斯举行婚礼。地点定在棕榈海滩她母亲的海滨住宅里。

大病初愈的玛丽身体还很虚弱，无法旅行。但即便如此，当记者问及麦克阿瑟将军的婚礼时，她还是自信满满地告诉他们："道格拉斯和路易斯的婚礼将会很出色。"

她还给路易斯准备了一份特别的礼物，即那份她保留了多年的剪贴簿，里面是关于道格拉斯的报纸和杂志剪贴。麦克阿瑟终于结婚了，这些记载着荣誉的剪贴簿自然应该由他的夫人来掌管。

婚礼完全是按照军队的习惯举办的。麦克阿瑟穿着白色礼服，路易斯则穿着紫色的婚纱。客厅里装饰着西点军校和彩虹师的旗帜，还有红、白、兰的彩带和临时搭成的、堆满鲜花棕榈叶的花坛。纽约的一份报纸在头版头条上报道了这场注定载入史册的婚礼，标题是：战神与财娘结婚。

第五章
积极创建菲律宾防御体系

一

着手研究菲律宾防御计划

1922年6月30日，麦克阿瑟的校长任期到了。第二天，时任总参谋长的潘兴给麦克阿瑟写了工作鉴定报告。潘兴实在不是一个大度的人，他虽然承认麦克阿瑟是"一名很能干的年轻军官，在勇敢方面有着优秀的战时记录，"但却在鉴定报告结尾的评语中写道："他对自己评价过高。"

正是因为这份掺杂了个人感情色彩的鉴定报告，直接导致麦克阿瑟的成绩在46名准将中名列第三十八位。而排在他前面的那些准将，大部分都已经接近退休年龄，正无所事事地混日子。

结果，麦克阿瑟被"发配"到了马尼拉。9月，麦克阿瑟携新婚妻子和妻子前夫的两个孩子登上"摇石号"客轮，从旧金山驶向马尼拉，开始了新的人生旅程。

当时，菲律宾没有适合准将的职位。但这难不倒潘兴，他在菲律宾军区新设了一个有名无实的职务——马尼拉军分区司令。实际上，马尼拉全城只有500名美军。在和平时期，管理这些官兵只需要一名中尉就够了。由此可以想象，麦克阿瑟初到马尼拉的心情一定非常糟糕！

1923年初，当麦克阿瑟在马尼拉这充满异国情调的东方城市度过大半年的时间后，他的母亲再次因病住进了医院。在这种情况下，没有任何人会拒绝麦克阿瑟的临时回国请求。

坚强的玛丽·麦克阿瑟再次闯过了鬼门关。麦克阿瑟稍稍安心了些，并决定利用这次回国之机，好好走走关系，另寻任命。麦克阿瑟亲自与时任陆军部长约翰·威克斯谈自己的问题。部长对麦克阿瑟的遭遇表示同情，但同时也不愿与潘兴发生冲突。

好在潘兴年龄已到，快要退休了。威克斯安慰麦克阿瑟说："陆军不愿失去将军这样杰出的军人，我向你保证，你一定会有机会的。千万别想着退役。"

麦克阿瑟甚至怂恿路易斯去找她那位富甲天下、颇有影响的继父爱德华·斯托蒂斯伯雷，让他与时任美国总统卡尔文·柯立芝谈谈这事。但谁说也没有用，总统也得顾及部下的感受，也得考虑整个政府的稳定。

不久，麦克阿瑟夫妇又返回了菲律宾。路易斯恨透了马尼拉，也恨透了麦克阿瑟。尽管她曾经说过，无论麦克阿瑟到哪里，她都愿意跟着的，但她现在后悔了。她实在无法忍受马尼拉的单调生活，也无法忍受麦克阿瑟那了无生趣的生活方式。

在路易斯的世界里，世界上似乎只有一个居民，那就是她自己。如果有人对她说，她就是太阳，相信她绝对不会认为这是恭维，而会认为这是千真万确的事实。有一天晚上，麦克阿瑟夫妇要去赴宴，眼看时间就要到了，路易斯还坐在梳妆台前。

麦克阿瑟站在妻子身后，抄着双手，催促说："亲爱的，我想我们要快点！"

路易斯扭头看了一眼麦克阿瑟，没有理他。

麦克阿瑟提高了语调，又催道："嘿，亲爱的，我想我们要快点！"

路易斯突然抓起一面小镜子，跳起来砸向他的头顶。

麦克阿瑟咆哮道："你疯了！"

路易斯立即回敬道："我讨厌你这副嘴脸，你看起来就像是拿破仑！"

麦克阿瑟的心里充满了后悔，他本应该知道像路易斯这样的女人，无论是谁娶了她都不会有好下场的。对家庭生活的失望让麦克阿瑟把所有的精力都投入到了工作当中。恰在此时，陆军成立了菲律宾师，麦克阿瑟被任命为一个旅的旅长。

这是麦克阿瑟人生中的又一转折点。从此之后，他便开始研究、制订菲律宾的防御方案。菲律宾的防御方案一直以来都是令总参谋部最头疼的事情。第一次世界大战之前，陆军工兵司令曾公开宣称："1898年从西班牙手中夺取菲律宾是个巨大的军事失误……因为菲律宾无可防御，无论我们在那儿驻多少陆军都挡不住任何东方力量的进攻。"

然而，美国政府并不想放弃菲律宾。军方无可奈何，只能积极制订菲律宾群岛的防御方案，以向政府表示忠心。陆军拿出的方案毫无意义，而海军制订的方案也让人大跌眼镜。他们竟然自作主张地计划，一旦日本军队登陆菲律宾，美军应尽快向夏威夷方向撤退。

美、日两国的关系在明治维新以后就一直很微妙。两国在对待东方的政策上有很多共同点，同时也存在着诸多分歧。日本想要尽快在经济、政治和军事上赶上美国，而美国则千方百计地压制日本。利益的分歧使得两国在环太平洋地区，尤其是在中国和东南亚方向，矛盾重重。实际上，只有日本才是唯一够格和美国在这一地区展开竞争的国家。也正是因为如此，两国在军事部署上常常以对方为假想敌。前陆军工兵司令所说的"任何东方力量"其实指的就是日本！

时过境迁，现在研究、制订菲律宾防御计划的任务落到了麦克阿瑟和时任菲律宾总督伦纳德·伍德的肩上。伦纳德·伍德是麦克阿瑟的老朋友，也是他的导师。两人都是陆军中最务实的军官。他们都觉得，自己有义务找到实现国家政策的途径，即使这条政策从表面上看是行不通的。

伍德找到了他认为的出路：建立瑞士式的预备役制度，训练一支菲律宾部队。他认为，只要训练有素、装备精良，这支部队就能有效地抵御对群岛的进攻，大量杀伤敌人，使之占领群岛得不偿失。

麦克阿瑟觉得这是一个好主意，虽然暂时还无法实施，但他将来一定想办法让其成为现实的。现在，他考虑更多的是战术问题。一旦日本发动进攻，情形将会如何呢？毫无疑问，马尼拉湾是整个菲律宾群岛的战略要地。而要控制马尼拉湾，就必须占领巴丹半岛和其南边的小岛科雷吉多尔。

20多年前，麦克阿瑟曾勘测过巴丹半岛的大部分地区。如今，他又钻进了丛林密布的山地，一边勘察地形，一边勾画可能的防御图。他的心里只有一个念头：一旦打仗，这个地方一定要守住。

在工作之余，麦克阿瑟很喜欢和菲律宾人打交道。和其他白人不同，他信任他们，并以他一贯的待人方式对待他们：与他选中的少数人随和轻松地混迹一处，与其他人保持距离。他的老朋友马努尔·奎松已经成为菲律宾政界最有影响力的人物之一。

麦克阿瑟定期与奎松会面。两人在一起的时候谈论的大多是非官方事务。奎松，还有其他菲律宾人，一直努力想使祖国获得独立地位，而麦克阿瑟则是占领军的军官。这样的两个人能成为好朋友，实在是一件让人不太容易想通的事情。

实际上，麦克阿瑟对菲律宾是否应当独立这一件事的态度，就像他对菲律宾人的态度一样开明。他真诚地尊重菲律宾领导人，同时也认为这个群岛国家应该独立，但必须在美利坚的控制之下。

二

登上权力顶峰，就任总参谋长

1923年末，菲律宾师师长奥尔马·邦迪将军高度评价了麦克阿瑟在过去一年中的工作业绩，并将其列为他所熟悉的25名准将的第二位。这一排名，再加上其他一些实权人物的推荐，使得麦克阿瑟成为了下一批少将最有力的候选人之一。

1924年5月，伍德也给陆军部长写了一封推荐信，希望他能注意到麦克阿瑟"出色的品质"。可是，谁也不想在潘兴即将退休的时候惹恼他。因此，麦克阿瑟唯一能做的事情就是等待时机！

7月，菲律宾人帮了他一个大忙。菲律宾师全师约7000人，其中三分之二是菲律宾人，只有第三十一步兵团是美军团。美国人之所以做出这样的安排，一方面是因为国内兵力不足；另一方面则是为了拉拢人心，以示美国人和菲律宾人联合防守菲律宾的决心。

但美国人并没有做到一视同仁。无论是薪水、津贴，还是抚恤金，菲律宾士兵都要比美国士兵低很多。菲律宾士兵对这一明显具有歧视倾向的政策非常不满，发动了叛乱。结果可想而知，参与叛乱的大部分人都被开除了。但这一事件也给美国人敲响了警钟。

事件结束后不久，麦克阿瑟即被任命为菲律宾师师长。这多半是因为他和菲律宾政界的关系比较密切，而且在菲律宾人中以开明、反种族歧视而闻名。

两个月后的9月13日，潘兴迎来了他64岁的生日，也迎来了退休生涯。约翰·海因斯继任总参谋长。10天后，新任总参谋长宣布，麦克阿瑟提升少将一事将于1925年1月交给参议院讨论。44岁的麦克阿瑟将成为美国现役21名陆军少将中最年轻的一位。

次年1月，麦克阿瑟携家人乘坐陆军运输舰"托马斯号"返回了美国。这一次，他的目标不光是少将，还有荣誉勋章。少将军衔已经得到了总参谋部的批准，参议院只不过是象征性地"讨论"一下罢了。

但荣誉勋章却不一样了。作为两星将军，麦克阿瑟热切希望能使自己因1914年在维拉克鲁斯的战绩赢得一枚勋章。虽然他知道这种可能性很小，甚至可以说是微乎其微，但他在第一次世界大战期间获得的服役优异十字勋章和服役优异勋章则提供了新的可能性。他要求授勋委员会重审他的申请，并获得了通过。

重申的结果让麦克阿瑟很失望。授勋委员会坦言拒绝了他的请求。他们给维拉克鲁斯一事定了案："无出色英勇表现；所完成的任务并非具有伟大意义，无出色战功；在行动中没有表现出足够的英勇精神。"

5月，失落的麦克阿瑟乘车前往亚特兰大，出任第四军军长。这可不是什么好差事。几乎所有人都知道，他的父亲亚瑟·麦克阿瑟在亚特兰大战役中所起的作用。虽然事情已经过去了几十年，但当地人对麦克阿瑟家族的厌恶之情并没有减退。

一个周末的早晨，麦克阿瑟和他的随从出席了当地圣公会教堂的圣事。当他步入教堂的时候，人们不约而同地转过头，注视着他。

不知道谁说了一声："他是麦克阿瑟家的人。"

这句话从一排椅子传向另一排椅子，很快传遍了整个教堂。麦克阿瑟很想和众人打招呼，但却没有人理会他。几十秒后，约有三分之二的人起身走出了教堂。

麦克阿瑟勃然大怒，立即给陆军部发了一封电报，要求调离亚特兰大。陆军部这才意识到，几十年前的那场内战在民众心中留下的阴影尚未散去。不久，麦克阿瑟被调往巴尔的摩，转任第三军军长。

光阴荏苒，岁月如梭。作为一名和平时期的军长和社会名流，麦克阿瑟努力地施展他的魅力，努力地提高他的社会声誉。在此后的几年中，他参加了对米利·比切尔（美国航空兵先驱，一再强调航空兵和战略轰炸在未来战争中的作用）的审判，作为美国奥林匹克委员会主席率队参加了阿姆斯特丹奥运会。

他和路易斯的婚姻也在此时走到了尽头。1928年阿姆斯特丹夏季奥运会结束不久，麦克阿瑟奉命前往马尼拉，接任菲律宾军区司令。已经和丈夫分居两年之久的路易斯坚持留在纽约，继续过那种她认为正常的奢靡生活。

麦克阿瑟同意了。6个月后，两人办理了离婚手续。离婚是由路易斯首先提出来的，官方文件上记载的离婚理由是麦克阿瑟"无力赡养"。新闻界传言，两人离婚后经常互相攻讦。路易斯站出来反驳说："我对麦克阿瑟将军尊敬之至。我们分手后仍像朋友一样。"

路易斯的反驳更容易让人想起"欲盖弥彰"这个词语。实际情况是，在此后的岁月里，路易斯一直像一个怨妇一样贬低麦克阿瑟。麦克阿瑟则彻底和路易斯断绝了联系，最终连她去世的消息都不知道。对麦克阿瑟来说，结束这样一段婚姻未必是坏事。

赫伯特·胡佛

1929年2月，胡佛接替柯立芝，成为美国新任总统。时任菲律宾总督的史汀生被召回国内，出任国务卿。史汀生走了，麦克阿瑟如释重负。在短暂的共事中，两人的关系并不融洽，甚至可以说是水火不容。

这时，新闻界传出一种说法，说麦克阿瑟垂涎菲律宾总督一职已经很久了。《纽约时报》甚至宣称："据亲密朋友说，麦克阿瑟把未来8~12年的眼光盯在了白宫上，首先他要任4年的总督，并且做出成就，然后进内阁，任国务卿或陆军部长。"

不过，菲律宾总督的职位并没有落入麦克阿瑟的口袋。胡佛总统邀请他出任工兵司令，全力治理密西西比河的水患问题。麦克阿瑟对工兵司令的职位丝毫没有兴趣，他给时任总参谋长萨默罗尔发电称："我认为选我为工兵司令将是个巨大的错误。这是个高度专业化的职位，而我专业资格不够。并且，菲律宾军区正在进行根本性的重组，包括新的作战计划和项目，菲律宾群岛将首次有一个合适的防务政策。这一切都要求我在这儿至少再待一年。"

麦克阿瑟的回绝肯定会让胡佛很生气。不过，麦克阿瑟宁愿得罪一位总统，也不愿意拿自己的前途开玩笑。他的理想是当一名指挥官，一名真正的指挥官，而不是去干挖河开港的活。大概从这个时候起，麦克阿瑟就开始活动，希望能登上陆军权力的巅峰——总参谋长的宝座。

胡佛的军事助理坎贝尔·霍奇斯上校是麦克阿瑟在西点军校的同学。他经常在总统面前大夸麦克阿瑟如何能干。前总参谋长佩顿·马奇也是如此。出版商罗伊·霍华德是胡佛的老朋友，也是麦克阿瑟的老朋友。他每次拜访白宫，都极力游说任命麦克阿瑟为总参谋长。

潘兴对麦克阿瑟仍怀敌意。时任陆军部长赫尔利病重期间，他多次跑到医院，劝说部长不要任命麦克阿瑟为总参谋长。

赫尔利是一个很有主见的人，不管什么时候，只要他认定的事情就一定会干到底。他已经认定了麦克阿瑟。

潘兴不肯善罢甘休，干脆跑到白宫，亲自求见总统。他直言不讳地对胡佛说："总统先生，我想我不能不提醒你，不要任命麦克阿瑟。"

胡佛对麦克阿瑟拒绝出任工兵司令一事一直耿耿于怀，也不愿任命麦克阿瑟。但他也得考虑赫尔利和霍华德等人的感受。他要依靠陆军部长管理军方，要依靠霍华德这位出版界大亨宣传自己的政见……

胡佛建议寻找一个大家都能接受的人选。赫尔利不同意，霍华德也不同意。胡佛和潘兴只能无奈地接受现实了。

1930年8月，麦克阿瑟应召回国，就任总参谋长，军衔定为临时上将（正式军衔仍为少将）。他在50岁时登上了全球最具竞争力的职业的顶峰。他听到这一消息时吃了一惊，他从未指望胡佛会任命他为总参谋长。据说，他接受这一任命的时候，满脸兴奋，就像是一个孩子得到了渴望已久的礼物一样。

在大萧条中努力保护陆军官兵

麦克阿瑟出任总参谋长的时候，正值20世纪30年代的经济大萧条时期。胡佛总统不得不千方百计地缩减财政开支，其中以军费开支降幅最大。麦克阿瑟工作的重中之重就是千方百计地为陆军争取财政预算。

1932年7月，陆军的工资降低了10%。少校以上的军官尽管不高兴，但总算还可以应付，下级军官和士兵的日子就难过了。他们的薪水本就不高，只能勉强维持生活，再降10%，日子还怎么过下去呢？麦克阿瑟的朋友奥拉夫林是《陆海军杂志》的记者，经常和低级军官、士兵打交道。他写信给麦克阿瑟，告诉他军人的生活过得很艰难。

麦克阿瑟心里很难过，决心为他的官兵们做主。这就不可避免地要和众议院拨款委员会主席罗斯·科林斯发生冲突。科林斯坚持认为，坦克和飞机等装备将决定未来战争的胜负，不应该再浪费钱财来供养大量的官兵。因此，他在陆军年度财政预算上还加了一条，裁减2000名军官。

麦克阿瑟则针锋相对地指出："一支军队可以缺乏物资，它可以服装不足，住房紧张，甚至装备落后，但在作战时，没有有经验的军官指挥，它必败无疑。足够的、训练有素的军官队伍是成败的关键。"

麦克阿瑟的呼吁没有起到预想的效果，众议院通过了科林斯裁减军官的提案。麦克阿瑟马上找到他的老朋友欧内斯特·格雷夫斯，一名工兵司令部中很精明的军官。

此时，工兵正在实施密西西比河的治理工程。这一工程对沿岸十几个州都很重要。麦克阿瑟敦促格雷夫斯去游说这些州的参议员，让他们在裁减军官议案提交参议院时投否决票。这一政治努力成功了。参议院否决了该议案，但麦克阿瑟也因此和罗斯·科林斯成了死对头。

科林斯一计不成，又生一计。他向国会提交了两条议案：其一，对有经济来源且年收入超过10000美元的军官停发退休金；其二，停发潘兴将军每年18000美元的特别退休金。

麦克阿瑟再次站了出来。他不但积极维护现有的退休金条例，甚至不惜为潘兴的特别退休金而辩护。他说："这算不得什么，英国政府为嘉奖道格拉斯·黑格在第一次世界大战中的贡献，给了他50万英镑的信托基金，外加世袭爵位和大笔抚恤金。而我们的政府给潘兴将军的只不过是每年18000美元罢了！"

麦克阿瑟的论证有理有据，再次打败了科林斯。他和潘兴的关系也由此而得到了改善。事后，潘兴在给他的信中写道："请允许我向您致以最热烈的祝贺，您终于成功地阻止了国会内部对陆军的刁难……并且我还要向您表示感谢，您保护了退休军官，尤其是您提到了我。"

麦克阿瑟的努力减缓了政府削减陆军预算的步伐，但却无法从根本上扭转局面。1932年底，陆军现役官兵只剩下14.2万人，只相当于1920年《国家防务法案》规定的一半。

麦克阿瑟只能想办法在现有兵力的基础上增强部队的战斗力了。根据规定，陆军部有权组建若干个集团军司令部，但一个也没有组建过。麦克阿瑟组建了4个野战集团军司令部，即西海岸、五大湖地区、东北地区和东南地区司令部。他要求各野战集团军司令部定期进行指挥所作业和野外演习。一旦爆发战争，各司令部还必须训练新兵，带领他们出征海外。

托马斯·沃尔夫

大萧条对军队影响至深，对普通民众的生活影响更大。据《幸福》杂志估计，除了农村1100万户正处于苦难之中的家庭之外，城市中也至少有3400万人没有任何收入。他们完全依靠微不足道的社会救济和可怜的储蓄度日。无数的人因为交不起房租被房东赶出门外，组成了一支浩浩荡荡的流浪大军。那些有房子的人也有相当一部分因为交不起煤气、水电费而被迫加入了流浪大军之中。

至少有几百万人露宿在丛林、公园、街头、车站。美国20世纪著名的作家托马斯·沃尔夫描述了他亲眼所见的景象："他们就像破木烂船一样，随处漂流，举目四顾，前途渺然。正派诚实的中年人贫穷劳累，满脸皱纹；青年男子满头长发，从不梳洗。他们穿城过镇，或是搭乘铁路上的货车，或是搭乘私人的顺风车。这些无家可归、走投无路的美国公民，走遍了整个美国。直到冬天来了，他们才在各大城市集中起来。忍饥受冻，四处碰壁，肚子空空的人们心烦意乱，辗转奔波……"

实际上，托马斯描述中的人们尚属于幸运者，他们至少保全了性命。当时有相当一部分人因为饥寒交迫而倒在了路边、街头，从此再也没有站起来。

中产阶级情况也好不到哪里去。不少人因破产、失业等原因加入了赤贫的行列。他们失去了原先那种光鲜又有尊严的生活，不得不在朋友和熟人面前遮遮掩掩地过着窘迫的日子。实际上，朋友或熟人的日子也不比他好过！从前的体面、优雅、财富、尊严，连同道德羞耻感一起都被大萧条的飓风刮得荡然无存！

与城市贫民忍饥挨饿相比，农民生产出来的农产品却卖不出去。因为农产品的价格极低，连最基本的生产成本都赚不回来。奶农将挤出来的牛奶倾倒在了河里，因为将它们运到城里去的运输成本远远超它们本身的价值；牧场主用枪把大部分牛羊都射杀了，然后扔进山沟，因为饲料价格太贵，而将牛肉、羊肉运到市场的运费甚至比这些肉还要贵；农民将玉米棒子当成柴火烧掉了，因为这比把它们卖掉买煤划算！

大萧条给美国带来了严重的危害，而且这种危害并不是短时期的，而是长期的。当时，美国的结婚率和人口出生率都大幅度降低，虽然离婚率并没有明显变化，但实际上名存实亡的家庭比比皆是，因为人们已经懒得去办离婚证了。侥幸出生的孩子都带有一个明显的特征，那就是身材瘦小，面黄肌瘦。大萧条在美国人的肉体和心灵上都留下了难以抚平的创伤！

富兰克林·罗斯福就是在这一背景下接替胡佛，出任美国第三十二任总统的。新总统就职前的几个星期里，陆军部走廊里谣言四起，说新总统首先要做的几

富兰克林·罗斯福

件事之一就是把麦克阿瑟解职，找一位新的总参谋长。

实际上，罗斯福最迫切的任务是推行新经济政策，给人们提供工作。他所推行的一系列政策后来历史学家称为"罗斯福新政"。麦克阿瑟号召军方，竭尽所能地帮助政府，渡过经济难关。国会在组建公共资源保护队的过程中，麦克阿瑟和他的部队便发挥了极其重要的作用。

四
出任菲律宾共同体军事顾问

从美国开始的大萧条迅速蔓延到了整个资本主义世界，进而影响了国际格局。意大利、日本、德国等国家纷纷走上法西斯独裁之路，再次爆发世界大战的危险与日俱增。

1935年7月14日，麦克阿瑟发表演说，警告人们说："在一个战争随时可能爆发的世界上，不备战是十分危险的。在过去的3400年里，只有268年，也就是说只有不到十分之一的时间内没有战争。"

他还引用柏拉图的话说，只有死人见识过上一次战争。他对彩虹师的老兵们重述了他两年前对西点军校学员的话：失去了战斗精神的富裕民族注定要被贫穷但好战的民族征服。

当然，他没有忘记感谢那些英勇的美国大兵。在演讲即将结束的时候，他说："永恒的军事法则早在骑士时代之前就已来到我们中间。它是最高道德法则，能经受住任何对人类进步有益的伦理和哲学的考验。它要求从善如流，嫉恶如仇。奉行这一法则将有益于所有受它影响的人。与所有其他的人不同，士兵要行使最高尚的宗教行为——牺牲。在战场上，在危险和死亡面前，他将表现这些崇高的品质，这是造物主以自己的形象创造人类时所赋予他的。主的圣言和对灵魂的升华本身就可激励他，这远非人的勇气和本能所能替代。不论战争多么残酷，接受召唤的士兵将为他的祖国献身，这是人类最高尚的壮举。"

这是麦克阿瑟军事思想的核心，在此后的数年中，他在演讲中多次重复这段话。但令麦克阿瑟感到遗憾的是，由于受到大萧条的影响，军队在政府和民众中间的威信在持续下降，人们更关心的是明天的面包在哪里，而不是如何为祖国献身！

随着1935年冬季的降临，麦克阿瑟也开始考虑未来的出路了。总参谋长没有固定的任期，但一般为期4年，而麦克阿瑟已经当了5年的总参谋长。虽然他还想留任一年，但心里很清楚，希望非常渺茫。

就在这时，菲律宾共同体首任总统奎松邀请他前往菲律宾，负责建立群岛的防务。1934年，美国国会承认菲律宾的"自治权"，菲律宾在形式上取得了"独立"地位。麦克阿瑟的老朋友奎松当选为共同体的首任总统。不过，麦克阿瑟更希望能够顶替现任菲律宾总督墨菲。共同体成立后，总督将由一名高级专员替代。

罗斯福也在此时正式向他发出邀请，职位正是他梦寐以求的菲律宾高级专员。但陆军中的高级律师告诉他，如果他要接受总统的任命，就必须退役。因为现役军人不能出任政府的文职官员（主要是为了防止军事独裁）。

在军人和菲律宾高级专员之间，麦克阿瑟选择了前者。因为他坚信，一场新的世界大战很快就会来临。虽然出任菲律宾军事顾问之职，也得退出现役，但好歹还能保住预备役的身份。他闷闷不乐地告诉总统："我既沮丧又困惑地发现，我不可能既接受高级专员之职，又留在军队里。"

最后，麦克阿瑟接受了奎松的邀请，出任菲律宾共同体的军事顾问。因为菲律宾仍是美国殖民地，其防御仍是美国的责任。当时，美国在古巴、厄瓜多尔等10余个国家和地区都设有军事顾问。但一般来说，有能力的军官都不愿接受这一任命。在异国他乡为异国政府工作对一名军官的前途没有多大帮助。唯一能吸引有能力的军官接受这些任命的办法就是允许他们得双份津贴：一份来自美国政府，一份来自他们效力的外国政府。而此时，麦克阿瑟刚好需要一大笔钱来供养母亲和寡嫂。他的哥哥已于1923年不幸英年早逝。

不久，陆军部批准了麦克阿瑟与菲律宾政府签订的合同。按照他与奎松的约定，他在菲律宾陆军中的军衔为元帅，年薪1.8万美元，外加补贴1.5万美元。此外，陆军部还允许他与共同体政府就经济问题另作安排。也就是说，他能得到的薪水没有上限。

麦克阿瑟继续和奎松沟通，争取更多的利益。奎松答应给他一笔不菲的酬金，具体是：如果麦克阿瑟的防御计划被共同体政府接受的话，到1942年为止，菲律宾每为防务开支100美元，他就得46美分。这是东西方智慧的结合，既像是奖金，又像是回扣。

麦克阿瑟和奎松所讨论的国防开支每年约为500万美元，7年下来共有3500万美元。这样的话，到1942年，麦克阿瑟将得到奖金25万美元。在当时来说，这笔钱数目不小，完全够他安度晚年了。

10月，麦克阿瑟带着母亲、嫂子玛丽·麦卡兰·麦克阿瑟、助手德怀特·艾森豪威尔等人登上了西去的列车，赶赴旧金山。他们将在那里乘坐"胡佛号"邮轮，和前往马尼拉参加菲律宾共同体成立及奎松就任首任总统的典礼。

临行前，罗斯福总统向麦克阿瑟保证：12月份前他将继续担任总参谋长，到时再提名新人。这样的话，麦克阿瑟就能以临时上将的身份出席菲律宾共同体和奎松就任首任总统的仪式了。否则的话，他只能恢复正式军衔——少将。

但事情远没有想象的那么简单。麦克阿瑟等人乘车西去的第二天，罗斯福就任命马林·克雷格取代麦克阿瑟，立即生效。

麦克阿瑟感觉自己受了骗，咆哮如雷，大骂罗斯福"这样的政治家行为不检，优柔寡断，出尔反尔，目中无人，蔑视宪法，愚蠢无知，世界将由此走向地狱"。

但他又能怎么办呢？除了接受既定事实之外，他毫无办法。当晚，他就命他最得力的助手艾森豪威尔草拟了一封贺电，祝贺他的老朋友克雷格出任总参谋长。

就在这时，玛丽·麦克阿瑟病倒了，又不小心摔断了手臂。她病得很厉害，连船舱都出不了。玛丽·麦卡兰·麦克阿瑟全力以赴地照顾着她。麦克阿瑟也焦虑不安地看护着她，白天几乎不离开她的舱室。

愤怒、忧虑和孤独一下子全都降临在麦克阿瑟的身上。客轮抵达檀香山的前一天晚上，船长邀请他去船长室参加一个小型宴会。宴会上，前波士顿市长詹姆斯·柯利给他引见了一个叫琼·费尔克洛思的女士。

琼35岁，未婚，富有，见多识广。她的先辈有多人参加过南北战争，为南部邦联政府而战。因此，她对军人有着一种与生俱来的好感，不但是邦联女儿会和美国革命女儿会的积极分子，还有很多军官朋友。

父亲去世后，琼继承了大约20万美元的财产，成了一个富有的老处女。她努力地寻求快乐的生活，经常到国外旅行。这一次，她计划到上海和几位英国朋友团聚。没想到，她在旅途中认识了麦克阿瑟。这不但改变了她的行程，也改变了她的一生。

第二天，客轮在檀香山停靠，补充物资。麦克阿瑟到岸上逛了一会儿，回来的时候，手里多了一大束鲜花。

当琼发现麦克阿瑟把鲜花送到她的舱里时，兴奋极了。在随后的旅途中，琼一反多年的常态，每天早早起床去吃早餐，而不是在床上睡懒觉。因为麦克阿瑟只在早晨的时候才走出船舱，其他时间，他都陪着母亲。

麦克阿瑟在马尼拉下了船，琼则乘坐"胡佛号"继续驶向上海。两人都有些恋恋不舍，甚至非常痛苦。奇怪的是，他们谁也没有把这种感情宣泄出来。他们大概觉得，那种悲伤的离别场面只属于少年情人，而他们都已到了中年。

到达马尼拉后一个月，玛丽·麦克阿瑟去世了。麦克阿瑟陷入了巨大的悲痛之中。他伤心得不愿见记者。玛丽·麦卡兰·麦克阿瑟发布了这一消息。她说："麦克阿瑟的母亲是位奇女。她是我所认识的最慷慨、最正直的人，是名真正的战士。"

一连好几个月，麦克阿瑟都不大愿意出门。在送回美国葬于阿灵顿公墓亚瑟·麦克阿瑟将军的墓边之前，麦克阿瑟一直把母亲的遗体保存在马尼拉陈尸所里。

悲伤不期而至，幸福也会在一个不经意的时间里降临。就在麦克阿瑟悲伤不已之时，他日思夜想的琼从上海来到了马尼拉。"胡佛号"抵达上海后，厚重的相思让琼改变了主意，她又乘坐同一艘船，回到了马尼拉。

1937年4月，麦克阿瑟、奎松等一行前往美国。麦克阿瑟母亲的棺椁也一起回到了华盛顿。她终于可以安息了。

葬礼结束后，奎松留在华盛顿会见政界名流，而麦克阿瑟则匆匆赶往纽约。琼早已在那里等候他了。相逢18个月后，他们在市政大楼里举行了简单的婚礼。新郎、新娘都身着棕色服装。面对着一大群又吼又叫、你推我攘的记者，麦克阿瑟只说了一句："这是个值得纪念的时刻。"

第二次婚姻终于让麦克阿瑟过上了梦寐以求的平静生活。结婚10个月后，他们的儿子出生了。为了纪念父亲和哥哥，麦克阿瑟为他取名为亚瑟·麦克阿瑟。

一位朋友祝贺他时不禁调侃道："没想到你现在还宝刀不老。"

麦克阿瑟笑着回答说："我也没想到。"

琼用她浓重的田纳西方言叫麦克阿瑟"将军"。他昵称她为"老板先生"，这是《亚瑟王宫中的康涅狄克美国佬》中那位慈祥的独裁者的称呼。他还叫她"夫人"，好像她是皇族。儿子名为亚瑟四世，被称作小家伙。

虽然一切都很平凡，甚至有些枯燥，但谁都不能否认，这是一个温馨和谐的家庭。

五

组建菲律宾陆军，防御日本

菲律宾群岛远离美国本土，经济落后，资源匮乏，战略价值不大。美国政府之所以要固守菲律宾，主要是出于政治目的，即美国人要保护自己的属地。然而，菲律宾群岛的面积虽然不大，但岛屿众多，需要防守的海岸线比美国本土还长。

从军事角度来讲，无论是进攻，还是防守，海岸线太长都不是好事。美国海军认为，保护菲律宾群岛的代价会远远超出其在军事上的战略价值。因此，他们一直强调，一旦和日本开战，海军应迅速撤离菲律宾，退守夏威夷。这就是在20世纪30年代美国军方对待菲律宾的主导思想，称"橙色计划"。甚至连陆军作战计划部也认为，实施橙色计划是不可避免的事情。

麦克阿瑟并不认可海军的看法。对菲律宾的深厚感情和性格对他的看法可能产生了不小的影响。他一直把菲律宾称为"我的第二祖国"。着手实施菲律宾防御计划后，他曾对一位好友如是说："我任总参谋长时根本就不赞成橙色计划，但我立刻意识到，试图说服别人接受我的观点是浪费时间。因此我走了一条捷径，面见总统，告诉他如果在我的任期内需作战争动员，我首先就从大西洋彼岸抽调两个师充实菲律宾……我要成功地保卫这块属地的每一寸土地。既然如此，橙色计划就是一纸空文……这种时候谁指挥谁就将决定战役的主导方向。如果他是个伟人，他就不会拘泥于陆军部中布满灰尘的文件框中的原始计划。"

麦克阿瑟的这段话并不可信，甚至可以说是无中生有。他任总参谋长时，陆军在大西洋沿岸根本就没有两个装备齐全的师可调往菲律宾。当时，整个陆军只有3个不满员师，而且分散在全美各地。国民警卫师的状态更糟，几乎处于瘫痪状态。另外，是否要保护菲律宾，也不是总参谋长能够决定的。美国总统才是美军最高司令，只有他才有权决定是否为保卫菲律宾而战。

但不管怎么说，麦克阿瑟保卫菲律宾的决心是坚决的。既然美国陆军无法抽调足够的兵力保卫菲律宾，那就只有组建一支菲律宾人自己的部队——菲律宾陆军。菲律宾陆军和美国菲律宾军区没有隶属关系，它只受命于共同体政府。不过，一旦爆发战争，菲律宾陆军即会被改编成菲律宾师的地方后预备队。

麦克阿瑟和他的助手艾森豪威尔等人一起，花了6个月的时间创建了一支由920名军官和10000名士兵组成的正规军。这支微型正规军每年可训练4万名18~21岁的年轻人。与此同时，他还在碧瑶建立了一所菲律宾军事学院。军事学院将在菲律宾正式独立之前定期向正规军输送经过高度专业训练的军官，以保障每年能组建一个预备役师（相当于美国的国民警卫师）。

麦克阿瑟计划在菲律宾正式独立前组建10个训练有素的预备役师。预备役部队每年都要接受复训。如此一来，每年500万美元的军事开支就不够了。结果，这个数字一增再增，成了麦克阿瑟一生中争议最大的事件之一。这主要是因为，共同体的防御每开支100美元，他就能得到46美分。很多人认为，他一再追加军费开支，目的就是那46美分。不过，从整个菲律宾防御计划来看，这种可能性比较小。

菲律宾地形崎岖，大部分是山地和丛林，这也有助于防守和阻挡侵略者。而且全国人口众多，可把成千上万的人投入防御。就算是海上封锁，也不会使菲律宾屈服。因为这个群岛国家气候资源优越，生产的粮食可自给自足。但麦克阿瑟忽略了这样一个事实：菲律宾人口正在迅速增长，粮食供给已经出现缺口。

麦克阿瑟深信，他的防御计划将改变美国的军事安全。在给国内一名很有影响力的朋友的信中，他写道："我所做的远不止单纯解决菲律宾群岛的安全问题。我们实际上在弥补我们太平洋防线左翼致命的弱点。我们从未使我们在这儿的海军基地得到安全，海军也从未把注意力真正放在这儿。现在一切都将改变……我们真正的太平洋防线将从阿拉斯加延伸到菲律宾。这就要求在阿拉斯加有海军基地。一旦这一切完成，我们的阿拉斯加—菲律宾防线将横切太平洋上所有的航线，使我们能完全控制太平洋……古老的失败主义者的阿拉斯加—夏威夷—巴拿马防线在我看来有致命的缺陷……它使我们的海岸成为未来的战区，此外，它还破坏了舰队的机动能力……强大的菲律宾防线将给美国在太平洋上以绝对的主导权，它将阻止任何进攻力量。"

1937年7月7日，侵华日军制造了骇人听闻的"卢沟桥事变"，发动了全面侵华战争。国民党和共产党放弃前嫌，组成了抗日民族统一战线，浴血奋战，拯救国家和民族于水火之中。整个东亚的局势骤然紧张起来。

菲律宾内部形势也日益令人焦虑。在群岛上居住和经商的日本人多达4万余人，部分人已经开始捐款捐物，支援罪恶的侵华战争。与此同时，日军大本营也将菲律宾锁定为下一个侵略目标。麦克阿瑟已经意识到这一点，他严肃地警告奎松说："由于国际安全形势的日益恶化，尚未做好准备的菲律宾被卷入战争的危险与日俱增……因此，我认为重要的是立刻购买我原计划的给养和设备，以便将来能有足够的作战物资。"

遗憾的是，在奎松心中，美国人才是菲律宾真正的敌人。他的政治理念非常简单——菲律宾必须从美国独立出来。尽管他私下里也承认，菲律宾从美国独立出来的时机尚未成熟。但对于菲律宾人民来说，他就是独立的化身。在这一点上，没人能超过他。他最喜欢说的一句话是："我宁愿生活在菲律宾人统治的地狱里，也不愿生活在美国人统治的天堂中。"

但事实情况是，奎松似乎更喜欢生活在"美国人统治的天堂中"，他整天围着夜总会、奢侈的聚会和赌场转，挥霍无度，夜夜笙歌。他和风流的歌舞队女演员、小明星，甚至衣帽间的女服务员鬼混，闹了很多绯闻。

与奎松最接近的人主要是美国的百万富翁——十几名控制着岛上商业的富商。他们在政治上对他没有威胁，并且他认为，只有他们的建议是真正没有偏见而可靠的。他请他们到他的游艇"卡西亚娜号"上打扑克和桥牌，并在他任总统后为他们建起了马尼拉联合俱乐部。这是全国最封闭的俱乐部，包括奎松在内，总共只有25名会员。连麦克阿瑟都没有会员资格。

大概正是从这个时候开始，奎松开始怀疑麦克阿瑟和他的防御计划了。在他看来，麦克阿瑟一再向他鼓吹来自日本的威胁，目的只有一个，那就是钱。

更加糟糕的是，从父亲那里遗传来的虚荣心让麦克阿瑟在美国军界也越来越不受待见。菲律宾共同体成立后，麦克阿瑟成了菲律宾的元帅。这一美国人闻所未闻的军衔立即招致了一片批评之声。

有一次，麦克阿瑟在华盛顿作短暂的逗留。在宴会上，参议员乔治·摩西怪声怪气地说："我发现我们有位元帅作伴。哈，这让我想起了一位美国海军陆战队的上尉，他被派去训练一个小国家的军队。这个小国封他为准将，当然，他对自己的新将军服感到非常骄傲。他也回到华盛顿，并设法使自己应邀出席陆海军军官宴会。然后他问一名陆战队上校，他应该穿什么制服出席宴会——是穿海军上尉服呢，还是那支小军队的准将服？上校说：'在华盛顿，你那种军队的准将只配在厨房吃饭。'"

摩西的话刚说完，所有人都哄堂大笑。但有一个人没有笑，他就是麦克阿瑟。麦克阿瑟尴尬极了，费了好大劲才把雪茄烟灰弹掉。

俗话说"爱屋及乌"，这句话反过来说就是"恨屋及乌"。麦克阿瑟的张扬导致美国人对他主持的菲律宾防御计划更加反感了。菲律宾最后一任总督和第一任高级专员墨菲反对的声音最强烈。他不相信菲律宾人对美国的忠诚。给菲律宾人提供武器，他们可能不会用来对付日本人，而可能会用来对付美国人。他提醒人们不要忘记，菲律宾起义才过去30年。海军为了实施橙色计划，也极力反对麦克阿瑟创建菲律宾陆军。

为了平衡各方力量，罗斯福总统打算召回麦克阿瑟。总参谋长马林·克雷格却坚决反对。克雷格警告总统说："如果麦克阿瑟被召回，总统将没有退路，因为麦克阿瑟既不会退休，也不会辞职，他将继续执行现在的使命。这将使麦克阿瑟得以独行其是，陆军部将更无法控制他。"

罗斯福总统没有将克雷格的警告放在心上。这位年轻而出色的总统相信自己有足够的实力来控制麦克阿瑟。

第六章

大战前夕积极调整军事部署

一

在大战前夕陷入政治风波

1937年8月，麦克阿瑟接到克雷格的信，得知他将被召回美国另作安排。麦克阿瑟强烈的自尊心受到了打击。他怒不可遏地复电克雷格："你的信令我震惊。你的建议等于是解除我的职务……由于我的军阶和地位，这只能被理解为受到违纪处理……我的名声和职业声誉受到了这一处理的威胁……即使刚入伍的新兵犯错误，我军也严格按传统予以合理的处理，我几近40年忠诚的效力至少应受到相同的对待吧。"

罗斯福希望能尽快平息麦克阿瑟的愤怒。他说："世界的局势令人十分担忧，我需要将军在身边，以便随时听取你的建议。"

总统还说，麦克阿瑟可以挑选美国境内他喜欢的任何指挥职位。

总统的奉承并没有平息麦克阿瑟的怨气，他甚至不惜以退役为代价，威胁国内的那些政治家。他在给克雷格的信中说道："我觉得从军队的最高职位上退下来再去位居次席令人生气。这就像让罗斯福重新去当助理海军部长。这不仅使我不满意，而且我再也无法做一个服从命令的下级指挥官。"

麦克阿瑟请求退役，但他同时指出，虽然退休了，一旦战争来临，他仍然会像服役时一样随时受命。他坚信战争不远了，他不想断了自己的一切后路。他希望在战争来临时重返军队，再次成为指挥人物。

为了达到这一目的，麦克阿瑟在信中把罗斯福大大奉承了一番，就像罗斯福奉承他一样。他说："我深信，在我有生之年美国不会卷入战争。罗斯福总统出色的领导实际上防止了这种灾难的发生。"

罗斯福和克雷格似乎已经打算接受麦克阿瑟退役的申请了。他在国内的老朋友也纷纷发来贺电，祝贺他在过去取得的一系列成绩。密尔沃基的阿朗索·卡德沃斯美国退伍军团第二十三号兵站俱乐部更是热情洋溢地给了他会员资格，欢迎他返回故乡。

麦克阿瑟本以为，总统和总参谋长会做出让步的，但他失算了。不过，像他这么聪明的人绝对不会在冒险之前不想好退路的。这时，奎松开始出面挽留麦克阿瑟，请他留任军事顾问，合作条件一切不变。

不难想象，奎松挽留麦克阿瑟只是出于无奈罢了，菲律宾陆军的建设计划尚未完成，麦克阿瑟还有利用价值。也正是如此，两人关系的恶化已不可避免。1938年初，麦克阿瑟决定在马尼拉集结4万菲律宾预备役部队，举行一次阅兵仪式。从某种程度上说，他此举是为了向奎松证明，他的防御计划并非浪得虚名。然而，他犯了一个关键性的错误：他没有预先通知奎松。

听说阅兵计划之后，奎松震惊不已。虽然奎松和他的朋友都过着锦衣玉食的生活，但菲律宾的经济状况却十分糟糕，根本不可能支持4万人从群岛各处赶赴马尼拉，再给他们提供一周的食宿。

这位政治领袖直截了当地告诉麦克阿瑟："元帅，别干这种荒唐事。"

糟糕的是，麦克阿瑟已经命令参谋部制订阅兵计划了。如果这个时候取消的话，就意味着他要对部下失言。但他也不愿意惹恼奎松。

麦克阿瑟想了一个自以为聪明的办法，让他的参谋军官艾森豪威尔和奥德承担责任。就如秘书替老板承担过失一样，参谋军官也常常成为将军的替罪羊。不过，将军一般会事先和他的参谋军官打个招呼。

遗憾的是，麦克阿瑟没有这样做。麦克阿瑟撒了一个谎，他对奎松说："我从未命令任何人制订阅兵计划。"

如果在以前，艾森豪威尔很可能会默默忍受。但现在，他不愿忍受了。在过去的7年中，两人在军事理念上的分歧越来越大，而且麦克阿瑟很多做法也深深伤害了艾森豪威尔的感情。这次事件成了两人友谊的转折点。

艾森豪威尔直截了当地抗议道："将军，您的话等于是在说我撒谎，但我没有。因此我想立刻回国。"

麦克阿瑟用手拍着艾森豪威尔的肩膀，故作轻松地说："看到你发这么大的脾气，真令人好笑。"

艾森豪威尔接受了既定事实，但他内心的伤痕永远也无法抚平了。多年后，他说："这只是个误会，就让它过去吧。我们的关系再也不像以前那样亲热了。"

撤销阅兵计划约一个月后，艾森豪威尔的好朋友吉米·奥德殉职。奎松等人出席了奥德的葬礼，高级专员保罗·麦克纳特也来了，但麦克阿瑟却没到。奥德之死是艾森豪威尔一生中最心碎的事之一。他对目前工作的兴趣就此消失。不久以后，他向儿子约翰说："我现在待在这儿的唯一理由是菲律宾政府付给我的额外薪水。除此之外，没有什么理由留在这儿。"

艾森豪威尔已经打定主意要和麦克阿瑟分道扬镳了。奎松在这一关键时候出马了。他听说艾森豪威尔要走，立即使出浑身解数请求中校别毁了防御计划所获得的成果。他说："我当然有义务代表菲律宾人民请求您延长一年服务期。"

艾森豪威尔无奈地答应了。麦克阿瑟很高兴。似乎为了弥合两人越来越疏远的关系，将军在艾森豪威尔的鉴定报告中给了他最高等级"优异"，并在个人意见中写道："战时这名军官应立即被提升为将军。"

奇怪的是，麦克阿瑟并没有从这一系列事件中吸取教训。他依然在为个人的荣誉苦苦挣扎着。1939年7月，当战争的乌云已笼罩整个欧洲之时，美国也迎来了大选之年。时任菲律宾高级专员麦克纳特回国角逐1940年民主党总统候选人提名。

麦克纳特前脚刚走，麦克阿瑟后脚就给罗斯福总统的助手斯蒂芬·厄尔利发了一封电报。他说："很乐意……在这里能为总统和国家很好地效力，这个暴露的前哨基地是我们防御系统中最薄弱的环节。"

麦克阿瑟言下之意乃是，他热切希望接替麦克纳特，担任菲律宾高级专员。罗斯福当然不会不明白麦克阿瑟的意思。但他不愿挑战法律（麦克阿瑟是现役军人，不能出任菲律宾高级专员），而且麦克阿瑟在菲律宾的所作所为并不得人心。为了在战争时期争取三连任（美国总统连任不得超出两届），罗斯福选择了弗兰西斯·塞耶替代麦克纳特。

塞耶以前曾是哈佛法学院的讲师，他娶了伍德罗·威尔逊的小女儿杰西。他还曾任暹罗国王的外交顾问。塞耶回美国后继续在哈佛法学院执教。1932年，他当上了副国务卿，这是对他在1932年任罗斯福总统外交政策顾问期间的出色工作的奖励。不过，塞耶在任副国务卿期间并没有表现出很强的能力，所以罗斯福对任命他为高级专员仍心存疑虑。

就在这时，第二次世界大战爆发了。1939年9月1日凌晨，德国军队大举越过德波边境，分北、西、南三路，向波兰首都华沙逼近。这是人类历史上第一次大规模的机械化大进军。德军轰炸机群呼啸着向波兰境内飞去，目标是波兰的部队、军火库、机场、铁路、公路和桥梁。德军趁势以装甲部队和机械化部队为前导，以每天50~60公里的速度向前推进。

第二次世界大战爆发

9月3日上午11点，英国对德宣战，并宣布全国进入战争状态。随后，法国宣布与德国处于战争状态。战争爆发之初，单纯从军事力量和经济实力上来讲，英、法等国占有一定优势。当时，波兰有40个步兵师和12个骑兵师；法国约有110个师的兵力。而当时德国只动员了98个师。在经济实力方面，英、法拥有众多的殖民地，战略资源丰富，然而，德国却缺乏铁砂、橡胶和石油等重要的战略物资。

但是由于英、法没有做好应战的准备，而且不想真正打仗，在行动上磨磨蹭蹭，甚至根本未采取真正的军事行动。时任英国首相张伯伦就曾宣称，这是一场"晦暗不明的战争"。所谓"晦暗不明"，实际上是指"战"与"和"还在两可之间。

正是因为英、法两国首脑处于这样一种精神状态之中，盟国在战争初期一直处于被动挨打的局面。英、法违背了自己许下的"如果德意志帝国胆敢入侵波兰，英法联军将直捣鲁尔谷地"的诺言。法国屯集重兵，但却躲在马其诺防线后面，眼睁睁地看着波兰独自抵抗着强大邻国的侵略。

从1939年9月1日到1940年5月10日，这段奇特的历史时期在德国被称为"静坐战"，而其他国家则称之为"假战"。英、法两国的"假战"助长了法西斯德国的侵略野心，同时也让自己在后来付出了沉重的代价。

英国对德宣战的当晚，美国总统罗斯福也用广播向美国民众发表了欧战爆发后的第一次"炉边谈话"。尽管罗斯福知道美国很难不被卷入这场罪恶的战争，但为了安抚民众，并争取孤立主义者的支持，他不得不在表明自己观点的同时，小心翼翼地表示：作为美国总统，他将尽力使美国不介入这场战争。

失败的菲律宾群岛防御体系

第二次世界大战爆发后，德军以古德里安将军强大的装甲集团为先锋，快速向波兰腹地推进。波兰军队根本无力抵抗强大的德军。一周之后，波兰在事实上已经处于亡国状态了。

麦克阿瑟还没有从塞耶被任命为菲律宾高级专员的噩耗中走出来，战争又把他推向了风口浪尖之上。波兰的迅速覆亡让奎松意识到，他们和现代化军队的差距太大。麦克阿瑟那些关于菲律宾陆军进展的乐观报告可能欺骗了他。他苦涩地嘟囔道："麦克阿瑟骗了我。"

一个月后，波兰投降。奎松立即重组国防部，以应对可能来自日本的威胁。他从德国入侵波兰的事件中得到启发，日本作为东方的德国，很可能会对贫穷的菲律宾做出同样的事。但他没有信心守住菲律宾，在共同体新国防部成立时的演讲中，他语调悲观地说："即使我们武装每一个男人，也无法保卫群岛。"

随后，奎松公开请求罗斯福签订一份中立条约，来保护菲律宾。这正是美国政界许多政治家所持的观点。他们认为，保住菲律宾的唯一办法就是让菲律宾像瑞士一样，在战争中恪守中立原则。实际上，这是不可能实现的事情。日本绝对不会因为菲律宾是中立国家而放弃侵略的。他们虽然对贫瘠的菲律宾不感兴趣，但对马来西亚的橡胶、石油、黄金等宝藏觊觎已久。而菲律宾正处于日本通向马来西亚的战略要道上。

不久，奎松对麦克阿瑟讲了他的疑虑。他说："如果1946年我们独立了，有30万军队严阵以待，而日本决定进攻，到那时会出现什么情景？"

麦克阿瑟告诉他："菲律宾能坚持战斗6个月，那时候需要继续进口弹药和其他重要必需品。"

奎松困惑地问道："要是日本人进攻，我们又没有海军，怎么运进这些给养？"

麦克阿瑟回答说："我想，总统只能寄希望于英国或别的海军大国进行干预，阻止入侵。"

奎松疑惑地问："如果这样的话，有什么必要花钱维持一支开销庞大的军队呢？"

麦克阿瑟无言以对。

奎松又问："棉兰老岛怎么办？"

棉兰老岛是菲律宾南部的最大岛屿，距日军在帕劳群岛的基地不足1000公里。他很想知道，麦克阿瑟的防御计划是否可以给棉兰老岛以强有力的保护。

麦克阿瑟直截了当地承认："不能。"

奎松以几近绝望的语气问："那么，什么最终能阻止日本占领棉兰老岛呢？"

麦克阿瑟又是无言以对。

尽管这样，麦克阿瑟仍继续在公开场合宣称防御计划进行顺利，群岛能够得到有效的保护。奎松大为震惊，对麦克阿瑟积蓄多年的不满终于爆发了。他对新任菲律宾高级专员塞耶说："麦克阿瑟对公众的讲话简直荒唐。解释只有一个，将军疯了。"

塞耶没有回答。这位绥靖主义者并不欣赏麦克阿瑟，对菲律宾的防御计划也不感兴趣，但他是一个绅士，不愿在背后捅麦克阿瑟的刀子。

奎松请塞耶帮忙把麦克阿瑟召回美国。塞耶回答说："很抱歉，总统先生，没有书面请求，我不会这样做。"

奎松是个精明的政客，他不愿留一份记录文件证明他曾从背后戳了他的军事顾问一刀。现在，他和他的陆军元帅已经是一条绳上的蚂蚱了。

奎松想了一个办法，那就是从此不再见麦克阿瑟。麦克阿瑟得到通知说，他以后将和总统的秘书乔格·瓦尔加斯接触，奎松不愿再见他，心里感觉受到了极大的侮辱。他忍受了这一侮辱性的新安排。菲律宾陆军元帅针锋相对地告诉乔格："乔格，总有一天你的老板想见我，而我也可以不见他。"

1939年的秋冬季节，麦克阿瑟的心情糟糕极了。多年来，他一心一意地致力于菲律宾的防御事务，但最终却竹篮打水一场空。而且，他的朋友也一个接一个地离开了。

年底，已在海外服役4年的艾森豪威尔启程回国。按照规定，军官在海外服役年满4年即需回国接受新任命。当然，也不是没有办法留下来。只要他自己申请留下，并经麦克阿瑟签字就可以了。但艾森豪威尔实在不愿再和麦克阿瑟共事了。时间一到，他就迫不及待地回国去了。

唯一对马尼拉表现出恋恋不舍之情的只有艾森豪威尔的儿子约翰。离开前，他到麦克阿瑟家去向将军道别。琼把他带到阳台上，将军正在一盆盆的植物之间踱步，两手像拿破仑一样背在身后。多年后，他回忆说："他的戏剧性冲动立刻显现出来。他走过来和我握手——以他一贯的方式把他的左手放在我的右肩上，详细地回忆起我在高年级时被选为什么什么……将军的记忆、魅力和对一个毫不起眼的男孩表示兴趣的能力给我印象很深，也在很大程度上说明了他为什么能留住他想要的人，包括我那位顽固的老爹。"

麦克阿瑟明白，他再也留不住艾森豪威尔了。他和妻子专程赶到码头，去给艾森豪威尔一家送行。俗话说"好聚好散"，他们共事了7年，从朋友变成了熟悉的陌生人，分手的时候却显得很友好。

艾森豪威尔走了，麦克阿瑟失去了一名最得力的助手，但他必须继续履行菲律宾军事顾问的职责。

虽然菲律宾的冬天和其他季节没有明显区别，但麦克阿瑟依然觉得每一天都度日如年。菲律宾沉默的气氛让他感到窒息，欧洲战场上的沉默也让他难以忍受。

令人难熬的冬天终于过去了。1940年5月，欧洲战场的沉默被希特勒的机械化部队打破了。5月14日，希特勒的爱将古德里安将军指挥一支强大的装甲部队由德国边境越过阿登山脉，强渡默兹河，以破竹之势突破了法军第九军团和第二军团仅8万人的防线，向法国北部铺天盖地地压来。法国人一直坚信不疑的"马其诺神话"破灭了！

消息传来，法国人被吓坏了，荷兰人被吓坏了，比利时人和英国人也都被吓坏了。荷兰军队的总司令签署了停战投降令。法国新任总理雷诺则于15日清晨7点30分打电话给丘吉尔，喃喃地说："我们被打败了！我们被打败了！"

丘吉尔立即致电美国总统罗斯福。他在电文中指出，德国正以惊人的速度征服欧洲，而墨索里尼也将伺机劫掠。因此，他希望罗斯福宣布美国处于"非交战"状态，即不派遣武装部队直接参战，但提供一切必要的援助。在电文的最后，丘吉尔以近乎孤傲而悲壮的语调说："如果必要的话，英国将单独战斗下去。"

但罗斯福受到美国国内孤立主义势力的阻挠，根本无法向英、法提供强有力的援助。欧洲大陆的战局正在迅速恶化。5月28日，比利时国王奥波德三世命令比利时军队向德军投降。与此同时，数十万英法联军也在时任英国首

敦刻尔克大撤退

相丘吉尔的指挥下从敦刻尔克撤往英国。这就是历史上著名的敦刻尔克大撤退。

敦刻尔克大撤退虽然保住了英、法军队的有生力量，但却丢弃了大量的武器装备。英、法联军的2300门大炮、4万辆坦克、12万辆车辆以及大量的枪支弹药都成了德军的战利品。敦刻尔克撤退之后，英国几乎没有任何反坦克炮和反坦克弹药，坦克不到200辆，野炮不足500门。这就意味着，英、法两国在短时间根本无法装备足够数量的军队，以对抗德国的入侵了。

战争的形势对英、法两国越来越不利。在大军压境之际，法国军政高层分裂成了投降派和主战派两派。以法国副总理兼军事委员会副主席贝当元帅和法军总参谋长魏刚将军为首的投降派主张放弃抵抗，法国总理雷诺和国防部兼陆军部副部长戴高乐将军则主张抵抗到底。但雷诺总理在内阁中软弱无力，戴高乐地位卑微，两人根本无力阻挡贝当元帅和魏刚将军走向投降的步伐。

6月10日，墨索里尼见德军已经逼近法国首都巴黎，想趁机捞一把，随即对英、法宣战。意大利在北非的驻军随即向驻守在埃及的英军发起了进攻。墨索里尼的加入让德军如虎添翼。同日，法国政府匆忙地撤离巴黎，迁到了图尔，法军总参谋部则设在布里阿尔附近。

一周后，法国总理雷诺辞职，贝当元帅奉命组阁！第二天，贝当元帅便通过广播号召全国军民"停止战斗"。6月22日下午，法国正式向德国投降。

　　法国投降了，英国不得不单独面对强大的德、意法西斯。为了号召法国人民继续抵抗下去，并为将来反攻欧洲大陆做好准备，丘吉尔支持戴高乐将军在伦敦成立了流亡政府——"自由法国运动"。从此，法国出现了两个政府并存的局面，以戴高乐将军为领袖的法国称自由法国；以贝当元帅为首的法国因首都设在维希市，称维希法国。

呼吁各方警惕日本的潜在威胁

法国的投降让罗斯福总统焦急万分，但被孤立主义者和和平主义者束缚住手脚的他除了对法国的遭遇表示同情之外，什么也做不了。6月，一群和罗斯福一样焦急的美国人设法说服总统解除了陆军部长哈里·伍德林的职务。因为伍德林本人就是一个彻头彻尾的孤立主义者。

随后，罗斯福构建了一个名垂史册的组合：老将亨利·史汀生出任陆军部长，军界新锐乔治·马歇尔出任总参谋长。在整个第二次世界大战期间，这两个运筹帷幄之人大放异彩，为人类的自由、自尊作出了卓越的贡献。

欧洲战局的发展也让麦克阿瑟非常头疼。英、法等国已被德国拖住，而德国是日本的盟友。如果日本入侵东南亚的话，除了美国，再也没有哪个国家有能力阻止了。而日本入侵东南亚的野心已越来越明显。

侵华战争陷入僵局，巨大的战争消耗把整个日本拖得疲惫不堪。为迅速从中国战场脱身，也为了更快地实施所谓的"大陆政策"，稳步有序地占领东亚，日本曾两次入侵苏联，企图北进，但均被苏联红军击溃。

随后，日军又制订了南进计划，企图占领东南亚。日军的算盘打得很精。一旦占领东南亚，他们不但可以从马来西亚等地获得石油、钢铁等急需的战略物资，还可以切断滇缅公路，切断国际援华物资进入中国的唯一通道。

麦克阿瑟已经感受到了来自日本的威胁，但菲律宾陆军和驻守在菲律宾的美军根本无力阻挡日军的入侵。他急需来自国内的援助。遗憾的是，举目四望，他竟然找不到一个能帮助自己的人。史汀生对他似乎并没有什么好感，马歇尔虽然愿意帮助他，但除了告诉菲律宾军区新司令乔治·格鲁纳特少将尽量与其合作之外，也无能为力。而格鲁纳特又讨厌麦克阿瑟所做的顾问工作，尽可能地袖手旁观。

10月，麦克阿瑟以为他终于找到了一个同情他、愿意听他说话的人了。这人就是新任亚洲舰队司令官托马斯·哈特上将。麦克阿瑟一家和哈特一家相识已40年。哈特上将曾是麦克阿瑟的哥哥亚瑟三世的密友。

但他很快又发现，一切都是他的一厢情愿罢了。哈特对麦克阿瑟的防御计划一点兴趣也没有。或者说，他对麦克阿瑟和自己的亚洲舰队没有信心。一方面，他发现麦克阿瑟的两栖登陆作战的知识已经过时；另一方面，亚洲舰队所有的战舰都是第一次世界大战时期的舰艇，陈旧、落后，战斗力令人堪忧。

麦克阿瑟到处寻求帮助，但在他的周围到处是批评家、持怀疑态度者和对手。他所代表的两个政府似乎也取得了一致意见，对麦克阿瑟采取"三不"原则：不感激，不帮助，不阻拦。麦克阿瑟忧虑极了。他在一个老友的信中几近绝望地说："远东的形势极不稳定。如果有人想预测它的未来，他不是傻子就是骗子……过去的4年里，我尽了一切努力加强这个薄弱的要塞……有很大的进展，但距我希望的相去甚远……"

可是，他叫天天不应，叫地地不灵，完全陷入了孤立无援之境。当时间进入1941年的时候，哈特海军上将认定："麦克阿瑟已经受够了。他想逃避，因为他在工作上不快活。"

不久，美国新闻界传闻，罗斯福正在考虑召回塞耶。麦克阿瑟似乎又看到了希望。他马上给罗斯福的助手斯蒂芬·厄尔利写了一封长信，几乎在乞求接替塞耶的位置。他说："我写信是为了在这一伟大时期为总统效力……关于菲律宾防御计划，我已经做了一切可能做的，并很可能在年内结束在菲律宾陆军的工作。"

他还宣称，菲律宾人很尊敬他，他对"从符拉迪沃斯托克（海参崴）到新加坡"发生的一切"了如指掌"，并"与东方的每一个重要人物保持着私人交往"。

在信的结尾，一向孤高的麦克阿瑟甚至不惜自降身段，奴颜婢膝地高呼："罗斯福是我们最伟大的政治家……我们最伟大的军事战略家。"

麦克阿瑟的努力终于得到了回报。虽然罗斯福并没有召回塞耶的打算，但总统让他的军事助理埃德温·沃森少将给麦克阿瑟回了一封信。少将向他保证："总统让我写信……他想让我告诉你，他最希望你在那里发挥你的军事才能。"

麦克阿瑟的努力终于换来了一句鼓励的话。他马上回信，感恩戴德地说："很高兴总统希望发挥我的军事才能而不是从事内务工作。这自然也是我的选择……我将继续发展菲律宾陆军以应付紧急情况。"

随着形势的恶化，麦克阿瑟越来越坚信，菲律宾陆军很快就会被编入美军的战斗序列。因此，他写信给马歇尔，告诉总参谋长他准备结束防御计划。6月20日，马歇尔在复信中告诉他，根本没有这一计划。不过，史汀生却告诉他："如果形势危急，你在菲律宾的资历和经验将使你自然成为远东陆军司令官的人选。"

这正是麦克阿瑟梦寐以求的事情。有一次，一名《时代》记者西奥多·怀特来访问菲律宾。怀特一直在东亚活动，几乎采访了所有国家的军事指挥官。当他抵达马尼拉的时候，直奔菲律宾军区司令部，点名要采访麦克阿瑟。

军区司令格鲁纳特的新闻官对怀特说："见麦克阿瑟没用。他在美国陆军中的作用还不如一名下士。"

怀特笑了，坚持去见麦克阿瑟。此时，麦克阿瑟将军已经是61岁的老人。他激动时双手发抖，声音发颤，但仍表现出无比的活力和决心。他对怀特说："我时刻准备着。一旦战争来临，我将指挥远东的美国远征军。"

麦克阿瑟还说，他坚信战争就要爆发，日本的野心使其不可避免。

实际上，怀特到马尼拉前就得出了同样的结论。怀特兴奋地说："我很庆幸，至少有两个美国人，也许只有两个，了解日本对美国的和平和安全带来的威胁。"

太阳落进马尼拉湾时，他们的谈话才结束。麦克阿瑟停止踱步，转向怀特，坚定地说："是命运把我们俩带到了这儿，怀特，是命运！上帝，是命运把我带到了此地。"

麦克阿瑟收到马歇尔电报两天后，即6月22日凌晨，希特勒撕毁《苏德互不侵犯条约》，突然出动190个师、3700辆坦克、4900架飞机、47000门大炮和190艘战舰，兵分三路以闪电战的方式突袭苏联。第二次世界大战的规模扩大了，反法西斯阵营中出现了一个强大的盟友——苏联。

其实，早在1940年12月18日，希特勒就将侵略的矛头指向了苏联。希特勒就亲自制订了"巴巴罗萨"作战计划，准备入侵苏联。"巴巴罗萨"的意思是"红胡子"。"红胡子"是神圣罗马帝国皇帝腓特烈一世的绰号。腓特烈一世崇尚扩张与侵略，他曾6次入侵意大利，并指挥十字军东侵。

德国军政界大部分都知道，入侵苏联是危险的。因此，一些军事和外交人员屡次劝告希特勒，应该先解决英国后再开辟对苏战场较为妥当。希特勒的决策通常与德军将领的建议相反，但直到制订"巴巴罗萨"之时，他的这些决策都取得了辉煌的胜利。因此，不但被他蛊惑的人认为他是政治和军事天才，就连他自己也认为自己是千年难遇的奇才。希特勒认为，德军可以像闪击波兰一样，迅速对苏展开战争，并迅速结束战争。狂妄地认为在1941年的冬季来临之前一定可以攻下苏联全境，因此不必准备过冬物资，以抵御苏联寒冷的冬天。这在后来成为德军受挫的主因之一。

四

虚张声势，加强菲律宾防御

1941年7月，急于从中国战场脱身的日本人通过他们的德国盟友向维希政府施压，终于得以进入法国在印度支那（今越南、柬埔寨等地，当时为法国的殖民地）的海空基地。

虽然罗斯福不愿在太平洋上开战，但美国也不能容忍日本不费吹灰之力就占领东南亚。总统采取的对策是对日本实施钢铁和石油禁运。麦克阿瑟闻讯大惊，立即向国内高层指出，这是一个重大失误。因为日本这个弹丸之地资源匮乏，石油储备最多能用到1942年春，届时狗急跳墙的日本人肯定会进攻马来西亚，以占领他们唯一的油料来源地。

这就意味着，日本要先控制战略要道上的菲律宾。因此，麦克阿瑟建议总统在惩罚日本人之前先保证菲律宾的防御。

麦克阿瑟的话惊醒了陆军部长史汀生。7月25日，他向罗斯福总统进言："鉴于远东的形势，应采取一切可能措施增强菲律宾群岛的防御……最紧迫的措施之一就是动员菲律宾共同体的军队进入战备状态……"

总统意识到了事态的严重性，马上令陆军部和总参谋部研究对策。研究的结果是：马上组建美国远东陆军司令部，命麦克阿瑟任司令官。

两天后，即7月27日，麦克阿瑟正坐在餐桌前吃早饭，一名传令兵匆匆赶来，递上两份标着"紧急"标志的电报。麦克阿瑟不敢怠慢，马上拆开第一封，看了起来。电报来自总参谋长马歇尔，上面写道："根据此文件，远东美国陆军司令部成立，即日生效。新的司令部下辖共同体

马歇尔

的军队和菲律宾军区。你就此被任命为美国远东陆军司令……你复职的命令于1941年7月26日颁布。"

第二份电报来自罗斯福总统。总统以三军总司令的身份签署命令，将菲律宾共同体陆军编入美军，马上生效。

麦克阿瑟收好电报，马上派人请助手萨瑟兰到维多利亚一号堡见面。萨瑟兰一到，他宣读了总参谋部和总统的电令，同时发布了一号将军令，正式命名美国远东陆军，同时接受任命。

然后，他和萨瑟兰开始讨论如何将他所领导的各种作战单位迅速组建一支能够和日军相抗衡的部队。几个小时后，萨瑟兰从桌上抬起头来说道："将军，这简直不可能。"

麦克阿瑟正在研究地图，他从眼镜上方瞟了萨瑟兰一眼，说道："群岛必须而且一定会守住。我只能尽我的最大努力。"

深夜，麦克阿瑟回到家中。琼还没睡，她习惯等丈夫下班。将军感慨地对妻子说："我觉得自己像只老马又装上新鞍了。"

第二天，麦克阿瑟又接到总参谋部的电报。他的正式军衔已从少将擢升为中将。部下们纷纷向将军表示祝贺，恭喜他又得到了一颗将军星。麦克阿瑟一一回礼，得意地说："我好像现在开始找到自我感觉了。"

可能是压抑太久，一旦得到时机，麦克阿瑟的工作热情一下子爆发出来了。在短短的数日内，他就建立了自己的司令部。他的得力助手萨瑟兰中校被任命为参谋长。不久，萨瑟兰就越过上校，成为了准将。

可是，一旦得到表现的机会，麦克阿瑟又不免得意忘形起来。在给马歇尔的回电中，他信誓旦旦地说："我想向你保证，我很有信心成功地完成你交给的任务。"

在给一位老朋友的信中，麦克阿瑟更是大言不惭地说："要是战争来临，我完全有把握保住群岛。"

实际上，这不过是他的愿望罢了。他真正相信的可能是恢复现役后第一天他对萨瑟兰所说的："我只能尽力而为。"

也有可能，麦克阿瑟的这些话更像是说给日本人听的。在敌强我弱的情况下，他必须虚张声势，吹嘘群岛的防御是如何强大，恫吓日本人，使其不会进攻菲律宾。至少是将进攻的时间向后拖一拖。然后，他就可以利用这段宝贵的时间化虚为实，加强火力，实现真正的防御。

麦克阿瑟施展浑身解数，努力从美国本土向菲律宾运送武器和给养。

马歇尔还向他保证，很快就会向他提供340架轰炸机和130架战斗机，组建远东航空大队。

与此同时，亚洲舰队的力量也在不断增强。虽然缺乏主力舰（只有两艘巡洋舰和13艘驱逐舰），但哈特上将手中有美国海军中最强大的潜艇部队。而当时，人们普遍认为潜艇是最好的"近海防御"武器。到了1941年10月，亚洲舰队的潜艇已增加到29艘，其中有6艘老式潜艇，23艘新式潜艇。

亚洲舰队的潜艇还装备了在绝密情况下研制成的磁雷管引爆鱼雷。据说，一枚这样的鱼雷足以击毁一艘驱逐舰或轻型巡洋舰，两枚就足以炸沉一艘战列舰或一艘航空母舰（后来的实战证明，这种说法有言过其实之嫌）。如果敌人的入侵部队向菲律宾靠近，潜艇部队可立即驶向大海，消灭它。因此哈特海军上将和麦克阿瑟将军非常重视这支潜艇部队。

麦克阿瑟和哈特海军上将在菲律宾还有另一种秘密武器：由密码破译员和日语语言学家组成的技术侦察分队。陆军破译员破译了重要的日本外交密码——"紫色"密码。海军破译员揭开了日本海军JN-25密码的秘密。马尼拉密码破译分队装备了阅读"紫色"密码和JN-25密码的机器。这个以"卡斯特"闻名的破密队，在搜集日军重要情报方面，发挥了无法估量的巨大作用。

到1941年秋天之时，远东陆军的实力得到了很大的增强。麦克阿瑟似乎很受鼓舞。他对马歇尔说，只要总参谋部允诺的给养和飞机能及时到达，并迅速动员菲律宾20万人的陆军，外加美军适当增援，美国远东陆军完全可以在1942年4月之前守住菲律宾，至少不用撤到巴丹半岛。

实际上，麦克阿瑟的信心并不像他宣称的那样坚强。这主要是因为整个远东陆军的士气非常低落，战备情况也奇差。在菲律宾军区（暂时保留）司令格鲁纳特的信中，他坦诚："迄今为止，我在视察中发现，大批新兵和他们的军官都站着无所事事……训练课程根本不明确。一些美国军官完全不明形势，明显不知如何是好。"

温赖特将军的菲律宾师虽然是远东陆军的正规部队，但其战备状态也很糟。麦克阿瑟向马歇尔承认："视察菲律宾师令我很失望，其训练在营以下还不错，但营以上的训练几乎没有搞。"

当时，菲律宾师有10000人，其中8000是菲律宾先遣队员。这些兵力只达到了原计划的三分之二。另外，部队的装备也不足，火炮和运输车辆都严重匮乏。为了加强主力部队的战斗力，麦克阿瑟调拨了两个菲律宾陆军师给温赖特将军。

9月末的一天，麦克阿瑟坐着他的黑色大凯迪拉克V-12轿车，前保险杠上飘着三颗白星的红旗，到麦金莱堡去视察菲律宾师。他把温赖特叫到车前，满怀期望地说："格鲁纳特将军将回国，菲律宾军区将被撤销。那样，你将成为战地的最高指挥官。"

温赖特望着参差不齐的队伍，苦涩地笑了笑。菲律宾师的装备虽然不全，但好歹还可以勉强算是一支军队，而那些菲律宾陆军师，完全还处于原始状态。只有一部分人手持老式步枪，而且很多人从来没有进行过实弹射击训练；另外一部分人则挎着弓箭，有的连弓箭都没有，只有砍椰子用的砍刀。他们从来没有进行过任何师级单位的作战训练，更不知道何为步炮协同作战。

更可笑的是，士兵大多不会说英语，只会说菲律宾的地方方言，士兵之间都无法有效沟通，更不用说和美国指挥官沟通了。往往命令下达之后，指挥官还不知道他的士兵到底有没有明白自己的意思。

但麦克阿瑟又有什么办法呢？他至少要让人们知道，他对菲律宾陆军还是有信心的，相信他们能够守住菲律宾。否则的话，无异于主动邀请日本人攻占菲律宾。

积极应对随时可能爆发的战争

对海军和总参谋部而言，麦克阿瑟的努力看上去很像是一厢情愿的表演。迄今为止，美国官方对待菲律宾的态度依然是既定的3号橙色计划（不久后略加修改，称5号彩虹计划），即一旦战争爆发，海军立即撤离（预定撤离方向为印度洋），陆军守住马尼拉湾。

麦克阿瑟认为这个计划是对他个人和远东陆军的侮辱。他定期与亚洲舰队司令哈特上将会面。尽管名字非凡的亚洲舰队规模不大，但哈特仍比麦克阿瑟多一颗星。麦克阿瑟在背地里曾刻薄地讽刺说："小舰队，大将军。"

一天，麦克阿瑟直率地对哈特说："我认为自己不受橙色作战计划的约束，虽然这是个陆海军联合作战计划。不管作战计划是如何制订的，其内容如何，由谁同意的，我都不会亦步亦趋，受它限制。"

说着，麦克阿瑟将右拳左掌合击在一块儿，语气很重地说："我将进行一场光荣的陆地战。让日本人登陆吧，我要歼灭他们。"

哈特上将打断了麦克阿瑟信誓旦旦的发言，说："我不得不提醒你，我必须执行我在橙色作战计划中的任务，把亚洲舰队撤到印度洋。"

麦克阿瑟对哈特的警告不屑一顾，他认为解决问题还是要靠陆地战。过了半晌，他高傲地说："海军有它的计划，陆军也有自己的计划。我们的领域各不相同。"

麦克阿瑟与哈特上将的分歧并不仅仅在作战方案上。他们对如何指挥远东航空大队也有不同意见。此时，远东陆军的航空兵正在麦克阿瑟的命令下全力以赴修建机场，为即将到来的飞机提供起降场所。

哈特认为远东航空大队的空中行动应与亚洲舰队的空中巡逻协调。麦克阿瑟认为，这是海军企图控制远东航空兵。他告诉哈特，他不想让自己的航空兵受制于一支"像你指挥的那种战斗力低下的"海军。

虽然有很多分歧，但麦克阿瑟还是努力地想和海军合作。一天晚上，他让琼给哈特打电话，说想去和他谈一谈，如果可以的话。海军上将同意了。一会儿，麦克阿瑟穿着浴袍来到了住在他楼下的哈特将军家里。

麦克阿瑟看上去很高兴，因为马歇尔刚刚告诉他，正有大批装备从美国西海岸运往菲律宾。麦克阿瑟大吹了一番他最终将进行的大规模作战后，对哈特说："到时候再给你弄支真正的舰队，汤米（哈特的昵称），然后你就名副其实了！"

哈特上将默默无言地听着麦克阿瑟的高谈阔论。不久以后，海军上将在给妻子的信中写道："当时，我认为道格拉斯已经神志不清醒……他也许长时期以来神志就不清醒。"

虽然哈特上将认为麦克阿瑟"神志不清醒"，但也受到了他的鼓舞。10月底，他向海军作战部长哈罗德·斯塔克海军上将报告说：如果日军进攻，他将不再计划退向新加坡。相反，他要以马尼拉湾为基地实施反击。

海军部认真考虑了哈特的建议，然后告诉他：必须坚持5号彩虹计划，一旦日本人发动进攻，亚洲舰队必须撤退。

当美军在加强菲律宾的防御力量时，战争的危险也正一步步迫近。日本人正在外交谈判的掩护下实施一项史无前例的计划——偷袭珍珠港。11月27日，陆军部通知在夏威夷和菲律宾的指挥官们："与日本的谈判很可能中止……任何时候都可能发生敌对行动。如果敌对行动不能，注意，重复一次，不能避免，美国希望日本人首先公然挑衅……你们可以进行认为必要的侦察……"

实际上，此时日本联合舰队第一航空舰队已经从日本单冠湾出发，在无线电静默中悄悄驶往珍珠港水域。驻守台湾的第十一航空舰队也正密切注视着马尼拉方向的动静，只等着进攻命令了。

偷袭珍珠港

麦克阿瑟一收到

这封电报，立即向他的战地指挥官们发出警告，告诉他们，"在当前形势下，不可能预计日本人的未来行动。"他们需"采取必要措施确保应付任何突发事件。"

同时，海军部也给哈特海军上将发了一封电报，比麦克阿瑟收到的语气更直接。电报上明确写道："这是战争警报。"

麦克阿瑟、哈特立即赶往高级专员塞耶的办公室，讨论他们收到的电报。哈特很平静，似乎战争和他没有多大的关系。塞耶则干脆拒绝相信战争即将来临。唯有麦克阿瑟情绪激烈，大步地踱来踱去，抽着一支黑色大雪茄，不时吐出一口烟圈。

突然，麦克阿瑟自信地说："日本人不会在春天的雨季末以前发动进攻。而到春季以后，我就能击败他们了。"

哈特依然没有说话。但他回到他的司令部后，就命令他的巡洋舰，包括他的旗舰，全部驶离吕宋岛。

3天后，麦克阿瑟和哈特也就航空兵的指挥问题达成了妥协。他们最终决定，陆军的飞机巡逻吕宋以北至台湾，日军在那里有几十个飞机场。海军飞机负责吕宋岛西面和西南面印度支那方向的远距离巡逻。

与此同时，麦克阿瑟突然取消了原定12月份进行的师级演习，并电令温赖特将军率部进入海岸防御阵地。为了防止来自台湾的日本飞机轰炸，他又于12月1日下令远东航空大队将马尼拉以北112公里处克拉克空军基地的B-17轰炸机全部转移到棉兰老岛上的代尔蒙特。

在给马歇尔的电报中，麦克阿瑟解释说："菲律宾以北300英里（约合483公里）处的台湾有日本几十个机场，因此我重型轰炸机应置于吕宋岛南部，在那儿它们可不受袭击，但通过部分辅助机场，它们又能够进行轰炸。"

代尔蒙特机场在克拉克空军基地以南800公里，已经超出了日本陆基飞机最大作战半径。然而，代尔蒙特机场是在匆忙中由橡胶场改造而成的，设施不足，没有军官俱乐部。飞行员可以应付粗糙的跑道，但他们要有休息的地方，俱乐部是最低要求。他们拒绝到棉兰老岛。远东航空大队司令布里尔顿将军也不愿别人插手自己的事务。他根本没有理会麦克阿瑟的命令。

12月4日，远东陆军参谋长萨瑟兰得知这一消息，勃然大怒，立即打电话给布里尔顿的参谋长，痛斥道："浑蛋！你知道麦克阿瑟将军下令这些B-17到棉兰老岛去。到底他们为什么没去？我们要他们转移。"

第二天，布里尔顿将军才极不情愿地将16架B-17轰炸机调往棉兰老岛，但其余的仍留在克拉克机场。因为第二十七俯冲轰炸机大队的飞行员们计划于12月7日晚上在马尼拉宾馆以布里尔顿的名义举行一个盛大的宴会，而第十九轰炸机大队的飞行员们全都接到了邀请。布里尔顿是美国陆军航空兵中的舞狂之一，就算在战争最紧张的时刻也不忘狂欢。他让第十九轰炸机大队一半飞行员留在克拉克机场的目的正是让飞行员去参加宴会。布里尔顿很快就为自己的愚蠢付出了惨重的代价。

12月7日晚，远东航空大队的宴会如期举行。麦克阿瑟从来不喜欢凑热闹。他像往常一样早早地上了床，但却没有脱衣服，连手枪都没有摘掉。他虽然认为日本人在1942年春季之前不大可能发动进攻，但也不能不相信眼前的事实：战争随时可能爆发。

远东航空大队的宴会很热闹，飞行员全都喝得醉醺醺的。直到凌晨两点，宴会还没有结束。这时，一位前来拜访的海军上将警告布里尔顿说："将军，我不得不提醒你，战斗随时可能爆发。"

看着海军上将一脸郑重的样子，布里尔顿终于明白了，战争已经临近。

第七章

在深深的遗憾中撤离菲律宾

一

决策失误，坐失最佳战机

虽然麦克阿瑟等人都已经意识到战争临近，但谁也没有想到它会来得如此之快。马尼拉时间凌晨4点，麦克阿瑟卧室的电话突然响了起来。

麦克阿瑟从床上跳起来，一把抓过电话，说道："这里是麦克阿瑟，请说。"

电话是他的参谋长萨瑟兰打来的。萨瑟兰焦急地说："将军，请立刻到维多利亚一号堡。日本人正在袭击珍珠港。"

麦克阿瑟放下电话，伸手拿起母亲留给他的《圣经》，读了一两分钟。然后，他郑重地跪了下去，开始祈祷。

麦克阿瑟赶到维多利亚一号堡时，他的参谋军官们已经在那里等他了。他迫不及待地问："情况如何？"

众人沉默。过了几秒，萨瑟兰回答说："空袭正在进行，情况不明。"

麦克阿瑟愣了一下，马上拨通了陆军部伦纳德·杰罗准将的电话。很明显，杰罗准将除了知道珍珠港正在遭受袭击之外，别的情况也一无所知。他只能提醒麦克阿瑟："不久会有空袭。"

马尼拉时间凌晨5点，麦克阿瑟召开了简短的会议，主要是动员。美国远东陆军司令部上下处于一片震惊之中。日本进攻并不令人惊讶，但包括麦克阿瑟在内的每个人都不明白，第一次打击的目标为什么是珍珠港。为什么不是他们？为什么不是菲律宾？

麦克阿瑟的所有军官都陷入了手忙脚乱的一天，给美国远东陆军部队发警报，收集车辆运送部队，下令发放弹药，命令菲律宾军区负责食物供给等，千头万绪，混乱不堪。

如果麦克阿瑟知道日军第十一航空舰队已经从台湾的基地起飞，他可能会更加焦急。日军第十一航空舰队虽然是基地航空队，没有军舰，但其指挥官和装备则不容轻视。舰队司令长官塚原三二四中将是一个老牌空战专家，参谋长大西拢治郎更是日本海军的骄傲。他曾帮助联合舰队司令山本五十六拟定偷袭珍珠港作战计划。

构成第十一航空舰队主力的是被称为"中攻"的中型陆基攻击机和著名的零式战斗机，共有350架，原来皆配备在台湾的高雄、台南、嘉义等3个航空基地。战前，塚原和大西又按编制对舰队作了进一步的集中。该舰队的基本部署为：高雄航空基地有高雄航空队一式陆基攻击机72架，第三航空队零式战斗机93架，鹿屋航空支队一式陆基攻击机36架；台南基地有第一航空队的九六式陆基攻击机48架，台南航空队的零式战斗机92架；嘉义基地有第一航空运输机队的九六式陆基攻击机12架。此外，在台湾东部各基地，陆军还配备了190架飞机，作为攻击菲律宾之用。

与日本相比，驻扎在菲律宾的麦克阿瑟将军手中的飞机就有些不显眼了。远东航空大队共有各式飞机200余架，其中包括B-17"空中堡垒"型轰炸机35架、P-40战斗机120架，其余的飞机大多是菲律宾从日本进口的落后产品。更加糟糕的是，布里尔顿没有彻底执行麦克阿瑟将B-17撤到代尔蒙特机场的命令，直到战争爆发仍有一半的B-17轰炸机留在克拉克机场。

东京时间12月8日凌晨3点（马尼拉凌晨两点），即联合舰队第一航空舰队向珍珠港发动第一波攻击的时候，第十一航空舰队近400名飞行员也已经登上了各自的飞机，等待起飞命令。不过，当天的雾实在太大，而且没有消散的迹象。如果在这种浓雾中勉强起飞，一定会发生事故，加上每架飞机都携有炸弹，后果将不堪设想。

塚原司令对参谋长大西说："没办法，看来只有将出发的时间延后了。"

大西心急如焚，但又无可奈何，只能叹息道："也只有这样了……"

塚原焦急地望着窗外的浓雾，大西则盯着钟表。一旦南云对珍珠港展开攻击，消息肯定会很快传到美国远东军的司令部。届时，麦克阿瑟很可能会命令远东航空大队提前升空，迎击入侵的日军。更糟的是，如果远东航空大队的35架"空中堡垒"重型轰炸机抢先对台湾的基地实施轰炸的话，集结在各机场、装满了汽油和炸弹的日机很可能会遭到毁灭性的打击。

实际上，塚原将军多虑了。别说美国远东陆军正处于一片混乱之中，就是一切就绪，麦克阿瑟也不大可能主动发起攻击。因为他深信，就菲律宾群岛而言，自己的职责是防守，而不是进攻。

东京时间3点30分（马尼拉时间两点30分），珍珠港已经笼罩在一片火海中。日军第十一航空舰队参谋长大西在心里嘀咕道："麦克阿瑟想必已经知道了我们袭击珍珠港的事情。如果我是他的参谋，我肯定会劝说他立即派遣B-17轰炸机发动先行攻击，消灭日本的大部分空中兵力。相信美军一定有和我同样想法的人。在这一大片携带炸弹的机群中，只要投下一枚炸弹，整个基地就会变成一片火海。"

在磨磨蹭蹭中，3个小时的时间过去了。东京时间上午7点30分，也就是马尼拉时间上午6点30分，日本陆军航空兵设在台湾东部的基地迎来了好天气，大雾逐渐散去，能见度有所提高。32架轰炸机克服大雾带来的不利影响，设法起飞，开始执行轰炸吕宋岛北部碧瑶机场和图盖加拉奥机场的任务。

与此同时，从棉兰老岛外航空母舰上起飞的日本海军俯冲轰炸机袭击了美国亚洲舰队停在达沃港的一艘水上飞机供应船和两架巡逻飞机。

马尼拉时间7点15分，远东航空大队司令布里尔顿将军抵达麦克阿瑟的司令部维多利亚一号堡。他对麦克阿瑟说："将军，我们必须用轰炸机回敬日本人。"

麦克阿瑟嘴里叼着雪茄，含混地说："我们的任务是防守，等命令吧！"

在使用轰炸机之前，麦克阿瑟想弄清楚日本人在干什么，也想知道华盛顿方面的反应。令他感到奇怪的是，虽然马尼拉与华盛顿的电话和电报都畅通无阻，但他没有收到任何进一步的指令。显然，他高估了华盛顿方面对菲律宾的重视程度。无论是罗斯福，还是海陆军两位部长，此时都在全力关注着珍珠港方面的动静，根本无暇顾及菲律宾。

在犹豫之中，麦克阿瑟错过了攻击日本人的最佳时机。就在这时，远东军设在马尼拉北部140公里的伊巴机场的一台雷达出了点问题，显示有一批不明国籍的飞机正在逼近。麦克阿瑟有些兴奋，立即命令远东航空大队紧急出动36架P-40战斗机和所有的B-17轰炸机（有一架因故障未能起飞）。但等到飞行员们飞到吕宋岛上空的时候才发现，那里根本没有什么不明国籍的飞机，而是雷达出了问题。

麦克阿瑟大发雷霆，臭骂他手下的军官。随后，他命令所有的战斗机返回基地，仅留B-17轰炸机围着吕宋岛转圈，做毫无目的的巡航。不能不说麦克阿瑟在决策上犯了致命的错误，在没有战斗机护航的情况下单独使用轰炸机，简直就是自杀。

此时的高雄基地依然被浓雾笼罩着。在第十一航空舰队的办公室里，参谋长大西正对着气象长大发雷霆："气象长！怎么搞的？"

气象长毕恭毕敬地站在一旁，唯唯诺诺地说："无论如何，当前环境都不适合升空。浓雾还需要2~3小时才能散开。"

大西焦急地望着手表，又望了望窗外的浓雾。一想到联合舰队司令长官山本五十六对他和塚原二三四中将的信任，他就会陷入深深的自责中。陆军对菲律宾的攻击正在按计划进行，美国远东军的战斗机肯定会升空迎击，等着日本笨重的轰炸机前来上钩。说不定，美国人的B-17轰炸机已经起飞向台湾飞来了。

两个多小时之后，布里尔顿少将得知大批飞机正向碧瑶机场靠近，马上给麦克阿瑟的参谋长萨瑟兰打电话，指出既然日本人已经"公开行动"了，现在已有充分的理由立即对日本（指日本设在台湾的军事基地和港口）实行轰炸。

布里尔顿还要求萨瑟兰准许撤回仍在阿拉亚特山上空盘旋的B-17轰炸机，以便重新装上炸弹。他警告说："如果克拉克机场遭到袭击，我们就不能使用它了。"

萨瑟兰马上向麦克阿瑟作了汇报。麦克阿瑟问："你是什么意见？"

萨瑟兰回答说："很明显，航空司令不能确定台湾岛上哪一个军事目标可供他的轰炸机轰炸。他只是指望能碰上些船只作为攻击目标。"

麦克阿瑟苦笑道："那就按兵不动吧。"

过了几秒，麦克阿瑟又说："最好先弄清楚情况。"

萨瑟兰这才回电话给布里尔顿，允许派一队摄影侦察机前往台湾进行侦查，以便查明将要轰炸的目标。

过了几分钟，麦克阿瑟本人也打电话对布里尔顿说："如果航空照片确定了目标，我赞成在下午晚些时候对日本进行一次轰炸袭击。"

克拉克机场惨遭日军袭击

马尼拉时间上午9点30分，麦克阿瑟突然想起了什么，拿起电话道："给我接高级专员塞耶。"

几十秒后，电话里传来塞耶的声音："将军，什么事？"

麦克阿瑟右手持着电话，左手夹着一根雪茄，认真地说："专员最好离开马尼拉去碧瑶。"

塞耶问："为什么？"

麦克阿瑟道："没时间解释了。"

半个小时后，布里尔顿得知碧瑶刚刚遭受轰炸，马上给萨瑟兰打电话，再次请求轰炸台湾。萨瑟兰还是不让他下令空袭。

麦克阿瑟再次给塞耶打电话，告诉他去碧瑶也许不是个好主意。高级专员最好还是待在马尼拉。

时间一分一秒地过去了。临近中午11点的时候，麦克阿瑟叫萨瑟兰给布里尔顿打电话，通报两小时以内所有已知的敌人空中行动。和其他人一样，他也感到迷惑不解：为什么日本人没有狂轰克拉克空军基地？布里尔顿仍然说不出个中原因。

他们当然不会知道，这一切只是天气原因造成的。日本陆军航空兵所在的台湾东部早上天气晴朗，袭击碧瑶的是日本陆军的短程飞机。这只是战术轰炸。日本人真正的战略目标是克拉克机场和伊巴机场。

11点15分左右，台湾西部的天气有所好转，日军各基地上空的浓雾正逐渐散去。气象长满头大汗、气喘吁吁地闯进大西的办公室，高声道："太好了，天气好转了！雾散了！"

大西抬头望了望窗外，弥漫的大雾正在缓缓移动，太阳也正穿过雾障发出它那刺眼的光芒。他的脸上终于露出了笑容。

大西抓起桌上的电话，命令道："立即出发！"

几秒钟后，跑道上便响起了嘹亮的起飞号。零式战斗机最先起飞，它们以三机编队的方式在空中进行警戒。随后，轰炸机也一架一架地升空了。就这样，第十一航空舰队的192架飞机扑向了菲律宾。

11点55分，布里尔顿向麦克阿瑟报告说，他准备在"下午1点派出一批飞机"，前往台湾实施轰炸任务。麦克阿瑟毫不犹豫地同意了。

5分钟后，17架B-17返回克拉克机场，3架装上了摄影设备，其余的装上了100磅和300磅的炸弹。稍早些时候，麦克阿瑟为配合轰炸台湾的任务，已将在南中国海巡逻的P-40战斗机召了回来。也就是说，此时远东航空大队的大部分飞机都停在马尼拉克拉克机场的跑道上。

加完油，换完装备，美军飞行员们便三两成群，有说有笑走进了餐厅。他们根本没有意识到危险正在逼近。甚至连正在值班的报务员也和飞行员们一块吃饭去了。

12点刚过，伊巴机场的雷达发现了正在入侵的飞机。远东航空大队空防警报处处长亚历山大·坎贝尔上校急忙向克拉克机场发电传电报。由于没人接听，电报没有发送成功。坎贝尔大骂道："该死！"

十几分钟后，坎贝尔才和克拉克机场接通了电话，一个低级军官答应"尽快地"向基地司令和作战处军官报告。

但一切都晚了！12点45分，分成两批的日军零式战斗机分别抵达伊巴和克拉克机场的上空。数十架轰炸机也正全速赶来。

令日军飞行员不敢相信的是，克拉克机场安静得出奇，60多架战斗机和轰炸机整整齐齐地排列在跑道上，等待着他们的蹂躏。

日军战斗机在机场上空盘旋了约10分钟的时间，轰炸机终于赶到了！这时，美军飞行员也吃完午餐，开始走向飞机，准备起飞。3名承担侦察任务的飞行员最先爬上飞机的座舱。突然，一名飞行员喊道："海军的飞机来了。"

另外一名飞行员放眼望去，高声问："他们为什么投锡箔？"

美军飞行员看到的根本不是什么锡箔，而是日军投下的炸弹在阳光的反射出来的白光。

第三名飞行员刚要拿起相机拍照，突然喊道："该死！那不是锡箔，是该死的日本鬼子！"

他的话刚说完，日军的炸弹就把他们连同他们的飞机一起炸成了碎片。直到这时，地面才响起空袭警报。

地面防空部队开始用高射炮还击，但根本击不着在高空飞行的日本飞机。美军飞行员也在匆忙之中爬进战斗机的座舱，准备升空迎敌。遗憾的是，只有少数几架飞机飞了起来，大多数尚未起飞就被炸得面目全非了。

零式战斗机编队见美军战斗机起飞了，立即在轰炸机两翼成战斗队形，主动发起攻击。这时，刚刚袭击了附近一个小机场的数十架零式战斗机也飞临克拉克机场上空，协助先前抵达的日军作战。仓皇升空的美军飞机甚至还没有来得及开火，就被速度占有优势的零式战斗机击落了。

攻击大约持续了1个小时。克拉克机场几乎被夷平，跑道上只剩下烧焦的飞机残骸。美国远东航空大队损失惨重，只有事前转移到棉兰老岛的17架"飞行堡垒"幸存下来，其他18架全部被炸成碎片，53架P-40飞机和30架其他飞机也被炸得支离破碎。美军士兵阵亡80人，受伤150余人。

与美军的损失相比，日军的损失几乎微不足道，仅有7架零式飞机在战斗中被击落，其余全部安全返航。就这样，日军以极小的代价赢得了入侵菲律宾所必需的空中优势。

正当日军的炸弹在克拉克机场的跑道上爆炸时，情报部的霍华德·布朗中尉到维多利亚一号堡给麦克阿瑟送去了一份绝密电报。这是美国海军密码破译员截获破译的日军电报。电报上说，日本现在实际上已与美国和英国开战。萨瑟兰读完后不无讽刺地说："很有意思，真是及时！"

麦克阿瑟正在和远东航空队司令部通话。得知克拉克机场被炸的消息，他怒不可遏，痛骂布里尔顿参谋长不该违背他的命令，让B-17滞留在克拉克机场，而布朗在一边等了5分钟。

摔下电话后，麦克阿瑟才注意到布朗。布朗中尉很抱歉地解释道，由于海军在处理密码时的一套烦琐的官僚主义系统，这一重要消息花了几个小时才送到美国远东陆军司令部。麦克阿瑟面无表情地听着，一言不发。

布朗说完后，麦克阿瑟只是平静地说："谢谢你，孩子。"

随后，麦克阿瑟给陆军部口述了几封电报。他在其中一封中声称："我将在明晨对台湾南部的敌人机场进行猛烈的报复性轰炸。"

午后不久，布里尔顿到达维多利亚一号堡，狼狈不堪，情绪沮丧。他坚持要见麦克阿瑟。麦克阿瑟满足了他的愿望。刚走进麦克阿瑟的司令部，布里尔顿就说："我刚接到副总参谋长阿诺德（负责航空兵事务）的电话，他很气愤。他说，他要了解B-17'他妈的怎么会'在克拉克机场被摧毁。将军愿意给阿诺德解释一下当时的情况吗？"

麦克阿瑟很平静地说："别着急，回去打仗吧。"

战争爆发之前，麦克阿瑟极其焦虑，而一旦战争真正爆发，他倒平静了。送走布里尔顿，麦克阿瑟与亚洲舰队司令哈特上将见了一面。两人都很忧郁。麦克阿瑟显然对损失了飞机和人员不高兴。

哈特刚走，塞耶又到了。麦克阿瑟给他读了陆军部总结珍珠港遭袭击的电报。在短短的1个小时45分钟的轰炸中，日军共击毁美机188架，击伤159架，击沉或重创战舰18艘，美国太平洋舰队损失惨重。此外，希卡姆、惠勒、福特岛、卡内欧黑和埃瓦等机场也遭到了毁灭性的打击。美军阵亡2403人，受伤1178人。

塞耶震惊了。随后，麦克阿瑟又向他通报了菲律宾方面的损失。高级专员惊呆了，几乎不敢相信战争真的来临了。

请求总参谋部调整战略部署

珍珠港和菲律宾遭袭后的第二天，美国总统罗斯福在长子詹姆斯的搀扶下走向众议院的讲台，以他那沉稳而富有魅力的声音，发表了对日宣战演说："……我要求国会宣布：自1941年12月7日日本进行无缘无故和卑鄙怯懦的进攻时起，合众国和日本帝国之间已处于战争状态。"

罗斯福的讲话结束后，参议院没有像往常一样展开辩论。不足一个小时，参议院便以全票通过批准了罗斯福的请求。议案提交众议院时只有一个人投了反对票。就这样，美国在1941年12月8日正式对日宣战了。与美国同时向日本宣战的还有另外一个强大的国家——英国。次日，中国政府在与日本实际交战多年之后，正式对日宣战。紧接着，对日宣战的国家增加了20多个。

德意日三国同盟条约的第三款规定：任何一方遭受攻击，其他方会尽全力协助，包括政治、经济和军事等。根据这一规定，德国于12月11日对美国宣战，意大利也紧随其后。

阿诺德

美国直接介入到第二次世界大战中来极大地改变了战争的格局。至此，第二次世界大战的阵营结构最后形成了。德国、意大利、日本三大轴心国及芬兰、匈牙利、罗马尼亚等国为一方，美国、英国、苏联、中国等反法西斯同盟和全世界反法西斯力量为另一方，在全球范围内进行了一场规模浩大的战争。

此时，马尼拉正下着大雨。麦克阿瑟正在他的司令部口述发给阿诺德的电报。虽然他对布里尔顿和远东航空大队令人震惊的表现火冒三丈，但他却在极力为众人辩护。他就是这样一个人，从来不愿自己的下属受到外人的批评，哪怕是总参谋长和总统也不行。

当阿诺德要求了解克拉克机场发生了何事时，麦克阿瑟轻描淡写地回答说："远东航空兵已采取了一切可能的措施……损失完全是因为敌人占绝对优势……任何人都不可能做得更好，他们的勇敢精神十分突出，做事效率也很高……你可以为他们的行为而感到骄傲。"

实际上，麦克阿瑟在私下里称布里尔顿为"装模作样的傻瓜"，并想在他造成更大损失之前把他弄出菲律宾。

在最初几天的战斗里，远东陆军完全处于劣势。美军飞行员和仅剩的17架B-17轰炸机根本不是日本人的对手，菲律宾陆军师根本不敢和日军接触。结果，日军轻而易举地就在吕宋北部阿帕里和维甘登陆了。

12月11日，日军又对马尼拉以南约12公里处的甲米地海军基地实施轰炸。一名参谋军官向麦克阿瑟大喊："日本飞机！"

麦克阿瑟向门口望了一眼，门开着。他走出办公室，来到外面的城墙上，两腿分开，双手叉腰，望着大队的日本飞机从东北方向越过海湾，飞过他头顶，向尼科尔斯机场的远东航空大队司令部飞去。

几秒钟后，码头、工厂、储油罐、发电厂和海军军营区的营房相继遭受轰炸。在轰隆隆的爆炸声中，大火冲天而起，烧红了半边天。

第二天，日军3000人在吕宋岛南端，距马尼拉320公里处的黎牙实比登陆。接到战报后，麦克阿瑟依然很平静，没有做出任何反应。

几名美国记者气势汹汹地质问他说："马尼拉正处于危险之中，将军怎能无动于衷呢？"

麦克阿瑟没有生气，而是平静地解释说："带兵打仗的基本原则就是保存实力，后发制人。"

实际上，麦克阿瑟是在等待援兵，同时也是在等待日军更大规模的登陆。战争刚开始时，由巡洋舰"彭沙科拉号"护航的7艘运输船正从夏威夷西南海面驶向菲律宾。船队上有5000名士兵、18架P-40、52架A-24飞机、20门火炮和成千吨弹药。但战争一打响，船队掉头驶回了夏威夷。

12月13日，麦克阿瑟接到了马歇尔发来的令人高兴的消息，由"彭沙科拉号"护航的船队受命重新驶向菲律宾，只是要绕道澳大利亚东北部。麦克阿瑟仿佛抓到了一根救命稻草，但如何才能保证援兵和装备顺利抵达菲律宾呢？

麦克阿瑟马上去见亚洲舰队司令哈特上将。他直截了当地问："海军能保证'彭沙科拉'号船队安全到达？"

哈特上将没有回答，但麦克阿瑟从他那紧皱的眉头中看出了答案。他气急败坏地回到维多利亚一号堡，立刻给马歇尔发去一封长长的电报，对哈特的悲观情绪怨气冲天："他对形势的估计是，船在到这儿之前，海上将被完全封锁……他似乎认为菲律宾注定是死路一条。"

哈特的反应并不是毫无根由的。珍珠港事件爆发后，英美两国的高级参谋人员就制订了一项"先欧后亚"的战略方针，即先在欧洲对德国采取战略进攻，在太平洋上采取战略防御的态势。这就意味着，至少在德国的进攻势头被遏制之前，美国人在太平洋上不会有太大的动作。

麦克阿瑟竭力请求总参谋部不要批准这一决定。他曾对马歇尔说："如果日本人占领了这些岛屿，要想夺回来，其困难之大难以想象。如果要拯救西太平洋就必须现在拯救……盟军陆、海、空军的全部力量都应立刻以绝对优势集中到这儿，菲律宾舞台上的行动事关成败，我请求对整个形势重新做战略评估，以免犯致命错误。"

出于政治上的考虑，马歇尔当然不会同意麦克阿瑟的请求。更何况，这也不是他一个人能够决定的事情。直到3天后，马歇尔才答复麦克阿瑟说："总统意识到了菲律宾的战略重要性，并将尽全力援助。"

与其说马歇尔的答复是一种承诺，不如说是对麦克阿瑟的安慰。麦克阿瑟也明白这一点。当12月16日日军轰炸马尼拉码头时，麦克阿瑟作出了一项艰难的决定：如果日军设法登陆，从陆上威胁马尼拉，必须放弃这座城市。只要不给日本人留下海湾码头，城市本身没有什么战略价值。

随后，麦克阿瑟命令一名参谋人员去见奎松和塞耶，告诉他们接到通知4小时后即动身去科雷吉多尔。奎松很震惊，他从未想过他会被迫离开马尼拉。他要求在马尼拉宾馆见麦克阿瑟。

当晚，两人在封得严严实实的舞厅衣帽间见了面。衣帽间外面，人们正在欢笑、饮酒、跳舞，玩得非常开心。麦克阿瑟和奎松

塞耶

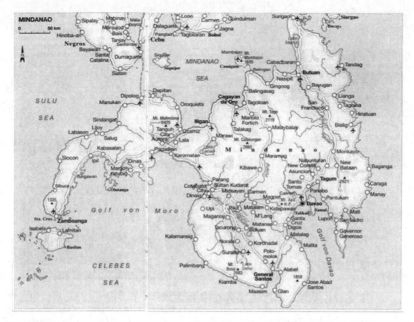

棉兰老岛

步入宾馆的花园，在黑暗中信步，低声讨论。奎松似乎不愿把他的人民抛给残暴贪婪的敌人。他对麦克阿瑟说："我要和人民在一起。与他们同命运，共存亡。"

麦克阿瑟沉默了半晌，郑重地说："总统先生，我知道您这样勇敢的人会这么回答。但马尼拉落入敌手后，危险的不是您个人的安危，而是菲律宾政府的存亡。我的责任就是不让你落入敌手。"

奎松和塞耶离开了，马尼拉也已注定要落入日本人的手中。12月20日，日本部队在棉兰老岛的达沃登陆。22日，80艘舰艇载着大批日军在林加延海湾冲上海滩。海军上将哈特派出了6艘潜艇，但无功而返。后来，海军部才弄清楚，这次失败的主要原因是鱼雷磁性引爆装置出了问题。

麦克阿瑟对海军上将很不满，打电话质问说："汤米，你的潜艇怎么了？"

海军上将也摸不着头脑，完全不明白他主持开发的磁性鱼雷为何突然失灵了。

麦克阿瑟放下电话，转身对着地图，眼睛盯着林加延湾，摇了摇头，叹息道："这对潜艇简直就是一盘丰盛的菜！"

具有讽刺意味的是，麦克阿瑟在这时接到了来自华盛顿的电报，总参

第七章 在深深的遗憾中撤离菲律宾

美国二战时期的鱼雷艇

谋部已经将其提升为上将。似乎为了缓和海陆军之间的关系，哈特上将第一时间打来祝贺电话。麦克阿瑟道谢后说道："我很高兴我应得的军衔回来了。"

四

被迫撤离到科雷吉多尔岛

在林加延湾登陆的日军主力是本间雅晴将军指挥的第十四军，兵力为5万。登陆后，日军迅速向吕宋岛内陆推进。驻守吕宋岛的美国远东陆军约7万人，其中驻守在林加延湾到马尼拉之间的部队约4万人。要靠装备不足、缺乏训练和实战经验的4万人抵抗日军的精锐之师，绝无可能。

麦克阿瑟当然明白这一点，吕宋必须放弃。但如何撤退，向哪撤，怎么撤，这些都必须考虑清楚。麦克阿瑟的计划是边打边撤，退守巴丹半岛。在给陆军部的报告中，他写道："我在吕宋岛有约4万军队，装备不齐……力量的巨大悬殊迫使我边打边撤……退守到巴丹半岛的最后防线，以保卫科雷吉多尔岛……我准备撤走高级专员和政府。我还打算固守科雷吉多尔。"

12月23日下午，麦克阿瑟让他的参谋长萨瑟兰向所有的战地指挥官下达了撤退命令。但第二日凌晨，他又获悉已有7000日军在吕宋岛东海岸的拉蒙湾登陆。如此一来，正在撤退的远东陆军就陷入了日军的钳形攻势之中。马尼拉已经彻底守不住了，麦克阿瑟的任务也从有序撤退变成了尽量避免脆弱的远东陆军被日军彻底消灭。

撤退计划在紧张地实施着。奎松和塞耶都将于24日下午2点乘坐"马荣号"渡船前往科雷吉多尔。麦克阿瑟的司令部也将在圣诞节那天迁往那里。

临行前，麦克阿瑟派人找来布里尔顿，命令他把航空大队司令部转移到澳大利亚。布里尔顿惊呆了。他不知道将军为何要做出这样的安排。

麦克阿瑟对他说："你到南边去，在那里使用你剩下的那些轰炸机和不久以后得到的轰炸机，对我的帮助比你待在这里大。"

实际上，麦克阿瑟只是借这个机会踢走布里尔顿。在过去的一周里，他一直在想办法打发走布里尔顿和他的参谋长弗兰西斯·布雷迪。麦克阿瑟唯一用得着的航空兵指挥官是哈尔·乔治，他刚把他提升为准将。他想留下乔治，赶走布里尔顿。

布里尔顿起身告辞。麦克阿瑟伸出右手，说："我希望你能告诉外面的人们我们所做的一切，维护我作为一名战士的名誉。"

布里尔顿回答说："将军，您的名誉无须任何人维护。"

25日下午，麦克阿瑟一家将乘坐"唐·伊斯特班号"轮渡启程开赴科雷吉多尔。副参谋长理查德·马歇尔和新闻处的卡洛斯·罗摩洛将留在马尼拉善后。麦克阿瑟交给罗摩洛一个密封的信封，告诉他等接到命令时打开。然后，他握着罗摩洛的手，反复低语："我会回来的，卡洛斯。"

在办公室里的最后几分钟，麦克阿瑟的眼睛始终盯着角落里的一面四星陆军上将小红旗。这面旗帜曾飘扬在他任总参谋长时的座车前保险杠上。他用手一指，对传令兵罗杰斯军士说："罗杰斯，把它取下来给我。"

罗杰斯没动，他在想上哪儿找刀子把军旗从旗杆上拆下来。麦克阿瑟不耐烦地重复道："罗杰斯，把它取下来。"

罗杰斯灵机一动，抓起旗杆，把军旗一叠，连旗杆一起交给麦克阿瑟。麦克阿瑟把军旗往腋下一夹，说了声："谢谢。"

说着，麦克阿瑟走出了办公室。参谋长萨瑟兰跟在他后面。他喃喃地说："好了，我想该走了。这儿已没什么可做的了。"

参谋长一直保持着沉默。随后，他们一起钻进轿车，驶往码头。

亚洲舰队司令哈特上将已经在码头等着他了。这两名分别代表美国陆军和海军的高级将领沿着海滩走了15分钟，边走边聊，但主题只有一个，那就是互相埋怨。哈特责怪麦克阿瑟没给他几个小时准备时间就让他放弃马尼拉，而麦克阿瑟对亚洲舰队的表现也颇为不满。埋怨结束后，两人便分手了，从此再也没有见过面。

科雷吉多尔是马尼拉湾中一个狭长的小岛，长近7公里，距巴丹半岛南端仅3公里。岛的西端主要是马林塔山，山中有一条又高又宽、1300余米纵深的坑道。这条坑道是麦克阿瑟任总参谋长期间修建的。山顶是一个小城堡，有阅兵场、营房和六七栋军官住房。这个地方被叫作"顶峰"，是前沿指挥所所在地。

麦克阿瑟住进了一栋小巧但舒适的白房子，办公室则设在最边上的一间混凝土营房里。不过，仅仅4天后，他的住宅和办公室便遭到轰炸，成了一片废墟。

远东陆军的撤退超出日军的意料，他们本打算在吕宋中部的开阔地上和美国人打一仗的，但现在不用了，他们不费一兵一卒就占领了马尼拉。1942年1月2日，远东陆军的撤退行动已接近尾声，日军也在这一天进驻马尼拉。

麦克阿瑟用望远镜可以看到菲律宾宾馆的顶楼上升起的太阳旗。他想到，自己位于宾馆的房间里还有一个日本天皇于1905年赠送给他父亲的花瓶，上面还刻着日文呢！他苦涩地笑了笑，喃喃地说："我怀疑他会不会鞠躬？"

虽然部队顺利撤到了巴丹半岛，但形势依然很严峻。根据陆军部的3号橙色计划和5号彩虹计划，远东陆军撤到巴丹半岛之前要疏散平民。而且，计划撤退到半岛的部队也仅限于菲律宾师和一些从林加延湾撤退的小股正规部队。按照这一计划，半岛上的人口总数约4万人。

可是，撤退并没有严格按照预定计划执行，所有的菲律宾陆军师都涌了进来，此外还有2.5万名难民。这样一来，半岛上等着吃饭的人骤增到10.5万人。这是一件非常可怕的事情。麦克阿瑟只能把每天的食物配给减少50%，尽量维持，等待增援。就算如此，岛上的食物供给也只能支撑到4月。

麦克阿瑟一直坚信华盛顿方面很快就会意识到菲律宾的重要性，给他派来大批援兵和充足的装备。因此，尽管处境非常糟糕，甚至随时有可能丧命，但他情绪饱满，斗志高昂。1月10日，他乘巡逻艇到巴丹亲自视察。菲律宾师师长乔纳森·温赖特全程陪同。

麦克阿瑟对温赖特说："乔纳森，你的撤退以及掩护南吕宋支队撤退是历史上最出色的行动，我将为此保举你为正式少将。"

温赖特很激动，连声道谢。和其他将领简短交谈后，麦克阿瑟转过头来问温赖特："你的155毫米炮在哪儿？"

温赖特回答说："6门155毫米炮有两门在附近，将军是否要去看一看？"

麦克阿瑟摇了摇头，笑着说："乔纳森，我不想看它们。我想听见它们的怒吼。"

随后，麦克阿瑟告诉他的部下，飞机正源源不断运往澳大利亚，然后再从澳大利亚飞往棉兰老岛正在修建中的机场。也就是说，日本人从北面进入菲律宾，而美国的增援也正从南部赶来。他斩钉截铁地说："总有一天会进行反攻的。"

麦克阿瑟还向温赖特仔细询问了部队的给养、士气、战术等情况。然后，众人陪着他一起去视察部队。敌人的飞机在头上盘旋，寻找目标，而狙击手就躲在远处的树林中射杀美军指挥官。麦克阿瑟似乎很满意，从一条战壕走到另一条战壕，鼓舞士气："士兵们，辛苦了……坚持住，伙计们……"

五

“我还会回来的！”

麦克阿瑟对华盛顿的期望过高了。虽然美国的兵工厂正在以每天3架重型轰炸机的速度生产飞机，但没有一架是运往菲律宾的。这里面的原因很多，主要有三点：其一，珍珠港事件之后，太平洋舰队无法保证将援兵和物资运抵菲律宾；其二，罗斯福与丘吉尔已经达成先欧后亚的战略原则，不大可能在遏止住德国的攻势之前增援菲律宾；其三，由于血缘和信仰纽带关系，盎格鲁—撒克逊人宁愿让菲律宾人在战争中死去，也不愿让欧洲或者澳大利亚遭受更大的伤亡。

基于这些原因，虽然美国西海岸每隔几天就有运输兵员和装备的舰队起航，但没有一艘是驶往菲律宾的。甚至连罗斯福都不得不承认："我无法确定援助到达菲律宾的日期……"

与此同时，菲律宾和美国的关系也正在一步步恶化。奎松请求罗斯福让菲律宾独立，然后谋求中立，让美军和日军全都撤出群岛。日本人也提出，如果菲律宾人停止战斗，他们将给菲律宾以独立地位，还把奎松的秘书乔格·瓦尔加斯拉出来建立傀儡政权。这对菲律宾人来说是一个巨大的诱惑。

且不管日本人的承诺能否兑现，起码美国人让奎松和他的人民失望了。他们怨恨美国把他们拖入战争，而后不仅没有迅速来帮助他们，反而努力去援助别的国家。

罗斯福对奎松计划的答复迅速而斩钉截铁。他通知麦克阿瑟，如果菲律宾陆军想撤出战斗，他们可以这样做，但"只要还有一名士兵，美国军队将继续保卫在菲律宾上空飘扬的国旗"。

这时，已经在吕宋岛站稳脚跟的日军开始稳步向巴丹半岛推进。为了避免麦克阿瑟成为日军的俘虏，马歇尔于2月4日发电给麦克阿瑟，建议他到澳大利亚组建一个新的指挥部。罗斯福也建议他把妻子和儿子撤到安全地带。

麦克阿瑟把罗斯福的建议告诉了琼。琼斩钉截铁地说："我们同饮一杯水，三人永不分。"

麦克阿瑟把这个意思转告了白宫，说他的家人准备和他一起"与兵营共存亡"，他将与"他的指挥部共存亡"。

接到罗斯福回电后几小时，马歇尔发来一封电报，命令麦克阿瑟撤出奎松。具有讽刺意味的是，麦克阿瑟在这时和奎松讨论了他们于1935年约定的酬金。2月13日，萨瑟兰拟定了菲律宾共同体一号行政令，奖励麦克阿瑟50万美元。这是麦克阿瑟一生中最具争议的插曲之一。奎松以这种方式补偿麦克阿瑟，似乎整个菲律宾防御计划已经完成。50万美元中包括10年来每年800万防御预算1%的46%，计36.8万美元；外加未来3年每年3.3万美元的薪水和补贴，计13.2万美元。

很多人把这一事件看成肮脏的交易，而麦克阿瑟也从来没有为此做过任何辩护。不过有一点可以肯定，当麦克阿瑟拿到这笔钱的时候，心里一定不快活。他可能会想，拿到钱了又怎么样呢？妻子、儿子和本人都面临着惨死或长期的、被人凌辱的监禁，把钱花到哪里去呢？

2月20日，奎松乘坐潜艇离开了科雷吉多尔岛。随后，塞耶也离开了。马歇尔试图说服总统命令麦克阿瑟也撤离。但罗斯福没有同意，他必须考虑政治因素，不能让他的将军当逃兵，不能让白人在亚洲战场丢脸。

不过，罗斯福也不希望他的将军白白送死。就在这时，澳大利亚和美国的关系发生了微妙的变化，几乎威胁到西南太平洋的防御计划。澳大利亚首相约翰·柯廷指责美国说，澳大利亚正在盼望美国支援，而美国的反应却令人失望。罗斯福立即告诉马歇尔，派麦克阿瑟到澳大利亚去。从某种意义上说，这是在安慰澳大利亚，同时也是给麦克阿瑟一个退路。

23日，马歇尔通知麦克阿瑟："总统命令你到棉兰老岛……尽快……从棉兰老岛转到澳大利亚，在那里指挥所有的美国部队。"

麦克阿瑟读完电文，脸上顿失血色，毫无知觉地在办公室走来走去，像疯了一样。撤退的命令让他痛苦不堪。

几分钟后，麦克阿瑟来到走廊里，和妻子并排坐了很长时间。他说："我生在美国陆军，长在美国陆军，一生习惯于服从上级命令。但这条命令我不能服从。"

说完，将军像个孩子似的哭了起来。琼安慰了他半晌，但并没有起到什么作用。

当晚，麦克阿瑟和他的部下们讨论了马歇尔的命令。他给部下们看了这份电报，并说自己不能离开，但众人一致反对。萨瑟兰说："必须服从总统的直接命令。而且，你必须活着，继续与日军作战。"

另外一名参谋说："如果你不服从，你很可能会被送上军事法庭。如果上军事法庭，你肯定被判有罪。如果你被判有罪，你的一生将在耻辱中结束，你又能成就什么呢？"

讨论一直持续到深夜才结束。麦克阿瑟最终同意撤离，咽下这枚苦果，但他同时向马歇尔请求，撤离方式必须由他自行决定。马歇尔同意了。

此时，巴丹半岛的防线虽未被日军突破，但已经岌岌可危。外加食物短缺，岛上的情况已经非常糟糕了。如果要离开，就必须在4月份食物耗尽之前离开。麦克阿瑟不想乘潜艇离开科雷吉多尔岛，因为他讨厌封闭的空间。他宁愿在开阔的大海上冒生命危险，也不愿在潜艇那狭小的空间里待一周，甚至更长时间。最后，麦克阿瑟决定3月11日夜间，在黑暗的掩护下乘巡逻艇撤离。

撤退的日期渐渐临近，麦克阿瑟的情绪也一天比一天低落。有时，他整晚整晚地睡不着，不停地在床前走来走去。

3月9日晚上，麦克阿瑟派人去叫温赖特。第二天早上，温赖特赶到。他夸张地向温赖特解释说："根据总统的一再命令，我要走了。事情已到了这种地步，我要么服从，要么离开陆军。我想让你告诉所有的部队，我是在不断的抗议下被迫离开的。"

温赖特回答说："我当然会的，道格拉斯。"

麦克阿瑟还告诉温赖特，他将继续指挥菲律宾，不过是从澳大利亚。

沉默了半晌后，他又说："如

乔纳森·温赖特

果我能闯过去，我将率领尽可能多的人马尽早打回来。"

温赖特安慰道："你会闯过去的。"

麦克阿瑟信誓旦旦地说："是，我还会回来的。"

3月11日晚，麦克阿瑟、琼、亚瑟四世、阿珠（麦克阿瑟家的中国保姆）、萨瑟兰等人离开科雷吉多尔，驶往棉兰老岛。他们将在那里乘坐B-17飞往澳大利亚。

第八章

激战巴布亚新几内亚丛林

一

出任盟军西南太平洋战区司令

1942年3月17日，麦克阿瑟终于辗转来到了澳大利亚的巴彻勒机场。迎接他的是一支衣衫破烂不堪的仪仗队。这支仪仗队是由第一〇二高射炮兵营一个排的美国士兵组成的。他们的存在似乎只是为了表明，美国正在履行着保卫澳大利亚的承诺。

麦克阿瑟向众人敬了一个军礼，然后问一位美国军官："美军集团军驻在澳大利亚的什么地方？"

那位军官回答说："长官，据我所知，这儿没有驻多少美军部队。"

麦克阿瑟简直不敢相信的自己的耳朵，转身对萨瑟兰说："他肯定弄错了。"

这时，一群记者要求麦克阿瑟发表声明。于是，这位完全不明白情况的上将说道："美国总统命令我冲破日军防线从科雷吉多尔来到澳大利亚，依我之见总统是要我组织美军对日军的进攻。首要目标是就援救菲律宾。我出来了，但我还要回去。"

麦克阿瑟并不知道，陆军对澳大利亚的援助和对巴丹半岛的反攻完全停留在计划阶段，整个澳大利亚只有25000名美军，而且大部分是工兵部队。他们没有火炮，没有坦克，只有少部分维护得很差的飞机。

澳大利亚军事部署情况也令人堪忧。作为英联邦最重要的成员国之一，澳大利亚大部分兵力都被派往海外，在英军的统一指挥下和德、意法西斯作战去了。4个精锐陆军师在北非，皇家空军部队驻守在中东，皇家海军的部分兵力部署在地中海。而且，在短时间内根本没有召回这些部队的可能性，除非改变盟军"先欧后亚"的战略方针。因此，麦克阿瑟的话在记者们听来多少有些吹牛的意味。

直到登上前往墨尔本的火车时，他才得知这些情况。麦克阿瑟震惊了，目瞪口呆，面无血色，双膝颤抖，嘴唇抽动，好久没说出一句话来。

当萨瑟兰企图来安慰他时，他用沙哑的声音低声叹道："上帝啊，怜悯我们吧！"

不过，麦克阿瑟还是从撤退的颓废情绪中走了出来。他把自己收拾得利利索索的，看上去很精神，在墨尔本宣读了早已准备好的简短声明。他回顾了澳大利亚士兵在第一次世界大战中给他留下的印象，并给予了高度评价。

然后，他明确指出："我对最后成功地完成我们共同的事业信心十足，但现代战争的成功需要的不仅是勇气和视死如归的精神，它还需要精心准备，这意味着要提供能与敌军的力量旗鼓相当的部队和物资。没有哪位将军能够做无米之炊。我的成败将主要取决于有关的政府供我支配的人力、物力……"

很显然，麦克阿瑟最后这段话是说给华盛顿听的。遗憾的是，美国政府不会因为他对反攻的热切期望而改变既定的"先欧后亚"战略。但不管怎么说，麦克阿瑟的到来给澳大利亚带来了希望，改变了澳大利亚的颓废气氛。美国驻澳大使纳尔逊·特拉斯勒·约翰逊感慨地说："将麦克阿瑟派到这儿是一个天才的举措……他令低落的士气重新振作起来……"

3月26日，当麦克阿瑟在堪培拉拜会澳大利亚总理约翰·柯廷时，约翰逊大使宣读了罗斯福总统发来的贺电：授予麦克阿瑟荣誉勋章。这是马歇尔早已决定好的事情。他最初的意图是为了振奋美国民众的抵抗精神。虽然麦克阿瑟是一个颇具争议性的人物，但谁也不能否认，他是美国历史上的最伟大的英雄之一。国内有数以万计的人在支持着他，有无数的街道、婴儿和学校以他的名字命名。还有人专门组织了麦克阿瑟俱乐部，宣传麦克阿瑟的抵抗精神，要求人们支持将军，将战争进行到底。

马歇尔授予麦克阿瑟荣誉勋章的另一个目的是回击日军的宣传。为了瓦解远东陆军的抵抗意志，日军极尽诋毁之能事，说麦克阿瑟是一个怯懦的胆小鬼，只顾着自己逃命，把数万官兵丢在了战场。颁发荣誉勋章给麦克阿瑟，就等于向日军说：麦克阿瑟不是胆小鬼，他是英雄！

麦克阿瑟深受感动。他站起身，深情地

纳尔逊·特拉斯勒·约翰逊

说："感谢澳大利亚人民用这种方式来欢迎我，我感到已经回到了家里。我们决不妥协。战无胜毋宁死。我保证运用我们强大的国家的全部人力、物力，献出我的同胞的全部热血。"

很显然，麦克阿瑟无法保证他的承诺一定可以实现。因为这并不是他能决定的事情，甚至也不是罗斯福总统能够决定的事情。

这时，澳大利亚政府开始向英国政府施压，打算撤回部署在中东的两个师。这下开始轮到英国首相丘吉尔着急了。为了将澳大利亚的精锐之师留在英军的编制内，丘吉尔一再要求罗斯福将美国若干个师派往澳大利亚。

迫于政治压力，罗斯福答应了丘吉尔的请求。随后，美国第三十二和第四十一两个陆军师奉命开往澳大利亚。正在恢复中的太平洋舰队也陆续开往西南太平洋地区，加强该地区的部署。

此时，太平洋地区被划分为4个战区，分别为北太平洋、中太平洋、南太平洋和西南太平洋战区。前3个战区由海军负责，受海军上将切斯特·尼米兹的指挥。给麦克阿瑟留下的就只有西南太平洋战区了。这还是海军向陆军做出让步的结果，因为海军理所当然地把整个太平洋看成是自己的防区。

4月17日，麦克阿瑟就任西南太平洋战区盟军总司令。澳大利亚人布莱梅将军出任盟军地面部队司令，美国空军总司令部前任司令布雷特将军出任盟军空军司令（7月由乔治·肯尼将军接任），美国海军中将赫伯特·利里负责指挥同盟国的海军部队。麦克阿瑟提出的战略是在新几内亚实行全面防御，保卫澳大利亚，因为他没有足够的兵力去攻打步步紧逼的日军。

与此同时，麦克阿瑟还密切关注着巴丹半岛和科雷吉多尔的战局，并陷入了深深的忧虑之中。早在4月9日，温赖特将军（此时，远东陆军已改编为美国菲律宾部队，温赖特升为中将，任总司令）派驻巴丹的指挥官小爱德华·金少将向日军缴械投降。随后，日军第十四军开始昼夜不停地炮轰科雷吉多尔。

麦克阿瑟焦虑极了，但除了派出少量飞机去接回有限的人之外，只能眼睁睁地看着他曾经的战友和士兵在炮火中流血。

5月5日午夜，日军发动总攻。地形崎岖的小岛一下子变成了可怕的地狱。日军依靠火力优势，迅速向前推进，美军节节后退。惨烈的战斗打到

6日凌晨时，日军的坦克也出动了。由于缺乏阻止坦克前进的重武器，温赖特将军绝望了。不久，他就下令降下星条旗，升起白旗，向日本人投降了。

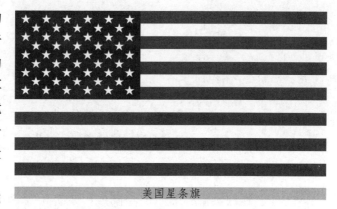

美国星条旗

消息传到墨尔本后，麦克阿瑟愣了半响，只是喃喃地说："科雷吉多尔沦陷了，科雷吉多尔沦陷了。"

几分钟后，麦克阿瑟起草了一份声明，极力为他的部队辩护。声明上说："科雷吉多尔无须我发表评论，它已在它的枪口上讲述了自己的故事。它已在敌人的牌匾上刻下了自己的墓志铭。透过那响彻云霄的最后的炮声和血色迷雾，我仿佛总能看到那些坚强不屈、面色苍白的人们仍然毫无畏惧。"

二
1942年夏季的无奈与苦闷

巴丹半岛和科雷吉多尔的沦陷成了麦克阿瑟心中永远无法抚平的创伤。巴丹既是失败的象征，也是返回的承诺。然而，巴丹已经沦陷，而他却从海上逃离了战场。他的情绪糟透了，有时甚至会失控，当众抨击罗斯福、马歇尔以及海军的"失败"战略。所有这些人都让他在某个方面感到失望，并把他推向了他现在所处的凄凉境地——成了一个没有军队的将军，一个要什么没什么的战区司令。

对麦克阿瑟来说，这种情绪的宣泄可能是最好的疗伤之法。不过，他的话肯定会传到华盛顿，从而增加军政界高层对他的厌恶之情。

就在这时，日军大本营也就是否入侵澳大利亚产生了分歧。1942年4月18日，16架从"大黄蜂号"航空母舰上起飞的B-25轰炸机巧妙地躲过日军的搜索轰炸了东京。这一事件极大地打击了日军的嚣张气焰。再加上侵华日军在中国战场的战争泥潭中越陷越深，陆军对"征服全世界"的狂妄计划产生了怀疑。而日本海军从珍珠港事件以来一直没有吃过亏，野心正盛。海军主张继续扩大战争，入侵澳大利亚，而陆军则想尽快从中国战场脱身。

结果，海陆军产生了严重的分歧。经过长期的争论，两军最后决定：保卫所罗门群岛并控制住巴布亚新几内亚，从而切断美国从夏威夷到澳大利亚之间的海上航线。

"大黄蜂号"航空母舰

新几内亚长达2100公里，人口稀少，资源匮乏，几乎全是山地和丛林，并不值得攻占。不过，位于这块广阔土地东端的巴布亚战略位置十分重要。驻守在那里的盟军可以从空中和海上直接威胁日军扼守的菲律宾群岛。日军的计划是夺取巴布亚唯一的大城市莫尔兹比港，并在巴布亚建立一些空军基地，牵制盟军的行动，从而解除他们对菲律宾的威胁。

5月初，日军入侵莫尔兹比港的部队从北所罗门群岛的拉包尔港乘船朝东南驶向巴布亚和澳大利亚北部之间的水域——珊瑚海。5月8日，日军与太平洋舰队第十七海军特混舰队遭遇，珊瑚海大战爆发。激战中，美军"列克星敦号"航空母舰中弹沉没，"约克城号"航空母舰被击伤。日军"翔凤号"轻型航母被击沉，"翔鹤号"航母受重伤。双方损失的飞机也大致相当。

战场的形势暂时对日军较为有利，因为他们尚有一艘完好的航母"瑞鹤号"，而美军投入的两艘航母一沉一伤，已无还击能力。可是，日军前线指挥官高木中将和驻拉包尔第四舰队司令井上美成中将从来没有遭遇过如此惨重的损失，对形势作出了错误的判断。

5月10日夜，日军撤出战场。至此，珊瑚海海战结束。从战术得失来看，日本海军取得了珊瑚海海战的战术上的胜利。但在战略上却失败了。由于损失的飞机和飞行员无法立即得到补充，日军的武力扩张第一次遭到遏制，被迫中止对莫尔兹比港的进攻。

英国首相丘吉尔在他的《第二次世界大战回忆录》中写道："这次遭遇战所产生的影响与其战术上的重要性不成比例，就战略而言，这是美国与日本交战以来第一次可喜的胜利。像这样的海战，从前是没有见过的，这是水面舰只没有互相开炮的第一次海战……这个消息传遍了全世界，产生了振奋人心的影响，给澳大利亚、新西兰与美国带来了莫大的安慰和鼓舞。以重大代价换来的战术教训，不久在中途岛战役中应用，得到杰出的战果。中途岛战役的序幕拉开了。"

麦克阿瑟毫不怀疑日本人会卷土重来。他对布莱梅说："从6月10日起莫尔兹比港任何时候都有可能再次遭到空中和海上进攻。"

随后，麦克阿瑟命布莱梅增派部队和空军到莫尔兹比港，加强防御。同时，他还打算在靠近巴布亚最东端的米尔恩湾建立空军基地，用陆基飞机控制珊瑚海。

麦克阿瑟的判断没错，日军正在组织兵力，企图卷土重来，但攻击方向并不是莫尔兹比港,而是中途岛。联合舰队司令山本五十六企图在那里为太平洋舰队设置一个巨大的埋伏圈,一举击沉未能在珍珠港事件中击沉的美军航空母舰。但他无论如何也不会想到,美军破译了日军的密码,对他的一举一动了如指掌。

太平洋舰队总司令尼米兹上将将计就计,给联合舰队准备了一个巨大的"坟场"。结果,在中途岛之战中,联合舰队损失了4艘航空母舰、1艘重巡洋舰、322架飞机,阵亡官兵3500名,其中包括100多名不可多得的一流飞行员。相比之下,美国的损失要小得多,仅有1艘航空母舰和1艘驱逐舰被击沉,另有147架飞机被击落,阵亡307人。从此之后,太平洋地区的战略主动权从日本人手中转到了盟军一方。

6月17日,麦克阿瑟会见了澳大利亚总理柯廷的战争咨询委员会。他对委员会的成员们说:"珊瑚海之战之前澳大利亚处于严重的危险当中,然而中途岛海战及其胜利保住了澳大利亚的防御阵地。从战略角度看,我们应采取主动,而不是等待其他战区的战斗结果。我们的目标应是向北打击日本的岛上基地并把敌人的轰炸线推后700英里(约合1126公里)。"

麦克阿瑟的判断是正确的。中途岛海战之后,日军已经无力入侵澳大利亚,暂时无力组织大规模战役了。所以,他想趁日军尚未从失败中恢复过来时主动发动攻势,夺取巴布亚并占领日本在拉包尔的大型空军基地和海军基地。

麦克阿瑟令他的参谋人员制订了拉包尔战役计划,并恳求马歇尔给他提供两栖部队和进攻舰艇。然而,他却忽略了这样一个事实——拉包尔并不在西南太平洋战区的防区内。可想而知,他和海军之间不可避免地爆发了一场处于劣势的争论。

这时,海军获悉日军即将攻打位于所罗门群岛南部,在巴布亚以东约1200公里处的瓜达尔卡纳尔岛。日军想在那儿建造一个空军工地,以威胁美国同澳大利亚的海上交通。美国海军总司令金上将建议由海军向瓜达尔卡纳尔岛发动进攻,以防止日军的这一行动。他明确地告诉马歇尔,如果需要,海军准备单独进行这次战役。如果必须让陆军参加,陆军也只是起辅助作用。

当麦克阿瑟得知海军的这一计划后,不禁怒火中烧。他怒气冲冲地给马歇尔发了一封电报,抗议道:"很显然,海军想统管太平洋战区的所有军事行动,让陆军处于从属地位,使陆军部队任由海军和海军陆战队军官调遣和控制。"

虽然马歇尔和金上将最后终于达成了妥协意见，但对麦克阿瑟和他的西南太平洋战区而言并没有多大意义。正如麦克阿瑟所说的那样，中途岛海战之后，日军对澳大利亚的威胁已经解除。麦克阿瑟和他的西南太平洋战区的任务也就结束了。换句话说，西南太平洋战区的存在，象征意义远大于战略作用。因此，马歇尔把西南太平洋战区的精锐部队又抽调到了英国，去对付德国人。

1942年夏天对麦克阿瑟来说是一段可怕的日子。他看上去非常抑郁，甚至只能从回忆中寻找安慰。在给一位西点军校的同学的电报中，他说："在这压力沉重的日子里，我越来越多地想起同我一起成长的那些可爱的伙伴们……"

打退日军对莫尔兹比的攻势

整个夏天，唯一让麦克阿瑟欣慰的是，马歇尔调走了布雷特将军，将肯尼将军调到澳大利亚接任空军司令。从第一次世界大战时起，肯尼就是麦克阿瑟的忠实崇拜者。尽管在麦克阿瑟出任总参谋长期间，两人经常发生冲突，但这并不妨碍他对麦克阿瑟的尊敬。

接见肯尼时，麦克阿瑟对他说陆军航空兵在世界各地一再受挫，还特别强调了陆军航空兵在西南太平洋的蠢笨无能。肯尼安安静静地坐着，听了1个多小时。

麦克阿瑟在办公室里踱来踱去，总结似的说："我相信空军是可以有所作为的，但直到现在我还根本没见到它在哪儿取得了什么成就。"

肯尼站起来，说了一句和谈话主题完全无关，但却让麦克阿瑟异常欣慰的话。他说："如果你发现我不想为你工作或有不忠的问题，我会如实告诉你，而且在自己的权限范围内想方设法将自己免职。"

麦克阿瑟咧嘴笑了，俯下身子，搂住个子矮小的肯尼，说道："乔治，我认为我们会相处得很好的。"

肯尼也咧着嘴笑了。两人又谈了不少其他话题。肯尼告诉麦克阿瑟，盟军将在北非登陆。麦克阿瑟说："这简直是大错特错，地中海并没有什么目标值得我们这样下功夫去攻占。正确的战略是，一旦确立了抗击德国的空中优势，就应集结足够的兵力在法国登陆。"

两人还讨论了东线的苏德战争。麦克阿瑟说："德国陆军在东线的战绩令人瞩目，但我确信，德国太小了，不能击败像苏联这样的大国。"

将要分别的时候，肯尼问："将军为什么愿意让我替代布雷特？"

麦克阿瑟马上想起了在总参谋长任期内和肯尼发生的冲突，笑着回答说："和平时期需要军官和绅士，战争时期就需要造反派和浑蛋。"

肯尼脱口而出："上帝呀，我不在乎你将我称作造反派。"

盟军西南太平洋战区新任空军司令肯尼没有让麦克阿瑟失望。他很快就找出了陆军航空兵表现不如人意的真正原因，并迅速作出了调整。8月初，他向麦克阿瑟汇报，他将动用18架B-17轰炸机在瓜达尔卡纳尔战役中去攻打拉包尔附近的日本大型机场。

二战中最结实的飞机，B-17轰炸机

麦克阿瑟对他的表现很满意。他对肯尼说："你可全权处理你打算做的任何事。你的战斗人员由你来管。我不在乎他们干什么，穿着如何，是否敬礼，只要他们能击落日本鬼子的飞机，击沉日本鬼子的舰艇就行。至于奖章，我授权你颁发所有奖章，但不含服役优异十字勋章，因为这是我有权颁发的最高奖章，而且我还想给自己留1枚呢。不过，如果你的年轻人战绩显赫，而你想当场给他颁发优异服务十字勋章的话，只管那么做好了，只要你告诉我这事，我会马上批准。"

肯尼在当天的日记中写道："当将军听说可能让18架B-17轰炸机发起进攻时的表情，就像是要吻我似的。"

1942年8月7日，"瞭望台"战役打响。太平洋舰队几乎动用了它的全部力量，外加美海军陆战第一师1.8万人猛攻瓜达尔卡纳尔岛和对面的图拉吉岛。经过一天的激战，美军占领了图拉吉全岛，并夺取了瓜达尔卡纳尔岛上即将竣工的机场，将其命名为"亨德森"机场。

随后，日军和盟军在瓜达尔卡纳尔岛上展开了长达数月的争夺战。双方都付出了惨重的代价，但阵地始终牢牢控制在美军的手中。这是整个第二次世界大战中最惨烈的战役之一，也是最具战略意义的胜利之一。

瓜达尔卡纳尔战役打响后不久，日军又企图对巴布亚发起进攻。海军情报探明日本人准备侵袭米尔恩湾。8月中旬，麦克阿瑟火速派澳大利亚第十八步兵旅前往增援。至此，麦克阿瑟在那儿部署了近1万人，其中三分之二是战斗部队。

8月25日夜，日军1200人在莫尔兹比港以东150公里处的米尔恩湾登陆。在人数和装备上占绝对优势的盟军立即予以反击。尽管日军随后派去了600人的增援部队和两辆轻型坦克，但依然无法突破盟军的防线。

惨烈的战斗打了10天，海滩上到处都躺满了日军的尸体。据战后统计，日军在此战中伤亡达1000人以上。这是盟军在西南太平洋战区的地面战斗中取得的第一次重大胜利。

与此同时，一支约有5000名官兵的日军从科科达向南进发，向莫尔兹比港推进。尽管驻守在巴布亚的澳大利亚部队比日军人数多1倍，但由于各部协调不畅，再加上澳大利亚人有严重的恐日情绪（年初，被编入英军作战序列的1个澳大利亚师曾在马来西亚整建制地被俘虏），节节败退。到9月16日，日军的前锋部队已经抵达距离莫尔兹比港30公里处。

麦克阿瑟心急如焚。肯尼也对他说："我认为如果不马上来一场激战的话，莫尔兹比港就会失守。"

麦克阿瑟双眼盯着作战地图，问："派两个团到新几内亚，从背后发起攻击，如何？"

肯尼回答说："时间已经来不及了。悉尼·罗厄尔中将（澳大利亚部队在巴布亚的指挥官）是一个容易惊惶失措的人，而他的恐慌正在传染给各级指挥员，直到部队本身。他们撤退得太快了，机场马上就无法守住了。"

麦克阿瑟问："你有什么好办法？"

肯尼回答说："你得找些美国人到那里去。虽然他们根本不懂得丛林战，澳大利亚人不懂，而美国人也不懂，但这会激发澳大利亚人的斗志。澳大利亚人将担心美国人会不让他们参战。于是双方都会积极行动，这样我就能把可恶的日本人赶出去了。"

肯尼顿了顿，又说："我们要制止那种说美国佬在澳大利亚清闲自在却让澳大利亚军人去参加所有的战斗的言论。"

麦克阿瑟马上电告马歇尔："即使是很小的一支美国部队采取了进攻行动，对澳大利亚战士都会有很大的影响。"

深夜，麦克阿瑟又给澳大利亚总理柯廷打了保密电话。他忧心忡忡地说："防守莫尔兹比港的澳大利亚地面部队在战术上的被动保守，严重威胁着附近的机场，如果阻止不住日军前进，在新几内亚的同盟国部队将重蹈马来西亚的覆辙。"

麦克阿瑟说形势很严重，他希望布莱梅立即来巴布亚并亲自控制局势。他没有明确指出，但暗示他希望布莱梅能让澳大利亚人投入战斗。

随后，麦克阿瑟命肯尼将美军第三十二师一二六团空运至莫尔兹比港。肯尼出色地完成了任务。这在一定程度上迟滞了日军的进攻，因为他们不知道盟军增援部队的兵力和火力部署。

9月27日，日军突然停止了对莫尔兹比港的攻势。无论是麦克阿瑟，还是肯尼，都对日军的行动大为不解。他们不知道，科科达小道上的日军部队已经用完了给养。此外，日军大本营已经决定停止莫尔兹比战役，全力攻打瓜达尔卡纳尔。

四
以惨烈的代价换来的胜利

日军开始向新几内亚方向撤退，退守布纳和戈纳。日本空军则向瓜达尔卡纳尔方向转移。麦克阿瑟命地面部队紧跟在日军后面，夺回对新几内亚的控制权。同时，肯尼也获得了空中优势。

随后，麦克阿瑟命肯尼用飞机向新几内亚运送部队和给养，准备于11月15日攻打布纳和戈纳。由于日军和盟军争夺的焦点在瓜达尔卡纳尔，布纳战役的准备工作没有受到太多的干扰，进行得很顺利。

11月3日，麦克阿瑟和肯尼登上一架B-17轰炸机从澳大利亚的布里斯班飞往莫尔兹比港。3天后，麦克阿瑟把他的前沿指挥所搬到了莫尔兹比港的政府大厦。

战斗前夜，麦克阿瑟鼓励第三十二师师长哈丁将军说："再过几个小时，你就要开赴战场了。你将创造历史。你将领导首次对日进攻。从现在开始，我要在这里打一场运动战。在这场战役中，速度、战术上的攻敌不备，以及高超的战略将再次证明高超的指挥能够运用闪电般的战略战胜优势的敌人……我们将用不足1个步兵师的兵力和少数飞机开始我们打入东京的旅程。我们将洗刷珍珠港的耻辱。我们将迫使日本人屈服，我们将运用一流的战略做到这一点……"

麦克阿瑟对战局的估计有点太乐观了。情报处长查尔斯·威洛比准将告诉他，巴布亚北部海岸有几千日本士兵在坚守阵地。他们虽然正在忍饥挨饿，弹药也非常缺乏，但斗志依然不减。在戈纳，4000多名得到了充分休息、吃得饱饱的日军正死死守在壕沟里。另有大约2500名日军守在沼泽遍布的布纳。他们在那里构筑了许多坚固的暗堡。

准将估计，只有榴弹炮才能撕开这些暗堡。但遗憾的是，参谋长萨瑟兰认为用船把火炮、弹药运往新几内亚难度太大，没有运过来。也就是说，第三十二师即将在没有炮兵的情况下投入战斗。结果，第三十二师在

11月份对布纳发起了两次进攻，均告失败，而且付出了惨重的代价。进攻戈纳的澳大利亚部队也没有取得任何进展。整个巴布亚战役正处于失败的边缘。

而此时，瓜达尔卡纳尔战役已经接近尾声。麦克阿瑟想在瓜达尔卡纳尔战役结束之前攻占戈纳和布纳。

1942年11月，美国海军陆战队在瓜达尔卡纳尔岛战役期间在野外休息

11月30日，麦克阿瑟把第一军（下辖第三十二师和第四十一师两个美军师）军长艾克尔伯格和他的参谋长克洛维斯·拜尔斯准将从澳大利亚召到莫尔兹比。麦克阿瑟对第三十二师师长哈丁的表现极为不满，想让艾克尔伯格亲自指挥部队。

麦克阿瑟对军长说："那里部署的兵力不能说明我对这项工作的重视程度……我派人叫你来，让你这种级别的人来，说明了我认为攻占布纳有多么重要……我从来都认为我不会看到美军后退。我不能相信那些后退的部队能代表这场战争中的美军。如果我这么想就会感到泄气……如果你不能解除那些指挥官的职务，我来……哈丁已经惨败。让他回国，或者由我来替你这么做……所有的营长都必须走人……如果你拿不下布纳，我希望听说你和拜尔斯都战死疆场……"

最后，麦克阿瑟黯然地回忆起菲律宾受挫的经历、巴丹的失守、科雷吉多尔岛上的投降、罗斯福和陆军部没有为他提供进行战斗所需的兵力和装备。他突然大声说道："为什么我总是得孤注一掷呢？"

晚上，麦克阿瑟向艾克尔伯格下达了作战命令。第二天一早，他一只手搂住艾克尔伯格的肩膀说："不要战死，你死了对我没有任何好处。"

或许是经历了太多的失败，麦克阿瑟急需打一场胜仗。但他没有意识到，这场胜利的代价未免太大了。艾克尔伯格抵达前线后，撤了哈丁师长的职务，任命一名炮兵指挥官为新师长。随后，第三十二师又对布纳展开了徒劳的正面进攻。

　　惨烈的战役一直打到12月上旬才迎来转机。麦克阿瑟说服了萨瑟兰，让他用船运来十余门火炮、几辆坦克和部分增援部队。火炮和坦克的投入立即改变了战场形势。12月9日，澳大利亚军队占领了戈纳。不久，第三十二师也突破了日军的布纳阵地。

　　圣诞节前夕，艾克尔伯格从前线给麦克阿瑟送了一件圣诞礼物——一把日本军刀。麦克阿瑟则给了艾克尔伯格一些建议。他说："你进攻时很勇敢，但是兵力不够集中……如果在你的射击线上本应有一个连，那你就应该派一个营；如果你在那里有一个营，那就应该派一个团。你每次发动冲击时不要用二三百条步枪，而是要用二三千条步枪……"

　　艾克尔伯格被麦克阿瑟不切实际的建议弄得哭笑不得。麦克阿瑟说这些话的时候，心里想的很可能是欧洲战场，而不是巴布亚北部的丛林和沼泽。由此可见，他的参谋长萨瑟兰和其他参谋人员给他提供的信息和事实相差实在太大。

　　真正在布纳战场上起作用的是火炮和坦克，而不是步枪。艾克尔伯格正是依靠这两大法宝于1943年1月2日结束了布纳之战。麦克阿瑟高兴极了，因为巴布亚战役终于赶在瓜达尔卡纳尔战役之前结束了。

　　不过，盟军也为此付出了惨重的代价。在布纳战场上，为了消灭2500名日军，美军第三十二师战斗伤亡2343人，因病退出战斗2044人；在戈纳战场上，为了消灭4000名日军，澳大利亚部队伤亡和因病退出者大约有7500人。两支参战部队再也找不出一个建制完整的连队。麦克阿瑟痛苦地说："胜利的代价多么惨烈啊！"

五

夺取新几内亚的战略主动权

1943年初，麦克阿瑟、肯尼等人乘坐B-17轰炸机从莫尔兹比飞回了布里斯班。飞机刚着陆，就有一大批记者围了上来。

麦克阿瑟穿着一件美军飞行员A-2皮夹克，看上去精神抖擞，斗志昂扬。1942年那个忧心忡忡、情绪低落的麦克阿瑟似乎已经消失在巴布亚潮热的丛林里了。就连他的参谋人员也不得不承认，那个信心十足、乐观、积极、机敏的麦克阿瑟又回来了。

1月11日，英、法两国首脑和参谋长在北非的卡萨布兰卡召开会议，商讨日后的战局。在此之前，盟军总司令艾森豪威尔将军以665艘军舰和运输舰载运13个师，在1700架飞机提供空中保障的情况下，在首尾相距1300公里的摩洛哥、卡萨布兰卡和阿尔及利亚的阿尔及尔三处同时登陆，迅速占领了法属北非，部队直逼摩洛哥。

在这次会议上，两国军政界领导人本着"先欧后亚"的原则，将大西洋之战排在了主要议题的第一位，其次是援助苏联的问题，接下来是地中海作战，然后是在英国集结兵力和在欧洲开辟第二战场的问题。最后一项才是太平洋战区的问题。

显然，盟国并没有给太平洋战区应有的关注。而马歇尔在赶赴卡萨布兰卡之前则要求麦克阿瑟制订一项攻克拉包尔的战役计划。此时，麦克阿瑟在名义上指挥的部队约48万人，相当于16个师的兵力（每个师15000名战斗人员，15000名预备队）。不过，16个师中只有3个澳大利亚志愿兵师，即通常所说的皇家部队，2个美军师，其他全部是由澳大利亚义务兵组成的部队。

澳大利亚义务兵全是临时从工厂和农场抽调工人组成的，缺乏训练，更没有战斗经验。澳大利亚联邦的法律还规定，他们只能在澳大利亚境内服役。虽然麦克阿瑟说服了柯廷总理，修改了法律，允许他们暂时到新几内亚服役，但也只不过是聊胜于无罢了！

剩下的5个师中，美军第三十二师已在布纳之战中元气大伤，没有一年的时间根本无法重建起来。而3个澳大利亚师也在戈纳之战中遭受重创。第四十一师有一个团在新几内亚服役期间损失惨重。换句话说，唯一经过全训齐装满员、能参加1943年1月的战役的美军部队只有第四十一师的两个团。

麦克阿瑟企图向马歇尔求助，但显然不会有什么效果。不管怎么说，到2月下旬，一份被命名为"埃尔克顿"的计划出炉了。在这份战役计划中，麦克阿瑟设想由西南太平洋战区部队沿着新几内亚北海岸向莱城进军。与此同时，南太平洋战区司令哈尔西将军的部队则穿过所罗门群岛向北进军。最后，两军在拉包尔会合。

麦克阿瑟正打算让他的参谋长萨瑟兰到华盛顿去向马歇尔报告"埃尔克顿"计划之时，海军的情报机构发来急电，称日本将向新几内亚方向增兵。麦克阿瑟没想到在这么短的时间内就要打一场大仗，看来他得加把劲了。

日军不甘心在布纳之战中的失败，决定从驻守在拉包尔的第五十一师团抽调一个联队（约3000人）增兵莱城。而麦克阿瑟派驻距莱城50公里处瓦乌村简易机场的澳大利亚部队只有400人。

麦克阿瑟盯着地图看了一会，立即命令肯尼将军向瓦乌村空运增援部队和给养，使兵力增加到3200人。同时，他又令肯尼的第五航空队在敌人的运输船队离开拉包尔之前对莱城实施轰炸。

2月6日上午，第五航空队动用58架轰炸机和战斗机空袭了日本在莱城的机场。在返回基地途中，他们遇上了日军刚刚空袭完瓦乌村的50架日军飞机。一场大规模的空中格斗随即展开。

肯尼的飞行员们着陆时欢呼雀跃，大叫着他们击落了25架敌机，而盟军的飞机无一受损。这是很有可能的事情。中途岛海战之后，随着后备兵员和钢铁等战略资源的枯竭，日军已无法及时补充优秀的飞行员，生产的飞机性能也急剧下降。相反，美军的飞机性能在逐渐提高，而飞行员也在战争中提高了战斗技能。

这次空中遭遇战把日本人逼疯了。他们决定用船把第五十一师团能够调动的部队全部运往莱城。美国海军情报部门发现了日军的动向，立即通告麦克阿瑟说，日军将用12艘大型运输舰运载着第五十一师团从拉包尔出发，穿越俾斯麦海。

2月25日，麦克阿瑟派人去叫肯尼，跟他用了几个小时讨论海军的报告。肯尼猜测，如果天气不好的话，运输船队将在3月的第一周内出航。

麦克阿瑟沉默了一会，问："能否取消其他一切行动，集中力量阻截护航运输船队？"

肯尼回答道："除了继续保障瓦乌和多博杜拉的给养，我确有此打算。我正计划举行一次低空袭击日本舰只的演习。"

麦克阿瑟大喜，称赞道："很好。"

3天后，肯尼向麦克阿瑟汇报了他最后拟定的计划。第五航空队的飞行员们已经改进了飞机和轰炸技术，正等着这样一场战斗去检验他们的实力呢！所以，整个部队的士气很高，就等着麦克阿瑟下达战斗命令了。聪明的肯尼则计划在深海区打击日本舰艇，让敌人难以展开营救。

麦克阿瑟仔细地听了肯尼汇报，笑道："我想日本鬼子要倒霉了。"

3月3日，俾斯麦海上的云层很厚。但美军的侦查员还是从云层的缝隙中发现了日军8艘运输舰、6艘驱逐舰。据估计，船上大概载着第五十一师团一半以上的兵力。肯尼立即命令他的飞行员利用云层作掩护，对日军运输队实施轰炸。

3月4日凌晨，指挥轰炸的飞行员向肯尼报告："击沉日军舰艇22艘（海军的情报提供的数字是总共有12~14艘舰艇被击沉，数据的误差可能是飞行员故意夸大）。"

肯尼兴奋得难以入睡，看了看墙上的钟表，刚刚3点。他跑到楼上，叫醒了麦克阿瑟。

麦克阿瑟从床上跳起来，问："怎么了？"

肯尼兴奋地说："俾斯麦海，22艘的护航运输船队已经被灭，敌军一个整师（即日军一个师团）兵力被歼灭，约15000人。"

麦克阿瑟兴高采烈地说："天哪，这是真的吗？"

肯尼回答说："千真万确，将军。"

随后，肯尼回到自己的公寓整理行装，准备和萨瑟兰一起到华盛顿向参谋长联席会议汇报"埃尔克顿计划"。正当肯尼收拾行李时，麦克阿瑟拟出一条电文让他在走前发给第五航空队。电文上写道："谨向各级官兵为所取得的辉煌胜利致以诚挚的谢意与祝贺。这次战斗一定会作为有史以来最全面、最彻底的歼灭战载入史册。我为你们全体人员感到无上的骄傲与满意。麦克阿瑟。"

麦克阿瑟接受了肯尼所说的击沉22艘敌舰和15000日军葬身海底的说法。一名参谋说："这个数字可能太高了。"

麦克阿瑟回答说："我信任乔治·肯尼。"

在整个第二次世界大战期间，各国空军都有一种肆意夸大战果的倾向。美国空军也不例外。海军情报部门破获的密码表明，这次日军出动的舰艇总共只有14艘，所谓的击沉敌舰22艘云云，肯定有问题。麦克阿瑟也在战后因自己发表的战报陷入了巨大的压力之中，因为他必须作出合理的解释。

不管日军在俾斯麦海战中到底损失了多少舰艇和官兵，有一点是不容置疑的，即此战之后，新几内亚地区的战略主动权已毫无疑问地转到了麦克阿瑟手中。从此以后，日军再也没有在新几内亚发动过进攻，而是构筑工事，等待麦克阿瑟的部队去揍他们。

第九章
逐步扭转"逃跑将军"的形象

一

出其不意地攻占莱城要塞

在俾斯麦海战前后，西南太平洋战区的战斗编成也发生了一些变化。由于麦克阿瑟对地面部队司令布莱梅将军深表不满，同时为了更好地展开日后的工作，特意请求马歇尔派来沃尔特·克鲁格将军，组建了美国第六集团军。

麦克阿瑟的这一安排无意中得罪了两个亲密的助手：一个是第一军军长艾克尔伯格，一个是他的参谋长萨瑟兰。这两个人本以为集团军司令非他们莫属，但麦克阿瑟却召来了克鲁格。这在一定程度上影响了西南太平洋战区司令部内部的团结。

不久，参谋长联席会议否决了麦克阿瑟攻取拉包尔的战役计划。联席会议命令麦克阿瑟和南太平洋战区司令海军上将哈尔西于1943年采取措施，攻占俾斯麦群岛，以揭开攻占拉包尔的序幕。为了让麦克阿瑟完成他那一部分计划，参联会答应给他增派两个精锐之师——第一骑兵师和海军陆战队第一师。另外，为了保证西南太平洋战区与南太平洋战区在军事行动中协调一致，联席会议还赋予麦克阿瑟对哈尔西海军上将向北推进的行动行使战略指挥权的权力。

命令下达后，哈尔西和他的参谋们立即赶赴布里斯班，同麦克阿瑟会面，讨论今后的战略协同问题。他们制订了一个总代号为"车轮"的战役计划。"车轮"战役由十多次两栖登陆作战行动组成，预计于1943年底左右在布干维尔登陆后结束。会议还要求两个战区采取相应的措施，保障盟军在俾斯麦海上的海空基地，以便将来利用它们反攻拉包尔。除此以外，这次会面什么问题也没有解决。

拉包尔战略位置非常重要，拥有一个天然的深水港，大得足以停靠联合舰队所有的舰艇，有两片开阔地，可作为临时机场使用。日军在那里驻扎的海陆部队合计10万余人。想要夺取拉包尔，使用飞机进行轰炸固然重要，但两栖登陆战也无法避免。"车轮"战役的主要目的就是训练部队的两栖登陆战能力。

为了达成这一目的，参谋长联席会议将由阿瑟·卡彭特中将（1943年底由托马斯·金凯德接任）指挥的美国海军第七舰队划到了西南太平洋战区。该舰队的主力舰是3艘老式巡洋舰，1艘是美国的，另外两艘是澳大利亚的。麦克阿瑟还组建了第七两栖部队，由丹尼尔·巴比少将指挥。第七两栖部队拥有运输船10余艘，坦克登陆舰6艘和30余艘登陆艇。

1943年夏秋两季，西南太平洋战区努力进行着作战训练，抢占了若干小岛，包括巴布亚和瓜达尔卡纳尔岛之间两个叫作伍德拉克和基里文的小岛。

由于从拉包尔到莱城的海上航路已经被肯尼的空中力量切断。日军开始在新几内亚北岸韦瓦克集中他们的空军力量，企图固守莱城。韦瓦克位于莱城西北480公里处，在肯尼B-17轰炸机的航程内。遗憾的是，由于缺乏能在白天进行远程护航的飞机，他只好用B-17轰炸机在夜间接近韦瓦克，黑夜轰炸。由于日军的工事全都藏在密密麻麻的热带丛林中，飞行员在夜间根本无法看清目标，轰炸效果非常有限。

肯尼心急如焚，立即找到麦克阿瑟，建议在距离莱城60公里处的马里利南附近的丛林深处秘密地修建一个机场。

麦克阿瑟问："你打算怎样保护它不被敌人的地面部队破坏呢？"

肯尼说，他打算调用一些澳大利亚部队，在晚上用飞机把他们送到马里利南。

麦克阿瑟高兴地说："好，好。"

过了几秒钟，麦克阿瑟突然又问："噢，乔治。所有这一切你对我的参谋讲了吗？"

肯尼咧嘴一笑，回答说："还没有。"

麦克阿瑟笑着说："先别告诉他们，我可不想把他们吓死。"

马里利南机场一建成，肯尼便对日本的空军基地发动了猛烈的空袭，让日军遭受了惨重的损失，并为海上和地面部队的大规模进攻铺平了道路。

8月24日，麦克阿瑟来到他位于莫尔兹比港的前沿指挥所，他要夺取莱城。此时，日军向莱城增援的陆路、海路和空中路线均已被切断，莱城的日军只能作困兽之斗了。

麦克阿瑟打算让第五〇三伞降步兵团在距离莱城西北30公里处的纳德扎布的一个废弃机场降落。他的空军司令肯尼提出，他想和部队一起到前线，看一看第五〇三团的降落情况。

麦克阿瑟说："乔治，我认为你不该去。"

肯尼说："将军，我有权了解我的飞行员们如何进行这样的作战行动。这是他们首次进行空降作战。那些都是我的孩子。"

麦克阿瑟笑了起来，回答说："你是对的，乔治。我们一起去，他们也是我的孩子。"

这下该轮到肯尼反对了。他说："将军，那毫无意义。为什么一定要让你冒险呢？要是每月挣5美元的日本飞行员在你身上打个洞怎么办？"

麦克阿瑟盯了肯尼片刻，略有不快地说："说真的，乔治，我不担心被射中。我唯一担心的就是飞到山区上空时气流扰动，我的胃可能会不舒服。我可不愿意因晕飞机，在那些孩子们面前丢脸。"

肯尼知道再争也没有用了，只能同意麦克阿瑟的要求。发动战役的那一天，麦克阿瑟和肯尼分乘两架B-17轰炸机随着机群一起飞到了纳德扎布。和他们一起降落的还有1700名伞兵。

由于日军没有防备，再加上天气情况比较好，空投工作进行得很顺利，仅用了3分钟。所有的伞兵都降落在了他们应该降落的位置。这是第二次世界大战期间第一次大规模地使用伞兵作战，为此后的战斗提供了许多可供借鉴的宝贵经验。

伞兵降落后，立即着手清理废弃机场四周的高达两米的杂草，开辟通向莱城的通道。麦克阿瑟高兴极了。更令他高兴的是，因为他直接参与了这一战，肯尼向他颁发了空军奖章。

第二天一大早，美军的C-14运输机又按照麦克阿瑟的命令运来了澳大利亚的第七师。这样一来，盟军就从戈纳、布纳和纳德扎布三个方向实现了对莱城的包围。

战斗进行得很顺利。到9月16日战斗就全面结束了。莱城回到了盟军的掌控之中。数千名日军被迫逃入莱城以北丛林密布的山区。他们将在那里忍受寒冷、饥饿和热带疾病的折磨，然后悄然死去。

二

扭转"逃跑将军"的形象

就在一切都按照预定计划有序地进行之时，参谋长联席会议忽略了攻占拉包尔的计划。因为美国海军总司令金上将打算利用正在快速恢复的海军力量在中太平洋地区发动反攻，一雪珍珠港之耻。

尼米兹认为这个想法不好，哈尔西听说这件事后也提出反对，马歇尔更是疑虑重重。他们均认为，在中太平洋作战，除了占领一大堆没有用的岛屿以外，对整个战局毫无益处。但金上将有罗斯福总统的支持，而且美国民众也想为珍珠港报仇。

那么，拉包尔怎么办呢？金上将的想法是，绕过拉包尔，将其孤立起来，最后迫其中立。这个想法得到了不少实权人物的赞同。马歇尔无奈，只得勉强同意了新的进攻计划及其采取的前进轴线。

麦克阿瑟和哈尔西对新的战略计划深恶痛绝。如果穿越中太平洋的大规模进攻能够成功，南太平洋战区和西南太平洋战区的使命也就结束了。如果新计划不成功的话，一切又都会回到起点，重新攻占拉包尔。

麦克阿瑟决定钻新计划的空子。虽然参谋长联席会议忽略了攻占拉包尔的计划，但当年秋季令拉包尔孤立或中立的军事作战还是要按计划进行，没有任何指示要求取消这些计划。

于是，麦克阿瑟和哈尔西决定于10月下旬联合两个战区的空中力量，对拉包尔发动一次空中闪击战，打击日军的空中力量。如果这次行动能够成功，他和哈尔西的飞行员将于12月发动另一次空中战役，让西南太平洋战区部队能够对格洛斯特角发动两栖进攻。

可是，麦克阿瑟自己也不得不承认，由于盟国坚持执行"先欧后亚"，西南太平洋战区的海上运输力量严重匮乏。他曾多次向华盛顿提出干涉，但均无果而终。对此，他痛苦地抱怨说："华盛顿有些人宁愿看到麦克阿瑟输掉一场战斗，也不愿看到美国赢得一场战争。"

第九章　逐步扭转『逃跑将军』的形象

· 171 ·

似乎为了安慰麦克阿瑟，华盛顿在10月末给了他一架属于自己的B-17轰炸机。这架B-17没有刚刚定型的C-54运输机那么舒适，但也作了一些改进，增加了防弹钢板。

得到通知后，麦克阿瑟立即派人把他的专机飞行员亨利·戈德曼找来。他让戈德曼到俄亥俄州戴顿的赖特—帕特森空军基地取那架B-17轰炸机。他说："戈德曼，我想把这架飞机命名为'巴丹'号，让画家在机头的一侧绘制出菲律宾地图，然后把'巴丹'这个词印在图上。这是命令。"

很明显，他从来没有忘记菲律宾，没有忘记自己要打回去的承诺。但眼下，他还没有这个实力。

在戈德曼去取麦克阿瑟的专机时，肯尼的第五航空队和哈尔西的第三舰队联合对拉包尔实施了将近一个月的空袭。日军损失了200多架飞机和10多艘舰艇。为了保障拉包尔的空中补给线，日军不得不从中太平洋地区调来大批飞机和飞行员。

恰在此时，盟军在中太平洋战区的反攻开始了。日军挡不住盟军猛烈的攻势，只得又从拉包尔抽调兵力，前去中太平洋战区增援。到11月20日，日军驻守在拉包尔的主力舰队已经全部撤离。拉包尔的军事价值大为降低，或者说已被盟军孤立。麦克阿瑟趁机命令部队拿下了休恩半岛、格洛斯特角、阿拉维等海空基地。

在战斗期间，总参谋长马歇尔到了西南太平洋战区。麦克阿瑟和他在古迪纳夫进行了战争期间唯一的一次私人会晤。马歇尔告诉麦克阿瑟，他过去对陆军部的指责纯属误会，因为西南太平洋战区在物资和人员上的困境不是陆军部造成的。真正的阻力来自金上将那里。金上将认为根本不需要让陆军来控制太平洋上的任何一个战区。海军部长福兰克·诺克斯、参谋长联席会议主席威廉·莱希海军上将和罗斯福均认可金上将的看法。

马歇尔无奈地说："面对这样的反对力量，要想给西南太平洋战区以更多的照顾，我马歇尔能做到的微乎其微。"

麦克阿瑟极其震惊地说："战争期间，竟然会如此纵容各军种间的对立。这会对战争的进程产生不利影响。应该在太平洋实现统一指挥。"

麦克阿瑟还暗示马歇尔，如果盟军在太平洋地区实现了真正的统一指挥，意味着他将成为一个下级指挥官的话，他愿意接受这一职务。

马歇尔没有任何表示，也无力向麦克阿瑟承诺什么。他和麦克阿瑟都很清楚，有一位喜欢穿海军军装的助理海军部长出身的总统，陆军在争论太平洋地区战略问题时无疑会处于劣势。

麦克阿瑟送走了马歇尔，也送走了1943年。在过去的一年里，他和他的西南太平洋战区取得了一系列的胜利。俾斯麦海战、瓦乌保卫战、纳德扎布空降、占领莱城、扫荡休恩半岛、突击阿拉维及格洛斯特角，这些胜利虽然无法和北非登陆战、中途岛海战相比，但总算改变了他在菲律宾沦陷时逃跑将军的形象。麦克阿瑟在陆军中再次声名鹊起，成了"杰出的作战司令官"。

1944年元旦，一向不喜欢麦克阿瑟的陆军部长史汀生给他寄来了贺卡，落款处热情地写道："您的非常真诚的朋友"。不久，马歇尔也给他颁发了他的第三枚"服役优异勋章"。

1944年1月，澳大利亚部队迅速向休恩半岛北岸逼近，麦克阿瑟也在此时开始拟定进攻汉萨湾的战役计划。1月15日，澳大利亚军占领休恩半岛北部的海滨小城锡奥，缴获了日军第十二师团的密码库。这对麦克阿瑟来说是一个莫大的帮助。在过去的一年里，他的情报部门费尽心机，每个月也只能破译日军200~300条信息。但现在，他的情报部门每天都可以破译500条以上有用的消息。

汉萨湾位于塞道尔以北约240公里处，拥有一个天然良港，附近又有一个有利用价值的飞机场，显然是个值得攻占的目标。不过，麦克阿瑟打算先攻下拉包尔，再打汉萨湾。他的理由是他需要在前方有个巨大的良港，以便部署第七舰队；并在前往菲律宾时确保自己右翼的安全。实际上，自从参谋长联席会议忽略了拉包尔之后，麦克阿瑟对那里一直念念不忘，想要通过一场大的胜利来证明攻取拉包尔才是正确的。

不过，这并不是一件容易的事情。虽然联合舰队已从拉包尔撤出，日军的空中防御力量也大为减弱，但岛上仍然驻有七八万日本陆军。如果强攻的话，盟军势必会遭受重大损失。他和哈尔西一致认为，应该避实就虚，逼迫拉包尔投降。麦克阿瑟计划于4月实现对拉

拉包尔机场上的日军"零"式战斗机

包尔的合围，使日军弹尽粮绝，然后投降。

不过，麦克阿瑟不得不在参谋长联席会议给他规定的战略范围内指挥部队作战。在1943年底召开的开罗会议上，马歇尔设法保持了盟军重返菲律宾的可能性，但也不得不承认如果在两次进攻之间作选择的话，还是要首选中太平洋战区。

海军上将金计划向马里亚纳岛群岛发动夏季攻势，向北进攻，直接控制台湾。换句话说，金上将打算放弃菲律宾。这就意味着，麦克阿瑟将无法达成重返菲律宾的计划。到战争结束时，他头上的光环很可能只是新几内亚巴布亚的征服者，而不是马尼拉的解放者。

2月初，参谋部的两位当家人马歇尔和阿诺德被迫同意了金上将的意见，决定推迟麦克阿瑟定于4月对拉包尔采取的行动。

亲自指挥洛斯内格罗斯登陆战

　　1944年初，尼米兹将军指挥的太平洋舰队在中太平洋战区获得了巨大的胜利。2月17日，海军攻占了马绍尔群岛埃内韦塔克环礁的埃尼威托克岛。这比原计划提前了两个月。对麦克阿瑟来说，这可不是什么好消息。他必须赶上尼米兹，否则的话，他的西南太平洋战区很快就会被遗忘。

　　得到消息的当天，麦克阿瑟对着作战地图思考了半天，最后决定抢占阿德米勒尔提群岛中最大的岛屿——马努斯岛。马努斯岛荒无人烟，但战略和战术位置非常重要。岛上有一个天然良港锡阿德勒港，邻近的洛斯内格罗斯岛上的莫莫特地区则有一个大型机场。

　　随后，麦克阿瑟令肯尼指挥第五航空队对阿德米勒尔提群岛实施空中侦察。2月24日，肯尼收到的一则消息称，洛斯内格罗斯岛和马努斯岛看起来荒无一人。3架B-25轰炸机以距地面仅6米的高度飞过这两个岛屿，未发现任何被日军占领的迹象。莫莫特机场的弹坑里长着杂草，战地医院的门前已堆起了杂物，日军不久前部署过火炮的阵地上也空荡荡的。

　　肯尼大喜，立即赶去见麦克阿瑟。富有想象力的肯尼提出了一个大胆的建议：立即武装进入阿德米勒尔提群岛。他说，岛上的日军最多不会超过300人，只要派800名战斗人员登陆便可夺下莫莫特机场。然后，动用一小批工兵，让机场正常运转起来。

　　麦克阿瑟看上去很感兴趣，但不敢断然决定。他有两个顾虑：其一，他的情报部门给他提供的消息称，马努斯岛上有2500名日军，洛斯内格罗斯岛上有1500名日军。由于两岛相距很近，可以互为支援；其二，麦克阿瑟不相信他那令人失望的参谋军官能在短时间内组织另一场战役。

　　沉思了片刻，麦克阿瑟对肯尼说："你得首先说服金凯德（海军第七舰队指挥官）和史蒂夫·张伯伦（西南太平洋战区作战训练处处长）。"

　　肯尼答应了。

第二天，肯尼向金凯德和张伯伦解释了他的作战计划。最后，三人达成共识，这个行动虽然冒险，但值得一试。

随后，麦克阿瑟向他的集团军司令克鲁格下达了命令："为立即在洛斯内格罗斯岛的莫莫特机场附近进行火力侦察制订作战计划。其目的是，如果发现该地区敌军防卫兵力不足，就占领该地；而如果遇到猛烈抵抗，就在完成所有可能完成的侦察任务之后撤离。"

克鲁格和第七两栖部队指挥官巴比将军都很激动，也很害怕。仅仅动用800人去攻打有4000名日军（克鲁格和巴比都假设这一情报属实）驻守马努斯岛和洛斯内格罗斯岛，不但冒险，而且可能会断送他们两人在军中的前途。

麦克阿瑟也意识到了这次火力侦察具有极大的冒险性。他决定和部队一起前进，亲自指挥部队作战。肯尼吓坏了，立即对麦克阿瑟说："乘驱逐舰，你会晕船的。"

麦克阿瑟想起了从菲律宾撤离时的情景，也有些害怕，问道："有别的办法吗？"

肯尼知道麦克阿瑟一定要上战场，便采用了一个折中的办法。他说："我会用B-24轰炸机送你过去。你甚至可以亲自拉动投弹器。"

麦克阿瑟拒绝了肯尼的建议。

肯尼又说："将军，你在部队中太突出、太显眼，日军的狙击手很可能会向你射击。"

麦克阿瑟笑着回答道："我参军这么多年以来，一直都冒着挨枪子儿的危险。在适当的时候，我会继续冒这样的风险。"

最后，麦克阿瑟也做出了一点让步：他愿意乘"菲尼克斯号"巡洋舰上岛，而不是乘驱逐舰。

克鲁格听说麦克阿瑟打算去洛斯内格罗斯岛时，不禁大吃一惊，叫道："如果你出了什么事，那将是一场灾难。"

麦克阿瑟轻描淡写地说："我得去。"

关于麦克阿瑟是否应该以身犯险的讨论至此结束。2月27日，他飞到米尔恩湾，打算从那里乘巡洋舰向洛斯内格罗斯岛进发。克鲁格已经在那里等他了。麦克阿瑟上船时同克鲁格握了握手，轻声道："见到你，我非常高兴。"

克鲁格一言不发，看上去还在生气。

麦克阿瑟故意问："怎么啦？"

克鲁格仍然默不作声。虽然他不同意麦克阿瑟以身犯险，但也不会和他争论。因为他知道，和能言善辩的麦克阿瑟争论他必输无疑，而且也没有什么用处。

当天夜里，克鲁格派出的6名侦察兵传回消息说："洛斯内格罗斯岛，这地方有很多日本人。"

麦克阿瑟吃了一惊，但他不愿取消这次行动。因为这一战决定着他和西南太平洋战区在未来战争中的地位。如果他打不下阿德米勒尔提群岛，他就回不了菲律宾。而他的战争也就到此结束了。这是一场下大赌注的赌博，为了获胜，他情愿拼命一搏！

2月28日凌晨，进攻舰队加速驶向阿德米勒尔提群岛，麦克阿瑟坐立不安。他激动得睡不着觉。凌晨1点30分，麦克阿瑟把医生埃格伯格上校叫到船舱。

埃格伯格给他量了量血压，没发现任何问题。麦克阿瑟则滔滔不绝地回忆着他在西点军校的同学和在橄榄球场上的表现。埃格伯格安静地听着，一句话也不说。

黎明时分，麦克阿瑟终于安静下来，上床睡觉去了。

很快，炮声把麦克阿瑟从梦中叫醒了。他知道，战斗打响了！"菲尼克斯号"、"纳什维尔号"巡洋舰正在用155毫米口径的火炮轰击洛斯内格罗斯岛。麦克阿瑟在一旁饶有兴趣地观看着，心里在默默地祈祷。

炮击结束后，第七两栖部队的3艘驱逐舰兼运输舰载着威廉·蔡斯准将指挥的第一骑兵师800多名官兵冲向海滩。战斗出奇的顺利，他们几乎没有遇到什么抵抗，就占领了莫莫特机场。到中午时分，战斗基本结束，守军全部逃入了丛林。

下午4点，麦克阿瑟在随从参谋劳埃德·莱尔巴斯上校和医生埃格伯格上校等人的陪同下，上岸了。在莫莫特机场跑道上，麦克阿瑟只戴着军帽，嘴里叼着烟斗，来回踱步，似乎在向日军的狙击手挑衅。

一名警觉的兵军官快步走上前来，指着约30米外的一片丛林说："报告长官，我们几分钟前刚刚在那儿击毙两名日军狙击手。"

麦克阿瑟轻快地回答说："好，对付日本鬼子就应该这样。"

说着，麦克阿瑟让那名军官带他去看日军狙击手的尸体。几分钟后，他指着两名刚刚死去的日军，笑道："我就喜欢他们这个样子。"

随后，麦克阿瑟开始数弹坑，比较着金凯德的炮弹和肯尼的炸弹的破坏力。他在一个地方跪了下来，对莱尔巴斯说："咱们挖一挖这表面上的珊瑚，看看它有多厚。我答应过肯尼将军要向他报告战地有关情况。他说他希望这里的珊瑚足以承受咱们的大型飞机，我得为他搜集这方面的情况。"

结果证明，这些珊瑚只有5~8厘米厚。麦克阿瑟一边站起身来，一边遗憾地说："恐怕肯尼将军不会喜欢这个结果。"

麦克阿瑟在岸上待了90分钟，不仅视察完了机场，而且亲眼目睹了在他身边爆发的战斗。在返回海滩的路上，他对埃格伯格说："我们遇到的可能只是1500名日军中的一小部分。我感觉到他们正在准备发动敢死队进攻。"

再次登上"菲尼克斯"巡洋舰后，麦克阿瑟轻声责备埃格伯格只戴了一顶军帽上岸。他说："你可能看我这样，就把它戴上了。对了，我戴的这顶帽子有镶边。在某种程度上，我觉得必须这样做。它是我的标志……咱们的很多战士现在都认识的一个标志，所以我要一直戴着它。但是，鉴于我们在登陆中会遇到的风险，我建议你今后要戴上头盔。"

当天夜里，麦克阿瑟返回了布里斯班。而一切都不出他所料，日军发动了敢死队进攻，险些将第一骑兵师赶下海。但美国大兵们始终没有放弃阵地。麦克阿瑟很欣慰，因为他不但再一次暴露在战火之中，还创造了反攻菲律宾的机会，使自己不至成为尼米兹在中太平洋战区大规模进攻的牺牲品。

四

坚决反对绕过菲律宾群岛

占领了马努斯岛和洛斯内格罗斯岛之后，西南太平洋就有了海军前沿基地，可以让部队沿着新几内亚北部海岸继续向西挺进了。对此，麦克阿瑟非常高兴。不过，他很快又陷入了新的困扰之中。

2月下旬，尼米兹的航空母舰猛烈袭击了拉包尔和特鲁克。日军的空中力量一部分被美军歼灭，另一部分被迫西撤。失去了空中补给，特鲁克和拉包尔日军彻底被孤立了。此时再攻占拉包尔已经没有任何意义了，麦克阿瑟的感觉也是"让他们见鬼去吧"。

另外一个困扰来自汉萨湾。在洛斯内格罗斯战役之前，麦克阿瑟和他的参谋人员就制订了攻取汉萨湾的计划。然而，日本人大概意识到了这一点，于2月下旬增派了两个师团以上的兵力。至此，岛上至少有4万掘壕固守、装备精良的守军。

麦克阿瑟不得不放弃了攻取汉萨湾的计划，转而把目光锁定在了霍兰迪亚方面。他打电报给参谋长联席会议，请求他们允许他于4月15~24日派两个师在霍兰迪亚登陆。

麦克阿瑟的电报发到华盛顿时，立即在参谋长联席会议上引起了热烈的争论。金上将和尼米兹试图重新划分西南太平洋战区的边界，把麦克阿瑟在深海的前进基地全部转交给海军管理。马歇尔则指责海军独断专行。

远在布里斯班的麦克阿瑟也立即发了一封电报，对海军进行猛烈的抨击，说该建议极有损于他的名誉，如果不撤销这项建议，他想回国见总统。他强烈暗示，如果总统决定站在海军一边，他就会辞去他的司令官职务。

为了平息海陆两军的对立情绪，马歇尔撤销了海军的建议。金上将也放弃了重新划分西南太平洋战区的想法。不过，他依然试图让海军掌控太平洋战局。如果参谋长联席会议批准的话，他打算让海军于6月攻占马里亚纳群岛。

这时，主管航空兵事务的副总参谋长阿诺德站了出来。一般情况下，阿诺德在联席参谋长会议上都会忠实地拥护马歇尔的决议。但这一次是个例外，因为这关系着空军的未来。第二次世界大战爆发后不久，美军实施了两项耗资巨大的项目：一项是耗资20亿美元的原子弹，一项是耗资近23亿美元的B-29项目。

这种被称为"超级空中堡垒"的轰炸机是美国航空兵的王牌。阿诺德认为，利用这种轰炸机对日本本土实施轰炸，可能会迫使日本屈服，而且这一贡献可能会使空军从陆军中独立出来。

如今，"超级空中堡垒"已经投入生产，在中国战场的表现也确实可圈可点。阿诺德迫切地希望能用B-29轰炸日本本土。不过，他还需要一处能将日本本土纳入航程之内的机场。马里亚纳群岛正好提供了这一条件。"超级堡垒"的航程足够从塞班出发去轰炸东京。而向马里亚纳群岛运送燃料和炸弹的任务也必须由海军来完成。所以，阿诺德坚决支持金上将的主张。就这样，金上将彻底战胜了马歇尔。

不过，金上将也给陆军留了面子。3月12日，参谋长联席会议起草了1944年余下9个月的战略指令。麦克阿瑟关于在霍兰迪亚登陆的建议被批准了，尼米兹将在6月占领马里亚纳群岛的计划也被批准了。此外，参谋长联席会议还允许麦克阿瑟于11月在菲律宾南部的棉兰老岛登陆。但有一个前提，即西南太平洋战区的行动必须围绕着1945年2月海军进攻台湾的计划而进行。

麦克阿瑟对这样的安排非常不满。3月17日，澳大利亚总理约翰·柯廷主持了一次国宴，庆祝麦克阿瑟到澳大利亚期满两年，并答谢他两年间作出的功绩。

麦克阿瑟在宴会上发表了一篇简短的演说。他首先感谢了澳大利亚政府在过去两年中对他和盟军西南太平洋战区的帮助，然后说道："过去的两年是澳大利亚最重要的两年。你们所面对的是贵国历史上最危险的时刻。你们的生命遭到威胁，你们必须迎接挑战，争取胜利。在太平洋，战争的趋势就是在这里扭转的，来势凶猛的侵略行动渐渐退落。两年前，当我踏上你们的土地时，我曾对菲律宾人民说'我会回来'。今晚，我重复这句话。我会回来的。我们最终要重新征服并从敌人手中解放这片一衣带水的土地。"

不久，尼米兹赶往布里斯班与麦克阿瑟商议如何完成参谋长联席会议颁发的新指令。他们重点讨论了在霍兰迪亚由海军提供空中掩护的问题。尼米兹毫不掩饰地说，他担心海军飞机升空以后，日本人会出动200~300架飞机迎战，威胁他的航空母舰。

麦克阿瑟看了看他的空军司令肯尼将军。肯尼会意，站起来信心十足地说："我会在4月5日以前干掉日本鬼子的飞机。"

肯尼的话刚落音，所有人的脸上都露出了震惊和怀疑的神色，唯有麦克阿瑟一脸淡然。他相信自己的空军司令言出必行，行之必果。

双方还讨论了拿下霍兰迪亚之后，陆海军如何在其他军事行动中协同作战的问题。但从商讨的过程来看，这更像是海军对西南太平洋战区的排挤。尼米兹说，海军打算在9月15日左右攻占帕劳群岛，而他想知道西南太平洋战区能够做些什么。

西南太平洋总部的参谋们对此脑子里一片茫然。帕劳离新几内亚十分遥远，攻占它的原因之一就是为麦克阿瑟11月在棉兰老岛登陆排除障碍。但是从霍兰迪亚到棉兰老岛又相距800公里。如果尼米兹在帕劳群岛停滞不前，麦克阿瑟就不能指望在舰载航空兵掩护他进攻棉兰老岛的同时，他还能得到足够的攻击舰只。

换句话说，如果尼米兹真的要在9月中旬攻占帕劳群岛的话，麦克阿瑟要么让他的士兵游过茫茫大海去攻打棉兰老岛，要么就只能放弃重返菲律宾的打算了。

如此一来，问题又回到是否应该绕过菲律宾，直接攻打台湾这个议题上来了。尼米兹说，他个人感觉有必要在吕宋登陆，但包括金上将在内的高层已经打算利用马里亚纳群岛和帕劳群岛作为跳板，直接攻打台湾。虽然没有人当众宣布，但绕过菲律宾已经是公开的秘密了。

麦克阿瑟暴跳如雷！他指责金上将的计划无论在战略上还是在战术上都是不健全的，还从道义上对这一计划进行了谴责。他说："军事考虑固然重要，但这么做是不道德的。这就等于放弃了日本鬼子在菲律宾拘留的所有美国战俘和1700万菲律宾人民，让他们听任敌人摆布。"

就在麦克阿瑟和海军争论不休时，他又卷入了一场政治风波。1944年3月下旬，肯尼返回华盛顿去游说军政高层，为西南太平洋战区争取更多的飞机。

肯尼特意去见了罗斯福总统。寒暄之后，罗斯福首先问起麦克阿瑟的身体。当时有传言说，麦克阿瑟在各方重压之下，身体已经受到了严重损害。还有人说，他的精神已经处于崩溃的边缘。肯尼回答说："将军的心理和身体都非常健康。"

然后，总统又问："将军是否考虑过参加1944年的总统大选？"

肯尼明确地回答说："总统先生，麦克阿瑟将军只有一个野心，就是当我们进入东京时，他要在游行队伍的最前方，乘车从银座通过，而我的野心就是坐在他旁边的车上。"

罗斯福总统爽朗地笑了。尽管肯尼一再保证，但包括罗斯福在内的美国人大多不相信麦克阿瑟没有政治野心。

实际上，麦克阿瑟从来就不是一个甘于默默无闻之人。20世纪20年代末，他一心想要登上菲律宾总督的宝座。而菲律宾总督绝对不是他所期望的终点。当时间进入1943年之后，他就开始遮遮掩掩地暗示他的一些政治支持者，其中包括密执安州参议员阿瑟·范登堡、他的老朋友罗伯特·伍德和前总统胡佛，他想成为共和党总统候选人。

同时，他又在公开场合说："我没有任何政治野心。我只有一个野心——重返菲律宾，去拯救菲律宾人民，他们是伟大的人民，我要把他们从目前的痛苦中拯救出来，并挽回美国的声誉。这就是驱动着我的一切。"

这种两面三刀的做法正是政治家所需要的素质之一，也正是陆军部长史汀生所担心的。肯尼从华盛顿返回布里斯班不久，陆军部长就发表了一份声明：所有现役军人不准成为战前未担任过的政治职务的候选人。

与此同时，国会也千方百计地设法阻止现役军人成为总统候选人。而且，国会的做法明显只针对麦克阿瑟一人。

尽管如此，麦克阿瑟的名字还是在4月初被列入了伊利诺斯州候选人的名单上。他的老朋友伍德很快就给布里斯班发去了一份证书。麦克阿瑟玩了一个手段，他既没有把证书退回去，也没有公开反对在没有获得他同意的前提下将他的名字列入初选名单。

4月4日，威斯康星州举行了候选人选拔会，麦克阿瑟仅获得了24票中的3票。另外一名候选人纽约州长托马斯·杜威获得了17票，第三名候选人威尔基一票未得并退出了竞选。

预选结果打了麦克阿瑟和他的支持者一个响亮的耳光。范登堡和伍德得出了相似的结论：杜威会赢得提名。麦克阿瑟的闹剧结束了。在这件事上，英明一世的麦克阿瑟为何如此糊涂呢？原因在于，他相信人民给予一位常胜将军的最高荣誉莫过于选举他当总统了。而美国民众偏偏只把他当一名将军来崇拜，而不是总统。民意测验的结果也清晰地表明他在整个美国都缺乏政治支持者。

4月17日，麦克阿瑟发表了一篇欲盖弥彰的声明，向公众解释他从未想过要当总统候选人。有人怀疑他这篇声明是给罗斯福一个人看的，因为他害怕被解除西南太平洋战区总司令的职务。

五

打赢霍兰迪亚抢滩登陆战

不管这篇声明的用意何在，战争还得打下去。就在这天下午，麦克阿瑟的部队已开始集结，准备开往霍兰迪亚。3月下旬以来，第五航空队一直在对韦瓦克的大型日本空军基地实施轰炸，击毁日机100余架。日军余部全部撤回霍兰迪亚。肯尼又把他的注意力转向消灭霍兰迪亚的日本空军，而且很快就获得了压倒性的胜利。

根据情报部门提供的可靠情报，日军在霍兰迪亚的兵力约为11000人。麦克阿瑟决定派出艾克尔伯格的第一军的两个师，作为第六集团军司令部下辖的特遣部队实施打击。霍兰迪亚地区主要有新几内亚海岸线的两个湾入部分——塔纳梅拉湾和亨博尔特湾。按照作战计划，第二十四师将在塔纳梅拉湾登陆；而第四十一师将在亨博尔特湾登陆。登陆后，两支部队齐力向内陆推进，一直打到森塔尼湖并占领那里的3个机场。参加进攻的部队将近5.5万人，其中三分之二以上是作战部队。

尼米兹准备用他的快速航空母舰提供3天的空中掩护，3天后他将撤走这些航母。麦克阿瑟对这一问题的解决办法是在艾塔帕进行一次补充性登陆。艾塔帕大致位于韦瓦克和霍兰迪亚中间，这里有日本的两座小型战斗机场，其中之一已投入使用，另一个也将近完工。如果能够迅速夺取艾塔帕，确保那里的简易机场的安全，那么当尼米兹的快速航空母舰撤退后，还可能利用至少一个机场为霍兰迪亚的部队提供空中掩护。

19日，麦克阿瑟飞往芬什哈芬，在那里登上了"纳什维尔号"巡洋舰。在开往霍兰迪亚以前，麦克阿瑟穿越维蒂阿兹海峡到格洛斯特角看望了正在那里作战的海军陆战队第一师。当时，陆战队第一师正在遍布红树林的沼泽里清剿一小股负隅顽抗的日本残兵。

20日，护航运输舰队向阿德米勒尔提群岛北部集中，以迷惑日军，使其以为船队正向帕劳群岛方向前进。深夜，舰只汇合后开始掉头，趁着夜色的掩护驶往霍兰迪亚。

第二天，麦克阿瑟大部分时间都坐在他舱外的一张椅子上，思考，打盹儿，跟他的副官闲谈，给那些试探着接近他、想搜集他签名的海军军官们签名。而战役则按照预定计划进行着，没有任何意外。当夜幕降临的时候，舰队已经靠近目标。

第二天早晨，太阳刚刚升起，战斗就打响了。巡洋舰在距离霍兰迪亚3公里处向岸上的目标开火。同时，尼米兹的航空母舰舰载攻击机也向日本阵地发起了空袭。

炮击和空袭持续了一个多小时，第一波次突击队开始抢滩登陆。岛上的日军大多是后勤部队，盟军只遇到了一些零星的抵抗。很快，第四十一师控制了亨博尔特湾的滩头阵地，第二十四师的3个营则占据了塔纳梅拉湾的两个狭长的沙洲。

上午11点，麦克阿瑟在亨博尔特湾上岸，察看第四十一师迅速扩展滩头阵地的情况。天气很热，众人在柔软的沙滩走了一小会儿就汗流浃背了。走了不到两公里，他转过身顺原路返回。他跟师长霍勒斯·富勒少将谈了几分钟，然后返回了"纳什维尔号"。

麦克阿瑟吃午饭时，"纳什维尔号"巡洋舰已带着总司令来到了40公里外的达塔纳梅拉湾。第一军军长艾克尔伯格已经在这里建立了指挥所。艾克尔伯格来到巡洋舰上汇报岸上的情况。他说："克鲁格将军根本不让部队喘息，逼着部队向内陆推进，但这根本不可能。那里遍地沼泽，无法前行。"

麦克阿瑟站起来，朗声道："走，去看看。"

下午3点，麦克阿瑟和克鲁格、艾克尔伯格等人来到岸上。他发现数千人美国大兵正在两个狭长的沙洲上乱转，找不到出路，因为沙洲三面都是沼泽。麦克阿瑟和克鲁格讨论了几分钟，随即下令，让第二十四师经海路前往亨博尔特湾登陆。

随后，麦克阿瑟命令艾克尔伯格抽调一部分兵力，前去攻打向西160公里处的瓦克德岛。瓦克德岛上有一个日军的机场，守军力量约800人。按照原计划，第一军部队将于5月18日攻占该岛。不过，战场上的形势瞬息万变，作战计划也应该随时作出调整。但艾克尔伯格并没有执行麦克阿瑟这一正确的命令。

深夜，"纳什维尔号"向东前进，沿着新几内亚海岸归航。途中，麦克阿瑟登上了艾塔帕岛，想看看第二十四师的一六三团进展情况如何。他发现，部队已经占领了两个机场。这下，他彻底放心了。就算尼米兹的快速航空母舰现在撤离，他的战斗机也可以从艾塔帕起飞为在霍兰迪亚作战的部队提供空中掩护了。

当"纳什维尔号"巡洋舰返回芬什哈芬时，麦克阿瑟就迫不及待地撰写公报："我们已经攻占了荷属新几内亚北海岸的洪堡湾地区，该地区位于塞道尔西约500英里（约合800公里）处……"

霍兰迪亚登陆后，艾克尔伯格只用了一周的时间就拿下了圣塔尼湖的3个机场。岛上1.1万日军负隅顽抗，和盟军展开了激战。美军总共击毙日军3000人，其余8000人则全部在丛林中死于饥饿和疾病。盟军为此付出的代价是阵亡150人，受伤1100人。

但遗憾的是，霍兰迪亚的机场因排水不畅，在9月的雨季降临后将无法供中型轰炸机使用。肯尼决定攻占一个名叫比亚克岛的小岛，这座小岛位于霍兰迪亚西北350公里处。比亚克岛上有3个可供使用的机场，包括肯尼认为一定能供B-24轰炸机使用的莫克默机场。比亚克岛还有个好处，该岛属于马里亚纳群岛范围。肯尼的轰炸机可以从比亚克岛起飞，支援尼米兹完成定于6月15日进行的攻击塞班岛的行动。

麦克阿瑟非常支持肯尼的计划。为了向比亚克岛进攻行动提供空中掩护，麦克阿瑟令部队于5月17日在瓦克德登陆。经验丰富的第一六三团承担了进攻瓦克德的任务。登陆战打得很顺利，岛上的800名日军抵抗意志很弱。第一六三团仅用了48个小时，以伤亡150名官兵的轻微代价就占领了机场。而航空部队的工兵在停火前就把受损的跑道修好了。这时，艾克尔伯格才意识到，麦克阿瑟在一周前让他夺取该岛，加速前进的战略是正确的。

麦克阿瑟想当然地认为，比亚克岛战役将会是霍兰迪亚战役后又一次伟大的胜利。5月27日，战役刚刚打响，他就在公报中声称："这标志着新几内亚战役的真正结束。"

然而，登陆比亚克岛的战役却打得异常艰难。克鲁格在第四十一师的基础上组建了2.8万人的特遣部队，由该师师长霍勒斯·富勒兼任特遣部队指挥官。由于比亚克岛南岸遍布着珊瑚礁，盟军无法直接攻打莫克默机场，必须在莫克默以东8公里处进行登陆。而岛上还有1.2万名全副武装的日军在等着他们，其中有5000人是作战部队。

狡猾的日本人放弃了水际滩头阵地，将美军引入了他们早已准备好的陆上防御阵地。该阵地以岩洞和坑道为依托，巧妙地设置了大量碉堡、掩体和阻击点。再加上气候恶劣，淡水供应不足，美军的行动严重受阻。战斗打到6月8日之时，盟军才占领莫克默机场5条跑道中的1条。

麦克阿瑟勃然大怒！他不敢想象，自己将如何面对尼米兹和整个海军。克鲁格立即训斥了富勒一通，并令其改变合计战术，从正面发起进攻。富勒无奈，只能按照集团军司令的命令去做，尽管他知道这道命令是错误的。

6月14日，在海军进军塞班岛的战役打响前，麦克阿瑟又给克鲁格拍了一份措辞强烈的电报："比亚克的战况令人十分不满。如果不能火速建立一个可用的空军机场，整个作战计划的战略目标就难以实现。"

克鲁格派人把艾克尔伯格找来，安排他前往比亚克，免除富勒的特遣部队指挥官的职务，并亲自督战。第二天，当艾克尔伯格到达比亚克的时候，霍勒斯·富勒泪流满面地接待了他。他不仅要求解除自己特遣队指挥官的职务，还要求解除自己第四十一师师长的职务。富勒说他一直忍受着克鲁格瞎指挥，一直忍到现在，他受够了。

艾克尔伯格任命富勒在利文沃斯军校学习期间的同窗好友多伊担任师长。多伊还是按照富勒原定的合计计划继续作战。3天后，他拿下了莫克默机场，两天后又打下了俯瞰机场的岩洞火力点。这时，克鲁格才意识到，如果不是他的干涉，莫克默机场可能在1月15日以前就被拿下了。

但现在已经晚了，肯尼的重型轰炸机不得不从洛斯内罗格的莫莫特机场起飞，对马里亚纳群岛上的目标进行轰炸。这多少为麦克阿瑟挽回了一点颜面，但直到6月22日，美国战斗机才开始从莫克默出击。他们又用了3个星期的时间才攻占西边的另外两个机场，直到7月底，比亚克岛上的战斗才全部结束。

战斗结束后，麦克阿瑟的心态恢复了平衡，坦然承认克鲁格对富勒的处理不妥。他向富勒颁发了服役优异勋章，并说富勒在战前和战争中始终保持了"他杰出的能力和敏锐的判断力"。麦克阿瑟甚至对艾克尔伯格说富勒是"伟大的战士"。

第十章

"菲律宾人民，我回来了"

一

飞赴夏威夷面见罗斯福总统

1944年6月初，盟军开辟欧洲第二战场的诺曼底登陆战取得了巨大的成功。马歇尔、金海军上将和阿诺德等人在盟军登陆后访问了诺曼底海滩。这次战场之旅极大地震撼了马歇尔，也让他意识到欧洲战场上的战事就要结束了。

回到华盛顿后，马歇尔、金上将等人开始讨论如何加速太平洋战争进程的战略问题。他们越讨论这个问题，马歇尔就越是赞同金上将提出的直接攻击台湾，甚至攻击日本南部来逼迫日本投降。换句话说，海军和陆军在此时已经达成一致意见，重占菲律宾已经没有必要了。

麦克阿瑟闻讯大惊，立即向马歇尔提出抗议。他从军事和政治两个角度论述了绕过菲律宾的战略并不可行。从军事角度讲，无论是攻打台湾，还是直接攻打日本南部，都必须有陆基航空兵军的护航。否则的话，直接进攻只能是自取灭亡。从政治角度来看，一旦绕过菲律宾的战略计划传出去，一定会引起"极度不利的反应"。

最后，他再次以辞职相威胁，想要挽回局面。他说："如果上述行动能得到认真的考虑……我要求给我一个亲自去华盛顿全面阐述自己观点的机会。"

马歇尔已经听厌了这些话。现在，他越来越相信绕过菲律宾才加速战争进程的正确选择。他对史汀生说："菲律宾并不是打败日本的关键。进攻菲律宾是一条漫长路……在菲律宾群岛中我们不得不以战斗来开路，这比抄近路要用多得多的时间。"

在给麦克阿瑟的回函中，马歇尔坦率地说："我们的一大目标就是早日与日本决战。可我却觉得你把个人感情和对菲律宾政治事务的考虑置于这个大目标之上了。而且你混淆了'绕过'和'放弃'这两个词的含义。我认为两者截然不同。"

此外，马歇尔还答应尽快安排麦克阿瑟和罗斯福总统见一次面。

麦克阿瑟几乎绝望了，但他还想再争取一下。他让他的参谋人员制订了一份代号为"火枪手"的战役计划。计划规定，西南太平洋战区将于1944年11月15日进攻棉兰老岛，12月20日向菲律宾中部的莱特岛进军，然后于1945年2月中旬在马尼拉以北约200公里的林加延湾登陆。

"火枪手"计划被送到参谋长联席会议后，立即掀起了轩然大波。也就是在这个时候，麦克阿瑟收到了马歇尔的电文："请设法于7月26日到檀香山，并且尽量缩小知情者的范围。"

麦克阿瑟完全不明白马歇尔安排他去檀香山的目的，想要了解更多细节。他回电咨询："能否提供更进一步的指示？我对这一命令的目的一无所知。"

马歇尔在回电中遮遮掩掩地说："目的是进行一般性的战略讨论……我要去华盛顿，但你可以见到莱希等人。"

麦克阿瑟马上明白了马歇尔的意思。海军上将莱希是参谋长联席会议主席，也是罗斯福的主要军事顾问。能见到莱希，也就意味着总统也会到檀香山。

马尼拉时间7月26日，夏威夷时间7月25日，麦克阿瑟乘坐着一架C-54运输机从布里斯班机场出发，飞往夏威夷。下午3点，飞机接近夏威夷时，麦克阿瑟发现在层峦叠嶂的群山上空有数百架战斗机正在做特技飞行，构成了一个蔚为壮观的队形。不用说，只有总统来了才会有这样的空中表演。

飞机降落时，尼米兹将军已在机场等待麦克阿瑟了。随后，他们一起驱车前往码头，去见罗斯福总统。此时，总统乘坐的"巴尔的摩号"重型巡洋舰已经停靠在码头。麦克阿瑟身穿一套新军装，外罩A-2式空军夹克，戴着墨镜，手里拿着大玉米芯烟斗。这个烟斗实际上根本没法抽。这套俗气中

"巴尔的摩号"重型巡洋舰

带着典雅，典雅中又透着点俗气的行头罩在麦克阿瑟身上，构成了第二次世界大战期间最让人难忘的形象之一。

麦克阿瑟和尼米兹出现后，聚集在码头上的人群不由自主地爆发出一阵热烈的欢呼。随后，两人并肩而行，大步流星地登上"巴尔的摩号"的路板。走到一半，麦克阿瑟转过身，再度向欢呼的人群致意，然后才登上甲板。

罗斯福坐在轮椅上，静静盯着麦克阿瑟，似乎有些不大高兴。他可能在责怪麦克阿瑟让他等太久了。麦克阿瑟走上前去，一边俯身和总统握手，一边说："总统先生，很高兴这么多年后再次见到你。上次见面时，我还是你的参谋长呢。"

"你好，道格拉斯，你穿皮夹克干吗？"罗斯福说，"今天可热得要死。"

麦克阿瑟指了指天空，说道："是这样，总统先生，我刚从澳大利亚飞来。上面非常冷。"

罗斯福冷冷地说："我想你知道为什么要召开这次会议吧？"

麦克阿瑟毫不犹豫地回答说："不，总统先生，我毫无所知。"

似乎为了活跃气氛，参谋长联席会议主席海军上将威廉·莱希插话说："我想现在我们应当照张相。"

拍照和摄影完毕后，壮观的集会场面很快就散了。

第二天一早，罗斯福、麦克阿瑟、尼米兹和莱希等人视察了檀香山的陆军和海军设施。视察过程中，麦克阿瑟发现罗斯福总统的身体状况很糟糕，脸色苍白，肌肉松弛，已经失去了往日的容光。

麦克阿瑟心里暗想："罗斯福差不多能够赢得11月份的大选，成为美国历史上第一位实现四连任的总统。不过，他可能不会活过下一届任期，甚至无法看到战争胜利的那一天了。"

当晚，众人在海军总部召开了一次特别会议。墙上挂着一幅西太平洋地图，桌上堆着许多研究报告。众人随意地坐在椅子上，但眼光都盯着罗斯福。

"这次会议的目的是讨论战略问题。"罗斯福拿起一根长长的竹教鞭，轻轻敲着地图上的棉兰老岛说，"道格拉斯，我们从这里出发后向哪儿去呢？"

麦克阿瑟回顾了自己撤离菲律宾的经过，缅怀了那些战死在菲律宾的官兵，然后说："必须在菲律宾切断日军继续作战所需的石油和金属等资源供给。日本在菲律宾的战线拉得太长所以将不堪一击，就像他们在新几内亚时一样。至于后勤补给，现有海上补给足够打一场大战役，并维持到战役胜利。"

罗斯福没有说话，似乎在思考麦克阿瑟的建议。麦克阿瑟趁机道："我只能告诉你，我们能在3个月后在菲律宾登陆，并在从那时算起的6个月之内就完成任务。我将在日本和荷兰东印度公司之间设立封锁线，会卡得日本天皇喘不过气来，他一定会因此而投降的。根本不需要入侵日本。"

罗斯福还是没有说话。这时，尼米兹站了起来。会议开始之前，金上将就已经把他应该说的话全都告诉他了。他花了两个小时的时间来论述海军的战略主张。他说，吕宋岛没有军事价值。因为海军的快速航母能够运送1000架以上的飞机和12个师的兵力对台湾实施打击。紧接着要马上突袭硫磺岛和冲绳，彻底孤立日本列岛。空军和海军的攻势战就足以夺取胜利，而不必登陆日本。

麦克阿瑟冷冷地回答："我不认为我们有理由解放台湾的中国人而抛弃吕宋的数百万菲律宾人民。至于海军攻打硫磺岛和冲绳的战略，海军无非是想对两个严加防守的阵地展开浴血的正面攻击。为了一些采用其他方式也能获得的微不足道的军事利益而蒙受如此惨重的人员伤亡是毫无道理的。"

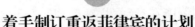

着手制订重返菲律宾的计划

会议在午夜时分休会，但没有取得任何进展。第二天上午，他们又开始继续讨论。尼米兹一再重申他前一天晚上孤立日本战略的意见，麦克阿瑟则坚持要求收复菲律宾。

这次，罗斯福打断了麦克阿瑟。他说："但是，道格拉斯，如果攻打吕宋，我们将蒙受无法承受的惨重损失。"

麦克阿瑟当然知道这一点，日军在菲律宾驻扎的部队约有50万人。他说："总统先生，我们不会蒙受比过去更惨重的损失。从正面进攻的战略已不合时宜。现代步兵武器的杀伤力极强，只有那些平庸鲁莽的指挥官才会实施正面进攻。"

麦克阿瑟在暗示总统，尼米兹攻打塞班岛之战的战术已经不合时宜。在此战中，美军伤亡多达1.5万人。如果此后继续使用正面进攻的战术，塞班岛上的悲剧势必还会在硫磺岛、冲绳上演。

会议持续到中午依然没有得出结论。午饭过后，麦克阿瑟问："能否同总统先生单独谈10分钟？"

总统顾问塞谬尔·罗森曼和埃尔默·戴维斯摇头说："总统还有其他安排。"

餐厅立即陷入了死一般的沉寂。这时，罗斯福说道："好吧，道格拉斯。"

众人纷纷退出餐厅，只剩下罗斯福和麦克阿瑟。麦克阿瑟此次前往的唯一目的就是让总统批准他收复菲律宾的计划。既然用纯粹的军事观点无法说服总统，那就用政治观点好了。作为一名政治家，罗斯福无疑会对政治话题更感兴趣。

麦克阿瑟直截了当地说："总统先生，美国人民对巴丹发生的事已经原谅了你。你希望能够连任下一届美国总统，但是如果你批准一项让菲律宾处于侵略者铁蹄之下直到签署和平条约才能获得解放的计划，令1700万美国基督徒因此而感到羞愧的话。美国人民将永远不会原谅你。你这样做也许是出于战略或战术原因，但这将毁了你的政治前途。现在，总统先生，司令部里还有很多事情等着我，我告辞了。"

说完，麦克阿瑟握了握罗斯福的手，扭头便走。总统沉默了两三秒钟，忽然道："道格拉斯，请留步！"

麦克阿瑟停下来，问："总统先生还有什么吩咐？"

罗斯福很不情愿地说："请将军陪我作最后一次视察。"

在驱车去一个军事基地的路上，麦克阿瑟问总统："你认为杜威取胜的机会有多大？"

罗斯福笑着说："我很忙，没有时间考虑政治。"

麦克阿瑟忽然笑了起来。罗斯福盯了他一会儿，也笑了起来。两人笑罢，罗斯福说："杜威这个人不错，只是政治经验不足。"

沉默了一小会，罗斯福又说："如果大选之前德国战败的话，我就不会再次当选了。"

视察完毕，麦克阿瑟就踏上了返回布里斯班的旅途。虽然罗斯福没有明确告诉他会支持他的计划，但他确信，自己已经胜利了。

回到布里斯班，麦克阿瑟立即告诉他的参谋人员说，总统支持他的战略。不久，罗斯福来信确认了这一点。他在信中说："我会促成那项计划，因为我确信总的来说，这项计划是合乎逻辑，并且能够做到的……总有一天马尼拉会升起一面旗帜。毫无疑问，我希望你来做这件事。"

麦克阿瑟从檀香山返回布里斯班之时，西南太平洋战区已经荡平了新几内亚岛上的日军。麦克阿瑟立即将目光锁定在了哈马黑拉岛。该岛位于棉兰老岛和新几内亚岛之间，是反攻棉兰老岛的最佳跳板。

不过，他在夏威夷的时候就听说，为阻止麦克阿瑟从新几内亚岛向菲律宾前进，日本人正在构建一个三角防御区。这个三角防御区以哈马黑拉岛、棉兰老岛东部的帕劳群岛和棉兰老岛为依托，部署有8万地面部队和拥有500架飞机的3个航空军，其中将近一半的兵力部署在哈马黑拉。

麦克阿瑟决定跟随第三十一师，亲自到前线去看看进攻情况。随后，他赶往莫尔兹比，又从那里飞到霍兰迪亚。两天后，麦克阿瑟登上了"纳什维尔号"巡洋舰，跟着沿新几内亚海岸向西北行进的护航运输舰队驶向棉兰老岛。

· 195 ·

9月15日凌晨，第三十一师驶进哈马黑拉湾，开始炮击日军的海岸防线。日军迅速躲进掩体。猛烈的炮击震得大地发抖，并引起了甘科诺拉火山爆发。霎时间，火光冲天、浓烟四起，岛屿和舰队全都被滚烫的火山灰和烟雾笼罩住了。

随后，舰队调头东北，驶向距离哈马黑拉15公里处的莫罗太岛。日军没有在这个小岛上设防。这大概是因为岛上环境过于恶劣，麻风病盛行之故。不过，这里却是修建机场和简易雷达站的最佳地点。

上午8点，第三十一师开始登陆。美国大兵们沉着地下船，涉水上岸，把他们的M-1半自动步枪高高举过头顶。这时，肯尼的C-47运输机从他们的头顶飞过，向附近的海岸和丛林喷洒高效杀虫剂DDT，以防热带的斑疹伤寒病大规模地爆发。

10点15分，麦克阿瑟来到岸上。他在海滩上漫无目的地转悠了3个小时，又回到"纳什维尔号"巡洋舰上。随后，他和他的随从返回了霍兰迪亚。

晚上，麦克阿瑟获悉，马歇尔等人正在魁北克召开参谋长联席会议。会上，尼米兹向参谋长们通报了几小时前从哈尔西那里得来的一条消息：日军在莱特岛上的防御非常薄弱。哈尔西请求尼米兹批准集结一支登陆部队，发起突然进攻，攻占莱特。

尼米兹拒绝了哈尔西的请求，因为莱特岛位于麦克阿瑟的防区之内。他通知西南太平洋战区总司令部，说他愿意派出目前归他指挥的，专门用于中太平洋地区作战的海军陆战队和陆军部队，供麦克阿瑟攻击莱特岛之用。尼米兹还答应提供必要的舰艇。

这些材料自然悉数被送到了"纳什维尔号"巡洋舰上。麦克阿瑟高兴极了。他想，这或许会成为军事史上最大胆的袭击，一场足以和坎尼之战、滑铁卢之战媲美的伟大战役。用金凯德的第七舰队和尼米兹提供的其他进攻登陆舰艇，他能把6个师的部队全部送上岸。

双管齐下，准备登陆莱特和吕宋

为什么要在一个地方使用6个师的兵力呢？麦克阿瑟坚持认为，一个伟大的指挥官是可以做到一箭双雕，他想同时攻打莱特岛和吕宋岛——4个师的兵力在林加延湾登陆，另外两个师在莱特岛上岸。随后，麦克阿瑟命令他的参谋长萨瑟兰制订战役计划，并呈送给参谋长联席会议审议。不过，萨瑟兰并没有接到麦克阿瑟的电报。

"如果他们同意这项计划，就能一劳永逸地解决关于吕宋岛的激烈争论了。"麦克阿瑟得意地想。

9月17日上午9点，一直保持无线电静默的"纳什维尔号"停靠在霍兰迪亚。麦克阿瑟的心情出奇地好，嘴里在自言自语地嘀咕着什么。有人听到他说的是："他们正在那里等我，已经等了很久了。"

为了尽量和前线部队离得近一些，麦克阿瑟的总司令部已经搬到了霍兰迪亚。参谋长萨瑟兰、空军司令肯尼等人已经在那里等候他多时了。麦克阿瑟问萨瑟兰："计划如何？"

萨瑟兰惶恐地回答道："什么计划？"

麦克阿瑟一愣，提示道："尼米兹的建议！"

作为西南太平洋战区的参谋长，萨瑟兰已经知道了哈尔西和尼米兹的建议，而且已经以麦克阿瑟的名义同意了这项建议。他以为麦克阿瑟生气了，慌忙道歉。

麦克阿瑟这才知道他的参谋长还没有接到他从"纳什维尔号"巡洋舰上发出的信息。但他没有提起这事，而是直接建议道："为什么就搞一次登陆而不是两次？要在礁石和复杂地带之间去抓那些日本人，同时打击莱特和吕宋！"

萨瑟兰大吃一惊！总司令部的其他参谋们也认为麦克阿瑟的建议难以置信。萨瑟兰解释说，运输舰不够。就算尽可能地减少装备，把人像麻袋一样塞进船舱，也只能运送5个师的兵力，而不是6个师。如果他们冒险用两个师打莱特，那进攻吕宋岛还剩下3个师，而日军在吕宋岛至少有20万人，相当于6个师的兵力。

麦克阿瑟很失望，不得不放弃了这一想法。随后，他开始和肯尼、克鲁格和金凯德等人讨论迅速进攻莱特的方案。这是他一贯的风格，他看不起参谋军官，所有的重大决策都和他手下的指挥官直接决定。所以，他常常把肯尼、克鲁格和金凯德称为"我的三K党"（三人的姓均以字母K开头）。

3天后，麦克阿瑟又乘飞机回了布里斯班。在接下来的3个星期里，他大部分时间都和琼、小亚瑟待在一起。可是，他的心情并不好，看上去如坐针毡。因为参谋长联席会议仍未决定是攻打台湾，还是吕宋。

这时，作战处处长约翰·赫尔少将奉命来到澳大利亚，了解麦克阿瑟解放菲律宾的计划。麦克阿瑟告诉赫尔，应该绕过的是台湾而不是吕宋。位于吕宋的空军和海军部队可以轻而易举地孤立台湾，没有必要攻占它。遗憾的是，麦克阿瑟的计划再次遭到以金上将为首的海军高层的抵制。

就在麦克阿瑟将要绝望之时，奇迹出现了。参谋长联席会议的联合规划部下面有一个叫联合后勤委员会的单位，专门研究后勤与军事部署的合理性。他们在研究了海军提供的各种数据之后，得出结论：在1945年2月之前攻占台湾是不可能的，除非攻占台湾具有超越其他一切的优先权。相对而言，麦克阿瑟提出的数字比较合理。他可以用6个师攻打吕宋，而1945年2月份他就能得到所需的一切资源了。

9月底，参谋长联席会议主席莱希海军上将决定支持麦克阿瑟的方案，马歇尔和阿诺德也表示支持。金上将本来想阻止麦克阿瑟以充足的兵力、强大的火力和更多的权利荣归菲律宾、解放马尼拉的计划，但他失败了。

10月5日，参谋长联席会议终于向麦克阿瑟下达了命令：他可以攻打吕宋。麦克阿瑟高兴坏了！不过，他并没有立即动身飞往前线。因为在过去的一年中，他几乎没有和家人见面，他想尽可能地多陪陪妻子和儿子。

10月中旬，麦克阿瑟返回前线，开始实施攻占莱特岛的战役计划。莱特岛南北长185公里，北部和南部宽60公里，中部宽25公里，是登陆的绝佳场所。莱特湾附近有4个机场，可供第五航空队使用。但由于排水不畅，重型战斗机和轰炸机无法起降。而当时正处于雨季，大雨一天到晚下个不停。

因此，肯尼要求在攻占莱特湾的同时，夺取莱特岛西部较为平坦的地区，以便修建临时机场。麦克阿瑟批准了这一建议。

10月16日午后，麦克阿瑟、萨瑟兰和肯尼等人登上"纳什维尔号"巡洋舰，和登陆部队一起前往莱特湾。这时，哈尔西发来电报称：海军提供空中掩护的快速航母由4艘减为2艘。

哈尔西可能认为，莱特湾已经没有真正的空中威胁了。在过去几个月的时间里，日军驻扎在菲律宾的陆军航空兵和海军航空兵已被盟军消灭殆尽。但麦克阿瑟对此表示怀疑，他对肯尼说："我希望我拥有自己的空中力量直接支持我。要不是海军在参谋长联席会议施加压力要主控这场战斗而把我放在次要位置，我可能就不会采用他们的方式进攻莱特了，我会首先在棉兰老岛建立起我们自己的空中力量。"

肯尼没有说话。麦克阿瑟又笑着说："不管如何，这次进攻会成功的，我的运气一向不错，不是吗？"

10月18日黄昏，运输登陆部队的舰只和负责提供空中服务的航空母舰已经全部集结完毕。"纳什维尔号"周围的海域到处都是船，海面上似乎布满了金属，闪闪发光。这是太平洋战争爆发以来最大规模的战役之一。整个舰队拥有700多艘舰船，其中航母20多艘，战列舰12艘，巡洋舰和驱逐舰近百艘，飞机1000多架。登陆、掩护和输送部队加在一起，共计25万人。

四

"菲律宾人民，我回来了"

1944年10月19日下午，麦克阿瑟的舰队已经靠近莱特湾。他站在甲板上，凭栏远眺，看着蔚蓝的大海，静静地发呆。一名参谋走过来，开玩笑似的说："将军，这么强大的舰队在你的指挥下，你一定有大权在握之感吧？"

麦克阿瑟回答说："不，不是这样，我禁不住会想到明天一早，这些美国的好孩子就要死在海岸上了。"

晚上，麦克阿瑟在船舱里撰写当天的公报。随后，他拉着医生埃格伯格和参谋莱尔巴斯听他演讲。他打算发表两次演说，一次在部队登陆之后，一次在收复马尼拉之时。这是一次预演，或者说是彩排。

麦克阿瑟一本正经地念着演讲稿，埃格伯格和莱尔巴斯也认真地听着。当将军念到"街上将会再次响起儿童们银铃般的笑声"这一段时，埃格伯格突然打断他："这是个老掉牙的陈词滥调。差劲极了！"

麦克阿瑟脸上掠过一丝不快，辩解说："嘿，我认为写得还可以。"

埃格伯格毫不让步地说："不，真臭！"

麦克阿瑟耸了耸肩，抓起钢笔把这句话划掉，然后重新排练了一遍。埃格伯格笑着告诉他："这次好极了。"

就寝前，麦克阿瑟给罗斯福写了一封信，准备登陆后在岸上发出，日期署为"10月20日"。然后，他又写了一封信给"最亲爱的珍妮（琼）"，告诉她他现在"状况良好，并希望能在明天和以后日子里完成自己的使命"。这封信的署名是"老板先生"。

凌晨，天上下起了大雨。麦克阿瑟听着舱外的雨声，读了几页母亲留给他的《圣经》。他暗暗祈祷，希望哈尔西的飞机能够及时赶到，为他的登陆部队提供空中掩护。而此时，"纳什维尔号"巡洋舰已经驶进了莱特湾入口。

惨烈的战斗开始了。巡洋舰和战列舰上的大口径火炮开始炮击日军的滩头阵地。炮弹的轰鸣震撼着莱特湾的水面，震撼着"纳什维尔号"，把麦克阿瑟从睡梦中惊醒了。他迅速地穿上衣服，把父亲留给他的老式双发小手枪塞进右裤兜里。这只是简单的自卫措施，他并不希望用到它，但无论在岸上发生什么事，他都不能成为日军的俘虏。

哈尔西

登陆部队由4个师组成：第一骑兵师和第二十四师在塔克洛班机场附近登陆，第七师和第九十六师在南边15公里处的杜拉格附近登陆。登陆进行得很顺利，几乎没有遭遇什么抵抗。这主要是因为日军在滩头阵地的兵力部署实在太少，只有2000多人。这和哈尔西之前提供的情报大致吻合。

麦克阿瑟一直站在"纳什维尔号"望着海岸，虽然他根本无法看到15公里外的战斗情况。上午11点，他把同行的4名随军记者叫到身边，嘴里叼着玉米芯烟斗，对他们说："一切正在按计划进行。我又回到这里了，距我第一次到这里来的时候已整整41年了。"

麦克阿瑟第一次到莱特岛是1903年10月20日。当时，他还是一个初出茅庐的工兵少尉。面对着炮火纷飞的莱特湾，回忆着往事，他仿佛又回到了年轻的时候，脸上不禁浮现出灿烂的笑容。

中午时分，登陆部队已经荡平了日军的滩头阵地。下午1点，麦克阿瑟、肯尼、金凯德、萨瑟兰等人跳进登陆艇，准备上岸。途中，他们特意绕了点路，到"约翰·兰德号"自由轮上接菲律宾新总统奥斯梅纳。奎松已于1944年7月在美国去世，死因主要是吸烟过量。和奎松一样，奥斯梅纳也是麦克阿瑟的老朋友，但关系并不亲密。

当登陆艇靠近海岸的时候，遇到了20来艘返回的登陆运输舰，其中有一艘大型战列舰上的汽艇船。麦克阿瑟告诉艇长："招呼那艘汽艇船。"

艇长照办后，那艘汽艇开了过来。麦克阿瑟站起来，对着汽艇船的舵手喊道："孩子，哪里的战斗最激烈？"

那个舵手简直不敢相信自己的眼睛，惊叫道："天哪，真是麦克阿瑟将军吗？"

麦克阿瑟笑着说："孩子，没错，我就是道格拉斯·麦克阿瑟。"

那个舵手没说话，指了指他们正前方的海滩。麦克阿瑟顺着他指的方向望去，一边道谢，一边命令艇长说："朝那个海滩开。"

当登陆艇靠近海岸时，麦克阿瑟激动地看到他年轻时代修建的码头依然完好无损。他转向萨瑟兰，叹息着说："不管别人信不信，我们又回来了！"

下午2点30分，登陆艇靠近海口沙洲，开始慢慢停靠在另外4艘已经靠岸的登陆艇旁，其中一艘登陆艇正在燃烧。不远处，海军的俯冲轰炸机正在向日军阵地进攻。舰上的舷梯降下，4名记者冲下舷梯，其中两人带着照相机，准备记录下麦克阿瑟重新踏上菲律宾国土的历史性时刻。

麦克阿瑟下船，奥斯梅纳、肯尼和金凯德紧紧尾随其后上岸。在舷梯底部，海水没过了他的膝盖。他的下巴向前伸着，显得气宇轩昂，他大步走上柔软的沙滩，深情地望着硝烟四起的陆地，说了声："我回来了。"

菲律宾总统奥斯梅纳来到麦克阿瑟身边，伸出右手，一边和将军握手，一边说："欢迎你回到菲律宾。"

上岸后，麦克阿瑟考察了战斗情况，又询问了美军的伤亡情况。一个小时候后，哥伦比亚广播公司的记者威廉·邓思已经准备好设备，示意麦克阿瑟可以发表演说了。这时，天上又下起了暴雨，把众人淋得像落汤鸡一样。

麦克阿瑟左手持着话筒，雨水沿着帽檐不停向下流着。一群满怀好奇心的战士簇拥在他身旁，头盔被雨水打得"噼噼啪啪"作响。他看了看远方，激动得双手乱颤，用深沉、稳健的嗓音缓缓说道："菲律宾人民，我回来了。托万能的上帝的福，我们的部队又站到了菲律宾的国土上……团结在我周围吧！让巴丹和科雷吉多尔不屈不挠的精神发扬光大……挺身而出战斗吧……利用每一个有利机会打击敌人，为了你们的家园，战斗吧！为了你们的子孙后代，战斗吧！以你们神圣的死难者的名义，战斗吧！让每一颗心都不再畏惧，让每一只手臂都强壮如钢。上帝为我们指明了道路。让我们以上帝的名义去实现我们孜孜以求的目标，向着正义的胜利前进！"

五

"绝无仅有"的莱特湾海战

莱特湾登陆可能是历史上代价最小的两栖登陆战。当天登陆部队约5万人，车辆4500辆，物资10.7万吨。在登陆过程中，美军阵亡49人，伤192人。而不久前，尼米兹为攻占佩莱利乌岛（属于帕劳群岛）时，美军伤亡人数超过1万人。

不过，此后的战斗就没那么顺利了。当晚，麦克阿瑟回到了"纳什维尔号"巡洋舰上。这时，传来了一个令他震惊的消息：哈尔西的快速航母中有3艘正在撤出战场，前去加油和补充弹药。剩下的航母则在向北移动，因为他们在吕宋北部发现了日军的舰队。哈尔西命令舰队全速追击。

参加莱特湾登陆战役的800架攻击机有一半在哈尔西的快速航空母舰和轻型航空母舰上。如果哈尔西在此时撤出战斗的话，登陆部队将失去空中掩护。麦克阿瑟非常愤慨，立即对肯尼说："叫第五航空队尽快到达这里。如果没有航空兵，我绝不会开始另一次战役。如果我有这样的建议，那么你就揍我一顿，也许这样有点用。"

哈尔西不知道，他正在一步步地走向日本人为他布置的陷阱之中。在麦克阿瑟反攻菲律宾之前，日军大本营就制订了一个代号为"奏捷—1"的战役计划。当时，他们估计盟军下一步会大举进攻棉兰老岛，而不是莱特岛。这个计划要摧毁哈尔西和金凯德的海军力量，并把麦克阿瑟赶出滩头。疯狂的日本人要投入一切可以集中起来的力量，有战列舰、航空母舰和陆基飞机。还有两种新的自杀式的罪恶武器——"神风队"（全部由十六七岁的青少年组成的自杀式敢死队，用飞机撞击地方的舰艇）和自杀鱼雷（潜艇发射有人驾驶的鱼雷）。

日本人的计划是以台湾、菲律宾和马里亚纳群岛3块陆地为依托，用一支航母部队作诱饵，将哈尔西的第三舰队吸引到台湾方向。一旦哈尔西上当，另外两支舰队则分别从南北两个方向驶入莱特湾，围困金凯德的第七舰队。届时，日军将在近10比1的火力优势下，以猛烈炮火将金凯德混合舰队彻底打垮。

麦克阿瑟和他的指挥官们被眼前的战局迷惑了。他们不知道日本人葫芦里卖的是什么药，也不知道哈尔西为什么会上当。但有一点是可以肯定的，莱特湾已经陷入了危险之中。第二天一早，天空中出现了3架日军飞机，开始围攻"纳什维尔号"，情况危急。幸运的是，其中两架被高射炮击落，另外一架则撞上了一艘澳大利亚巡洋舰。在随后的4天里，莱特湾爆发了一场被尼米兹称为"绝无仅有"的海战。

与此同时，登陆部队向内陆推进的速度也严重受阻。除了第一骑兵师按时攻占了目标之外，其他3个师的行动都严重滞后。

22日晚，金凯德告诉麦克阿瑟说："日军的弹药好像快用光了，'纳什维尔'号应该到战场支援作战。"

麦克阿瑟回答说："当然，汤姆，把舰开过去吧。"

金凯德说："但是将军，如果你还在舰上，我就不能这样做。"

麦克阿瑟无所谓地说："不管怎么说，在这场事关重大的作战中我都应该在现场。而且，我从来没见到过海军大战，我非常想去看一次。"

金凯德不再跟他争辩，回到了自己的旗舰上。

23日晚上，莱特湾海上的激战进入白热化状态。漆黑的夜幕被桔红的火焰和炫目的白光撕破，海水则在弹药的爆炸中颤抖着。而此时，哈尔西的第三舰队正以最大航速向北去追逐日军的航母。哈尔西的撤离使从菲律宾中部水域到莱特湾的主要航线都失去了掩护。

10月25日上午，当战争进入高潮时，金凯德坚持要麦克阿瑟离开"纳什维尔号"巡洋舰，以便让该舰投入战斗。麦克阿瑟不情愿地转移到另一艘舰"瓦萨奇号"上，克鲁格的第六集团军指挥所就设在这条船上。

从北部进入莱特湾的日本舰队部署成纵队，正好遭遇到美军6艘老式战列舰，其中5艘是从珍珠港的泥浆中打捞出来的。两军立即摆开阵势，厮杀起来。这时，哈尔西受到尼米兹的批评，派回了部分飞机。美军实力大增，日军马上陷入劣势。激战中，日军数艘巡洋舰被击沉，开始向北逃窜。

从南部进入莱特湾的日军舰队有5艘快速战列舰、9艘巡洋舰和14艘驱逐舰。从气势上来看，日军处于优势。不过，由于缺乏训练有素的飞行员，再加上装备质量太差，日军并没有捞到什么便宜。当晚，美军潜艇就击沉了两艘日军战列舰。

随后，美军飞行员云集在日军舰队上空，实施密集轰炸。与此同时，金凯德也命令他的潜艇全力攻击战列舰和巡洋舰。数小时后，损失惨重的日军精神已彻底崩溃，不得不撤离战场。

在莱特湾海战中，日军损失了3艘战列舰、4艘航母、6艘巡洋舰和14艘驱逐舰。而美军也在日本神风特攻队的自杀式攻击中遭受了不小的损失，1艘航母被撞沉，3艘严重受损。

25日晚，麦克阿瑟和总司令部的指挥官们上岸到塔克洛班的普赖斯庄园用晚餐。指挥官们满脑子都是刚刚结束的海战。他们毫不掩饰地抨击哈尔西追踪日军航母的事，骂他是"狗娘养的"和"狗杂种"。麦克阿瑟握紧拳头砸在桌子上，大声吼道："够了，不要再说'公牛'（哈尔西的绰号）了，他还是我喜欢的一员战将。"

麦克阿瑟的噩梦还没有结束。莱特湾海战过后，哈尔西的快速航母编队掉头向东行进，以便给飞机加油，也让飞行员得到休息。与此同时，日本人的神风特攻队继续攻击着停留在莱特湾的美军航母和运输登陆舰。为了降低损失，海军方面下令撤离部分航母，同时把24艘运输登陆舰上的物资卸在陆军打算修建简易机场的地方。

如此一来，能够为登陆部队提供空中掩护的舰载机就减少了。工兵忙着从运输登陆舰上搬运物资，不仅要浪费宝贵的时间，而且还会在地面上留下很多车辙和坑洞。换句话说，修建简易机场的速度严重受阻，直接导致第五航空队的陆基飞机无法降落。这就进一步导致美军在莱特的空中力量处于劣势。

在随后的几天里，日军每天都要对莱特进行十几次轰炸。第五航空队陆续赶到的P-38战斗机有一半左右都在地面被日军摧毁了。而麦克阿瑟住的普赖斯庄园是塔克洛班仅有的几座现代化建筑之一，是日军飞行员的重点轰炸目标。麦克阿瑟好像天生具有防弹功能似的，总能幸运地躲过炸弹。

有一次，一颗炸弹刚好落在麦克阿瑟隔壁的卧室里，但没有爆炸。还有一次，美军向敌人低空飞行的飞机发射的一枚高射炮弹落在了麦克阿瑟卧室的长沙发上，也没有爆炸。

当天晚上，高射炮兵指挥官威廉·比尔·马夸特少将回到普赖斯庄园吃晚饭时，麦克阿瑟将这颗炮弹"啪嗒"一声丢在桌上，高声道："比尔，告诉你的炮手们，瞄得再高一点。"

在空袭中，总司令部的人无论多么害怕，都不敢躲起来。因为即使是听到轰炸机正俯冲下来掠过普赖斯庄园正上空，或是直冲向庄园时，麦克阿瑟总是平静地坐在原处，该干嘛干嘛。

11月初的一个夜晚，一架日本轻型战斗机从普赖斯庄园上空飞过，疯狂地扫射外面的街道。麦克阿瑟正坐在桌前。突然，两枚30毫米口径的炮弹头从敞开的窗口飞入，"砰砰"地射进横梁中。

莱尔巴斯急匆匆地冲进来，发现麦克阿瑟依然安静地坐在桌前办公，好像什么事情也没有发生一样。麦克阿瑟抬起头问："哦，怎么了？"

莱尔巴斯惊恐地说："谢天谢地！我还以为你被打死了呢！"

麦克阿瑟继续埋头工作，缓缓道："还没有。多谢你跑进来看我。"

后来，麦克阿瑟让传令兵把两枚弹头从横梁上挖出来，寄给了儿子。在给儿子的信中，他写道："亲爱的亚瑟：爸爸送给你颗大子弹，它们是对着爸爸发射的，但没有打中。爸爸很想念你和妈妈。爱你们，爸爸。"

克鲁格第六集团军向内陆推进的进程让麦克阿瑟大发雷霆，因为这将严重影响下一步登陆吕宋的战役计划。总司令严厉斥责了克鲁格，并威胁他说，如果他不加速战役进程的话，莱特岛将交给第八集团负责。第八集团军是麦克阿瑟占领比亚克岛后建立的一支新部队，指挥官是原第一军军

莱特岛战役中，道格拉斯·麦克阿瑟将军及其助手登陆莱特岛

长艾克尔伯格。

克鲁格不得不命令部队全力进攻，但进展依然缓慢。顽强的日军凭借密布的丛林和崎岖的地形，节节抵抗，使得第六集团军每周只能向前推进4公里。麦克阿瑟非常失望，不得不把登陆吕宋的日期由12月20日推迟到12月30日。

11月中旬，克鲁格把莱特岛交给艾克尔伯格，并对他说："莱特岛只剩下扫尾工作，只有约5000名日军留待第八集团军处理。"

实际上，岛上的日军尚有五六万人之多。一个月后，艾克尔伯格在司令部会议上不满地说："扫尾？妈的，我们已经杀了2.7万人了。"

莱特岛战役一直拖到1945年春才结束。在惨烈的丛林战中，美军阵亡3500人，伤1.2万人；日军伤亡5万多人，另外还有4万余人死在了增援的路上。美军的飞机和潜艇一直活跃在他们增援的路上，他们大多都和舰艇一起沉入了海底。

第十一章
菲律宾的解放者和保护人

麦克阿瑟

一

紧锣密鼓地准备林加延湾登陆战

莱特岛战役取得阶段性胜利之后，麦克阿瑟就将目光锁定在了吕宋岛上。他计划在距马尼拉以北的林加延湾投入4个师，抢滩登陆。为了给登陆部队提供空中掩护，他必须在战役开始前占领一个可以将林加延湾囊括在战斗机的作战半径之内的小岛。他们选择了位于吕宋岛以南大约30公里处的民都洛岛。

空军司令肯尼对这次登陆战很有信心。他向麦克阿瑟保证，他可以及时在岛上修建3个简易机场，以供掩护林加延湾登陆的战斗机起降。但海军司令金凯德将军却在这时提出了异议。他不想自己的第七舰队，特别是第六护航航母舰队，在短短的几周时间内连续冒险。他只愿意为林加延湾登陆提供护航，而不愿为抢占民都洛岛的冒险出动护航航母。

第六护航航母舰队的轻型航母甲板很薄，船体则更薄，脆弱得让人害怕。一架神风特攻机就能击沉一艘。在莱特湾海战中，美军的轻型航母已经吃过日军神风特攻队的大亏。

没有护航航母的空中掩护，抢滩登陆将非常危险。麦克阿瑟拒绝这么做。他派人把金凯德叫到普赖斯庄园的办公室里，企图说服这位海军司令。谁知，金凯德油盐不进，最后还威胁麦克阿瑟说，他价格向金上将报告，说麦克阿瑟将军拒绝接受他的专业建议。

麦克阿瑟怒不可遏地在房间里走来走去，挥舞手臂，时而大声吼叫，时而轻声低语，斥骂着金凯德。金凯德很尴尬，一步步向后退，一直被逼到床架边上，无法后退才停下来。

麦克阿瑟骂道："这算什么忠诚，口口声声地扬言要像个哭哭啼啼的孩子似的跑到金上将那里去告状？"

金凯德无力地辩解说："将军，我对你绝对忠诚。"

这时，萨瑟兰走了进来，报告说：总司令部刚刚得到了哈尔西发来的电文。哈尔西的高速航空母舰被派往台湾，以便赶在麦克阿瑟登上吕宋岛之前摧毁台湾岛的日本机场。但他所需的时间比预计的要长。哈尔西想知道麦克阿瑟能否同意把在吕宋登陆的时间推迟10天。

麦克阿瑟无力地点了点头，极不情愿地同意了再次推迟登陆时间。金凯德则趁机离开了办公室。

总司令部的参谋们告诉金凯德，拒绝为民都洛登陆提供护航航母是个严重错误。金凯德被他们说服了。

当晚，金凯德到普赖斯庄园吃晚饭。麦克阿瑟没有控制自己的情绪，再次发了火。金凯德说："将军，我同意你的方案。不过，能否将登陆吕宋的时间向后推延10天？"

麦克阿瑟脸上立即堆满笑容，张开双臂，把手放在金凯德的肩头上，大声说："托米，我仍然爱你，咱们吃饭去！"

12月15日，第十九团的突击队和第五〇三伞降团突袭了民都洛岛。日军毫无防备，被迫放弃阵地。然而，正如金凯德预料的那样，日军的神风特攻队给护航舰队造成了严重的损失。在滩头阵地上，美军伤亡仅200余人，而神风特攻队的袭击却让担任护航任务的舰队损失了1000多人。

圣诞节前夕，肯尼在民都洛岛上修建的简易机场投入使用。第五航空队的战斗机大队已经做好准备，为从莱特岛起飞的重型轰炸机提供护航，前去轰炸克拉克机场的日本飞机。麦克阿瑟的吕宋岛登陆计划与3年前日军攻占该岛的计划有惊人的相似之处。他计划登陆后一部分兵力迅速沿吕宋岛西部宽阔的平原地带推进，包抄马尼拉，切断敌人与日本本土的联系；另一部分兵力在苏比克湾西北的海岸和马尼拉湾南面的纳苏格布海岸登陆，以封锁巴丹半岛和科雷吉多尔岛，防止日军像当年自己一样从那里溜走。

在战役协同上，麦克阿瑟计划由南部次要方向上首先进行一些试探性攻击，希望把岛上的大部分日军吸引到南部来；然后，出其不意地在西部登陆，快速推进；等敌人被迫退回西部加强防守时，南部次要方向再展开真正的登陆。两支军队登陆后，就像一把钳子，紧紧地"钳"住这支失去支援的敌人，最后把它消灭。麦克阿瑟写道："没有比这更完美的计划了。"

为了实现战役的突然性，麦克阿瑟还在战前实施了一系列欺骗手段。第五航空队的轰炸机不停地攻击吕宋南部的目标，其他的飞机执行对巴丹到塔亚巴斯地区的摄影和侦察任务；运输机在同一区域上空装模作样地飞来飞去，冒充空降部队的进攻；鱼雷快艇在吕宋岛的南方和西南方，最北端达到马尼拉湾的沿海加强巡逻；扫雷舰扫清了巴拉干、巴丹和塔亚巴斯等海湾的水雷；登陆舰和商船向这些地区的海滩靠拢，当敌人向它们开火时才在黑暗的掩护下溜走；在吕宋南部的菲律宾游击队员们加紧活动，进行虚张声势的军事行动。

驻守菲律宾的日军第十四方面军司令山下奉文将军命令部队向南移动。麦克阿瑟以为日本人上当了。不过，一些战史专家认为，山下奉文早已预料到了麦克阿瑟的主要突击方向，甚至连发起进攻的日期都预料到了。

虽然他手上还有27万部队可以调动，防守吕宋，但他认为真正的决战在莱特岛上就已经结束了。驻守吕宋的部队只是一些"拖泥带水"之师，缺乏战斗力，而且没有空中支援，弹药、药品、汽油和火炮极度匮乏，根本无法组织像样的抵抗。于是，他希望尽量缠住麦克阿瑟，拖延不可避免的对日本本土的进攻。

为此，山下奉文曾考虑过像麦克阿瑟当年那样固守巴丹半岛，但又否定了这个计划。因为巴丹半岛太小了，物资供应也不足，容不下27万日军。因此，他把部队分成了三部分：一部分驻守在卡拉巴略山脉的东北部，兵力约15万人；一部分驻守在马尼拉以东的马德里山脉；一部分驻守在俯视着克拉克机场的三描礼士山脉。

马尼拉本身几乎成了不设防城市，所有兵力加在一起只有2万人，而且大多都是非战斗部队。另有1.6万人的海军陆战队驻守在马尼拉各处港口。

总体来说，麦克阿瑟准备发起登陆战役时，日军在吕宋岛西部的防守力量确实非常空虚。这在客观上促成了这次伟大的成功。

在吕宋登陆战役有条不紊地进行之时，麦克阿瑟被提升为五星上将。这是总参谋部新设立的军衔，相当于其他国家的元帅军衔。他授衔日期是12月18日，比马歇尔晚两天，比欧洲盟军总司令艾森豪威尔早两天。

1945年的1月3日，进攻吕宋岛的主力部队已在各个港口集结完毕。实施登陆的地面部队是克鲁格中将指挥的第六集团军，下辖英尼斯·斯威夫特准将的第一军和奥斯卡·格里斯沃尔德中将的第十四军，另外还有一支强大的后备军。

保障两栖作战的海军主力仍然是金凯德上将指挥的第七舰队。澳大利亚舰队也参加此次登陆行动。哈尔西的第三舰队仍将提供力所能及的空中援助。下辖空军第五军和第十三军的第五航空队由肯尼上将统一指挥。

在南面担任辅助登陆作战任务的是艾克尔伯格将军指挥的第八集团军。按协同计划，他们将于晚些时候实施登陆。

这是西南太平洋战区迄今为止投入兵力最大的一次战役。总共有陆军28万人，海军舰艇在1000艘以上。

二

在马尼拉的门槛上向敌军挑战

1945年1月4日，西南太平洋战区进攻吕宋岛的庞大舰队出发了。麦克阿瑟和他的参谋们全都坐在他的新旗舰"博伊恩"轻巡洋舰上。舰队穿过菲律宾西海岸深蓝色的海域，保持着绝对的无线电静默。

麦克阿瑟静静地坐在船舱里，提笔写道："周围只有发动机有节奏的跳动声和海浪拍击舰体的声音，气氛平静而又紧张，指挥员和士兵们一样正严阵以待。我的思绪回到了3年前的那个漆黑的夜晚，怀着一定要重返的决心，我穿过同样波涛翻腾的海域。在赌场上，赌棍之间有一句格言：一去不复返。但是，当我给自己常用的烟斗加烟丝时，心里感到一阵温暖。我想，这些小赌棍有时也可能是错误的，并非都是一去不复返！"

1月5日下午，突然有几艘日军小型潜艇闯进了舰队的队形。一艘潜艇冲过层层阻拦，全速向"博伊恩号"靠近。舰长立即下达作战命令："各就各位！"

旗舰上的气氛立即紧张起来。这时，日军的潜艇已经露出水面，发射了一枚鱼雷。鱼雷拖着凶恶的尾波穿过海水，向"博伊恩号"扑来。巡洋舰左右摇摆着，力图避开那道致命的白色水纹。最后，鱼雷擦着右舷穿了过去。

与此同时，那艘闯进来的潜艇也被护航的驱逐舰干掉了。海面上冒出一串串水泡，看来它已葬身海底了！

在战斗中，麦克阿瑟始终站在靠近后甲板的一个炮位上观看敌人的鱼雷攻击。他装模作样地抽着那支玉米芯烟斗，眯着眼睛，看上去得意极了。

这场突如其来的战斗暴露了舰队。在随后的几天，日军神风特攻队接连向舰队发起自杀式的攻击。舰队严密的防空火力网和强大的战斗机击毁了大部分自杀飞机，但也有几艘舰船被毁坏。金凯德的6艘轻型航母中有一艘被击沉，另外两艘遭到严重损坏。有两艘战列舰被神风特攻机撞毁舰桥，5艘巡洋舰遭到打击。

一次，麦克阿瑟在神风特攻队进行猛烈攻击时对埃格伯格说："感谢上帝，好在他们不如我们……不然的话，我想我们就不得不打道回府了。"

查看了舰桥上的状况后，麦克阿瑟不管外面的防空火力、炸弹的爆炸声如何咆哮，人们如何呼叫，照旧回到舱室中午睡。

医生埃格伯格随后进入船舱，给将军量脉搏，稳稳的68次，绝对正常。麦克阿瑟醒来，问道："怎么了，医生？"

埃格伯格说道："我只是想确定你没事。四周都是枪炮声你怎么还能睡着？"

麦克阿瑟伸伸懒腰，说道："医生，我观察这场战斗已经好几个小时了，对它已经有所认识，于是确定自己已经看够了。我没事干了，所以就睡了一会儿。怎么，你在测我的脉搏？"

当他的旗舰经过科雷吉尔多岛和巴丹半岛时，他站在那里陷入了沉思。"我不能离开这个围栏，"他回忆道，"所有的人都一个一个地溜掉了，只剩下我自己和我的记忆……我感到一种无法言喻的失落、悲哀、孤独，还有献身的庄严。"

8日晚上，麦克阿瑟从甲板上回到舱里，随手拧开了收音机。里面传来了一个女人的娇滴滴的声音："亲爱的美国大兵们，我是孤儿安妮，你们喜爱的敌人。我给你们准备好了一些好唱片，是刚从美国来的。你们趁能欣赏的时候尽情欣赏吧！我知道你们明天就要在吕宋登陆了……在那里我们已经为你们准备好了坟墓。所以，当你们还活在人世的时候，让我们一块来听听……"

麦克阿瑟"啪"的一声关上收音机，骂了一句："臭婊子！总有一天要收拾你！"

"孤儿安妮"是一个日美混血姑娘，毕业于加利福尼亚大学。战争爆发时，她正在日本探望生病的婶子。后来，她受雇日本军部，成为了日军对美国士兵实施心战策略的一颗棋子，代号"东京玫瑰"。战后，她在东京审判中作为丙级战犯接受了严厉的审判。

舰舱里十分闷热，麦克阿瑟在床上躺了一会儿，毫无困意，于是又披着衣服走上甲板。这时舰队已驶近吕宋岛西海岸，马尼拉的灯火已经近在眼前……

9日凌晨，麦克阿瑟的庞大舰队在林加延湾集结完毕。他一声令下，舰队的大口径火炮和舰载机开始对日军的滩头阵地狂轰滥炸。轰炸持续了好几个小时，直到上午9点30分才结束。

炮声刚停，由第六集团军第六师、第三十七师、第四十师和第四十三师4个师组成的登陆部队就乘着2500多艘登陆艇冲向了海滩。这是太平洋战场上最大规模的两栖登陆战。海滩上到处是船，到处是两栖坦克和汽车，除此之外就是端着枪向前冲的美国大兵……

登陆出人意料地顺利，几乎没有遇到任何抵抗，有些地段的部队甚至是跑步前进的。因为日军已远远地躲在了三个山脉的多面防御阵地里。当然麦克阿瑟并不这样认为，他坚持说这是由于他成功地运用欺骗手段的结果。

下午3点30分，麦克阿瑟带上几个参谋人员跳上一条登陆艇，驶向滩头。此时，工兵已经用推土机给他推出了一条小小的沙堤，这样就不会打湿他的裤脚了。人们都还记得，在莱特登陆战中，这位60多岁的将军涉水上岸的情形。

登陆之前，奥斯梅纳总统准备了一份印成传单的通告，现在，美国的飞机正把传单撒遍整个菲律宾。上面写道："经过一系列辉煌的战斗，麦克阿瑟将军的解放部队在短短的时间内已经成功地摧毁了守卫莱特的敌军，牢牢地控制了民都洛。此刻，他已屹立在吕宋的土地上，在我们首都的门槛上向敌军挑战。这就符合了我们祈祷者好几个月以来的愿望。"

吕宋岛的菲律宾游击队大受鼓舞，给了美军极大的支持。登陆战斗发起前，他们以切断日军的通信、炸毁桥梁和堑壕、狙击运输队和炸毁军火库等方式，给日军造成了沉重的打击。后来，麦克阿瑟评价这些游击队说："实际上起到了先遣部队的作用。"

"马尼拉正在向我招手！"

美军第一天的登陆行动非常顺利。到黄昏时分，上岸的部队已达5万余人，并打开了一块28公里宽、6公里深的延伸滩头阵地。但在随后的几天向内陆推进的过程中，美军行动突然受阻。

谨慎的克鲁格将军不愿把部队暴露在从林加延湾直抵马尼拉的开阔平地。因为他担心日军驻守在卡拉巴略山脉防御阵地上的部队会进攻他的左翼，更担心敌人袭击他的背后，切断他与林加延湾供应基地的联系。

克鲁格采取的战术是：第十四军沿中央平原向前推进，第一军沿左翼并进，肃清卡拉巴略山脉里的日军。结果，第一军遭到日军的顽强抵抗。他们凭借早已修筑好的防御工事，节节抵抗，严重阻滞了美军的进军速度。登陆后的前4天，克鲁格只前进了16公里左右。

1月13日，麦克阿瑟把他的司令部从"博伊恩号"迁到了达古潘镇。然后，他就活跃地在前线上穿梭开了。他乘坐他的敞篷吉普车深入到前线的各个角落，鼓励士兵，亲自过问一些极细小的战术细节；他无所顾忌，全然不顾敌人的子弹在周围呼啸着。

虽然有些士兵说麦克阿瑟装模作样，但他们的士气确实因此提高了不少。

深夜，肯尼来到司令部里向麦克阿瑟汇报工作。麦克阿瑟刚从吉普车上下来，正在吃晚餐。但肯尼发现，他吃得很少，便问："你怎么了？"

麦克阿瑟回答说："乔治，我累极了，吃不下。"

沉默了一会儿，麦克阿瑟又说："我希望克鲁格这家伙能在1月26日前攻下马尼拉。那天是我的生日，也是克鲁格这家伙的生日。"

肯尼说："将军，我也希望这样。"

第二天黎明，肯尼起身开赴前线。他想向将军告别，但麦克阿瑟并不在司令部。值班军官说道："将军两小时前就上前线去了。"

肯尼惊叫道："什么？这家伙准是个疯子。他如果一直这样干下去，迟早会失去工作许可证的。"

麦克阿瑟并不是疯子，只不过马尼拉对他而言实在太重要了。遗憾的是，克鲁格的行动依然非常缓慢。在这个节骨眼上，麦克阿瑟收到了来自马歇尔的电报。马歇尔告诉他，陆军部计划向总统上报一份晋升名单，问麦克阿瑟是否要推荐什么人。

为了提高克鲁格的积极性，麦克阿瑟推荐他升为四星上将。或许是被四星上将的前途所打动，克鲁格动心了。随后，他命令第十四军下属的第三十七师和第四十师全速向克拉克机场进军。结果，中央平原通向马尼拉的通道简直就像没有上锁的大门一样畅通无阻。部队沿着3号公路，长驱直入，遇到的抵抗微乎其微。

麦克阿瑟忍不住和部队一起前进，有时还会把他的敞篷吉普车开到队伍的最前面。1月20日，部队抵达登陆场以南约80公里的打拉镇。看到炮兵正在猛烈轰击正前方的公路，麦克阿瑟大喊一声："停车！"

吉普车戛然而止。他走下车来，带着埃格伯格走到一门加农炮跟前。麦克阿瑟转向埃格伯格，伸出食指戳着他的胸膛，似乎为什么事情莫名其妙地感到骄傲和兴奋。

埃格伯格不明所以地问："怎么了？"

麦克阿瑟兴奋地说："就是在这个位置，医生，大约45年以前，站在我父亲身边的副官被打死了！"

埃格伯格陷入了沉思。他知道麦克阿瑟深信历史轮回，而他自己也将信将疑。但不管如何，他都不能拿自己的生命来开玩笑。麦克阿瑟有"避弹功能"，但他没有。突然，医生朝司机狂吼道："他妈的，赶快离开这儿！"

1月24日，第四十师到达班班河畔，克拉克机场已经近在眼前。机场上还停留着数百架日军飞机，其中包括几十架尚未投入的神风特攻队的零式战斗机。这可是日军赖以威慑盟军的最后法宝了！因此，他们不能不认真地防守这个基地。

美军第十四军遭遇了自登陆以来最猛烈的阻击。战斗打得非常惨烈。日军第二坦克师的一个坦克旅沿着河床和道路猛扑过来，把第四十师一六一团逼得向后退了近两公里。麦克阿瑟立即调集火炮和火箭筒，粉碎日军的反扑。火炮和火箭筒的投入扭转了战场上的形势，日军的坦克旅很快被消灭殆尽。

随后，麦克阿瑟命令第十四军加速进攻，迅速夺占克拉克机场。4天后，机场已被美军第四十师控制。至此，美军距马尼拉只有不到50公里了，而敌人仍然没有反扑的迹象。

这时，麦克阿瑟和克鲁格之间再次产生了分歧。麦克阿瑟认为，日本人的实力有限，山下奉文已经不敢让他的部队进入平原地区。否则的话，日军会在平原地区被美国的坦克、飞机和自行火炮全部歼灭。

而克鲁格则认为现在应该尽快肃清日军部署在山区的部队，至少将其赶到火炮的射程之外，以保障克拉克机场的安全。他确信埋伏在吕宋中央平原以北和以东的山区里的日本人——成千上万的日本人——会突袭连接林加延和马尼拉的主干线3号公路，打垮他的右翼。所以，他要求在第一骑兵师和第三十二师等增援部队从莱特赶赴林加延湾之前，暂时采取战略防守态势。

麦克阿瑟无奈极了。他决定把第八集团军提前投入战场，使其和第六集团军展开竞争。他敢肯定，如果让第八集团军的一个师有机会从莱特出发并攻占马尼拉，克鲁格就会耐不住性子了。因为克鲁格仍然对第六集团军在新几内亚的功绩几乎被人淡忘的事实而耿耿于怀。让艾克尔伯格的第八集团军在这场战争的后期阶段大出风头，从第六集团军手中攫取解放马尼拉的荣誉，这个对克鲁格来说，是不可容忍的事情。

于是，第八集团军司令艾克尔伯格将军来到了吕宋。麦克阿瑟命他率领已在三描礼士沿海集结完毕的第十一军和第十一空降师在苏比克湾西北和马尼拉南面的纳苏格布登陆，完成对马尼拉的战略合围。

1月29日，第十一军的3万人迅速登陆，向马尼拉方向推进。不久，他们便与往南快速推进的第十四军在迪纳卢布汉会师了。尔后，麦克阿瑟将十一军划归第六集团军指挥。

两天后，艾克尔伯格亲自指挥第十一空降师（欠1个旅）在纳苏格布登陆。登陆非常顺利，没有遇到任何抵抗。到上午9点45分，美军已经控制了简易机场。随后，美国大兵们在菲律宾人民的欢呼声中迅速向前推进。他们还夺得了一条通往糖仓库的小铁路，巧妙地利用它运送给养和部队。他们进展速度如此之快，以至于惶恐的日军连桥梁也来不及破坏。

艾克尔伯格将军非常高兴。他一边命令部队迅速前进，一边虚张声势，以迷惑日军，企图让他们相信第八集团军已经全部在这里登陆了。

第十一空降师一直推进到距离马尼拉仅40公里处的塔盖泰山脊时才和日军遭遇。艾克尔伯格立即要求麦克阿瑟空投该师第三旅。麦克阿瑟立即命肯尼实施这一计划。随后，第五航空队的飞机从民都洛把这些伞兵空运来了。第三旅与主力会合后，力量增强，继续攻击前进。

站在山脊上，艾克尔伯格向麦克阿瑟汇报说："很快即可克复马尼拉！"

麦克阿瑟立即向记者宣布："马尼拉正在向我招手！"

四

打进马尼拉，营救战俘

第十一伞兵师逼近马尼拉之时，久经考验的第一骑兵师和第三十二师也已经在林加延湾登陆。麦克阿瑟命令第一骑兵师快速向马尼拉北郊机动，和已在开往马尼拉途中的第三十七师一起担任主攻。

麦克阿瑟获悉，日本海军少将岩桥拒绝执行山下奉文"马尼拉不设防"的决定。他把手下的1.6万名海军陆战队员全部收缩到马尼拉，并纠集了一批亡命的陆军官兵，组成了一支总数约2万人的战斗部队，准备和马尼拉共存亡。

面对着美军的步步紧逼，以山下奉文为首的日本第十四方面军，尤其是驻守在马尼拉的非战斗部队开始狗急跳墙了。看守战俘营的日军每天加倍地虐待战俘。马尼拉附近的几个战俘营里关押的并不全是美国战俘，还有很多在菲律宾沦陷时没有来得及逃离的和平居民，包括许多妇女和儿童。

这些人在战俘营里吃尽了各种苦头，眼看着就要得救了，山下奉文却下达了一个惨绝人寰的命令："不让麦克阿瑟看到一个活着的巴丹老兵！"

听到这个消息后，麦克阿瑟非常痛心。麦克阿瑟命令第一骑兵师师长维恩·马奇："去马尼拉。我不管你怎么去，到那儿就行，而且要快。要避免人员伤亡。你可以绕过日本鬼子，超越日本鬼子，但一定要到马尼拉，救出圣托马斯集中营的战俘，占领马拉卡南宫和议会大厦。"

美军是第二次世界大战中装备最好的部队。一个师光是卡车等运输车辆就达4000多辆。另外，他们还配有一个坦克营。在行军过程中，所有的士兵都不用徒步。第一骑兵师的装备更加精良，而且战斗力极高。该师官兵一向认为他们是美国陆军中最好的师。马奇立即组织了一支由800名志愿者组成的飞虎队，分乘吉普车、卡车和轻型坦克，向马尼拉全速挺进。

圣托马斯大学

与此同时，第三十七师也加快了行军速度。这两个第六集团军中最好的师展开了竞争。2月4日黄昏，第一骑兵师飞虎队到达马尼拉市区。次日凌晨，第三十七师也赶到了。

5日上午，第一骑兵师的飞虎队插入北部郊区，向圣托马斯大学进发。那里关押着3500名美国战俘，其中大部分是和平居民。与此同时，第三十七师先头部队则前往比利比德监狱。那里关押着800名战俘。美军的行动神速，日本人还没来得及开枪，监狱就已经被美军占领了。

此时，第一骑兵师和第三十七师的主力部队也抵达马尼拉。当晚，马奇询问麦克阿瑟，问他是否愿意与第一骑兵师主力部队一起在第二天早晨进入马尼拉。这时，麦克阿瑟还在打拉镇。他拟写了一封热情的回电，说他愿意。遗憾的是，由于离开时有几封来自华盛顿的电报需要立即回复，这封电报没有发出去。

2月6日上午，麦克阿瑟赶上了第一骑兵师。他们仍停留在马尼拉以北15公里处。麦克阿瑟问："嘿，为什么不前进？"

一名军官回答说："日本人把桥炸了，就在前方1英里（约合1.6公里）处。"

麦克阿瑟问："修建一座便桥需要多长时间？"

那名军官回答说："至少需要12个小时。"

麦克阿瑟垂头丧气地坐上他的吉普车，往回开去。一路上，麦克阿瑟一直沉默不语。

当晚，便桥修好了。第一骑兵师和第三十七师大举攻入马尼拉。他们没有遇到日军大规模的阻击，但日本兵的袭击给他们造成了不小的损失。日本人躲在建筑物里，朝美军放冷枪，杀了不少军官。

第二天，麦克阿瑟来到第三十七师的阵地，乘坐一辆坦克，进入了马尼拉。他迫不及待地发表了当天的战斗公报："现在，我站在马尼拉的街头上宣布，美军已突入马尼拉的城区。我们的军队正在迅速肃清残存的敌人，马尼拉的秩序将会很快得到恢复。菲律宾群岛的彻底解放已经指日可待了！"

这是他前一天晚上就已经准备好的。全世界都为此而感到振奋。很快，罗斯福、丘吉尔、蒋介石、马歇尔、尼米兹都发来了贺电。罗斯福的贺电是这样写的："在解放马尼拉的时候，谨向您个人和您手下的官兵们表示热烈的祝贺。这是在远东重建自由和庄严的历史性时刻。这次战役行动之迅速和兵力运用之高超，使我们无限地增加了对您成功的赞赏。请向游击队员们转达我的感谢和祝贺。他们对这次战役作出了杰出的贡献，特别是他们经受了多年的苦难，为这一时刻的到来作出了充分的准备。"

麦克阿瑟的公报发表得有点早。这是他一向的习惯：遇到胜利时总会将其放大；遇到困难时从不觉得有什么可怕。

随后，麦克阿瑟乘坐吉普车径直前往比利比德监狱。第一个向他致敬的囚犯看上去活像一个骷髅。他跑到麦克阿瑟的身旁，立正、敬礼，一气呵成，然后说："欢迎您到比利比德来，长官。"

这个似乎虚弱得连站都站不住的人居然是一名少校。麦克阿瑟和这个人不人、鬼不鬼的家伙握了握手，质朴地说："我很高兴回到这里。"

进入监狱以后，麦克阿瑟的心一下子沉了下去。少校虽然虚弱，但好歹还能看得出他是一个活人。那几百名躺在床上的战俘，虚弱得连头都抬不起来，只能勉强地向麦克阿瑟致以微笑。如果不是他们脸上的笑容，麦克阿瑟还以为他们早已经死了。

麦克阿瑟温和地和他们握手，或是拍拍他们的肩膀，努力克制住自己的感情。一名战俘有气无力地说："您成功了。"

麦克阿瑟几乎是满怀歉意地说："我来晚了，但是我们终于来了。"

回到吉普车里，麦克阿瑟又去了圣托马斯集中营。这里的情况比比利比德监狱要好一些，但也一样惨不忍睹。战俘们也只不过仅仅有穿上外套的力气罢了。妇女伏在他的胸前哭泣，男人跪在他面前亲吻他的手，孩子们则用他们枯柴一样的手臂拥抱他。

在圣托马斯逗留一个小时以后，麦克阿瑟继续驱车朝着海湾和马尼拉饭店前进。他的一名参谋，安德烈斯·索里亚诺上校召集了圣米盖尔啤酒厂的所有人。麦克阿瑟一行的吉普车队缓缓停靠在这座著名的啤酒厂的外面。一个小时前，他的士兵才攻占这里。但现在，那里已经成了欢乐的海洋。数百名士兵、工人手举酒杯或酒瓶，围在麦克阿瑟身边，欢庆马尼拉的解放。

麦克阿瑟右手端着一杯涌动着泡沫的圣米盖尔啤酒，默默地注视着狂欢的人群和被战争洗劫一空的马尼拉，心里不知道是欢喜，还是悲哀。

马尼拉战役打得非常艰苦。第一骑兵师、第三十七师在市区和日军进行着艰苦卓绝的巷战。从南面发起进攻的第十一伞兵师也遭到了敌人海军陆战队顽强的抵抗。直到2月8日他们才接近马尼拉南郊，但很快又在尼古勒斯机场被敌人困住了。最终，克鲁格派去了重型火炮，第十一空降师才被解救出来。

随后，麦克阿瑟命令艾克尔伯格把第十一空降师的指挥权交给克鲁格。艾克尔伯格又沮丧地回到了莱特岛，指挥他的部队继续清剿藏身在丛林中的日军去了。

2月14日，当马尼拉的巷战正在激烈进行之时，麦克阿瑟命令第十一军收复巴丹半岛和科雷吉多尔。收复巴丹半岛的行动很顺利，美军以极小的代价，耗时一周即解放了全岛。

但收复科雷吉多尔的战役却打得非常艰难。战前，麦克阿瑟错误地分析说，科雷吉多尔岛上只有900名日军，所以只部署了第五〇三伞兵团一部，约1000人在岛上最高处的簇叶丛生的阅兵场和高尔夫球场上降落。

然而，岛上的日军实际上多达5000多人。第五〇三伞兵团损失惨重，仅开战几个小时，伤亡就达25%之多。随后，麦克阿瑟命令该团余部全部空降到科雷吉多尔，并从第十一军抽调一个团，对该岛实施两栖登陆。

在随后的10余天里，美军3000余名官兵和日军展开了激烈的战斗。顽固的日军被美军穿插分割成许多互不相连的阵地。他们虽然失去了组织，但各自为战，战斗力依然非常强劲。美军每剿灭一小片阵地，都要付出惨重的代价。2月26日，美军基本肃清岛上的残敌，终于占领了全岛。此战，美军伤亡1000多人，日军则全军覆没，其中4500名被击毙，剩下的500人全都被火炮活埋在了坑道工事里。

两天后，马尼拉的巷战也宣告结束。美军在马尼拉战役中付出了沉重的代价，仅在市区的伤亡就达6575人，其中阵亡1010人。日军阵亡约17000人，剩下的3000人则逃进了南部山区。但伤亡最惨重的还是平民，约有10万马尼拉居民在战役中死于两军的炮火。

五

菲律宾的解放者和保护人

马尼拉战役结束后，麦克阿瑟按照华盛顿方面的批示，将菲律宾民事权力正式移交给菲律宾政府。为了感谢麦克阿瑟在这场战役中的伟大功绩，菲律宾总统奥斯梅纳亲自授予他"菲律宾荣誉公民"的称号。

3月6日，麦克阿瑟的家人也从布里斯班乘船抵达马尼拉。一家人终于又团聚了。但他并没有太多时间来陪伴家人，因为敌人的抵抗还没有停止，战斗还在继续进行。

解放马尼拉之后，麦克阿瑟面临着两个主要任务：一是清剿据守在吕宋岛3个高山阵地上的近20万日军；二是发动南方战役，夺回巴拉望、帕奈、保和、内格罗斯，宿务和棉兰老等南部岛屿，解放菲律宾全境。

清剿吕宋岛残敌的任务交给了克鲁格的第六集团军，但是该集团军的3个主力师被调给第八集团军，执行更重要的进攻任务了。清剿任务进行得非常艰难。美军每前进一步都要付出惨重的代价。幸运的是，日军全都龟缩在阵地里，并不反扑。这使得克鲁格可以从容不迫地一处一处解决他们。后来，他干脆调集火炮和推土机，先用火炮把山头和丛林削平，然后用推土机向前推进。

这一招很快就发挥了神奇的效果。后来，山下奉文的参谋长武藤将军回忆说："美军优势的炮击和轰炸渐渐抹去了丛林，推土机完成了办不到的事，坦克和大炮出现在我们曾经认为永远也渗不透的阵地。我们的前线部队以英勇的肉搏战摧毁了推土机、坦克和大炮。但是，敌人一寸一寸地向前推进，占领了大小山丘。"

清剿残敌的工作持续了6个月之久，直到战争结束，还有6万多名日军藏在高山据点里。后来，他们经受不住饥饿和疾病的折磨，终于一伙一伙走出深山，投降了。

解放菲律宾南方诸岛的任务由艾克尔伯格的第八集团军承担。由于日军的主力部队全都驻扎在吕宋岛，而且已经被逼近深山，南方战役进行得很顺利。艾克尔伯格总共实施了52次两栖登陆战，终于解放了菲律宾全境。

随后，麦克阿瑟又把目光锁定在了那些被他大步跳跃过来的地方——婆罗洲、爪哇、荷属东印度群岛等地。不过，他的这一战役计划没有得到参谋长联席会议的批准。参谋长们只同意进攻婆罗洲，而且必须把进攻任务交给澳大利亚部队。

麦克阿瑟爽快地同意了。参谋长联席会议的这一决定主要是出于政治上的考虑。一直以来，澳大利亚部队一直留在新几内亚岛扫荡残敌。战争就要结束了，总得给他们一个立功的机会。

此时，日本忙着本土的防御，早已顾不上那些遥远的岛屿了。澳大利亚已足以对付人心惶惶的日军了。澳大利亚部队动作很快，到7月初便完成了所有任务。

7月4日，麦克阿瑟正式宣布菲律宾战役结束。除了在一些荒无人烟的山区还有一些零星的战斗在继续，这个群岛面积30多万平方公里的广阔土地上的1700万人民终于摆脱了侵略者的铁蹄。

据战后统计，整个菲律宾战役，包括莱特岛战役、吕宋岛战役和南方战役在内，盟军一共消灭日军45万人，其中大部分都是被当场击毙的。为此，盟军也付出了沉重的代价，仅陆军第六集团军和第八集团军的伤亡就达62000人，其中有17000人阵亡。这还不包括海军和空军官兵的伤亡人数。

菲律宾战役胜利的价值不仅仅在于大量消灭了日军的有生力量，更主要的是对实现太平洋战争的战略目标具有重要意义。菲律宾战役胜利后，盟国在北起吕宋岛北端，南到婆罗洲绵亘3000多公里的航线上，建立了牢不可破的封锁链，严密封锁了南中国海航运线。从此日军在荷属东印度群岛、东南亚的占领军完全陷于孤立境地，只能坐等灭亡；而日本本土赖以支撑战争机器运转的重要工业资源，如石油、橡胶等也就断了来源，加速了日本军国主义的灭亡。

另外，菲律宾战役的胜利在政治上的意义也非常深远。它为战后美国在东南亚地区的政治影响和军事存在奠定了基础。

在战争中，麦克阿瑟本人也获得了崇高的声誉。总参谋部授予他美国军队有史以来的最高军衔——五星上将；美国政府两次授予他"铁十字"

功勋勋章；菲律宾政府授予他菲律宾"荣誉公民"的荣誉；他也赢得了菲律宾人民对他永久的感激；澳大利亚政府授予他"太平洋星章"，他是接受这一勋章的唯一外国人。

美国五星上将的肩章

　　从此，麦克阿瑟的名字与西南太平洋连在了一起。人们把他称为澳大利亚的保护者和菲律宾的解放者。战后，菲律宾发行了带有麦克阿瑟肖像的钱币和邮票，上面的铭文是"保护人——解放者"。

第十二章
代表盟国接受日本投降

一

日本政府宣布无条件投降

从1944年秋到1945年夏，麦克阿瑟在西南太平洋战区取得了一系列辉煌的胜利。盟军在其他各条战线上的战绩也非常骄人。1944年秋以后，中国抗日军民开始对日本侵略者实施全面反攻；盟军则以马里亚纳群岛以基地，持续对日本本土实施轰炸；苏联红军和西方盟军也向德国法西斯发起了最后一击。

1945年5月7日，德国法西斯无条件投降（德国向苏联无条件投降的日期为5月8日，协议生效日期为5月9日零点）。随后，苏联红军根据雅尔塔会议的决定，开始筹备远东方面军，准备开赴中国东北对日作战。

日本军国主义终于走到了穷途末路。在持续的轰炸中，东京成了地狱。东京东部的一大片地区已经消失。城市商业中心的60%被炸成了一片断壁残垣；数十万栋建筑消失得无影无踪；几百万人无家可归，惊慌失措地逃到郊外；几十万人死于空袭。

为了彻底瓦解日本军国主义的抵抗意志，美军参谋长联席会议于5月25日向各战区下达了代号为"瓦解"的战役命令。整个战役分为两个阶段：第一阶段夺占九州，代号为"奥林匹克"；第二阶段在日本的心脏——本州登陆，代号为"皇冠"。预定进攻发起日期为10月1日，麦克阿瑟被指定负责该计划的执行。

此前不久，盟军对太平洋战区的部队进行了整编。为了让麦克阿瑟集中精力考虑对日作战，英国海军上将蒙巴顿接替了麦克阿瑟的婆罗洲和西里伯斯防区。同时，澳大利亚的部队也划归蒙巴顿指挥。麦达阿瑟则负责指挥太平洋战区的所有地面部队，尼米兹海军上将负责指挥太平洋海军，空军上将阿诺德负责指挥空军。这样，麦克阿瑟失去了规模不大却十分精锐的第七舰队，增添了以第十集团军为主力的夏威夷陆军部队。

根据参联会的指令，麦克阿瑟和他的参谋人员拟制了一份详细的进攻计划。按照这一计划，他的老部队，第六集团军将用来执行第一阶段的"奥林匹克"计划；第八集团军和即将从欧洲调来部分部队用以执行第二阶段的"皇冠"计划；如果必要的话，第十集团军的第二十四军将担负攻占朝鲜半岛的作战任务；在这之前，将对日本本土实施严密的海空封锁，并进行毁灭性的空中打击。

能在最后一战中担任如此重要的任务，这让麦克阿瑟万分欣慰。不过，他同时认为，"瓦解"计划可能来不及实施，日本人就会投降。他的判断非常正确。

7月17日至8月2日，三国首脑和外长在德国柏林郊外的波茨坦召开会议，就结束对日作战的条件及战后处置方针，通过了一项决议。这就是著名的《波茨坦公告》。公告向日本政府发出了最后通牒："（日本）立即宣布所有武装部队无条件投降，并对此种行动诚意实行予以适当及充分之保证。除此一途，日本即将迅速完全毁灭。"

与此同时，盟国飞机在日本各大城市上空散发了150万张传单和300万张《波茨坦公告》。传单对这些城市发出警告，说它们将受到猛烈的空中轰炸，而每次警告之后，紧接着就是一次常规炸弹的猛烈袭击。但日本政府并没有表示接受《波茨坦公告》的任何迹象。

8月6日，美国向广岛投放了一颗原子弹。此举给侵略者的心理上造成了极大的打击。时任美国总统杜鲁门紧接着发表声明："7月26日在波茨坦发出的最后通牒，旨在拯救日本人民免遭彻底的毁灭。他们的领袖迅速地拒绝了这最后通牒。如果他们现在还不接受我们的条件，他们的毁灭将自空中而降……"

8月9日，苏军远东方面军约80个师、4个坦克机械化军、6个步兵旅、40个坦克机械化旅，出动作战飞机3400余架、坦克5500余辆，越过中苏边境，向日本关东军发起了猛烈的攻势。

面对苏、美、英、中等国军队的猛烈攻势，铃木贯太郎撑不住了，天皇也撑不住了。8月10日，日本政府通过中立国瑞士和瑞典政府，向苏、美、英、中等国政府转交照会，宣布接受《波茨坦公告》。

8月14日，日本政府向反法西斯同盟国发出了最后接受《波茨坦公告》电报，正式宣布："一、天皇陛下已下诏，接受《波茨坦公告》各项条款。二、天皇陛下准备授权并保证日本政府和大本营签署为实施《波茨坦公告》各项规定所必需的各项条款。天皇陛下还准备对日本陆、海、空当局及其所属不管驻何处之所有部队发布命令，停止战斗行动，放下武器，并发布盟军最高司令认为在执行上述条款中有必要发布的其他命令。"

至此，不可一世的日本法西斯军国主义终于低下了他们自以为高贵的头颅，放下了手中的屠刀。

同一天，美国总统杜鲁门宣布，太平洋战争已经结束，军队停止一切敌对行动，放假两天进行庆祝。瞬间，从华盛顿到夏威夷，从停泊在日本海上的第三舰队到马尼拉麦克阿瑟的司令部，每个人都沉浸在巨大的幸福和狂欢之中。

在马尼拉，士兵们冲上街头，汇入了市民们的游行队伍。他们高呼着口号，不时有人被人群高高地抛向空中。游行的队伍不约而同，从四面八方聚集到马拉卡南宫前的广场上。

麦克阿瑟看上去比任何人都高兴。这不光是因为日本人投降了，战争结束了，还因为他被授予了一项光荣的任务——代表盟国接受日本政府无条件投降。当天下午，麦克阿瑟接到杜鲁门总统的电报。电报上写道："根据美利坚合众国、中华民国、联合王国和苏维埃社会主义共和国政府之间的协定，你被指派为同盟国的最高联合司令。你的任务是要求并接受日本天皇、日本政府以及日本帝国统帅部的正式官方代表们签署的投降文件。"

这是自从战争爆发以来，麦克阿瑟一直在期望、争取谋求的职位。现在，他终于得到了，终于登上了盟军最高司令的宝座。无数的贺词、贺电和勋章堆到了他的面前，他感到由衷的自豪。

二

以征服者的姿态开进日本本土

战争结束了，但作为盟军最高总司令，麦克阿瑟还不能卸下肩上的重任。当然，他也不愿意卸下这份代表着荣誉和地位的责任。摆在他面前的主要有四个问题：一是安排数百万日军投降；二是安排美军登陆日本本土；三是代表盟国接受日本政府的无条件投降；四是在日本建立一个军事占领政府。

在随后的几个星期里，麦克阿瑟和他的参谋人员广泛研究了第一次世界大战后，各国接受德国无条件投降的材料；他父亲当菲律宾军事总督时的经验；以及盟国正在对德国实施的占领经验。

确定最基本的原则之后，麦克阿瑟开始一步一步实施他的计划了。他致电东京，令其派出一个由军方高级人员组成的代表团到马尼拉来，接受有关受降仪式的训令。

8月19日，以日军副总参谋长川边中将为首的16人代表团抵达马尼拉。麦克阿瑟远远地看着他们到来，但没有去迎接。参谋长萨瑟兰冷冷地走上前去，代表麦克阿瑟以冷冰冰的礼仪迎接了日本人。川边想同萨瑟兰握手，萨瑟兰拒绝了，直接把他们带到会谈的地点。

当晚，麦克阿瑟同日本人进行了一整夜的会谈。日本人按照指示交出了标明有关战俘营及日本军事设施方位的文件和地图。然后，麦克阿瑟宣读了事先起草好的投降书、天皇向日本人民发表接受波茨坦宣言条件的演讲，以及日军大本营各地部队进行实际投降的总命令。

麦克阿瑟还宣布，他和首批登陆部队将于8月23日在横滨以西30公里的厚本机场着陆。在此之前，日本人必须撤走在这个地区的所有部队，卸掉所有飞机的螺旋桨，并在横滨的新大饭店安排盟军官兵的住宿。

日本人很知趣地同意了麦克阿瑟提出的所有条件。他们唯一反对的是，厚木机场不宜作为美军，尤其是麦克阿瑟总司令到达之用。因为厚木机场原是神风特攻队训练飞行员的基地，神风队员们就住在这附近。他们中的许多人不愿接受投降，反对天皇宣布日本投降的广播，杀了日本帝国警卫队司令官，还放火焚烧了铃木首相的官邸。

日本代表团认为美军在这里降落太危险了。萨瑟兰等人也反对将厚木机场作为盟军的着陆点。但在麦克阿瑟的一再坚持下，他们只好同意了。

此外，日本人还请求麦克阿瑟将登陆日期向后推迟3天，以便日方能有更充分的准备时间。麦克阿瑟同意了。就这样，双方达成一致：麦克阿瑟和他的首批登陆部队将于8月26日在横滨的厚木机场着陆。

8月25日，一场罕见的台风横扫日本本土。麦克阿瑟不得不再次推迟登陆日本的时间。在此期间，发生了一个小小的插曲。海军第三舰队的一名年轻的飞行员无视麦克阿瑟的命令，强行驾驶飞机降落在了厚木机场，成为了第一名踏上美国本土的军人。他还掏出手枪，强迫惊慌失措的日本人挂起了"欢迎第三舰队的美军"的横幅。

得到这个消息后，麦克阿瑟勃然大怒。他本来是想让艾克尔伯格的第八集团军第十一空降师（当时驻扎在冲绳）来完成这一光荣任务的。

8月29日，天气好转，麦克阿瑟乘坐专机"巴丹号"飞往冲绳，然后从那里飞往厚木机场。

第二天6点30分，艾克尔伯格率领第十一空降师率先升空，麦克阿瑟紧随其后。一路上，艾克尔伯格的心里非常忐忑。日本虽然投降了，但日本本土上还有300万没有解除武装的士兵。而首批登陆日本的美军只有4000名。一旦日军发生哗变，后果不堪设想。更何况，盟国最高总司令麦克阿瑟也和他们一起来了。他暗下决心，无论如何都要保护总司令的安全，不能让这一喜气洋洋的时刻变成一场悲剧。

飞机飞行了5个小时，终于抵达厚木机场。艾克尔伯格走下飞机的时候，第十一空降师的士兵们已经成散兵线守住了整个机场，严密注视着周围的一切动静。他环视了一周，没有发现什么异动，这才放下心来。

这时，麦克阿瑟的飞机也飞临日本本土。当富士山出现在众人视线里时，麦克阿瑟痴迷地看着，不由赞叹道："富士山，真美啊！"

下午2点19分，闪闪发光的"巴丹号"徐徐降落在厚木机场的跑道上。美军军乐队奏起了音乐，机场上一派肃穆。艾克尔伯格已经向第十一空降师下达命令，保护总司令的安全。

机舱门打开了，麦克阿瑟缓缓走下。他戴着一顶陆军便帽和一副太阳镜，嘴里叼着那根跟了他多年的玉米芯烟斗。他在机舱门口停了一两秒钟，举目张望，天空碧蓝，点缀着朵朵白云，阳光洒在机场上，混凝土跑道和停机坪闪烁着微光，一切看上去都很美好。

艾克尔伯格快步跑上前来，向麦克阿瑟敬了礼。麦克阿瑟不慌不忙地步下舷梯，像一名演员走向舞台中心一样，周围记者们手中的镁光灯频频闪动。总司令走到艾克尔伯格跟前，握住他的手，平静地说道："噢！鲍勃，墨尔本到东京真远，看来这条路终于走到头了。"

麦克阿瑟的空军司令肯尼看上去有些紧张。他命令随从军官们子弹上膛，随时准备战斗。麦克阿瑟笑着对他说："嘿，不用太紧张。日本人什么也不会做，因为天皇下了命令。"

接着，麦克阿瑟给肯尼讲了一段他1905年在日本游历时的一段经历。当时，日本军营里霍乱横行。军医为每个部队都配制了药片，并规定每名士兵每天吃3片。有一天，一位日本将军把这事告诉了麦克阿瑟。

麦克阿瑟忍不住大笑起来。将军生气了，问道："你为什么要笑？"

麦克阿瑟回答说："如果你给美国的部队发些药片，告诉他们日服3次的话，他们一得机会就会把药扔掉。"

事实上，日本士兵也是这么干的。

后来，军医想了一个办法。他们把药装在小盒子里，盒子上面写着："天皇要求每天服用3次盒中的药片！"

这一次，士兵们不但按时服药了，而且还非常恭敬、感激。

麦克阿瑟对肯尼说："40年前他们不会违背天皇的意愿，今天也不会！"

走出机场，麦克阿瑟看到门口已经停了几辆破旧不堪的轿车。有的车没有车灯，有的甚至连玻璃都没有。一名日本军官走上前来，很不好意思地用英语解释说："这是我们能够找到的最好的车辆。"

麦克阿瑟笑了笑，钻进一辆出厂年份不明的林肯牌汽车。他的随从军官们也分别找到了自己的座位。

20名全副武装的美国大兵爬上了最前面的一辆卡车。他们的任务是保障麦克阿瑟和其他军官的安全。

在驶往新大饭店的途中，麦克阿瑟惊诧地发现，街道两旁整齐地站着3万多日军士兵。他们全副武装，背对着车队，一言不发。后来，他才得知，这是日本人对尊者表示尊敬的礼仪，平常只有天皇才能享受这种待遇。

麦克阿瑟等人走进新大饭店，饭店的经理和服务人员立即向众人鞠躬。他们的腰弯得如此之低，上半身几乎匍匐到了地上。日本这个骄傲而又自卑的民族就是用这种方式来迎接他们的征服者的。

精心安排日本无条件投降仪式

麦克阿瑟和第十一空降师在厚木机场着陆后，关押在日本各处监狱的3500名美军战俘也三三两两地走上了大街。不久，麦克阿瑟便命人将他们组织起来，或乘船，或坐飞机，回国去了。

有两名从中国东北辗转来到日本的特殊战俘留了下来。一名是因放弃科雷吉多尔被俘的美国将军乔纳森·斯金尼·温赖特，另一名是在新加坡投降的英国将军阿瑟·琅西瓦尔。麦克阿瑟命令他们留下来参加日本的投降仪式。

温赖特抵达新大饭店的那天，麦克阿瑟刚坐下来就餐。副官走进餐厅，报告说："将军，他们到了。"

麦克阿瑟立刻站起来，走向大厅。温赖特已经站在那里等他了。麦克阿瑟端详了他半天，问道："你是乔纳森？"

温赖特抬起头，努力挤出一点笑容，回答说："是的，将军，我是乔纳森。"

麦克阿瑟震惊了，如果不是曾经在菲律宾亲眼见过战俘所遭受的非人折磨，他无论如何也不会相信英俊潇洒的温赖特会在短短的3年之间变成一个糟老头。眼前的温赖特满头白发，面容憔悴，两眼深陷，脸颊上布满了小坑，皮肤黯然无光，看上去就是破皮鞋面。他的军服皱巴巴地挂在瘦得只剩骨头的身体上，仿佛是旧衣店里的衣服架子。

温赖特移动着一根手杖，步履艰难地向前挪动了两步，缓缓举起右手，准备向老上司敬礼。麦克阿瑟不等他的手抬起来，就快步上前，伸出左手抓住他的右手，右臂则轻轻揽住他的肩膀。他是如此的小心，生怕一不留神就把温赖特碰散了。

温赖特流着泪，又挤出一丝微笑，张了张嘴，似乎想要说什么。但他终于什么也没有说出来。瞬间，他的声音哽咽了，终于忍不住痛哭起来。

麦克阿瑟轻声安慰道："没关系，乔纳森，一切都结束了，结束了！"

随后，两位老朋友、老战友手拉着手，走到了餐厅。温赖特告诉麦克阿瑟，他3年来没有一天不为放弃科雷吉多尔而自责。麦克阿瑟还是那句话："没关系，乔纳森，一切都结束了。"

麦克阿瑟在厚木机场着陆前后，海军第三舰队383艘舰只也在哈尔西将军的指挥下开进了东京湾。这些巨大的战列舰、航空母舰、巡洋舰、驱逐舰和登陆舰整齐地排列在东京湾的海面上，似乎是在向失败者炫耀美利坚强大的威力。

太平洋舰队司令尼米兹将军、英国远东舰队司令布鲁斯·弗雷泽海军上将和中国、苏联、加拿大、澳大利亚等国的代表也先后来到东京，参加日本的无条件投降仪式。

正式受降仪式定于1945年9月2日在第三舰队的旗舰"密苏里号"上举行。随着受降仪式日期的临近，麦克阿瑟和各国代表齐聚东京湾，做好了一切准备。

日本代表外相重光葵、副代表陆军总参谋长梅津美治郎和9名随从人员也都做好了相关准备。为了防止发生意外，重光葵和梅津美治郎直到最后时刻才向新闻界公布他们将代表日本在投降书上签字。几名随从人员的名单直到仪式开始也没有公布。

尽管天皇已经下令放下武器了，但他们还是无法忍受失败的屈辱。据说，梅津美治郎被提名为副代表时，气得浑身颤抖，脸色发白。他直截了当地回答说，如果强迫他这样做，他将剖腹自杀以示抗议。最终，不得不由天皇出面，劝说他勉为其难，接受这一任命。

9月2日是一个星期天。早上，天空阴沉沉的，随时可能下雨。5点左右，日本代表团成员驱车从东京出发，前往他们认为代表着日本民族屈辱的地方。

外相重光葵和陆军参谋长梅津美治郎坐在同一辆汽车上，走在最前面。另外7位来自外务省、陆军部、海军部等部门的随从乘坐的车辆紧紧跟在后面。从东京通往横滨的公路已经被盟军的炮火炸得崎岖不平。公路两侧的城镇和工厂大部分都成了废墟。路上偶尔有几个面容憔悴的行人。他们似乎没有注意到正颠簸着驶向横滨的车队。这正是代表团成员们梦寐以求的事情。因为他们害怕那些不愿接受现实的暴力分子阻拦车队。

一个小时后，日本代表团的车队驶入横滨港区。大街两侧站满了美国大兵，他们全副武装，步枪上的刺刀反射着冷光。在一名美国军官的指挥下，代表团的车队在横滨县知事公署门前停了下来。

美军军官指了指挂在引擎盖上的太阳旗，又指了指梅津美治郎等军官腰间悬挂的军刀，吩咐道："取下来。"

翻译如实做了翻译。日本代表团成员默默地取下汽车引擎盖上代表着日本政府的太阳旗。梅津美治郎等军官则解下佩刀，双手擎着，递到那名美军军官面前。

美军军官把太阳旗和军刀交给身边的士兵，做了一个放行的手势。日本代表团这才重新上车，默默地赶往码头。

港口停泊着4艘驱逐舰，桅杆上分别悬挂着标明写有A、B、C、D字母的白色牌子。在美军军官的指引下，重光葵等人登上了那艘挂着写有B牌的"兰斯多恩号"战舰。在太平洋战争中，它曾多次立功，象征着美国海军的荣誉。

4艘驱逐舰缓缓开出港口。这时，重光葵等人的眼睛里露出了惊讶和恐惧的神色。海面上到处是军舰，有驱逐舰，有巡洋舰，有运输舰，还有航空母舰。它们整齐地排列着，十分壮观。

过了好一会，"密苏里号"战舰雄伟的身躯才出现在海面上。它锚泊在离海岸大约30公里的地方。这艘4.5万吨级的战舰比它身边的其他战舰高上一大截。桅杆上的星条旗正在迎风招展，似乎在向日本人说："美国是胜利者！"

8点56分，重光葵等人登上"密苏里号"战舰时。盟国代表和世界各国的新闻代表已经在甲板上等候多时了。重光葵等人一出现，记者们便不约而同地举起相机，按下快门，企图抢先记录下这一历史性时刻。

"密苏里号"战舰

各国军界代表则穿着式样不同、颜色各异的制服，按照军衔的高低分成前后三排站在甲板上。胸前佩戴着各种勋章、绥带，有红色的、褐色的、金色的和橄榄色的，把甲板映得熠熠生辉。他们的面前是一张铺着台面呢的桌子，桌面上摆着白色的投降书和一个自来水笔架。

　　桌子上方的舱壁上悬挂着一面美国国旗。那是从海军学院的博物馆里找到，并空运到这里来的。1853年，美国海军准将佩里曾率领一队美国军舰到达东京湾，撬开闭关锁国的日本国门。当年，佩里的战舰上悬挂的就是这面旗。现在，时间过去了108年，但佩里准将当年使用的国旗还完好无损。

　　在甲板的远处舰桥上、桅杆上、炮塔上，在每件东西和每块可利用的地方上，都挤满了水手。每一个人都伸长了脖子，盯着会场中央，谁也不愿意错过这一意义非凡的历史性时刻。

四

代表同盟国发表和平演说

日本代表团在甲板上站了好几分钟，人们才把冷峻的目光从他们身上移开。这时，喇叭里传来一位牧师祈祷的声音。接着，军乐队奏起了美国国歌《星条旗》，投降仪式正式开始。

国歌刚停止，麦克阿瑟就从舰舱中从容地走了出来。他站在一排麦克风前面，开始了他的演讲："参战大国的代表们：我们今天聚集于此，缔结一项庄重的协定，俾使和平得以恢复。不同理想和观念的争端已在世界战场上决定，所以不用我们来讨论与辩论。我们在这里代表着世界上大多数人民，而不是怀着猜疑、恶意和憎恨的精神来此聚会。在这个庄严的时刻，我们将告别充满血腥屠杀的旧世界，迎来一个十分美好的新世界。我们在这个新世界中，将致力于维护人类的尊严，实现人类追求自由、容忍和正义的最美好的愿望，这是我真诚的希望，也是全人类共同的希望。"

麦克阿瑟顿了顿，又说："作为盟军最高司令，我宣布我坚定不移的目标是……以正义和宽容的态度履行我的职责，采取一切必要措施确保日本全面、立刻、忠诚地履行投降条件。"

说到这里，他直视着重光葵和梅津美治郎，提高了声音："我现在请日本天皇、日本政府及日本皇军总部的代表在指定的位置签署投降文书。"

麦克阿瑟的演说几分钟就结束了。接着，他要求日本人首先签署文件。日本外相重光葵第一个走向中央的桌子，慌慌张张地摘下帽子、手套，放下手杖。可能是过于紧张，他竟然不知道该在哪里签下自己的名字。

麦克阿瑟对他的参谋长说："萨瑟兰，告诉他在哪里签名。"

瑟萨兰走到重光葵面前，用手指了指文件的一角。重光葵这才拿起笔，用颤抖的手吃力地写下了自己的名字。

麦克阿瑟看了看手表，时间是9点4分。从法律意义上讲，第二次世界大战到此，即1945年9月2日上午9点4分，正式结束了。

接下来签名的是梅津美治郎，然后是麦克阿瑟。麦克阿瑟将军代表盟国于9点8分在文件上签了字。他一共用了6支钢笔，一个字母一个字母地写。后来，他把这些笔送给了温赖特一支，送给了珀瓦西尔一支，给了西点军校一支，留一支给"密苏里号"，还有一支送给了时任总统杜鲁门。当然，他也给自己留下一支，这是他的夫人琼的红色自来水笔。

随后，尼米兹代表美国政府签名。接下来依次签名的是英国、中国、苏联、澳大利亚、加拿大、法国、荷兰、新西兰等国的代表。

所有代表都签完字后，麦克阿瑟缓慢地宣布说："让我们祈求今后全球恢复和平，愿上帝永远保佑和平，仪式到此结束！"

这时，天气也已好转，阳光透过云层，照耀着海面，反射着粼粼波光。空中表演开始了。众人先是听到连续不断的"嗡嗡"声，继而变成震耳欲聋的"隆隆"声。400架B-29轰炸机和1500架战斗机列队飞过"密苏里号"的上空，向那些在战争中死去的英雄们致敬！

飞机的轰鸣声消失后，麦克阿瑟走向另一个麦克风，向全世界发表了一番意味深长的广播讲话：

"今天，枪声平静了，一场大悲剧结束了，一次伟大的胜利开始了。从此，天空不再下降死亡之雨，海洋专为贸易交往而使用，人们在阳光底下可以挺胸行走了……

"神圣的使命已告结束。我在向你们，向全世界人民报告此事时，我是在代表成千上万沉默的人们在说话，他们在丛林中、海滩上、太平洋的深处永远沉默无言地躺下了；我代表千百万返回家园接受未来挑战的无名勇士说话，他们为把未来从灾难的边缘拯救出来作出了巨大的贡献。

"当巴丹和科雷吉多尔被乌云笼罩的时候，全世界都生活在恐怖之中，民主世界处于全线守势，现代文明在危难中战栗。当我回顾从那里起程的漫长而曲折的道路时，我要感谢仁慈的上帝，是他给了我们赢得胜利的信心、勇气和力量。我们尝到过失败的痛苦，我们也享受了胜利的喜悦。从二者中，我们懂得了决不允许再出现倒退。我们必须前进，在和平中保持我们在战争中赢来的东西。

"一个新的时代已经出现在我们的面前。我们取得了胜利，但是胜利的过程也引起了人们对我们今后的安全和文明生存的巨大关切。随着科学发明的不断涌现，战争力量的毁灭性已经到了要求我们改变传统战争概念的程度。

"人类有史以来就一直在追求和平……军事同盟、力量均势、国联，所有这一切都接连失败了，只剩下了借助残酷的战争这唯一的一条道路。我们握有最后一次机会，如果我们现在不建立一种更伟大更公正的制度，世界大战还将会来临。

"这实质上是一个神学问题，涉及精神复活和人类个性之完善。这一切都是与过去两千年中，我们在科学、美术、文学及所有物质文化领域中几乎无与伦比的发展同时进行的。如果我们要想拯救躯体，就一定要拯救精神……"

麦克阿瑟滔滔不绝地讲了半个多小时才结束。他话音刚落，人群中就爆发出一阵热烈的掌声。这些经历战争苦难的人期待这一天已经太久、太久了。除了用掌声来表达内心的感情之外，他们想不出更好的方式。

最后，日本代表团拿到了一份投降书的副本，准备离开。就在这时，他们发现文件出了点小错误。原来，加拿大代表以及随后的代表们的签字都签错了地方。

萨瑟兰马上向麦克阿瑟报告。麦克阿瑟脸上掠过一丝不快，命他立即解决。萨瑟兰不敢怠慢，马上纠正，让各国代表重新签了字。

这一小小的意外使得这一庄严的仪式多少带上一点戏剧色彩。但不管如何，这一天是人类历史最大的时刻之一，这个仪式也是人类历史上最具纪念意义的里程碑事件之一。

五

推进政治、经济改革，重建日本

投降仪式结束后，麦克阿瑟和总司令部的其他成员又在新大饭店住了一个多星期，直到9月8日才动身前往东京。他的车队直接驶进了美国大使馆大院。除了办公大楼，这片豪华的建筑在美军的轰炸中奇迹般地幸存了下来。

麦克阿瑟命人将大使馆收拾了一番，作为私人官邸。9月19日，他的妻子琼、儿子亚瑟、中国保姆阿珠和一名新的家庭成员——阿瑟的家庭教师菲利斯·吉本斯夫人从马尼拉飞到了厚木机场。

麦克阿瑟和他的副官早早就赶到横滨了。他没有带任何武器，副官也没有配枪。在前往东京的路上，琼看着公路两侧的废墟和一些携带着武器的日本军人，不禁担忧地问道："将军，安全吗？"

麦克阿瑟坐在副驾驶座上，头也不回地回答说："绝对安全。"

安顿好家人之后，麦克阿瑟立即投入到了千头万绪的战后重建工作中去。和在菲律宾担任奎松政府的军事顾问差不多，他深居简出，除了重大活动之外，每天过着家和办公室两点一线的生活，从不参加晚会，从不外出旅行。一年365天，他每天都在工作，而且每天都工作到很晚。

在担任同盟国最高总司令5年期间，他只离开过日本两次。一次是1946年7月4日飞往马尼拉参加菲律宾独立日的庆祝活动，一次1948年8月15日飞往汉城（今首尔），出席"大韩民国"的成立仪式。

在日本的几年里，麦克阿瑟的生活是如此的规律，以致他上下班的路线成了东京一道特殊的风景线，每天都有不少日本人或美国游客在固定的时间、固定的地点等候他的出现。他们都想看一看神秘的总司令长什么样子。

有人曾担心，别有用心之人会趁机刺杀麦克阿瑟。不过，麦克阿瑟是一典型的宿命论者。他认为，该来的总会来，躲也躲不掉；不该发生的事情永远也不会发生。他说自己有"避弹功能"，世界上没有人能杀死他。

开始的时候，总司令部为麦克阿瑟配了一名警卫。麦克阿瑟从来都喜欢保护别人，而不是被别人保护。没过多久，他就取消了警卫，每天上下班只带着一名司机。有一天，他那辆1941年出厂的凯迪拉克在半路上抛了锚。他向路过的一辆军用吉普车求助，车上的士兵看见麦克阿瑟的时候，无不大吃一惊。这种事情发生之后，他才在家人和下属的强烈要求下，不得不恢复了警卫制度。

麦克阿瑟的工作说简单也简单，说复杂也复杂。简单地说，他的工作重心是重建被战争破坏得千疮百孔的日本，同时也要以最小的代价将军国主义死灰复燃的风险降到最低。这是一项庞大的系统工程，涉及政治、军事、经济、文化、教育和宗教等各个方面。

各项工作中最重要的一条是确定日本战后的政体。明治维新以后，日本建立了以天皇为中心的二元制君主立宪制度。该政体的主要特点是：世袭君主为国家元首，拥有实权，由君主任命内阁成员，政府对君主负责，议会行使立法权但君主有否决权。这种带有严重封建残余的政体正是日本军国主义迅速滋生的政治温床。

投降仪式结束后不久，一些参谋人员建议麦克阿瑟将裕仁天皇召到盟军最高司令部，以显示战胜国对战败国的权威。麦克阿瑟否决了这一建议。他说："这样做将会伤害日本人民的感情，因为在他们看来，这样做是在折磨天皇。"

他并没有打算贬低天皇的身份和神秘地位，因为他需要利用天皇对日本人的神秘影响，来实现他重建这个国家的伟大宏图。他决定等待，相信天皇会不请自来的。果不其然，天皇不久就要求会见麦克阿瑟了。

9月27日，44岁的裕仁天皇和一名助手主动来到盟军最高司令部。那天，天皇身穿燕尾服和带条纹的裤子，头戴大礼帽。麦克阿瑟在门口热情迎接他，并陪同他穿过长长的客厅，来到客厅另一端的火炉旁就座。

除了麦克阿瑟和天皇之外，还有一名翻译官在场。裕仁看上去有些紧张，手脚一直在微微颤抖着。麦克阿瑟认为，这是战争给他带来的压力。

为了缓解尴尬的气氛，麦克阿瑟主动递给天皇一支美国香烟。裕仁天皇感激地接受了。当麦克阿瑟为他点烟时，天皇的手颤抖得更加厉害了。

当时，同盟国的人民大多主张将裕仁天皇送上战争法庭，接受审判。还有不少人嚷嚷着直接处死这名罪大恶极的战争罪犯。不过，麦克阿瑟和美国政府并不打算这样做。麦克阿瑟认为，如果将裕仁送上战争法庭的话，后果将是悲剧性的，必然会引起日本民众广泛的骚乱和暴动。

麦克阿瑟曾告诉华盛顿说："如果裕仁被逮捕并作为战犯受到审判，我和盟军最高司令部将需要一百万增援部队。"

华盛顿认为麦克阿瑟所说的极为有理。另外，美国想把日本建设成对抗以苏联为首的社会主义阵营。在反法西斯战争中，美、英、法等资本主义国家和苏联这个超级社会主义国家暂时抛弃了意识形态上的分歧，组成了有力的同盟关系。但战争一结束，两种意识形态的对立马上就演化为了世界政治格局中的主要矛盾。

在第二次世界大战中，许多杰出的反法西斯英雄同时也是彻头彻尾的反共产主义者，比如前英国首相丘吉尔、前盟军总司令艾森豪威尔、盟军最高总司令麦克阿瑟等。为了让日本加入美国为首的资本主义阵营，共同对抗苏联，麦克阿瑟等实权人物均认为保留天皇是必要的"代价"。

正是出于军事和政治上的双重考虑，华盛顿方面决定对裕仁天皇免于审判。裕仁天皇很感激华盛顿方面和麦克阿瑟的这一安排。据麦克阿瑟的回忆录所载，两人第一次会面的时候，裕仁天皇对他说："我之来见你，麦克阿瑟将军，是要把我自己交由你所代表的各个大国来裁决，我对我的人民在战争中做出的一切政治、军事决定和采取的一切行动承担全部责任。"

麦克阿瑟对裕仁天皇的"合作"颇为感动。天皇离开后，他立即找到妻子琼，想告诉她天皇长什么样子。当麦克阿瑟向她描述天皇的相貌时，琼笑着说："噢，我看见他了。我和亚瑟在红幕帘后偷看来着。"

麦克阿瑟说："这件事真滑稽可笑，但又令人高兴。"

除了让天皇免于审判，麦克阿瑟还保留了日本政府。德国投降后，纳粹政府被彻底粉碎了。美、英、法、苏从占领军中挑选军官，组成临时政府行使行政权。由于大多军官并不具备从政的能力，导致占领军政府效率十分低下。

裕仁天皇会见麦克阿瑟

· 243 ·

　　与德国的情况不同，日本投降时，政府还是完整的。于是，麦克阿瑟通过改革，架空了天皇的权力，使其职能由实际统治者变成了象征性的国家元首，而政府则成了真正的职能部门。这就是后来日本实行的议会君主立宪制政体的雏形。

　　麦克阿瑟的盟军最高司令部对以首相为首的政府下达命令时也是通过"建议"的方式进行的。这样一来，最高司令部所制订的政策就更加容易被日本民众所接受，更易于实施了。

　　与此同时，麦克阿瑟还通过遣散军事人员、销毁军事装备、粉碎军事工业体系、清洗国家机关和重要工业中的军国主义分子或极端民族主义分子、审判战犯、废除神道教，以及对日本的警察制度进行全方位的改革等方式进一步使日本实现非军事化。

　　此外，麦克阿瑟还利用大多数日本民众对民主化的向往，通过制订新宪法，建立地方政治自治机构，进行土地、劳工和教育改革等方式，大力推进日本的民主化进程。

　　麦克阿瑟所实施的一系列政策效果斐然，也颇受日本民众的欢迎。这也使得他本人成了最受日本民众爱戴的英雄之一。

第十三章

"二战" 英雄的人生败笔

一

再次在总统竞选中败北

麦克阿瑟作为同盟国最高总司令率部占领和重建日本之时,世界局势发生了很大的变化。一方面,越南、菲律宾、印度等殖民地国家相继取得了独立地位,战前的世界格局被打破,一种新的世界秩序正在逐步建立。另一方面,在世界东方颇有影响力的中国正在经历着一场史无前例的解放战争。中国共产党领导的人民解放军以摧枯拉朽之势摧毁了国民党反动政权。以苏联为首的社会阵营不断扩大,实力不断增强。

视共产主义为洪水猛兽的西方国家慌乱不已,唯恐共产主义运动扩展到全球范围。美国总统杜鲁门先后在参众两院发表总统咨文,系统地阐述了向"抵抗共产主义势力扩张"的非共产党国家提供援助的意义和具体安排。这就是被后人称之为"杜鲁门主义"的蛮横政策。一般认为,"杜鲁门主义"的诞生标志着"冷战"的正式开始。

在这种情况下,美国对日本政府的态度也愈发暧昧起来。1948年1月,时任美国陆军部长罗雅尔在旧金山发表了"要使日本成为抵挡共产主义洪流的堤坝"的著名演说。他主张"不仅要使日本独立,而且面对远东存在的新的极权主义战争威胁,日本应以强大而稳定的民主政治为基础去完成防御任务"。罗雅尔的演说标志着美国对日本占领政策的改变,美国开始利用日本的军事潜力为其亚洲战略方针服务了。

同年4月,美国国务院官员乔治·凯南在视察日本后,向马歇尔报告说:"如果确实不能取得盟国的赞同召开媾和会议,我国应在日本单独采取行动,要把日本经济重建到能够自立的程度,这样就能防止共产主义的入侵了。这一点,我和麦克阿瑟将军的意见完全一致。而且鉴于美苏关系在世界范围内正在恶化,把日本作为亚洲防共堤坝,在军事上更具有重要意义。"

随后,美国开始扶植日本。据不完全统计,在短短的几年内,美国向日本提供的援助和贷款多达20亿美元。一向仇视共产主义的麦克阿瑟也由此变成了美国"防共堤坝"政策的忠实执行者。

而此时的麦克阿瑟也在部属的恭维和日本民众的推崇下，由一名战争英雄被神话成了"在世的最伟大的人"。换句话说，他从日本天皇身上扒下的神圣外衣被他和他的崇拜者们披在了他自己的身上。麦克阿瑟的骄傲心理迅速膨胀。他曾公开说过："我现在只看得起两个人——乔治·华盛顿（美国国父，首任总统）和亚伯拉罕·林肯。"

在这种不正常的心态下，再加上一些热心的助手和国内支持者的鼓动，麦克阿瑟决定参加1948年总统竞选。这一次，他不再像参加1944年的竞选那样遮遮掩掩、扭扭捏捏了。他以东京简朴的办公室为基地，在现役军官必须遵守的法律界限内，公开进行竞选活动。

在威斯康星州，麦克阿瑟家族及其本人的威望都很高，支持他竞选的人也大多是百万富翁。不少人据此推测，麦克阿瑟在预选中胜出的概率很高。但威斯康星州的参议员乔·麦卡锡支持候选人哈罗德·史塔生，极力反对麦克阿瑟。

这位能说会道的参议员指出了麦克阿瑟两个致命的缺点。一个是他年龄比较大。这在竞选中是很不利的事情。美国民众大多都对身体虚弱的罗斯福总统在第四任总统任期内病逝耿耿于怀，也记得威尔逊总统英年早逝的事实。乔·麦卡锡说，麦克阿瑟和威尔逊、罗斯福一样"体力虚弱"，不堪重任。

另一个是麦克阿瑟离过婚。作为道德表率，总统是不可以离婚的。不管麦克阿瑟的支持者说什么，麦卡锡总是以他离过婚来回应。

一时间，对麦克阿瑟的指责之声不绝于耳，局势迅速恶化。结果，在预选中，史塔生获得了19票，而麦克阿瑟只得了8票。

这次失败意味着麦克阿瑟的竞选已经结束了。但到了6月份，共和党在费城召开全国代表大会时，有人又把麦克阿瑟列在提名人选之中。这是一次共和党全国性的候选人提名活动。投票共进行了3轮。在第一轮投票中，麦克阿瑟获得了1094票中的11票。第二轮的时候，他只得了7票。到了第三轮，他连一票也没有。结果，杜威以高票当选为共和党的总统候选人。

对爱面子的麦克阿瑟来说，这个结果无异于一个沉重的打击。在接下来好长一段时间里，他都闷闷不乐，"心情十分沉重地垂下了头"。琼对

杜鲁门

这个结果也很失望。她已经厌倦了海外生活，想早点回到祖国。儿子小亚瑟已经10岁了，但他还没有见过美国是什么样子呢！

1948年美国总统竞选，最后以杜鲁门击败杜威告终。麦克阿瑟认为，他的参选激怒了杜鲁门，并因此而遭到了报复。后来，麦克阿瑟在回忆录中以自我解嘲的口吻写道："我一点儿也没有要当国家元首的愿望，因为在治理日本期间，我已干够了这种事情。我所犯下的最大错误，是没有更坚决地拒绝置身于政治舞台，像事先预料到的那样，这一企图没成功，而唯一可以看见的效果就是那个执政的民主党对我进行了大量的政治诽谤……从那时起，报复落到我的头上就只是个时间问题了。"

不过，麦克阿瑟并没有太多时间来考虑这个问题。20世纪40年代最后两年，日本的经济已濒临崩溃的边缘，共产主义运动空前高涨。麦克阿瑟必须全力以赴地解决这些问题。为了镇压共产主义运动，麦克阿瑟于1950年6月宣布日本共产党为非法政党，予以取缔。后来，他又下令禁止发行日共机关报"赤旗报"，并在日本全国范围内禁止一切集会和游行示威。从7月份开始，他和他的占领军当局又从机关、厂矿、学校等机构中清理出共产党人及其同情者2万多名。

与此同时，麦克阿瑟还积极推动与日本单独媾和。1951年，在中、苏等国没有参加的情况下，对日和约在旧金山签署，确立了日本独立的地位，同时也正式确立了日本在政治和军事上对美国的从属关系。

二

出兵干预朝鲜半岛的内政

就在麦克阿瑟全力对付日本国内的共产主义运动之时，朝鲜半岛又出事了。朝鲜半岛原本是一个统一的国家，后于1910年被日本吞并，沦为日本的殖民地。日本战败投降后，朝鲜人民终于得到了解放。遗憾的是，在美、苏两个超级大国的主导下，朝鲜在战后成了美、苏、英、中四国共同控制的托管国，时间暂定为25年左右。

当时，美国陆军部的一位陆军上校查尔斯·博尼斯蒂尔武断地选中了北纬38度线作为分界线，将朝鲜划分为南北两个部分。北纬38度以北地区被苏联红军实际控制着，北纬38度以南则被美军控制着。就这样，超级大国人为的、漫不经心的这么一划，就把统一的朝鲜分割了。从此，南北双方产生了无休止的冲突，造成了数不清的人间悲剧。

1945年12月，美、苏两个超级大国协商后达成协议，在对朝鲜托管5年后举行全民选举，决定这个国家未来的命运。在美国的支持和策划下，南朝鲜于1948年5月10日选出了一个新的国民议会。5月31日议会开会，选举美国人推荐的李承晚博士为议会主席。议会起草了一部新宪法，并选举李承晚为"大韩民国"总统。

8月15日，李承晚宣誓就职时，麦克阿瑟还专程由日本飞到汉城出席了他的就职仪式。麦克阿瑟在讲话中谈到："隔绝南北朝鲜的人为障碍（指三八线）必将予以撤除。"

李承晚也在谈话中明确提出了"北进统一"的口号。也就是说，美国和李承晚政府解决半岛问题的方式是以"大韩民国"为基础，统一北方。

对于南朝鲜的分裂活动，北朝鲜立即针锋相对地实施了一系列措施。1948年8月25日，北朝鲜选举产生了最高人民议会。9月9日，以金日成为首相的朝鲜民主主义人民共和国成立了。到了这年年底，美苏军队先后撤出朝鲜半岛，只留下了人数不多的军事顾问团。就这样，朝鲜作为一个民族是获得了独立，但作为一个国家，却彻底分裂了。

韩国为推进"北进统一"，在美国的帮助下积极扩充军备，加紧战争准备。当年11月底，议会通过了武装部队组织法，设立了国防部。到1949年中期，韩国军队的规模已扩大到10万人，被编为8个师，大部分官兵使用的都是美式装备。

北朝鲜也不甘示弱。到1950年时，朝鲜人民军已拥有13.5万人，编为10个师，采用苏式装备，其中苏制T—34坦克150余辆、飞机180架。

1950年6月25日，南北朝鲜的全面军事冲突终于爆发了。双方互相指责对方挑起战争，己方被迫防卫。北朝鲜依靠苏制重型火炮、坦克等先进装备迅速向前推进。韩国军队抵挡不住，丢下大量重型装备，仓皇而逃。

战斗开始后6个多小时，南北朝鲜交战的消息才传到东京。起初，麦克阿瑟对这件事情似乎并不十分在意。他相信，韩国军队有美国的支持，必然能够振作起来，并坚持下去。而且，美国政府并未赋予他解决朝鲜事务的权力。他唯一的权力就是在必要的时候从汉城撤出1500名美军。

当时正在日本访问的美国国务卿顾问杜勒斯并不这样想。他马上致电国务卿艾奇逊，声称："如果韩国人无力阻止这次进攻，应动用美国军队，哪怕会招致苏联人的反击。"

美国政府迅速作出反应，公开支持韩国。6月26日，美国政府操纵联合国安理会，通过决议谴责"北朝鲜军队对韩国发动的武装进攻"；呼吁交战双方立即停火；同时要求所有成员国为执行这一决议"提供一切帮助"。

第二天，杜鲁门主持召开了国家安全会议。随后，参谋长联席会议向麦克阿瑟发去了第一号指令。指令内容包括，赋予麦克阿瑟指挥在朝美军一切行动的权力，向韩国提供必要的援助，动用包括海军、空军在内的武装力量，以确保美国人安全撤离韩国。

紧接着，美国又操纵联合国安理会，再次通过决议要求成员国向韩国提供一切必要的援助以"击退武装进攻"。随后，美国总统杜鲁门发表声明，宣布美国参战。随即，参谋长联席会议向麦克阿瑟下达了第二号指令："为了直接支援韩国军队，要以远东海、空军攻击越过三八线的北朝鲜军队。行动的目的是，把北朝鲜军队从韩国赶出去。"

美国直接参战的目的并不真的是帮助韩国，而是借此遏制共产主义运动的发展。正如美国学者韦格利后来指出的那样："在共产党和非共产党世界之间的边界上，很难再选到一个比北朝鲜更好的地方，作为利用美国军事力量挫败共产党军事冒险的战场了。"

南北朝鲜交火的第四天，即6月28日，朝鲜人民军已攻下汉城。麦克阿瑟终于意识到了事态的严重性。他立即行使参谋长联席会议赋予他的权力，在韩国设立以约翰·查奇为首的前线指挥部，负责指挥美国海军、空军作战，并为韩国军队提供一切必要的援助。

6月29日上午，麦克阿瑟又不顾助手们的反对，毅然飞往战场，了解战局。此次韩国之行，他亲眼看到了韩国军队不堪一击的现实情况。开战仅仅5天，10万人的部队就被打散了，只有1万余人还能与总司令部保持联系，其余的全都不知去向。他认识到："韩国的军事力量已经耗尽……他们即使得到空军和海军的支援，也不可能阻止敌人的迅猛攻势。"

麦克阿瑟飞回东京后，立即给时任陆军总参谋长柯林斯发电，声称："守住目前防线并在今后确保夺回失地的唯一办法，就是向朝鲜战场派出美国地面战斗部队……我建议立即派一个团的战斗部队增援上述至关重要的地区，如有可能，再从驻日部队中抽调两个师的兵力，及早做好反攻准备。"

6月30日，参谋长联席会议向麦克阿瑟下达了第三号指令：可以派有限的地面部队到韩国，主要任务是确保通信联络畅通，保卫釜山港和飞机场；可以用海、空军攻击北朝鲜，但不得接近中国和苏联边境。

在随后召开的国家安全会议上，杜鲁门又批准了麦克阿瑟的要求：从驻日美军中抽调两个师的兵力投入朝鲜战场；同时决定，使用海、空军力量封锁北朝鲜海域。

此时，驻日美军共11万人，大部分归属沃尔顿·沃克中将指挥的第八集团军。该集团军下辖四个不满编师，即第一骑兵师，第七、第二十四、第二十五师，还有7个防空营。

麦克阿瑟接到指令后，立即命令由威廉·迪安少将指挥的第二十四师分乘飞机、运输船开赴前线。7月1日，第二十四师先遣支队抵达釜山，并开往大丘前线。随后，第二十四师主力部队陆续抵达。

7月5日，第二十四师先遣支队与朝鲜人民军在汉城以南的乌山地区遭遇。美军不敌，仓皇后撤。美军刚到战场就吃了大亏，这让麦克阿瑟大为震惊。他和很多指挥官原本以为，朝鲜人民军纯属乌合之众，根本不是美军的对手。现在看来，他错了！

出任"联合国军"总司令

美军在朝鲜遭遇第一次失败后，麦克阿瑟立即向华盛顿报告：朝鲜人民军可以和上次大战中任何优秀的军队相媲美。釜山阵地很难守住，要打赢朝鲜战争光靠第八集团军是远远不够的。所以他请求再派出一个拥有4～5个满员师的集团军、1个空降兵团、3个坦克营，以及飞机、军舰等其他装备，实施海陆空立体作战和两栖登陆战，以便击败朝鲜人民军。

美国政府为防止苏联"声东击西"，不得不严密监视欧洲方面的动静，并未理会麦克阿瑟的请求。7月7日，美国操纵联合国安理会通过了组建"联合国军"的决议。次日，麦克阿瑟被任命为"联合国军"总司令。

无奈的麦克阿瑟只好紧急调第一骑兵师和第二十五师赴朝作战，只留下第七师担任日本本土的守备任务。麦克阿瑟再次请求华盛顿增援，在信中毫不掩饰他的愤怒，使用强硬的措词，说如不给援兵，巴丹的悲剧就会重演……

这次华盛顿有了答复，在强调欧洲军事地位的重要性后，答应满足他的部分要求，同意增派陆军第二师、海军第一陆战旅和3个坦克营赴朝增援。至此，美军赴朝部队已达4个师、1个旅和3个坦克营。麦克阿瑟任命第八集团军司令沃克将军为驻朝美军总司令，统一指挥美军和韩国部队。

这时，美军情报部门获悉，中国人民解放军准备解放台湾。美国政府悍然干涉中国的内政，于7月27日命令麦克阿瑟将他的第七舰队开往台湾海峡。4天后，麦克阿瑟又带着一个由16人组成的盟军总司令部代表团前往台湾，给蒋介石打气。美国这种干涉中国内政的霸权主义行径使台海问题进一步复杂化了，立即遭到了中国人民义正词严的谴责。麦克阿瑟的英雄形象也在世界热爱和平的人民心中大打折扣。

在朝鲜半岛，美军的参战并未扭转战局。麦克阿瑟不得不再次向华盛顿求援，并策划了仁川登陆战役计划。9月中旬，美军以为第一陆战师、第七师为基干，外加部分韩国、英国等国少量部队，组成总兵力为7.5万人的第十军，在260艘军舰和500多架飞机的支援下，发动了仁川登陆战。

在所谓的"联合国军"和韩国军队的猛烈攻击下，朝鲜人民军被迫后撤。9月26日，人民军主力撤到三八线以北。第二天，参谋长联席会议向麦克阿瑟发出指令：如中苏两国未派大部队入朝作战，即可"摧毁北朝鲜的武装力量，如可能，在朝鲜建立统一的民主国家。为达到此目的，授权你在三八线以北进行军事行动"。

9月29日，美军进抵三八线。两天后，麦克阿瑟向朝鲜人民军发出劝降书，同时向第八集团军下达了越过三八线的命令。

美军的行动激怒了热爱和平的中国人民。9月30日，周恩来总理在庆祝国庆大会上发表演说，对美国提出严正警告："中国人民决不能容忍外国的侵略，也不能听任帝国主义对自己的邻居肆意侵略而置之不理。"

10月2日，根据朝鲜政府的请求，中国政府作出重要决定：以中国人民志愿军的名义派兵支援朝鲜，抗击以美国为首的"联合国军"发动的侵略战争。次日，中国政府通过印度向美国递交了照会，表达了和平解决朝鲜问题的意愿。

杜鲁门过低估计了中国人民的决心和力量，他把中国的严正警告说成是"虚张声势""政治讹诈"，拒绝接受和平解决朝鲜问题的建议，坚持要用武力占领全朝鲜。

10月7日，美国操纵联合国通过了所谓的"八国议案"，授权"联合国军"跨过三八线，占领北朝鲜。

10月9日，参谋长联席会议又给麦克阿瑟下了一道命令：只要有获胜的可能，就可以继续采取军事行动，但不得对中国境内的目标采取行动。同日，麦克阿瑟向朝鲜人民军发出劝降的最后通牒，遭到严辞拒绝。麦克阿瑟随即命令第八集团军大举向北方进犯。至此，战争进一步升级了。

10月中旬，美军和韩国军队挺进到中朝边境鸭绿江。10月19日，中国人民志愿军4个军和3个炮兵师秘密渡过鸭绿江，开始支援朝鲜人民抵抗侵略。中国人民志愿军的参战立即扭转了战局。一名美国作家后来这样写道："局势很快就明朗了，'联合国军'遭遇的是第一流的军队。令人吃惊的是，中国人纪律严明，指挥有方。沃克的第八集团军被打得晕头转向，很快开始全线后撤。"

到12月2日，中朝军队已经攻到肃川、顺川和成川一线，平壤已近在咫尺。被截在东线的美、韩军队正在拼死突围。两天后，麦克阿瑟不得不下令放弃平壤，向三八线退却。

麦克阿瑟的大溃退立即引起了国际、国内舆论的强烈指责。英、法、荷等国指责美国刺激了中国出兵。各国当局一致认为，当前约束美国比约束中国更为重要。而一直把麦克阿瑟捧为军事天才的美国民众也在此时批评他在军事上的无能。《时代》周刊说，"这是美军历史上最惨重的失败"。《纽约先驱论坛报》说，这次溃退是一次"严重的军事错误"，它表明麦克阿瑟"已不再是军事领域里的最高权威了"。

12月23日，第八集团军司令沃克将军在车祸中丧生。根据麦克阿瑟的推荐，华盛顿任命马修·李奇微中将接任第八集团军司令。圣诞节过后，李奇微飞到韩国就职。在汉城，他向李承晚保证："总统先生，很高兴能到朝鲜这个地方来，我是要长期留在这里的。"

但在随后的几天里，这位司令发现，"联合国军"士气低落，全无斗志。他说："这是一支惊慌失措的部队，对自己、对上司都失去了信心，不清楚自己来干什么，老是盼着能早日回家。"

战局的发展让华盛顿方面对战争的前景产生了深深的忧虑。由于美国的既定国际政策是把重心放在欧洲，不能在亚洲陷入一场旷日持久的战争。如果局势进一步恶化，不但朝鲜保不住，甚至连日本也会丢掉。因此，政策的制订者们开始考虑：把战争限制在朝鲜半岛，不再派任何增援部队。把战线稳定在三八线附近，顽强防守，尽可能多地杀伤敌人，直至其筋疲力尽，放弃战斗为止。如果能达到目的，就寻求达成停火协议，使朝鲜恢复到1950年6月以前的状况。如果达不到目的，就只能撤出第八集团军，前去保卫日本。

12月29日，参谋长联席会议将华盛顿方面的意图电告麦克阿瑟。接到电报后，麦克阿瑟非常沮丧。他立即回电，要求华盛顿强化对中国大陆的经济禁运，用空军摧毁东北和沿海的工业中心、交通枢纽、补给基地等，

马修·李奇微

接受台湾国民党军队入朝作战，支持蒋介石反攻大陆。

麦克阿瑟的建议实际上就是进一步扩大战争规模。显然，这不符合美国的既定政策和国家利益。因此，华盛顿方面指示他先按12月29日的指示精神办。

1951年元旦前夜，中朝军队迅速突破三八线，向前推进。汉城、仁川等战略要地相继被攻破。狗急跳墙的美军甚至想到了使用原子弹。战后的资料显示，麦克阿瑟也参与了使用原子弹的密谋，而且提出了最少使用16颗原子弹的具体建议。

四

兵败朝鲜半岛，黯然离职

1951年初春时节，李奇微利用中朝军队休整之机发动了新的攻势。3月15日，"联合国军"攻占汉城，并很快把战线稳定在了三八线附近。

华盛顿方面认为，把中国军队赶出北朝鲜是不可能的。既然已经保住了面子，就必须趁这个机会寻求停火。否则的话，以后就很难再有这么体面的机会了。因此，国务卿艾奇逊和他的顾问们，同联合国有关成员国协商后，起草了一份准备由总统发表的声明，呼吁实现停火，为全面解决朝鲜问题开辟道路。

3月20日，参谋长联席会议通知麦克阿瑟："由于侵略者从南朝鲜大部分地区已被赶出去，近日国务院准备请总统出面宣布，联合国准备讨论解决朝鲜问题的条件。联合国一直坚持这样的看法，即在使用大部队向三八线以北推进之前，应为和平解决争端作进一步外交上的努力。"

麦克阿瑟爆发了，他认为这是对他个人和美军的侮辱。在他看来，战争不是胜，就是负，从来不存在不败不胜的局面。如果这样的话，势必使"一个参加了战争又不能坚持到胜利的大国，终将承担同战败一样的后果"。

3月24日，麦克阿瑟擅自发表了与美国政府观点截然对立的公开声明。声明的内容和挑衅性的语句看起来更像是对中国发出的最后通牒，似乎在暗示美国正在准备扩大战争规模。他的声明发表后，英、法等国立即向华盛顿提交照会，质疑美国政府的真实意图。

这一下，麦克阿瑟捅了娄子。杜鲁门以及他的高级顾问马歇尔、艾奇逊、布莱德雷等对军政界影响巨大的人物一致认为，应该免除麦克阿瑟的一切职务。4月9日，在征询了军政界高层的意见之后，杜鲁门总统终于下定决心，解除麦克阿瑟的职务，由马修·李奇微中将接任。

4月11日凌晨，杜鲁门总统指示他的新闻秘书约瑟夫·肖特举行了一次特别的记者招待会。肖特在会上散发了几份文件，第一份文件宣布了令人震惊的总统命令：解除麦克阿瑟的职务。第二份文件是杜鲁门发给麦克阿瑟的：

我深感遗憾的是，我不得不尽我作为总统和美国武装部队总司令之职，撤销你盟军总司令、联合国军总司令、远东美军总司令和远东美国陆军总司令的职务。

你的指挥权应交给马修·李奇微中将，此令立即生效。你有权发布为到达你选择的地点而必需的命令。关于撤换你的原因将在向你发布上述命令的同时向社会公布。

消息传到东京时，麦克阿瑟正和妻子陪着一帮客人进餐。他的副官锡德·赫夫匆匆赶到餐厅门口，一脸愁容，两眼噙满泪水，似乎随时会哭出声来。

琼看见这情景，就悄悄地走上前去询问。赫夫把听到的消息跟琼说了。琼回到餐桌旁，轻轻拍了拍丈夫的肩膀，然后俯身在他耳边轻声说了几句话。

麦克阿瑟的表情很淡定，缓缓道："琼，我们终于要回家了。"

4月16日早上，麦克阿瑟一家离开住了5年多的美国大使馆，前往厚木机场。成千上万的士兵、警察和市民赶来为他们送行。人们挥着手，高声呼喊着，有的还流下了眼泪。后来，麦克阿瑟在回忆录中如是表达当时的心情："像这样，不久前还在交战的伟大国家的人民，对以前敌国的司令官能表现出这样的崇敬之情，恐怕在历史上是没有先例的。"

麦克阿瑟一家乘坐私人飞机"巴丹号"取道檀香山，于17日深夜抵达旧金山。当飞机抵达旧金山上空的时候，麦克阿瑟透过舷窗俯瞰着城市的灯火，满怀激情地对13岁的亚瑟说："好了，我的孩子，我们终于回家了。"

当时虽然是深夜，但仍有数千名代表前来欢迎他们的英雄。人们站在道路两旁，大声呼喊着麦克阿瑟的名字。麦克阿瑟激动极了，不停地向人群挥手。从机场到他们下榻的宾馆只有22公里的路程，若在平时，20分钟的时间就足够了，但他的车队却行驶了两个小时之久。

4月19日凌晨，麦克阿瑟一家飞到华盛顿。他受邀到国会发表演说。将军身穿人们熟悉的军服，偕同家人，像新当选的总统去上任一样，乘汽车前往国会山。成千上万的群众站在人行道上向他欢呼。一些参议员和众议员们出来迎接他，把他带到众议院大厅。

为了让更多的人看见麦克阿瑟，听见他的声音，国会还破例允许使用摄像机。据说，那天大部分没能到国会外面旁听的美国人都守在电视机旁，生怕错过这一具有历史意义的时刻。

12点30分，当麦克阿瑟登上讲坛时，众议院大厅里立即响起了热烈的掌声。当掌声平息下来以后，他开始发表他那著名的演说。他在演说中回顾了东亚的形势，介绍了他建议采取的咄咄逼人的政策。他的声音富有磁性，手势也非常到位，感染了在场的每一个人。

他的演说耗时34分钟，中间被掌声打断了30次。很多人听着听着，情不自禁地流下了眼泪。在演说结束的时候，他说："我52年的戎马生涯就要结束了。当本世纪开始之前我参加陆军时，我孩童时的全部希望和梦想便实现了。自从我在西点军校虔诚地宣誓以来，世界已是几经沧桑，心中已不再有希望和梦想。但我仍然记得那时最流行的一首军营歌曲中的两句，歌中非常自豪地唱道：'老兵们永远不死，他们只是悄然离去。'像那首歌曲中唱到的老兵一样，我是一名在上帝指引下尽心尽职的老兵，现在结束了我的军事生涯，悄然离去。再见！"

五

生命的最后几年

作为陆军五星上将，麦克阿瑟永远保留"现役"，每年享受近1.9万美元的固定津贴和政府提供的交通工具、办事人员等待遇。五角大楼还专门给他保留了一间办公室。

国会中的共和党议员和一些反对杜鲁门的民主党人士也开始要求彻底调查麦克阿瑟被撤职之事。最后，参议院通过决议，由武装力量委员会和外交关系委员会抽调人员，组成联合调查委员会，秘密进行调查。但调查委员会必须每天向新闻界公布经过审查的调查公报。

调查从5月3日开始，一直到6月25日才结束。调查委员会收集了数百人的证言，数百万字的证词。有人支持杜鲁门，有人支持麦克阿瑟，双方各执一词，辩论十分激烈。为避免引起混乱和党派之争，联合调查委员会只好把调查情况如实汇报给国会，并通过新闻界向公众发布，而没有做出任何带有倾向性的结论。

这次调查事件把麦克阿瑟推向了舆论的巅峰。他也趁机投入到了政治活动中，企图参加1952年的大选。他在全国进行巡回演说，会见各界知名人士，"对政府进行讨伐"。像所有共和党人一样，他把矛头对准杜鲁门政府，攻击他们贪污腐化、道德败坏，对敌人软弱无能，对外政策"胆小怕事"……

不过，麦克阿瑟的演说并没有给他带来任何政治声誉。此时，人们已经冷静下来，开始理解杜鲁门政府的对外政策。美国需要和平，民众需要和平，对外采取克制的态度，不扩大战争才是正确的选择。

而麦克阿瑟因违抗命令被撤职的真相和好战态度也开始被人们所了解，他对杜鲁门政府无中生有的攻击也使得他那顶"英雄"的桂冠渐渐失去了光彩。

结果，在1952年共和党总统候选人的预选中，麦克阿瑟只得到了10

票。他的两名竞争对手，艾森豪威尔和塔夫脱分别得到了614票和500票。就这样，麦克阿瑟的总统梦再一次破灭了。在当年的大选中，他的前副官艾森豪威尔最终获得了胜利，成为了新一任总统。

从此以后，麦克阿瑟慢慢地淡出了公众的视野。1952年8月1日，他听从老朋友詹姆斯·兰德的劝告，接受了兰德公司的聘请，出任薪俸很高，但只挂名不办事的董事长职务。一家人安静地住在纽约市沃尔多夫·阿斯特利亚旅馆里，过着隐居般的生活。

1961年7月，在隐居近9年之后，麦克阿瑟应菲律宾政府的邀请，偕夫人前往马尼拉参加菲律宾独立15周年纪念活动。当他穿着人们熟悉的军装，戴着墨镜出现在马尼拉的时候，100多万菲律宾人向他表达了最诚挚的敬意。这是菲律宾有史以来人数最多的一次集会。

1962年5月，麦克阿瑟应邀来到了他的母校，接受军校的最高奖赏——表彰为国服务优异的西尔韦纳斯·塞耶勋章。在授勋仪式上，他发表了最后一次感人的演讲。他在演讲即将结束时说道：

我的生命已经走到了黄昏，暮色已经降临，往日的风采和荣誉也已经消失了。它们带着最后的光辉，随着我往日对事业的憧憬一起消失了。对往日的回忆虽然饱含辛酸的泪水，却又是那么美好，使我感到亲切和宽慰。我徒然侧耳倾听着，渴望听到起床的号角——那微弱而迷人的旋律，以及远处战鼓急促敲击的动人节奏。

在梦中，我依稀又听到大炮在轰鸣，听到步枪在作响，听到战场上那陌生、哀伤的痛苦呻吟。然而，回忆经常将我带回到西点军校，回到我的母校。我的耳畔常回响着，反复回响着这样的声音：责任、荣誉、国家。

今天或许是我同你们一起进行的最后一次点名。但我希望你们知道，当我最后离去时，心中想到的一定是你们学员，学员，还是学员。

我向大家告别了。

1964年4月5日下午2点30分，麦克阿瑟在饱受胆结石的折磨后，悄然离开人世，结束了他辉煌而又饱受争议的一生。

他最后决定，死后葬在弗吉尼亚的诺福克——母亲出生的地方。诺福克市向麦克阿瑟提供了一片拥有4栋建筑的正方形街区。他被安葬在大穹顶下的地下墓穴里，就像他心目中的英雄拿破仑一样。他的文章和战时下达的命令也被永远地保存在了同一地点。

二战风云人物

World War II

Figures

血胆将军
巴 顿

鸿儒文轩 编著

中国书籍出版社
China Book Press

图书在版编目（CIP）数据

血胆将军——巴顿 / 鸿儒文轩编著 . —北京: 中国书籍出版社，
2012.10
ISBN 978-7-5068-3188-8

I . ①血… Ⅱ . ①鸿… Ⅲ . ①巴顿，G.S.(1885~1945)– 传记
Ⅳ . ① K837.125.2

中国版本图书馆 CIP 数据核字 (2012) 第 211946 号

血胆将军——巴顿

鸿儒文轩　编著

图书策划	崔付建　武　斌
责任编辑	王文军
责任印制	孙马飞　马　芝
出版发行	中国书籍出版社
地　　址	北京市丰台区三路居路 97 号（邮编：100073）
电　　话	（010）52257143（总编室）（010）52257140（发行部）
电子邮箱	eo@chinabp.com.cn
经　　销	全国新华书店
印　　刷	三河市华东印刷有限公司
开　　本	710 毫米 × 1000 毫米　1/16
字　　数	252 千字
印　　张	17
版　　次	2012 年 11 月第 1 版　　2018 年 5 月第 5 次印刷
书　　号	ISBN 978-7-5068-3188-8
定　　价	45.00 元

·前言·

第二次世界大战是人类历史上规模最大、战斗最为惨烈、影响最为深远的一场战争。在这场法西斯与反法西斯的较量中，参战双方涌现出了许多风云人物。他们或为法西斯卖命，成了遗臭万年的战争罪犯；或为了国家和民族的自由而奋战，成为名传千古的英雄。美国著名四星上将、一代战神巴顿无疑是第二次世界大战舞台上最富传奇性的风云人物之一。

巴顿的一生充满了戏剧色彩。他出身贵族之家，虽自幼便受到了良好的教育，但却养成了粗鲁、野蛮的性格，甚至连潘兴将军都谴称他为"美军中的匪徒"；他训练部队十分严厉，有时候还会动手殴打士兵，但在生活上又十分关心士兵，就像对待自己的孩子一样；他是军事上的天才，作战勇猛顽强，指挥果断，富于进攻精神，善于发挥装甲兵优势，实施快速机动和远距离奔袭，被誉为"铁血豪胆"将军，但在政治上却十分幼稚，曾多次因为言行不慎而捅了天大的娄子……

正所谓"人无完人"，虽然巴顿的身上有这样或那样的缺点，但有一点却是毋庸置疑的，他是一名出色的军事家和指挥家。艾森豪威尔称赞他有"非凡而又残酷的推动力"。更有人盛赞他为"一位统率大军的天才和最具进攻精神的先锋官"和"20世纪的拿破仑"。甚至连败在他手下的德军将领赫尔曼·巴尔克将军也不得不承认他是"第二次世界大战中杰出的战术天才"。

以往的传记作家在为其立传之时，往往仅写他的政治、军事生涯和重要功绩，而忽略了他的家庭背景、生活经历、恋爱婚姻，甚至故意剔除其性格上的瑕疵与人生的败笔。如此一来，就使得人物过于单薄，传记也有失客观公正。

本书在考证大量历史资料和细节的基础之上，以全新的视角，从巴顿所处的特殊家庭和社会环境之中叙述了他的成长轨迹和心路历程。希望他的成长经历以及编者的评论能给广大读者带来一些启发，引起广大读者的思考。由于编者的水平有限，书中难免存在谬误与不足之处，请广大读者批评指正！

· 目 录 ·

目录

· 第一章 ·

贵族之家的宠儿

一

出生于贵族之家

美国是一个年轻的移民国家。在哥伦布发现这片新大陆之前，只有印第安人安静地生活在这片辽阔的土地之上。伴随着新大陆的发现，大批欧洲人怀着狂热的"黄金梦"涌到北美。到 18 世纪中叶，这里已经形成了 13 个英国殖民地。来自欧洲各国的居民们经过长期的融合，逐渐形成了一个新的民族——美利坚。

在移民大潮中，一名叫罗伯特·巴顿的苏格兰人也来到了 13 个殖民地之一的弗吉尼亚。据说，他的祖上原是苏格兰东部亚巴登的地主，家境颇为殷实。至于他为什么要不远万里来到新大陆，现已无据可查。罗伯特个头不高，但相貌英俊；脾气粗暴，但诙谐幽默。总体而言，他是一个风度翩翩的帅小伙，很受姑娘们的欢迎。

1771 年，罗伯特在弗雷德里克斯堡的一家农场找了份工作，当上了契约工。契约工生活在社会的底层，生活相当艰辛。幸运的是，这位帅气的小伙子得到了富家千金安妮·戈登·摩塞的青睐。两人结婚之后，罗伯特夫以妻贵，得以跻身上流社会。

安妮的父亲休·摩塞于 1725 年出生于苏格兰，22 岁时随着移民大潮来到了英属美洲。摩塞和后来成为美国国父的乔治·华盛顿是好朋友，并深受其影响。在英国对法国在北美殖民地的远征战争中，摩塞曾跟随英军将领布莱多克将军南征北战。

18 世纪末，随着民族意识的觉醒，美利坚人开始寻求民族独立之路。1774 年，来自 13 个州的代表聚集在费城，召开了第一次大陆会议，试图以和平的方式摆脱英国的殖民统治。但英国怎么会如此轻易地答应美国独立呢？于是，一场轰轰烈烈的战争开始了。在这场战争中，摩塞和自己的好朋友华盛顿一起领导大陆军同英军作战。由于作战英勇，摩塞被授予准将军衔，成为大陆军的将军之一。在著名的特伦顿袭击战中，摩塞身先士卒，表现出军人的大无畏精神！不幸的是，这位英勇的将军随即在普林斯顿之战中身负重伤，终因伤重不治而亡。

在整个独立战争期间，为了美利坚民族的自由与独立，无数勇士像摩塞将军一样，献出了自己的生命。但大陆军并没有因此而放弃战斗，他们前仆后继地战斗着，终于赢得了战争胜利。美国顺理成章地摆脱了英国的殖民统治，获得了独立的地位，摩塞将军也成为了美国最著名的英雄之一。摩塞和巴顿家族更是将他视为家族神圣信条的化身，他的后继者牢牢记着这样的信条："摩塞，勇敢战斗！不要辱没家族的荣誉！不要玷污我们古老的姓氏！"

有趣的是，巴顿家族信守这一信条远比摩塞家族要坚定得多！在随后的上百年时间里，巴顿家族中涌现了好几个出色的职业军人。出生于1831年的乔治·史密斯·巴顿是弗吉尼亚军事学院的优秀毕业生。在南北战争期间，乔治·史密斯·巴顿也死在了战场之上。

在殖民地时期，美国南北方走上了截然相反的发展道路。北方是工业中心，南方则是农业基地。随着南方种植园的扩张，劳动力严重不足，于是欧洲殖民者不得不寻找劳动力来源。在这种背景下，西班牙和葡萄牙人率先展开了罪恶的黑奴贸易。西欧其他国家也紧随其后，通过暴力猎取或以廉价的工业品换取战争俘虏等方式获取黑奴，而后将其贩卖到新大陆。黑奴在南方种植园主的控制下，像牲口一样活着，境遇十分悲惨。由于黑奴这种极其廉价的劳动力存在，南方种植园发展很快。种植园主的野心也进一步膨胀，企图掠夺西部大片的荒地。

不过，北方的发展道路则截然不同。工业的迅速发展使得资本家想尽一切办法来获取廉价劳动力和商品倾销市场。庞大的黑奴团体自然而然地进入了他们的视野。因此，他们极力主张废除奴隶制，为自由资本主义的发展铺平道路。

在独立战争时期，美国著名的政治家富兰克林和杰弗逊等人就提出废除奴隶制。美国独立后，北部各州先后废除黑人奴隶制。但南部诸州由于棉花种植业的迅速发展，种植园奴隶制不断扩大，威胁着美国人民的民主权利。19 世纪 20 年代前后，废奴运动组织在美国开始出现。随后，美国国内掀起了废奴运动。与此同时，南方的种植园主和矿山主为了自身的利益，极力反对废奴。

废奴与反废奴的势力就这样此消彼长地对峙着，终于在 1861 年导致了南北战争的爆发。在南北战争期间，南北方的军队中均产生了许多战斗英雄。乔治·史密斯·巴顿就是南方军队中的英雄人物。乔治·史密斯·巴顿顽固地站在种植园主的立场上，坚决反对废奴运动。战争爆发前，他就凭借出色的军事才能，组织了一支被称为"卡拉哈来福枪队"的志愿兵，专门镇压奴隶起义。

南北战争爆发后，乔治·史密斯·巴顿便率部加入了南部同盟军，任弗吉尼亚第二十二步兵团下属一个连队的连长，后晋升为第二骑兵团上校团长，屡建战功。1864 年 9 月，乔治·史密斯·巴顿在第三次温切斯特之战中不幸阵亡。

在副官的大力帮助下，乔治·史密斯·巴顿使用的战马、马鞍，以及军刀均被送到了这位团长的家中。尽管南方奴隶制在当时的历史条件下看来属于没落的制度，但从一个职业军人的角度来看，他能够以死捍卫自己的信仰，也算是以身殉职。乔治·史密斯·巴顿的几个兄弟均是弗吉尼亚军事学院的毕业生，并且全部参加了南部同盟军。此外，他的几位表兄弟也在南部同盟军中供职。

他们英勇作战以及为信仰而献身的精神被家族当成传奇故事传承了下去。乔治·史密斯·巴顿的妻子苏珊·铎登·格蕾瑟在丈夫死后带着4 个孩子离开了饱受战火摧残的家园，千里迢迢地来到了加利福尼亚州的洛杉矶。南北战争最终以北方的胜利而结束了。战争带给巴顿家族的除了失败的耻辱之外，还有孤儿寡母艰辛的生活。在度过了几年艰苦的生活之后，格蕾瑟于 1871 年嫁给了乔治·休·史密斯。乔治·休·史密斯是乔治·史密斯·巴顿的表弟，也参加过南方同盟军。他十分同情表兄留下的孤儿寡母。他以男人博大的胸怀接纳了这些可怜的母子。

这位坚强的女性给长子乔治·威廉·巴顿改名为乔治·史密斯·巴顿。她这样做的目的一方面是为了纪念死去的前夫，一方面是为了对现任丈夫表示感恩。这是巴顿家族中第二个叫乔治·史密斯·巴顿的人。

他出生于 1856 年，长得眉清目秀，十分招人喜欢。更加难能可贵的是，他口齿伶俐，颇具辩才。在他 13 岁那年，洛杉矶的一家报纸便称他为"中学生中具有伟大魅力和温文尔雅的辩士"。

在父亲和继父的影响下，逐渐长大的乔治·史密斯·巴顿也选择了军旅之路。长大后，他返回弗吉尼亚，进入了父亲的母校弗吉尼亚军事学院学习。在军校，他的成绩相当好，曾担任头号学员干部——学员副官。毕业后，他曾留校任教一年，教的课程是法语。1878 年，乔治·史密斯·巴顿回到了洛杉矶，在一家律师事务所当律师。不久，他又迁居圣加布里埃尔。

年轻的乔治·史密斯·巴顿比祖先罗伯特更加幸运，加利福尼亚富翁本杰明·戴维斯·威尔逊有两个女儿同时爱上了他。本杰明原本是一个贫穷的贵族，当过猎手、商人、小店主等，经过多年的艰苦创业，最终成为洛杉矶首屈一指的富翁。洛杉矶建市之后，他还被选举为第一任市长。他的女儿们都受过良好的教育，是典型的贵族淑女。在姐妹俩的爱情争夺中，三小姐露丝·威尔逊获得了胜利。不久，她便和乔治·史密斯·巴顿结了婚。

1884 年，乔治·史密斯·巴顿被选举为洛杉矶的地方检察官。次年 11 月 11 日，他的第一个孩子出世了。和大多数贵族家庭一样，露丝用孩子的祖父和父亲的名字给长子命名为乔治·史密斯·巴顿。为了加以区别，大家称他为小巴顿，称他的父亲为大巴顿。小巴顿便是在第二次世界大战时期叱咤风云、驰骋战场的美国四星上将巴顿将军。

出生在这样一个贵族家庭是幸运的。天生的贵族血统带给巴顿的不仅是贵族出身，还有一种与生俱来的贵族精神！据说，巴顿的祖母苏珊不仅与美国国父乔治·华盛顿的直系亲属威廉·铎登家族有着非常亲密的血缘关系，而且与英格兰国王爱德华一世及他的妻子法国公主玛格丽特还是亲戚。

从这一点来看，巴顿的出身确实与众不同，可谓贵族之家的宠儿。事实上，巴顿一生都为自己的血统而感到骄傲。他非常崇拜自己的祖先，尤其是祖父。他时常将祖父幻想成一个十全十美的骑士，并想象着他就在世界的某个角落注视着自己。因此，他时刻敦促自己努力向上，以祖先们的标准检验自己的言行，力争有资格继承巴顿家族的传统。在成年后，他曾这样写道："我的祖先一直在敦促我奋进。如果稍有迟疑，我就可能玷污家族的血统。"

二

父亲的精心培养

巴顿虽然出生在贵族之家，但也无法避免全部的人间疾苦。他出生后不久就得了一场大病。年轻的父母着急坏了，几乎衣不解带地在床前照顾着儿子。他的保姆玛丽·斯卡利看着虚弱的巴顿，甚至担心他活不了几个月。幸运的是，在医学并不发达的时代，襁褓里的巴顿靠着自身的抵抗力战胜了病魔。他不仅活了下来，而且还逐渐长成一个健康强壮、充满活力的男孩。

为了父亲工作的方便，在巴顿大病痊愈之后，他们便举家迁入了洛杉矶市。两年后，巴顿家又添新丁，母亲露丝给女儿取名为安妮。不过，家人通常以她的昵称尼塔或安尼塔称呼她。巴顿和安尼塔在父母的照顾下，快乐地成长着。他们的父亲大巴顿非常喜欢这一对儿女，尤其是儿子，因为巴顿的身上寄托着继续发扬家族优良传统的梦想。

大巴顿认为，农场是培养美国式绅士的最佳场所。所以，尽管他们全家都住在市区，但巴顿童年的大部分时光都是在外公的农场里度过的。威尔逊的农场位于雷克维尼亚德，距离洛杉矶市区约20公里。农场的环境十分优美，具有典型的西部草原风光。地势平缓的大平原一望无际，远处是翠绿的圣盖布里尔山。在农场的边缘上有一座古老的圣公会教堂。每到周末的时候，当地人便从四面八方涌来，到这里来祈祷、做弥撒。每每这个时候，大巴顿便会带着妻儿来到岳父的农场度假。

大巴顿和儿女的关系十分融洽，他们就像朋友一样相处着。他会带着巴顿和安尼塔到河边去钓鱼、划船，到农场里骑马、打猎……和大多数男孩子一样，巴顿十分喜欢玩军事游戏。弗吉尼亚军事学院毕业的大巴顿也希望儿子能继承家族的传统，成为一名优秀的军人。因此，他也有意培养儿子的军事意识和才能。

大巴顿给儿子和女儿一人买了一件订有铜扣子的蓝色水手服。每天早晨起床的时候，巴顿都会和妹妹争论一番。安尼塔说自己是少校军衔，而巴顿则说自己的军衔是大兵。在巴顿看来，大兵这一"军衔"要比少校高得多！安尼塔虽然不知道两者谁高谁低，但难免要和哥哥争论一番。

每当这个时候，只要大巴顿以标准口令喊"立正！保持肃静！"，两个小家伙便会立即以立正的姿势安静下来。

大巴顿又接着喊道："敬礼！大兵巴顿和少校安尼塔早上好！"

兄妹俩学着父亲的样子，有模有样地举起右手，向父亲打敬礼，并大声喊道："爸爸将军早上好！"

大巴顿接着宣布说："好，现在进行今天的第一项军事课目，早餐！"

巴顿兄妹立即答道："是，长官！"

然后，他们便会乖乖地根据"将军"的命令到餐厅去找保姆玛丽，让她安排早餐。大巴顿站在孩子们的身后，看着他们天真可爱的身影，情不自禁地微笑起来。

早餐过后，大巴顿又会领着孩子们在农场里东奔西跑，玩打仗的游戏。大巴顿为儿子削了一把木剑。那一天，他从篱笆里抽出一根木条，用自己的军刀认真地削了起来。不一会儿，一把带十字护手的木剑便做好了。露丝也兴致勃勃地参加了这项活动，她给儿子的木剑做了一个坚硬的剑鞘。

巴顿把木剑插进剑鞘，整天背在背上，跟着"爸爸将军"在农场里"行军"。大巴顿教儿子如何构筑堡垒，如何排兵布阵。巴顿对这些事情总是特别感兴趣，学得也特别快。大巴顿看在眼里，心里十分高兴。

巴顿稍微长大一些之后，大巴顿不再给儿子用木头制造"武器"了，而是把真刀实枪当作礼物送给儿子。巴顿的第一支枪是一把美制22式步枪。从此之后，和父母散步的时候，巴顿总会背上这支步枪。有一次，大巴顿在篱笆上放了一个橘子，让巴顿瞄准射击。在父亲的指导下，巴顿一枪击中了橘子。母亲露丝和父亲大巴顿都为他精准的枪法而感到骄傲！

在成年之前，父亲给巴顿买过好几支枪，其中有一支是美制16式盖奇重型猎枪。在12岁时，大巴顿又给儿子买了一支12式勒菲弗枪。这种枪是贵族专用的猎枪，象征着贵族的身份，十分昂贵！

为了买这支枪，大巴顿到银行去贷了款。巴顿十分懂事地对父亲说："先别买了，等有了足够的钱再买吧！"

大巴顿抚摸了一下儿子的头，深情地说："这是值得的，因为它将伴随你一生。"

大巴顿还特意在枪托上刻上了儿子的名字。在刻名字时，巴顿建议省略他名字前面的"小"字，这样大巴顿也随时可以使用了。于是，这支象征贵族身份的猎枪就成了巴顿父子的共有财产。

巴顿的骑术基础也是父亲教的。有一次，巴顿和妹妹正在农场里玩堆沙堡的游戏。大巴顿骑着一匹栗色的马从那里经过。巴顿想和父亲一起骑马，但父亲建议他先把沙堡堆完再去骑马。说着，他还跳下马手把手地教儿子如何堆沙堡。

后来，大巴顿趁着儿子玩得兴致正浓时，悄悄地骑马走了。巴顿看到时，他已经跑出很远一段距离了。巴顿跟在父亲的马后，追了好长一段时间也没有追上。

巴顿回来之后，家里的保姆玛丽对他说："你应该为自己是这位英俊潇洒的西部百万富翁的儿子而感到骄傲！"

巴顿还太小，对百万富翁没有什么概念。他问玛丽："什么是百万富翁？"

玛丽想了想，回答他说："百万富翁就是农场主。"

巴顿记住了保姆的话。因此，终其一生，巴顿都对农场和农场主有着极深的情结。如果他没有成为一名叱咤风云的将军，或许也会成为一个富裕的农场主。

经过这件事之后，巴顿更加喜欢父亲了，只要有机会和父亲在一起，他总是在父亲的身边转悠。大巴顿也越来越喜欢儿子了，不久之后就决定教他骑术。巴顿学习了一段时间之后，便可以和父亲骑着马在外公的农场里驰骋了。父子俩身背猎枪，骑着马，看上去十分威武。

看着巴顿的进步，大巴顿十分开心。为了奖励儿子，他决定将自己的父亲老巴顿在南北战争期间用过的马鞍送给儿子。巴顿十分珍惜这个

巴顿钓到了一条大鱼

马鞍，因为它是家族优良传统的象征。马鞍的角上有一块暗红色的血迹，巴顿认为这是自己学习骑术时留下的。

有一次，父子俩骑着马跑上了一处满是桃树的山坡。当时正值桃花盛开的季节，也是打猎的好时节。巴顿开了几枪，但没什么收获。正当他一边装子弹，一边策马向前时，意外发生了。马鞍翻了过来，巴顿从马上重重地摔了下来。幸运的是，巴顿并没有受伤。但他意识到自己的骑术还不算精良，还需要继续努力。从此之后，他便更加努力地学习骑术了。

为了将巴顿培养成一个真正的美国式绅士，大巴顿在他很小的时候就教他钓鱼、游泳。对自己第一次钓到鱼的情景，巴顿的记忆十分深刻。直到多年之后，他还如数家珍般地向朋友们诉说当时的情景。

那天，天气十分晴朗。吃完早餐之后，巴顿和一个表兄便跟随父亲来到了河边。

起初，巴顿总是耐不住寂寞，时不时地把钓竿提起来，看有没有鱼上钩。大巴顿也不提醒儿子，想让他先体验一下失败的滋味。整个上午，巴顿一条鱼也没有钓到。到了下午，大巴顿才对儿子说："钓鱼需要耐心，不能总是把钓竿提起来。这样做只会把鱼儿吓跑。"

巴顿听从了父亲的建议，安静地等待着。果然，没过多久他就钓到了一条大鱼。第二天一早，这条鱼成了全家的早餐。巴顿吃得津津有味，因为这是他钓到的第一条鱼。在后来的日子里，巴顿再也没有吃过比那更鲜美的鱼了，因而变得不爱吃鱼。

大巴顿不但注重教儿子一些贵族必须具备的技能，而且更加注重对他进行精神教育。有一次，巴顿和其他几个人跟着大巴顿一起到山林里去打猎。只有巴顿一个人打了好几只山羊，其他人每人只打到一只。当众人下山之时，人们像往常一样围上来问长问短。巴顿洋洋得意地向众人炫耀说："看，我打到的山羊最多！"

这时，大巴顿对儿子说："孩子，你是一个英雄！不过，如果你不把自己比别人打到更多的山羊当成炫耀的资本的话，你就会更像一个英雄！"

听到父亲的话，巴顿感到十分难为情。不过，他并不认为向人们展示自己的荣耀有什么不妥之处。终其一生，巴顿对待荣誉都十分高调！

由于父亲的努力，巴顿跟父亲的关系十分密切。每天晚上向父母道晚安时，他总是要多吻几次父亲，但只吻一次母亲。成年之后，他得知父亲不喜欢骑马、钓鱼等户外运动，只是因为儿子的缘故才不厌其烦地陪着他时，他就更加敬爱父亲了。毫不夸张地说，巴顿之所以在日后能够成为美国的四星上将，与他父亲的精心培养不无关系。

三

克服阅读障碍症

　　和大多数贵族家庭的孩子一样，巴顿在三四岁的时候就开始学习拼写和阅读了。大巴顿和露丝很快发现儿子和普通的孩子不一样，尽管他在学习语言表达方面进步神速，但在阅读和拼写方面却十分吃力：一个简单的单词学习了好几遍仍然无法记住，记住的单词也经常出现发音不准或拼写错误的情况。这让大巴顿和露丝陷入了烦恼之中。

　　巴顿的这种情况在现代医学上被称为"阅读障碍症"，但当时医学界对这种病症的研究并不多。于是，大巴顿和露丝并不知道儿子身上发生了什么事情。当然，巴顿本人并不知道这些事情，他甚至不知道自己和别的孩子有什么不一样。

　　为了帮助儿子弥补其在阅读方面的缺陷，大巴顿每天晚上都会抽出一点时间给他读一段经典文学作品。他读的最多的是《伊利亚特》和《奥德赛》，这是古希腊著名作家荷马的作品，是西方古典文学中的精品。

　　大巴顿用优美的男低音，抑扬顿挫地朗读着，巴顿和安尼塔听着听着就着了迷。一到晚上，他们就会一左一右地坐在父亲的身旁。有时候，他们干脆一左一右地坐在父亲的腿上，听父亲读书。

　　随着巴顿年龄的增长，大巴顿和露丝对儿子的病症愈发担心了。这种病并不是一朝一夕就能治好的，唯有通过长期的努力才能克服。但贵族社交圈里的传统观念认为，一个读不好书或写不好字的孩子绝对是低能儿。大巴顿和妻子露丝不愿儿子生活在"低能儿"的阴影之下，在儿子年满12岁之前，从未产生过将他送到学校读书的念头。大巴顿请了专门的家庭教师教儿子文化课，请专业的教练指导他锻炼身体。如此一来，巴顿便可以在一个封闭而单纯的环境中集中精力学习和锻炼了。

在父母的精心呵护下，巴顿健康、快乐地成长着。他从来没有因为自己在阅读和拼写方面的障碍而产生过自卑心理。但好景不长，父亲的工作越来越忙了，能够投入到家庭的时间也越来越少了。外公威尔逊死后，大姨妈和丈夫詹姆斯·肖波继承了威尔逊的大部分财产。可惜的是，肖波完全是一个纨绔子弟，根本不懂得经营。他们建造了维多利亚式别墅，购买了豪华专列，过着纸醉金迷的生活，有恃无恐地挥霍着威尔逊留下的大笔遗产。他们不但很快就把威尔逊留下的遗产挥霍一空，还债台高筑，欠了一屁股的债。在万般无奈之下，他们只好把农场交给大巴顿经营。

从此之后，大巴顿便陷入了繁琐的商业事务中，整日东奔西走，很少有时间陪儿子了。有的时候，他甚至一连几天都不在家。后来，巴顿对姨夫肖波颇有微词，因为他的挥霍和无能才导致父亲不能陪他玩耍了。

1897 年 9 月，巴顿还差两个月就满 12 岁了。大巴顿和妻子露丝商量之后，决定将巴顿送到当时著名的男子经典中学斯蒂芬·卡特·克拉克私立中学就读。这所学校是由克拉克兄弟创办的，在当地颇负盛名。学校位于帕萨迪纳市无轨电车线的起始点上，地理位置十分优越。校舍是一套用红木构筑的平房，房子的四周是翠绿的草坪，不远处还有一个颇具规模的操场。学校的师资力量也十分强大。所以，很多富有的贵族都把孩子送到这所学校来接受基础教育。当时，一共有 25 名来自南加利福尼亚富贵家庭的学生在此就读。

报名那天，父母陪着巴顿乘坐一辆四轮马车去学校。一路上，谁也没有说话。母亲露丝的情绪显然很低落。她虽然和丈夫一样，希望巴顿能像别的孩子一样到学校接受正规教育，但也担心他在学校里会因为阅读障碍症而受到歧视。年轻的巴顿还不知道自己将面临怎样的生活，但一想到要跟父母分开了，他的心里就十分难受。

在分别的时候，父亲不无悲伤地对儿子说："孩子，从今以后，两个巴顿就要分别了。"

巴顿永远也无法忘记父亲的话和他当时的表情，直到多年之后，他在回忆当时的情景时还说："尽管我们在距离上越来越远了，但我们的

少年巴顿依偎在父亲厚实的肩膀上

心一天也没有分开过。"

巴顿在克拉克中学度过了5年的时光。学校的课程十分繁重，大部分孩子都必须十分努力才能顺利完成学业。患有阅读障碍症的巴顿更是要付出十二分的努力才行。更加严重的是，他还不得不忍受同学们的羞辱与嘲笑。几个调皮的孩子甚至公然在课堂上模仿他发音不准的朗读，或在黑板上模仿他不规整的拼写。

对同学们的嘲笑与羞辱，巴顿总是异常愤怒，但他从来没有自暴自弃过。一想到父母对他的爱，他就将一切抛在了脑后，信心满满地投入到学习之中了。更何况，那些优秀的祖先一直在他心中，在精神上给他鼓舞。在5年的时间里，他的成绩一直在进步，这令他本人及父母都感到十分欣慰。

在所有的课程之中，巴顿最喜欢历史课。父亲在其儿时朗读的史诗作品在他的心中深深地扎下了根。《伊利亚特》和《奥德赛》中所讲述的人类为反抗悲惨命运而进行的斗争深深地震撼了他的灵魂，引起了他对命运的思索；苏格兰民族史诗中那些描写苏格兰生活、传说、风笛、侠士的内容增强了他对传统文化习俗的理解；莎士比亚悲剧净化了他的灵魂，让他努力追求人间的真善美……《远征记》、《十字军东征》、《三个火枪手》等作品则向他灌输了军人的自我牺牲和冒险精神。这些作品生动形象地向少年巴顿诠释了历史的含义。

在克拉克中学的5年时光里，他又系统地学习了历史知识和理论。他认为，历史是由伟大人物，如《伊利亚特》和《奥德赛》中的阿喀琉斯、赫克托耳等英雄的个人品质所决定的。有时，他们以其爱国主义、自我牺牲精神和巨大的力量推动了历史的发展；有时，他们的顽固与错误又会阻碍历史向前进步。

少年巴顿尤其喜欢军事统帅们的传奇故事。古迦太基王国的伟大军事统帅汉尼拔在远征战争中充分体现了军事统帅的英明与果断；凯撒率领第十军团在高卢征战时则表现出了一个军事统帅临阵之时应具备的英勇与号召力；圣女贞德在奥尔良抗击英军之时则表现出了一名军事统帅在面临强敌入侵之时应当具备的爱国思想与自我牺牲精神……

在众多的将领之中，巴顿最崇拜南北战争时期的南部同盟军将领杰克逊将军。杰克逊将军因为善于组织防御战而被誉为"石墙"。巴顿家族的几位成员，如巴顿的祖父乔治·史密斯·巴顿都曾在杰克逊的麾下供职。巴顿家族的人因作战勇敢、指挥有方，建立了卓越的功勋。在巴顿的心中，他的祖父俨然是一位出色的指挥官，也是他的楷模。

听老师讲解这些故事，巴顿的思维常常会回到遥远的古代。在古代，他仿佛是战无不胜的将军，率领士兵东征西讨；又似乎是一名伟大将领手下的普通士兵，左手持盾，右手拿矛，在战场上浴血奋战……

巴顿英勇果断，有时甚至有些鲁莽的性格便是在这些故事中培养起来的。除了性格的形成，这些故事还对巴顿的未来产生了深远的影响。他渴望像自己的祖先一样，为了个人的荣誉和信仰而战。他认为，上天只会将荣誉赐予那些时刻追求荣誉之人。巴顿认为自己的家族成员天生就应该具备这种精神。所以，他常常有高人一等的感觉。这就使得年轻的巴顿身上有一种逼人的，甚至是狂妄的气质。而且，这种在少年时代形成的气质伴随了他一生。

巴顿出身于贵族之家，自幼受到父母和家人的溺爱，所接触的又都是上层人物，家里的仆人全都对他卑躬屈膝，巴顿认为自己是世界上最幸福的孩子，也是最重要的孩子。这种家族的优越感让巴顿产生了强烈的虚荣心和表现欲。他看不起那些毫无英雄素质或者碌碌无为之人。在巴顿看来，寻常百姓自然是碌碌无为的，所以，他十分看不起身边的那些普通人。在中学期间，他曾在日记本中写道："现代的大多数人和古代的那些普通人一样，愚昧无知。"

正是由于这些原因，巴顿树立了远大的理想，立志成为一名伟大的将领，向社会展示出超群的才干，为国家作出卓越的贡献。在未来的岁月里，他一定要像他的祖先一样，获得显赫的声誉，并将其视为生命。

四

辗转进入西点军校

1902 年夏末是决定巴顿职业生涯重要的转折点。他马上就 17 岁了，即将从克拉克中学毕业，面临着进入普通大学或是军校学习的抉择。父亲大巴顿希望儿子能够进入军校学习，像祖父老巴顿和父亲大巴顿一样，成为一名职业军人。父亲的期望与巴顿的理想不谋而合，立志成为一名出色将领的巴顿想进入西点军校学习。

西点军校是美国历史上最悠久的军事学院，全称为美国陆军军官学校，又称美国军事学院。因校址在西点，人们习惯上简称西点军校。西点军校是美国培养陆军初级军官的学校。

西点军校的历史可以追溯到美国的独立战争。在战争中，贯穿南北贸易、交通、军事的大动脉哈德逊河成为了美国和英国当局争夺的焦点，而地势险要的西点自然成了美军防御的战略要地。为了阻止英国军舰的进犯，大陆军（即日后的美军）在此设防，用铁链封锁河面，重创了英军，取得了关键性的胜利。

独立战争时期，美国大陆军缺乏训练有素的军事工程技术人员，总统华盛顿等不得不依靠外国专业军事技术军官。对此，美国的创建者们都深感担忧。独立战争胜利后，战争的经验教训使以开国元勋华盛顿为首的一批领导人和政治家意识到，必须建立一所自己的军事院校，用以培养美国自己的职业军官和军事技术人才。华盛顿强调："创办这所学校，是美国发展的头等大事。"

1802 年，美国第三任总统詹姆斯·杰弗逊下令在西点建立一所正规的军官学校。之所以选择西点，是因为这里曾是独立战争时期的战略要塞，当年由外国军事工程师在这里设计修筑了大量的坚固工事，正好可以充当学生的教学实物。同时，杰弗逊也希望硝烟尚存的战争遗迹可以让学生体会到建国先辈们的艰苦经历。

1802 年 7 月 4 日，美国独立纪念日这一天，美国历史上的第一所军校——西点军校宣告成立了。到 20 世纪初，西点军校已经蜚声欧美，成为当时世界上最著名的军事院校之一了。

要想进入美国普通高校和军校学习除了要参加入学考试之外，还要有推荐人，而且推荐人必须是联邦政府的官员或各界的知名人士。西点军校的入学程序比普通高校和其他军事院校要严格得多。西点军校要求新生必须品学兼优，对品德的考察主要由推荐人来把关。按照规定，美国总统有权推荐 30 名，联邦国会的议员和特区代表每人仅有权推荐 1 名。

对学习成绩的考察除了入学考试之外，校方还会将考生在中学阶段的历次考试成绩考虑进来。如果考生能够取得著名高校，如哈佛大学的录取通知书，就更加能够证明其优异的成绩了。

对一名普通的中学生而言，要想进入西点军校学习，既要取得优异的成绩，又要获得政要们的推荐。总体而言，这并不是一件十分容易的事情。从表面上看，巴顿在这两方面倒是有着得天独厚的优势。

一方面，他的舅舅威尔逊有一个合伙人时任国会参议员。此人名叫托马斯·巴德，是加利福尼亚州的共和党人。巴德的儿子和巴顿又是同窗好友。从理论上说，巴顿要得到参议员的推荐并不是一件十分困难的事情。更何况，他的父亲大巴顿是洛杉矶著名的富人俱乐部——加利福尼亚俱乐部的成员，结交了不少地位显赫的人物，他们都可以帮助巴顿向巴德施加影响。

另一方面，尽管巴顿患有先天阅读障碍症，但其在克拉克中学读书期间成绩一直非常突出，可谓品学兼优的好学生。巴顿本人也长得人高马大，颇有军人气质。也就是说，让巴德推荐巴顿进入西点军校读书并不是毫无根据的。

所有的条件看起来都对巴顿十分有利，但实际情况并非如此。因为大巴顿是一个民主党人，而巴德却是一个共和党人，两人政见完全不同。在地方政治活动中，两人曾经针锋相对，展开过激烈的斗争。巴德会不会因为政见问题而拒绝向西点军校推荐巴顿呢？对于这一点，大巴顿心里一点底也没有。于是，大巴顿便调动了各方面的关系向巴德施加压力，以迫使其在推荐工作方面做到公开、公正。

在大巴顿积极活动的同时，巴德收到了全国各地的信件。和大巴顿的来信一样，这些来信也是要求巴德向西点军校推荐他们的子弟的。由于当时正值联邦国会会议期间，巴德要赶赴华盛顿参加会议，他便把这件事交给了妻弟处理。巴德的妻弟没有一一给来信者复信，而是在报纸上刊登了一则启事，声称在巴德作出决定之前，每个申请者都要参加一场竞争考试，优胜者可以获得推荐名额。

这是政要们通常采用的办法，也是相对公平的办法。不过，这个办法对巴顿极其不利，因为他患有阅读障碍症，无论在发音还是拼写方面都存在很大的缺陷。大巴顿得知这个消息之后十分着急，他知道，巴顿几乎不可能通过考试在众多优秀的申请者中脱颖而出。于是，他便通过各种渠道，了解了各个军校后备军官学习科目及一些预备军官学校的情况，计划先送巴顿到军校学习一年，为考试作准备。一般的预备军官学校入学考试并没有西点军校那么难，大多数考生都可以考上。

经过一番权衡，大巴顿决定将儿子送到弗吉尼亚军事学院学习。大巴顿计划，如果巴顿能够在次年春天顺利通过考试进入西点军校，在弗吉尼亚军事学院多学习一年也是值得的，因为一年的独立生活可能会使巴顿变得更加成熟。如果巴顿未能如愿以偿地进入西点军校，那么在弗吉尼亚军事学院学习4年也未尝不可。

就这样，巴顿于1903年9月被父亲送到了弗吉尼亚军事学院。17岁的巴顿已经长成了一个英俊的大小伙子。他身高6英尺，身材细长，表情严肃，俨然一副成年人的模样。巴顿在离开家乡之前心情一直很紧张，他从来没有离开过父母，更不知道军校生活是什么样子的。未来的一切对他来说都是未知数。也正因为如此，他对未来又充满了向往。焦灼的巴顿找到了神父，向他述说了自己矛盾的心情。他坦白地向神父承认："我可能胆怯了。"

神父安慰了这个年轻人一番，并告诫他说："巴顿家族中从来就没有胆小鬼。"

巴顿反复念叨着神父的这句话，并把它转告给父亲。大巴顿也鼓励儿子说："巴顿家族优良的血统使得我们可能不屑于进行一场拳击比赛，但面对真枪实弹的生死考验之时，它却可以让我们面带微笑，视死如归。"

在家人的陪伴下，巴顿来到了弗吉尼亚军事学院。弗吉尼亚军事学院要求学生自己到裁缝店定做制服。在裁缝店定做制服时，巴顿意外地发现，其制服的尺寸竟然与祖父老巴顿和父亲大巴顿在军校读书时的制服惊人的一致。巴顿据此认为，自己进入弗吉尼亚军事学院学习是上帝在冥冥之中已经安排好了的。

和所有的新生一样，巴顿在入学的第一天遇到了一些小麻烦。在学校大门口下马车之时，几个年轻的姑娘从门廊里探出头不屑一顾地看了他一眼，其中一个还尖叫道："瞧！又来了一个老鼠。"

"老鼠"是弗吉尼亚军事学院高年级学生对新生们的蔑称。新生们初来乍到，对学校的一切都感到陌生，办起事来小心翼翼，胆小如鼠，因此在实行军衔制的军校中，军衔较高的高年级学生自然而然地将这些新兵蛋子们称为"老鼠"。

身着军校服装的巴顿

但巴顿这只"老鼠"却让所有人刮目相看。他很快就适应了军校的生活，并和许多同学成了好朋友。尽管阅读障碍症还时常在作怪，但巴顿在父亲的鼓励下依然取得了优异的成绩。大巴顿在一封信中这样告诫儿子："对高年级学生要有礼貌，但只在同年级学员中交朋友。记住，你首先要学会如何做好一名优秀的军人，其次才是学好文化课。"

巴顿记住了父亲的吩咐，严守军容风纪，不折不扣地执行学校的一切规章制度。不久，他就被评为新生标兵，很受教官和同学们的喜爱。高年级的学生也将其视为"同伙"，将其吸收为了兄弟会会员。兄弟会是弗吉尼亚军事学院的一个秘密组织，能够进入该组织的成员都是在学校里享有一定威望的学生。后来，巴顿在回忆录中坦承，他对兄弟会的印象并不好，也不愿加入该会，但是他又不得不尊重高年级学生的意愿，只好秘密加入了该会。

尽管巴顿在弗吉尼亚军事学院的表现不错，很受器重，但他从来没有忘记进入西点军校的梦想。每次给父亲写信，他都不忘提醒父亲敦促巴德，提名他为进入西点军校的候选人。在进入弗吉尼亚军事学院4个月之后，巴顿终于收到了参议员巴德的通知：竞争考试将于1904年1月在洛杉矶举行。从弗吉尼亚军事学院到洛杉矶的距离很远，大巴顿担心长途跋涉会影响儿子的成绩，曾多次争取让巴顿在巴德位于华盛顿的办公室参加考试。巴德拒绝了大巴顿的要求，声称每一位竞争者都必须赶赴洛杉矶参加考试。

在百般无奈之下，巴顿登上了前往洛杉矶的长途火车。在旅途之中，巴顿丝毫不敢放松，他抓住每一分钟时间来复习功课。直到考试开始前的几分钟，他的手中还紧握着课本。考试如期进行了，巴顿的心情有些紧张，但一看到试卷，他便放松了下来。大多数题目都是他温习过的，答案也都记得。

不久之后，巴德在洛杉矶的一家报纸上登出了前三名。巴顿在12名竞争者中名列第三，获得了推荐资格。在这种情况下，巴顿家族在政要中的关系网便顺理成章地发挥了作用。众多政要纷纷写信给巴德，敦促他推荐巴顿。在重重压力之下，巴德最终决定推荐巴顿进入西点军校。更加令人欣喜的是，巴顿获得了弗吉尼亚军事学院教务处的优秀证明，这意味着巴顿可以不经考试而直接进入西点军校学习了。因为弗吉尼亚军事学院是一所联办正规学校，有权向西点军校保送学生。得到这个消息后，巴顿全家都欣喜若狂。大巴顿还专门给儿子写了一封洋洋洒洒的长信，抒发他对这件事的感受和对儿子的期望。

在1904年6月到西点军校办理入学手续之前，巴顿一直在弗吉尼亚军事学院学习。在弗吉尼亚军事学院学习的一年中，巴顿进一步坚定了献身军队的想法，并且努力为之奋斗。在离开弗吉尼亚军事学院之前，巴顿被授予了第一下士的军衔，这是二年级学生所能获得的最高军衔。

五

平淡而浪漫的爱情

在巴顿的整个少年时代，巴顿家和大多数贵族之家一样，在夏季的时候会到郊区或海岛上度假。巴顿家常常在夏天乘船到圣卡特林纳岛度假。圣卡特林纳岛风景如画，气候宜人，生长着大片原始森林。当时，这里还没有受到任何污染，受人类的影响也比较小。在蔚蓝的天空上，朵朵白云飘来飘去；在蓝色的海洋之上，点点风帆穿梭不停；两者相映成趣。小岛上的基础设施也比较完善，有供游泳的浅滩，有供划船的防波堤，还有供打猎的山地等等。

巴顿十分喜爱这个小岛。每到夏季的时候，他和妹妹安妮塔都会跟随父母或安妮姑姑到小岛上度假。1902年夏天，当巴顿即将从克拉克中学毕业之时，他又跟随父母到了圣卡特林纳岛，与他们同时来这里度假的还有父亲的好友拜林和艾尔两家人。拜林和艾尔两家是姻亲，平时来往密切。两家共有6个孩子，其中有一个和巴顿年龄相仿的女孩叫比阿特丽丝·拜林·艾尔。比阿特丽丝举止高雅，感情细腻，见多识广。当时，她已经游历了欧洲，在法国和瑞士的学校读书多年，能讲一口流利的法语，还弹得一手好钢琴。

三家的孩子在一块尽情地玩耍着。他们游泳、划船、打猎、唱歌、跳舞，每个人都玩得十分高兴。爱情之神悄悄地在巴顿的心中种下了爱情的种子。年仅17岁的巴顿对小巧玲珑、谈吐不凡的比阿特丽丝产生了好感。比阿特丽丝也认为性格粗犷的巴顿是个很特别的人，颇有男子汉的魅力。

此时，巴顿已经产生了献身军旅、想当将军的想法。因此，他给自己定的择偶标准和当时大多数年轻人的想法比较起来就显得十分特别了，这个颇为特别的标准便是"要找一个能理解死亡的姑娘"。

在和年龄相仿的姑娘们接触之时，巴顿总爱跟她们谈论死亡，但向往浪漫爱情的姑娘们对这个话题大多十分避讳。尽管巴顿英俊潇洒，家世显赫，但由于这个原因，姑娘们渐渐地对他避而远之了。年轻气盛的巴顿对此十分不满，他曾出言不逊地说："他妈的，连死亡都不敢谈，还幻想着要嫁给将军！"

在遇到意中人比阿特丽丝之时，巴顿再一次表述了自己对战争和死亡的看法，比阿特丽丝并没有像别的姑娘一样被吓跑。正所谓"情人眼里出西施"，她非但不觉得巴顿的这个话题有什么不妥，反而觉得这是男子汉气概的表现。她饶有兴致地问巴顿："乔治，你认为怎样的死法才算光荣呢？"

巴顿眉飞色舞地回答说："我想最美好的死法莫过于让结束战争的最后一发子弹打在我的脑门上。"

比阿特丽丝会心一笑说："那么我希望战争永不结束。"

就这样，两个年轻人的感情快速升温，很快便确立了男女朋友关系。可以说，两人的恋情既平淡又浪漫。在随后的日子里，两人相互通信，互赠礼物，浪漫而又朴实。1902年的圣诞节，比阿特丽丝送给了巴顿一个领带别针作为圣诞礼物。

巴顿在给比阿特丽丝的信中说："非常感谢你送给我的圣诞礼物，它非常漂亮，是我最想得到的一件礼物。在第一次郑重其事地将它别在领带上时，我还仔细地在镜子前照了照，看看正不正。照镜子的时候，我还不由自主地昂起了头呢！这是千真万确的事实！"

巴顿辗转进入西点军校之后，比阿特丽丝既高兴，又有些失落。令她高兴的是，自己的男朋友终于实现了他自己的梦想，进入了西点军校；令她失落的是，他们今后相聚的机会要少很多了。1904年6月，巴顿在父亲的陪同下来到西点军校报到，开始了新的生活。在离开家之前，他给比阿特丽丝送了一束鲜花作为礼物。刚到学校之时，他便写信给母亲，询问比阿特丽丝的情况。他在信中说："比阿特丽丝收到我的花了吗？很遗憾，我不能给她买一束20美元的花，因为我把钱都交到学校了。"

比给母亲的这封信稍晚一些时候，巴顿给比阿特丽丝也写了一封短信。他在信中说："经过这么久的努力，我终于进入了西点军校。有时候，我简直无法相信自己会有这样好的运气。……这里的训练很艰苦，现在我正趴在地板上借着蜡烛昏黄的光给你写信，不幸的是这微弱的光被一大群蚊子挡住了。这些该死的蚊子似乎还有增长的势头。……我很高兴你非常想念我，也想见到我。我希望你也能知道我是多么地希望能和你在一起。"

比阿特丽丝把巴顿的信仔细地珍藏了起来，一有时间，她便会拿出来读一读。就这样，巴顿在西点军校就读期间，他与比阿特丽丝的感情与日俱增。1905 年 3 月，美国第二十六任总统西奥多·罗斯福宣誓就职。西点军校组织学生到华盛顿去参加阅兵式，巴顿也在其中。碰巧的是，艾尔一家也到华盛顿参加庆祝活动。

阅兵式结束之后，巴顿和比阿特丽丝高兴地跳起了舞。他们跳了一支又一支，仿佛不知道疲倦一样。直到很晚的时候，他们才恋恋不舍地分开。在给父亲的信中，巴顿称这是他"一生中度过的最美好的夜晚"。

巴顿升到高年级之后，他和比阿特丽丝的约会渐渐增多了。比阿特丽丝经常在周未的时候专门从波士顿赶到西点与巴顿约会。他们一起去攀登悬崖、郊游和野餐。巴顿给她讲述学校里的逸闻趣事和军旅故事，而她则教巴顿法语和文学，还时不时地给他修改诗作。在假期的时候，巴顿总是想方设法地让家人和艾尔一家一起去度假。这样，他和比阿特丽丝便有更多见面的机会了。

尽管两人郎有情妾有意，但巴顿始终不敢向比阿特丽丝求婚。在给父亲的信中，巴顿说，他爱她，但又不敢向她求婚，因为她各方面的条件都比他优越。比阿特丽丝是百万富翁的女儿，受过良好的教育，举止高雅，多才多艺；而他则是一个军人，比阿特丽丝也许根本无法适应艰苦危险的军队生活。

其实，比阿特丽丝一直在等着巴顿向自己求婚。对此，大巴顿早已了然于胸。于是，他便鼓励儿子大胆地向她求婚。巴顿在1908 年的圣诞节与艾尔一家一起度假时，终于鼓足勇气，向比阿特丽丝吐露了真情。巴顿说，他想娶比阿特丽丝为妻，但同时又说，她不必马上回复自己。由此看出，巴顿还是不太自信，他担心比阿特丽丝会拒绝自己。实际上，比阿特丽丝期待这一时刻已经很久了。让两人没有想到的是，比阿特丽丝的父亲艾尔先生却提出了反对意见，他不愿自己的女儿嫁给一名军人。但比阿特丽丝并没有因为父亲的反对而结束与巴顿的恋情，他们在等待最佳时机，以便说服艾尔先生。

·第二章·

苦心孤诣露头角

一

在西点军校的岁月

在与比阿特丽丝的恋情迅速发展之时，巴顿在西点军校也取得了优异的成绩。在刚刚进入西点军校的日子里，尽管对全新的生活还有些不适应，但他对一切都充满了好奇。在参加了一位将军的葬礼后，巴顿在给父亲的信中说："到今天为止，我来到'哈德逊的地狱'已经有两个月了，但我觉得像过了好几年似的……上周，我们又埋葬了一位将军。那天，天空中下着雨，参加葬礼的人全都穿着雨衣。这个葬礼给人的印象实在太深刻了，低沉的鼓声和哀悼的枪声都棒极了。如果我死后能够享受这种军事葬礼，那我参军就太值了。我希望将来我能在一次辉煌的胜利后死在被我打败的敌人中间，当然，周围还应该有我自己的士兵。希望我的灵魂能在我死后回到人间，到各处去听听人们是怎样评价我的，但恐怕现在这个梦想实现不了……"

西点军校的训练极其严酷，在 4 年之中会有很多学生被淘汰出局，甚至有学生因为受不了严酷的训练而自己提出退学申请。因此，西点军校被学生们戏称为"哈德逊的地狱"。尽管巴顿自己也将西点军校称为"哈德逊的地狱"，但他并不畏惧这一"地狱"。入校后，他便为自己确立了初期目标——在学年末当上一名下士学员。

他在训练中十分刻苦，在队列训练中更是如此。他认为队列训练最能体现军人的气质，也是最能培养军人顽强意志的训练。每星期六会进行一次队列训练，但巴顿从来不会等到训练的时候才去练习。在星期天下午的时候，他便开始苦练下一周要进行的队列训练了。因此，他的队列训练成绩在同学之中总是名列前茅。第一学年结束时，巴顿的队列训练成绩名列第二，校方对他的顽强意志和刻苦精神都给予了充分的肯定。

不幸的是，巴顿在数学和法语等文化课的成绩上却不甚理想。他的数学成绩在第一学年结束之时竟然是全班倒数第一，这是巴顿平生遭遇的第一个大挫折。幸运的是，校方考虑到他在军事训练中的突出表现，并没有将他淘汰出局，只是决定让他回读一年。所谓回读便是留级，继续在一年级学习一年。巴顿马上给父亲发了一封电报："数学不及格，需回读，夏季休假。"

大巴顿十分理解儿子，他在第二天便给巴顿回了电报，并表示："没什么，孩子，努力，愿上帝保佑你。"

或许正是因为留级的这一挫折激起了巴顿争强好胜的欲望，他在1905年的夏季休假之时几乎将全部精力都放在了温习功课上。大巴顿还给他请了一位家庭教师，辅导他的数学。新学年开始后，他的数学成绩有了很大的提高。他在给父亲的信中称："一切都很好，功课不忙，事实上功课太简单了，我学到的东西太少了。我的成绩相当好……在数学这科，还可以，应该算在优等生之列。不过，我不得不承认班上有一些聪明得要死的学生和一些曾经受到过良好教育的学生，他们不用怎么努力就能取得很好的成绩。"

随后的岁月里，幸运之神似乎再一次降临到了巴顿的头上，他各科的成绩都不错。在第三学年结束之时，巴顿因表现突出而被提升为第二下士。作为二年级的第二下士学员，他负责训练一个一年级的新生连队。当第一下士不在场时，他还要领导全营。

在指挥队列行进时，巴顿满脑子想的都是纪律和荣誉。他曾在给父亲的信中抱怨同伴们说："即使是最好的军人，我也没有如我所愿地看到他们身上应该有的那种和我一样的自我牺牲精神和对荣誉的渴望。"

正是因为对荣誉的渴望使得巴顿对连队的管理十分严格。因此新学员们普遍讨厌他，还给他取了个绰号叫"豪猪刺"。到新生训练结束之时，巴顿上报的学员违纪行为比其他连队干部报的都要多。有鉴于此，战术教官将他从第二下士降为第六下士。巴顿在给恋人比阿特丽丝的信中说："现在我告诉你一件事，你就不会觉得我好了。今天又发榜了，我被降为了第六下士。我不知道这是为什么，可能是因为我太好斗了。这也没有办法，因为我是全班唯一一个可以带领整个连队的人。这可以说是这么久以来，我受到的最大的打击了，因为我一直在努力作一个合格的军人……"

不过，巴顿严于律己和尽职尽责的精神给教官们留下了深刻的印象。所以在二年级的第二学期，巴顿再次被升为第二下士。在该学年底，他还被提升为下学年的学员军士长。这就使得他成为了高年级学生中军衔较高的学生干部。在四年级的时候，他更是被任命为西点军校学生队副官。学生队副官是军校全体学生的头，是西点军校的学生所能获得的最高荣誉。这让巴顿兴奋不已，他所向往和追求的正是这种至高无上的荣誉。在他看来，无论做什么事情都要比别人做得好，哪怕是"打土豆皮这种事情"。此时，巴顿面临着人生的第二个重大选择。他还有一年的时间就要从西点军校毕业了，他必须考虑选择哪一兵种了。他首先排除了炮兵，因为炮兵离短兵相接的前线太远了。其次，他又排除了步兵。尽管步兵比其他兵种有更多的晋升机会，但步兵军官却不符合他心目的"骑士"标准。最后，他选择了骑兵。

在给恋人比阿特丽丝的信中，巴顿这样解释自己选择骑兵的原因："有两个原因让我比较喜欢骑兵部队：其一，骑兵的下级军官在作战时有比步兵的下级军官更多的单独指挥权。你说骑兵部队非常落后，但我想骑兵的发展速度一定会比步兵快，骑兵是适合于未来的兵种，我想我是将要让世人知道骑兵价值的人之一。我这样想可能太愚蠢了，我这么说也可能太草率了。假如从现在开始，直到20年后依然没有战争的话，肯定会有人对我的话表示怀疑：'你？让大家明白骑兵的重要性，这简直就是做梦！'但如果没有梦想家，我想人类也就不会有什么进步了。如果一个人献身于他所梦想的事业，无论什么都有可能变成现实的……我一直生活在那个充满了战争的幻想世界里。在我的世界里，只有战争才是真实的，其他的东西都是不真实的。……我除了想在军队中度过一生就没有别的想法了。我沉迷于这个梦想的时间太长了，以至于别的梦想都死掉了。"

除了相信骑兵是适合于未来的兵种之外，巴顿选择骑兵的另外一个理由是，他相信骑兵军官像古代的骑士一样，都是绅士。就这样，巴顿最终选择了骑兵这一在当时看来十分落后的兵种。

1909 年 6 月，24 岁的巴顿从西点军校毕业了。尽管他花了 5 年的时间才读完所有的课程，但所取得的成绩也是十分惊人的。在高年级时，他的各科成绩都名列前茅，尤其是军事训练和体育运动上。巴顿是西点军校跨栏赛纪录的创造者，同时还是优秀的击剑运动员和步枪、手枪的特级射手。这个性格莽撞，但着装整洁、军姿优美的毕业生成了当年所有学生关注的中心人物。

二

事业与婚姻双丰收

1909 年夏，巴顿被分配到芝加哥附近的谢里登堡任骑兵连少尉。此时正值美国的南北战争结束不久，美国陆军长期保持在 3 万人左右的规模，指挥系统紊乱，工作效率低下，行政管理不善，物资经费奇缺，远远不能应付大规模战争的需要。当时，国际局势十分紧张，美国也不断向外扩张，企图与英、法等老牌殖民国家争夺海外殖民地。在这种背景之下，美国的一些军事改革家开始对陆军进行全面彻底的改革。可以说，巴顿在此时进入骑兵部队任职算是赶上了大好时机。

谢里登堡位于芝加哥以北约 45 公里的密执安湖畔，是以南北战争时期杰出的将领谢里登之名命名的。谢里登堡是一个荒凉的军事哨所，设施落后，兵员素质和军官的指挥能力都比较差。巴顿来到此地之后结识的第一个朋友是弗朗西斯·马歇尔上尉。马歇尔上尉任骑兵连长，是巴顿的顶头上司。在调任谢里登堡之前，马歇尔上尉曾在西点军校参谋部任职，对巴顿在学校的表现一清二楚。他非常喜欢这位年轻有干劲的骑兵少尉，两人很快便建立了深厚的私人友谊。在谢里登堡任职期间，马歇尔上尉一直很照顾巴顿，巴顿也将其视为自己军旅生涯的楷模。事实上，马歇尔上尉确实堪称军人的楷模。后来，他在第一次世界大战中被晋升为准将。但不幸的是，他晋升后不久便因飞机失事而去世了。

巴顿刚到谢里登堡便患了花粉热，是一种因对花粉过敏而引起的过敏性鼻炎，是当时比较常见的病症。在马歇尔上尉的照顾下，巴顿一周后便恢复了健康。身体刚刚恢复，巴顿便迫不及待地请求马歇尔上尉领他在营区转转，熟悉连队的环境。

巴顿很快就发现谢里登堡的士兵和军校里的学生有着惊人的差异。

在给父亲的信中，他这样说："我对这里士兵的无知感到极为惊讶。他们大多数人的英文都不好，但是他们每一个人都在努力训练——至少我是这样认为的。他们都值得尊敬……他们对于集合从不提出疑问，也不在乎被责骂……"

在给恋人比阿特丽丝的信中，巴顿说："我发现军校里的学生和正规军人之间有着令人惊诧的区别。军校里的学生在等级上比正规军人高一些，但在服从命令和做实际工作时就远远不如正规军人了。这些正规军人总是很勤奋，行动也很迅速。当你叫他们时，他们总是跑步过来。"

尽管谢里登堡的生活比较艰苦，但精力充沛的巴顿却非常喜欢这里。他特别喜欢带领士兵参加野外训练和演习。有一次，他的战马受惊了，将他重重地摔在了地上。他的头部受了伤，满脸是血，但他并没有因此而终止指挥。直到所有的训练都结束之后，他才回到宿舍洗了把脸，找医生缝合伤口。这件事情给所有的士兵都留下了深刻的印象。

此时的巴顿可谓信心满满，他在给比阿特丽丝的信中说："野营地的生活很艰苦，高级军官当然好过一些。总有一天，我也会独自享用一个大帐篷的，里面会有一个冰箱、一个火炉和一个大行李箱。到时候，肯定会有许多人因为我有这么多行李咒骂我的。"

由于部队的野外活动并不多，巴顿便把多余的精力放到了其他方面。利用闲暇时间，他为连队设计了一个马球场，担任了一支足球队的教练，还与一个同事合作开办了一个"军事阅读与研究班"。

尽管巴顿性格鲁莽，行事冲动，但他并不像其他的军官那样肆意辱骂士兵。有一次，巴顿到连队的马厩去检查卫生，发现一匹马没有拴好，负责看管马厩的士兵当时正在马厩的另外一头。巴顿决定惩罚一下这个不负责任的士兵，他咆哮着让那个士兵跑步过来把马拴好。

那个士兵似乎没有听懂巴顿的话，并没有跑步过来，而是快走了两步。巴顿大骂道："该死的混蛋，你他妈的给我跑过来！"

那个士兵被吓坏了，急忙跑过来把马拴好了。巴顿却一下子愣住了，他立即想到这对那名士兵是一种侮辱。事后，他又找到了那名士兵，当面向他道了歉。一个军官主动向一名士兵道歉，这是一件非同凡响的事情。这件事情在骑兵连很快便传开了，大大提高了巴顿的威信。

马歇尔上尉也十分欣赏巴顿的工作能力，他在给巴顿写的述职报告中说："他十分胜任自己的工作，应委以重任。在战争期间，他将是最适合带兵打仗的军官。巴顿是一位前途光明的年轻军官，他是我所认识的军人中最有敬业精神的一个，他从不放弃任何一个提高自己素质的机会。自从他开始在西点军校学习时，我就注意他了。从那时起，我就知道他办事果断，能力出众，忠于事业。"

在谢里登堡任职期间，巴顿不但受到了上司的器重和士兵们的爱戴，还收获了一份美满的婚姻。1909年的圣诞节，巴顿向艾尔先生提出要娶比阿特丽丝为妻的请求。他对比阿特丽丝的一片真心终于打动了艾尔先生。艾尔先生虽然同意了巴顿的请求，但依然不放心女儿跟随一个一无所有的军人生活。于是，他便问巴顿："你有多少财产？"

巴顿愣住了，他从来没有关心过这个问题，或许只有父亲大巴顿才能回答这个问题。于是，巴顿便发了一封电报给父亲，询问此事。大巴顿的回答让巴顿和艾尔先生都大吃一惊——巴顿的财产竟达百万之多。年轻的巴顿已经步入了美国最富有的人之列。巴顿风趣地对父亲说："我从没想到原来我是这么富有。"

艾尔打消了顾虑之后便同意将比阿特丽丝嫁给巴顿了。比阿特丽丝高兴极了，她立即给巴顿发电报说："如果你打算在6月份娶我，就请娶吧。如果你乐意，爸爸和妈妈希望我们能在6月份完婚。"

巴顿更是受宠若惊，他风趣地对母亲说："这不是强迫吗？我接受她。她在绝大多数问题上都

巴顿结婚照

有很高的鉴赏力，但在选择丈夫这个问题上却是个例外。"

两大豪门联姻的消息很快传开了。在各大媒体的关注中，巴顿和比阿特丽丝确定了结婚的日期，并决定到欧洲蜜月旅行。婚礼办得十分热闹，华盛顿各界的要人、两家的亲朋好友都赶到了圣约翰大教堂。遗憾的是，巴顿的母亲露丝生了病，未能参加儿子的婚礼。

婚礼结束之后，巴顿夫妇取道纽约，乘船横渡大西洋到欧洲度蜜月去了。他们在风景如画的英国乡村度过了一段美好的时光，而后又在伦敦住了一段时间。在伦敦，巴顿买了不少军事书籍，其中包括克劳塞维茨的《战争论》。此后，巴顿无论多忙都会抽出一点时间来看书，以提高自己的理论水平。

短暂的蜜月结束了，巴顿又回到了谢里登堡的骑兵连。比阿特丽丝也搬到了部队里。尽管她对艰苦单调的军营生活还不大适应，但她待人和蔼，很快便交了很多朋友。在比阿特丽丝的帮助下，粗鲁莽撞的巴顿也在慢慢地学习如何待人接物，如何克制冲动的情绪。可以说，巴顿之所以在日后能够成为美国军界的风云人物，比阿特丽丝功不可没！

1910 年秋，比阿特丽丝怀孕了。随着天气转凉，军队的户外活动也减少了，巴顿便把主要的精力都放在了陪伴妻子上。怀孕之后，比阿特丽丝很少到户外活动，她整天呆在家里翻译一篇法国军事杂志上的文章。巴顿一边照看妻子，一边抽空帮助妻子修改译文，以使文章更加适合美国军界的表述习惯。不久，这篇文章便在美国的一家军事杂志上发表了，在学术界引起了不小的震动。巴顿和比阿特丽丝的名字引起了美国军界高层的注意。

1911 年 3 月，巴顿家族又增加了一个新成员——小比阿特丽丝。小比阿特丽丝是巴顿和比阿特丽丝的第一个孩子，巴顿为了表示对妻子的浓情厚意，

巴顿在大女儿的婚礼上

遂用妻子的名字给孩子取名。孩子出生后，比阿特丽丝几乎把全部的感情都投入到了女儿的身上。被冷落的巴顿甚至有些嫉妒了，不过，他也像妻子一样深爱着女儿！他完全能够理解妻子在小比阿特丽丝身上投入的母爱。

在比阿特丽丝将全部的情感都投入到女儿身上之时，巴顿则把主要的精力都放在了对荣誉的追求之上。与妻子合作翻译的论文为他在美国军界赢得了一定的声誉，巴顿便想通过这一途径来引起军界高层的注意。他买了一台打字机，开始撰写军事题材的论文。当时，他正在思考进攻作战的问题，并初步形成了攻势作战思想。于是，他便撰文阐述了自己的这一思想。这一作战思想的中心是："进攻，进攻，再进攻，直至最终取得胜利。"巴顿的这一思想在当时引起了不小的轰动。可以说，这一时期的巴顿无论在事业上，还是在婚姻上都是非常成功的。

三

奥运会上大展身手

巴顿在谢里登堡受到了马歇尔上尉的器重，工作上也取得了不错的成绩。不过，在和平的环境里，一名下级军官要想出人头地并不是一件容易的事情。巴顿时常抱怨自己生不逢时，战争已经成为遥远的历史了。

巴顿终究不是一个能耐得住寂寞的人，他不愿意在谢里登堡等待高层去发现自己，他要主动出击，将自己推销出去。他曾经想，如果欧洲爆发战争的话，他宁愿辞去军职，到欧洲去当一名雇佣兵。当时，欧洲的局势虽然十分紧张，但远远没有达到要爆发战争的程度。

1899年，美国的海外殖民地菲律宾爆发了大规模的抵抗运动。菲律宾共和军统帅在1902年下令部队缴械投降，美、菲两国的全面战争结束了。但局部的冲突一直持续到1913年才全部结束。巴顿在谢里登堡之时，正是美军在菲律宾镇压菲律宾人民起义之时。他想到菲律宾这个东南亚岛国去服役，但局部的军事冲突根本不需要那么多的部队长期在海外驻守。巴顿明白，自己即便向陆军部递交申请，也未必会被批准。

他还想通过进骑兵学校深造来提高自己的军事素养。但他仅仅只是一个骑兵少尉，军衔太低，根本不够资格进入赖利堡骑兵兵种学校。左思右想之后，巴顿最终做出了一个大胆的决定，他要争取调离谢里登堡，去首都华盛顿谋求出路。

这一次，巴顿家族的关系网再一次发挥了作用。马歇尔上尉也给了巴顿不少帮助。这位年轻的骑兵上尉是陆军参谋长伦纳德·伍德私人副官的至交，想给巴顿在华盛顿谋求一个空缺并不是一件十分困难的事情。马歇尔上尉之所以千方百计地帮助巴顿，除了对巴顿才华的欣赏之外，另外一个原因是想通过此举讨好艾尔先生。当时，马歇尔上尉正在努力追求比阿特丽丝的妹妹凯瑟琳。

1911 年 12 月，陆军部给巴顿下达了一纸调令，将其调到了华盛顿附近的迈尔堡。迈尔堡是美国陆军参谋部的所在地，军界要人云集于此。这里和谢里登堡相比简直就是天堂，酒吧、剧场、舞厅和马球场等社交场所一应俱全。巴顿曾洋洋得意地说：“这里真是比其他任何地方都更接近上帝，理想远大的人都应该设法迁居这里。因为所有的大人物都住在这里。”

在这里，巴顿如鱼得水，他购买了一批纯种马，经常参加赛马和马球赛。比阿特丽丝也充分发挥了自己在社交方面的才华，尽力来帮助丈夫。他们经常出入豪华餐厅，参加各种社交晚会，招待华盛顿的各界名流。很快，巴顿在华盛顿的上流社会便出了名。军界的要人们几乎都知道了这个才华横溢、爱出风头的年轻军官。

巴顿调入迈尔堡不久，一个大好时机从天而降。1912 年在斯德哥尔摩举办的第五届奥运会增添了一个新项目——五项全能。组委会规定，这项比赛只允许各国的军官参加。因为这个项目是对人的体魄和意志力的全面考验。比赛的内容也非常独特，参赛者必须携带文书，骑在马背上，向前奔袭，先举枪射击在途中遇到的“敌人”，而后用剑刺杀。摆脱“敌人”之后，参赛者还要游过一条河流，然后越野跑步抵达终点。也就是说，这项比赛包含了骑术、射击、击剑、游泳和越野跑步。

这个新项目对 27 岁的巴顿来说再适合不过了。他的身体素质很好，是一名优秀的骑手、剑手和神枪手，游泳技术也不错。更为重要的是，他的身上有一股锲而不舍的拼搏精神。巴顿立即向陆军部递交了申请，希望能够参加斯德哥尔摩奥运会。他的申请顺利地通过了，但只能自费前往斯德哥尔摩。旅费对业已是百万富翁的巴顿来说根本不值一提。得到这个消息之后，巴顿高兴极了，立即戒掉烟酒，投入到了紧张的赛前训练之中。

比赛前夕，巴顿自掏腰包，带着心爱的坐骑“黑玫瑰”来到了斯德哥尔摩。巴顿非常喜欢这个北欧小城，对比赛也充满了自信。在马术比赛中，巴顿和他的“黑玫瑰”表现出色，取得了第三名的好成绩。但在随后的射击比赛中，巴顿只打出了 169 环，成绩在 32 位选手中仅排在第二十一位。巴顿的成绩之所以如此之低，主要是因为裁判判定他有两发子弹脱靶了。巴顿对这个结果很不满意，他对裁判解释说，他用的是大口径手枪，弹头在纸板上留下的弹孔比较大，那两发子弹从弹孔中穿过去了。但裁判没有理会巴顿的解释，将那些有问题的弹孔不计分数。最后，巴顿虽然觉得有些委屈，但还是服从了裁判的判定。

在击剑比赛中，巴顿表现不俗，一举击败了后来取得冠军的法国选手。在300米自由泳的争夺中，巴顿排名第六。他拼尽了全身的力气，力争向前。尽管已经体力不支了，但巴顿并没有放弃最后一项越野4000米比赛。巴顿用尽了所有的力气，刚刚跑到终点便休克了。尽管如此，他的游泳和越野跑均取得了非常不错的成绩，均排名第三。最后，他的总成绩排名第五，是参赛的美国军官中表现最为出色的一个。如果不是因为在射击比赛中用的手枪口径过大而被裁判误会，巴顿极有可能在五项全能中拿到一枚金牌。

后来，巴顿名扬天下之后，有记者问他："将军阁下，您在第二次世界大战中卓越的指挥才能，是您的骄傲和荣誉，对此您有何感想？"

巴顿笑了笑，回答说："不，参加第五届奥运会才是我一生的骄傲和荣誉。当时，我在300米自由泳的比赛中拼尽了全力，上岸后便休克了。醒来后，我告诫自己一定要拼下最后一项4000米越野赛。你可能体会不到一个人休克后醒来再跑4000米的滋味，但我体会到了。我不但跑完全程，还得了奥运会这个项目的第五名，这才是我一生的骄傲、我一生的荣誉。"

巴顿的这段话不乏自我吹捧之意。他在第二次世界大战中的卓越指挥有目共睹，不需要他再说什么了，但在第五届奥运会上的表现却没有多少人知道。

巴顿的此次欧洲之旅收获甚大，除了五项全能的第五名之外，他萌生了改进美国骑兵军刀和剑术的想法。他在比赛之后和妻子一起到了法国的索米尔，拜见了索米尔骑兵学校副校长、欧洲职业剑术冠军克莱里先生。巴顿注意到了法国军刀与美国的不同之处，也仔细地观看了克莱里先生的教学方法。此时，改进美国骑兵军刀和剑术的想法便在他的心中悄悄萌生了。

回国后，美国军界像欢迎凯旋的英雄一样欢迎了巴顿。陆军参谋长伍德将军还向他发出了邀请，让他与自己和陆军部长亨利·史汀生一起共进晚餐。晚餐过后，伍德意犹未尽，再次向巴顿发出邀请，要同他在第二天早晨一起骑马锻炼。喜欢热闹的史汀生也在不久之后向巴顿发出了邀请，请他做自己早晨骑马锻炼时的伙伴。

巴顿有些受宠若惊。从西点军校毕业三年来，他虽然尽了很大的努力，但一直默默无闻，依然是一名小小的骑兵少尉。但现在不同了，他居然能够结识陆军参谋长这样的军界头面人物，这是多大的荣耀啊！与史汀生的结识可以说是巴顿发迹的开始。他十分喜欢富有冒险精神的巴顿。

1912年的秋天，爱出风头的巴顿可谓春风得意。他巧妙地抓住了从奥运会凯旋的大好机会，在华盛顿等地区参加了一系列的马术比赛。巴顿参加马术比赛是有目的的，他曾对朋友说："在你看来，我所做的事情可能像儿童游戏，但是这对我的事业却是一种最好的宣传方式。参加马术比赛可以引起公众对我的注意，让大家去谈论我。要知道，引起公众的注意是许多人成名的开端。"

四

设计打造"巴顿剑"

巴顿的一系列努力并没有白费，公众果然开始注意这个富有冒险精神、锐意进取的骑兵少尉了。巴顿并不满足于仅仅引起公众的注意，他要出名，他要在军界出人头地。在斯德哥尔摩奥运会上，巴顿在击剑比赛中的表现十分突出，获得了第三名的好成绩。回到国内后，骑兵们都十分崇拜这位年轻的少尉，称其为"美军中的第一击剑高手"。

春风得意的巴顿决定通过改进军刀和剑术进一步提高自己在军界的威望。美国是一个善于使斧的国家，骑兵更习惯挥舞马刀砍杀。因此，美国骑兵所使用的马刀都是单刃弯刀。训练时，骑兵们乘坐在马背上，像使用球棒一样疯狂地舞动手里的马刀。巴顿在法国索米尔骑兵学校拜访克莱里先生的时候，发现法国骑兵使用的马刀是双刃直剑，使用的方法是用刀尖去刺杀。巴顿认为，与砍杀相比，刺杀能更快地接近敌人，作战效率更高。

巴顿利用业余时间写了一篇文章，讨论了"以法国式的直剑取代美军盛行的弯刀"的可行性。文章写好之后，巴顿将其交给了迈尔堡骑兵团团长格拉德上校。格拉德上校是一位经验丰富的老骑兵，他立即就看出了巴顿这一主张的重大意义。不久之后，他便把巴顿叫到了办公室，建议他再增添一些内容，然后把文章投寄给《骑兵月刊》。

巴顿受到了格拉德上校的鼓舞，立即投入精力，对文章进行修改。修改完之后，巴顿觉得《骑兵月刊》可能不足以引起军界高层的注意，便把目光投向了在军界颇有影响力的《陆海军杂志》。文章寄出去之后，巴顿对妻子比阿特丽丝说："我希望这篇文章引起轰动。我相信一定会的。"

1913 年 1 月 11 日，《陆海军杂志》刊登了巴顿的这篇文章，陆军参谋长伍德将军和陆军部长史汀生都注意到了巴顿的文章。巴顿兴奋地说："我想我要出名了！"

巴顿的预料一点也没有错。他的建议被陆军参谋长伍德将军接纳了，他命令巴顿设计新军刀。巴顿借鉴了法国骑兵马刀的优点，采用了直线型设计，刀长 940 毫米，刀身宽 257 毫米。这是一种非常理想的击刺武器，非常适合于进攻。可以说，新军刀的设计融入了巴顿的攻势作战思想，即主动进攻！

新军刀选在斯普林菲尔德的工厂铸造。为保证军刀的生产质量，陆军部长史汀生和陆军参谋长伍德将军派巴顿去负责检查验收。美国助理军械部部长也对巴顿设计的新军刀很满意。他说："巴顿作为一位击剑手的技巧和经验，对于军械部价值无限。"

新军刀铸造完毕之后，巴顿又奉命编写了一本《军刀教员讲义》。在这本讲义中，巴顿阐释了自己的训练思想。为了进一步提高自己的剑术水平，巴顿在这一年夏天决定自费去法国学习。这个机会来之不易，除了发表文章受到重视外，还得益于史汀生和伍德将军的关照。这一次，巴顿在法国的索米尔骑兵学校呆了 6 个星期，几乎形影不离地跟在克莱里先生的身后，向他学习剑术。在此期间，巴顿不但提高了自己的剑术水平和理论素养，还学会了一口流利的法语。这一点对巴顿日后在法国作战起到了很大的作用。

回到美国后，巴顿被派往堪萨斯州赖利堡骑兵兵种学校报到，既当学员，又兼任剑术教官。在这里，巴顿结识了不少朋友。跟他学习剑术的大多数学员的军衔都比他高，年龄也比他大。这些人在巴顿日后的发展道路上也曾给予他不小的帮助。

在赖利堡骑兵兵种学校学习期间，巴顿还受邀参与了起草新式直剑的使用条例。1914 年 3 月，巴顿将自己的学习和教学经验总结成了一本名为《军刀训练》的书。这本书由陆军部批准，很快便出版了。巴顿在书里进一步强化了他附着在新军刀中的进攻精神。他说："要记住刀尖是压倒一切的重点，富有活力、勇于进取的勇士要像刀尖一样，在进攻中刺穿敌人的身体……"

不久，巴顿又在《骑兵杂志》发表了一篇文章，全面阐述了剑的发展史，其中论述了德意志人、哥萨克人、波兰人，土耳其人和阿拉伯人使用过的各种剑，及其取得的良好战果，并深刻地总结了历史的经验和教训。随着新军刀在骑兵部队中的逐渐普及和各种文章的发表，巴顿在军界的知名度也日益提高了。

"战神"巴顿手持自己设计的"巴顿剑"

巴顿设计的新军刀在训练中受到了士兵们的一致好评，人们亲切地将其称为"巴顿剑"。1916年3月，巴顿调任布利斯堡骑兵团时，看到全团使用的军刀全是自己设计的"巴顿剑"时，激动得热泪盈眶。"巴顿剑"并没有在实战中大规模地使用，因为火器的发展使得军刀在实战中失去了优势。但"巴顿剑"却成为了美国骑兵的标志性装备，并且给巴顿赢得了极高的声誉。

1914年4月，美国与墨西哥发生了军事冲突。在赖利堡骑兵兵种学校学习的巴顿闻之，欣喜若狂，他迫切地希望美墨两国尽快打起来，这样他就可以申请到前线，领兵冲锋陷阵了。但事与愿违，美墨的军事冲突很快便平息了下来。

同年7月，第一次世界大战的战火在巴尔干半岛烧了起来。巴顿获悉之后，马上给索米尔的法国朋友们去信，请求他们帮自己在法国军队中谋求一个职务，然后申请离职一年到欧洲作战。此时，伍德将军已经被调离陆军参谋长的职位，任东部军区司令员。巴顿征求了他的意见，并且希望他能帮助自己到欧洲作战。

伍德将军赞扬了他几句，但随即回答说："我们不希望像你这样的年轻人到外国军队中去浪费生命。"

巴顿十分不快，但又无可奈何，只能期盼美国尽快介入第一次世界大战。时任美国总统威尔逊认为当时还不是介入战争的最佳时机。他便以美国中立主义的传统为由，没有在战争一开始便将美国带入这场罪恶的帝国主义争夺战。

巴顿有些沮丧，但又无可奈何。就在此时，他的第二个孩子就要出生了。为了让妻子比阿特丽丝得到更好的照顾，巴顿把妻子送到了加利福尼亚，与大巴顿夫妇生活在一起。他们的第二个孩子也是个女孩，巴顿风趣地给她取名为比阿特丽丝第二。比阿特丽丝对巴顿的恶作剧哭笑不得，她用母亲和婆婆的名字给女儿取了新名字——露丝·艾伦。

· 第三章 ·

美军第一坦克兵

一

"巴顿神话"的开始

1915年6月,巴顿从赖利堡骑兵兵种学校毕业了。他的各科成绩都不错,教官们一致认为他是一个"具有魄力和前程远大的军人"。他还获得了参加晋级考试的资格。但令他不满的是,他又被分配到了迈尔堡骑兵团。迈尔堡骑兵团已经接到调令,马上就要开赴菲律宾了。当时,美军在菲律宾镇压菲律宾人民起义的战斗已经全部结束了。巴顿不愿意呆在菲律宾这个风平浪静的岛国。于是,他再次动用家族的关系,离开了迈尔堡骑兵团,到华盛顿另谋出路。经过一番努力,巴顿被调往德克萨斯州布利斯堡的第八骑兵团。

布利斯堡与墨西哥接壤,虽然十分偏僻,但战略位置十分重要。当时,美、墨两国之间的矛盾非常尖锐,很有可能演变为一场公开的冲突。一旦美、墨两国爆发军事冲突,布利斯堡将成为美军进攻墨西哥的前沿阵地。巴顿千方百计地前往第八骑兵团任职的主要目的便是想参加美军对墨西哥的进攻。

巴顿这一次终于如愿以偿了。1915年冬季,美国借口墨西哥农民起义军袭扰了美国边民,遂向美墨边境增兵,企图对墨西哥发动进攻。美国著名的约翰·潘兴将军也在此时奉命组织远征军,从旧金山开赴布利斯堡。

由于急于参战,巴顿赶到布利斯堡之时,第八骑兵团还没有赶到驻地。于是,巴顿便利用这段时间加紧准备晋级考试。巴顿是一个善于讨好上司的人,为了能够顺利通过晋级考试,他曾主动帮晋级委员会主席驯养小马,以取得他的好感。

恰在此时，已经升为少校的马歇尔也来到了布利斯堡进行军事访问。马歇尔与晋级委员会的副主任住在一起。巴顿由此认识了晋级委员会副主任。巴顿借机向副主任进行游说，介绍了自己的军事指挥思想，马歇尔少校也替他说了不少好话。结果，巴顿轻轻松松地通过了晋级考试。

　　不久，第八骑兵团开进了驻地，巴顿立即去见了身材肥胖、和蔼可亲的团长。当时，第八骑兵团的军官有不少空缺，不少连队根本就没有上尉连长。在这种情况下，巴顿便被临时任命为中尉连长，指挥一个连作战。连队使用的军刀全部是巴顿设计的"巴顿剑"，士兵们见到了设计这种军刀的人都感到十分亲切。因此，巴顿和士兵们刚一见面便建立了良好的关系。

　　进行了简单的训练之后，巴顿率领全连和另外一个连队向谢拉布兰卡小镇出发了。这个小镇位于高山密林之中，交通不便。他们一路跋山涉水，经过几个礼拜的艰苦行军才抵达驻地。这两个连队有两个任务，其一是保护谢拉布兰卡小镇的一个牧场，使其免遭墨西哥人的袭击；其二是保卫从附近通过的南太平洋铁路主干线。

　　谢拉布兰卡简直就像是被世界遗忘的角落。小镇上只有 20 户人家，但民风却十分剽悍，居民们人人脚套长靴，手持武器。巴顿结识了镇上的不少人，但无论如何也不能理解他们的生活方式。尽管对小镇的生活不甚满意，但巴顿很快就找到了自己的娱乐方式。小镇的四周全是未经开发的荒野，野生动物俯拾皆是。喜爱打猎的巴顿经常在外出执行任务的时候顺手开几枪，打一些野味给士兵们改善伙食。

　　巴顿知道自己来到小镇的主要任务并不是打猎，而是防范墨西哥农民起义军的偷袭。他经常带领士兵们骑着马，在高山峻岭中奔驰，从一个哨所赶到另一个哨所，严密监视小股墨西哥农民起义军的动向。巴顿期待着与墨西哥农民起义军遭遇，进行一场真正的战斗，但遗憾的是，他们连一个墨西哥人的影子也没有发现。

　　不久，巴顿被调回了布利斯堡。他把妻子比阿特丽丝和女儿也接了过来。全家人安顿好之后，他的妹妹安妮塔便从加利福尼亚赶来看望他们。在一次社交晚会上，安妮塔与潘兴相遇了。性格开朗的安妮塔与身材高大的潘兴将军几乎一见钟情。当时，潘兴将军 55 岁，妻子已经去世多年了，安妮塔也已经是 29 岁的大姑娘了。他们大有相见恨晚之意，很快就交上了朋友。安妮塔为此还推迟了回家的日期。

潘兴将军由此对巴顿更加器重了。在军队中，他是巴顿的上司，但如果他将来与安妮塔结婚的话，巴顿和他就是一家人。在此之前，潘兴也注意到巴顿了。潘兴有一个外号叫"恐怖的杰克"。他非常讲究军容风纪，从不允许部下的皮鞋有一点灰尘。到布利斯堡不久之后，部队经过一次急行军到达目的地。士兵们疲惫极了，谁也没有顾得上擦皮鞋。潘兴将军看到了之后，大发雷霆。就在这时，他看到巴顿的皮鞋一尘不染，锃亮锃亮的。潘兴将军指着巴顿说："照着他这样做，他怎么擦的，你们就怎么擦。"

1916 年 3 月 9 日，墨西哥农民起义军首领比利亚率部袭击了美国新墨西哥州的哥伦布城。潘兴将军奉命进行报复，跨越边境，进入墨西哥境内作战。巴顿得知这个消息之后异常兴奋，他终于可以进行一场真正的战斗了。但他的情绪很快便从波峰跌到了波谷。第八骑兵团并不参加这次行动，而是留守待命。

怎样才能参加这次行动呢？巴顿想到了潘兴将军，他缠着几位上司，请他们推荐自己给潘兴当副官。巧合的是，潘兴将军的副官詹姆斯·科林斯正好外出执行任务，身边正缺少人手。几位军官向潘兴将军推荐了巴顿之后，潘兴把他叫到了办公室，开门见山地问："你是否真心想去参战呢？"

巴顿坚决地回答说："我来这里就是为了战斗的！"

潘兴将军被巴顿坚决要求参战的精神感动了，又考虑到他是安妮塔的哥哥，便将其任命为临时副官。巴顿工作十分卖力，协助潘兴将军处理了不少工作，潘兴对他的工作非常满意。潘兴将军的副官科林斯返回部队之后，潘兴将军依然让巴顿作为编外人员在司令部继续工作。

部队进入了墨西哥境内之后，远征军一万名士兵对比利亚展开了拉网式的搜捕。潘兴将军把司令部设在了鲁维奥附近。小城的北面有两个牧场，比利亚的得力干将朱利诺·卡德纳斯和他的叔父就住在附近。巴顿曾率部抓获了卡德纳斯的叔父，但未能从他身上获得任何有价值的信息，只好把他放了。

5月14日，巴顿奉命向附近农民征购玉米，以满足部队的需要。巴顿带着10名作战士兵、2名侦察兵和2名司机分乘3辆卡车在附近的两个村子买到了玉米。完成任务之时时间尚早，巴顿并没有命令司机将卡车开回营地，而是命令他们往卡德纳斯叔父的农场方向开去。经过一段时间的观察，巴顿认为那里是一个墨西哥农民起义军的秘密据点，卡德纳斯很可能会在那里出现。

卡车驶近农场之后，巴顿命令加速前进。在车上，巴顿下达了命令。他将带两个人顺着房子的北墙穿过去。另外两辆卡车则在房子的前面停下来，车上的12个人分为两组，6个人快步穿过南墙，配合巴顿迅速封锁大门，搜查房子。另外一组人则趁机封锁道路。

巴顿等人行动迅速，没等院子里的人发现就封锁了院子。卡德纳斯的叔父就在院子里，他对巴顿点头哈腰，便卖了一些玉米给他。平时粗鲁莽撞的巴顿此时却格外细心，他发现这个老人有些心神不定，举止不安。

巴顿似乎意识到了什么，他立即命令士兵撤出了小院，赶往卡德纳斯的家，迅速将其封锁了起来。巴顿看到院子中有3个老人和一个小孩，他们似乎根本没有看见突然闯进来的美国大兵，依然悠然地剥着牛皮。巴顿觉得这太不正常了，向士兵们打了一个手势。士兵们立即谨慎起来，把子弹推上了膛。

就在这时，3名骑马的武装人员突然出现在院子里，拨转马头，向南面逃窜。守在南面的几名美军士兵立即开枪射击。受到阻击之后，那3名墨西哥武装人员又折向巴顿这一面，并举枪向他开火。巴顿冷静地举起手枪，一连打了5发子弹。领头的那名武装人员受了伤，坐下的马也变得血淋淋的了。

巴顿就地一滚，躲在了墙角下，重新装了子弹。当3匹马闯入视线之后，他又滚到了马的屁股后面，对着其中一匹马的屁股开了一枪。在枪声响起的同时，那匹马重重地倒在了地上，马上的人也栽倒在地。巴顿一枪将那人结果了。而后，巴顿又举枪击中了另外一个人。第三个人跳下了马，躲到房间里，企图从窗户中逃走。一个侦察兵追了上去，将其击毙了。

3名墨西哥武装人员全部被击毙了。巴顿上前一看，其中一人正是赫赫有名的卡德纳斯。巴顿担心这场战斗会引来更多的墨西哥农民起义军，立即命令士兵把尸体放在车钩上，并将卡德纳斯使用的镀银马鞍和剑放到车里。几乎就在卡车发动的同时，40多名墨西哥武装人员骑马冲了过来。巴顿命令士兵边打边撤，终于全身而退。

到达鲁维奥郊外时，巴顿命令士兵切断了电线，以防墨西哥农民起义军利用电报通报卡德纳斯被击毙的消息。

返回营地之后，潘兴将军对巴顿勇敢机智的表现十分满意，在电文和正式报告中对他进行了表彰。潘兴还特别允许他保留战利品，以作为纪念。巴顿计划将缴获的马鞍送给父亲，以感谢他对自己的培养。巴顿击毙卡德纳斯的消息很快传开了。记者们蜂拥而至，搅得巴顿好几天不得安宁。记者们将他的事迹写成了文章，配上他的照片刊登在了全国各大报纸上。巴顿成了美利坚民族的英雄。这次遭遇战的规模虽然不大，但却是美军历史上小分队乘汽车作战，也是日后大规模机械化兵团作战的雏形。更为重要的是，这次遭遇战是"巴顿神话"的开始。从这个时候开始，巴顿便成了美国家喻户晓的人物。

这次遭遇战之后，巴顿和妻子度过了一个美好的假期。此时正逢美国大选，威尔逊正在争取连任。巴顿的父亲也在积极参加参议员的竞选活动。巴顿非常支持父亲的政见，并在信中风趣地将他称为"参议员先生"。不幸的是，巴顿在大选开始前不久遭遇了一次意外。他在帐篷里写文章之时，汽油灯突然爆炸，他的脸部和头部严重烧伤，被迫在医院里住了好几天。随后，父亲在竞选中也失利了。巴顿的心情低落了好一段时间。

1917年2月初，潘兴将军的远征军奉命撤回国内，在埃尔帕索休整。巴顿的生活又回到了从前的样子。在远征墨西哥的一年多时间里，巴顿获益匪浅。首先，他的军衔从少尉升为了中尉。巴顿在少尉的位置上干了7年，如果不是这次远征，晋升还不知要等到猴年马月。其次，击毙卡德纳斯的战斗使他闻名全国。再次，他对车辆在战争中的作用有了较深刻的认识。最后，他结识了潘兴将军，并从他的身上学到了出色的指挥艺术。

二

"美军第一坦克兵"

远离战场的岁月让巴顿感到十分不快，他曾向妻子说，如果他在军队中永无出人头地之日的话，那么他会离开部队，陪家人度过愉快的生活。幸运的是，巴顿很快又得到了一个在战场上冲锋陷阵的大好机会。

第一次世界大战爆发之后，美国一直凭借其独特的地理位置以及与欧洲两大集团间微妙的政治、经济关系，以中立国身份与交战双方大做军火交易，攫取巨额利润。到 1917 年春的时候，以英、法为主体的协约国跟以德国为主体的同盟国两大军事集团之间的战争已经打到了白热化的地步。两大集团的人力、物力消耗殆尽。美国如果在此时介入战争，帮助哪一方，哪一方就能获得胜利。

获得连任的威尔逊抓住这一坐收渔人之利的大好时机，于 1917 年 4 月 6 日以德国实施无限制潜艇战、破坏美国中立为借口，加入经济利益同美国紧密相联的英、法集团，对德宣战。

在这种背景之下，业已晋升为少将的潘兴奉命组建一个步兵师，作为首批参战部队赶赴欧洲战场。不久，他又被任命为赴欧远征军司令。此时，潘兴将军与巴顿的妹妹安妮塔之间的恋情迅速升温，已经到了谈婚论嫁的时候。潘兴还特地赶往加利福尼亚看望了大巴顿夫妇。但战争的爆发使得他们只能把婚事往后拖拖，等战争结束之后再说了。

此时仍然任潘兴临时副官的巴顿并没有跟潘兴在一起，他奉命在埃尔帕索指挥一个骑兵连，并通过了晋级考试，获得晋升上尉的资格。巴顿十分关注妹妹安妮塔与潘兴将军之间的恋情。当得知他们要将婚期推迟的时候，巴顿的心情有些沉重。但潘兴接下来给他发的一封电报却又让他从情绪的低谷中走了出来。

潘兴接到新任命之后，立即着手挑选远征军司令部的人选。巴顿这个年轻的中尉第一个闯入了他的脑海。如果说潘兴在远征墨西哥期间任命巴顿作为自己的临时副官主要是因为安妮塔的关系的话，那么他此时想到巴顿则主要是因为对其军事指挥才能的欣赏。他曾说："我们队伍中有一名匪徒，这家伙就是巴顿！他是一个真正的斗士。"

潘兴给巴顿的电报非常简单，只有短短的几个字："速到华盛顿。"巴顿知道自己的春天又来了，立即振奋精神，赶赴华盛顿报到。1917年5月下旬，巴顿跟随潘兴将军经由纽约，乘船赶赴欧洲。

抵达巴黎之初，远征军并没有作战任务，主要工作是与英、法两军的协商作战协同问题和进行训练。在此期间，巴顿给潘兴帮了很大的忙。值得一提的是，巴顿在7月下旬还结识了英国远征军司令道格拉斯·黑格元帅。当时，潘兴带着巴顿和两位少校来拜访这位大名鼎鼎的元帅，协商合作事宜。脾气火爆的巴顿给黑格元帅留下了深刻的印象。他在当天的日记中写道："这位副官是一个脾气火爆、争强好斗的家伙。"

黑格元帅的评价并不是贬低巴顿，而是夸奖他。因为骑兵军官出身的黑格元帅也是一个脾气火爆、争强好斗的人。他和巴顿有很多共同点，两人一见如故，聊了很多。黑格元帅也给巴顿留下了深刻的印象，他说："黑格元帅比我还更像一匹战马"。

随着准备工作的逐步完善，美国远征军基本上已经具备了对德作战的能力。9月，协约国最高统帅部决定将美军部署在洛林一线。潘兴将军随即将远征军司令部迁到了法国东部小城肖蒙。巴顿在肖蒙指挥司令部直属连和一个摩托车分队，还负责防空和一些其他工作。

在此期间，巴顿对刚刚出现的坦克这种新式武器产生了兴趣。英国是世界上第一个开始生产坦克的国家。这种新式武器的出现对战局的发展起到了深刻的影响，它的机动性可以有效地突破由堑壕、铁丝网、机枪火力点组成的防御阵地。巴顿敏锐地意识到，坦克部队是一个具有巨大发展前途的新兵种，美国也应该组建自己的坦克部队。当时，美军中不少年轻军官都持与巴顿相同的看法。

战争给军人带来了晋升的大好机会。巴顿到法国不久就被破例提升为少校了，但一直没有机会到前线参战。10月中旬，他不幸患病，住进了医院。巧合的是，福克斯·康纳上校同他住在一家医院，而且在同一间病房。两人一见如故，就当前的战局进行了深入的探讨。巴顿对坦克情有独钟，希望将来能到美国自己的坦克部队任职。但康纳上校却认为，坦克的作战能力尚未得到证实，步兵仍是战争之王。康纳上校的话让巴顿有些犹豫，他不知道自己的看法是否正确，但最终仍然决定选择坦克部队。

战场上的巴顿

后来的事实证明，巴顿的选择是正确的。美国远征军司令部决定在法国东北部的小城朗格勒附近创办一所坦克学校，并任命巴顿为校长。这意味着，巴顿将成为"美军第一坦克兵"。坦克作为一种刚刚出现不久的新武器，当时会操作它的人还不多，巴顿也只是远远地看过几眼，也不会操作。出院之后，巴顿马不停蹄地赶到了贡比涅附近的法国坦克兵培训中心学习了两个星期。

当时，法国也刚刚生产出坦克，还没有在实战中使用过。法国的轻型雷诺坦克结构简单，性能也很差，配置有一挺机枪或一门加农炮。驾驶员坐在底层，射手则坐在炮塔上。坦克内没有一点光线，驾驶员也无法看清外面的情景，只能靠射手的示意来掌控坦克的方向。要命的是，这种坦克的噪音很大，射手跟驾驶员根本无法通过语言来交流，只能用脚轻轻地碰碰驾驶员的头和肩，指示他往哪个方向前进。尽管如此，巴顿仍然以极大的热情投入到了学习之中。两个星期之后，巴顿俨然成为了一名坦克专家。

就在巴顿努力学习如何操控坦克之时，英军首次在战场上大规模使用了坦克。1917年11月20日，英军3个坦克旅的476辆坦克，在1000门火炮和6个步兵师的支援下，未经预先炮火准备即向盘踞在康布莱的德军发起了突袭。英军的坦克群每3辆为一组，呈三角队形向前冲击，步兵则紧随其后，协同作战。在不到4个小时的时间里，英军主力部队向前推进约12公里，连续突破了德军的3道防御阵地。日落前，英军完全占领了康布莱，俘敌8000余人，缴获了100门火炮和350挺机枪。

尽管当时坦克作战无论在技术上，还是在理论上都不成熟，但康布莱一役充分证实了坦克，尤其是集中使用坦克在实战中的巨大作用。巴顿据此认为，随着坦克技术的改进和作战技术的提高，它必将成为未来战争的基本武器。为了及时总结坦克的实战经验，他到康布莱拜访了英军的坦克部队，与英军坦克旅的旅长、参谋长等人认真地探讨了坦克作战经验。在随后的几个月里，只要有坦克参战，他都会赶到前沿阵地去观摩。

巴顿是美军中唯一一个了解坦克并熟悉新式战法的人，要白手起家地创建一所坦克兵学校并不是一件容易的事情。直到1917年末，巴顿才赶赴朗格勒，筹建坦克兵学校和坦克部队。在巴顿赶赴朗格勒不久之后，罗肯巴赫上校被任命为美国远征军司令部直属的坦克兵司令。罗肯巴赫上校是弗吉尼亚军事学院的高材生，是一个成熟老练的军官。同巴顿一样，他是个极其重视荣誉的人，而且自命不凡，喜欢卖弄。两个铁血硬汉在一起共事很快就擦出了火花，两人谁也不服气谁，关系极其紧张。

但为了战争、坦克和共同的利益，他们又不得不在一起共事，互相依托。幸运的是，两个人虽然在个人关系上十分紧张，但对对方的工作能力都十分欣赏，所以他们在工作上仍然互相支持。很快，朗格勒坦克兵学校便初见雏形了。

到1918年2月底，巴顿的手中已经有200多名士兵了。巴顿对士兵的要求极其严格，训练也十分残酷。他宁愿让士兵们在训练中受点伤，也不愿他们在战场上送了命。巴顿的作风影响了所有的士兵，他们个个都愿意做一个像巴顿一样，时刻准备着到战场上去给敌人一点颜色看看的人。由于坦克兵军容严整、内务整洁，作为坦克兵学校校长的巴顿经常受到好评。高级军官称赞坦克部队是整洁、礼貌、热情的模范部队。不久，巴顿便被提升为了中校。从少校到中校，巴顿只用了短短的几个月时间，由此可见他对美国坦克兵部队建设所作的贡献之大。

指挥坦克部队参战

1918 年春季，年事已高的艾尔夫妇相继去世，比阿特丽丝伤心欲绝地将这个消息告诉了丈夫巴顿。由于工作繁忙，巴顿并没有回国去参加岳父、岳母的葬礼，而是在信中百般安慰心灵受伤的妻子。比阿特丽丝明白战争的残酷性，更理解丈夫的工作，因此她非但没有责怪巴顿，反而一如既往地支持和鼓励他。

4 月，巴顿成功地组建起来了美军第一支坦克部队——第一坦克营。巴顿自任营长，下辖 3 个连。两个月后，巴顿又将第一坦克营扩建为第一坦克旅，下辖 2 个营，每营辖 3 个连，另有一个直属旅部的修理和救护连。到 8 月初，第一坦克旅已经初具雏形了，计有 50 名军官，900 名士兵和 25 辆坦克（不久又增加为 144 辆）。巴顿兴奋异常地说："尽管我有这样或那样的缺点，但无可争议的是，我是一名优秀的军人。"

坦克部队组建起来之后，巴顿一直期待着能到战场上去一展身手。不久，他就得到了上战场杀敌的机会。8 月 20 日，巴顿正在美国远征军设在朗格勒的参谋学院听课时，坦克部队司令罗肯巴赫突然派人来通知他，速回司令部。在肖蒙，罗肯巴赫告诉他，美军将在 9 月初独立组织一次大规模的进攻战役，坦克兵也将参战。

美军抵达法国后，除了训练和从事后勤保障工作之外基本上没有独立实施过战役。1918 年春，德军在西线连续发动 5 次大规模的攻势，英、法两军疲于应对，不得不要求美军加紧参战。在这种背景之下，美军赴欧的速度加快了。到 9 月初，美国远征军的总数已经达到了 150 万，组建了第一和第二集团军。

9 月，协约国最高统帅部决定，美国第一集团军和法国第二殖民军协同向圣米纳尔突出部推进。美国第一集团军辖步兵第一军、第四军和第五军，13 个师，共 55 万人；法国第二殖民军下辖 2 个师，共 11 万人。圣米纳尔突出部是在凡尔登战役中形成的，自从德军攻下此地之后，双方一直没有进行过大规模的战役。所以，德军统帅部调了一支战斗力相对较弱的部队配合坚固的防御工事在此地防守。协约国最高统帅部决定，尽快消除圣米纳尔突出部，推进到诺鲁阿、奥迪蒙一线，收复巴黎—凡尔登—南锡铁路，从而为以后的进攻战役创造有利的条件。

接到命令之后，潘兴将军计划以美军第一、第四军担负主攻任务，从突出部南面向北进攻，与从西向东进攻的美军第五军会师。法国第二殖民军从突出部顶端向东北方向进攻。巴顿的任务是指挥美国第一坦克旅和一个法国坦克营作为支援部队，支援从南面发起进攻的主力部队。

巴顿兴奋极了，坦克旅终于有一显身手的机会了。他趁着夜色，率领几个侦察兵潜入了无人地带，察看坦克的开进道路，草拟了一份地形分析报告和初步行动方案。此外，他还建立了前线指挥所，观察哨，确定了几个装配点，铺设了电话线。可以说，巴顿的指挥有条不紊，颇有大将风范。

战役马上就要开始了，巴顿召集了全旅士兵，做了最后的战斗部署和动员。他说："这是我们千载难逢的良机，现在到了证明我们过去所做的一切都是有价值的时候了。"

士兵们都非常喜欢这个性格粗鲁的指挥官。在士兵看来，作为一名军人就应该像巴顿这样，勇敢、不怕牺牲。巴顿的话刚刚说完，士兵们便欢呼起来。

巴顿计划，坦克旅兵分三路向前推进。第一营由布莱特指挥，居左翼，引导步兵向拿萨德附近的目标推进；法国坦克营居中，掩护步兵的进攻；第二营由康普顿指挥，居右翼，先掩护步兵第四十二师的进攻，然后加速，引导他们进入埃塞和帕讷。布莱特是一名优秀的坦克军官，作战经验丰富，但康普顿却没有多少作战经验，而且步兵第四十二师又缺乏协同作战的经验，巴顿对右翼不大放心，决定自己靠近右翼指挥。

9 月 12 日上午 5 点，经过 4 个小时的炮火准备之后，美军第一集团军向圣米纳尔突出部的德军发起了进攻。巴顿也按照计划指挥坦克旅协同步兵作战。巴顿不喜欢呆在指挥所里，尽管那里又安全又舒适。他认为，作为一名指挥员，就应该亲临第一线。这样不但可以激发士兵的士气和斗志，还能根据瞬息万变的战况随时对行动方案进行更改。

战役刚刚打响没有多久，巴顿便命令副官留守指挥所，与上级和步兵保持联络，自己则带着一名中尉和4名机械师尾随部队向前线奔去。战斗进行的很激烈，步兵在坦克的掩护下迅速向前推进。

在埃塞镇的郊外，巴顿登上了一处高地，眺望镇内的德军。他欣喜地发现，德军在美军凌厉的攻势下已经乱成了一团。巴顿当机立断，立即带人冲了过去。康普顿随即带领5辆坦克跟了上来。巴顿命令康普顿指挥坦克穿过埃塞镇，对德军发起猛烈的冲击。坦克在小镇边上的一处桥梁前停了下来，一个法国士兵坐在那里，劝说他们停止前进，因为前面的炮火太激烈了。巴顿看到坦克停了下来，立即快步向前，咆哮着命令康普顿奋力向前。他似乎根本没有看到前面猛烈的炮火，步行带领坦克从桥梁上冲了过去。

埃塞镇的德军在美军猛烈的冲击下终于开始溃退了，他们纷纷撤向下一个镇子帕讷，以与那里的德军会合。巴顿跟随在坦克的后面，突进了埃塞镇。他们俘虏了一批德军，并派人将俘虏送到了后方。此时，巴顿看到了道格拉斯·麦克阿瑟准将。麦克阿瑟出生于美国阿肯色州小石城的一个普通的陆军军营，他的父亲阿瑟·麦克阿瑟将军因参加南北战争曾获国会勋章。在父亲的影响下，麦克阿瑟也走上了军旅之路。1903年，他以第一名的成绩从西点军校毕业，并成为西点军校创办以来平均成绩最高的毕业生。

1917年，美国参加第一次世界大战后，从各州国民警卫队抽调人员组成步兵第四十二师。麦克阿瑟出任该师参谋长，并晋升为上校，赴法国参加世界大战。麦克阿瑟声称，该师人员来自美国各地，犹如跨越长空的彩虹，故该师亦称"彩虹师"。1918年，麦克阿瑟因作战勇敢和指挥有方，被任命为第八十四旅准将旅长。

巴顿向麦克阿瑟行了一个漂亮的军礼，问道："准将阁下，我们是否可以进攻下一个镇子帕讷？"

麦克阿瑟对坦克部队的表现非常满意，他微笑着回答说："现在看来，问题不大！"

得到麦克阿瑟的首肯，巴顿立即组织坦克部队，向帕讷镇推进。在巴顿的指挥下，坦克部队充分发挥了机动性，很快便推进到了帕讷郊外。当面德军的抵抗十分顽强，步兵根本无法突入进去。糟糕的是，此时除了一辆坦克之外，其他坦克都用完了汽油，无法动弹了。但巴顿并没有害怕，他立即命令唯一一辆有燃油的坦克向前突进。

驾驶员显得有点紧张。显然，他不敢单枪匹马地往炮火连天的战场突进。巴顿看出了他的胆怯，一纵身跳上了坦克，坐在上面大声鼓励他。坦克开动了，一名中尉和一名中士也爬上了坦克，跟巴顿一起坐在上面。在坦克的掩护下，步兵向帕讷镇的德军发起了猛烈的进攻。走在步兵前面的坦克立即成了德军射击的目标。子弹呼啸而来，从巴顿的耳边飞过。他立即从坦克上跳下来，躲在一处弹坑里。子弹打在坦克上，发出金属相撞特有的清脆声。坦克还在继续前进，但尾随其后的步兵则全部停了下来，举枪向前漫无目标地射击。

巴顿从弹坑里爬出来，跑到步兵这边，请求他们的指挥官继续指挥部队前进。但步兵拒绝了巴顿的请求。步兵停止前进，前面那辆孤零零的坦克便危险了。巴顿立即追上去，大声呼喊，让坦克开出帕讷镇。

不久，又有4辆坦克赶到了。巴顿立即将其组织起来，从另外一个方向向伯讷镇进攻。巴顿步行跟在坦克的后面，不时举起手中的枪，向德军射击。这一次，巴顿很幸运，守在伯讷镇的德军在猛烈的炮火轰击下，很快便撤出了小镇。巴顿指挥坦克兵突进了小镇，缴获了4门火炮和16挺机枪。

巴顿对第二营的表现非常满意，原本对康普顿的担忧也一扫而光。他决定到第一营那边去看看情况。巴顿穿过无人地带，来到左翼，却发现布莱特和25辆坦克都停在了拿萨德。一问才知道，这些坦克的燃料全部用完了。巴顿匆匆返回后方，去敦促后勤部队赶快将燃料送到前线。日落后，步兵停止前进，坦克部队也随即停了下来。巴顿立即命令布莱特和康普顿利用这段时间给坦克补充燃油。

第二天，美军向前推进的速度急速提高，当面的德军几乎没有做任何抵抗便撤出了阵地。到晚上的时候，圣米纳尔突出部被削掉了，美军共俘获敌军 1.5 万人和 450 门火炮，取得了辉煌的胜利。

在圣米纳尔战役中，巴顿再次成为了媒体关注的焦点。作为坦克部队的指挥官，他以轻微的伤亡代价有力地支援了步兵的进攻。在此战中，美法军队参战的 174 辆坦克仅有 3 辆被击毁，参战官兵有 5 人阵亡，19 人受伤。记者们将巴顿坐在坦克上的照片配以大段文字，热烈地赞扬了他英勇战斗的事迹。潘兴将军也对巴顿的出色指挥给予了嘉奖。

四

"美国坦克兵英雄"

圣米纳尔战役结束后，美军奉协约国最高统帅部的命令，悄悄实施了一次战略大转移。80多万军队悄悄地开往凡尔登西部，准备同法国第四集团军一起实施默兹—阿拉贡战役。巴顿奉命指挥第一坦克旅和一个法国坦克营随同主力部队进行了大转移，并担负支援步兵第一军的任务。

总结了圣米纳尔战役的经验之后，巴顿决定采用一种新的战术。战役开始之前，巴顿装扮成了一名法国军官到前线进行了全面观察。由于他能讲一口流利的法语，谁也没有对他的身份产生怀疑。经过详细地侦查和周密地思考，巴顿决定将坦克集中起来使用，而不是像在圣米纳尔战役中那样将坦克分散使用。他决定将集中起来的坦克以纵深梯次队形突然向德军的防御阵地发起进攻。

巴顿打算将坦克旅分成3个梯队。布莱特率领第一梯队攻占第一批目标；康普顿率领第二梯队进攻第二批目标；法国坦克营则成为第三梯队作为预备队，在第一和第二梯队达成目的之后全力向前推进。巴顿将作战计划向司令部作了报告。坦克部队司令罗肯巴赫和远征军司令潘兴将军都同意了他的计划。

吸取了圣米纳尔战役中坦克因缺乏燃料而不得不停下来的教训，巴顿在战役开始前还亲自把后勤保障工作揽过来，千方百计地收集和储存物资，以保障坦克的燃料供应。

9月26日凌晨2点30分，炮火准备开始了。3个小时之后，坦克部队开始行动，巴顿也带领2名军官和12名机械师向着炮弹爆炸的方向出发了。德军在默兹—阿拉贡一带修筑了坚固的防御工事，再加上当地的地形比较复杂，想要突破德军纵深达20公里的阵地并不是一件容易的事情。高级指挥官们都做好了以巨大伤亡来换取胜利的打算。

不过，由于巴顿使用了全新的战术，以纵深梯次队形向前推进，大大降低了步兵的伤亡。上午9点，巴顿指挥的坦克部队向前推进了15公里，攻占了瓦雷讷镇。正在向切平镇推进的路上，德军以炮火和机枪对巴顿的坦克部队进行了封锁。巴顿命令坐在坦克上的士兵跳下坦克，趴在铁路边的沟渠里隐蔽。坦克则继续向前推进，去摧毁敌人的火力网。跟随在坦克之后的步兵遇到阻击之后开始纷纷后撤，巴顿拔出手枪，向空中放了几枪，阻止了他们，集合了100多人。

德军的阻击炮火终于减弱了一些。巴顿抓住这个有利时机，马上指挥部队以散兵线沿山丘背面的斜坡往上冲。在斜坡底下，有两条壕沟挡住了坦克的前进道路，必须填平壕沟，才能使坦克顺利通过。巴顿立即带头动手挖土，企图填平壕沟。

德军似乎发现了这一状况，密集地向挖土填壕沟的美军士兵射击。巴顿鼓励大家说，军人的生命本来就是属于战争的，大家要不怕牺牲，勇往直前。密集的子弹从众人的身边呼啸而过。突然，巴顿身边的一名士兵仰面倒了下去，他的头部被一发子弹击中了。巴顿没有被眼前的状况吓倒，他继续挥着手中的行军铁锹，奋力挖土。经过大家的努力，壕沟终于被填平了，坦克顺利越过了壕沟，冲向山顶。

坦克抵达山顶之后，巴顿对步兵们高喊道："嗨，伙计们，我们上去吧，把狗娘养的德军全部干掉！"

巴顿一边高喊着，一边往山顶上冲。分散在斜坡上的士兵们纷纷站了起来，跟在巴顿的身后往上冲。他们

巴顿为立功的战士授勋

· 63 ·

刚冲到山顶，一阵机枪子弹就像雨点一样飞了过来。士兵们立即卧倒在地，没来得及卧倒的士兵哼都没有哼一声便栽倒在地。

看着同伴的尸体，士兵们都有些害怕了，巴顿也感到了几分恐惧。巴顿抬头望了望天空，他忽然想起了自己的祖先，他们似乎就站在云层之上，威严地盯着他呢！想到家族的荣誉，巴顿大喊道："该是另一个巴顿献身的时候了！"

说完，他便站了起来，继续向前冲去。大多数士兵都没有动，只有6个人站起来跟着他冲了过去。在敌人的扫射之下，巴顿身边的士兵一个接一个地倒了下去。很快，他的身边只剩下传令兵安吉洛了。安吉洛对巴顿说："就剩下我们两个人了！"

"就是剩下一个人也要往前冲！"巴顿头也不回地说。突然，他摔倒在地，血从他的大腿和肚子上往外涌。安吉洛快步向前，把巴顿拖到一个弹坑中。安吉洛撕开巴顿的裤子，发现一颗子弹击中了他的左大腿，安吉洛给巴顿包扎了伤口，劝他赶快离开战场，到后方去养伤。巴顿没有同意，他已经发现了德军的火力据点，无论如何也要指挥坦克将其干掉！

过了一会儿，几辆坦克从巴顿所躺的弹坑旁边经过。巴顿立即派安吉洛跑过去向坦克手指出德军火力据点的所在。这时，一名中士走了过来，向巴顿行了一个漂亮的军礼。巴顿忍着疼痛说："请你立即将我受伤的消息向军部报告。另外，请通知布莱特，接下来的战斗由他负责指挥。"

德军设在附近的火力据点被全部摧毁之后，传令兵安吉洛叫来了3名士兵。他们一起用担架将巴顿送到了救护车队。安吉洛主张直接把巴顿送到野战医院，但巴顿却坚持先到司令部去汇报前线的战况。在巴顿的一再坚持之下，安吉洛只好按他的要求做了。在司令部，高级军官们对巴顿的表现十分满意，并给予他充分的肯定。

汇报完战况之后，巴顿被送到了野战医院。刚到医院，他就昏迷过去了，直到第二天上午才醒过来。巴顿睁开眼睛，发现身边躺的全是坦克旅的士兵。他们都受了伤，但谁也没有哼一声，全都像他们的指挥官一样坚强。

巴顿受伤仍坚持指挥部队作战的事迹很快就传开了,人们纷纷称赞他是"美国坦克兵英雄"。几天之后,巴顿被送到了法国东部城市第戎的基地医院进行治疗。在离开野战医院的那天,伤兵们自发地为他举行了一个简单的欢送仪式。巴顿带着些许遗憾离开了凡尔登前线。虽然他不能在战场上继续指挥作战了,但他那种坚忍不拔的毅力仍然激励着坦克部队的官兵们继续进行着战斗。

为了表彰巴顿在战斗中的英勇表现和成绩,坦克兵司令罗肯巴赫向远征军司令部打了一份报告,建议晋升他为上校。司令部批准了罗肯巴赫的申请。潘兴将军此时对巴顿更加器重了,巴顿的勇敢给了他极大的震撼。他在给比阿特丽丝的信中说:"此时,你有权利比任何时候更加为他感到骄傲"。

1918 年 10 月初,巴顿被晋升为上校。巴顿在给妻子的信中说:"我十分高兴,尽管说心里话我不认为自己很值得获得这个军衔。"

不久,巴顿又被转送到朗格勒的总医院。回到自己最初接触坦克的地方,巴顿感到十分高兴。他抽时间去看望了坦克兵学校的一些老部下。经过战争的洗礼,老部下们都显得更加成熟了。令巴顿更加欣慰的是,协约国的人民给坦克兵学校写了很多信,赞扬美国坦克部队在战争中的英勇表现。

出院之后,巴顿怀着激动的心情,想再次率部队大干一番,但第一次世界大战的突然结束让他的这一梦想破灭了。1918 年 11 月 11 日,在巴顿 33 岁生日这天,同盟国宣布投降,协约国取得了第一次世界大战的胜利。

鉴于巴顿的杰出表现,远征军司令部先后给他颁发了两枚勋章。"优异服务十字勋章"是表彰他在战场上所取得突出战绩的。嘉奖令上如是写道:"1918 年 9 月 26 日,在法国切平附近,他在指挥部队向埃尔山谷前进中,表现出了超人的勇敢、冷静、干劲和机智。尔后,他将一支瓦解了的步兵集合起来,率领他们跟在坦克后面,冒着机枪和大炮的密集火力前进,直到负伤。在他不能继续前进时,仍然坚持指挥部队作战,直到将一切指挥事宜移交完毕。"

"优异服务勋章"是表彰巴顿在坦克兵学校和训练中心所取得的巨

大成绩。这份嘉奖令写道："由于他的积极肯干和正确判断，他在朗格勒军校组织和领导坦克中心的工作做出了很有价值的贡献。他在战斗中对坦克部队的使用表现出了高超的军事才干。在这种对美军来说还是较为生疏的作战方式中，他显然是十分适应的。"

· 第四章 ·

频繁调动的岁月

<h1 style="text-align:center">一</h1>

<h2 style="text-align:center">离开坦克兵部队</h2>

战争给巴顿带来荣誉，但骤然而来的和平却让他一时难以适应，甚至无法接受这一事实。他热爱战争，他甚至觉得自己的生命就是与战争连接在一起的，因为战争是一个军人施展身手、获得荣誉的最好平台。一旦没有了战争，他就像又回到了"愚蠢的、地狱般的世界，生活也失去了意义"。

战后，百无聊赖的巴顿一边总结指挥经验，一边利用美国刚刚造出来还没有来得及在战场上施展身手的坦克进行试验。这时，妹妹安妮塔和潘兴将军几乎同时找到了他。长期的分离使得他们两人的感情逐渐冷淡下来了，他们再也没有像从前那样的热情了。不久，他们便取消了这个非正式的婚约。巴顿非常理解他们，特意安排两人在伦敦见了一次面，友好地分手了。从此之后，他们一直过着单身生活。

1919 年 3 月，巴顿辞别了在法国的朋友们，回到了美国。他觉得自己似乎已有一个世纪未同家人见面了。这名战斗英雄巧妙地摆脱了记者的纠缠，拒绝了任何邀请，第一时间赶回了家中，与妻子比阿特丽丝见了面。几天后，他又赶到加利福尼亚，去看望了年迈的父母和安妮姑姑。

第一坦克旅调回国内之后驻守在马里兰州的米德军营。米德军营位于巴尔的摩和首都华盛顿之间，是第一次世界大战后专门开设的坦克兵军营。在第一次世界大战期间一直奉命在宾夕法尼亚州科尔特军营训练坦克兵的德怀特·艾森豪威尔中校（临时军衔）也奉命带领部队开赴米德军营，与从法国返回的坦克兵合编为新的第一坦克旅。

艾森豪威尔出生于德克萨斯州的丹尼森，成长于堪萨斯小城阿比伦。和大多数美军军官出身的贵族不同，艾森豪威尔出生于平民之家。为了获得免费的高等教育，他于1911年考入了西点军校，毕业后获少尉军衔，一直默默无闻。第一次世界大战爆发后，他一直希望能到战场上去一展身手，但没能如愿以偿。在米德军营期间，他和巴顿建立了深厚的个人友谊。

第一次世界大战结束之后，军方立即动员士兵退伍。为了节约军费开支，这次办理退伍工作的速度非常快，在短短的6个月时间里就有2608218名士兵和128436名军官领到了退伍证。巴顿看到如此之多的士兵退伍，他的心中很不是滋味。随着军队规模的缩减，大部分军官的军衔也降了下来。陆军参谋长佩顿·马奇将军由上将降为少将。巴顿由上校降为上尉，一天后，他又由上尉晋升为少校。

作为米德军营的坦克兵军官，巴顿在和平时期对坦克的兴趣依然不减。他参加了一个技术委员会，研究如何改进坦克装备。巴顿认为缺少通信设施是影响坦克发挥威力的主要原因之一。由于缺乏必要的通信设备，坦克在作战过程中既无法与指挥官、司令部联系，也不能与步兵、飞机联络，甚至相互之间沟通都很困难。

巴顿试图解决这一问题。他把通信兵的设备装到了坦克上，进行了实验。但这种无线电通信设备在坦克上根本无法使用，因为坦克的金属外壳使其无法接收信号。巴顿不得不寻找别的办法。就在他苦苦思索的时候，一个叫沃尔特·克里斯蒂的发明家给巴顿带来了希望。克里斯蒂是一名机械师兼赛车手，在新泽西州开办了一家机动车公司。他设计制造了一种新型坦克，这种坦克大大提高了速度和机动性。巴顿对这种新型坦克非常感兴趣，主动联系了克里斯蒂，慷慨解囊，资助他搞研究。为了引起军方高层的注意，巴顿特意在米德军营为这种新型坦克安排了一次表演，还说服陆军部的7位将军前来观看。

耐人寻味的是，巴顿的精心安排并没有引起陆军部的注意，7名将军当场否决了克里斯蒂设计的坦克。巴顿并没有因此而灰心，继续与克里斯蒂保持联系，并大力资助他搞研究。后来，苏联人想方设法地搞到了克里斯蒂设计的坦克，并加以改进。改进后的坦克成为了苏联红军20世纪30年代装甲部队的骨干力量。

美国陆军部的高层之所以对克里斯蒂设计的坦克不感兴趣主要是由

当时的形势决定的。第一次世界大战结束后，人们普遍认识到了战争的残酷性和破坏性，对和平的渴望达到了前所未有的程度。美国迅速回到了战前孤立主义与和平主义的时代。人们普遍认为，美国没有必要保持一支庞大的军队。1920 年 6 月，美国国会通过了《国防法案》，规定陆军定额为 28 万人（后又减为 12.5 万人），坦克兵以连为单位，配属于步兵，不再作为独立的兵种存在。

国会之所以通过《国防法案》，取消坦克兵的建制，除了经费短缺之外，主要是因为受坦克兵司令罗肯巴赫落后的理论的影响。罗肯巴赫认为："每一个兵种都有巨大的价值，坦克应大量使用，否则就干脆不用。"这一含混不清的提法恰巧迎合了当时美国盛行的孤立主义与和平主义思想，得到了大多数议员的支持。于是，《国防法案》的通过就成了顺理成章的事情了。

巴顿曾多方活动，希望保留坦克兵的兵种建制，但毫无结果。坦克兵这一兵种的消失使得巴顿这名坦克旅旅长不得不离开坦克部队。带着些许遗憾，巴顿离开了坦克兵部队，重新回到了骑兵部队。临走前，他向士兵们发表了一通感人肺腑的演说。他情绪激动，热泪盈眶地说："坦克部队有我的心血和希望，我坚信它是不会衰亡的。总有一天，我还要与它重聚，我的生命和荣誉全都与它息息相连。"

巴顿的预言是正确的，坦克部队非但没有消亡，反而随着科技的发展不断地壮大了起来。在第二次世界大战之中，坦克在战场上发挥了巨大的作用。这是后话，暂且不提。1920 年夏天，巴顿挥泪告别了坦克兵部队，重新回到了骑兵部队。不过，他从来没有放弃过对坦克的研究，在私下里仍继续与克里斯蒂合作，并一直在陆军坦克委员会兼职，为坦克辩护，关心这个新兵种的发展。

二

养精蓄锐的岁月

1920 年秋，巴顿回到了华盛顿附近的迈尔堡骑兵第三团，被任命为少校中队长。在此后的数年时间里，他曾数度调任，并到各种军校深造。无论是工作，还是学习，他都以极大的热情投入其中，尽最大的努力去做好每一件事情。这段时期可以说是巴顿军旅生涯中最无聊、最无奈的日子。但从他频繁地到各种军校深造，到各地任职来看，他在此时基本上形成了自己的军事指挥思想，应该将这段时期称为他养精蓄锐的岁月。

和平时期的工作与在战场上冲锋陷阵相比，简直可用味同嚼蜡来形容。所以，巴顿在工作中常常会耍一点花招，搞一些恶作剧。驻守在迈尔堡的部队长期保持战备状态，但他们并不属于作战部队，而是礼仪部队，主要任务是为华盛顿举行的一些盛典提供礼仪服务。巴顿领导的骑兵中队主要是为葬礼提供勤务的。位于华盛顿附近的阿灵顿国家公墓是一块圣地，在战争中阵亡的美军官兵大多被安葬这里。巴顿领导的骑兵中队的主要任务就是把各地送到华盛顿来的在以往战争中阵亡将士的遗骸运送到阿灵顿国家公墓安葬。按照规定，骑兵中队应该以整齐的队伍到联邦车站迎接运载棺材的炮车，然后以缓慢的步伐穿过市区，走向墓地。

日复一日的例行公事让巴顿感到极其痛苦。1922 年的一天，当他再一次率领骑兵中队执行任务时，突然心血来潮，命令骑兵快跑起来。骑兵的速度太快了，运载棺材的炮车一会儿就落在了后面。巴顿的恶作剧引起了华盛顿市民的不满，一些人纷纷对他这种不尊重亡者的行为予以谴责。但巴顿全然不在乎这些，他自顾自地玩着，直到快到阿灵顿国家公墓之时，才把炮车和仪仗队重新合而为一。

第四章　频繁调动的岁月

巴顿

　　家庭的温暖也在此时给巴顿带来了颇多感动。经过了两年多的分别，巴顿与比阿特丽丝又生活在一起了。正所谓"小别胜新婚"，何况这对互相爱慕的夫妻已经分别了两年之久，其间又经过了那么多的变故，如岳父岳母的相继去世等。巴顿夫妻的感情更加深厚了。如果说巴顿是一头狂躁的雄狮的话，那么相貌美丽端庄、举止优雅大方的比阿特丽丝就是一个技术高超的驯兽师，她能让巴顿安静下来。

　　比阿特丽丝为丈夫在战场上所取得荣誉而自豪，更为丈夫能够平安地从战场上归来而感到欣慰。她爱巴顿的荣誉，爱巴顿的一切。有一次，他们到杜旁特广场附近的朋友家去参加宴会。重视荣誉而又爱出风头的巴顿身着戎装，佩戴着他在战争中获得的两枚勋章走进金碧辉煌的大厅。这时，一个酒鬼跌跌撞撞地走上前来，以挑衅性的语言讽刺他是"假英雄"。

　　当着众人的面，巴顿克制住了自己的感情，没有与酒鬼计较。但令在场的每一个人都没有想到的是，比阿特丽丝这个平日里温柔的妇人竟然猛冲过去，把那个酒鬼从椅子上打翻在地。比阿特丽丝像疯了一样，用拳头猛击酒鬼的脸。巴顿急忙上前，把妻子拉开了。巴顿知道，妻子绝不容忍任何人玷污自己的名声和荣誉，即使牺牲一切她也在所不惜。

　　在业余时间里，巴顿还迷上了体育运动，尤其是马球运动。马球是一项非常适合军人的运动，它不仅要求运动员要具备强健的体魄、准确的判断和专心的精神，还要求运动员具备快速反应、当机立断和协调配合的能力。在1934年之前，巴顿的军衔一直是少校，但在马球运动方面却有很大的提高，一路从3分球运动员跃升为7分球运动员，还当上了令许多球手垂涎的陆军马球队队长。

此外，和平的到来还让巴顿有了大量的时间来读书。巴顿喜欢读历史和军事类的书籍，他认为一个军人如果不懂历史，不懂指挥艺术将永远无法成为一名优秀的将军。巴顿斥资建了一处颇具规模的书房，购置了大量的图书，简直就像一座小型图书馆。可以说，性格鲁莽冲动的巴顿之所以能够在第二次世界大战的舞台上叱咤风云，百战百胜，与这一时期打下的理论基础是分不开的。

1923年初，巴顿被派往赖利堡骑兵学校高级班学习。在半年的学习期内，巴顿十分努力，各科成绩都十分突出。为此，校方还特意请他给学员们作报告。随后，他又到堪萨斯州利文沃斯堡指挥与参谋学院进修。在此期间，巴顿家族又增添了一个新成员。比阿特丽丝在圣诞节前夕为巴顿生了一个又白又胖的儿子。巴顿幸福极了，他将儿子视为家族优良传统的继承者。

1924年，巴顿作为参谋学院的荣誉学员被暂时分配到参谋团工作。荣誉学员是学员中的佼佼者，占总人数的25%。被分配到参谋团工作是一种荣誉，更是一种幸运！被分配到参谋团的大部分年轻军官都有远大的前程。作为参谋团的军官，巴顿先后到斯科林菲尔德兵营和夏威夷军区任职，历任人事处长、情报处长、计划与训练处长等职。

巴顿喜欢夏威夷四季不变的气候，也喜欢当地阶级分明、贫富悬殊的社会结构。贵族出身的巴顿极其重视家族荣耀，不屑与穷人打交道。在他的社交圈子里，除了军官便是当地的贵族子弟了。通过参加当地贵族子弟举办的马球赛，巴顿结识了沃尔特·迪林海姆。迪林海姆英俊潇洒，具有巴顿所欣赏的那种绅士外表与骑士精神，而且马球也打得不错。两人惺惺相惜，很快便建立了深厚的友谊。

在夏威夷任职期间，父亲大巴顿和母亲露丝相继去世了。巴顿悲痛万分，常常泪流满面地怀念自己的父母。父母留下了大笔遗产，其中包括大量的不动产和20万美元的债券。巴顿并没有要这些遗产，他主动放弃了继承权，让妹妹安妮塔继承了。

在夏威夷，巴顿粗鲁莽撞的性格再一次得罪了不少人。他任计划与训练处长仅仅7个月，便使得上司和许多部下均对他产生了意见。于是，他被解除了计划与训练处长的职务，重新担任情报处长。情报处长的工作比较轻松，是一个闲差。巴顿有大量时间来整理自己的军事思想。他认为，战争中的伤亡是难免的，耽误时间、贻误战机会增加伤亡，所以一旦抓住战机，就要主动进攻，"给予敌人以死亡、杀伤和打击"，夺取"肉体上和心理上的优势"。在第二次世界大战中，他旋风式的进攻正是基于这种思想。

在战术方面，巴顿非常欣赏机动作战，出奇制胜。他曾经说，打败敌人的最佳方法是"抓住他的鼻子，踢他的裆部"。这实际上是指以火力和运动取胜的传统战法，即指用部分力量牵制敌人，主力迂回至敌侧后，从敌后方发起进攻。

对领导艺术，巴顿也形成了自己的看法。他认为一个伟大的统帅要具备两个条件，即高贵的血统和卓越的指挥才能。巴顿的这种思想有正确的一面，也有错误的一面。他认为一个伟大的军事统帅要具备卓越的指挥才能是正确的，但高贵的血统并不是一个军事统帅所必须的条件。由于产生了这种思想，巴顿对部下的要求极其严格，他要把绅士和贵族精神灌输给每一个士兵，打造一支绝对服从命令的虎狼之师。

作为一名战斗英雄和运动场上的名将，巴顿在美军中已经是一个小有名气的人物了。但在他的身上，优点和缺点都十分突出，个性十分强烈。他的身影在哪里出现，那里便会有纠纷伴随，他那种斗士的粗犷行径，到处招仇惹怨。他与别人相处从来就没有融洽的时候。因此，有人便评价巴顿说，他是集天使与魔鬼于一身的人。夏威夷军区司令威廉·史密斯少将在改任西点军校校长之前，则说："此人在战时会成为无价之宝，但在和平时期却是一个捣乱分子。"

巴顿闻之，根本就没有想过这句话中所包含的不满，也从来没有想过要改正身上的缺点，反而将这句话当成了对自己最大的赞扬。

三

向退伍军人痛下杀手

1928 年，巴顿被调离夏威夷，回到华盛顿的骑兵司令办公室任参谋。随着科技的发展，部队的装备也在逐步更新。当时，人们普遍在关注的一个热门话题是：机器是否会完全取代战马。巴顿在骑兵部队任职，从立场上来说应当支持骑兵，但他知道，骑兵这一兵种随着机械化部队的发展势必会退出历史舞台。

20 世纪 20 年代被誉为资本主义世界发展的"黄金时期"，美国也呈现出一片繁荣的景象。在这种背景之下，华盛顿的社交活动也十分奢华。身为百万富翁的巴顿则更加讲究社交，所交往的全部是来自上层社会的人物。乔治·马歇尔、艾森豪威尔、陆军参谋长麦克阿瑟、国务卿史汀生以及副总统查尔斯·道斯等人都是他的座上宾。

在众人之中尤以乔治·马歇尔、史汀生和艾森豪威尔在巴顿日后的职业生涯中给了他极大的影响。史汀生是一个老牌政治家，曾任陆军部长，胡佛上台之后，他担任国务卿一职。乔治·马歇尔中校是巴顿在第一次世界大战中结识的，他和艾森豪威尔一样，当时都只是名不见经传的校级军官，很少有人注意到他们。

不过，巴顿则意识到了马歇尔和艾森豪威尔两人的军事才能。巴顿曾读过马歇尔的一篇文章。在这篇文章中，马歇尔给那些洋洋自得、头脑发昏的军官们敲响了警钟。当时，美国已经成为世界第一大国，在经济上已经远远超过了老牌资本主义国家英、法等国。一些军官据此认为，美国已经成为世界第一强国，有足够的能力来应付困难的战争。但马歇尔并不这样认为，他指出，美国只是经济强国，但在军事上同英、法、德等国相比，仍然有一定的差距。这篇文章给巴顿留下了深刻的印象，并影响到以后他对坦克的看法，形成了他的走在世界前列的军事思想。

到华盛顿任职不久，比阿特丽丝便在马萨诸塞州南汉密尔顿的乡村买了一座农场，取名为"绿色草地"，作为新居。"绿色草地"环境优美，坐落在伊普斯韦奇河畔。农场上有一幢典型的新英格兰风格的建筑，朴实自然，而且十分舒适。农场有马厩、畜栏、谷仓和车库，还有两个宽大的赛马场。巴顿十分喜欢这里，休假的时候，他常常换下戎装，以一个乡绅的姿态在这里闲住，好不自在。1931年夏，巴顿在骑兵司令办公室的任职期满后便在这里度过了一个美好的假期。

尽管巴顿性格莽撞，得罪了不少军界的高层，但他出色的工作表现却得到了陆军部的一致认可。不久，他便被推荐到了美国陆军的最高学府陆军大学深造。巴顿在陆军大学一边学习，一边撰写论文。在众多的论文中，一篇题名为"未来战争的可能特点以及应付它们所需要的组织、战术和装备"的论文给校方留下了深刻印象。巴顿在这篇论文中对历史上不同时代的战争进行了分析，深入探讨了未来战争的特点及应当采取的对策。由于这篇文章论述全面，见解深刻，陆军大学将巴顿的这篇论文作为研究成果送到了陆军参谋部，以供高层们参考。

1932年7月，巴顿以优异成绩从陆军大学毕业，被分配到迈尔堡任骑兵团中校副团长。此时正逢资本主义世界最严重的经济危机。从1929年开始，持续的大萧条让无数美国人陷入了饥寒交迫之中。除了农村1100万户正处于苦难之中的家庭之外，城市中也至少有3400万人没有任何收入。他们完全依靠微不足道的社会救济和可怜的储蓄度日。无数的人因为交不起房租被房东赶出了门外，组成了一支浩浩荡荡的流浪大军。那些有房子的人也有相当一部分因为交不起煤气水电费而被迫加入了流浪大军之中。

据估计，当时至少有几百万人露宿在丛林、公园、街头、车站。美国20世纪著名的作家托马斯·沃尔夫描述了他亲眼所见的景象："他们就像破木烂船一样，随处飘流，举目四顾，前途渺然。正派诚实的中年人贫穷劳累，满脸皱纹；青年男子满头长发，从不梳洗。他们穿城过镇，或是搭乘铁路上的货车，或是搭乘私人的顺风车。这些无家可归、走投无路的美国公民，走遍了整个美国。直到冬天来了，他们才在各大城市集中起来。忍饥受冻，四处碰壁，肚子空空的人们心烦意乱，辗转奔波。"

实际上，托马斯描述中的人们尚属于幸运者，他们至少保全了性命。当时有相当一部分人因为饥寒交迫而倒在了路边、街头，从此再也没有站起来。

中产阶级情况也好不到哪里去。不少人因破产、失业等原因加入了赤贫的行列。他们失去了原先那种光鲜又有尊严的生活，不得不在朋友和熟人面前遮遮掩掩地过着窘迫的日子。实际上，朋友或熟人的日子也不比他好过！从前的体面、优雅、财富、尊严，连同道德羞耻感一起都被大萧条的飓风刮得荡然无存！

与城市贫民忍饥挨饿相比的是，农民生产出来的农产品却卖不出去。因为农产品的价格极低，连最基本的生产成本都赚不回来。奶农将挤出来的牛奶倾倒在了河里，因为将它们运到城里去的运输成本远远超过它们本身的价值；牧场主用枪把大部分牛羊都射杀了，然后扔进山沟，因为饲料价格太贵，而将牛肉、羊肉运到市场的运费甚至比这些肉还要贵；农民将玉米棒子当成柴火烧掉了，因为这比把它们卖掉买煤要划算得多！

大萧条给美国带来了严重的危害，而且这种危害并不是短时期的，而是长期的。当时，美国的结婚率和人口出生率都大幅度降低，虽然离婚率并没有明显变化，但实际上名存实亡的家庭比比皆是，因为人们已经懒得去办离婚证了。侥幸出生的孩子都带有一个明显的特征，那就是身材瘦小，面黄肌瘦。大萧条给美国人的肉体和心灵上都留下了难以抚平的创伤！

面对持续的大萧条，曾经承诺"让每一个美国家庭的锅里都有一只鸡"的胡佛总统一筹莫展，联邦政府的财政也陷入了危机之中。第一次世界大战后的退伍军人的补助金也无法按时发放了。生活困苦不堪的退伍军人为了讨要补助金，从全国各地纷纷赶赴首都华盛顿，举行游行示威，向政府施压。

1932 年夏，大约有 2 万名退伍军人陆续从各地涌入华盛顿，要求联邦政府立即支付战时补助金。在这些退伍军人中，有很多都是曾经立过战功的战斗英雄，巴顿的老部下安吉洛也在其中。他们衣衫褴褛，食不果腹，不得不住在被人抛弃的破旧房子里，有的干脆就搭个棚子住在大街上。

一筹莫展的胡佛将这些退伍军人说成是受人驱使的赤色分子，企图进行暴力革命，决心以武力加以镇压。作为驻守在华盛顿附近的骑兵团副团长，巴顿也奉命参加了这次镇压活动。

7月28日上午，巴顿奉命率领骑兵团沿埃利普斯河向宾夕法尼亚大道出发了。在那里，几万名退伍老兵聚集在一起向政府请愿。巴顿带领骑兵团出现之后，数以千计的老兵向这位曾在第一次世界大战中立下赫赫战功的军官欢呼致敬。谁也没有想到，这位昔日的英雄这次是带着屠刀来的。

下午4点，胡佛政府的高层命令巴顿以武力镇压退伍老兵的游行。巴顿带领一支骑兵，手中挥着大刀，向游行队伍冲去。他们挥舞着马刀，横冲直撞，接连将数人砍倒在地。退伍军人们立即乱成一团，纷纷散去。很快，街面上便平静了下来，游行队伍被冲散了。

这次事情虽然靠武力平息下来了，但因大萧条而带来的经济、政治危机并没有随之得到解决。更为严重的是，这次武力镇压退伍军人的事件在美国陆军史上留下了极不光彩的一页。在此后数年的时间里，军界对这次事件一直讳莫如深。巴顿在事件结束之后也陷入了反思之中。他不是一个政治家，没有从政治的角度来考察这一事件，但对手无寸铁的退伍军人，尤其是其中还有自己的老部下下手，让他在感情上受到了很大的创伤。事后，他接连写了6篇文章，对这次"最令人不快的服务形式"进行了深刻的反省。不过，巴顿仍然认为快速地以武力镇压"暴乱"是必要的。

四

萌生退出军界的想法

1935 年，巴顿结束了在迈尔堡的任职，再次被调往夏威夷任情报处长。时任夏威夷军区司令的德拉姆少将与巴顿是老相识了。他们在第一次世界大战时期就认识了。1933 年，德拉姆被任命为陆军副参谋长，协助时任参谋长的道格拉斯·麦克阿瑟少将工作。德拉姆十分得意，他距离陆军权力的巅峰似乎只有一步之遥了，再加一把劲就能在麦克阿瑟卸任之后顺利成章地继任参谋长一职了。但 1935 年的权力之争中，德拉姆败下阵来，仅仅获得了夏威夷军区司令员的职位。带着些许遗憾，他离开了华盛顿，来到了这个风景诱人、恬静宜人的地方。

能在老朋友的手下工作，而且又有机会再次与迪林海姆等夏威夷的名流相聚，让巴顿感到十分兴奋。但一想到这次到夏威夷去又是当情报处长，巴顿就浑身不自在。巴顿已经 50 岁了，在这个年龄上回到参谋军官的位置上，几乎可以说是走入了死胡同。性格鲁莽的巴顿还与老朋友兼上司德拉姆少将产生了矛盾。

进入了"中年危机"时期的巴顿脾气变得越来越坏，常常过量地饮酒，还加入了一家名为"放荡公司"的秘密俱乐部。比阿特丽丝和孩子都快不认识眼前这位他们昔日崇拜的人了。家庭生活也在此时开始出现了不和谐的情况。在困惑之中，巴顿常常认真地考虑退出军界或退休的问题，但持续紧张的国际局势让巴顿打消了退出军界的打算。

20 世纪 30 年代之后，德国、意大利和日本等国为了摆脱经济危机，在法西斯的道路上越走越远，国际局势开始日益紧张。敏锐的巴顿意识到，一场新的世界大战就要来临了。夏威夷地处于太平洋之上，距离美国本土比距离日本还要远。由于历史和地缘的原因，夏威夷岛上的日本侨民

巴顿一家

非常多。随着日本逐步走上了军国主义的道路，将侵略的矛头指向了中国等亚洲国家，美国军界的一些有识之士也开始防备日本了。

夏威夷军区司令官德拉姆将军也在此时指示巴顿拟定了一项"确保内部安全与审查"的计划，以备日美战争爆发后，防止日本侨民可能进行的颠覆活动。巴顿在这项计划提出："一旦日本和美国发生战争，就应该立即逮捕和拘留一些黄种人（日本人）……因为他们有害于美国的利益"。当然，这些人并不是美国的俘虏，而是人质。巴顿还列举了应被逮捕之人的姓名与地址。实际上，在珍珠港事件之后，美国政府也确实是这样对待日本侨民的。

巴顿还抽空撰写了一些军事论文。在一篇名为《美国在太平洋地区的防御》的论文中，巴顿论述了美国在太平洋的地位，还特别强调了夏威夷的重要性。值得一提的是，巴顿在这篇论文中还指出了日军对珍珠港发动突然袭击的潜在危险。不过，在当时美国国内孤立主义与和平主义盛行之际，这种声音并没有得到足够的重视。后来的事实证明，巴顿的推断是正确的，日军袭击珍珠港给美国造成了沉重的打击。

在工作之余，巴顿依然像从前一样热爱马球比赛，还亲自担任了夏威夷军区陆军马球队队长。夏威夷的贵族迪林海姆和巴顿的性格十分相像，这对好朋友都是争强好胜之人，他们经常一起参加比赛。

1935 年 8 月，在全岛马球冠军赛中，迪林海姆率领的瓦胡岛队与巴顿率领的陆军队遭遇了。这一天天气炎热，大家都情绪激昂，比赛进行得紧张而又激烈。当比赛进行到高潮时，迪林海姆的马撞上了巴顿的马，像雄狮一样在场上横冲直撞的巴顿立即破口大骂道："该死的，你这个混蛋，我要一直把你追赶到大街上去。"

巴顿愤怒的声音传得很远,观众席上的观众全都听到了。瓦胡岛队的队员都是当地的贵族,一直坐在观众席的上德拉姆少将担心巴顿的言行会激起当地贵族的不满,遂在这一轮比赛结束后,宣布撤销了巴顿的队长职务,并禁止他继续参赛。

德拉姆少将以命令的口吻对巴顿说:"巴顿中校,我要取消你陆军队队长的资格。因为你当着女士们的面说了不堪入耳的话,而且污辱了比赛对手,你必须马上离开赛场。"

巴顿被这突如其来的变故惊呆了,他跳下马,朗声回答说:"是,长官。"

在众人的注视之下,巴顿牵着马,悻悻地离开了赛场。令所有人没有想到的是,迪林海姆驱马上前,气愤地质问德拉姆:"将军,你让巴顿中校退出比赛场,是吗?"

德拉姆一脸威严地回答道:"是的,我不能容忍一名军官讲出如此没有教养的话来。"

德拉姆的话音未落,迪林海姆就跳下马来,把马缰交给马夫,对等待比赛的毛伊岛队队长说:"今年的比赛结束了。没有乔治,我们不打了。"

这样的局面倒是德拉姆将军始料未及,他不知道脾气火爆的迪林海姆跟巴顿一样,也经常口出污言秽语,但他们自己从来不觉得那有什么不妥。德拉姆少将的脸一阵红,一阵白,一时竟然不知道该如何是好。在他内心深处,实在不愿出尔反尔,让巴顿回来继续比赛。但是,如果不让巴顿回来的话,接下来的比赛就无法进行下去,势必会引起当地贵族的不满。

怎么办呢?德拉姆权衡再三,决定把巴顿叫回来,继续参加比赛。毕竟一个司令员的面子远远没有部队与驻地贵族的关系重要。德拉姆少将不得不又当着众人的面派人把巴顿叫回了赛场,还重新赋予了他陆军队队长的职务。

观众席上的很多贵族都是巴顿的朋友,他们都希望巴顿能继续参加比赛,何况巴顿的球技十分高明,他们都想看一场真正的比赛。德拉姆话刚刚说完,观众席上便爆发出一阵欢呼,很多人还大呼小叫地喊着巴顿的名字。

平民出身的德拉姆感到自己受到了侮辱。他虽没有显赫的身世，但是毕竟是此地的最高军事长官，巴顿不过是他手下的一名军官，在当地贵族中的声望居然超过了他，这是他无论如何也不能忍受的事情。这件事情过后，德拉姆便暗暗跟巴顿较上劲，总是想方设法地报复巴顿。在年度考核中，他利用军区司令员手中的权力，在巴顿的成绩考核报告上写了很多不利巴顿职业生涯的话。

巴顿委屈极了，但又无可奈何。伤心的巴顿在不久之后的一场比赛中受了伤。那是一场军队内部的比赛，场面并不算激烈。但巴顿毕竟已经是50岁的中年人，在体力上已经无法同年轻力壮的小伙子们相比了。比赛开始不久，他就有些体力不支了。

正当他想振奋精神，策马向前之时，坐下的小马突然失去了重心，绊了一跤。巴顿重重地摔倒在地。观众席中爆发出一阵惊呼之声，都以为他受了重伤。但巴顿却好像什么都没有发生过一样，从地上爬起来，跳上马又继续比赛去了。

直到比赛结束，巴顿都没有感到有什么不适，但几天以后，他和家人一起外出划船时，突然感到头部疼痛难忍。他叫道："天啊，我怎么了？"

比阿特丽丝吓坏了，马上跟孩子们一起把他送到了医院。根据医生的诊断，巴顿被摔出了轻微的脑震荡。巴顿不敢相信，自己在战场上冲锋陷阵的时候都没有事，居然在一场小小的比赛中被摔出了脑震荡！工作上的不如意加上身体上的伤痛使得巴顿变得伤感起来，年轻时代就爱写诗的他再一次提起了笔。与年轻时代相比，他的诗中多了些伤感，使人读起来有种要落泪的感觉。

1937年6月，巴顿在夏威夷军区的任期满了。他自己开着游艇，带着全家人返回了加利福尼亚老家，而后又去了马萨诸塞州的"绿色草地"。年近52岁的巴顿虽然精力充沛，朝气勃勃，但已经有了一种壮士暮年之感！他在军队中已干了27年，仍然是一个中校，事业上举步维艰，没有任何惊人之举。他退出军界的想法越来越强烈了。

· 第五章 ·

被战火点燃的雄心

一

大刀阔斧的军事改革

返回马萨诸塞的"绿色草地"后，巴顿一直闷闷不乐，他想离开军队，但又有些舍不得。更为要命的是，他根本不知道自己离开军队可以做些什么，他似乎天生就应该呆在军队似的，除了当兵，他什么都不会。

正所谓"福无双至，祸不单行"，巴顿在此期间再一次受了伤。有一次，他准备骑妻子比阿特丽丝的坐骑出去时，那匹小马突然发狂，将他踢伤了。几天后，血管里淤血，形成了一个血块，并发展为静脉炎。巴顿不得不在医院里静养几个月。

巴顿住院期间，世界的局势更加紧张了。1937 年 7 月 7 日，在中国，驻北平丰台的日军以寻找失踪日军士兵为借口，要求进入北平西南的宛平县城（今卢沟桥镇）搜查。中国守军拒绝了这一要求。日军向卢沟桥一带开火，悍然发动了全面侵华战争。宛平城内的中国守军第二十九军三十七师二一九团奋起还击，掀开了中国抗日战争的序幕。

在欧洲，法西斯德国和意大利也与日本军国主义遥相呼应，于同年 11 月与日本结成了三国同盟，形成了"柏林—罗马—东京轴心"。在此之前，希特勒公开宣布德国退出裁军会议，并废止了《凡尔赛和约》。他大力展开仇外宣传，叫嚷要夺取"生存空间"。1935 年 7 月，西班牙爆发内战之时，他还勾结意大利，明目张胆地支持佛朗哥领导的反政府武装。意大利更是同年 10 月发动了侵略埃塞俄比亚的战争。一场新的世界大战一触即发。

在这种背景之下，巴顿的雄心壮志再次燃烧起来。他盼望着自己的病快点好起来，重新返回指挥岗位。在养病期间，他时刻关注着西班牙内战的情况。法西斯德国的飞机、坦克在战争中显示了强大的威力。巴顿意识到，美军当前的装备和训练水平已经远远落后了，必须对部队进行一系列的改革，才能在未来的战争中立于不败之地。

1938年初，身体尚未完全康复的巴顿被调到赖利堡骑兵学校任教。不久，巴顿晋升为上校并被调到德克萨斯州克拉克堡的骑兵团任团长。克拉克堡的骑兵团不但是野战部队，而且还是战备部队。也就是说，一旦美国与其他国家发生战争，克拉克堡骑兵团就会作为第一梯队的部队赴前线参战。

欣喜若狂的巴顿立即赶到克拉克堡，走马上任了。刚一上任，巴顿就大刀阔斧地进行军事改革。巴顿的改革并不是根据美国骑兵操典上的规定进行的，而是根据他对西班牙内战的经验总结而进行的。为了将最新的战役、战术思想融入到改革中来，巴顿在克拉克堡加紧研究德国新一代将军的著作，并开始进行沙盘演习。此外，他还把从各种军事杂志上收集到的德军战例重现于沙盘上，以备应付战争的需要。

巴顿在训练中要求所有战士都不准骑马，而是徒步组成机枪队，向前奔袭。他已经清醒地认识到所谓的"神圣骑兵"时代已经一去不复返了。他对那些死板的参谋人员说："不管那些老顽固对未来战争中骑兵的前途如何高谈阔论，我还是要对你们说，当战争来临时，在美国军队中是不会有几匹战马的。"

在训练中，巴顿完全是按照实战的标准要求士兵的。由于他的严格管理和全新的训练方法，很多士兵都承受不了。当时大多数美国人都认为战争是遥远的事情，至少对美国来说是这样。所以，有很多人把巴顿称为"战争狂人"、"克拉克堡的疯子"。有人甚至骂道："这个十足的傻瓜，难道他不明白他是在自取灭亡吗？"

11月27日，正当巴顿在克拉克堡劲头十足地训练部队，准备迎接战争的挑战之时，陆军参谋部发来了一纸调令，将巴顿调到了迈尔堡，担任要塞司令。巴顿十分意外，他不知道到底发生了什么事情，参谋部为什么要自己离开战备部队，到礼仪部队去呢？巴顿思前想后，认为参谋部的那帮人把自己调到迈尔堡是因为自己是一个百万富翁。迈尔堡毗邻华盛顿，社交活动频繁，前任要塞司令温赖特上校便因社交花费过重而被搞得负债累累。调一个百万富翁去担任要塞司令显然是最合适不过的了。巴顿泪流

血胆将军 · 巴顿

巴顿戎装照

满面，伤心地对妻子说："你的金钱毁了我的前程。"

实际上，巴顿被调到迈尔堡担任要塞司令主要是乔治·马歇尔在背后活动的结果。1938 年，马歇尔被调到华盛顿担任陆军参谋部战争计划处处长。马歇尔到任之初正是欧洲和亚洲狼烟四起、战云密布之时。在欧洲，西班牙内战已经进入了高潮，希特勒又令军队开进奥地利，强占了苏台德区；在亚洲，日军已经侵占了大半个中国，中国人民的抗日战争进入到了最艰苦、困难的阶段。尽管国内的报纸对这些战争进行了大量的报道，但大部分美国人仍然坚持孤立主义与和平主义的思想，认为战争离美国还远着呢！对此，美国军政界的一些有识之士深为担忧，马歇尔便是其中杰出的代表。

文质彬彬、沉默寡言的马歇尔是一个具有雄才大略和远见卓识的战略家。马歇尔清醒地意识到，一场新的世界大战已经无法避免了，美国迟早要被卷入到战争中去。一旦参战，法西斯德国将会成为美国的头号敌人。

和巴顿一样，马歇尔已经注意到了法西斯德国在西班牙内战中所使用的新式武器和新型战法。一旦美国与其发生战争，当前的军队根本不是德军的对手。军队中一大批顽固的守旧派掌握着领导权，不但对新的战争模式十分生疏，还不愿进行改革。这势必会影响到美军的发展和未来战争的胜负。所以，马歇尔便决定清理军官队伍，大胆任用新人。在这种背景之下，巴顿自然而然地进入到了马歇尔的视野。

马歇尔早在第一次世界大战时期便结识了巴顿，后来一直保持着联系。马歇尔十分欣赏巴顿的战术思想，尤其是巴顿指挥坦克旅作战的情况更是给他留下了深刻的印象。结合法西斯德国的坦克部队在西班牙内战中的表现，马歇尔认为，美军迫切需要组建一支具有实战能力的坦克部队，实现部队的机械化。那么，在部队中大力提拔一批能适应现代战争的军事人才便是首要工作。纵观军队中的军官，"美军第一坦克手"巴顿自然成了应当优先提拔的人。

马歇尔对副处长杰罗中校说："巴顿是军中无比优秀的坦克手……我要把他调到靠华盛顿近一点的地方，以备需要之时能召之即来。"

正是在这种背景之下，马歇尔把巴顿调离了克拉克堡，任命为迈尔堡的要塞司令。值得一提的是，马歇尔当时任用的军官大多都是50岁以下的年轻人，像巴顿这样已经53岁的人并不多。马歇尔没有考虑巴顿的年龄，主要是因为他虽然年龄比较大，但仍然充满朝气、干劲、精力以及创新精神。从克拉克堡调到迈尔堡是巴顿后半生的重大转折点，从此揭开了巴顿人生中那光彩照人、富有传奇色彩的一页。

当然，巴顿对这一切都不清楚。他到迈尔堡的时候，心中仍有不甘。迈尔堡是一个"社交站"，是游猎、赛马、打马球和举行宴会的好地方。不过，在国际局势日益紧张的背景下，巴顿并没有只顾着参加上流社会的社交活动，他把克拉克堡没有进行完的军事改革带到了迈尔堡，甚至有过之而无不及。抵达迈尔堡不久，他进行了旋风式的改革。

巴顿对部队进行严格的管理和高强度的训练，引起了迈尔堡士兵的不满。这里的士兵跟克拉克堡的士兵完全不一样，他们大多是富家的公子哥儿，过惯了养尊处优的生活，根本受不了艰苦的军事训练。虽然他们表面上不敢反抗巴顿的决定，但在背后里却叫苦连天，大声骂娘。不过，他有一项改革倒是赢得了士兵们的欢迎，而且至今还影响着美军的制度。当时，牧师布道的时间为30分钟。巴顿认为时间太长了，便宣布从此之后将布道时间缩短为10分钟，以提高部队的行动效率。听厌了牧师陈词滥调的士兵们对此极为拥护。

二

欧洲再次燃起战火

巴顿到迈尔堡接任要塞司令刚满 9 个月之时，一场新的世界大战便在欧洲爆发了。第一次世界大战之后，德国被迫割让大片土地，其中但泽被划归波兰辟为自由市，通往波罗的海的"波兰走廊"将原本连成一片的德国领土分成了两块，位于"走廊"之东的东普鲁士成了远离德国本土的"孤岛"。因此德国人一直对失去但泽和"走廊"地区耿耿于怀。希特勒上台后便发誓要报这一箭之仇，他以极快的速度重整军备，在短短的几年间就把德国从《凡尔赛条约》的受辱者变成欧洲最大的军事强国。

吞并奥地利和捷克斯洛伐克之后，希特勒企图用恫吓和军事两种手段，迫使波兰同意但泽自由市合并，并允许德国在"波兰走廊"建造一条治外法权的公路来连接东普鲁士和德国本土。波兰政府拒绝希特勒的所有要求，并于 1939 年 3 月 30 日得到英、法的承诺，保卫波兰的国家主权。实际上，英、法两国并没有对波兰领土完整作出任何实质性的承诺。

希特勒和他的亲信据此认为英、法不会为波兰向德国开战，便决定对波兰采取军事行动。1939 年 4 月 28 日，德国发表声明，终止了《波德互不侵犯条约》。随后，希特勒便下令德军总参谋制定了一项"闪击波兰"的作战计划。

5 月，法国与波兰签定了一个协议，法国承诺会在波兰被侵入后 15 日内加入战争，援助波兰。8 月 25 日，英国也与波兰签定了成为军事盟友的条约。但实际上，英、法两国对法西斯德国依然抱有一丝幻想，不愿意相信德国会发动对波兰的战争。

与此同时，为了保证顺利进攻波兰，并在英、法介入之后能够全力稳住西线，德国已经在 8 月 23 日与苏联在莫斯科秘密地签定《苏德互不侵犯条约》。

第一次世界大战后期，以列宁为首的布尔什维克党领导国内人民推翻了沙俄政府和后来的临时政府，建立了世界上第一个社会主义国家。社会主义革命在俄国取得胜利引起了西方国家的恐慌，因此一向视共产主义如洪水猛兽的西方国家对世界上第一个社会主义国家采取了敌视的态度。刚刚成立不久的波兰便与苏俄爆发了一场战争。

当时，由于苏俄的根基未稳，要努力致力于消灭国内的反对势力。列宁政府在1921年3月18日，与波兰在拉脱维亚签定了《里加条约》，结束两国之间的战争。但这个条约的领土和解对苏俄不利，西乌克兰和西白俄罗斯被迫割让给了波兰。因此，苏联政府一直在找机会报这一箭之仇！

在《苏德互不侵犯条约》的附属条约里，德国允诺苏联收复《里加条约》签订以前的苏波边境线——寇松线以东的波兰所占的西乌克兰与西白俄罗斯以及波罗的海国家。

一切准备就绪之后，德军于1939年9月1日凌晨大举越过德波边境，分北、西、南三路，向波兰首都华沙进逼。这是人类历史上第一次大规模的机械化大进军。德军轰炸机群呼啸着向波兰境内飞去，目标是波兰的部队、军火库、机场、铁路、公路和桥梁。德军趁势以装甲部队和摩托化部队为前导，以每天50～60公里的速度向前突进。德军闪击波兰，标志着第二次世界大战欧洲战事正式拉开了帷幕！

9月3日，英国首相张伯伦向法西斯德国发出最后通牒，要求德军立即从波兰撤军。当天上午，一群纳粹头目正聚集在柏林总理府内前厅。突然，一名翻译官从人群挤过去，径直走进希特勒的书房，口译了最后通牒的内容。当翻译完毕，希特勒沉默无言，好一会儿呆坐不动，然后，冲着一直强调英国不会参与这场战争的德国外长里宾特洛甫恶声质问："现在你有什么话说？"

里宾特洛甫默默无言地站在希特勒的对面，显得十分窘迫。第二号纳粹人物戈林在在外面前厅里作了回答："如果我们打输了这一仗，那么求上帝保佑我们吧。"

就在这一天，英国和法国同时对德国宣战。但实际上，英、法两国根本没有采取军事行动，他们违背了自己许下的"如果德意志帝国胆敢入侵波兰，英法联军将直捣鲁尔谷地"的诺言，屯重兵却躲在钢筋水泥的工事后面，眼睁睁地看着波兰独自抵抗着强大邻国的侵略。英、法两国不过在外交上对德国加以谴责罢了，直到 1940 年 5 月 10 日，德意志帝国才和英法爆发正式冲突。

从 1939 年 9 月 1 日到 1940 年 5 月 10 日，这段奇特的历史时期在德国被称之为"静坐战"，而其他国家则称之为"假战"。英、法两国的"假战"助长了法西斯德国的侵略野心，同时也让自己在后来付出了沉重的代价。

巧合的是，就在法西斯德国闪击波兰的当天，时任美国总统的罗斯福授予马歇尔少将军衔，暂领上将军衔，出任陆军参谋长。法西斯德国的机械化部队展现出来的强大战斗力让马歇尔深感不安。他决定将组建独立的装甲部队之事提上日程。美国装甲部队经历了曲折的发展过程。自从将坦克兵并入步兵部队之后，美国的坦克部队发展极其缓慢。其实，当时世界主要强国对坦克普遍重视不够。大多数军事理论家都认为，坦克的基本任务是支援步兵作战，根本无法进行独立的作战任务，因为它速度缓慢，无法取代骑兵的速度和机动力。

不过，另外一些军事理论家则不这样看。第一次世界大战的经验证明，防护能力较弱的骑兵在现代战争中已经无法担当突击和机动力量的重任了。由于机枪的广泛应用，骑兵一到战场上势必会成为活靶子。在这种情况下，用防护能力较强的坦克取代战马已经成为必然的趋势。因此，他们主张建立以坦克为核心的机械化部队，取代原有的骑兵部队。

在这方面，发明坦克的英国又走在了前面。1927 年，英国在索尔兹伯里平原建立了一支试验性的装甲部队，这便是第二次世界大战中装甲部队的雏形。时任美国陆军部部长的德怀特·戴维斯在访问英国时观看了这支装甲部队的训练表演，深受启发。回到国内之后，他便指示陆军参谋部，让其在米德堡组建了一支配备有坦克、飞机、大炮和战马的装甲部队。遗憾的是，由于装备陈旧和经费奇缺，这支部队并没有搞出什么名堂。

此后，美军曾数度企图建立自己的装甲部队，但一直效果不佳。直到 20 世纪 30 年代中后期，美国才有了第七装甲旅，这支装甲部队的主要任务是用于扩张战果和向敌纵深穿插实施侧后攻击。不过，一个旅的装甲部队在现代战争中简直可以用微不足道来形容，马歇尔决定大规模建立装甲部队。

巴顿虽然在骑兵部队任职，但他对装甲部队和机械化的前途一直十分关注并充满信心。他满怀激情地研读了欧洲坦克战专家，如英国的富勒、哈特，德国的古德里安、隆美尔，法国的戴高乐等人的著作。巴顿在赖利堡骑兵兵种学校任教之时曾含糊其辞地说过，他支持装甲部队的发展。马歇尔对此早有耳闻，于是，他便产生了让巴顿去组建装甲部队的想法。

此时的巴顿似乎又回到了年轻时代，他密切关注着欧洲战事的发展。他重读了德军将领古德里安的著作，并为德军在波兰、法国等地的闪击战和坦克战焦虑不安。这种新型的战法与他在第一次世界大战时期所使用的战术颇为相似，但破坏力和冲击力更大。

巴顿想到离战场近一点的地方去研究这种新的战术。他向陆军部递交了一份申请，但未能如愿。于是，他便把目光转向国外，给一位老朋友——加拿大驻英国第一集团军司令麦克诺顿将军写信，要求参战。麦克诺顿立即回信，同意让巴顿以少校衔指挥一支部队作战，去与德国法西斯作战。巴顿兴奋极了，他激动不已地收拾着行囊，准备赶赴欧洲战场。

三

参与创建装甲部队

第二次世界大战爆发之后，美国为了应对潜在的危险也开始扩军备战了。从 1939 年到 1942 年，美军现役人数由 19 万扩充到了 500 多万。就在美国积极扩军备战之时，欧洲的局势更加复杂了。1940 年 4 月，已经与苏联联手击败波兰的德军开始大举侵犯挪威和丹麦，继而又在 5 月上旬征服了比利时和荷兰。经由马其诺防线终端挺进的装甲师越过阿登山脉的森林，突入法国境内。法军在德式闪电战的攻击和分割下迅速崩溃。

战事的发展使得英、法两国陷入了被动之中。此时，英国人民对战时内阁也产生了不满。5 月 8 日，英国首相张伯伦感到自己无法继续执政，向英王提出辞呈，并建议由丘吉尔组阁。5 月 10 日下午 6 点，英王召见了丘吉尔，令其组阁。3 天之后，丘吉尔首次以首相身份出席下议院会议，发表了著名的讲话："我没有别的，只有热血、辛劳、眼泪和汗水献给大家……你们问：我们的目的是什么？我可以用一个词来答复：胜利，不惜一切代价去争取胜利，无论多么恐怖也要争取胜利，无论道路多么遥远艰难，也要争取胜利，因为没有胜利就无法生存。"

5 月 15 日，丘吉尔致电美国总统罗斯福，担心德国将以惊人的速度征服欧洲，而意大利的法西斯党魁墨索里尼也将伺机劫掠。他要求罗斯福宣布美国处于"非交战"状态，即不派遣武装部队直接参战，但提供一切必要的援助。在电文的最后，丘吉尔以近乎孤傲而悲壮的语调说："如果必要的话，英国将单独战斗下去。"

5 月 21 日，直抵英吉利海峡的德军切断了匆忙赶来援助比、法两国的英国派遣军的进军路线。近 40 万英法联军被围逼在法国北部狭小地带，只剩下敦刻尔克这个仅有万名居民的小港可以作为海上退路。形势万分危急，敦刻尔克港口是个极易受到轰炸机和炮火持续攻击的目标。如果40万人从这个港口撤退，在德国炮火的强烈袭击下，后果不堪设想。

英国政府和海军发动大批船员，动员人民起来营救军队，他们的计划是力争撤离3万人。对于即将发生的悲剧，人们怨声载道，争吵不休。他们猛烈抨击政府的无能和腐败，但仍然宁死不惧地投入到了撤离部队的危险中去，于是出现了驶往敦刻尔克的奇怪的"无敌舰队"。这支船队中有政府征用的船只，但更多的是自发前去接运部队的人民。他们没有登记过，也没有接到命令，但他们有比组织性更有力的东西，这就是不列颠民族征服海洋的精神。

一位亲身投入接运部队的英国人事后回忆道："在黑暗中驾驶是危险的事。阴云低垂，月昏星暗，我们没带灯，也没有标志，没有办法辨别敌友。在抵达半路的时候，我们开始和第一批返航的船队相遇。我们躲避着从船头经过的船队的白糊糊的前浪时，又落入前面半昏不明的船影里。黑暗中常有叫喊声，但不过是偶然的喇叭声而已。我们'边靠猜测边靠上帝'地航行着。"

这支杂牌船队就在这样危险的情形下，在一个星期左右时间里，救出了33.5万人。这就是举世震惊的奇迹——敦刻尔克大撤退。敦刻尔克大撤退保存了英法联军的有生力量，为最终取得反法西斯战争的胜利创造了条件，不过也因为英国派驻法国的远征军丢弃了所有的的重型装备，也给英国本土的地面防卫造成了一定的危机。

6月10日，墨索里尼见德军已经逼近法国首都巴黎，想趁机捞一把，也加入了战争。墨索里尼的加入让德军如虎添翼，法军被迅速击溃了。6月15日，巴黎陷落了。无计可施的法国总理雷诺随即向罗斯福求助，要求调来"遮天蔽日的大批飞机"。由于美国国内孤立主义势力的阻挠，罗斯福除了同情与愤怒之外，什么也做不了。

6月16日，罗斯福给法国总理雷诺的最后一封电报抵达了巴黎。但此时的雷诺已经是一筹莫展了，他不得不宣布辞职，由亲纳粹的贝当元帅出来组织新内阁。

6月22日，贝当政府于贡比涅森林在停战协定上签了字，宣布投降。就在这个地方，22年前法国人接受了德国人的投降。如今又轮到法国向德国投降了，历史发展让人多么的诧异啊！趾高气扬的希特勒也出席了签字仪式。他以轻蔑的神气注视着法国于 1918 年为庆祝胜利而树立的纪念碑，仿佛在说："1918 年的仇已经报了。"

法国的投降让马歇尔等美军高层异常惊诧，他们没有想到法西斯德国的机械化部队竟然有如此强大的战斗力，在不到 40 天的时间里就打败了世界一流强国法国。马歇尔感到，组建美国自己的装甲部队之事不能再拖了。1940 年 7 月 10 日，马歇尔签署了一项命令，决定组建一支 2 个师的装甲部队，由在美军装甲部队发展史上曾做出过巨大贡献的阿德纳·查菲将军出任司令。

按计划，新组建的装甲部队建制为一个军，称为美国陆军第一装甲军，由装甲部队司令查菲将军兼任军长。美国陆军第一装甲军下辖第一和第二装甲师两个师，第一装甲师设在诺克斯堡，师长为马格鲁德；第二装甲师设在本宁堡，师长为斯科特。

组建计划出台后不久，仍然想着到欧洲参战的巴顿收到了一份新任命。巴顿接到命令之后立即放弃了以少校身份到欧洲去指挥一支作战部队的机会。是什么命令有如此大的吸引力呢？原来，陆军参谋部任命他为装甲旅旅长，到本宁堡参加第二装甲师的创建工作，主要负责新兵的训练。这不正是巴顿梦寐以求的事情吗？一直以来，他一直相信坦克具有光明的前途，如今有机会亲自去实践这一事实，怎能不让人兴奋呢！

性格张扬的巴顿立即给郁郁不得志的老朋友艾森豪威尔写了一封信。巴顿在信中说，美军很快就要组建两个装甲师，这在军队历史上是第一次。巴顿毫不避讳地说，他盼望指挥其中的一个装甲师。同时，他还邀请

巴斯托涅包围战期间，攻击前进的美军装甲部队

艾森豪威尔到自己的部队里开来工作。

艾森豪威尔在回信中说："这太好了。我当然愿意在你的师中指挥一个团！不过，这对我来说可能是一种奢望，因为我差不多还有3年时间才能得到上校军衔。但是我想，我可以很好地指挥一个团。"

巴顿回信说："我想请你担任参谋长，这是我所希望的！当然，你来当团长也可以。你可以告诉我，你愿意担任哪一种职务，不管怎样，我们在一起是会成功的。"

艾森豪威尔最终并没有到巴顿所在的装甲旅任职，但却记住了巴顿对自己的深情厚谊。在后来的岁月中，当上了盟军总司令的艾森豪威尔给予了巴顿很大的照顾。

本宁堡位于佐治亚州腹地，作为第二装甲师的驻地，这里的气氛紧张而凝重，全无骑兵部队中那种喧嚷的贵族气派。从全国各地赶来的新兵和军官们对训练场上的一切都感到好奇，他们中有些人甚至连坦克这个词都没有听过，如今亲眼看见那一个个庞然大物，怎能不感到好奇！巴顿也有些不太适应，他看各种各样的装甲战车，突然感到自己已经落伍了。第一次世界大战之时，他的第一坦克旅只有一百多辆最原始的坦克和几百名士兵。当时，他所使用的指挥方式也是最原始的，事必躬亲，凡事都要过问。但如今，摆在他面前的是一支由数百辆坦克、摩托车、卡车以及几千人组成的现代化部队。当年的那套管理方式和经验肯定不能再用了。面对挑战，巴顿感到既新奇又刺激，他暗想："让一切都从头开始吧！"

一切准备工作都在有条不紊地进行着。很快，一支现代化的装甲部队便建立了起来。巴顿在此过程中做出了卓越的贡献。接下来的任务便是训练士兵了。在师长斯科特召开的一次军事会议上，巴顿指出，唯有一支"勇敢和机智"的装甲部队，才能在战斗中取得胜利。他说，自己正率领全旅朝着这个目标迈进，他要把每个人都训练成"陆军中他妈的顶呱呱的坦克手"。

巴顿粗鲁的豪言壮语给人们留下了深刻的印象。媒体也对他的话做了详细的报道。在报道的时候，记者将"勇敢和机智"两个词换成了"铁血豪胆"。从此之后，"铁血豪胆"便成为了巴顿的一个绰号。巴顿不大喜欢这个绰号，但也不讨厌，他认为这两个词基本上概括了自己的特点。随着媒体铺天盖地的宣传，这个绰号很快便传遍了全国，连巴顿 5 岁的小外孙帕特·沃特斯在晚祷时都祈求上帝说："请保佑这个铁血豪胆的老头。"

当装甲部队的工作逐步走上正轨之时，查菲将军却不幸患上了严重的肺癌，无法坚持装甲部队司令和第一装甲军军长的工作。于是，陆军参谋部便在 1940 年 9 月将第二装甲师师长斯科特调往诺克斯堡接替查菲任第一装甲军军长。第二装甲师师长的出缺给巴顿带来了一个大好时机。不久，陆军参谋部即任命这个工作出色的装甲旅旅长出任第二装甲师代理师长，并晋升为陆军准将。时来运转的巴顿兴奋异常，他大展身手的时机来临了。在给朋友的信中，他洋洋得意地说："现在对我来说，已经万事俱备，只欠一场热闹的战争了。"

四

第二装甲师声名鹊起

在亲友的祝贺声中，巴顿走马上任了。当时，第二装甲师虽然号称一个师，但有实际作战能力的部队只有一个旅。巴顿立即决定再组建两个旅，并立即投入到了紧张的工作之中。不久，第二装甲师便形成了师的建制。新组建的两个旅作战能力极差。一方面，部队的装备陈旧，有几百辆超期服役的坦克已经达到了报废的年限；另一方面，刚入伍的新兵纪律涣散，不懂技术，根本无法胜任作战任务。《纽约时报》评论称他们说："这是一群身着咔叽军装，组织涣散的乌合之众"。

如何提高部队的作战能力呢？巴顿一方面积极活动，向陆军部要求更换装备；一方面发挥自己的优势，训练部队。在训练方面，他的要求简直可以用"严酷"这个词来形容。他经常对士兵们咆哮着说："一品脱美国人的汗水可以挽救美国人的一加仑鲜血。"

巴顿还非常善于激励士兵们的斗志。在题为"关于1939年德国入侵波兰的战局"的演讲中，巴顿大声呼喊："对于高层次的战略来说……我们这些人是无权选择的，我们的任务仅仅是打仗……如果不能取得胜利，所有的计划都是枉费心机。胜利正是我们所追求的目的。我知道我们是会达到目的的。当我们成功之时，上帝可能会对我们的敌人发慈悲，因为他们需要怜悯。"

在训练场上，巴顿则用粗鲁的语言向士兵们高声道："你们想打胜仗吗？你们想活着看到胜利的那一天吗？如果你们想做到这些的话，就必须认真刻苦地投入训练！不要摆花架子，把你们的刺刀插向敌人的心脏。我们的训练方式是粗暴的，但它既可以打胜仗，又可以减少伤亡。"

在巴顿的带领下，第二装甲师就像是一台上满了发条的机器，部队中

巴顿将军检阅部队

的每一个人都忙忙碌碌地工作着。看着部队的新面貌，巴顿洋洋得意。为了检验装甲部队的机动性、纪律性和训练水平，扩大第二装甲师的影响，爱出风头的巴顿决定进行一次长达 600 余公里的长途行军。参谋部批准了他的计划之后，巴顿即命令部队出发了。这是美军历史上史无前例的盛举。在陆地上，1000 多辆坦克，半履带式战车浩浩荡荡地行驶着；天空中，数百架飞机轰鸣而过。沿途的居民从来没有见过如此壮观的场面，他们纷纷涌到道路两旁来观看这支钢铁部队。一些学校甚至也放了假，让孩子们去观看美国自己的装甲部队。

巴顿的目的达到了。这次长途行军俨然成了一场精彩的演出。人们对坦克有了全新的认识，对坦克与骑兵的争论也逐渐平息下来。巴顿再次成为了美国人心目中的英雄。许多年轻人甚至把他当成了偶像。一位作家在报纸的评论上如是写道："巴顿具有难以想象的神力，他能使陷入泥淖的坦克重新启动起来。"

1941 年 1 月，巴顿又举行一次公开的阅兵。为了使阅兵达到预期的宣传和鼓动作用，巴顿做了精心的准备。他亲自设计了装甲车辆组队和编排行进的路线，还让妻子比阿特丽丝谱写了一首进行曲。这次公开大阅兵十分成功，编队行进的 1300 辆战车没有出任何意外。巴顿对自己的工作和第二装甲师都非常满意。在工作总结中，他洋洋得意地说："我们从无到有，已经发展成为一支强大的战斗力量。"

巴顿的工作能力和取得的成就不但为他赢得了声誉，也让陆军参谋长马歇尔和陆军部长史汀生等人十分满意。不久，陆军参谋部任命巴顿为第二装甲师师长，将其军衔提升为少将。

进入 1941 年之后，欧洲的局势更加紧张了，美国被卷入战争的可能性也增加了。为了做好应战准备，陆军部决定进行一系列大规模的军事演习，以检验部队的作战能力。演习是模仿欧洲战场而进行的。对巴顿来说，这次演习具有十分重大的意义。在刚刚结束的北非沙漠地带的战斗中，德军元帅隆美尔指挥的德军重创了英军的坦克部队，击毁了英军 200 多辆坦克。这一结局让人们对坦克在战争中的作用再次产生了怀疑。巴顿决心通过这次演习来证明坦克的价值。

由于第二次世界大战开始以来，美军一直没有经历战火的洗礼，没能吸收最新的战略、战役方法，其战术仍然沿袭了第一次世界大战时期的旧式战法。巴顿非常清楚，这套战法根本不适合装甲部队。在演习开始之前，巴顿就暗暗下了决心，打破旧式陆军的战法，充分发挥装甲部队的特点。装甲部队的特点是机动性较强，能够突然、快速地给敌人以打击。根据这一特点，装甲部队的主要作用应该是打击敌指挥、通讯和供应系统。

在动员大会上，巴顿一再向士兵们强调："装甲师是有史以来最强有力的部队。你们的任务就是找到敌人，抓住他，征服他。始终不停地运动，主动歼敌，以彻底摧毁敌人……你们必须有拼命向前的意识。"

演习开始后，第二装甲师在巴顿的指挥下就像是狼群一样，队形变幻莫测，令人眼花缭乱，迅速击溃了对手。原本计划两天的行动，第二装甲师仅仅用 9 个小时便完成了。在这次演习中，巴顿以其超凡的指挥能力和战术技巧使得装甲部队的突击性和快速的特点得到了全面的体现。从此，第二装甲师便获得了"铁轮地狱"的美誉。

巴顿和第二装甲师也再次也成为了媒体关注的焦点。7 月份的《生活》杂志发表了一篇关于第二装甲师的专题报道，杂志封面上还刊登了巴顿的大幅照片。张扬的巴顿站在坦克的炮塔上，手里拿着望远镜，挎着手枪，头上戴着钢盔，左手还戴着两个大戒指，一副从容不迫的样子。

就在第二装甲师的战斗力和巴顿本人的声誉迅速提升之时，欧洲的战局也愈发紧张了。法国沦陷之后，希特勒便开始全力对付英国。1940 年 7 月，希特勒下达了全面入侵英国的"海狮计划"。这项计划旨在歼灭英国的空中力量，夺取制空权，给陆军大规模登陆大不列颠扫清道路。

由于英国南部天气不稳定，德国空军最终在 8 月 13 日才得以实施这一

血胆将军

· xuedanjiangjun ·

巴顿

· ba dun ·

巴顿将军

计划。面对德军的大规模空袭，英军在丘吉尔的领导之下进行了猛烈的还击。由于英军在不列颠空战中挡住了德军的进攻，而且还取得了几次胜利。从 1940 年底开始，德军在空袭不列颠的过程中，损失越来越大。英军的战斗机、高射炮等部队的英勇抗击让德军企图迫使丘吉尔政府向德国投降，或与其合作的愿望落空了。

疯狂的希特勒为了谋求德国人民必须追求所谓的"生存空间"，即土地和原料，迅速将目光转向了土地广袤和人口众多的苏联。占领苏联之后，解除武装的苏联红军便能补充德国因战争而导致的劳工短缺。乌克兰这个土壤肥沃之地可以为德军提供大量的食物。更为重要的是，击败苏联之后，德军就可以将高加索地区所产的石油源源不断地运往德国，并以此来维持德国这个战争机器的需要，对抗英国。

在空袭英国受挫之后，希特勒亲自制定了"巴巴罗萨"作战计划，准备入侵苏联。"巴巴罗萨"的意思是"红胡子"。"红胡子"是神圣罗马帝国皇帝腓特烈一世的绰号。腓特烈一世崇尚扩张与侵略，他曾 6 次入侵意大利，并指挥十字军东侵。

入侵苏联是危险的，一些军事和外交人员屡次劝告希特勒，应该先解决英国后再开辟对苏战场较为妥当。希特勒的决策通常与德军将领的建议相反，但直到制定"巴巴罗萨"之时，他的这些决策都取得了辉煌的胜利。因此，不但被他蛊惑的人认为他是政治和军事天才，就连他自己也认为自己是千年难遇的奇才。希特勒认为，经过斯大林在 20 世纪 30 年代末期的大清洗之后，大量具有作战经验的指挥员含冤而死，苏联红军的战斗力已经不提一提了。德军可以像闪击波兰一样，迅速对苏展开战争，并迅速结束战争。希特勒狂妄地认为在 1941 年的冬季之前一定可以攻下苏联全境，因此不必准备过冬物资，以抵御苏联寒冷的冬天。这在后来成为德军受挫的主因之一。

从 1941 年 3 月起，为了掩盖即将开始的对苏作战，德军对英国的空袭加强了。5 月 10 日晚，德国空军主力对伦敦进行了最后一次大规模空袭，随后便暗中准备飞往东线，空袭苏联的战略目标。1941 年 6 月 22 日，希特勒撕毁苏德互不侵犯条约，突然出动 190 个师，3700 辆坦克，4900 架飞机，47000 门大炮和 190 艘战舰，兵分三路以闪电战的方式突袭苏联。

德军入侵苏联，让美国不得不考虑与他们一向反感的社会主义国家苏联联合起来，对抗法西斯德国。于是，作为美军总司令的罗斯福总统一方面积极与国内的孤立主义势力周旋，给苏联提供必要的物资援助，一方面命令马歇尔提高美军的作战能力。于是，在马歇尔的领导下，美军在 1941 年 8、9 月间再次举行了大规模的军事演习。

从 8 月到 11 月，一场规模巨大的军事演习在路易斯安那州和德克萨斯州开始了。在演习中，第一装甲军军长斯科特统率着第一、二装甲师，但他显得优柔寡断，缺乏控制力。第二装甲师师长巴顿再一次成为了众人瞩目的英雄。他再一次发挥了坦克部队的机动性，几乎不费吹灰之力就击中了"蓝军"的要害部位，俘虏了"蓝军"司令德拉姆中将。这次演习之后，第二装甲师和巴顿在美国的声誉已经可以用"声名鹊起"这个词来形容了。

· 第六章 ·

进军卡萨布兰卡

一

日军突袭珍珠港

巴顿一直期待着能带领第二装甲师到战场上去冲锋陷阵。他的这个梦想随着珍珠港事件的爆发终于实现了。日本与美国之间在第二次世界大战爆发之前就已经矛盾重重了。一方面，日本从 20 世纪 30 年代初开始就大举入侵中国，严重了损害了美国在中国的利益。另一方面，两国为了争夺在太平洋上的利益，屡屡发生冲突。1941 年 4 月，在日美两国就太平洋上的局势展开谈判前后，日本陆续占领整个印度支那（今中南半岛），损害了美国在东南亚的利益。这进一步激化了美国与日本之间的矛盾。美、英等国强烈要求日本从中国撤军并停止扩张，并以限制废钢铁和石油出口对日本进行要挟，迫使日本就范。

1941 年 10 月中旬，日本近卫内阁遭到了前所未有的压力。国内有领土扩张野心的军国主义分子极力要求近卫文麿下台。在这种情况之下，近卫文麿只好宣布下野，由好战的东条英机组织新政府。东条英机组阁极大地加剧了远东的僵持局面。

为了安抚天皇，东条英机于 11 月 5 日向华盛顿提出一项带有胁迫性的建议，这是日本作出的最后一次主动表示。如果在 11 月 25 日之前达不成协议，战争就会爆发。实际上，日本早就做好了同美国开战的准备。同所有时代的战略家一样，日本人也依照上次战争应为下次战争作准备的原则，打算一旦同美国发生冲突，就利用他们的舰队夺取菲律宾，攻打东印度群岛，然后在日本控制的中太平洋水域同挺进的美军一决雌雄。

不过，日本联合舰队总司令山本五十六却不同意这种冒险的行为，他看到了美国的工业实力，并断言如果不消灭在夏威夷水域的美国太平洋舰队，日本在同美国的战争中就没有获胜的希望。这个罪大恶极的战争贩子

珍珠港遭日军空袭，中弹后起火燃烧的美军战列舰

极力主张出动航空母舰对停泊在珍珠港的美国战列舰和航空母舰发动突然袭击。他向东条英机宣称，如果摧毁美国舰队，日本就能够在没有干涉的情况下征服菲律宾、马来亚（今马来西亚联邦西部地区）和东印度群岛。然后，他就可以退到从千岛群岛到澳大利亚边缘的守固的防线后面，并且利用防线内的交通和供应线击退对这个屏障的进攻，直到西方国家被迫接受日本对大东亚共荣圈的控制为止。

　　正是由于有了山本五十六这个疯狂的计划，东条英机才敢于向美国提出最后一项建议。此时，他已经决定，如果美国不接受这项建议的话，就按照山本五十六的建议，袭击珍珠港，并将袭击的时间定为夏威夷时间12月7日。

　　日本人一边在谈判中与美国政府周旋，一边悄悄地向太平洋增兵。企图袭击珍珠港的日军海军也已经趁着太平洋的大雾天气，悄悄地溜到了北太平洋。11月27日，美国政府向美国驻太平洋部队司令部传达消息说：

"谈判已经破裂，预料日本将在随后几天内向菲律宾等地发动进攻。"

驻珍珠港太平洋舰队司令赫斯本德·金梅尔上将认为，夏威夷眼下不会受到威胁，因而没有命令部队全部位于戒备状态，没有安装防鱼雷网，也没有开始进行空中搜索。除了把飞机集中在机场防破坏之外，金梅尔没有采取任何行动。实际上，如果他当时派出飞机搜索的话，很容易发现日军已经逼近了夏威夷水域。

造成这一疏忽的很大一部分原因来源于美国人对日本的轻视。他们认为，日本的军舰和飞机是模仿美国装备制造的，质量低劣；近视的日本飞行员不能击中目标。因此，他们绝不敢在谈判破裂之后进犯美国。就算是美、日两国发生直接的军事冲突，战场也一定会在亚洲。一家小报甚至刊登了一篇文章，绘声绘色地描写了美国人如何在 60 天的时间战胜日本的假想。

11 月底，情报机构提供的关于日本军舰动向的报告源源不断地送到了美国总统罗斯福的手中。通过已经破译的密码可以得知，东京外务省已经命令它的驻外使馆烧毁了外交密码。这表明日本即将与美国断交，但没有任何迹象表明日军即将袭击珍珠港。美国的情报机构为什么没有收到关于日本海军进攻珍珠港的任何消息呢？这主要是因为山本五十六下令，袭击珍珠港的日本军舰在整个航行期间要保持绝对的无线电静默。实际上，美国军方在此时已经知道了日本军舰已经驶离港口，不知去向。但大部分人都判断，它在向南朝着新加坡的方向驶去。在内阁会议上，甚至有人乐观地宣称："日本舰队出海也许是进行演习。"

12 月 6 日，罗斯福亲自向日本天皇裕仁呼吁和平。他在电报中："我们两国都有恢复传统的和睦、防止人类进一步走向死亡和毁灭全世界的神圣义务！这不光是为了我们自己的伟大的国家和人民，而且也是为了邻邦的人民。"

就在罗斯福向日本天皇发出和平呼吁的同时，在距离珍珠港约 370 公里的中太平洋上，6 艘打着日本太阳旗的航空母舰掉头迎风行驶。183 架轰炸机、战斗机从航母上起飞，向着珍珠港的方向飞去。

12 月 7 日清晨，珍珠港风和日丽。当天，美国太平洋舰队泊港舰只共 86 艘，其中战列舰 8 艘，巡洋舰 7 艘，驱逐舰 28 艘，潜艇 5 艘。瓦胡岛上各机场共停放飞机 387 架。舰上的水兵有的刚刚起床，有的在用早餐或在甲板上散步。

7 点 30 分，一个水兵发现有 20 架飞机向珍珠港飞来，他认为可能是进行演习的飞机而没有在意。稍后，有人看见一架飞机从北低空飞过福特岛，并听到一声爆炸，人们仍认为是一次什么事故。直到日机对美军机场和舰只实施集中突击时，珍珠港的美军才如梦初醒，看清了飞机的标志，发出了警报。福特岛美军司令部广播："飞机袭击珍珠港，不是演习！"

疯狂的日军对珍珠港实施了大规模的偷袭行动。日军这次作战组织严密，行动果敢，代价小，战果大，是战争史上成功的突袭战例之一。美军太平洋舰队损失惨重，总共有 19 艘军舰被击沉、击坏，其中包括太平洋舰队的全部作战舰只。除了军舰之外，美军损失 265 架飞机，士兵死亡 2403人，受伤 1187 人。珍珠港事件成为美国军史上最严重的惨案。

日军在袭击珍珠港的同时，对东南亚展开了全面进攻。12 月 8 日，日军在马来亚半岛东海岸三个地方同时登陆。在这一天，日军还对香港、关岛、菲律宾群岛、威克岛和中途岛等地展开了进攻。在马尼拉，麦克阿瑟将军领导的远东航空大队也遭到毁灭性的轰炸。

珍珠港事件的第二天，罗斯福发表了一通义愤填膺的演讲，要求国会通过他的提案，对日宣战。参议院没有像往常一样展开辩论，很快便以绝对多数通过了这一提案。就这样，美国在 1941 年 12 月 8 日正式对日宣战了。与美国同时向日本宣战的还有另外一个强大的国家——英国。次日，中国政府在与日本实际交战多年之后，正式对日宣战。紧接着，对日宣战的国家增加到了 20 多个。

德、意、日三国同盟条约的第三款规定：任何一方遭受攻击，其他方会尽权力协助，包括政治、经济和军事等等。根据这一规定，德国于 12 月11 日对美国宣战，意大利也紧随其后。

美国直接介入到第二次世界大战中来极大地改变了战争的格局。至此，第二次世界大战中的阵营结构最后形成了。德国、意大利、日本三大轴心国及芬兰、匈牙利、罗马尼亚等国为一方，美国、英国、苏联、中国等反法西斯同盟和全世界反法西斯力量为另一方，在全球范围内进行了一场规模浩大的战争。

美、英这两个西方最强大的资本主义国家同社会主义的苏联结成了同盟是第二次世界大战进程中重要的里程碑。美国总统罗斯福、英国首相丘吉尔和苏联最高统帅斯大林面对严峻的形势，为了争取战争的胜利，都从不同侧面并以不同方式进行了不懈的、坚忍不拔的和真诚的努力！

创建沙漠训练基地

　　美国对日、德宣战之后，马歇尔立即对部队进行了战争动员，并调整了一批军官的职务。斯科特被调到了中东担任观察员，巴顿继任为第一装甲军军长。临危受命，更激发了巴顿大干一番的雄心壮志，他恨不得马上就率部奔赴欧洲作战。于是，他对部队的训练始终没有放松。欧洲战局的发展对英国极其不利。素有"沙漠之狐"之称的隆美尔指挥德意军团几乎横扫了整个北非，正从利比亚向埃及的英军进逼。希特勒企图在北非和中东建立一个稳固的桥头堡，利用苏伊士运河进攻欧亚大陆，迂回进攻盟军。敏锐的马歇尔立即意识到，如果美军要支援英军作战，遏制隆美尔在中东的行动，就必须为进行沙漠战做好准备。

　　在这种情况下，巴顿于 1942 年 3 月被调离了第一装甲军，转而到一个十分偏僻的沙漠地带去创建沙漠训练基地。巴顿心有不甘地离开了作战部队，乘飞机来到了位于加利福尼亚、内华达和亚利桑那三州交界处的里弗宾德。

　　里弗宾德是一个人迹罕至的荒漠地带，只有土狼、老鼠和响尾蛇时而出没。无论在地形上，还是在气候上，这里都与北非十分相似。但荒漠地带的条件十分艰苦，不但没有电灯、暖器和热水，甚至连干净的被单也找不到。更为严重的是

演习中的巴顿将军

沙漠中的演习

里弗宾德的水资源十分匮乏，生活用水基本上依赖于汽车运输。巴顿到任后立即对生活用水实行了配给制，每人每天的生活用水只有一壶。

尽管条件十分艰苦，但巴顿丝毫没有放松对部队的训练工作。他此时已经隐隐意识到了马歇尔将自己调到这里的用意。每天天不亮之时，他便命令部队起床，然后便要求部队在 10 分钟内完成接近两公里的晨跑。晨跑结束后，他还会亲自带领部队进行两个小时的急行军。在训练期间，巴顿总是亲临现场把握每一个环节。营地的每一个角落都布满了他的脚印，有时候连他的副官都不知道他在什么地方。有人责备他对部下的训练太过残酷了，但巴顿回答说："平时的艰苦训练是战时胜利的保证，这才是对士兵的最大仁慈。"

在装甲部队的作战方式、指挥和后勤供应方面，巴顿也进行了许多有益的探索。他进行了坦克集群作战的试验，还破天荒通过无线电从空中对部队进行了指挥。这些经验对其日后在北非战场上指挥部队作战起到了重要的作用。

1942 年初夏，北非战局进一步恶化，隆美尔攻占了具有重要意义的托卜鲁克，并向埃及大举进犯。在德军凌厉的攻势之下，英军节节败退。应英国首相丘吉尔的要求，美国同意派遣一支装甲师到北非增援英军。1942 年 6 月，马歇尔把巴顿召到华盛顿，准备任命他为师长，率领一支装甲师到北非参战。时任参谋部作战处少将处长的艾森豪威尔试探性地问巴顿："乔治，你愿意放弃手中的部队，率领一个师参加战斗吗？"

巴顿心花怒放地回答说："艾克（艾森豪威尔的昵称），如果能让我参加战斗，我甘愿当一名少尉。"

马歇尔征询了巴顿的意见。巴顿认为，就当前的战局来看，一个师不足以对北非战局产生决定性影响，美国应派遣两个师参战。正当马歇尔和

演习中的钢铁部队

巴顿就究竟应该派一个师还是两个师到北非参战讨论之时，美、英两国的参谋长联席会议也产生了分歧。于是，马歇尔决定暂不派遣军队，先向英军提供300辆坦克和100门榴弹炮，以支援英军作战。于是乎，巴顿又回到了里弗宾德，继续训练部队。

根据美、英两国在历史上著名的"阿卡迪亚"会议上所作出的"先欧后亚"战略，同盟国应先集中力量打败德国这个最主要的敌人。至于太平洋战场，目前"必须进行一场固定阵地的战争，目前主要是阻止日本人的进攻。"

1942年夏，战争的形势对反法西斯同盟十分不利。在太平洋战场上，日本人发动了大规模攻势，先后占领了菲律宾、香港、马来亚、新加坡等地，并企图继续南侵澳大利亚；在苏德战场上，德国法西斯向斯大林格勒南翼地区实施重点进攻，给苏联红军造成了巨大的压力；在北非战场上，隆美尔指挥的非洲军团在攻占托卜鲁克之后迅速推进到阿拉曼防线，距开

沙漠中的演习

罗仅 120 余公里。

在战局吃紧，危机四伏之际，同盟国内部就在欧洲开辟第二战场的问题发生了激烈的争论。法西斯德国突袭苏联之后，集中了 64% 的兵力向苏联发动了全面进攻，企图一举攻占莫斯科，迫使苏联投降。面对着德军的强大压力，斯大林于 1941 年 7 月 18 日便急电丘吉尔，要求英国尽快在北非地带或法国北部沿海开辟第二战场，在西线牵制德军。同年 9 月 3 日，斯大林再次致电丘吉尔，要求当年内"在巴尔干或法国某地开辟第二战场"。

由于英国没有足够的力量实施登陆作战，再加上丘吉尔怀疑苏联红军根本无法抵挡德军的强大攻势，以及两个国家在意识形态上的敌视，苏联的要求遭到了英国方面的拒绝。

珍珠港事件爆发之后，美国开始直接向欧洲派遣军队，英、美首脑也就两军共同打击法西斯德国以及开辟第二战场的问题上进行了多次磋商。1942 年 3 月下旬，时任美国陆军参谋部作战处处长的少将艾森豪威尔制定了一份代号为"围捕"的作战计划。根据计划的要求，盟军要派出一支 5800 架作战飞机的空军、总数达到 48 个步兵师和装甲师的地面部队于 1943 年 4 月 1 日对塞纳河口东北，勒阿弗尔和布仑之间的一段法国海岸发起攻击。与此同时，应在海岸沿线发动突然袭击和空袭以扰乱德国人。在作战部队方面，应有一半以上的英国师参加。

马歇尔把艾森豪威尔制定的作战计划呈交给罗斯福。罗斯福总统和参谋长联席会议批准了这个计划，并要求马歇尔飞往伦敦，取得英国的同意。4 月 7 日，马歇尔飞赴伦敦，与英军参谋长联席会议成员举行了为期六天的会议。英国方面最后勉强同意了"围捕"计划，但，很多英国军官都持保留态度，对"围捕"计划的热情不高。

为了应付舆论压力，鼓励苏联坚决抵抗，时已升任美军欧洲战区司令的艾森豪威尔又于 1942 年夏季制定了一个"大锤"计划，确定 1942 年 8

月至 9 月间，以 6 ~ 10 个师的兵力在法国北部实施登陆，发动有限攻势，兵员由英国提供。

这一计划遭到了英国方面的断然拒绝。英国总参谋长布鲁克将军嘲笑马歇尔说："参谋长先生，我想这一定不是你本人制定的计划吧！这个计划是如此的愚蠢！你知道跨海作战的话，我们要承受多大的损失吗？6 个师的兵力就能够把德国部队从东线吸引过来吗？一旦作战失败，恐怕对苏联也不会有多大的好处。"

由于英国方面的竭力反对，"大锤"计划被否决了。布鲁克将军建议在法属北非对德军展开行动。马歇尔和艾森豪威尔认为布鲁克的这种想法是荒谬的，德国大量部队就驻扎在英吉利海峡的对岸，离英国的多佛尔港甚至不到 40 公里，为什么要赶到伦敦以南 1500 公里以外的北非去寻找敌人作战呢？这显然是消极的、防御性的作战思想，对在东线苦战的苏联红军没有丝毫帮助！

7 月 22 日，美国总统罗斯福在电报中指示马歇尔，由于英国不愿参加"大锤"行动，美国将不得不在进攻北非方面和英国人合作。英国首相丘吉尔将这次新的行动命名为"火炬"行动。"火炬"行动是第二次世界大战开始以来的英美首次联合进攻。

8 月底，盟军总部成立了。罗斯福与丘吉尔之后认为，艾森豪威尔是担任盟军总司令的最佳人选。于是，他们便以美国总统和英国首相的身份任命艾森豪威尔为盟军总司令，负责筹划和指挥"火炬"战役的工作。

根据计划，英美联军将于 1942 年 11 月 8 日在法属北非登陆，然后再由西向东对德、意两国驻守在那里的部队发动进攻，以彻底歼灭北非的德、意军队，控制地中海，巩固中东，为尔后在意大利和巴尔干半岛的军事行动创造有利条件。

这一计划完全符合丘吉尔的意愿。丘吉尔素来对社会主义国家苏联持敌视态度。他之所以舍近求远，在北非打开进攻意大利和巴尔干的大门，是想从巴尔干打进中欧，不让苏联红军进入奥地利、罗马尼亚和匈牙利，以防苏联在战后插手中欧的事务，成为英国最强大的敌人。

三

"唯一的真正赌徒"

美军要到北非的沙漠地带去作战，一直在里弗宾德进行沙漠作战的巴顿进入了美军参谋长马歇尔和盟军总司令艾森豪威尔的视野。7月30日，参谋长马歇尔将军把巴顿召到了华盛顿。马歇尔告诉巴顿："乔治，我刚从伦敦回来，我们必须在今年内对轴心国采取攻势，行动代号为'火炬'，我决定把此次战役中美军的主要指挥权交给你。你可不要辜负我的期望啊！"

马歇尔便向他简要地向介绍了"火炬"行动的情况。当时，由于"火炬"行动还没有形成清晰的计划，马歇尔便命令巴顿对其进行进一步的研究和策划。

在离开参谋部之时，马歇尔提醒巴顿说："你去陆军大学报到，赫尔上校会让你看详细计划并介绍情况。但是有一点你必须记住，你只能用计划中分配给你的部队和装备去完成任务。"

马歇尔将军（右）和巴顿将军（左）

巴顿兴冲冲地赶到陆军大学，看过计划、听完介绍后，他拨通了马歇尔的电话。马歇尔不在，他于是找到马歇尔的副手麦克纳尼将军，后者正在负责"火炬"战役中美军的后勤问题。

巴顿不满地说："我刚才看到的计划简直荒唐可笑，我需要更多的人员，更多的船只。"

麦克纳尼把巴顿的意见带给了马歇尔。马歇尔听完汇报后，表情十分严厉，只说了一句话："让他回里弗宾德去！"

"赌徒"巴顿

马歇尔知道，对付巴顿最好的办法就是晾他一段时间。果然，巴顿回到里弗宾德后便开始后悔了。他不该跟马歇尔讨价还价，能到战场上去冲锋陷阵才是最重要的。懊悔不已的巴顿决定低头认错。8月2日，他拿起电话，接通了参谋部的电话，要马歇尔接电话。电话那头答复说："非常抱歉，参谋长正在开会！"

在接下来的时间里，巴顿每隔几分钟便向参谋部打一个电话，但得到的始终是"参谋长正在开会"的答复。无奈之下，他只好去找麦克纳尼的门路。拨通了麦克纳尼的电话之后，巴顿怪里怪气地说："喂，乔（麦克纳尼的昵称），我想过了，我也许可以用你那帮笨蛋参谋们愿意给我的兵力去完成任务。"

麦克纳尼佯装不解地问道："是吗？"

巴顿回答说："是的，难道你不明白吗？我是在承认错误。怎么样，把这项任务交给我吧！"

麦克纳尼笑了。他放下电话之后立即来到了马歇尔的办公室，向马歇尔汇报了谈话的情况。马歇尔笑着说："瞧，对付巴顿就得用这种法子。"

就这样，马歇尔将美军在北非沙漠地带作战的主要指挥权交给了巴顿。战争的召唤终于来了。巴顿激动不已，他在当天日记中写道："我的一生中具有决定性的关键时刻终于来临了。我无法正确地判断我究竟是一个能支配命运的人呢，还是一位幸运的傻瓜。但我的命运是注定了。"

8月3日，巴顿匆匆地赶到了华盛顿，在宪法路军需大楼第三层建起了自己的办公室，开始研究"火炬"行动的具体计划。办公室的成员除了巴顿之外只有几名年轻的军官和秘书，其中包括巴顿的参谋长盖伊上校和作战处长肯特·兰伯特上校。巴顿等待这一时刻等得太久了，他不愿浪费一分一秒的时间。在办公室成立的当晚，他便拟就了一份计划，建议在卡萨布兰卡登陆。

当时，盟军总司令艾森豪威尔正驻守在伦敦，与英国方面协调"火炬"行动的有关事宜，但事情进展的极不顺利。一方面，由于海军支援和登陆艇的不足，以及非洲西海岸恶劣的天气情况，使得在北非登陆具有极大的冒险性；另一方面，英国人对"火炬"行动的态度也有些让人摸不准。由于英军第八集团军在埃及处境危险，原定的"火炬"战役英方指挥官亚历山大将军被调往开罗，由蒙哥马利将军接替他指挥"火炬"行动。但不久，蒙哥马利也被调往埃及前线去了，继而由安德森中将接替此职。艾森豪威尔据此认为，英国人对"火炬"行动仍然存在疑虑。

艾森豪威尔由此对"火炬"行动的可行性产生了怀疑，情绪变得十分低落。英国方面的犹疑不决可急坏了在大洋彼岸等消息的马歇尔。8 月 8 日，马歇尔派巴顿到伦敦去打探消息，看看英国人对"火炬"行动到底有多少诚意。次日深夜，巴顿赶到了伦敦，住在克拉里奇旅馆。没来得及休息一下，巴顿便拨通了艾森豪威尔的电话。

当时，艾森豪威尔正准备上床就寝时，他顺手拿起床头的电话放在耳边。电话里面立即传来巴顿高亢的声音："嗨，艾克，我刚到这个倒霉的城市，现在正呆在克拉里奇旅馆里，不知道该怎么办。"

艾森豪威尔听到巴顿的声音，非常高兴，立即回答说："乔治，听见你的声音，我很高兴，马上到我这儿来，咱们好好地喝上几杯吧！"

巴顿顾不上旅途的劳顿，立即驱车前往艾森豪威尔的公寓。两人见面之后，简单地用了晚餐便进入了正题，开始讨论战役实施中可能遇到的具体问题。巴顿的热情感染了情绪低落的艾森豪威尔。巴顿说："也许我在许多细节问题上是愚蠢的，但我能在一个星期的时间里使任何部队士气高昂。"

巴顿从艾森豪威尔那儿回来后，心情也开始沉重起来。他明显感觉到了艾森豪威尔的压力，而且也看到了这次行动的冒险性。在当天的日记里，他写道："我们两人都感到这个作战计划有些不妥，而且多半是从政治角度来考虑的。但是无论如何，我们都必须奉命行事，不成功便成仁。

假如出现最坏的情况的话，这个计划也许根本不可能实施；但如果运气好的话，我们可以在付出高昂的代价之后取得胜利。"

为了打消英国人的顾虑，巴顿在随后的几天里开始到处游说英国军方的高层和在英国的美军军官。在一次会议上。海军的代表指出："火炬"行动是在不利的时间和不利的地点进行的一次军事冒险，必定会使美国海军遭受巨大损失。

巴顿立即站出来予以反驳。他强调当前应当从大局出发，而不要计较局部的得失，同时要正确地估计盟国海军的实力，不要被敌人的强大外表所吓倒。他说："与其日复一日徒劳地等待良机，不如主动寻找机会，进行拼死一搏。敌人是凶恶的，但他们决不会比我们更强大！"

巴顿的努力虽然卓有成效，但"火炬"行动仍未脱离困境。8月15日，马歇尔在给艾森豪威尔的一封电报中说："参谋部的参谋人员都认为'火炬'行动风险太大了，成功率甚至不足50%。不过，我本人认为这些都是短见和肤浅的看法。艾森豪威尔先生有什么看法，请坦率地表明你的观点。"

艾森豪威尔立即召集高级会议，商讨如何答复马歇尔的电文。盟军司令部的大多数参谋人员对"火炬"行动也没有多大的信心，他们不知道该如何回答马歇尔。会场上一片沉默，谁也没有说一句话。这时，巴顿突然站了出来，滔滔不绝，引经据典地阐述了实施"火炬"行动的可行性。实际上，巴顿自己对这次行动也没有多大的信心。但是，他认为既然战争来了，就不能浪费时机，浪费便是犯罪！

会后，艾森豪威尔基本上是按照巴顿的阐述给马歇尔回电报的。在电报中，艾森豪威尔表示自己无条件地支持"火炬"行动。就这样，"火炬"行动的危机过去了，剩下的事情便是制定行动方案了。

8月下旬，巴顿完成了马歇尔交给他的任务，启程返回了华盛顿。临行前，艾森豪威尔委托巴顿转交给马歇尔一封信。在这封信中，艾森豪威尔对巴顿在伦敦的工作予以了高度评价。巴顿对艾森豪威尔给自己的评价非常满意，还自称"全班人马中唯一的真正赌徒"，因为只有一个人豪情万丈地支持在"火炬"行动上去冒冒险。

四

海陆两军紧密配合

法属北非包括法属摩洛哥、阿尔及利亚和突尼斯，隔地中海与欧洲大陆相望。法国沦陷之后，德国扶植了傀儡政权，因其政府所在地在法国中部的维希，故名维希政府。维希政府在法属北非约有军队 20 万人、飞机 500 架。在法国的土伦港和法属北非各港口尚有 4 艘战列舰、12 艘巡洋舰、40 艘驱逐舰、20 多艘潜艇和其他舰艇。这是一支不可忽视的力量。

有趣的是，英、美这两个盟国中最主要的大国在对待法国的态度上极不一致。丘吉尔支持戴高乐将军领导的自由法国运动，并且曾同维希的武装力量发生过几次冲突，所以北非法国当局的反英情绪十分强烈。同时，他们对唯英国马首是瞻的戴高乐也十分反感。罗斯福对戴高乐也极为反感，在战争中一直与德国扶持的傀儡政权维希政府保持着外交关系。

鉴于当时的情况，盟军在北非登陆作战是打着美国旗号，形式上表现为纯粹是美国的军事行动。丘吉尔和罗斯福这样做，最主要的原因，就是希望维希政府在北非的军队不要阻止盟军的军事行动，最好能与他们一起对德、意军队发起进攻。艾森豪威尔也积极与法国北非当局的军官们秘密联络，希望法军不要抵抗或者在进行象征性的抵抗之后便放下武器投降。

事实上，罗斯福总统和艾森豪威尔等大多数高层也确实相信，盟军一旦发动进攻，维希政府的军官很可能在进行了象征性的抵抗以满足自己的自尊心，然后便会顺乎潮流地缴械投降，甚至参加到抗击曾在 1940 年令他们屈辱的德国法西斯的战斗中来。

在行动方案上，艾森豪威尔慎重地考虑很久，在努力地协调了美、英两国参战将军的关系之后，他决定在力所能及的最大范围内，将大西洋海岸的卡萨布兰卡、奥兰、阿尔及尔，以及地中海岸的波尼地区作为预选登陆点。最终，他确定了两个方案、一个方案是可以进攻卡萨布兰卡、奥兰和阿尔及尔；另一个方案则是进攻奥兰、阿尔及尔和波尼。美、英两国的联合参谋长会议最后批准了第一个方案，预定的登陆日期为 11 月 8 日。

艾森豪威尔还决定，由巴顿率领西线特遣部队在 3 个登陆点中困难最大的卡萨布兰卡登陆。中线的奥兰和东线的阿尔及尔分别由劳埃德·弗雷登道尔少将指挥第二军和美军第三十四师师长查尔斯·赖德少将指挥主要由英军组成的东线特遣队负责攻破（在攻占阿尔及尔之后，再将指挥权移交给英国第一集团军司令肯尼思·安德森将军）。

与奥兰和阿尔及尔相比，在卡萨布兰卡登陆的困难很大。一方面，西线特遣部队的士兵全部由没有作战经验的美国士兵组成，而且兵员输送也是由美国海军直接从美国本土跨越大西洋来完成，路程较英国皇家海军从英国本土经直布罗陀向奥兰和阿尔及尔运输的路线要远；另一方面，西线当面的敌军达 20 万之众，但特遣队只有 4 万人。想要取得胜利，巴顿不得不好好谋划一下。

负责西线兵员运输的海军将领是美国海军少将亨利·休伊特。休伊特的性格同巴顿截然相反。巴顿是一个非常的情绪化的人，时常动怒，但休伊特则温文尔雅，处事谨慎。休伊特接到命令之后便主动来到巴顿设在华盛顿宪法路军需大楼的办公室，同他商议行动方案。休伊特慢条斯理地向巴顿分析了此次行动的利弊。他说，历史上还从没有从接近 5000 公里之外发动如此大规模的进军的先例。要在德国潜艇神出鬼没的大西洋上运输 4万官兵和全部辎重实在太困难了，简直就是一次冒险。

休伊特的话让巴顿心中十分不悦。他静静地坐在办公桌前，一句话也没有说。休伊特将军的参谋们在此时也开始强调远征的不利因素。巴顿再也压不住心中的怒火了，他像一头发怒的雄狮一样，用恶毒、粗俗的语言把休伊特少将和他的参谋们大骂了一顿。

休伊特将军和他的参谋们对巴顿的坏脾气早有耳闻，但无论如何也没有想到一个高级军官会如此口不择言。他们纷纷逃出了巴顿的办公室，并确信再也无法同这个粗暴无礼的将军一道工作了。休伊特将军找到了时任海军司令的赫斯本德·金梅尔上将，向他提出：“要么陆军撤换巴顿，要么海军退出这次战役”。

金梅尔上将听完了休伊特将军的汇报十分生气。他立刻将此事向马歇尔说了这件事情，要求撤换巴顿，否则的话，海军将撤出"火炬"行动。马歇尔十分为难，他既不愿撤换巴顿，也不想因海军的退出而取消"火炬"行动。在这紧急时刻，马歇尔竭力向休伊特将军和金梅尔上将作了解释。他说，巴顿的脾气是很坏，但绝对不会影响军事行动，相反倒会有助于战役的胜利。

休伊特是一个能顾全大局的人，他并没有继续为难巴顿。在日后的合作中，休伊特将军发现巴顿虽然脾气很坏，但确实是一个出色的指挥官。他便拿出了全部的诚意，与巴顿精诚合作，最终使得"火炬"行动取得了辉煌的胜利。

马歇尔平息了巴顿与休伊特将军之间的矛盾之后，陆军部给巴顿的西线特遣部队下达了正式命令："攻占卡萨布兰卡港及其附近的机场，同在奥兰的中线特遣部队配合，建立并保持卡萨布兰卡与奥兰之间的通讯，建立足以对西属摩洛哥进行地面和空中打击的力量，以便在必要时夺取西属摩洛哥。"

出色的指挥官巴顿

出发之前，巴顿分别拜访了总统罗斯福、陆军部长史汀生和参谋长马歇尔将军。和大部分职业军官一样，巴顿并没有固定的政治信念，而且比较讨厌尔虞我诈的政治斗争，对罗斯福总统施行的新政也没有什么好感。但他却十分喜欢作为三军总司令的罗斯福。罗斯福在接见他的时候说："我们的政策就是要打败轴心国，把纳粹分子从北非赶走，维护法国对这些殖民地的统治。"

一向行事高调的巴顿"唰"地站了起来，向罗斯福行了一个漂亮的军礼，大声回答说::"阁下，我只想对您说，我已经下定决心，我如果不能在海滩上取得成功就要成仁！"

巴顿的豪言壮语感染了罗斯福的情绪。美国参战以来，美军不容乐观的战绩以及许多军官的悲观情绪让这位坐在轮椅上办公的总统憔悴了很多。巴顿的自信让他看到了取得胜利的希望。

10月21日，巴顿又特地赶到沃尔特·里德医院，去看望了潘兴将军。看着风烛残年的潘兴将军，巴顿的情感十分复杂。他想到了潘兴将军对自己的关照，也想到了妹妹安尼塔与潘兴将军之间的那段没有结局的恋情。但躺在病榻上的潘兴将军被病魔折磨得几乎都不认识巴顿了。巴顿在当天的日记里写道："直至我开口说话，他才认出我来……他看上去已老态龙钟，这很可能是我最后一次同他见面了。我很可能会死在他的前头。我说，1916年他把我带去墨西哥，是他给了我起点。他回答说：'我总能挑选善战的将才。上帝知道，这种将才是不可多得的。我很高兴，他们马上就要派你去前线了。我喜欢骁勇而令人畏惧的将军。我希望他们能放手让你去干。'他回忆起我当年杀墨西哥人的事。当我告诉他我现在还带着那支手枪时，他说：'我希望你用它打死几个德国人。'他还说，他希望我有机会能用我的钢剑劈死几个法西斯恶魔。"

就这样，巴顿抱着不成功就成仁的想法于10月24日迈上了"奥古斯塔"号，率领一支102艘舰船组成的船队浩浩荡荡地出发了。数百艘舰船铺满了几平方公里的海面，数百架战斗机和轰炸机遮天蔽日，十分壮观。巴顿站在旗舰"奥古斯塔"号的甲板上，望着眼前的景象，心情十分激动，他等待这一天已经整整23年了。自从离开第一次世界大战的战场，他便盼望着再一次到战场上一展身手，如今这个机会终于来临了。

想到即将开始的登陆战，巴顿的心情又十分沉重。这次战斗对北非，甚至是整个欧洲的战局都十分重要。他已经在罗斯福总统面前夸下了海口，不成功就成仁，但敌我力量的悬殊以及北非西海岸变幻莫测的天气都让此次行动充满了危险性。

这时，温文尔雅的亨利·休伊特海军少将走到巴顿的身后，轻轻地拍了拍他的肩膀，轻声说："老弟，不用担心，上帝会保佑我们的。"

巴顿转过身，盯着眼前这位身材魁梧、举止端庄而又原则性极强的搭档，微笑着点了点头。原本，他对海军和休伊特将军抱有一定的偏见，认

第六章 进军卡萨布兰卡

为他们成事不足败事有余。经过一段时间的相处之后，他改变了这种执拗的看法，并深深地了解了海军和休伊特将军。休伊特将军也一样。共同的利益和美国的尊严不但使得海陆两军紧密配合了起来，也使得这两位陆海军指挥官配合得十分默契，简直就像一个人一样。

五

卡萨布兰卡登陆战

经过两个星期的航行，巴顿率领的西线特遣队来到了摩洛哥西海岸附近，巧妙地隐蔽了起来。早在出发之前，巴顿就已经根据卡萨布兰卡当地的气候和地形条件，将萨非、费达拉和穆罕默迪亚选为登陆地点，作战方案也已经确定了下来。如今，他唯一关心的事情就是天气了。11月4日，海面上突然刮起了西北风，而且风势越来越猛。舰船在风浪中颠簸起伏，士兵们连站都站不稳。如果在这种天气条件下登陆的话，特遣队势必会遭到毁灭性的打击。首先，士兵们根本无法按照预定的方案冲上海滩；其次，即使有部分人能够冲到海滩上，重型武器装备也无法发挥作用。巴顿一边暗暗企盼天气能够在11月8日有所好转，一边暗暗策划着应对恶劣天气的方案。

11月6日，华盛顿和伦敦方面的气象部门都发来了未来两天的天气报告："摩洛哥沿海有大风，海浪高达4.5米。"

巴顿再也按捺不住那火爆脾气了。他仰天骂道："糟糕，该死的上帝！"

就在巴顿焦急万分之时，保罗·卡伯特和特混舰队的气象专家斯蒂尔海军少校向他报告说，这种天气不会持续太久，风暴在登陆日就会平息。卡伯特是巴顿的外交顾问，曾长期在摩洛哥居住，对当地的气候非常熟悉。他安慰巴顿说："长官，摩洛哥的天气反复无常，出现风暴并不是什么大不了的事。我相信浪涛不会给登陆造成太大的困难。"

气象专家斯蒂尔更是大力劝说巴顿耐心等待，按照预定计划行动。他相信这场风暴定然会在登陆日平息下来。巴顿听取了他们的建议，命令部队按兵不动，耐心等待。面对恶劣的天气，盟军总司令艾森豪威尔十分焦

123

急。他已经暗暗筹划了好几个方案，打算推迟"火炬"行动。这一次，又是巴顿坚定了他的信心，让他按照原定计划行动。

11月7日，太阳下山之后没多久，英国广播公司在其对法属北非的广播节目里悄悄地插进了一句隐秘的暗语："罗伯特到来了！"

在战争时期，许多暗语纯粹是瞎编出来，为的是迷惑敌人，让敌人去捕风捉影的。但也有一些是真的，是为了向己方在敌后工作的特工发出指示，要他们执行预定的作战计划。"罗伯特到来了"这句暗语便是盟军为了让在阿尔及利亚和法属摩洛哥的一小批反纳粹分子知道"罗伯特"终于要来解放他们的国家了。

"罗伯特"便是指巴顿。英国广播公司播放的无休止的暗语让驻北非的德、法军队军官已经厌倦了，甚至连希特勒的得力助手、德军最高统帅部作战局局长阿尔弗雷德·约德尔将军也认为美军根本不会在法属北非登陆。

一切准备工作都进行得非常顺利，巴顿十分兴奋。11月7日深夜，他以临危不乱、镇定自若的神态向部下发布了动员令。这位善于用语言来鼓动士气的将军以拿破仑式的语气说："士兵们，我们正在前往西北非海岸登陆的途中。我们应该感到荣幸，因为我们是被选入参加这次壮烈行动的美国陆军。我们的任务有三项：第一，强占滩头阵地；第二，占领卡萨布兰卡；第三，进攻德国人，无论他们在哪里，我们都要找到他们并摧毁他们。"

巴顿顿了顿，又以高昂的声调说道："当战斗的伟大时刻到来之时，切记你们受到的训练，切记进攻的速度和锐气是致胜的关键。在登陆后的最初几天，不论白天黑夜，你们必须连续不断地工作，不要在乎睡觉，不要考虑食品。要知道，一品脱的汗水将换得一加仑的鲜血。"

在特遣队准备登陆的前几个小时里，一直与美军保持密切联系的法军将领贝图阿尔将军率领驻卡萨布兰卡的法军采取了行动，希望能够策应美军登陆。贝图阿尔是一位智勇双全的军人，性格刚烈，很有民族正义感，对法西斯德国深痛恶绝，对贝当傀儡政府也极为不满。因此，当美国驻摩洛哥代表罗伯特·墨菲与他秘密联系，策反他之时，他立即便答应了下来。不幸的是，美军为了保持行动的突然性，直到11月7日深夜才将具体的登陆时间告诉贝图阿尔将军。由于不知道登陆的具体地点，贝图阿尔推测，美军肯定会在拉巴特未设防的海滩处登陆。于是，他连夜赶赴拉巴特，逮捕了驻在那里的亲纳粹分子拉斯克劳茨将军，并派出一个营到滩头迎接美军，同时切断了维希政府驻摩洛哥总督诺盖将军与外界的联系。正所谓"狡兔三窟"，狡猾的诺盖还有一条秘密通讯线路，他利用秘密线路联系了忠于纳粹的米什利埃将军，并调遣军队粉碎了贝图阿尔的行动。

贝图阿尔将军的行动失败了，美军在北非的登陆行动只能依靠自己了。11 月 8 日凌晨，当海浪逐渐平息之时，巴顿命令部队按预先的计划，兵分三路，分别从萨菲、穆罕默迪亚和费达拉出发了。糟糕的是，由于海上能见度较低，而且航程又比较远，巴顿率领的西线特遣队没能按照预定的时间赶到登陆地点，而是比预定时间晚了两个小时。然而，罗斯福总统在此时已经按照预定的计划在华盛顿发布了美军在北非登陆的消息。

萨菲是一个人工港口，位于卡萨布兰卡以南约 20 公里，驻守法军约400 人，拥有 130 毫米的岸防炮等重型武器。巴顿选择这里作为登陆点之一，主要目的便是想利用这里的优良港口将美军的中型坦克从军舰上卸下来。4 点 38 分，美军的登陆艇接近海岸之后，巴顿命令军舰炮击法军阵地，同时令部队分 5 批登陆。

法军的抵抗意志很差，他们只进行了象征性的抵抗便放下了武器。到拂晓时分，美军已经控制了整个港口。上午 9 点，坦克全部卸上岸，登陆行动成功。全部战斗仅用了 5 个小时，美军以轻微的代价便占领了萨菲这一处至关重要的港口。

穆罕默迪亚位于卡萨布兰卡以北约 80 公里，靠近利奥特港机场。巴顿选择这里登陆的主要原因便是想夺取该机场，以便控制卡萨布兰卡地区的制空权。负责这里指挥任务的是特拉斯科特将军。由于军舰在黑暗之中乱了队形，暴露了目标，驻守穆罕默迪亚的法军以岸防炮对美军进行了猛烈的炮击。特拉斯科特将军马上命令部队开始强行登陆。结果，美军在登陆的过程中付出了沉重的代价，5 支登陆队只有 2 支按时上了岸，许多登陆艇在途中中弹沉没了。登上海岸的人员乱成一团，各自以轻武器拼死抵抗。法军的飞机乘机进行低空扫射，也给登陆部队造成了很大困难。特拉斯科特被迫向巴顿求援，但巴顿此时的处境也不妙。

1942年在北非卡萨布兰卡负责战斗支援的"纽约"号

巴顿亲自率领的第三师担任主攻方向的任务，其登陆点是位于卡萨布兰卡以北20公里的费达拉。巴顿企图率领第三师在费达拉建立稳固的滩头阵地，向南进攻卡萨布兰卡。法军在费达拉的部署十分严密，规模达数千人的地面部队装备也十分精良。他们不但拥有众多的岸炮和野炮扼守着海滩地带，海面上还有一支较大的法国舰队助阵。

凌晨时分，巴顿率领第三师向预定的滩头出发了。天空中落下了零星的雨点，空气显得异常寒冷。士兵们躲在运输船上，遥望着费达拉和卡萨布兰卡的灯光，等待着巴顿的命令。在伸手不见五指的黑夜里，一切都显得太安静了，耳边只有澎湃的海潮声。巴顿看了看表，终于下达了登陆的命令。接到命令之后，登陆部队立即从运输船登上登陆艇，向海滩进发了。登陆进行得似乎有些太顺利了，部队不但没有遇到抵抗，甚至连一个法国人的影子都没有看到。

接到报告之后，巴顿显得有些不安。太过平静对战斗来说并不是一件好事。果然，部队在海岸建立了稳固的阵地之后才发现，由于海潮的作用，登陆艇偏离了原定登陆点近万米。部队在登陆过程中还遭受了一些意外的损失，一些身负装备的士兵被风浪卷入了大海，20多艘登陆艇也在途中沉没了。更为糟糕的是，由于各个编队之间失去了联系，登陆部队抵达海滩之后一片混乱。法军很快发现了他们，并展开了火力压制。

巴顿暴跳如雷，马上命令各部队不得后退半步，在向前推进中恢复秩序。直到黎明时分，各编队才恢复了联系，部队开始对法军展开了攻击。美军强大的炮火很快把法军的火力压制住了，登陆部队也乘机发动了强大的攻势。6点，步兵第二团第一营攻占了费达拉港，步兵第十五团随后占领了法军的岸防炮阵地。美军的舰载飞机也开始行动，一批批飞临卡萨布兰卡上空，完全控制了这一地区的制空权。

上午8点，焦急不安的巴顿准备登上费达拉港。当士兵准备把登陆艇从"奥古斯塔"号旗舰放入海中之时，军舰后方突然炮声大作，7艘法国军舰从卡萨布兰卡港冲了出来，向美军军舰和登陆艇展开了猛烈的射击。休伊特海军少将立即命令海军予以还击。在匆忙之中，"奥古斯塔"号尾炮的炮塔将装有巴顿行装的登陆艇撞坏了，巴顿无法登陆，只好以旁观者的身份目睹了这场海上遭遇战。

直到中午时分，这场海上遭遇战才以美军的胜利宣告结束。随即，巴顿及其随从人员被送上了登陆艇，开往费达拉海岸。海滩上的情况十分糟糕，源源不断开来的军舰将装备卸在海滩上之后却无人把船推开。法军的零星的火力更是使得美军的装备运输受到了一定程度的阻碍。直到日落时分，大部分火炮和重型装备都没有运上岸，弹药和食品的供给十分困难。

巴顿派人去卡萨布兰卡劝说米什利埃海军上将停止战斗，但遭到了严词拒绝。由于通讯设施出现了故障，巴顿与设在直布罗陀的艾森豪威尔的司令部也失去了联络，得不到奥兰和阿尔及尔的消息。正当巴顿极度烦躁之时，萨菲和穆罕默迪亚方向接连传来了好消息。哈蒙将军率领的第二坦克师已经在萨菲建立了稳固的滩头阵地，坦克部队也部署完毕。穆罕默迪亚的情况也开始好转了。怎么办？如果照这种态势发展下去，必然会贻误战机，从而使整个"火炬"计划的实施受挫。深夜，巴顿陷入了苦苦的沉思。

六

率军进驻卡萨布兰卡

百般无奈的巴顿突然想起艾森豪威尔对他说过，在必要的时候可以以从空中轰炸和从海上炮击为威胁，甚至采取直接的军事行动迫使卡萨布兰卡投降。但艾森豪威尔同时也说过，在采取这一极端行动前必须取得他的同意。

鉴于当时的形势，巴顿决定采取行动，对卡萨布兰卡发动空中和地面的全面进攻，迫使驻防的法军投降。不过，他知道，如果将这一行动向艾森豪威尔汇报的话，他肯定是不会同意的。因此，巴顿决定先斩后奏，先拿下卡萨布兰卡，再向艾森豪威尔汇报。他连理由都想好了，就说由于通讯设备故障无法及时向盟军司令部请示。

第二天天刚亮，巴顿换上了一套漂亮的军装，亲自来到海滩上。他满面怒容，一边指挥士兵加快卸载速度，一边跑过去亲自帮助推船。他那坚定而粗鲁的语言以及身先士卒的作风很快就把士兵们的斗志提上来了。他们似乎根本没有看到在空中肆虐的法国飞机，精神抖擞地在海滩上干了18个小时。在巴顿的指挥调度下，卸运装备的工作进展十分顺利，沉没的登陆艇也被打捞上来，火炮和各种物资源源不断地被运上了岸，滩头阵地也变得井井有序，甚至连将士们的精神面貌也焕然一新了。

有人对巴顿亲自到海滩去推船这一举动持有看法，认为他作为一名高级指挥官不应该去干这种小事，而应该坐在指挥部里策划行动方案。但巴顿却不这样认为，他在回忆录中说道："人们认为军队指挥员不应去干这种事情。但我的理论是，一位军事指挥官应该去做完成任务所必须做的事情。我认为，一个指挥官80%的任务在于激发士兵们的士气。"

事实上，巴顿亲自到海滩上去推船对提高美军士兵的士气确实起到了很大的作用。巴顿自己也觉得这一天过得十分有意义。在回忆"火炬"行动之时，巴顿曾说："我认为……对于最后登陆的成功，我在海滩上推船起了相当大的作用。这是我在整个摩洛哥战役中唯一值得提起的插曲。"

11 月 9 日上午，巴顿率领的第三师在缺乏重型装备的情况下，向卡萨布兰卡发动了小规模攻势。萨菲和穆罕默迪亚方向也都传来了好消息，美军在与法军的作战中占据着明显的优势。但卡萨布兰卡的诺盖将军和米什利埃海军上将丝毫没有投降的迹象。

然而此时，在阿尔及尔和奥兰登陆的另外两支特遣部队已经结束了战斗，迅速向内陆推进。巴顿领导的西线特遣队成了全军关注的焦点。11 月 10 日，艾森豪威尔的盟军司令部与巴顿恢复了通讯联系。他立即给巴顿发了一份措辞强硬的电报："唯一的硬核桃就在你的手里。阿尔及尔在两天之前就已经成为了囊中之物，奥兰也是这样。请迅速砸开硬核桃。你还需要什么？"

事实上，在收到这份电报之前，巴顿已经开始"砸硬核桃"了。11 月 10 日一早，巴顿便命令第三师的前锋迂回到卡萨布兰卡的东南郊，准备在次日发动全线进攻。当晚，巴顿又得知，特拉斯科特将军已经控制了利奥特港机场。这意味着西线特遣队已经掌握了摩洛哥的制空权。随即，在萨菲登陆的部队也传来消息，哈蒙将军率领的坦克部队开进到了马萨瓜。而那里距离费达拉不足 80 公里，坦克部队只要两个小时就可以机动到卡萨布兰卡近郊。一切准备已经就绪，巴顿决定在次日上午 7 点 30 分发动进攻。

11 月 11 日是巴顿的 57 岁生日，但他并没有时间庆祝。这天凌晨 3 点 30 分，副官把他从梦中叫醒了。两名法国军官奉命打着白旗前来谈判停火事宜。副指挥官凯斯将军等人建议巴顿立即下令停止进攻。巴顿沉吟了片刻，摇着头说："不，必须继续打下去，你们难道忘了在 1918 年之时，我们过早停火而造成的后果吗？"

在谈判中，巴顿的态度十分强硬。他对法军谈判说："请回去告诉你们的司令官，如果他不愿意彻底毁灭的话，最好马上投降！因为我们的部队已经出发，进攻马上就要开始了！"

法军代表离开后，巴顿再次躺到了床上。该做的事情做完之后，他的心情显得异常轻松。时间很快就到了 6 点 25 分，距离进攻的时间还有一个小时多一点。在海面上，海军军舰已经进入了发射阵位；在利奥特港机场，轰炸机安静地停在机场跑道上随时准备起飞；在卡萨布兰卡东南郊，炮兵部队和步兵也都做好了开火的准备。

几分钟后，几架舰载飞机飞临卡萨布兰卡，在城市上空盘旋了几圈。时间一分一秒地过去了。巴顿坐在指挥部里，静静地等待着消息。20分钟之后，他终于接到了消息，法军迫于美军的强大压力，正式宣布投降。

听到这个消息，巴顿长长地松了一口气，轻叹道："感谢上帝！"

至此，"火炬"行动基本上结束了。巴顿和他率领的美军克服了遇到的种种困难，终于开进了卡萨布兰卡。与今后发生的战斗相比，这次登陆战不过是一次小规模的战役，美军仅有3万余人参战，伤亡数字也不大。从战斗过程来看，刚刚参战的美军还缺乏实战经验。如果不是巴顿的果断与强硬，登陆作战付出的代价可能要大得多！

法军投降之后，巴顿决定当天上午10点在费达拉召开一场"和平会议"。由于诺盖将军没有及时赶到，巴顿决定推迟会议，先领法国军官们到"奥古斯塔"号上共进午餐。巴顿表现得异常宽容，他与法国军官们谈笑风生，丝毫不提及之前的怒目而视！他还派了一支仪仗队在费达拉的米拉玛饭店的大门口迎接将要到来的诺盖将军。法国军官们对巴顿的宽宏大量十分感激，而他自己更是得意非凡！巴顿在给妻子比阿特丽丝的信中写道："已经落水的，不必再打他。"

"和平会议"在下午3点终于召开了。巴顿从华盛顿带来了两个停战协定的副本。第一个副本是设想法国人仅象征性的抵抗之后便宣布投降了；第二个副本则是以法军进行了顽抗为背景制定的。副本规定的条件十分苛刻：收缴法军的武器，将其军队解散。

鉴于法军的抵抗情况，巴顿选择了后者。当翻译威尔伯向法国军官们宣读了停战协定之后，会场上的气氛顿时变得压抑起来。米什利埃海军上将在一张纸条上写下了"不同意"几个字，递给了诺盖将军。

诺盖将军看了一眼，面色严峻地对巴顿说："如果按这些条件执行的话，法国对摩洛哥的保护权就不复存在了。"

巴顿是一个军事上的天才，但在政治上却十分幼稚。他从来没有想过北非复杂的政治形势。诺盖见巴顿不说话，又接着说："解散法军将会导

巴顿在摩洛哥

致法律的废弃和秩序的失衡。更为严重的是，这将会在阿拉伯人、犹太人和柏柏尔人中间带来混乱与不安。另外，法军解散之后，法属北非与西属摩洛哥边境及盟军在北非的交通线将完全处于无防守状态。我们法国人在这里象征着安宁和稳定。可是你们美国人刚刚来到这个极其复杂的地方，幼稚无知，只能带来混乱乃至无政府状态。"

　　经诺盖将军这一分析，巴顿立即明白了美军的处境。美军在距本土5000 公里之外作战，人员和物资都急需补充，如果没有法国人帮助的话，他们的后勤保障将很难保障。再说，盟军的首要目标是继续与轴心国作战，而不是把法国人赶出摩洛哥，使自己陷入政治纷争的泥潭而不可自拔。这个功利主义的理由，再加上他特殊的法国情结，巴顿迅速做出了新决定：维持现状。

　　想到这里，巴顿整了整军装庄重地站起来，伸手要过条约草案，冷冷地瞟了众人一眼，慢慢地把草案撕成了碎片。撕完，他把碎片往桌子上一扔，坚定地说："我建议，在上级机关确定最后的条件之前，你们的部队可以带着全部武器装备返回驻地，你们还把伤病员和阵亡军官的尸体带走。我们会把你们的战俘移交给你们，但你们也要向我保证，你们不使用武力去对待我们的部队，同时迅速把你们手中的我方战俘归还我们，把你们战区内我军阵亡军官的尸体交给我方。你们要尽力维护好摩洛哥的治安和秩序，包括守卫通过塔扎峡谷的铁路桥和铁路。"

会场的气氛顿时缓和起来，诺盖将军的脸上也露出了笑容。突然，巴顿又提高嗓门说："先生们，现在一切事情都已解决了，但我们还应履行一个令人不快的仪式。"

法国军官们以为巴顿所说的仪式是指签订投降书，个个大惊失色。只见巴顿举起手中的香槟，对众人说："这个不快的仪式就是请大家共饮一杯香槟！"

会场上的气氛这才彻底松弛下来。人们纷纷举起酒杯，一饮而尽，庆祝这一伟大的历史时刻。随后，巴顿便将司令部搬到了卡萨布兰卡。从这时起，巴顿被任命为摩洛哥总督，成了当地真正的"统治者"，并与摩洛哥王室建立了紧密的关系，处处受到当地人的欢迎和尊敬。

· 第七章 ·

率部横扫西西里

大力整顿第二集团军

在摩洛哥的日子里，巴顿一边享受胜利的喜悦，一边指挥部队将卡萨布兰卡建设成第一流的军事基地。他指挥部队扩建了机场，改善了后勤供给系统，对刚从美国本土赶来的新兵进行了强化培训。为了拉拢法军，收为己用，巴顿还利用各种社交活动来笼络人心。但这个蹩脚的政治家不但没有达成目的，还被亲纳粹的诺盖将军所利用，不仅使摩洛哥的纳粹势力重新抬头，也给巴顿的名誉和前途都蒙上了一层阴影。

1943 年 1 月 14 日至 24 日，罗斯福、丘吉尔各带一批军政要员赶赴卡萨布兰卡，召开了一次重要的会议，以便对该年度的作战进程做出安排。罗斯福和丘吉尔等人决定，在突尼斯战役结束之后，盟军应该进攻意大利的西西里岛，并将其命名为"赫斯基"行动。作为东道主，巴顿忙里忙外，把会议安排得井井有条。他虽没有资格参加会议，但却有机会和与会的大人物交谈、共餐。罗斯福总统和马歇尔对巴顿的印象都不错。会后，盟军司令部便做出了决定：进攻西西里的美军部队将由巴顿指挥。

卡萨布兰卡会议结束之后，盟军的空军力量已经明显超过了德军，并逐渐将制空权抢了过来。这就使得德军异常恐慌，因为他们意识到，要想保住自己的供应线，已经越来越难了！盟军总司令艾森豪威尔打算在进攻突尼斯之前，加紧积蓄力量，整顿部队，向隆美尔发动一次强大的攻势。艾森豪威尔之所以作出这个决定主要有三个方面的原因。

首先，突尼斯城南部是英勇善战的德军元帅隆美尔的防区，如果不将其击溃，盟军就很难保证顺利地攻下突尼斯城。其次，由于盟军已经基本掌握了制空权，使得这一地区成为德军漫长供应线的末端。如果突然攻击，德军很难得到后勤保障。最后，与隆美尔的部队在正面对峙的是美国第二集团军的 4 个师。除了在登陆北非之时，他们与装备落后、战斗力低下的法军发生过零星的交火之外，根本没有上过战场。士兵们的战备观念极差，在国内根本没有受过严格认真的训练。

但是艾森豪威尔还没来得及整顿第二军，素有"沙漠之狐"之称的隆美尔便主动发起进攻，在卡塞林山口战役中给美军第二军以重创。美军第二集团军伤亡达 3000 余人，被俘 3700 余人，损失坦克 200 多辆，巴顿的女婿约翰·沃特斯也成了德军的俘虏。这是美军在北非战场上遭到的第一场惨战，世界舆论为之哗然。经过实地考察，盟军地面部队司令亚历山大将军向艾森豪威尔建议，应该立即撤掉第二集团军司令弗雷登道尔将军，任命美军中最优秀的军官为新军长。

这位英国将军的建议把巴顿推到了风口浪尖之上。在北非的美军高级军官中，巴顿绝对算得上最优秀的一个。3 月 4 日，正在野外训练部队的巴顿接到了盟军司令部的命令，让其火速到阿尔及尔报到。次日，艾森豪威尔命令巴顿接管第二集团军，整顿它的士气，接受英国亚历山大将军的直接指挥。临别之前，艾森豪威尔对这位老朋友说："记住，我要你当的是一名军长，而不是一个死人。"

巴顿微笑着点了点头。他知道艾森豪威尔的意思，他性格鲁莽，行事冲动，如果条件允许的话，他肯定会手持"巴顿剑"去劈死几个"德国鬼子"的。艾森豪威尔十分担心巴顿的安危，所以才这样告诫他。

美军第二集团军属于第十八集团军群的编成。当天下午，巴顿便将制定进攻西西里的计划交给了副手凯斯将军，自己则飞往君士坦丁堡，到亚历山大将军的司令部报到。亚历山大将军十分喜欢性格刚强的巴顿。亚历山大将军在回忆录中如是写到："他是一个活泼的汉子，两边胯下都佩有一把柄上镶有珍珠的手枪。他不像大部分美国人那样友好和温和，他显得咄咄逼人，一提到'德国鬼子'，就显得异常激动，有时怒不可遏，有时声泪俱下。"

在君士坦丁堡，巴顿接受了新的任务：两周后支援蒙哥马利率领的英军第八集团军进攻马雷斯防线。巴顿的主要任务就是全力吸引和牵制德军兵力，并夺取加夫萨，为蒙哥马利的第八集团军提供前方补给基地。充当配角的角色让巴顿十分不满，但一想到能与德军交战，他便不计较那么多了。

3月6日，巴顿带着参谋人员来到了设在库伊夫山的第二集团军司令部。第二集团军的情况相当糟糕。受卡塞林山口战役阴影的影响，大部分官兵的精神涣散，纪律松散，毫无斗志。巴顿决定以80%的精力去激发士兵们的士气，将第二集团军带入"战斗竞技状态"。

他首先规定了一条让大部分人都能轻松做到的纪律，即早饭要在7点30分之前结束。这一做法使得参谋人员上班迟到的现象得到了根本性的改观。随后，他又规定了严格的军容风纪条令：第二集团军的每一个成员都必须戴钢盔，即便在上厕所的时候也不能将其摘下来；不准将女人的裸体画像带到军营中。

当一些官兵还把巴顿的命令当成儿戏之时，他已经坐着吉普车四处搜寻那些不戴钢盔的官兵了。果然有一部分人没有服从命令，即便在训练的时候也没有戴钢盔。巴顿命令他们排好队，大声训斥道："我不能容忍任何一个兔崽子不好好执行我的命令。现在，我给你们最后一个选择机会——要么罚款25美元，要么就上军事法庭。我可告诉你们，送军事法庭可是要记入档案的。"

在巴顿恶毒的咒骂和威胁之下，那些违反军容风纪条令的人乖乖地把钱交了出来。第二集团军的军容也为之一新。士兵们知道，轻松的日子结束了，一个艰苦的新时代开始了。短短的一个多星期之后，第二集团军便恢复了军纪，几乎完全恢复了战斗力。

但性格粗鲁的巴顿在整顿第二集团军之时也闹了不少笑话。富于进攻精神的巴顿认为"最坚固的铁甲和最稳固的防守是不断地进攻"。因此，他对挖堑壕掩体嗤之以鼻，认为这是"胆小鬼的隐蔽所和坟墓"。在一次巡查中，他发现特里·艾伦师长正在指挥士兵挖掩体。他轻蔑地问艾伦师长："嗨，特里，哪一个掩体是你的？"

艾伦师长指着一个掩体回答说："这是属于我的。"

巴顿快步走上前去，掀开门帘，褪下裤子就往里撒尿。巴顿整理完衣服，回过头对艾伦师长说："你现在去享用它吧。"

巴顿的这一兵痞举动使在场的军官无不为之惊愕，但士兵们却十分喜欢这位行为举止粗鲁的司令官，纷纷为他喝彩。

就在第二集团军斗志正盛之时，亚历山大将军却推迟了攻击时间，以便让第二集团军更接近第八集团军的侧翼。对英军的保护主义和唯我独尊的做法，巴顿火冒三丈。但一想到艾森豪威尔的嘱托，他便忍了下来，准备通过侧翼的佯攻来帮助蒙哥马利突破马雷斯防线。

光明磊落的巴顿在此时还对布莱德利发了一通火。布莱德利是美军中不可多得的儒将，在第二集团军一片混乱之时被艾森豪威尔派往该集团军任联络官。可惜的是，弗雷登道尔将军并不理会布莱德利的意见。巴顿到任之后，布莱德利仍然任艾森豪威尔的联络官。虽然巴顿很佩服和欣赏布莱德利的才能，但却对布莱德利暧昧的身份表示不满。他咆哮着说："不能让任何他妈的间谍在我的司令部周围转来转去。"

于是乎，艾森豪威尔便任命布莱德利为第二集团军副军长。布莱德利的到来形成了美军历史上绝佳的组合：艾森豪威尔组织协调，布莱德利是思想机器，巴顿是勇敢的斗士。在第二次世界大战后期，他们的名字始终与盟军胜利的进程紧密地联系在一起。

到 1943 年 3 月，盟军在北非战场上的兵力已经明显超过了德意联军。盟军有 20 个师，外加两个旅，人员和装备齐全。而德意联军只有 14 个师和两个独立旅，人员和装备的缺额很大，每个师平均人数不超过 5000 人，且又处于亚历山大和蒙哥马利两支大军之间，态势十分不利。

德军元帅隆美尔认为，德意联军如若再留在非洲，就等于"明显的自杀"。3 月 9 日，他把指挥权交给了属下阿尔林将军，返回欧洲养病去了。他极力劝说希特勒从北非撤兵，并历陈其中的原因。但疯狂的希特勒认为隆美尔被盟军吓破了胆，是一个彻头彻尾的悲观主义者。于是，希特勒剥夺了隆美尔对非洲军团的指挥权。希特勒此举等于帮了盟军一个大忙，撤换了被誉为"沙漠之狐"的隆美尔从一定程度上加速了北非德意联军的灭亡。

听到隆美尔被撤的消息，盟军中的许多军官都松了一口气，但巴顿却有些心灰意冷。他认为这是他个人的一个"重大挫折"。巴顿一直把隆美尔视为自己在北非的最大对手，认为只有战胜他，才能奠定自己在军事史上的地位，从而实现自己梦寐以求的理想。他曾对一位朋友说："我花了多年时间磨练自己，准备对付这个家伙！我将他的书读得滚瓜烂熟，研究了他指挥的每一个战役，已经对他了如指掌了。我多么希望能够与他在战场上轰轰烈烈地厮杀一场啊!"

3月12日，巴顿被晋升为中将。在当天的日记中，巴顿写道："在童年时代，我常常自称小乔治·巴顿中将，但那时我还不知道有上将。我想要得到四颗将星，我一定会得到的。"

3月17日，巴顿按照预定计划向德军的侧翼发动了佯攻。在开始几天的战斗中，第二集团军一雪前耻，一举击败了曾在卡塞林山口战役中重创第二集团军的德军第十装甲师。4月初，第二集团军又经过22天的激烈战斗，在盖塔尔战役中迫使德军将其精锐的第二装甲师调离了马雷斯防线，使得蒙哥马利正面的敌军大为减少了，从而为战役胜利创造了条件。

二

不公平的登陆计划

1943 年春是第二次世界大战北非和欧洲战场的决定性时期。在苏德战场上，苏联红军于 2 月取得了斯大林格勒保卫战的胜利，击毙、俘虏德军约 150 万人，摧毁、缴获了德军 3500 辆坦克和强击火炮、12000 门火炮和迫击炮、约 3000 架飞机及大量的其他技术兵器。这些兵力和兵器的损失对希特勒德国的整个战略地位产生了极大的影响并彻底动摇了其整个战争机器。从此之后，红军便转入了全面反攻，掌握了战略主动权。在北非，德意军队在盟军的打击下也节节败退，损失惨重，只能固守在突尼斯城。随着盟军加快进攻的节奏，德、意军队缴械投降也只是时间问题了。

在这种背景下，英美联合参谋部决定加紧实施"赫斯基"行动。4 月 14 日，巴顿接到艾森豪威尔的电令，立即将第二集团军的指挥权交给布莱德利，火速回到摩洛哥继续参与制订进攻西西里的计划。巴顿对此十分不满，眼看着就要到突尼斯战役的最后阶段了，他却要交出指挥权，这岂不是要剥夺他的胜利果实吗？

巴顿闷闷不乐地回到了摩洛哥。美军参谋长马歇尔将军随后给他打了一个电话，对他说："你已经圆满地完成了任务，证明了我们对你的信任。"

得到了马歇尔的这句话，巴顿的不快一扫而光。他认为这是对他的最高奖赏，他仿佛看到命运之神再一次向他微笑了。于是，巴顿便将主要精力都投入到了制定"赫斯基"行动的方案上。"赫斯基"行动的目标非常明确：第一，迫使意大利退出战争；第二，保障盟军地中海运输线的安全；第三，按照斯大林的要求，分散德国对苏联前线的压力；第四，为未来在欧洲实施"围捕"计划准备和锻炼队伍。

西西里岛位于意大利南部的地中海，是地中海中最大的岛屿。西西里岛的战略位置非常重要，北与意大利本土隔墨西拿海峡相望，最窄处相距仅4公里；南与北非的突尼斯相望，距离约150公里。它扼地中海交通要冲，实际上将地中海分割为两大部分，自古以来便是兵家必争之地。

西西里岛的地形复杂，大部分为山地和丘陵，平均海拔400米，东北部的埃特纳火山海拔达3200米，是全岛的最高点。岛上的交通极为不便，大多数海岸山崖陡峭，只有东海岸的锡拉库扎和西北海岸的巴勒莫等港口可以登陆。突尼斯战役后期，德、意军队的将领们已经意识到，他们失去突尼斯已经是必然的了。于是，意大利方面急忙调兵遣将，加强了西西里岛的防御力量。在这种情况下，盟军想要登上西西里岛就变成了一件极为困难的事情。

在这种背景下，不少盟军高层的内部对"赫斯基"行动的可行性产生了怀疑。卡萨布兰卡会议之后，"赫斯基"行动计划的制订工作便在伦敦开始了，但进度缓慢。1943年2月，艾森豪威尔亲自接过了该计划的制定工作，被命名为"141"的计划工作小组也转到了北非。"141"小组先后拟定了7个登陆方案，但最后都被美英参谋长联席会议否决了。

巴顿在4月14日返回摩洛哥之后，立即被任命为美军第七集团军司令。此时，"141"小组也已经拟定出了"赫斯基8号"方案。考虑到西西里岛独特的地形条件，"赫斯基8号"方案规定，由蒙哥马利的第八集团军攻占东面的锡腊库扎，由巴顿的第七集团军攻占西北的巴勒莫。这两个港口处在盟军轰炸机飞行半径之内，供船靠岸的海岸线也比较长，意大利军队的防御相对较弱。而且，盟军得手后，可以东西对进，夹击墨西拿。

总的方案确定下来之后，巴顿便开始雄心勃勃地制定具体的作战计划了。4月26日，他把第七集团军司令部迁到了阿尔及利亚的沿海城市莫斯塔加内姆。但蒙哥马利却在此时对"赫斯基8号"方案提出了异议。蒙哥马利声称，这个方案造成了盟军力量的"分散使用"，一旦遭到敌人后备队的猛烈反攻，盟军将会陷入十分危险的境地。不久，他便提出了修改方案，将美军的登陆地点由巴勒莫改在了距英军登陆点不远的东南方向。蒙哥马利说，唯有这样才能便于美、英双方的协调配合，以粉碎敌人可能发动的反攻。

实际上，蒙哥马利反对"赫斯基8号"方案的真正原因并不在战术问题上，而在于所谓"荣誉"问题上。蒙哥马利是一位优秀的军事统帅，但性格古怪，傲慢自负，心胸狭隘，总是不遗余力地追逐荣誉。自从巴顿整顿了第二集团军，并协助他取得了一系列战役的胜利之后，蒙哥马利便与巴顿暗暗较上劲。他不得不承认巴顿是一名优秀的军事领袖，但却不能容巴顿的声誉超过自己。巴勒莫是西西里岛的首府，是一块"亮晶晶的宝石"，如果巴顿率领第七集团军攻下了巴勒莫，势必会声名大振，而且还有可能会超过蒙哥马利。正是基于这种考虑，这个心胸狭隘的英军统帅便推翻了"赫斯基8号"方案。

但修改后的方案对第七集团军极为不利。首先，锡拉库扎的东南方向并没有可供美军大规模登陆的港口，势必会给登陆部队的后勤补给工作带来极大的困难。其次，美军登陆的滩头十分暴露，而且还有沙洲障碍，大大增加了登陆的风险。更为重要的是，在修改后的方案中，第八集团军进攻的都是著名的大城市，如锡腊库扎，卡塔尼亚、墨西拿等，但美军进攻的全是一些无名小镇。这对同样视荣誉为生命的巴顿来说，简直就是一种侮辱。

甚至连此时已经晋升为元帅的亚历山大也在报告中写道："风险没有均摊，差不多所有风险都落到了美军头上。而且，美军的任务出力大，得名小。这种分配任务的做法可能会引起某些不满情绪，这是可以理解的。"

蒙哥马利这套暗藏着险恶之心的方案遭到了几乎所有美军高级将领的反对，甚至连英国海军上将坎宁安、空军上将特德等人也表示了不满。但刚愎自用、固执狭隘的蒙哥马利不愿做出丝毫的让步。5月初，突尼斯战役结束了，"赫斯基"行动被提上了日程。为了不影响战局的发展，艾森豪威尔对蒙哥马利作出了妥协，决定牺牲美军和巴顿的利益，按照蒙哥马利的方案行动。

让艾森豪威尔没有想到的是，巴顿异常平静地接受了这一现实。他既没有像往常一样大发雷霆，也没有进行任何方式的抗拒。他之所以默默地接受了这一对自己和自己的士兵极为不公的方案，主要原因是他十分敬重艾森豪威尔，不愿意公开违抗艾森豪威尔的意志。后来，他曾对朋友说："我欠他的太多了，只有听从他的安排。"

另外，和蒙哥马利不一样的地方是，巴顿是一个典型的军人，会无条件地执行命令。"赫斯基"行动地面部队总指挥亚历山大元帅向巴顿传达命令之时，小心翼翼地问："乔治，你能对我谈谈你对新计划的意见吗？"

巴顿强压住心头的怒火，脚后跟一碰，向亚历山大行了美式军礼，大声回答道："元帅，我不搞计划，只服从命令！"

根据美英参谋长联席会议的决定，巴顿率领的第七集团军将兵分三路，在锡拉库扎东南方向宽达65公里的海滩上实施登陆作战。艾伦居中，指挥第一师在杰拉登陆；特拉斯科特为左翼，指挥第三师在利卡塔登陆；米德尔顿为右翼，指挥第四十五师在斯考格利蒂登陆。第一和第三师在北非战役中已经经历了战火的洗礼，但第四十五师却刚刚从本土来到北非，没有实战经验，只进行过一次两栖登陆演习。是故，巴顿最不放心的部队便是第四十五师。除了这3个师的部队之外，巴顿的预备队还有第二装甲师全部及第九师一部。

英国海军上将安德鲁·坎宁安爵士负责制订和执行海战及兵员运输计划。该计划规定：东线海军特混部队由英国海军中将伯特伦·拉姆齐指挥，出动795艘舰船和715艘登陆艇，从埃及、突尼斯出发，将英第八集团军运至西西里；西线海军特混部队由美国海军中将休伊特指挥，出动580艘舰船和124艘登陆艇，从阿尔及尔、奥兰、比塞大等地出发，将美第七集团军送到指定登陆地点。

巴顿对这个安排总体来说是比较满意的，因为他和休伊特将军已经是老朋友了，两人的合作也十分默契。但对海军分配给自己的舰船和登陆艇如此之少却十分不满。但他依然没有表现出来。5月下旬，马歇尔将军从华盛顿飞到阿尔及尔与丘吉尔、艾森豪威尔等人讨论了西西里战役后进攻意大利本土的问题。随后，他专程赶到了第七集团军的司令部，去看望了巴顿。巴顿强忍着满腹的委屈，陪着马歇尔视察了部队，观看了两栖作战训练。当看到纪律严明的第七集团军之后，马歇尔不住地点头。很明显，他对巴顿的工作表现十分满意。两人临分别之时，马歇尔深情地拍着巴顿的肩膀，微笑着说："伙计，我没看错人，你是好样的。祝你交上好运！"

马歇尔的一番话让巴顿十分舒心。对他来说，再大的荣誉也比不上马歇尔一番真诚的赞扬。

顺利登上西西里岛

在进攻西西里岛之前，艾森豪威尔主张先攻占位于突尼斯和西西里之间的班泰雷利岛。这座岛屿有意大利的重兵把守，海岸都是岩石，没有沙滩，唯一的通道是一个狭窄的海港。如若要在西西里岛登陆，必须要有一个稳固的前沿阵地，以便飞机起降。将这个小岛作为盟军的机场和前进基地最合适不过了。

6月初，艾森豪威尔命令英国空军上将特德组织力量，对班泰雷利岛实施了轰炸。盟国空军连续6昼夜不间断地实施了轰炸，将上万吨炸弹倾泻在了该岛东部的狭小地区。岛上的意大利守军溃不成军，士气低落到了极点。6月7日晨，艾森豪威尔和海军司令坎宁安乘坐英国皇家海军"曙

二战诺曼底登陆战役期间，美军士兵挤在登陆艇中抢滩登陆

光号"，驶往班泰雷利岛。艾森豪威尔令水手将军舰一直开到海岸附近，然后又向岸上开了几炮。艾森豪威尔的预料一点也没有错，岛上的意军几乎没有还击，只是胡乱地向大海中开了几炮。艾森豪威尔兴奋地对坎宁安说："如果有一艘小艇，我们两个人就能占领这个地方。"

回到阿尔及尔之后，艾森豪威尔立即命令部队，按计划发动攻击。果不其然，岛上的意大利守军几乎没有组织有效的炮火还击，他们与盟军一接触，便溃不成军，缴械投降了。此次战斗，盟军以一伤一亡的微小代价攻占了班泰雷利岛，并俘虏了 11000 名意大利士兵。有意思的是，盟军这名受伤的士兵还不是在战场上受的伤，而是被骡子咬伤的。

初战告捷，军威大振，盟军立即投入下一阶段战役的准备工作。空军部队迅速进入班泰雷利亚岛，抓紧时间修整和扩建空军基地。与此同时，为了转移敌人视线，确保西西里登陆行动达成突然性，英军还实施了一项代号为"肉馅"的诱骗行动。

英军的情报机构将一具尸体装扮成了英国军官的模样，投入到了西班牙附近的水域。纳粹的间谍在西班牙海滩上发现这具尸体的时候，还发现了不少文件副本，其中有一份英军参谋部副参谋长阿奇博尔德·奈中将寄给亚历山大元帅的私人信件。信中模仿阿奇博尔德中将的口吻，声称盟军即将进攻希腊和撒丁岛，并对西西里采取佯攻。

德军最高统帅部信以为真，迅速将德国第一装甲师从法国开赴希腊，将新成立的第九十装甲步兵师调往撒丁岛，增强那里的防御力量。但德军南线总司令凯塞林元帅对间谍人员提供的情报却持怀疑态度，他认为这很可能是盟军的一次欺骗行动，他们真正进攻的目标极有可能就是西西里岛。于是，凯塞林元帅便将德军戈林装甲师和第十五装甲步兵师调往西西里岛，归意大利第六集团军指挥，增强西西里的防御力量。如此一来，意大利将领古佐尼中将指挥的第六集团军编成内便有了 9 个意大利师和 2 个德国装甲师，总兵力达 40.5 万人，其中意大利部队为 36.5 万人，德军 4 万人。

盟军统帅亚历山大元帅指挥的第十五集团军群辖第八和第七集团军，总兵力与防守西西里岛的轴心国军队相当，约 47.8 万人。盟军的战斗力远较意大利部队要好，但比德军要弱一些。也就是说，4 万德军将成为盟军在西西里岛的强硬对手。

7月2日，盟军利用强大的空中优势开始对西西里机场进行持续、猛烈的轰炸，迅速掌控了制空权。7月5日，作为第七集团军的司令，巴顿登上了休伊特将军的新旗舰"蒙罗维亚"号。热情好客的休伊特立即以各种方式款待了这位老朋友的到来。在"罗蒙维亚"号上，巴顿开始调兵遣将，集结部队了。

7月8日傍晚，第七集团军已经全部集结完毕。此时，天空十分晴朗，海面也十分平静，这对即将开始的登陆战极为有利。巴顿的心情

巴顿将军与参谋在意大利西西里登陆

也十分愉悦，但这种愉悦仅仅持续到当天晚上便结束了。夜里，海面上刮起了大风，而且还有不断加剧的趋势。第二天下午，海面狂风大作，巨浪滔天。按照计划，盟军应当在7月10日凌晨发动攻击。巴顿和休伊特十分焦急，如果这种天气再持续下去的话，盟军的登陆行动肯定会遇到前所未有的麻烦。

由于海浪太大，参谋人员建议艾森豪威尔推迟进攻的时间，但艾森豪威尔拒绝了这一建议。他说，正因为天气恶劣，岛上的德意联军才不会加强防备。正如艾森豪威尔的判断一样，驻守在西西里岛上的意大利士兵在恶劣的天气条件下确实放松了警惕。一到晚上，他们就像平时一样，躺到了床上，并得意地说："谢天谢地，今天夜里他们无论如何也来不了。"

实际上，英国第一空降师和美国第八十二空降师的5400多名空降兵已经冒着肆虐的狂风向德意军队后方出发了。可惜的是，由于天气恶劣，再加上空降兵缺乏大规模空降作战的经验，空降行动的效果很差，而且损失惨重。不少飞行员在夜间将海上的沙洲当成了海滩，结果把空降兵投入到了茫茫大海之中活活淹死了。

巴顿和休伊特将军坐在旗舰"罗蒙维亚"号上，焦急地等待着艾森豪

威尔的命令。深夜，海面上逐渐恢复了平静，巴顿接到了艾森豪威尔和亚历山大元帅的命令，一切按照原计划进行。巴顿兴奋异常，双手紧握胯上的手枪，眯着眼睛盯着西西里岛的方向，等待着最后时刻的到来。

出发的时刻终于到了。巴顿快步走出船舱，来到甲板上，向全体随行人员发表了简短的讲话。他高声说道："诸位，现在是 7 月 10 日零时 1 分。能够奉命指挥美国第七集团军参战，我感到十分荣幸。这支部队将是美国历史上第一支在午夜投入战斗、天亮时接受战斗洗礼的集团军。你们也要为能够参加这次行动而感到骄傲。你们被授予了进攻和摧毁敌人的权力，你们的手中掌握着美国陆军的光荣和世界的未来。"

巴顿的话让官兵们的精神为之一振，个个摩拳擦掌，准备上岸厮杀一番。休伊特将军更是在此时不失时机地命令海军仪仗队以简单而又威严的仪式向巴顿赠送了一件珍贵的礼物——第七集团军新军旗。

顿时，巴顿泪流满面，幸福地接过了那面崭新的军旗。他的眼睛里闪烁着激动与自豪的光芒，仿佛在向世界宣告，第七集团军必胜！

凌晨 2 点 45 分，登陆行动正式开始了。特拉斯科特将军指挥的第三师突击队率先占领了预定登陆点利卡塔附近海滩。随后，第一师、第四十五师等部队也相继在预定地点实施登陆。一切进行得都很顺利，美军第一师的突击队在上午 8 点便攻占了杰拉城。第三师也占领了利卡塔及长达 12 公里长的海岸线，正在迅速向内地推进。缺乏实战经验的第四十五师虽然比预定的时间晚登陆了几个小时，而且登陆之后曾一度陷入混乱之中，但也向内地推进了约 10 公里。

与此同时，英军方面传来消息：蒙哥马利部队的登陆行动十分顺利，没有遇到顽强的抵抗就占领了锡腊库扎。这一切是不是进行得太过顺利了，意大利军队的防御真的如此脆弱吗？事实上，意大利军队在盟军登陆之初的表现确实十分糟糕，他们根本没有进行有效的抵抗。亚历山大元帅在日后写道："那些防守海岸的意军简直不值一提，几乎一枪未发就瓦解了。那些野战师遇到盟军更是像迎风扬起的糠秕，纷纷四散逃命。大规模投降是常有的事。"

就这样，巴顿的第七集团军和蒙哥马利的第八集团军几乎没有付出任何代价便登上了西西里岛，建立了滩头阵地。

四

与蒙哥马利的竞争

面对盟军摧枯拉朽般的攻势，意大利老将古佐尼将军迅速作出了积极反应。他对意大利的部队已经不抱什么希望了，迅速将两个德国装甲师亮了出来。他命令德军第十五装甲步兵师从西向东猛扑，堵截英军沿东海岸公路向北进军的路线；戈林师和两个精锐的意大利装甲师向杰拉猛攻，将美军第一师赶下大海。

上午8点30分，美军第一师的突击队刚刚完成对杰拉城的占领，意军的坦克部队就开了进来。意大利的轻型坦克虽然不算先进，但对连一台反坦克炮也没有的美军突击队来说也是极大的威胁。突击队员们只好躲进了民宅，向意军的坦克开火。

意军的坦克在街道上开来开去，不时地向突击队的火力据点开几炮。突击队完全陷入了被动之中。无奈之下，突击队长达比上校窜出了民宅，跳上自己的吉普车飞驰回码头。他把一门刚刚拖上岸的火炮装到吉普车上开回了杰拉城。意军的战斗意志很差，达比中校开着吉普车出现在杰拉城，刚刚开始开炮还击，他们便纷纷撤离了战场。

突击队员们见状，纷纷跑到街上欢呼起来。但他们高兴的太早了。德军戈林装甲师在下午2点左右赶到了杰拉城。骁勇善战的戈林装甲师协同意军向美军第一师

蒙哥马利

第七章 率部横扫西里

147

巴顿手持望远镜观察部队前进

发动了强大的攻势。面对汹涌而来的德军，作战经验丰富的美军第一师也有些慌乱，前哨指挥所也一度被德军摧毁了。眼看着德军已经冲到接近海滩的沙丘地带，第一师师长艾伦马上向巴顿汇报，请求海军的炮火支援。巴顿立即同休伊特将军商议，以海军的炮火击退了戈林装甲师和意军部队。

　　巴顿清醒地看到，美军之所以处于被动的地位主要是因为坦克和其他重型装备还没有卸运上岸。巴顿当机立断，立即命令第二装甲师和第九师第十八团立即登陆，并迅速做好作战准备。否则，如果德意军队的装甲部队在第二天发动全面进攻的话，后果将不堪设想。午夜时分，巴顿亲自部署了第二装甲师和第十八团。巴顿的判断十分正确，古佐尼将军已经下达了命令：天一亮便由戈林装甲师和意军利沃诺师分别从东南和西北两个方向向杰拉城发动突击。

　　7月11日上午9点30分，巴顿在参谋长盖伊、副官斯蒂尔的陪同下，带着几名士兵乘登陆艇登陆了。只见他身穿紧身马裤和高级毛料上衣，脚蹬锃亮的长筒皮靴，脖子上挂着一副大号望远镜和一块地图板，腰上挎着一支柄上镶有珍珠的手枪，嘴里还叼着一支雪茄，一副威风凛凛的派头。

　　由于登陆艇无法直接上岸，巴顿便在靠近沙滩的地方跳下了登陆艇，涉水步行上了岸。这时，一名随军摄影师趁机拍摄了巴顿在水中跋涉的镜头。就在巴顿快走到岸上的时候，一颗炮弹在落入不远处的海水中爆炸了。飞起的浪花溅了巴顿一身，但他丝毫没有在意，依然慢条斯理地往岸上走去。他一边走，还一边对参谋长盖伊将军说："没关系，哈普，有前面这个城镇给我们遮蔽，杂种们是打不着咱们的。"

巴顿坐上了吉普车，向杰拉城疾驰而去。他本来打算直接去艾伦的司令部的，但当看到突击队的旗帜时，他临时决定去看望一下勇猛无畏的突击队长达比上校。巴顿对达比上校的表现予以了充分的肯定。得到了司令员的赞扬，达比上校也十分高兴。

正当巴顿在突击队的指挥所停留之时，古佐尼将军命令部队迅速将美军赶下海滩，然后挥师东进反击英军。戈林装甲师和意军利沃诺师向杰拉发起了猛烈的攻势，迅速切断了突击队与第一师的联系。部队陷入了各自为战的境地，战场显得有些混乱。

巴顿不顾部下的劝阻，冒着密集的炮火来到突击队员身边。他一边指挥战斗，一边激励着士兵们的战斗热情。他高声喊道："干掉这帮上帝诅咒的私生子！"

面对德意军队的猛烈攻势，巴顿迅速作出调整，从利卡塔开来了10辆坦克投入战斗，并命令"萨凡纳"号军舰用重炮猛轰敌人的装甲部队。到上午11点，德意军队猛烈的攻势终于被压了下去。意军利沃诺师损失惨重，不得不退出了杰拉城。第一师突击队暂时脱离了危险。

巴顿立即驱车来到了第一师司令部。德军的坦克部队向美军海滩阵地发动了大规模的进攻，曾几度突破防线。第一师师长艾伦将军率部反击，坚决不后退。士兵们作战也十分英勇，他们谁也不想再进行第二次登陆。随后，第二装甲师奉命展开了攻击。与此同时，海军也以强大的炮火支援陆军作战。德军损失惨重，约三分之一的坦克被摧毁，余下的全部狼狈逃窜了。尽管第一师还没有达到预定目的地——蓬蒂·奥立佛机场，但危机总算过去了，他们已经在杰拉建立了稳固的滩头阵地。

到傍晚时分，坦克部队终于全部登上了海滩，军舰也各就各位，做好了随时进行炮火支援的准备。巴顿终于放心了，即使德意军队再次发起进攻，他也不用担心了。

晚上7点，巴顿回到了"蒙罗维亚"号军舰。巴顿对海军的表现十分满意，他对休伊特表示了衷心的感谢，并把这次登陆行动的成功归功于海军的炮火支援。不过，他在私下里却认为这是自己"应得的回报"。在当天的日记中，他如是写道："今天，上帝肯定观察了我。我的做法是正确的，干得很出色。"

7月12日，第七集团军向前推进的速度大大提高了。日落前，他们已经占领了科米索、比斯卡和蓬蒂·奥立佛等3个机场。

在登陆开始之时进展十分顺利的蒙哥马利在此时却遇到了麻烦。由于蒙哥马利过于谨慎，第八集团军很快就遇到了麻烦。古佐尼将美军赶回大海的阴谋被巴顿粉碎之后，便立即掉头东进，以戈林装甲师、第一空降师和两个精锐的意大利装甲师调到埃特纳火山西南部，对英第八集团军实施围堵。蒙哥马利的行动受阻，但他并没有对德意军队发动攻势，而是为了实现英军在西西里战役中唱主角的构想，决定绕过德意军队的防线，经由左翼的124号公路前进。

按照作战计划，124号公路应该是美军的重要通道。但蒙哥马利却没有经过艾森豪威尔和亚历山大元帅的允许，先斩后奏，于13日上午命令部队开始沿124号公路前进。随后，他才把这一变故上报给亚历山大。蒙哥马利的这一举动再一次引起了许多美军军官的不满，他们认为这是英国方面对美军的侮辱，蒙哥马利的行动已然将美军排斥在了主要作战行动之外，美军完全失去了夺取墨西拿的机会，其作用仅仅是掩护英军的后方和侧翼。

奇怪的是，当大部分美军军官对蒙哥马利的行动表示不满之时，一向脾气火爆的巴顿再次沉默了。他看着地图，暗暗盘算着一件和蒙哥马利一样疯狂的念头。他想，既然向北的通道丢失了，那么就可以把主攻方向转向西线，这将有可能实现他攻占西西里首府巴勒莫的愿望。想到这里，巴顿一声不响地点上了一支大雪茄，胸有成竹地抽了起来。

巴顿来到了特拉斯科特的第三师，暗示他向西线的抵抗中枢阿格里琴托进军。聪明的特拉斯科特将军立即心领神会，他对巴顿说："你不同意，我们就无法发动重大攻击，而且根据集团军群的指令，显然你不能答应。但我可以——对不起，我可以自己作主——发动一次'火力侦察'。在这次火力侦察中，不明的情况就是阿格里琴托。你说呢？"

巴顿狡黠地一笑，回答说："我什么也不说，卢西恩。没有他妈的什么好说的。"

由于蒙哥马利占用了原本属于美军第四十五师的 124 号公路，亚历山大元帅命令美军第四十五师后退到第一师的后方。这简直就是在浪费时间，给轴心国制造喘息的机会。果不其然，希特勒在此时加强了在西西里的兵力部署。德意军队死守圣·斯特凡诺—埃特纳火山—卡塔尼亚一线，使得蒙哥马利的第八集团军步履维艰。

英军行动的迟缓对巴顿来说是一个好机会。如此一来，他便可以赶在蒙哥马利的前头攻占阿格里琴托、巴勒莫，甚至墨西拿了。但这并不是一件容易的事情。7 月 16 日，亚历山大元帅给巴顿发来了一封电报，明确规定说："墨西拿是蒙哥马利的进攻目标，你的任务是保护其侧翼和后方的安全，使其在任何情况下都不致出现危险。"

看完电报，巴顿立即火冒三丈，据理力争地向亚历山大元帅争取更多的主攻权。美国方面的大多数将领也对亚历山大这种将美军置于英军保姆地位的做法提出了抗议。为了缓和紧张的局势，亚历山大最终决定，允许巴顿夺取阿格里琴托和恩佩多克莱港。与此同时，他还在命令中含糊其辞地说，如果巴顿用有限的力量做到了这一点，仍可考虑让美国人承担更多的进攻任务。接到新的命令，巴顿才高兴起来。这正是他想要的结果！

蒙哥马利的第八集团军在东线遭到了德意军队的顽强阻击，第十三和第三十军均徘徊不前。但巴顿率领的西线部队却进展神速，很快就攻占了阿格里琴托和恩佩多克莱港。如此一来，整个战局就发生了戏剧性的变化。第七集团军的作用已经由助攻转变为了主攻。

7 月 17 日，巴顿亲自飞往北非，觐见了第十五集团军群司令亚历山大元帅。他以坚定而又略带强硬的语气对亚历山大说："元帅阁下，鉴于当前形势的发展，我请求你把命令改成这样：第七集团军迅速向西北和北面挺进，攻占巴勒莫，并割裂敌军。"

亚历山大对战局已经有了正确的了解。他明白，由于蒙哥马利过于谨慎，已经使得英军失去了最佳的战机。他对作战计划的错误修订更是把第八集团军带到了被动的地位上。亚历山大在此时把全部的希望寄托在了巴顿的身上，希望他能够使盟军夺回主动权。于是，他便同意了巴顿的请求。

兴奋异常的巴顿立即赶回了西西里，进行了新的战斗部署。他把第三师，第八十二空降师和第二装甲师组成一个暂编军，由凯斯将军指挥，全力向巴勒莫推进。与此同时，他又命令布莱德雷第二军编成内的第四十五师在西侧向北推进，切断海岸公路，以便与蒙哥马利的左翼部队保持同步。

命令下达之后，第七集团军便以旋风式的速度向前推进。暂编军于7月21日占领了卡斯特尔维特拉诺，于7月22日抵达了巴勒莫城下。犹如神兵天降的暂编军使得巴勒莫的守军惊慌失措，根本没有组织有效的抵抗便缴械投降了。巴顿在当天便随第二装甲师以胜利者的姿态进入西西里的首府，在西西里王国的王宫中建立了司令部。

翌日凌晨，当巴顿站在王宫的阳台上凭栏怀古之时，亚历山大的贺电送到了。亚历山大在电报中说："这是一个伟大的胜利，干得漂亮。向你和你的全体优秀官兵致以最衷心的祝贺！"

五

第一次打耳光事件

攻占巴勒莫是一个典型的机动战役。在巴顿的指挥下，美军冒着酷暑和敌人密集的火力，在 4 天内向前推进了近 350 公里，伤亡仅 300 人，给敌人以重创，俘虏敌军 5.3 万人，击落敌机 190 架，缴获大炮 67 门。攻占巴勒莫具有重大的战略意义，这一胜利在国际上产生了巨大反响，极大地鼓舞了同盟国的士气。

盟军攻占巴勒莫的消息传到罗马之后，疯狂的墨索里尼便走到了穷途末路。为了扭转局势，他决定动员 100 万人，强迫 14 岁到 70 岁的男子参加军队，14 岁到 60 岁的妇女为国家服役。但人民厌倦了，军队士气涣散，反战情绪普遍增长。意大利国内掀起了一股反对墨索里尼的运动，人们纷纷要求墨索里尼下台。

7 月 24 日下午 5 点，意大利法西斯最高委员会开会。这是一次与墨索里尼摊牌的会议。该党的元老、前外交部长和驻英大使迪诺·格兰迪提出了一项决议案，内容包括要恢复宪制，国王应掌握更大的权力，指挥军队；墨索里尼只是党的领袖，不应再主持国务等。25 日凌晨 2 点 30 分，最高委员会以 19 票赞成，8 票反对，1 票弃权的结果通过了这项决议。墨索里尼愤怒地说："你们挑起了政权的危机。简直糟糕透了！"

让墨索里尼没有想到的是，这场会议结束了他在意大利长达 21 年的独裁统治。当天下午 5 点，意大利国王埃曼努尔在萨沃伊宫接见了墨索里尼，宣布废黜他的一切军政职务，由巴多格利奥组织新政府。国王说："事情再不能这样继续下去了。军队反对你，阿尔卑斯山轻步兵在唱一支歌子，歌中说他们不再以墨索里尼的名义去打仗。"

攻占巴勒莫之后，巴顿又将目光转向了墨西拿。西西里东北部地形复杂，地势崎岖不平，易守难攻。德意军队每撤退一步，战线就缩短一些，只要部署少量守军就抵挡一阵。受到地形的限制，第七集团军却无法发挥兵力上的优势。

8月初，亚历山大命令部队向德意军队发动了全线进攻。巴顿指挥第七集团军的暂编军和第二军两个军在左翼，英军第三十军在中央，第十三军在右翼的卡塔尼亚奋力向前推进。由于德军的顽强抵抗，美军在西线仅取得了有限的进展。

巴顿是一个讲究进攻速度的人，进攻受阻使得他的心情变得抑郁起来。碰巧，此时又发生了多起盟国空军误击美军地面部队的事故。这又进一步加剧了巴顿不安的情绪。更令他焦急的是，自实施进攻以来，第七集团军遭受了惨重的损失，每个师几乎都有严重减员现象，但由于没有军官替补，只能由军士充任基层指挥官，兵员补充也受到了限制。

此外，曾经作战英勇的第一师此时却因为师长艾伦和副师长罗斯福之间的斗争而陷入了一盘散沙的状态。罗斯福副师长是罗斯福总统的儿子，为人刚强勇猛，与谨慎老成的艾伦截然相反。他们各自拉拢了一帮拥护者，各自为政，严重影响了部队的战斗力。

就在美军在西线的进攻受阻之际，蒙哥马利在东线已经改变了被动的局面，迅速向前推进，开始乘胜追击德国的戈林装甲师。在巴顿的心灵深处，蒙哥马利是美军的精神上的竞争对手。他已经把墨西拿战斗看作是英、美两国军队的重要竞赛，不管出现什么困难，遭遇何等伤亡，美军必须获胜。只有这样，才能扭转世界对美军的看法，也才能证明，美利坚的军队是世界上最优秀的军队。是故，巴顿不允许蒙哥马利在他之前拿下墨西拿。

连日来，巴顿彻夜不眠地思索着改变当前被动状态的方案。但他始终没能找到任何扭转战局的方法。巴顿来到了野战医院去看望受伤的士兵。实际上，巴顿并不喜欢医院这个与疾病和死亡联系在一起的地方，但在战争期间他却经常去看望受伤的士兵。一方面，他认为，去看望伤员，给他们心理上的安慰是一名指挥官的责任和义务；另一方面，他认为在战场上受伤是一名士兵的荣耀，应该得到指挥官的嘉奖。

在野战医院里，巴顿总是从一个病房走到另一个病房，逐个与伤员交谈。他以自己特有的方式鼓舞伤员们振奋精神，重新走上战场。每当看到阵亡将士的尸体，他总是感到自己没负一点伤简直是一种犯罪。他觉得他应对每一名士兵的阵亡负责。

有一次，他来到一张病床前，看到病床上的伤员带着氧气面罩，已经奄奄一息了。巴顿默默地脱下钢盔，跪在病床前，在病人的枕头上别上一枚紫心勋章，探身在那名伤员的耳朵旁嘀咕了几句，然后站起来向他行了一个漂亮的军礼。整个过程显得异常庄严。病房里的其他伤员都被感动了，每个人的脸上都挂着泪水。巴顿崇拜英雄，敬重英雄，但对那些临阵脱逃、胆小怕死的士兵则十分严厉，有时候甚至达到了残酷的地步。

8月初，巴顿听说越来越多的人由于恐惧战争而躲到了医院里。巴顿认为这些人是天生的胆小鬼，到医院去纯粹是为了偷懒。他在日记中写道："如果让士兵们认识到患了所谓'战斗疲劳症'的人大部分是想偷懒的话，他们就不会同情他们。那些说自己患了'战斗疲劳症'的人，是在逃避危险，并使那些比他更能吃苦的人不得不去面对危险。如果士兵们取笑那些开始患'战斗疲劳症'的人，他们就能防止这种行为蔓延开来，同时也挽救了想用这种方法开小差的人，使他们在后半生不致因此感到耻辱和悔恨。"

8月3日，巴顿在通向视察部队的路上发现了指示到第十五后方医院方向去的路标。他马上对司机米姆士说："米姆士中士，把车开到第十五后方医院去。"

汽车向第十五后方医院开去，巴顿一边看着木制的路标牌，一边暗想："到底有多少兔崽子在那里假装病号呢？"

第十五后方医院是一所典型的设在帐篷里的临时医院，有一支纪律严明、医术精湛的医务队伍。巴顿来到医院之后，立即发现这里一切井井有条，完全符合自己最严格的标准。在同伤员谈话的时候，巴顿又发现他们都缠着绷带，确实受了伤。

巴顿的心情终于好了一些。但当他正要离开帐篷时，却看到一个二十四五岁的小伙子蹲在包扎所附近的箱子上发呆。小伙子浑身上下没有一条绷带，显然没有受伤。巴顿回头看看帐篷内伤势严重、遍身渗透血浆的伤员，又看看这位看上去身体健康的士兵，顿时气不打一处来。他指着那个小伙子，问了身边的护理人员说："那个家伙叫什么名字？"

护理人员如实回答了。巴顿快步走上前去，阴阳怪气地吼道："查尔斯·赫尔曼·库尔，军号 35536908，二等兵。你他妈的在这儿晒太阳吗？为什么不上前线？"

士兵行了一个军礼，倔强地回答说："报告将军，我觉得自己忍受不了。"

听到士兵的回答，巴顿一边用手套甩了他一个耳光，一边气势汹汹地骂道："你这个令人恶心的胆小鬼！"

士兵本能地往后一闪，跌倒在地。巴顿抓住他的脖子，一脚将他踢出了帐篷。然后，他又余怒未消地吼道："你这个狗东西，我不许像你这样的胆小鬼混在这里败坏军队的荣誉。"

没等身边的反应过来，巴顿又对医院的主管吼道："中校，审查这个人，你马上把他送回前线！"

说完，巴顿又转向躺在地上的库尔，再次骂道："听到我说的话了吗？你要回前线去，马上！孬种！"

在场的所有人都对巴顿的失态行为感到极度震惊。巴顿离开之后，二等兵库尔立即被送到病房进行了特别护理。结果表明，库尔的体温达 39 度，患有疟疾，根本无法到战场作战。莽撞的巴顿犯下了一个莫大的错误。好在库尔是个通情达理的人，并没有追究这件事情。库尔在给父亲的信中提到此事时说："将军昨天打了我一个耳光，踢了我的屁股，还骂了我，我不知道这件事结果会怎样，但你来陪我时，就不要提这件事了。"

库尔一家人正如儿子嘱咐的那样，没有追究这件事情。他的父亲还说："我对巴顿将军没有个人成见。"

这是巴顿军旅生涯发生的"第一次打耳光事件"。幸运的是，这次事件并没有对他造成多大的影响。不幸的是，巴顿本人并没有意识到自己的错误，甚至没有将它当回事儿，只是在当天的日记中写道："我今天遇到一个胆小鬼，把他赶出了医院。"

六

一个胜利者和忏悔者

"第一次打耳光事件"过后，巴顿还没有来得及反思自己的过错，战场上的局势便进一步恶化了。担任主攻任务的第一师被敌人牵着鼻子打来打去，完全找不到德意军队的主力所在。于是，巴顿决定启用北翼的第三师作为主攻力量，沿海岸路线经圣阿加诺、布罗洛一线直捣墨西拿，切断德意军队的供给线和退路。但是德军已控制了该路线南侧所有山脊，居高临下，占据有利位置，第三师根本无法从陆路到达预定地点。

经过一番考虑，巴顿决定让特拉斯科特率领第三师再冒一次风险，进行两栖登陆战，登陆时间定为8月11日。命令下达之后，特拉斯科特迅速行动，于8月10日率部接近布罗洛，准备在布罗洛同伯纳德中校的海上登陆部队会合。不幸的是，部队在接近布罗洛之时行动受阻，无法按时抵达目的地了。

特拉斯科特太了解巴顿的脾气了，如果他不主动向巴顿请求推迟登陆时间的话，自己肯定吃不了兜着走。于是，他立即会同第二军军长布莱德利一起恳求巴顿，要求推迟一天登陆。

巴顿不耐烦地拒绝了特拉斯科特的请求，坚定地对他说："计划不变，登陆必须进行。"

巴顿扔下了电话，可电话铃声又响起来。这次是布莱德利将军打来的。他在电话中恳求巴顿说："将军，我是布莱德利，第三师不能及时赶到，计划应推迟一天。"

巴顿语气坚决地回答说："不行，不要再跟我争辩了，我马上到你那去。"

丢下电话，满腔怒火的巴顿便抛下手头的一切事情，驱车驶向布莱德雷的指挥所。途中，他发现了通向第九十三后方医院的路标，马上命令司机顺道过去看一眼。

在医院里，巴顿像往常一样跟伤员们亲切地交谈了起来。不过，他的司机和参谋人员都看得出来，巴顿神情紧张，举止远不像平时那样热情和幽默。

就在这时，一名既没戴夹板又没系绷带的士兵出现在了巴顿的视野之中。这名叫保尔·贝内特的士兵是一个老兵了，在珍珠港事件之前就参加了正规军，在野炮营服役时的表现相当出色。但当他的妻子在来信中告诉他，他们已经有了一个可爱的孩子，把孩子照片寄给了他之后，贝内特便对战争产生了深深的恐惧感。他担心自己无法从这场看上去无休止的战争中生还，担心自己永远不能亲眼看到孩子了。在一场炮战中，当他亲眼看到自己的一个好朋友被炸弹撕得七零八碎之时，他的精神突然崩溃了。

贝内特患上了"炮弹休克症"，一听到炮弹的爆炸声便会晕过去。更为糟糕的是，一般的治疗手段对他根本不起作用，甚至连镇静剂都无法让他从恐惧中解脱出来。巴顿认为所谓的"炮弹休克症"完全是胆小鬼捏造出来的。他问过身边的医护人员之后，轻蔑地问贝内特："小伙子，什么病把你弄到这儿来了？"

贝内特哆嗦着回答说："报告将军，我的神经有病。"

巴顿愤怒地吼道："你说什么？"

贝内特回答说："我的神经有病。我再也忍受不了炮击。"

巴顿抬手给了他一个耳光，大骂道："他妈的，你的神经有病？我看你完全就是一个胆小鬼，你这个狗娘养的。"

士兵被巴顿一耳光扇懵了，嘤嘤地哭了起来。巴顿看到一个大男人因为被扇耳光哭鼻子更加气不打一处来。他像一头发怒的雄狮，对着贝内特狂吼道："别他妈的哭了。我不能让这些负伤的勇士看着一条狗杂种坐在这里哭哭啼啼。"

说着，巴顿又抬手，重重地扇了他几个耳光。贝内特的钢盔被打落在地，一直滚进旁边的帐篷里去了。余怒未消的巴顿转身对身边的医护人员嚷道："你们医院绝对不许收留这个狗杂种，他根本没有病。我不允许医院里塞满了这些怕打仗的狗东西。"

临走之前，巴顿又对贝内特吼道："我告诉你，你必须立即返回前方去，也许你会负伤或被打死，但是你必须要返回前线。否则的话，我就让你站在墙跟前，叫行刑队枪毙了你这个不要脸的胆小鬼！"

离开第九十三后方医院后，巴顿径直驱车来到了第二军的司令部。一见到布莱德利，巴顿便再一次以不容争辩的语气告诉他，必须按预定日期登陆。最后，他又以几近恳求的语气对布莱德利说："此次战役若是打赢了，功劳归你；要是打输了，责任归我。这难道还不行吗？"

巴顿最后这句话产生了效果，布莱德利默默接受了他的意见。但第三师师长特拉斯科特却不打算改变主见。晚上7点45分，他再一次在电话中向巴顿申明了自己的观点，"强烈抗议继续登陆。"

巴顿坚持说："登陆继续进行！"

特拉斯科特无可奈何地回答说："那好吧，如果你坚持要干。"

巴顿对特拉斯科特的回答十分不满，好不容易才忍住了，没有破口大骂。放下电话之后，巴顿立即同参谋长盖伊将军等人一起驱车前往卡罗尼亚。伯纳德中校的登陆部队已经集合起来，停在港口待命。晚上8点45分，巴顿把参谋长盖伊留在了港口，要求他督促船只起航，自己则和卢卡斯将军一起来到了第三师师部。特拉斯科特就像是一只被困在笼中的雄狮，正夹着一幅地图夹焦急地在办公室里踱来踱去。

海军上校戴维斯看见巴顿走了进来，便趁机帮特拉斯科特求情道："将军，我们出发晚了一个小时，我们不可能在凌晨4点前到达海岸了。"

没等戴维斯说完，巴顿便打断他道："即使你们6点也到不了，登陆也必须进行。"

巴顿这句生硬的话说完之后，师部里一片沉默。第三师师长特拉斯科特一脸怨气地看着巴顿。巴顿瞅了他一眼，盛气凌人地说："如果良心使你不愿执行这一行动的话，我就让别人来干。"

特拉斯科特也毫不让步，语气生硬地回答说："这是你的权力。"

巴顿强压着怒火，缓和了一下语气，对面前这位老朋友说："你害怕打仗吗？"

巴顿的这句话无意中激怒了英勇善战的特拉斯科特。他怒气冲冲地辩解说："将军，我认为你这是在侮辱我，我并不是一个胆小鬼！你可以把我的师交给任何一个你喜欢的家伙。但是，你再也找不到像我一样能够不折不扣地执行命令的人了，尤其当他不赞成你的命令之时。"

巴顿横眉竖眼道："我并不想撤你的职，是我推荐授予你优质服务勋章和少将军衔的。要知道，这次登陆行动就像是一场比赛，怎么可随便延期呢？"

两个人终于爆发了，但这正预示着紧张关系的缓和。巴顿和特拉斯科特的脾气都很火爆，但他们只要互相发发火，一切问题便都能迎刃而解。经过一番激烈的争吵之后，特拉斯科特终于同意如期实施登陆战了。巴顿笑着说："他妈的，拿酒来，让我们为这次战斗的胜利干一杯吧！"

两栖登陆战役终于如期进行了。一开始，形势对第三师很不利，当海军到达预定集结地点之时，步兵还在数公里之外。巴顿十分焦急，几乎彻夜未眠。幸运的是，特拉斯科特在关键时刻指挥部队克服了困难，扭转了局势。8月12日凌晨，巴顿接到前线打来的报捷电话，终于松了一口气，躺在司令部的办公桌上便睡着了。

布罗洛登陆战的成功对整个西西里战役来说具有重要的意义。美军第三师的胜利登陆使得德军失去了在西西里战役中防护墨西拿的最后一道屏障。如此一来，之后的战斗就变得简单明了，完全成了巴顿和蒙哥马利之间行军速度的比赛。

巴顿那旋风式的推进速度再次让蒙哥马利自愧不如。第七集团军在西线迅速超越了东线的第八集团军。8月17日上午6点30分，特拉斯科特将军率领第三师的先头部队占领了墨西拿。至此，为期38天的"赫斯基"行动结束了，德意军队全部退出了西西里岛。盟军以伤亡3.1万人的代价毙伤敌军3.3万人，俘虏13.2万人，解放了整个西西里岛。

上午10点30分，巴顿身穿漂亮的华达呢军装，乘坐他那镶着三颗银星的指挥车，以征服者的姿态出现在了墨西拿。他不但在战斗中击溃了德意军队，还在行军竞赛中打败了鼎鼎大名的蒙哥马利。巴顿入城几分钟之后，蒙哥马利的先头部队也赶到了墨西拿。当时的一些评论家对巴顿的表现十分满意。他们纷纷说，墨西拿本来是蒙哥马利的"盘中餐"，却变成了巴顿的"杯中奶"。

丘吉尔和艾森豪威尔分别给巴顿发来了贺电，祝贺他在西西里战役中所取得的成绩。巴顿和他的第七集团军再次成为了世人争相传诵的对象。洋洋得意的巴顿并没有居功自傲，他将这次胜利归功于士兵们的英勇作战。他在一份嘉奖令中称赞士兵们说："你们摧毁了敌人的荣耀，你们的威名将永传于世！"

但随后的几个星期里，对巴顿的指责和赞扬几乎一样多。他打病人耳光的消息就传遍了第七集团军。第九十三后方医院的一位医护人员就这件事情写了一份报告，递到了第二军军长布莱德利那里。为了保护巴顿，布莱德利命人将报告封了起来，锁在了军部的保险箱里。那名医护人员见布莱德利不愿过问这件事情，又向艾森豪威尔报告了此事。

艾森豪威尔看了这份报告以后，心下大惊。如果这件事情捅出去了，这个脾气暴躁的老朋友岂不是要被英美两国的记者抓住不放了。于是乎，艾森豪威尔便把报告放在了自己的秘密文件中，并给巴顿将军写了一封长信。艾森豪威尔在信中开宗明义地说："我非常清楚，有时候为了达到预期的目标，采取一些坚定和断然的措施是必要的。但是，我们绝不能粗暴地辱骂伤员，也不能在下级面前控制不住自己的脾气。"

为了息事宁人，艾森豪威尔命令巴顿写一篇深刻的检查，并向挨打的士兵道歉，向医院里的护士和医生道歉。巴顿这才意识到问题的严重性，他在日记中写道："显然，我的行动太轻率了，而且对情况的了解也很不够。我的出发点是正确的，因为谁也不能容忍装病逃避的现象存在，它会像传染病一样蔓延开来。我坦率地承认，我的方法是错误的，我将尽力改正。"

巴顿向被打的士兵和医院的医护人员道了歉。随后的几个星期里，他总是呆在巴勒莫王宫的官邸中闭门不出。巴顿认为，对一个身兼胜利者和忏悔者双重角色的人来说，这是一个既适应又谨慎的做法。直至9月初，巴顿才在接待美国红十字会主席诺曼·戴维斯的访问中公开露面。在接待会上，巴顿自我解嘲地对与会的官兵们说："我想我还是立在这里，让大家看一看，我是不是你们想象的那样，是一个王八蛋！"

巴顿的话刚说完，官兵们便纷纷报以热烈的掌声和欢呼。会场的气氛十分融洽，很显然，大多数人对巴顿掌掴士兵都抱着理解的态度。

· 第八章 ·

政治风波四面迭起

一

意大利无条件投降

　　墨索里尼政府垮台之后，巴多格利奥接管了意大利，并发表声明说："战争在继续进行。意大利将信守它的诺言。"巴多格利奥所说的战争是为谁而战呢？是站在盟军的一方，还是继续站在希特勒一方呢？艾森豪威尔从意大利的这次政变中看到了希望，他决定利用"意大利的背叛"，将巴多格利奥争取到自己一方。他想急于利用这一机会进行谈判，但是罗斯福和丘吉尔则表示，意大利除了无条件投降之外，别无出路。也就是说，他不愿意跟巴多格利奥谈判。

　　就在罗斯福和丘吉尔商谈时，希特勒行动了。墨索里尼垮台的当天，德国人立即赶调部队进入意大利北部，其中包括从法国调来的两个师，计划占领罗马以北的意大利。艾森豪威尔在此时也制定了种种计划，希望能够利用墨索里尼垮台所造成的有利局势，不费一兵一卒地占领意大利半岛。他甚至愿意再冒一次个人风险，与巴多格利奥达成某种协议，以减少盟军的伤亡，并在德军之前赶到罗马。

　　在墨索里尼垮台的当晚，艾森豪威尔便起草了一份投降条款，"准许意大利得到和平，和允许萨沃伊王朝和巴多格利奥继续执政"。这些条款比无条件投降优厚得多。这份投降条款理所当然地受到了罗斯福与丘吉尔的指责。艾森豪威尔不得不按照美英两国首脑的意思，对投降条款进行了修改。但是，等新的条款得到认可之时，德军已把19个师调进了意大利。兵不血刃的攻占意大利半岛的时机就这样失去了。

　　直到9月3日，英美两国与巴多格利奥的秘密谈判才取得了实质性的进展，双方秘密签订了停战协定。蒙哥马利率领的英军通过墨西拿海峡，在意大利本土登陆，并迅速向罗马挺进。3天之后，艾森豪威尔派第八十二空降师司令泰勒少将秘密前往罗马，同巴多格利奥作最后安排，视情况需要作些变动。泰勒抵达罗马之后，立即给艾森豪威尔发来了电报。意大利军队惊慌失措，认为派来罗马的盟军力量太小，抵挡不住德军的进攻。更为严重的是，巴多格利奥拒绝给盟军第八十二空降师提供机场，也不愿公开发表与盟军合作的声明。

9月8日，泰勒将军的电报转到了艾森豪威尔的手上。看完电报之后，艾森豪威尔满脸通红，两眼闪光，全身肌肉收紧，抓起一支铅笔，用力折为两截，扔在了地上。他瞅了瞅电报，又抓起一支铅笔，折断了扔在地上。艾森豪威尔气愤不已地咒骂巴多格利奥，但随即又冷静了下来。他开始口述给巴多格利奥的答复："我要按原定时间广播停战协定。如果你不能按原先同意的那样合作，我要向世界公布这件事情的全部记录。你们不执行已签署的协议所规定的全部任务，将对你们的国家造成最严重的后果。你们今后的任何行动都不能恢复对你们的信任，因而结果将是你们的政府和国家的解体。"

根据停战协定，盟军与意大利应该在9月8日晚上6点30分向全世界公布意大利无条件投降的消息。艾森豪威尔给巴多格利奥发这封电报的时候，距离发表公开声明的时间已经不到12个小时了。

当晚6点30分，艾森豪威尔按计划在阿尔及尔的无线电台上发表了广播演说。他说："我是盟军总司令德怀特·戴维·艾森豪威尔将军。意大利政府已经使它的武装部队无条件投降。我以盟军总司令的身份，已批准军事停战协定。"

艾森豪威尔发表了演说之后，就在静静地等待罗马方面的消息。十几分钟之后，巴多格利奥仍然没有发表公开声明。艾森豪威尔便将巴多格利奥声明的全文通过阿尔及尔电台广播了出去。这份声明命令意大利武装部队停止一切对盟军的敌对行动，敦促他们去同德国作战。直到一个小时之后，巴多格利奥才被迫在罗马电台广播了同一内容的声明。艾森豪威尔虽然不满，但总算是赢了。意大利无条件投降了，轴心国已经在实际上解体了。

意大利无条件投降之后，被一拖再拖的"围捕"行动便被提上了日程。此时，美英参谋长联席会议已经对"围捕"行动作了修正，改称"霸王"行动了。1943 年 8 月，罗斯福与丘吉尔在加拿大魁北克会晤，商讨在欧洲开辟第二战场的日期。此时，德军在苏德战场已经接连遭受了斯大林格勒和库尔斯克两次重大失败，苏联红军已经转入了全线反攻。盟国在欧洲开辟第二战场的必要性越来越迫切了。

正当盟军在紧锣密鼓地准备实施"霸王"行动，蒙哥马利率第八集团军在意大利本土同德军作战之时，巴顿却呆在巴勒莫王宫这座金碧辉煌的牢笼之中，显得无所事事。巴顿将此视为一种极大的嘲弄和污辱，但又无可奈何。巴顿之所以会受到这种看上去不公平的待遇，一方面是因为"打耳光事件"的影响，另一方面是因为盟军司令部对巴顿另有重用。

巴顿在北非和西西里两大战役中的突出表现引起了德国人的恐惧和尊重。不少德国人深怀敬意地将巴顿称为"盟军中的隆美尔"，把他当成了最危险的对手。巴顿无论出现在哪里都会引起德军的狂热备战。为了掩护"霸王"行动，华盛顿方面决定让巴顿在地中海沿岸活动，以给德军制造一个假象：盟军已把主攻方向选在了地中海沿岸。

西西里战役结束后不久，巴顿便奉命带着 10 名参谋人员在地中海地区频繁活动起来。他先后游览了阿尔及尔、突尼斯、科西嘉、开罗、耶路撒冷和马耳他等地。他们对外声称，此行的目的是视察港口和机场，为将来接管这些地区做准备。巴顿在地中海沿岸的频繁出现引起了法西斯德国的重视。尽管这次行动的意义十分重大，但巴顿却不大开心，他的心依然停留在炮火连天的战场。

就在巴顿闷闷不乐之时，"打耳光事件"的余波又差一点毁掉了他的锦绣前程。"打耳光事件"发生后，随军记者德鲁·皮尔逊曾对艾森豪威尔许下诺言，不再在公开或私人场合提及此事。11 月 21 日，皮尔逊毫无征兆地违背了这一诺言，在美国广播公司的例行广播节目中披露了此事的细节，并断章取义地对巴顿进行了不公正的谴责。

皮尔逊的报道在美国国内掀起了轩然大波，各界人士纷纷给国会写信，要求彻查此事，追究艾森豪威尔的责任，并撤换巴顿。一些义愤填膺的美国人更是给艾森豪威尔寄来了抗议信。这些信件语言尖刻，甚至还带有侮辱的味道。有人在信中说："应该将巴顿赶出军队，一个不能控制自己脾气的军官连指挥一个连的资格都没有，更不要说指挥一个集团军了。"

有人甚至将巴顿摆在了纳粹的位置上，在信中谴责巴顿说："远征军士兵是美国人，不是德国人！如果要让我们的士兵受虐待的话，何不把希特勒弄来，让他干呢？"

有的人干脆在信中给巴顿安排了新的职务。有一封抗议信如是写道："很难想象，像巴顿这样的将军是如何领导第七集团军的。我看，不如派他到西海岸的日本人收容中心，去打日本人的耳光！只有这种卑微的职位才适合这位丢人的将军。"

巴顿再一次被推到了风口浪尖之上。此时，艾森豪威尔正打算将巴顿调任第五集团军司令。但皮尔逊的报道使得艾森豪威尔不得不把这件事放下来，先替巴顿去澄清事实。他一连召开了几次记者招待会，但公众的愤怒始终没有平息下去。11月24日，应陆军部的要求，艾森豪威尔发表了一份最具权威性的官方文件。艾森豪威尔在报告中介绍了自己处理"打耳光事件"的经过和巴顿的悔过表现。在报告的结尾，他还谈到了士兵对巴顿的看法："最近，巴顿每次在士兵面前公开露面时都受到热烈的欢迎。"

经过艾森豪威尔的努力，真相终于大白于天下了。皮尔逊对"打耳光事件"不负责任的揭发激怒了美国军界的高层。他们纷纷向参议院军事委员会雷诺兹指出事件发展将导致的严重后果："在违背美国和我们盟国的军事利益面前，艾森豪威尔将军不得不从军事观点来观察此事，而不是从所谓'新闻发布'的角度去考虑。""这个案子的严重性是，现在存在一种危险，陆军将失去一位久经战斗考验的集团军司令。这在客观上将会帮助敌人，使敌人宽心。"

经过陆军部长史汀生、参谋长马歇尔、盟军总司令艾森豪威尔等人不遗余力的努力，这件事情终于平息了下去。巴顿保住了集团军司令的职务，迎接他的将是一场意义比在战场上冲锋陷阵大得多的任务。

二

实施"坚毅"行动

1943 年 11 月 28 日至 12 月 1 日，美国总统罗斯福、英国首相丘吉尔与苏联最高统帅斯大林在德黑兰召开了一次会议。在这次会议上，斯大林急切地敦促美、英两国开辟欧洲第二战场，以减轻苏联红军在东线的压力。罗斯福向他保证，盟军定会在 1944 年春天开辟第二战场。德黑兰会议结束之后，罗斯福便同丘吉尔、马歇尔等人商议，由谁来担任"霸王"行动的统帅。经过反复商议，大家终于在这件事情上达成了一致意见，仍由艾森豪威尔任"霸王"行动的统帅。

正坐在冷板凳上的巴顿得到这一消息后立即做出了反应。他派人给在阿尔及尔的艾森豪威尔送去了两只火鸡。巴顿的用意十分明显，他在暗示艾森豪威尔，自己就在他的身边，如果需要他的话，可以招之即来。当时，艾森豪威尔正在物色指挥美军第十二集团军群的人选。这个集团军群是专门为实施"霸王"行动而组建的。

巴顿早就盯住这一位置，他认为自己是最佳人选。在北非和西西里战役中的表现都已经说明，巴顿是军中最优秀的"进攻型"指挥官。当然，艾森豪威尔也知道这一点，所以决定顶住压力重用他。但巴顿性情急躁，做事冲动，似乎又不适合担任集团军群的司令。经过再三考虑，并征得马歇尔的同意，艾森豪威尔最终任命更为谨慎和年轻的布莱德利为第十二集团军群司令。

1944 年 1 月 18 日，新年刚刚过去，巴顿便得到了布莱德利将被任命为第十二集团军群司令的消息。巴顿十分意外。布莱德利在不久之前还是他的部下，居然在一夜之间就成了他的顶头上司。巴顿尽力地安慰着自己，但始终无法抹去心中的不快。更让他没有想到的是，盟军司令部在 4

天之后又免去了他第七集团军司令的职务，将其调往英国待命。

盟军在诺曼底登陆

1月26日，巴顿离开了巴勒莫，乘飞机飞到了伦敦。艾森豪威尔马上交给了巴顿一项比在战场上冲锋陷阵更具战略意义的任务。此时，德国间谍已经得到了盟军将在法国登陆的消息，但尚不知道盟军具体的登陆时间和地点。

根据"霸王"行动的方案，盟军应于5月在法国南部的诺曼底实施两栖登陆作战。根据历次登陆作战的经验教训，登陆地点要具备三个条件。首先，要在从英国机场起飞的战斗机半径内；其次，航渡距离要尽可能短；最后，登陆地附近要有大型的港口。

根据这三个条件来看，从荷兰符利辛根到法国瑟堡长达480千米的海岸线上，有三处地区比较合适，即康坦丁半岛、加莱和诺曼底。再进一步比较，康坦丁半岛地形狭窄，不便于部队的展开，最先被否决。加莱和诺曼底各有利弊，加莱的优点是距英国最近，仅33千米，而且靠近德国本土；缺点是此处的德军防御力量非常强，守军是精锐部队，工事完备坚固，并且附近没有大港口，也缺乏内陆交通线，不利于部队在登陆后向纵深发展。

诺曼底虽然距离英国较远，但优势十分明显：一是德军防御较弱；二是地形开阔，可同时展开30个师；三是距法国北部最大港口瑟堡仅80千米。综合考虑之后，盟军将登陆地点选在了诺曼底。

为了迷惑德军，让其对盟军登陆地点和时间判断失误，盟军准备实施"刚毅"行动。"刚毅"行动的目的是让希特勒相信盟军的登陆地点在加莱地区，"霸王"行动只不过是佯攻而已。于是，艾森豪威尔便在英国东南部虚设了美军第一集团军群司令部，摆开进攻加莱的阵势。让谁来当这个虚设的集团军群司令呢？当时，无论是在盟军之中的影响力，还是对德军的威慑力，巴顿都是最合适的人选。

就这样，巴顿便以美军第一集团军群司令的身份出现在了英国东南部的纳兹福德。为了使得欺骗行动更具真实性，巴顿命令部下请来了很多电影道具师，用纸板、木板和橡皮搭建了许多师一级的司令部，伪造了大量的飞机、坦克和登陆艇等，形象十分逼真。与此同时，巴顿还设立了电台，密集地接发电报。

巴顿还在英国四处招摇，处处把自己的名字挂在嘴上，但每次说完之后，他又要神秘兮兮地提醒对方说："我在这里是个秘密，请不要提我的名字。"

德军发现了这些，并据该地接发电报的频率判断，那里确实驻扎着一个集团军群的司令部。希特勒据此认为，盟军将在加莱登陆，而所谓的"霸王"行动只不过是一次佯攻而已。所以，他便加强了加莱地区的防御，在那里足足布置了一个精锐的集团军——德军第十五集团军。

从战略意义上来讲，巴顿和一个假的集团军群司令部就能牵制住德军一个精锐集团军，其意义远比率领一个真正的集团军群去实施两栖作战重大。但巴顿并不这样认为，他宁愿率领一个排的部队到战场作战也不愿呆在司令部里担任"坚毅"行动的主角。

艾森豪威尔怎么会不了解自己的老朋友呢？他并没有忘记给巴顿一个到战场上去冲锋陷阵的机会。巴顿到英国接受的第二项任务便是出任第三集团军司令。当时，第三集团军的大部分部队仍在美国本土。艾森豪威尔曾在该集团军任参谋长。他打算将这支部队作为预备队，让其在盟军成功登陆后扩张战果，向法国腹地推进。

1月28日晚，巴顿见到了自己手下的第一批人马——爱德华上校领导的一个小组。爱德华上校向巴顿汇报了第三集团军的情况，同时也以好奇的目光观察着这位第三集团军的军事主官。从爱德华的汇报中，巴顿发现第三集团是一支吃苦耐劳、作风顽强的部队，唯一的缺点便是缺乏实战经验。

巴顿在纳兹福德的一个男爵庄园里设立了第三集团军的司令部。这里林木茂密，芳草萋萋，一片田园风光，非常符合巴顿的口味。美中不足的是，他对现在的参谋班子不是很满意。他非常怀念自己在第七集团军的参谋班子。于是，他便向老朋友、即将接任第七集团军司令的帕奇将军提出了一个请求，想把他在第七集团军的原班人马带到第三集团军。帕奇将军爽快地答应了巴顿的请求。

就这样，巴顿和他在北非和西西里的参谋班子又在英国团聚了。巴顿的参谋班子并没有个人能力十分突出的人，但他们配合默契，就像是一架精密的仪器。巴顿与参谋部的默契的合作对第三集团军在日后建立世人瞩目的战绩起了很大作用。在战争结束前，巴顿曾对他的参谋军官说："你们以为国家荣誉而战的方式创造了历史。也许，有史以来的集团军司令没有比我更省心的了，工作全是你们做的。第三集团军永不磨灭的战绩，主要是你们慨然献身事业、努力工作的结果。"

第三集团军下辖米德尔顿的第八军、海斯里普的第十五军、库克的第十二军和沃克的第二十军等4个军。在巴顿的训练下，第三集团军很快就成为了一支能够打硬仗、打大仗的部队。几乎所有第三集团军的士兵都把巴顿当成了偶像。巴顿用他那特有的粗俗语言，三言两语就能煽动士兵们狂热的情绪。

在训练第三集团军的那段日子里，巴顿的心情一直很不好。一方面，他对艾森豪威尔提升布莱德利为第十二集团军群司令而不是自己感到十分不满；另一方面他感到自己被完全排除出了"霸王"行动，甚至连计划的制定工作都无权参与。

为了舒缓烦躁的情绪，巴顿在这个时期收留了一只名叫威利的小狗。威利的前主人是一名英国飞行员。十分不幸的是，这位英勇的飞行员在一场空战中牺牲了。威利面貌威武凶猛，看上去极具进攻性。巴顿认为这一点很像自己，便收留了威利。经过一段时间的相处，巴顿又发现，威利虽然外貌凶狠，但内心十分温顺，简直就是"狗中的巴顿"。于是，他对威利就更加喜爱了，甚至经常与它一起进餐，高兴时还抱在一起在地板上打滚。威利的出现给巴顿孤寂的生活增添了不少乐趣。

三

两次意外的政治风波

在巴顿训练第三集团军的日子里，"霸王"行动的计划也在盟军高级将领们的争吵中逐渐成形了。1944年4月初，布莱德利把巴顿叫到了第十二集团军群司令部，让他看了"霸王"行动的计划。这个计划是由蒙哥马利主持制定的。计划规定的战役目标十分明确，即在90天的时间里"夺取并确立一块在法国大陆的滩头占领区，然后进一步扩大战果"。至于90天之后如何作战，计划并没有提及。

诺曼底登陆战役被分成了两个阶段进行。第一阶段行动代号为"海王星"，主要指最早的登陆战役，包括在"卡昂地区开辟飞机场和占领瑟堡港"。第二阶段才是"霸王"战役的重点，要求扩大第一阶段的战果，占领包括布列塔尼半岛、卢瓦尔河以南的所有港口以及卢瓦尔河和塞纳河之间的地区。

计划还给美、英两国的部队分别制定了作战方案。最初的登陆战役由美第一集团军和英第二集团军联合实施，这两支集团军受蒙哥马利领导的第二十一集团军群统一指挥。至于巴顿领导的美第三集团军，该计划也给出了明确的任务：在登陆开始后的15天至60天之间越过科唐坦半岛登陆，占领布列塔尼半岛，控制岛上各港口；而后集中在美第一集团军右翼，向东独立作战，或与第一集团军协同，或者在有可能实现一个更大的包围圈时向卢瓦尔以南迁回。

巴顿对这份计划十分不满，他感到自己的自尊心再次受到了伤害和污辱。作为美军中最知名的将领之一，他在诺曼底登陆这个将永载史册的日子里居然不能亲自指挥一支作战部队冲锋陷阵，却要留在英国担任"坚毅"行动的主角。更让他感到气愤的是，第三集团军并没有领到主攻任务。

回到第三集团军司令部，巴顿陷入了沉思，着手设计了一个自己的计划，并称之为"第三计划"。该计划的主要内容是不管英国第二集团军发生什么情况，美军都可以凭本身的力量去推动战役的发展。巴顿还特别强调了，如果第一集团军和第二集团军同时受阻，则由他指挥第三集团军在加莱登陆并保持向前推进的势头。

这份"第三计划"制定之后，巴顿立即将其交给了艾森豪威尔的参谋长比特尔·史密斯将军。艾森豪威尔并没有接受巴顿的建议，直接将"第三计划"锁到了文件柜当中。艾森豪威尔知道，蒙哥马利是一个居功自傲而又不肯接受任何建议之人，如果让他知道巴顿的这份计划，势必会影响美英两军的团结。

巴顿的"第三计划"虽然没有实施，但却在后来引起了无数军事家的思索。因为计划上的缺陷，"霸王"行动的胜利比原计划推迟了将近一个月。如果巴顿的"第三计划"得到了实施，会不会提前结束第二次世界大战呢？从当时的情况来看，这种可能性很大。不过，历史没有如果。"第三计划"石沉大海之后，巴顿索性不再理会此事，而是集中精力去训练他的第三集团军了。

让巴顿无论如何也没有想到的是，倒霉到顶的巴顿在这时再次陷入了政治困境，差一点葬送了自己的前途。第一件让他陷入困境的事情要从西西里战役说起。巴顿自己十分重视荣誉，也激励官兵们要为"自由"和"解放"而战，要在战场上赢得荣誉和自信！而且他以自己独特的语言鼓动他们"迅速而不留情地、凶狠和不停息地"进攻，

巴顿将军在西西里岛

· 173 ·

"杀死一切敢于抵抗我们的人"。

在西西里战役期间，他在做军事动员的时候曾告诫缺乏实战经验的第四十五师战士说："战斗是残酷无情的……在德国人和意大利人准备举手投降时，我们更是要特别提高警惕。有时敌人虽已举起了手，但如果我们麻痹大意，他们就会趁我们不备而向我们开枪或扔手榴弹。"

巴顿的告诫完全符合军事动员的标准。但让他没有想到的是，在西西里战役的最后阶段，由于战役打得十分艰苦，缺乏战斗经验而又已经陷入神经质境地的第四十五师的士兵不仅枪杀想交枪投降的意大利士兵，而且还出现了枪杀战俘的事情。在一次小规模的登陆战中，第四十五师的康普顿上尉用机枪打死了43名德军战俘，米斯特中士则枪毙了36名德军战俘。

按照国际法的规定，一旦敌军缴械投降了就必须予以优待。巴顿得知后，立即把这两个人送交了军事法庭，让他们接受国际法的制裁。这件事情似乎到此结束了，巴顿也没有将其放在心上。让他没有想到的是，正当他在英国训练第三集团军的时候，这次事件再次引起了国际舆论的关注。陆军部也不得不派监察官从华盛顿到英国来调查此事。调查结果证明巴顿并没有鼓动部队屠杀战俘，但他的部下枪杀战俘他也难逃其咎。甚至连艾森豪威尔都因为此事而受到了国际舆论的谴责。对巴顿的粗暴行为早已极为不满的艾森豪威尔当面斥责他说："乔治，你的话太多了。"

就在这次事件逐渐平息之时，"纳兹福德事件"再次将巴顿推到了风口浪尖之上。4月25日，纳兹福德地区的妇女志愿服务人员准备为美军官兵开办一个"欢迎俱乐部"。俱乐部的发起人之一康斯坦丁·史密斯夫人邀请巴顿在开幕式上发表讲话。

当时，"坚毅"行动正处于关键时期，巴顿不想过于"显眼"，婉言谢绝了。但史密斯夫人却不依不饶，一定要他参加开幕式。盛情难却的巴顿同意以非正式的身份参加开幕典礼。开幕式原计划在当晚6点开始，巴顿为了避免引起人们的注意故意晚到了15分钟。但他到达现场才发现，为了等他，开幕式依然没有开始。

深受感动的巴顿同意在开幕式上讲几句话，但提出不要发表他的照片和讲话。会议主持人答应了。巴顿的讲话简短而热情，但都是一些无关痛痒的话题。他强调了英美团结的重要性，并感谢英国妇女为促进美英两军团结所做的努力。他还就此进一步说：　"战后世界将由英国和美国主宰——当然还有俄国，因此，我们相互越理解，事情就会办得越好。"

让巴顿没有想到的是，英国出版协会违背了承诺，在第二天便发布了巴顿在开幕式上的讲话。更为严重的是，记者们在报道的时候故意删去了"还有俄国"这句话。因为大多数英国人都和他们的首相丘吉尔一样，对共产主义和苏联怀有强烈的敌意，他们不愿意苏联在战后同美英一起主宰世界的格局。

这本来是英国人自己的事情，但他们故意删去了巴顿讲话中的"还有俄国"这句话使人感觉到这完全是巴顿的主张。消息传到美国之后，保守派和自由派同时对他发起了攻击。共和党指责他干预了政治，是"国务院的帮凶"，因为他是一名军人。左翼人士则指责他是"污辱苏联盟友的反对赤色分子的反动派"。

距离诺曼底登陆只有一个月的时间了，艾森豪威尔和马歇尔都不希望出现任何差错。但巴顿却偏偏在这个时候惹出了这么多事情。怒不可遏的马歇尔和艾森豪威尔不得不考虑是否要解除巴顿的兵权，将其送回美国了。艾森豪威尔在给马歇尔的一封电报中说："尽管他有杰出的指挥才能，但也不能不使人产生疑问，把他留在高级指挥官的位置上是否明智。"

早已对各种指责习以为常的巴顿在处理这次风波之时极为淡定。他坚信自己并没有犯什么大错误，并以令人信服的事实进行了申辩。在申辩的结尾，他强调说："你们知道我的抱负是什么，就是要指挥一支军队去杀德国人和日本人。我不相信我的所作所为会对这产生什么负面影响。"

巴顿的强调引起了美国陆军部长史汀生和英国首相丘吉尔的重视。他们都向艾森豪威尔和马歇尔建议，不能因为一件小事而失去一员战将。要知道，美国很难找到一位能取代巴顿的优秀的指挥官。艾森豪威尔和马歇尔也冷静了下来。艾森豪威尔决定把巴顿留在第三集团军。在给华盛顿的一封电报中，他指出："解除巴顿的职务会使我们失去一位杰出的指挥官，他指挥部队的经验以及他在进攻中所表现出的热情正是部队所需要的。"

与此同时，艾森豪威尔也给巴顿写了一封信。他在信中说："尽管你的轻率造成了一些很坏的反应，但我还是做出了对你有利的决定。不过，你要明白，我这样做，完全是因为我相信你是一个优秀的指挥官，绝无其他动机。"

一场风波终于平息了。巴顿看完艾森豪威尔的来信后，高兴得像一个孩子一样，手舞足蹈地说："战争结束了！"

四

"霸王"行动受阻

1944 年 6 月 6 日凌晨，一再被推迟的"霸王"行动终于开始了。德军在西线的法国、比利时、荷兰，只有归西线总司令陆军元帅龙德施泰特指挥的 58 个师，其中 33 个海防师、15 个步兵师、8 个装甲师、2 个伞兵师。即使再加上由希特勒亲自指挥的战略预备队 2 个装甲师，总共才 60 个师，约 76 万人。

西线司令部所属的 58 个师，编为两个集团军群，共 4 个集团军。B 集团军群由陆军元帅隆美尔指挥，驻守法国北部，共 39 个师，是西线德军的主力。下辖第十五集团军，司令是萨尔穆特上将，驻加莱，拥有包括 14 个海防师、4 个步兵师、5 个装甲师在内共 23 个师；第七集团军，司令是多尔曼上将，驻布列塔尼半岛，拥有包括 8 个海防师、5 个步兵师、1 个装甲师在内共 14 个师。

G 集团军群，由布拉斯科维兹上将指挥，驻守法国卢瓦河以西地区，共有 19 个师。下辖第一集团军，司令为谢瓦莱里中将，驻比利时，共 10 个师；第 19 集团军，司令为松德施泰因中将，驻法国南部，共 9 个师。

西线德军装甲部队总共有 10 个装甲师和 3 个重型坦克营，其中 6 个装甲师是由希特勒亲自指挥的，而且德军统帅部认为坦克，不适宜于在海滩使用，所以部署在海滩附近地区的装甲部队仅有驻卡昂的第二十一装甲师，只有 127 辆 4 号坦克和 40 辆自行坦克突击炮。

海军兵力为驱逐舰 5 艘，潜艇 49 艘，远洋扫雷舰 6 艘，巡逻舰 116 艘，扫雷艇 309 艘，鱼雷艇 34 艘，炮艇 42 艘，总共才 561 艘中小军舰，实力非常弱小。空军为第三航空队，作战飞机约 450 架，其中战斗机 160 架。与盟军作战飞机数目相比，处于 1：30 的绝对劣势。

在诺曼底地区守军为第七集团军所属的 6 个师外加 3 个团，其中 3 个海防师，战斗力较弱；2 个步兵师，一个装甲师，战斗力稍强；3 个团是 2 个独立步兵团和一个伞兵团，总兵力约 9 万人。

防御工事也比较薄弱，只构筑了若干钢筋混凝土的独立支撑点，大部分工事都是野战工事，纵深也只设置了少量防空降障碍物。1942 年 7 月 20 日，希特勒下令从挪威北部至西班牙海岸构筑由 1.5 万个坚固支撑点组成的防线，也就是所谓的大西洋壁垒，希特勒要求在 1943 年 5 月 1 日之前完成，但直到 1944 年 5 月，除加莱地区外，在 960 公里广阔海岸线上，只修筑了少数相距遥远的零星支撑点，在塞纳—马恩省河以东地区完成了 68%，塞纳—马恩省河以西地区仅完成了 18%。

海岸炮兵方面，德军部署在法国西部沿海地区的大口径火炮主要有：格里角地区有 4 门 280 毫米和 3 门 381 毫米岸炮、维梅纳地区有 3 门 305 毫米岸炮、桑卡特西部地区有 3 门 406 毫米岸炮。而由于盟军情报机关的卓越努力，使德军最高统帅部认为挪威将是盟军优先夺取的地区，反而投入大量人力物力，在挪威沿海修建了 350 座可部署 88 毫米到 381 毫米火炮的炮台。此外，德国还有一项优先建设的工程是海峡群岛设防工程，至 1944 年共建成 11 座配备 38 门 210 毫米至 305 毫米火炮的炮台，这一工程在战略上毫无意义，只是浪费了大量宝贵的人力物力。

因此被德国宣传部门大肆渲染的大西洋壁垒，实际只是徒有虚名而已。倒是隆美尔元帅就任 B 集团军群司令后，非常重视对沿海地区的防御建设，亲自率领代表团实地视察了从丹麦、荷兰、法国的沿海防御情况，并特别要求前沿防御要前推至海中，从高潮线开始，在深海中布设水雷，在浅海中设置障碍物，这些斜插入海的木桩被盟军称为"隆美尔芦笋"，海滩上则是锯齿状的混凝土角锥、坦克陷阱，其间还布设大量地雷，在能俯视海滩的制高点构筑隐蔽火力点，海滩后面的开阔地区，则布设了大量防机降的木桩，布置这些爆炸物和障碍物，工程浩大，直到盟军发起登陆时，仅仅完成了一部分，即使这样也给盟军登陆造成了不小损失。

6 月 5 日深夜，诺曼底地区狂风大作，海面上的浪头很高。德国将领们都认为盟军不会在这时登陆，隆美尔元帅请假返回国内为妻子过生日，临走时交待："部队长期处在紧张的戒备状态，目前气候恶劣，可以休整一下。"

在夜幕的掩护下，盟国空军部队率先展开了行动。盟军2395架运输机和847架滑翔机从英国的3个机场起飞，载着3个伞兵师突然出现在诺曼底"大西洋壁垒"的后面。德军猝不及防，顿时乱作一团。黎明时分，美英空军部队先后出动飞机3000架次，对德军海岸防线进行狂轰滥炸，倾泻了近万吨炸弹。同时，盟国海军舰炮也猛轰沿海敌人阵地。霎时间，诺曼底地区山摇地动，火光冲天，大部分德军都龟缩在防御工事里不敢露头。

炮火准备之后，登陆开始了。美军第一集团军于6点30分在犹他海滩和奥马哈海滩同时开始同时登陆。在犹他海滩，美国第七军第四师的进展比较顺利。他们在坦克的火力支援下用了不到3个小时，就肃清了海岸地区的敌人。美军第五军第一师在奥马哈海滩却遭到了德军的顽抗。由于水深浪大，只有少量坦克被运上岸，飞机轰炸也偏离了目标，重型装备几乎没有发挥什么作用。相反，德军却利用海滩地形和多层次的防御工事给美军造成了极大的伤亡。

英国第二集团军于7点20分开始登陆，由于得到了舰队和空军炮火的有力支援，加上守敌大多数是波兰人和乌克兰人，战斗力较弱，所以英军在粉碎了最初的激烈抵抗之后，迅速向内地推进，建立了滩头阵地。

至6日晚，已有23000名空降部队空投到诺曼底，57500名美军和75215名英、加军队士兵也先后登陆。这样一来，第一天就有156000名盟军士兵已经突破希特勒大肆吹嘘的"大西洋壁垒"。"霸王"行动的第一步在付出了惨重的代价之后完成了。随后，部队开始乘胜向前推进。

正当诺曼底战事正酣之时，巴顿和他的第三集团军却仍然呆在远离战场的英国中部地区。心急如焚的巴顿时刻关注着战局的发展，期待着早日率部参战。他在日记中写道："我有一种可怕的感觉，在我投入战斗之前，战斗就会结束了。时间的拖延对我十分不利。"

但他参战的时机还不到。6月中旬，一场暴风雨袭击了诺曼底海岸。盟军冒着恶劣的天气，以暴风雨般的行动突破希特勒的"大西洋壁垒"之后，向前推进的速度迅速慢了下来。德军步步为营，稳扎稳打，使得盟军每前进一步都要付出血的代价。更为要命的是，由于诺曼底附近河网密布，田地也大多被灌木篱笆所隔断，公路更是被破坏得不成样子，盟军的坦克部队根本无法展开，地面部队的行动受到了很大的阻碍。

在战局陷入胶着状态之时，艾森豪威尔不得不防备德军将加莱地区的德第十五集团军调往诺曼底方向。于是，他便命令巴顿继续实施"坚毅"行动，使希特勒误以为美第三集团军将在加莱地区登陆，迫使德军不敢贸然将第十五集团军调走。事实证明，这一诱骗行动取得了预期的效果，西线德军主力第十五集团军一直驻守在加莱，未敢出动去增援诺曼底地区的德军。

巴顿在英国观望着陷入胶着状态的战局，心情十分焦躁。他担心，如果部队长期滞留在滩头，不仅对进一步发展进攻十分不利，而且会延误第三集团军投入战斗的时间。巴顿向艾森豪威尔提出了两个方案。在第一个方案中，巴顿建议盟军以一个军的兵力在布列塔尼半岛的莫尔莱登陆，对德军发动钳型攻势，以打破德军的防御体系，迅速使部队进入便于机动作战的开阔地带。在第个二方案中，他建议艾森豪威尔利用瑟堡半岛上的公路网，用装甲兵开路，步兵相随，集中 4 个师的兵力，通过狭窄的走廊向纵深推进，突破敌人封锁，攻占阿夫朗什。

巴顿的这两个方案都十分大胆，而且颇具创见。如果这一计划得以实施的话，无疑会加快整个战役的进程。可惜的是，艾森豪威尔并没有采纳这一建议。他知道，对巴顿成见很深的蒙哥马利绝对不会同意采用巴顿提出的方案的。不过，这两个方案虽然没有得到实施，但却给布莱德利带来了启发，制定并实施了"眼镜蛇"计划。

"眼镜蛇"计划风波

陷入僵局的战局让艾森豪威尔也十分不安，他不得不考虑启用巴顿的第三集团军了。6月底，巴顿奉命将第三集团军司令部迁到了南安普敦以西25公里处的布莱摩公馆。与此同时，第三集团军各部队也开始秘密向英国东南部集结。巴顿异常兴奋，这预示着他上战场的时刻就要到了。

7月6日，巴顿接到了命令，马上飞过英吉利海峡，到第十二集团军群司令部报道。上午，急不可耐的巴顿带着副官科德曼·斯蒂勒和传令兵米克斯中士以及爱犬威利，登上一架C-47型飞机起飞了。那天的天气特别好，飞机很快就飞到了奥马哈海滩后方的一个简易机场。整个海滩已经被炮弹炸得满目疮痍了。到处乱七八糟地横着被连根拔起的滩头障碍物、被摧毁的登陆艇和各种军车。不远处，盟军的登陆部队正在向前行进，运送弹药和给养的军车绵延不绝地穿过沙丘，向远方驶去。

闻到了火药味的巴顿像一只兴奋的雄狮，马不停蹄地赶到了设在伊西格尼南面一片树林中的第十二集团军群司令部。当天下午，巴顿先后与布莱德利、即将接任第一集团军司令的霍奇斯和第七军军长柯林斯等人见面，讨论了作战方案。与此同时，巴顿的参谋长盖伊将军则率领第三集团军的参谋人员从南安普敦乘船渡过英吉利海峡，在布里克贝克秘密设立了司令部。

第三集团军的司令部十分隐蔽，位于布里克贝克小镇东南方的一个苹果园中。司令部四周浓荫密布，流水潺潺，环境十分优美，但交通极为闭塞，只有一条杂草丛生的小路与外界连接。不久，奥托·韦兰将军也在附近设立了第二十一战术空军部队的司令部。从此，他与巴顿便开始了密切的合作。

初到法国的巴顿并没有接到作战任务。美国第一集团军和英国第二集团军经过7个多星期的战斗之后，并没有能给第三集团军创造在右翼实施突破的机会。第一集团军在向前推进中遭到了敌军的顽强抵抗，伤亡惨重，进展十分缓慢，原定6月11日占领圣洛，但直到7月18日才得以实现。英国第二集团军的情况也好不到哪里去，始终未能打破僵局。

就在此时，布莱德利受到巴顿提交给艾森豪威尔的两项方案的启发，制定了"眼镜蛇"计划。布莱德利计划先集中大量的轰炸机对圣洛以南的狭窄正面实施轰炸，然后再以柯林斯的第七军的装甲部队利用公路网纵向进攻，攻占阿夫朗什，为巴顿的第三集团军扩张战果打开局面。"眼镜蛇"计划很快便得到了艾森豪威尔的批准。实际上，这个计划跟巴顿曾经提交给艾森豪威尔的计划十分相似。

阿夫朗什的战略地位十分重要。有5条公路从此经过，而且又是两条大河的交汇处，美军一旦占领此地便可以突出丛林地带，进入一马平川平原，发挥机动部队的优势，迅速解放法国。巴顿似乎已经看到了战机，迅速制定了一个初步的行动方案。当时，一些后勤专家主张第三集团军应该首先解放沿海的港口城市。但巴顿并不这样认为，他决定首先集中力量摧毁德国的B集团军群。他决定以第四装甲师从阿夫朗什港口出发，直捣雷恩和基伯龙，切断布列塔尼半岛，孤立半岛上的德国守军，阻止德军从东面和南面增援。第六装甲师则通过中部高地向布莱斯特逼近，将沿途的德军赶入海港城市，让步兵去对付他们。与此同时，派遣一支暂编部队沿半岛北部海岸快速推进，占领铁路和其他交通要冲。完成上述任务后，第三集团军便调头东向，以旋风式的速度楔入德军后方地区。

7月16日，巴顿召开了第三集团军高级参谋会议。他在会上详细传达了"眼镜蛇"计划的内容。参谋长盖伊将军一再强调，"眼镜蛇"计划仍属机密，绝对不得泄露。但参谋人员一听便知道这个计划跟巴顿之前向艾森豪威尔提交的方案极其相似，都认为布莱德利剽窃了巴顿的主张。出于对巴顿的忠诚和爱戴，大部分参谋人员都感到愤愤不平。会后，第三集团军的新闻发布官查尔斯·布莱克尼上校便自作主张，向记者们透露了这一作战计划，并高调宣布，这一计划的首倡者实际上就是巴顿。

消息很快传到了布莱德利的耳朵里。这位集团军群司令对巴顿在自己之前透露"眼镜蛇"计划感到十分恼火，更是对布莱克尼声称"眼镜蛇"计划的首倡者是巴顿而暴跳如雷。他立即拨通了巴顿的电话，将他臭骂了一顿。

巴顿此时也已经意识到自己不该在布莱德利之前透露"眼镜蛇"计划了。不过，他知道布莱克尼这样做完全是出于自己的忠心。巴顿带兵有一个原则，即战斗力第二，忠心第一。因此，他十分袒护那些因为对自己忠心而犯错误了的下属。所以，他尽管向布莱德利承诺要惩罚布莱克尼，但却一拖再拖。这件事情最终影响到了巴顿和布莱德利之间的关系，使得他们本来就十分微妙的关系变得更加紧张了。这便是"眼镜蛇"计划风波。

在此后的一段时间，巴顿的脾气变得更加暴躁了。第三集团军的司令部里，时常传来巴顿的骂娘声。恰在此时，有消息声称德国国防军军官企图暗杀希特勒。巴顿再也坐不住了，他担心战争可能会由此而引发的混乱突然结束。于是，这位急于上战场的将军跑到了布莱德利的司令部，向他恳求说："布莱德利，看在上帝份上，你得让我在战争结束以前投入战斗。否则，我非死在这里不可。"

布莱德利虽然对巴顿的脾气和个人抱有成见，但对他的军事指挥能力却没有丝毫的怀疑。他对巴顿说，当前还不是第三集团军投入战斗的最佳时机，但他保证，"眼镜蛇"战役后，第三集团军将有打不完的仗。

"眼镜蛇"计划原定于 7 月 24 日开始实施，但由于天气原因而被推迟到 7 月 25 日。这一天的天气十分晴朗。盟军总司令艾森豪威尔亲临前线督战。上午 11 点，大规模的空袭行动开始了。2430 架轰炸机铺天盖地而来，在第一集团军正面的德军阵地上投下了 4000 吨高爆炸弹和燃烧弹。瞬间，整个圣洛以南地区被笼罩在了烟幕和火海之中。大片的德军阵地被夷为平地，数千名德军被炸死。溃不成军的德军完全失去了抵抗力。轰炸刚一结束，美第七军便在柯林斯将军的指挥下迅速突破了德军的防御阵地。十分不幸的是，由于轰炸出现了偏差，部分炸弹落在了美第三十师和第十九师的阵地上，导致了不少不必要的伤亡，连奉命接替巴顿担任虚构的第一集团军群司令的莱斯利·麦克奈尔将军也被当场炸死了。

为了扩大战果，布莱德利于 7 月 26 日命令第三集团军第八军加入了战斗序列。在米德尔顿的指挥下，第八军迅速切断了莱赛—佩里耶公路，在赛夫勒河对岸建立了一个桥头堡。"眼镜蛇"计划在刚一实施便取得了巨大的胜利。

尽管第三集团军编成内的第八军参加了战斗序列，但巴顿并没有获得该军的全部指挥权。布莱德利于 7 月 28 日命令巴顿暂以第一集团军副司令的名义到前线督战，"监督第八军扩大战果，打开布列塔尼的大门"，并尽快让第三集团军第十五军参加战斗。与此同时，他还明确规定，只有当第三集团军的部队全部投入战斗之后，巴顿才能对第八军实施全部的指挥权。

巴顿的行动受到了束缚，但他同时也感到庆幸，自己终于有机会上战场了。接受命令之后，巴顿立即前往第八军司令部，对部队重新进行了部署——以两个装甲师调为前锋，快速向阿夫朗什推进。随后，第四和第六装甲师便开始以旋风式的速度向前推进。7 月 30 日，第六装甲师占领了格朗维尔，第四装甲师则攻占了阿夫朗什。第八军旋风式的推进速度不仅德国人没有料到，连美军也感到不可思议。布莱德利意暗自庆幸，幸亏他没有剥夺巴顿的全部指挥权，否则的话，"眼镜蛇"计划根本不会取得如此重大的战果。

占领了格朗维尔和阿夫朗什之后，巴顿命令装甲部队继续向前推进，抢占了交通要冲蓬托博尔桥。蓬托博尔桥有 3 条公路线，分别通往 3 个方向：西通布列塔尼，南达卢瓦尔，东去塞纳河和巴黎。通往布列塔尼的大门打开了，"眼镜蛇"计划成功了，接下来便是第三集团军扩大战果的时候了。随着"眼镜蛇"计划的胜利，巴顿与布莱德利之间的关系得到了一定的缓和，"眼镜蛇"计划风波也平息了。

· 第九章 ·

重返欧陆建战功

一

全速进军布列塔尼

　　1944 年 8 月 1 日，盟军司令部正式公布了美国第十二集团军群的建制，布莱德利任司令官，下辖第一和第三两个集团军。也就是在这一天，第三集团军全部投入了战斗，巴顿获得了全部指挥权。出于战略需要，第十二集团军群并没有向外公布第三集团军参战的消息，也没有发给部队新的肩章。因为巴顿的肩上还担任着欺骗德军的任务，使其误以为第三集团军仍在英国，准备在法国的加莱地区登陆。

　　按照既定计划，第三集团军的下一步任务应该是夺取布列塔尼，占领半岛上的重要港口。但巴顿认为，随着战局的发展，这一任务已经不再具有重大战略意义了。此时，盟军驻扎在诺曼底的军队已经达到了 10 个军，100 余万人，部署在从阿夫朗什至卡昂东北侧一线。此外，还有 3 个师的预备队正从英国开赴欧洲大陆。而德国仅有 7 个军的兵力部署在长达数百公里的防御阵地上。"眼镜蛇"计划实施以来，德军的伤亡十分惨重，士气低落，已经溃不成军了。为了扭转战局，伺机实施反攻，德军已从布列塔尼撤出了所有机动部队。布列塔尼地区仅剩下 10 个缺额严重的步兵营、4 个由反共的俄国人组成的"东方营"以及约 5 万名海空军和后勤部队。

　　很显然，布列塔尼已经失去了其战略意义。因此，巴顿的目光早已越过了布列塔尼，指向了昂热。昂热古称安茹，是法国著名的历史文化名城，坐落在阿夫朗什以南约 150 公里处，是巴黎的南大门，战略地位十分重要。夺取了昂热就等于掌握了通向巴黎的门户。

　　于是乎，巴顿便产生了一个十分大胆的想法，置布列塔尼于不顾，指挥第三集团军全速推进，直逼昂热。巴顿的这一想法极富创见，但也十分冒险。艾森豪威尔和布莱德利并没有批准这一计划。经过与艾森豪威尔、布莱德利和蒙哥马利协商，巴顿决定采取一个折中的方案，即只派第八军进入布列塔尼，其余部队则投入东线作战。巴顿对他们说："布列塔尼之敌已如风前残烛，不堪一击，可以迅速解决战斗。"

为了证明自己的观点，使得自己的方案得以顺利通过。巴顿甚至还与蒙哥马利打了一个赌。他声称，第八军可以在星期六晚上就到达布列塔尼半岛顶端的布莱斯特，赌注是 5 英镑。一向谨慎的蒙哥马利认为这根本是不可能的事情。当时已经是星期一了，在短短的 5 天时间内，第八军根本无法推进到布莱斯特。

第八军军长米德尔顿将军是一位步兵出身的优秀指挥官，作风稳健，喜欢稳扎稳打，步步为营。这一点跟布莱德利十分相似。但巴顿却十分重视装甲部队的机动能力，喜欢猛冲猛打。根据自己的作战原则，米德尔顿决定步兵在前面推进，装甲兵尾随其后予以支援。这一原则得到了布莱德利的支持。但巴顿马上对其进行了强有力的干预，把米德尔顿的部署全部颠倒过来，由装甲部队在前面推进，步兵紧随其后，巩固和扩张战果。他命令第六装甲师立即出发，绕过德军的抵抗，以最快的速度向前推进，争取在星期六晚之前到达布莱斯特。

第六装甲师师长格罗将军是骑兵出身的装甲兵指挥官，指挥风格与巴顿极其相似。因此，巴顿的命令一下，他便命令部队全速向前推进。米德尔顿马上向布莱德利作了汇报，认为巴顿的这一举动完全是冒险。他会把一个装甲师葬送在敌人兵力不明的一个军事重镇之中的。布莱德利对此进行了干预，他指责巴顿不是依靠整体配合，而是"一个人抱着球往前冲"。他生气地说："乔治，是明天还是 10 天之后拿下布莱斯特，我不介意，但我们不能铤而走险，暴露自己的侧翼。"

巴顿十分气愤，他在一次军事会议上公开说："我要你们记住，不要他妈的为我们的侧翼操心担忧。我们必须警戒我们的侧翼，但不能舍此而无所作为……让敌人去担心他们的侧翼吧，我们不担心。……我们的基本作战计划是前进，不管我们得从敌人的头上、脚下还是从敌群中穿过去，就是要一往无前。"

格罗率部奉巴顿之命全速前进，于 8 月 2 日抵达迪南市郊，并遭到了敌人有组织的猛烈抵抗。侦察部队发现，德军的防御工事十分坚固，短时间内无法突破。于是，格罗便按巴顿交待的原则，命令部队绕过迪南，继续前进。第二天，部队在莫龙与德军发生了小规模冲突后，又推进了 50 余公里，其先头部队已经抵达卢代阿克，离布莱斯特只有约 150 公里。

就在此时，米德尔顿在布莱德利的支持下向格罗发去命令：部队立即掉头，攻占迪南，为全军大规模进攻圣马洛创造条件。无可奈何的格罗只好奉命掉头，去进攻迪南。8 月 4 日上午 11 点，正当格罗同参谋们一起研究进攻迪南的计划时，怒气冲冲的巴顿出现了在他的面前。

刚一见面，巴顿便咆哮着对格罗吼道："这他妈的是谁的混帐主意？"

格罗立即大声回答道："报告将军，这是布莱德利和米德尔顿的命令。"

巴顿不屑地说："米德尔顿真是个优秀的步兵啊！马上掉头，向布莱斯特推进。你不需要理会任何让你停止前进的命令，除非是我让你停下来的。我去替你解释。记住，让敌人去担心侧翼，而不是我们。"

格罗双脚一并，向巴顿行了一个漂亮的军礼，欣喜地说："是，将军。"

巴顿离开后，格罗就命令部队马上掉头，全速向布莱斯特推进。十分不幸的是，由于耽误了 24 个小时的时间，使得德军抓住了时机，调整了部署，放弃了大片农村地区，将兵力全部收缩到了布莱斯特等城市，给美军的攻城战斗造成了巨大困难。后来，美军整整耗费了 10 天的时间，付出了伤亡近万人的惨重代价才攻占了布莱斯特。

约翰·伍德将军指挥的第四装甲师也遇到了类似的情况。巴顿先是命令他全速前进，但米德尔顿却让他改变了行进路线，以确保步兵侧翼的安全。巴顿发现之后，立即通过电话将米德尔顿臭骂了一顿。他咆哮着说："你是怎么搞的，我真搞不懂你为什么这么蠢，不要让恐惧左右了自己。"

随后，第四装甲师才得以迅速向前推进。恰在此时，艾森豪威尔等盟军高级将领也已经意识到，布列塔尼的战略地位已经没有那么重要了。于是，他便命令巴顿以少量的部队攻占布列塔尼，其余的部队则和第一集团军一起向东推进。而这正是巴顿在几个星期之前就已经预见到的事情。

可惜的是，由于布莱德利和米德尔顿的干预，第六装甲师未能按时占领布莱斯特。巴顿在与蒙哥马利的打赌中也败下阵来，但第六装甲师以死

130 人，伤 400 人的微小代价，在不到一个星期的时间内向前突进了 300 公里的战绩不能不让世人刮目相看。

同样，伍德将军指挥的第四装甲师按照巴顿的意图，扫荡铁路线和南部海岸的作战也给人留下了深刻的印象。他们以让世人震惊的速度和勇气攻占了洛里昂和南特，完成了预定的任务。

在布列塔尼之战中，法国抵抗运动与盟军的密切配合对战役的胜利也起了巨大作用。他们为盟军担任向导，提供情报，袭击小股敌军，骚扰敌人的后方，密切配合盟军作战，狠狠打击了德军，使盟军在布列塔尼的各项军事行动进行得十分顺利。在与法国抵抗运动组织的联系中，巴顿那一口流利的法语起到了至关重要的作用。在这一时期，巴顿与抵抗运动中的许多人都建立了深厚的友谊。

二

未能成功的经典再现

在第八军全力进攻布列塔尼之时，巴顿便按照布莱德利的指令，命主力部队向南推进至卢瓦尔河，准备用强大的装甲力量向东和东南实施进一步的行动。很快，第十五军便抵达马延河一线，第二十军则挺进到了卢瓦尔河。与此同时，盟军其他部队的进展也十分顺利，德军正在节节败退。

但就在此时，巴顿的情报处长科克得到了一个惊人的消息：希特勒正在准备实施大规模的反攻计划。希特勒企图以德军精锐第七集团军突破莫尔坦与阿夫朗什之间的美军战线，并迅速推进到海边，包围并全歼布列塔尼的美第八军。希特勒的用意十分明显，他是想通过此举粉碎盟军的"霸王"行动，进而扭转西线的战局。

德军诺曼底方向总司令冯·克卢格元帅已经预见到了希特勒第三帝国走向灭亡的必然趋势。在希特勒下达反攻命令之前，克卢格元帅刚刚调整了部署，暂时稳住了阵脚。但反攻命令一到，一切部署全被打乱了。克卢格元帅根据希特勒的意图，将所有的装甲部队集中到了左翼。遭到盟军多日的猛烈打击，德军在莫尔坦与阿夫朗什地区实际能够投入进攻的部队只有4个装甲师了。即便这4个装甲师也早已严重缺编了。克卢格元帅知道，德军的这次反攻行动无异于一次集体自杀。

8月7日清晨，德军自杀式的进攻开始了。在晨雾的掩护下，德军第一一六、第二、第三和第四十六装甲师先后向盟军的防区发起了猛烈的攻势。除了第一和第二装甲师曾一度攻入美国第七和第十九军的接合部之外，其他部队均在战斗刚打响之时便被盟军的装甲部队挡住了去路。到了中午时分，晨雾逐渐散去，盟军的空军开始行动了。盟军在此时已经完全掌握了制空权，英国的"飓风式"和美国的"野马式"飞机毫无后顾之忧地起飞了。德军的坦克、战车和步兵部队遭到了猛烈的轰炸。阵地上到处是被炸毁的车辆和德军士兵的残肢断臂。在随后几天的战斗里，美军完全粉碎了希特勒的阴谋。与此同时，蒙哥马利也抓住有利时机，对失去装甲部队支援的德军步兵阵地主动发起了进攻。德军在诺曼底地区的防线已经处于崩溃的边缘了。

就在盟军取得全面胜利之时，巴顿产生了一个在法国腹地围歼德军的想法。巴顿十分崇拜迦太基伟大的军事统帅汉尼拔。在克拉克中学读书之时，他曾经专门研究过汉尼拔的征战经历，对他指挥的每一个战役都十分熟悉。公元前216年，汉尼拔在坎尼之战中曾采取中路牵制、两翼迂回的战术，以劣势兵力歼灭了狂妄的罗马大军，取得了辉煌的胜利。在第一次世界大战期间，德军的鲁登道夫将军也曾用过这种战术，在东线战场取得了几次重大战役的胜利。巴顿想效法汉尼拔，在法国的腹地再现坎尼之战的辉煌。

8月4日，巴顿命令海斯利普率第十五军直插马延河与贡提耶堡之间的河岸，命令沃克将军率第二十军南奔卢瓦尔河。巴顿嘱咐他们说："绕过敌人的抵抗，马不停蹄地向前推进，准备迎接更大的战斗！"

海斯利普和沃克两位将军严格遵守巴顿的命令，绕过了德军的抵抗，迅速向前推进。8月8日，第十五军已经越过了马延河，并攻克了拉瓦勒和勒芒。第二十军也在这一天抵达了卢瓦尔河。这时，巴顿又下达了一道新命令：改变进攻路线，挥师北上。他的作战意图非常明确，利用德军发动正面进攻之机，对其实施侧翼迂回，歼灭德军主力。

蒙哥马利和布莱德利在此时也意识到了围歼德军主力的战机已经来临了。莫尔坦战役爆发之后，蒙哥马利制定了一个"大纵深包围歼敌"的计划，准备正面牵制住法莱斯和莫尔坦的敌军，以主力对其两翼实施迂回包围。此时，巴顿的第十五军占领勒芒之后，正全力向北推进。蒙哥马利准备让第二十一集团军群左翼的加拿大部队向南朝法莱斯和阿让唐推进，与第十五军汇合，切断德军的退路。

一向以稳健著称的布莱德利也在稍晚些的时候意识到了这一机会。经过一系列的协调，他基本接受了蒙哥马利和巴顿的方案，对德军主力的两侧实施迂回，但其方案要比巴顿的设想要保守一些。随后，布莱德利便按照这一部下向巴顿下达了命令。

　　接到布莱德利的命令之后，巴顿的的心情十分复杂。让他高兴的是，布莱德利终于下命令要打一场大规模的围歼战了。但对这一方案的发明权却落到了布莱德利的手中。要知道，巴顿是一个十分看重荣誉的人。战役结束后，一位战地记者问他："法莱斯围歼战计划是谁制定的?"他话中有话地回答道："是布莱德利，他是我的上司。"

　　让巴顿感到不快的另外一个原因是，他认为布莱德利的计划过于保守，设置的包围圈过小，很可能导致战场拥挤不堪，使坦克部队失去回旋的余地。不过，无论如何，他的作战意图实现了，剩下的事情就是按照既定部署调动部队了。但巴顿给部下的命令从来不会照本宣科，这次给第十五军下达的作战命令也是这样。他将第五装甲师、第七十九、第九十步兵师和法国第二装甲师划归第十五军指挥，并暗示海斯利普向纵深推进，于其前沿将德军歼灭。

　　这些暗示的语言只有他最亲密的下属才能听得懂。海斯利普十分崇拜巴顿，对他的命令更是不打任何折扣地予以实施。当然，他对巴顿的暗示也早已了然于胸。接到命令之后，他便开始以巴顿式速度向前推进，准备与加拿大第一集团军合围德军。兴奋不已的巴顿亲自随军前进，准备痛痛快快大干一番。随着战略意图一步一步地得到实现，巴顿兴奋不已地对他的参谋长说："哦，用个什么词来形容才好呢，那就叫如愿以偿吧!"

　　8月12日，第十五军的装甲部队已经越过了佩尔塞恩森林，绕过德军的阻击阵地，全力向前推进。为了阻滞第十五军的进军速度，惶恐不已的德军开始加强阻击的力度，炮火越来越猛烈。巴顿命令部队不要理会德军的炮火，只顾向前推进。天黑之时，第五装甲师已经抵达阿让唐郊外的萨尔特河边，并连夜渡河。法国第二装甲师也在此时抵达了阿让唐城南，并派出侦察部队侦察前沿敌情。

　　德军统帅部终于意识到了他们的两翼有被盟军迂回的危险，慌忙下令给克卢格元帅，让他停止在莫尔坦的正面反攻，调集装甲部队向阿让唐推进，进攻美第十五军的侧翼，但为时已晚。当克卢格元帅派遣的装甲集群进入阿让唐城之时，该城已经被盟军的空军轰炸得一塌糊涂了。驻守在该城的德第九装甲师仅剩下一个步兵营、一个炮兵营和十几辆坦克了。

同一天，巴顿抓住有利战机，命令第五装甲师向西北方向进攻，攻占阿让唐，法国第二装甲师则进攻卡伦吉斯。巴顿的目标十分明确，他想让这两个装甲师在控制阿让唐一侧的美国第七十九、第九十师的支援下迅速与法莱斯南面的加拿大部队迎头对进，完成对德军的合围之势。

不幸的是，由于刚组建不久的法国第二装甲师缺乏实战经验，在关键时刻阻塞了第五装甲师前进的道路，使得实际进攻时间比预定时间晚了6个小时。德军利用这6个小时的时间调整了部署，加强了防御。但美军仍然重创了德军，使其陷入了完全被动的境地。

与此同时，蒙哥马利也在德军的右翼撕开了一个巨大的缺口，但尚未到达与美军会合的预定地点。再加上盟军空军方面的优势和法国抵抗运动的有利配合，驻守阿让唐地区的德军已经走到了穷途末路，法莱斯—阿让唐一线的德军眼看就要被盟军围而歼之了。但恰在此时，一向谨慎的布莱德利令第十二集团军群参谋长艾伦将军电令巴顿，在任何情况下不得越过英、美在法莱斯—阿让唐地区的战区界线，第十五军必须在阿让唐—塞厄斯一线止步。

在战前，巴顿便知道蒙哥马利与布莱德利划定了美、英两军的战区界线，但面对稍纵即逝的战机，这个界线将成为围歼德军的障碍。巴顿立即给布莱德利打去电话，进行了交涉。巴顿坚持要第十五军越过界线，向法莱斯进军，但布莱德利则寸步不让，坚决拒绝说："绝对不行，你不能越过阿让唐，必须停止前进！"

毫无办法的巴顿只好命令第十五军停止前进，原地等候英第二十一集团军群的部队前来会合。不幸的是，布莱德利于8月14日又获得了一个错误的情报：法莱斯—阿让唐口袋里的德军主力已经逃出了包围圈。他马上命令巴顿留下两个师的兵力在原地等待英军部队，让第十军的主力向东北方向去追逃出包围圈的德军。实际上，德军主力并没有逃出包围圈，仍在法莱斯—阿让唐口袋之中。直到两天之后，大批溃不成军的德军才从法莱斯以北的一个十几英里的缺口仓皇逃走。

8月19日，巴顿的第十五军终于同蒙哥马利的部队在尚布瓦会师了，将包围圈封死了。德军12个师的兵力被包围了起来。不幸的是，由于美第十五军主力已奉命向东北追击去了，封闭口袋的兵力过于薄弱，使得约4

万德军于 20 至 21 日夜间从美、英两军的结合部突出了包围圈。就这样，围歼德军的大好时机被断送了。巴顿想再现经典的梦想也破灭了。他对布莱德利的过度谨慎十分不满，咆哮着说："布莱德利的座右铭是'有疑即停'。"

布莱德利对这次严重的失误也感到深深的内疚和自责。他知道，如果不是他下了两道错误的命令，美、英早已封死了包围圈，将法莱斯—阿让唐口袋中的德军围歼了。

三

强渡到塞纳河东岸

诺曼底登陆以来，巴顿率领第三集团军取得了辉煌的战果，解放了大片法国的领土。但盟军始终没有向外界公布第三集团军的建制和巴顿的职务。此时，他公开的职务仍然是并不存在的美第一集团军群司令，担负着欺骗德军统帅部的任务，使希特勒误以为他将在加莱地区登陆。

巴顿并不是一个自甘寂寞的人。在第三集团军取得如此辉煌胜利的日子里，他只能默默无闻地参加战斗，而把荣耀和桂冠戴在别人的头上，其内心的痛苦和压抑是可想而知的。与此同时，由于第三集团军的番号尚未公开，其战绩也未得到任何嘉奖。如此一来，第三集团军的士气就受到了一定程度的影响。巴顿曾不止一次地向布莱德利抱怨说："这种该死的保密把第三集团军的功绩全部掩盖起来了！我根本无法让我的士兵们保持高昂的士气！"

随着战局的发展，这一保密措施已经失去了意义，德军已经知道巴顿出现在了战场。布莱德利认为对外公布巴顿动向的时机已经到了。但盟军总司令艾森豪威尔却不同意这样做。他对布莱德利说："这件事情过一段时间再说吧，我认为应该让他再打几次胜仗。"

艾森豪威尔的考虑纯粹是为了巴顿。这位性情冲动鲁莽的将军因为"打耳光事件"和"杀战俘事件"在国内造成了一定的负面影响。艾森豪威尔想让巴顿多立几次功，以改善他在国内的形象。艾森豪威尔的这一决定立即招来了众多的反对。巴顿的朋友和拥护者们认为，让巴顿在前方作战，却把荣誉的光环戴在别人的头上，这对巴顿来说是极其不公的事情。他们强烈要求艾森豪威尔立即公开巴顿参战的消息，给他应有的荣誉。

在强大的压力之下，艾森豪威尔终于妥协了。8月14日，他正式对外

第九章　重返欧陆建战功

公布了巴顿及第三集团军已在法国参战的消息。这一消息一公布，随军记者们便纷纷将第三集团军和巴顿所取得的战绩通过报纸和广播报道了出去。一时间，巴顿成了美英两国各界人士的偶像。各个报刊、电台的记者纷纷赶到法国采访他。巴顿洋洋得意地对朋友说："我再次成为了公共财产！"

获得了应有的荣誉之后，第三集团军的士气大振，各部队的作战比原先更加勇猛了。此时，第八军仍在布列塔尼执行清剿德军残部的任务，第十五军除一部留守阿让唐之外，主力部队与第十二、第二十军一起朝奥尔良、沙特尔和德勒推进。尽管巴顿未能如愿以偿地完成对法莱斯—阿让唐一线德军的围歼，但他很快发现一个更大的战机摆在自己的面前。从当前的战局来看，盟军之中再也没有哪支部队比第三集团军主力部队所处的方位优越了，他们正在一个宽达90公里的正面向东推进，直逼巴黎。如果能够率部解放巴黎，那将会是何等的荣耀啊！

8月中旬，第十二军在库克将军的指挥下解放了法国的历史文化名城奥尔良。第二十军也正全力向沙特尔推进。恰在此时，第十二军军长库克将军却病倒了。库克将军是第一次世界大战时期参军的老兵，具有出色的指挥才能。库克的突然病倒使得巴顿不得不考虑第十二军易帅的问题。但从私人感情上来讲，巴顿却不愿意这样做。库克刚刚率部攻克奥尔良，建立了功绩，其军事生涯正处在巅峰时期，若在这个时候剥夺他的指挥权，他肯定会十分痛苦！

巴顿思前想后，最终决定在尽量减少库克痛苦的前提下，撤换第十二军军长。于是，他利用战斗间歇期间，亲自与艾森豪威尔交涉，请求授予库克"优异服务十字勋章"。艾森豪威尔被巴顿爱护部下的真诚表现感动了，颁给了库克一枚"优异服务十字勋章"。此后，巴顿才在恋恋不舍中宣布免去库克的职务，命第九师师长曼顿·埃迪将军接任第十二军军长。

8月18日，第二十军的步兵和坦克部队攻克了沙特尔，俘敌2000余人，并占领了一个完好无损的机场。与此同时，左翼的第十五军也取得了辉煌的战果，向前推进了近百公里。第十五军的第七十九师穿过诺让勒罗特鲁，在厄尔河上建立了坚固的桥头阵地；第十五军第五装甲师则从阿让唐向前迅速推进，包围了德勒。

如此一来，巴顿的第三集团军下属的第十五、第十二和第二十三个军形成了半包围的态势，部队距巴黎最近之处只有40余公里。巴黎近在咫尺，指日可下。但艾森豪威尔和布莱德利并不同意当前便攻占巴黎。从军事战略上看，巴黎对盟军进攻德国已经毫无意义了，德军已经把巴黎抛弃了。艾森豪威尔和布莱德利一致认为，盟军在追歼德军时，应该绕过巴黎而行，孤立城内守军，待消灭德军主力后再返回头收拾这座孤城。

从政治上看，解放巴黎对美国也是不利的。法国抵抗运动的领导人戴高乐将军与美军之间的关系不算十分融洽，在许多现实问题上都存在着矛盾。法国的首都巴黎一旦解放了，盟军，尤其是美军必然要在政治上面对重建法国政府以及法国政府战后在国际上的地位等问题。由于当时这些问题并没有得到妥善解决，艾森豪威尔和布莱德利并不赞成迅速解放巴黎。再则，巴黎有400多万居民，一旦盟军进入该城，就必须从本来就不算充足的给养中划出一部分保障居民的基本生活。

考虑到这些原因，艾森豪威尔和布莱德利便命令巴顿暂时置巴黎于不顾，全力向东追击德军，争取将其主力驱逐出法国。巴顿也只好暂时放弃解放巴黎的愿望，命令部队向塞纳河一线推进。在西欧一望无际的原野上，巴顿的装甲部队以旋风式的速度追击着德军的败军。在第三集团军的追击之下，德军第七集团军、第五装甲军的残部以及从诺曼底、法莱斯等地溃退下来的部队抱头鼠窜，纷纷退缩至莱桑德利和奎恩之间的塞纳河的渡口附近，准备渡过塞纳河。

为了抓住这一有利时机，实现对德军的最后包围，布莱德利于8月17日命令巴顿调整部署，将第十五军的第五装甲师沿塞纳河左岸调头向北，直奔卢维耶，美第十九军则从勒芒冲向埃尔本夫。巴顿也在纷杂的战局中看到了围歼德军主力的战机，决定在勒芒渡过塞纳河，对东岸建立纵深6～10公里的桥头阵地，以便使车辆、坦克和重型装备渡过塞纳河。当巴顿把这一意图向布莱德利说明之后，布莱德利当即表示同意，并命令他以最快的速度渡河。

8月17日夜间，芒特地区狂风大作，巴顿命令第十五军第七十九师强渡塞纳河。部队冒着狂风，或沿着狭窄的水坝，或乘坐舟船，纷纷向塞纳河东岸开进。到后半夜，该师大部分人马已经渡河完毕。次日，他们趁德军尚未发现他们的动向之际便出其不意地抢占了设在拉罗利的德军 B 集团军群指挥部，并向刚刚到达该地区的德军发起了进攻。至 8 月 23 日，一座能通过各种交通工具的桥头堡便建立起来了。

在第七十九师强渡塞纳河，向德军 B 集团军群的指挥部发起进攻之时，第五装甲师也按照巴顿的命令，开始全力向西北方向的卢维耶突进。由于德军在卢维耶集中部署了兵力，使得第五装甲师的行动受阻。战斗打得十分残酷，第五装甲师用了整整 5 天的时间，才打通了这一道路，占领了卢维耶。

与此同时，左翼的第十九军也开始向埃尔本夫进攻。经过几天的猛烈攻击，第十九军于 8 月 25 日攻克了埃尔本夫。随后，他们又按照布莱德利的部署，迅即撤回原防区，以便留出一条畅通的大道，让英国第二集团军来封闭韦尔农和莱桑德利之间的塞纳河地段，以实现对德军后撤部队的合围。

在盟军火速向前推进之时，德军也逐渐意识到了他们又一次面临着被围歼的危险。在整个 8 月下旬，他们拼命地往东撤退，潮水般地向塞纳河对岸涌去。不过，由于巴顿的第三集团军已经控制了塞纳河上的大部分渡口，使德军重武器、车辆的撤退严重受阻。德军只能集中在奎恩的南面和西南面的两个大转弯处，等待过河。

数十万部队和装备集中在狭窄的岸边，正中了布莱德利的计策。于是，盟军的空军乘机对奎恩地区进行了轰炸。慌作一团的德军在盟军的轰炸中死伤无数，重型装备也损失惨重，仅被击毁的军车便达 4000 余辆。

尽管在战役中有几万德军从奎恩渡口逃走了，但这场围歼战总体上还算是成功的。德军第七集团军、第五装甲军和从诺曼底、布列塔尼等地撤出的残部基本被歼灭了。在这个过程中，巴顿果断指挥和第三集团军神速推进对战役的胜利起了至关重要的作用，赢得了军事专家和各国舆论界的一致赞扬。

四

解放巴黎的伟大荣耀

在盟军于塞纳河西岸围歼德军的战役取得辉煌胜利之时，巴顿并没有洋洋得意，他的目光再一次超越了众人，瞄向了塞纳河以东广阔无垠的大平原和法西斯德国的心脏。8月21日，巴顿命令第十二军军长埃迪将军放开手脚，大踏步前进。第十二军第四装甲师一马当先，绕过了德军固守的穆塔吉斯，直扑桑斯，迅速占领了该城。由于第四装甲师进军的速度太快，桑斯的德军竟无察觉，更没有采取丝毫的防御措施。当第四装甲师突然攻入桑斯之时，许多德军军官居然身穿假日礼服到圣艾蒂安大教堂去参观。次日清晨，第四装甲师在塞讷河对岸建立了一个桥头堡。几天以后，穆塔吉斯的德军就被全部肃清了。

到8月25日，第三集团军在巴黎以南的塞纳河上游和特鲁瓦河段上已经占据了4个桥头阵地，并将芒特的桥头阵地交给了第一集团军。由于他们的进军太快了，疲惫不堪的德军都被他们甩在了身后。

在节节胜利之际，第三集团军的士气已经达到了历史最高点。士兵们似乎都相信，他们只要跟着巴顿，就没有做不成的事情。在这种情况下，只要巴顿一声令下，他们便争先恐后，势如破竹地向前推进。美、英、法等国的报纸每天都在报道巴顿和第三集团军的消息。此时的巴顿已经成为了西方家喻户晓的英雄人物了。他和第三集团军每到一地就会受到欣喜若狂的法国人载歌载舞的欢迎。他们站在大街两旁，手举鲜花、美酒和水果献给他们的勇士，孩子们则高举着法兰西的三色旗和美国的星条旗追在部队的身后，疯狂地享受着胜利的喜悦。

法国大部分领土都解放了，但已经成为孤城的巴黎却依然在德军的控制之下。一想到这里，大多数法国人都感到十分难过。巴黎是他们的首都，是法国自由、独立的象征，巴黎一天不解放，他们就感觉自己的国家和民族受到了侮辱。

能讲一口流利法语的巴顿每到一处都会和当地的法国人聊一聊，给他们鼓鼓气。但一说到巴黎，他便会和法国人一样，感到十分不快。他早就想把解放巴黎的伟大荣耀戴在自己的头上了。无奈的是，艾森豪威尔和布莱德利却要求他尽量推迟解放巴黎的时间。

正当巴顿为此闷闷不乐之时，一个意外事件的发生为他实现这一梦想创造了机会。8月19日，在法国警察的支持下，巴黎爆发了自发性的武装起义。热爱自由和独立的法国人纷纷拿起武器，用武力夺取了巴黎的一些要害部门。

驻守在巴黎的德军司令迪特里希·冯·肖里茨将军看到德国在法国的统治已经到了穷途末路，更为了保护古城巴黎免遭战火的损失，暂时与抵抗力量达成了停火协议。法国抵抗力量的部分领导人担心这只是德军的权宜之计，便于8月23日夜间派联络员悄悄潜出了巴黎，与盟军联系，要求他们火速驰援巴黎的抵抗运动。

在这种情况下，艾森豪威尔和布莱德利都不得不认真考虑解放巴黎的问题了。如果他们将法国抵抗力量的请求置之不理，不但会挑起政治纷端，还可能会让在法国领土上作战的美军失去当地人的支持。

派谁去解放巴黎呢？如果单纯从军事角度考虑的话，派巴顿和他的第三集团军进驻巴黎是最合适的。第三集团军的第十五、第十二和第二十三军的部队已经形成了对巴黎的半月形包围圈，距离巴黎城最近处只有40多公里。以巴顿旋风式的进军速度，仅需一天的时间，巴黎便可以得到解放。

从政治角度来考虑，巴顿也是一个合适的人选。他是整个盟军高层指挥员中唯一能流利地讲法语的人，在法国和法国人民之中又享有很高的声誉，被法国人认为是法国最好的朋友。而且巴顿本人又有着解放巴黎的强烈愿望。

更为难得的是，他第十五军所属的法国第二装甲师几乎全部是法国人组成的，由他们来完成对巴黎的解放，无论在军事上还是政治上都是十分适宜的。在此之前，自由法国的领导人戴高乐将军已经与盟军司令部达成了协议：第一支进入巴黎的盟军部队必须是法国部队。从这一点来说，让巴顿率领法国第二装甲师去解放巴黎，无论对法国来说，还是对巴顿本人来说都是十分合适的。

不过，艾森豪威尔和布莱德利都不愿让巴顿介入解放巴黎这件事情上。在这一点上，他们早已达成了一致。他们的理由看上去也十分合理。一方面，巴顿和他的第三集团军是盟军中最强力的先锋部队，其他部队都无法取代这一位置。巴黎早已经成为一座孤城，在军事上已经失去了战略意义，让一支精锐的先锋部队去解放它确实有点大材小用之感。

另一方面，性格粗鲁莽撞的巴顿在政治上极其幼稚，他们担心巴顿在巴黎会再次卷入政治漩涡之中，成为众矢之的。更何况，巴顿的一些法国朋友本身就很不受罗斯福总统和丘吉尔首相的欢迎。

不过，他们不同意由巴顿去解放巴黎最主要的原因并不是这些，而是出于一种无法启齿的嫉妒心理。作为野战部队的司令，巴顿已经成为了西方家喻户晓的英雄人物，甚至连作为盟军总司令的艾森豪威尔和第十二集团军群司令的布莱德利都没有巴顿的声誉高。无法启齿的嫉妒心理让他们不愿意将解放巴黎的伟大荣耀再由巴顿享有。

在这种情况下，布莱德利将第十二集团军群司令部迁到了沙特尔附近。8月19日，布莱德利告诉巴顿，艾森豪威尔决定让法国部队进入巴黎，并暗示，解放巴黎的任务已经交给了第一集团军。随后，布莱德利将勒克莱尔将军指挥的法国第二装甲师调离第三集团军，划归第一集团军第五军。艾森豪威尔和布莱德利打算让第五军军长杰罗将军率部进入巴黎，将解放巴黎的伟大光环戴在自己的头上。

消息传出去之后，巴顿及其部下都十分震惊，认为这是艾森豪威尔和布莱德利企图剥夺巴顿荣誉的阴谋。尽管十分气愤，但巴顿却毫无办法，只能默默地关注着事态的发展。

8月25日，勒克莱尔率法国第二装甲师威风八面地开进了法国的千年古都巴黎。第二装甲师受到了英雄般的欢迎。整个巴黎都变成了欢乐的海洋，到处都是欢迎的人群、鲜花、彩带和气球。下午3点15分，德守军司令冯·肖里茨在蒙贴纳斯车站正式向勒克莱尔将军交出了巴黎。

巴顿曾为迎接这一伟大的历史性的时刻做好了一切准备工作，但当它到来之际，巴顿与它却毫无关系，这不能不说是一个极大的讽刺。巴顿感觉自己受到了侮辱。不过，接下来发生的事情却又戏剧般地将解放巴黎的伟大荣耀归到了他的头上。

法国第二装甲师进入巴黎之后，戴高乐任命法国国内部队司令官皮埃尔·约瑟夫·柯尼希将军为巴黎的军事长官。柯尼希将军和大多数法国人一样，十分喜欢能讲一口流利法语的巴顿。在到巴黎赴任的途中，柯尼希将军专程绕道去拜访了巴顿，表达了法国人对他为解放巴黎所做贡献的感谢。本来满腹牢骚的巴顿被柯尼希将军的举动感动得热泪盈眶。

与此同时，美第五军军长杰罗将军在进入巴黎之后便以征服者的姿态自居，对待法国人的态度十分傲慢，引起了法国人的不满。进驻巴黎不久，他十分傲慢地通知自由法国运动的领导人戴高乐将军说："我准备把这座城市转交给法国人。"

杰罗将军的这句话刺伤了法国人敏感的自尊。他们认为巴黎的解放大部分功劳应该属于法国抵抗运动和第二装甲师，杰罗不过是在盟军高层的争名夺利之中捡了便宜。于是，他的这句话引起了柯尼希将军的反唇相讥。柯尼希将军对他说："请你不必费心了，自解放之日起，这座城市就已完全回归法国人之手。"

杰罗讨了个没趣，只好闷闷不乐地离开了巴黎。巴顿听到这个消息却十分高兴，他幸灾乐祸地说："老柯尼希干得好！"

将解放巴黎的光环最终戴在巴顿头上的是他的老部下勒克莱尔将军。由于杰罗对法国人的轻视导致他与勒克莱尔将军之间的关系十分紧张。十分怀念巴顿的勒克莱尔公开宣称自己的部队属于巴顿的第三集团军编成，与第一集团军第五军毫无关系。因此，英国BBC广播电台在播报巴黎解放的消息之时，并没有提到第五军，而是极力宣扬了巴顿和第三集团军在解放巴黎过程中的功劳。闻知这一消息，巴顿洋洋得意地说："善有善报。如果不是有人阻止的话，我确实可以拿下这座城市。"

巴黎的解放标志着诺曼底登陆战役正式结束了。在这一战役中，巴顿指挥的第三集团军并不是第一个参战的，但却是将战线向前推进得最远的。在8月这短短的一个月之中，他的第三集团军以旋风似的速度向前推进了800多公里，解放了12万多平方千米的土地，毙伤和俘虏德军10万余人，摧毁和缴获了德军大量重型装备。巴顿所取得的战绩在盟军之中无人可以与之匹敌。

· 第十章 ·

在束缚中全力进军

一

汽油供应严重不足

随着战局的发展，德国法西斯的失败已经是可以预见的。在这种情况下，英、美之间的矛盾和争论也愈来愈多了。丘吉尔希望尽量拖延战争的进程，让德国和苏联在东线战场上拼个你死我活，削弱这两个欧洲大国的实力，而英国则趁机进入巴尔干半岛，以便使英国在战后成为欧洲的霸主。但美国却希望尽快结束这场可恶的战争，减少伤亡，恢复生产，提高国内人民的生活水平。

于是，艾森豪威尔作为盟军总司令便陷入了与英国首相丘吉尔无休止的争论之中。为了尽快结束战争，艾森豪威尔在作战问题上始终没有向丘吉尔妥协。这使得丘吉尔多次向罗斯福总统抱怨，企图改变艾森豪威尔的想法。

与此同时，盟军内部也因为荣誉和指挥权等问题产生了纠纷。蒙哥马利向艾森豪威尔提出，他应像"霸王"行动开始时一样，保持对全部地面部队的战术协调控制权。艾森豪威尔断然拒绝了他的要求。此时，美国的报纸已经在抱怨说，英国人统治着盟国远征军，因为英国人领导着主要的陆海空部队，而艾森豪威尔不过是一个傀儡罢了。

马歇尔对报纸上的报道极为不满，他在给艾森豪威尔的一封电报中说："陆军部长史汀生和我，以及所有的美国人民，强烈地认为，你负责直接指挥美国部队的时候已经到来。美国地面部队不能再受英国人的指挥和制约了。"

正是基于这种考虑，艾森豪威尔才于实施"眼镜蛇"计划的前后，接管了美国地面部队的指挥权。8月19日，艾森豪威尔告诉蒙哥马利和布莱德利，他打算在法国设立具有适当通讯设备的前进指挥所之后，立即亲自指挥陆上作战。艾森豪威尔还拟订了一个作战计划，派遣蒙哥马利的第二十一集团军群向东北，朝安特卫普和鲁尔进发；派遣布莱德利的第十二集团军群从巴黎向东直指梅斯。

蒙哥马利对此极为不满。8 月 22 日，他派自己的参谋长弗雷迪·德·基恩甘去见艾森豪威尔，对这两个决定提出了抗议。蒙哥马利对艾森豪威尔说，结束战争最快的办法就是把巴顿留在巴黎。另外，他还要求将新近运来的补给品，大部或全部交给他的第二十一集团军群使用。他甚至以警告的语气对艾森豪威尔说："在取得巨大胜利之后，现在来改变指挥系统，只会延长战争时间。"

由于艾森豪威尔始终没有作出妥协，蒙哥马利邀请艾森豪威尔在第二天到他的战术司令部共进午餐。第二天的讨论理所当然地又成了蒙哥马利对艾森豪威尔大发牢骚的争吵。但不管他怎么说，艾森豪威尔始终没有动摇接过地面部队指挥权的决心。

蒙哥马利还希望正以旋风式的速度向前推进的巴顿按兵不动，由自己来指挥空降集团军和第一集团军；自己的部队必须得到一切可以得到的补给品；自己的部队要越过加莱海峡，向安特卫普和布鲁塞尔挺进，直捣德国的工业中心鲁尔。蒙哥马利信誓旦旦地说，如果一切顺利的话，这场可恶的战争会在 10 月就宣告结束。

蒙哥马利向艾森豪威尔要求让巴顿的第三集团军按兵不动之后，巴顿更加讨厌他了。在"霸王"行动中，由于巴顿的第三集团军一出场就取得了辉煌的胜利，巴顿的名字在一夜之间就传遍了全世界。各国报纸的头版头条几乎都是对这位传奇将军的报道，这让蒙哥马利很不舒服，双方也因这种细枝末节的荣誉问题而发生过争执。巴顿认为蒙哥马利要从安特卫普和布鲁塞尔进军，直捣鲁尔，这是一件吃力不讨好的事情。那里水网密布，不利于装甲部队的展开。他向布莱德利建议，他们以辞职来威胁艾森豪威尔，让他收回对蒙哥马利做出的妥协。他说："我认为这样摊牌后，我们会取胜，因为艾克不敢将我们解职。"

布莱德利是一个稳重的人，并不像巴顿那样容易冲动。他劝说巴顿以大局为重，不要影响两国关系。如何处理自己与蒙哥马利的关系，并协调美英两军的作战等问题，让艾森豪威尔忙得喘不过气来。

经过紧张的协调，盟军司令部最终决定了一个折中方案，即美国第一集团军和第十八空降军支援蒙哥马利向东北突击，并在燃料等方面给以优先供应。巴顿的第三集团军在南路进军，但其目的是配合和策应蒙哥马利的行动。尽管蒙哥马利、布莱德利和巴顿对这个折中方案均表示不满，但总算勉强接受了下来。

8月25日，布莱德利以美第十二集团军群司令的身份向美第一和第三集团军下达了作战命令：霍奇斯将军指挥的第一集团军在默伦和芒特两地渡过塞纳河，向利尔推进；巴顿的第三集团军则分为左右两路，从塞纳河边的桥头阵地出发，沿巴黎向东的两条公路干线继续追击德军残部，朝梅斯—斯特拉斯堡一线推进。

法国第二装甲师被调离第三集团军之后，巴顿手中的精锐部队还有3个装甲师和4个机械化步兵师。虽然自己分配到的任务是策应配合蒙哥马利，但巴顿深信自己的部队将会在战役中取得更大的胜利，再一次盖过蒙哥马利的风头。他在当天的日记中写道："我坚信，如果我们现在狠狠地打击德军，战争可望在近期结束。"

8月26日，第三集团军兵分两路，开始从塞纳河东岸的桥头阵地向东推进。巴顿又忙了起来，他像一台永不知疲倦的机器一样，到各部队去视察，去嘉奖那些作战英勇的士兵，去臭骂那些表现不佳的指挥官……

在美军猛烈的打击之下，德军已经失去了抵抗意志。第三集团军向前推进的过程中几乎没有遇到什么抵抗，进军速度太快了，快到连巴顿都感到有些不可思议了！仅仅两天之后，第三集团军便在蒂那里堡和沙隆渡过了马恩河，进入了一览无遗的平原地区。

但就在这时，巴顿遇到了两个严重的问题，使他极为恼火。一方面，第三集团军的装甲部队和机械化步兵师每天都需要大量的汽油。由于他们向前推进的速度太快，负责运输的后勤部队必须让所有的运输汽车和大部分飞机都跟在第三集团军的屁股后面才能供应上。但由于艾森豪威尔已经答应了蒙哥马利，在给养上优先供应英第二十一集团军群，致使为第三集团军运送物资的汽车和飞机都大量减少了。如此一来，第三集团军的汽油供应严重不足，坦克开着开着就得停下来等待运输部队送来汽油。

另一方面，由于第三集团军向前推进的速度太快，已经将战线拉得太长了，致使部队的右翼完全暴露在了德军的面前。根据预定计划，法国第二装甲师应随第三集团军一起向东推进，确保该集团军右翼的安全。第二装甲师进入巴黎之后，浪漫的法国士兵便穿着军装以解放者的姿态溜到了大街小巷的酒吧和妓院中去寻欢作乐，迟迟不归队。法国第二装甲师师长勒克莱尔也毫无办法。

8月28日上午10点30分，布莱德利驱车赶到巴顿的司令部，命令第三集团军暂停进攻，原地等待法国第二装甲师。巴顿立即大发雷霆，拒绝接受命令。最后，布莱德利只好勉强同意第三集团军向默兹河挺进。为了确保第三集团军右翼的安全，布莱德利进行了大量的协调工作，终于让法国第二装甲师在9月初赶赴到了前线，担任保护第三集团军右翼的任务。

8月29日，第三集团军的第十二军和第二十军分别抵达了科梅尔西和凡尔登，准备强渡默兹河。巴顿命令他们，一定要抢在德国人摧毁大桥之前，渡过默兹河，并给德军以决定性的打击。十分不幸的是，正当一切都有条不紊地进行之时，当天应供给第三集团军的14万加仑汽油仍然没有运到。巴顿立即给布莱德利打电话，提出了抗议。但布莱德利也毫无办法，蒙哥马利在欧洲东北方向的行动占用了大量的飞机，部队根本无法给第三集团军运输汽油。

巴顿并没有命令部队停下来，他要求装甲部队继续快速向前推进，直至用尽最后一滴汽油。在巴顿的鼓动之下，第十二和第二十军在当天晚上就强行渡过了默兹河，并继续向前推进。第二天，第三集团军的先头部队正向南锡附近推进之时，坦克却发动不起来了，它们已经烧尽了最后一滴汽油。巴顿感到十分遗憾，南锡距萨尔河只有100余公里，距莱茵河也不过150公里，距离梅斯更是只有50公里。如果汽油供应充足的话，巴顿的第三集团军在当天就能攻克梅斯，两天后便能进入德国境内。此时，德军在齐格菲防线的防守兵力十分薄弱，是攻克这一防线的最佳时机，但巴顿只能坐在指挥部里眼看着这一良机与自己擦肩而过了。

在当天的日记中，巴顿愤愤不平地写道："又推迟运汽油了。为了迎合蒙哥马利的要求，大部分汽油都给了第一集团军。结果，我们手中一滴汽油也没有。只要得到汽油，我保证能打赢战争。"

二

在摩泽尔河畔受阻

部队在默兹河东岸停下来之后，巴顿飞回了凡尔赛，去见了布莱德利，希望他能帮助部队解决汽油供应的问题。不过，由于蒙哥马利的第二十一集团军群的行动使得物资供应十分紧张，布莱德利也毫无办法。

9月2日，艾森豪威尔飞到了凡尔赛，同布莱德利和巴顿商议未来的作战计划。他本来打算狠狠地批评巴顿一顿的，因为他"旋风式"的进攻已经把战线拉得太远了，给后勤补给造成了困难。不过，巴顿在会见开始的时候就抓住了机会，先抱怨了艾森豪威尔一通。他说："艾克，如果你给我正常的物资供应，我能推进到德国边界，突破那条该死的齐格菲防线！我愿意以我的名誉打赌。"

看着眼前这个口无遮拦的老朋友，艾森豪威尔淡淡地说："乔治，小心点！你的名誉值不了多少钱！"

巴顿嬉皮笑脸地回答说："嗨，艾克，你错了！我的名誉现在相当不错！我的部队在前方，机会好得不能再好，希望阁下开恩，同意拨给第三集团军一些汽油，保障我的军队继续前进！"

艾森豪威尔并没有同意巴顿的请求。面对大好的战机，巴顿已经无法按捺住激动的心情了。他决定不再等待艾森豪威尔和布莱德利为第三集团军解决汽油供应的问题了，他想到了对自己最忠诚的后勤处长沃勒尔·马勒。自从参加第二次世界大战以来，由于战斗激烈，部队调动频繁，巴顿的部署换了一茬又一茬。但对他最忠诚的那一部分人始终没有被换掉，无论他到哪支部队任职都会带着他们。后勤处长马勒便是其中之一。

马勒是一个坚毅而机敏的后勤军官。军事评论家评论他说："马勒是整个欧洲战区最会捞取物资的后勤处长……他按照兵马未动，粮草先行的原则办事，总是要比别人先行几步"。

正是因为马勒在后勤工作上的出色表现，巴顿对他十分倚重，对他采取各种违规手段来搜刮物资的行为也睁一眼闭一眼。早在战役开始之初，马勒就预见到部队的用油量将会剧增。他在收集物资之时总是想尽一切办法，尽量多地收集和储备汽油。在第三集团军参战的初期，第一集团军每天得到的物资供应只有 6000 吨左右，而第三集团军则多达 1.3 万吨，其中半数以上都是汽油。

第三集团军得到的汽油主要来自战场上的缴获。由于第三集团军旋风式的推进速度，德军往往还来不及反应便被俘虏了。因此，他们缴获的战略物资在盟军各个集团军中是最多的。例如，在攻占桑斯时，他们缴获了德军 10 万多加仑汽油；在夏龙又获得 10 多万加仑。对待这些战利品，马勒往往既不上报，也不记录，而是就地就将其发到部队手中，以解燃眉之急。

此外，马勒还经常鼓励部队利用一切可能的方式和途径攫取汽油。在他的默许下，有的部队把开入巴黎的卡车连同车上的汽油一同掠走，有的士兵偷偷地用管子把别人油库里的油抽走，有的部队甚至派人冒充第一集团军的人去油库冒领汽油。

马勒的这些举动招致了很多人的不满，纷纷要求巴顿撤换他。但巴顿总是以各种理由挡住了这些要求。其实，巴顿自己在搜刮汽油上也跟马勒一样放肆，只是他不能像马勒那样露骨而已。毕竟，他是第三集团军的司令，而不是后勤处长。

每次他到布莱德利的司令部之时总是要司机把汽油放出来一部分，只留够单程的油就可以了。离开之时，他总是要司机在供应集团军群司令部的油库里把汽车的油加满。他这样做虽然得不到多少油，但却能引起别人的同情和注意。人们会说："看，第三集团军又没有汽油了，连他们司令官的汽车都得不到足够的汽油！"

9 月初，第三集团军的一支部队进入马恩河畔的一个小山谷。马恩河畔是法国著名的产酒区，到处洋溢着醉人的酒香。部队缴获了大批好酒，有上等的白兰地、烈性酒、葡萄酒和香槟等。酒瓶上大都印有"德国国防军成员专用"的字样。当后勤处长马勒把这一消息上报给巴顿之时，巴顿

莱茵河畔：美军守护着被德军破坏的一座莱茵河大桥。

眼睛一亮，狡黠地看了马勒一眼。

马勒看见巴顿的表情，心领神会，马上也笑了起来。他们所想的居然是同一件事情。经过长时间的作战，大部分士兵都换上神经衰弱的毛病，需要烟酒来麻醉自己才能振奋起来，盟军分配给第三集团军运输汽油的飞机和汽车的驾驶员也是如此，何不从那些驾驶员身上想办法呢？于是，在巴顿的默许下，马勒给每一位为第三集团军运送汽油和物资的驾驶员送上了一份厚厚的礼品。

巴顿的这一招果然产生了意想不到的效果，后勤部队的士兵都争先恐后地为第三集团军运送物资。就这样，第三集团军汽油供应的问题总算解决了一部分。于是，巴顿便命令部队继续前进。他坚定不移地告诉士兵们："我们一分钟也不能耽搁了，速度就是胜利！"

在巴顿精神的鼓舞下，第三集团军全体将士士气高昂，斗志旺盛，每一个人都强烈地渴望向莱茵河进军。他们相信自己的统帅，自从跟随巴顿作战以来，他们很少遭受失败。对军人来说，还有什么能比快速运动和辉煌胜利让他们更加愉快的呢！不过，由于部队仍然得不到充分的物资供应，部队的进军速度还是受到了影响。更为不幸的是，艾森豪威尔碍于蒙哥马利的压力不得不再次命令巴顿让部队停下来。

巴顿的部队停下来之后，德军终于得到了喘息之机。在希特勒的亲自干预之下，德军迅速调整了部署，加强了防御。艾森豪威尔这才意识到让巴顿的第三集团军停下来是一个错误，遂于9月4日突然改变了主意，给巴顿开了绿灯，命令他向法兰克福方向挺进。非常不幸的是，由于德军已经重新部署了兵力，第三集团军已经失去了向前推进的最佳时机。

此时，德军在齐格菲防线已经部署了63个师，其中有15个装甲师和装甲步兵师。希特勒再次启用了诺曼底战役后曾一度销声匿迹的冯·龙德施泰特元帅，并为他配备了一名年轻精干的参谋长韦斯特法尔。韦斯特法尔是德国军界的一位后起之秀，是德军中最年轻、最具实力的参谋长之一。希特勒要求他们，务必阻止盟军的进攻，牢牢控制住荷兰，并在适当的时候向兰斯方向实施反攻。

龙德施泰特元帅在巴顿的第三集团军当面部署了德军最精锐的第一集团军。德军第一集团军的司令是冯·诺拜尔斯道夫特将军。此人是一员沙场老将，以坚韧凶悍著称。他抓住巴顿的第三集团军在9月初停滞不前的大好时机，用7个师和一个装甲旅在默兹河以东的洛林地区建立起了一条坚固的防线。由于洛林地区距离鲁尔区不远，德军第一集团军的后勤供应也十分方便。可以说，这里是西线德军的防线中最坚固的地段。

洛林是法国的边境省份，也是法军的屈辱之地，法军在历史上曾多次于此败给德军。曾经被誉为固若金汤的马其诺防线便经过这里。德军利用法军留下来的马其诺防线，构筑了坚固的防御阵地。对美军来说，马其诺防线将会给他们带来惨重的伤亡。

更为严重的是，巴顿的装甲部队在这里也无法施展开来。洛林地区的地形极其复杂，河网密布，还有起伏不平的高地、山脉和茂密的森林。从9月开始，这一地区进入雨季。10月是降雨的高峰期，届时这一地区将变成一片泽国。河网和复杂的地形便成为了阻止第三集团军装甲部队前进的天然屏障。

　　9月4日上午11点，布莱德利到巴顿的司令部传达了艾森豪威尔的命令。巴顿立刻召集了第十二、第十五和第二十军的军长，召开了简短的作战会议。巴顿决定由第十二军打先锋，越过摩泽尔河，占领南锡并准备继续进军曼海姆和莱茵河。部队的进展十分不顺利，第一天便遇到了德军的顽强抵抗。部队在摩泽尔河受阻了。接下来的几天里，虽然巴顿组织了多次强攻，但始终没能渡过摩泽尔河。

　　9月8日，德军开始组织兵力向第三集团军发起了反攻。天刚亮，德军第一〇六装甲旅便在奥梅兹突然发动进攻，迅速插入了美第九十师第三五八团和三五九团之间，甚至一度攻入师部，抢走了大批机密档案。直至下午，德军的攻势才被遏制住。与此同时，美第八十师也遭到了德军的猛烈反攻。

奉命转入全面防御

正当第三集团军在摩泽尔河畔与德军进行激烈的拉锯战之时，布莱德利采取了一个大胆的军事行动。由于第三集团军在摩泽尔河畔牵制了大批的德军，造成了德军在其他一些地段防御的空虚。于是，布莱德利当机立断，命令第一集团军立即突破齐格菲防线，向德国境内推进。布莱德利的这一举措让德军最高统帅部惊慌失措，急忙将德第一集团军的主力部队调离洛林地区，加强齐格菲防线的防御力量。

第三集团军正面的压力减轻了，进攻也取得了一定的进展。9 月 12 日，第七装甲师渡过了摩泽尔河，进入阿纳维尔的桥头阵地。第八十师在迪厄卢阿强渡成功了。第四装甲师则扩大了南锡以南的洛雷桥头阵地。

就在此时，美第一集团军也利用巴顿在洛林牵制了大量德军的有利时机突破了齐格菲防线，将战线推进到了德国本土。巴顿闻之，心情大振，决定在 9 月 18 日发动一次强大攻势，突破齐格菲防线，攻占沃尔姆斯。德军似乎看出了巴顿的意图，在 9 月 18 日这一天率先向美军发动了攻势。由于吕内维尔等地的美军毫无防备，在德军强大的攻势之下被打得节节败退。幸亏得到第四装甲师的支援，吕内维尔等地的美军稳住了阵脚，打退了德军的进攻。

德军的突然袭击打乱了巴顿的作战部署，对齐格菲防线的进攻计划不得不改在第二天实施。9 月 19 日，第三集团军发起强大攻势，将战线稳步向前推进了数十公里。至 9 月 25 日，左翼的第二十军已经越过了摩泽尔河，距梅斯已经不足 10 公里了；第十二军已经占领了南锡，并向河的东岸推进。

就在这个时候，艾森豪威尔给巴顿下达了一道命令，让第三集团军停止进攻，全面转入防御。艾森豪威尔考虑的是，由于战线拉得太长，第三集团军的物资供应已经成为了一个沉重的包袱。因此他决定在安特卫普港启用之前，物资优先供应给北路的第二十一集团军群和第一集团军。

接到这一命令，巴顿沮丧地对部下说："蒙哥马利又赢了。我接到了命令，我们的供应又被削减了。"

9月下旬以后，第三集团军向前大规模地突进暂时结束了，但小规模的作战行动并没有停止。巴顿巧妙地利用布莱德利给他下达的可对部队进行小规模调整的命令，在给第三集团军下达的命令中说："由于面临着严重的供应问题，第三集团军奉命在战场上采取守势。成功地完成这一任务必须特别注意两点。首先，我军作战态势的改变必须对敌人严格保密，以牵制住更多的敌人；其次，控制一条合适的出击地带，以便恢复攻势时可以迅速行动。"

为了让士兵们继续保持高昂的士气，巴顿在命令的最后以不容置疑的措辞写道："我们只不过是在等待信号，以恢复我们对敌人的进攻。"

9月27日，巴顿接受了第二十军军长沃克将军的建议，向梅斯发动了强大的攻势。梅斯是德军在洛林地区的重要军事要塞，防御工事极其坚固。要塞的外围有层次复杂、极为坚固的堡垒群，内部则壕沟纵横，铁丝网密布，到处都是混凝土机枪掩体和装甲瞭望所。疯狂的德军还挖通了数十公里的坑道，将各个阵地连成一片，形势十分险要。

沃克将军提议，先用重磅炸弹从空中对梅斯外围的堡垒群实行轰炸，然后用高爆炸弹对堡垒的中心阵地进行集中轰炸，最后用步兵和反坦克炮兵进行正面强攻。

巴顿认为这个计划十分大胆，而且也颇具实际意义。经此一战，美军未必能攻占梅斯，但至少可以对梅斯的防御体系进行武装侦察，并摧毁其中的主要设施，为以后的进攻奠定基础。梅斯战斗打得十分激烈，从9月27日一直打到10月10日。战斗的结果正如巴顿预料的那样，美军未能占领梅斯，但却为以后的进攻奠定了基础。更为重要的是，美军在此一役中消灭了德军的大量有生力量。

在美军向德军发起进攻之时，疯狂的德军有时也会实施反攻行动。9月30日，部署在希那河以东的美军第三十五师突然遭到敌人一个军兵力的大举进攻，阵地岌岌可危。与此同时，第十二军的军部也遭到了德军炮火的猛烈轰击。当时，第十二军军长埃迪将军正在举行指挥官会议。这位果敢的军长并没有惊慌，他立即命令炮兵予以还击。但考虑到第三十五师的处境，他给该师师长下达了撤退的命令。

闻知这一消息之后，巴顿立即跳上一架轻型飞机，冒着猛烈的炮火飞抵了埃迪司令部。火冒三丈的巴顿当即宣布取消撤退的命令，并命令第三十五师必须与阵地共存亡，不能后退半步！随后，他又火速赶到第六装甲师司令部，亲自组织部队进行反攻。在巴顿的直接干预下，德军的进攻终于被击退了。

进入秋季之后，法国变得潮湿阴冷起来。在艰苦的战斗环境中，思乡情绪向传染病一样在各个部队之间传开了。这些身处异国他乡的大兵们在想家的时候甚至会偷偷地抹眼泪。很多部队因为这种强烈的思乡病而导致的非战斗减员十分严重。令人震惊的是，思乡病在巴顿的第三集团军中却十分少见。粗鲁的巴顿是怎么做到这一点的呢？

巴顿虽然是一名出身贵族的将军，但从来不排斥与普通士兵交往。在士兵面前，他那满口脏话的谈话方式还会让士兵们觉得他特别亲切。在一般情况下，他总是喜欢在白天上前线视察，在天黑后悄悄地乘轻型飞机返回司令部。巴顿如此煞费苦心地安排到前线视察的行程是有原因的。他曾经说："应该让士兵们经常看到他们的指挥官奔赴前线，而不要让他们看见他在撤回后方……军官的级别越高，越要用更多的时间到前线走动。"

巴顿的这种作风也影响了他属下的大多数军官。他们处处以巴顿为榜样，严于律己，以身作则，经常到前线跟士兵们呆在一起吹吹牛，抽抽烟……

巴顿还像父亲一样对待士兵。虽然他经常对士兵们发火，但在战斗间歇里，他却会想尽一切办法让将士们在城镇和村庄去洗个澡，换上干净整洁的服装，去看看电影，改善一下饮食。他还暗示后勤处长马勒，把在战场上缴获的食品尽量不要上报到司令部，而是就地分给部队，以改善士兵的伙食。

由于长期呆在潮湿的战壕里，很多士兵都得了一种被称为"堑壕足"的脚病。这种病虽然不致命，但发起病来也十分难受。巴顿便命人专门研究了防治"堑壕足"的方法，还以私人身份给全军士兵写了一封信，告诉他们如何照顾自己的脚。这封充满慈父般关怀的信在整个第三集团军产生了巨大的反响。

巴顿不但十分关心士兵们的生活，对军官的驾驭也有自己的一套办法。他行为粗犷，脾气暴躁，有时甚至会独断专行，但他又十分善解人意，照顾下属们的感受。巴顿要求他的部下必须忠实于他，绝对服从他的命令。但他自己也十分爱护自己的部下，在他们遇到麻烦的时候会尽量帮助他们，有时候他甚至不惜为此违反军纪。

在工作上，巴顿从来不干预那些鸡毛蒜皮的琐事，而是让他们放开手脚去干，独立地完成任务。如果有人在工作上做出了成绩，他总会给以适当的表彰和嘉奖；如果有人受了委屈和伤害，他便会倾尽全力给予保护；当他们中有人得到了晋升的机会，他会毫不犹豫地将他们送走，以便其获得更大的发展。

正是因为这些原因，第三集团军就像是一个大家庭一样，巴顿就是第三集团军的家长，深受士兵和军官们的敬重。在 1944 年的秋冬季节，阴冷潮湿的天气加上战争的停滞局面让许多部队士气低落，大量减员，但巴顿的第三集团军却能始终保持高昂的士气和战斗欲望，没有出现严重减员的现象。相反，第三集团军还在巴顿的指挥下利用这段难得时机进行了休整工作，为将来的战斗做好了准备。

四

冒雨发起梅斯战役

随着战局的发展，法西斯德国已经深陷两线作战的境地而不能自拔。为了挽回败局，疯狂的希特勒再次大规模地征召士兵。他规定，凡是15岁到60岁之间的男子必须扛起枪去阻击盟军和苏联红军。德国法西斯已经走到了穷途末路。新征召的士兵由于年龄太小或太大，战斗力十分低下，而且兵员补充的速度也远远赶不上前线的伤亡数字。另一方面，由于大批的技术工人被征召入伍，军工生产的速度也慢了下来。此时，无论是从部队规模，还是从战略物资储备上来看，盟军都已经占了绝对优势。

1944年10月18日，欧洲盟军最高司令部在布鲁塞尔召开了军事会议。在这次会议上，艾森豪威尔对盟军各部队下达了新的作战命令。根据新的作战命令，霍布斯将军指挥的第一集团军将于11月初从亚琛发起进攻，突破德军的莱茵河防线；第九集团军则负责保护其右翼的安全，向北发展，与从奈梅亨向东南推进的英国第二十一集团军群汇合。然后，第九集团军向北，第一集团军向南，实现对鲁尔地区的合围。巴顿的第三集团军在这次军事会议上并没有得到主攻任务。艾森豪威尔给他的命令是，在后勤条件许可的情况下，从沃尔姆斯和美因兹之间渡过莱茵河。

经过一段时间的休整之后，第三集团军卯足了劲，准备大干一场。巴顿原计划于11月8日开始实施进攻任务。不幸的是，11月初接连下了几天大雨，造成河水暴涨，平川变成汪洋，给地面部队的行动造成了巨大的困难。

在这种情况下，让部队实施进攻，强渡莱茵河是十分不利的。许多人认为，除了推迟进攻日期之外，再没有其他办法了。一天，两位高级指挥官冒雨来到了巴顿的司令部，建议他修改进攻日期。巴顿冷冷地看了他们一眼，不冷不热地回答说："你们对你们的继任者有什么建议吗？"

巴顿强硬的态度让两位高级指挥官感到十分不快。他们悻悻地离开了巴顿的司令部。他们离开之后，巴顿也陷入了沉思。连日来的降雨让巴顿的心情也陷入了低谷。11月8日是盟军卡萨布兰卡登陆两周年的纪念日。在两年之前，巴顿在北非登陆遇到了一些小麻烦，但总算还可以克服。但眼下的大雨却让他的心里直打鼓，进攻到底会不会因为这场该死的大雨而推迟呢？

11月8日凌晨，窗外的大雨没有丝毫要停下来的意思。巴顿有些烦躁，无法入睡，索性坐起来，顺手从床头把隆美尔写的《步兵进攻》一书拿在手中翻开了。巴顿渐渐被书中的情节吸引了。隆美尔在一个章节中描述了德军在第一次世界大战时期冒雨发动一场大规模战役的情景。巴顿深受启发，他想："德国人能做到的事，我为什么就做不到呢？我不但要做到，而且还要做得更好！"

巴顿立即叫来传令官，让他通知各部队，一切按照既定计划进行。清晨5点，进攻开始了。第三集团军的700门大炮同时向当面的德军阵地猛轰起来。炮弹爆炸的火光照亮了半个天空，巴顿站在指挥部里凝视着火光，焦急地等待着前线的消息。

上午8点时，巴顿来到了前沿阵地。大雨渐渐减弱了，到处被一层大雾笼罩着，对面的德军阵地若隐若现，有点看不清楚。十几分钟后，大雨终于停了下来，一轮旭日破雾而出。天气的好转让盟军的飞机派上了用场。巴顿立即命令空军对德军阵地和指挥所实施轰炸。

几分钟后，数百架银色的轰炸机呼啸着从上空飞过，扑向了河对岸的德军阵地。刹那间，德军阵地陷入了一片火光之中。炮弹爆炸产生的冲击波把被击毁的军车、坦克等装备掀了起来。第三集团军的装甲部队也趁势以排山倒海之势冲了过去。看着眼前的情景，巴顿兴奋地吼叫道："他妈的，我简直要为德国人感到悲哀了！"

尽管连日的大雨冲垮了许多桥梁，淹没了众多的道路，使得美军的部分坦克和车辆被洪水围困了，但第三集团军的进军速度依然很快。当天下午，各部队便全部到达了预定地点。

在随后的一个多月里，天气一直不是很好，时阴时晴，气温也降了下来。德军充分利用坚固的工事和湍急的河流顽强地抵抗着第三集团军的进攻。为了减小伤亡，巴顿对战斗重新进行了部署。他命令部队克服困难，尽可能利用炮火支援，实施狭小正面的进攻，集中优势兵力来突破德军的防御。

巴顿的这一战术果然起到了效果。11月22日，梅斯的德军终于向第三集团军缴械投降了。自从梅斯要塞建立以来的1301年，这还是第一次被攻破！巴顿在梅斯被攻破的第三天进入了该城。在对攻城部队的演讲中，巴顿热情洋溢地说："我们的胜利主要是靠持续不断的进攻得来的……同时也靠运用正确的作战方法：揪住敌人的鼻子，猛踢他们的生殖器……你们已经表现出了勇猛顽强的精神！我确信，你们已看到了安全来自于勇猛的行动。我为你们而感到自豪！"

梅斯战役之后，德军放弃了开阔地带，迅速龟缩到碉堡和石砌的村庄里，继续负隅顽抗。第三集团军的作战开始以小规模推进战为主了。到12月中旬，第三集团军已经将德军从摩泽尔河、尼德河和萨尔河三个牢固的防御阵地上赶走了，突破了莱茵河西岸的齐格菲防线，控制了德国的重要工业区——萨尔盆地，并牵制了大批德军，有力地支援了北路的主攻。在一个多月的作战中，巴顿指挥第三集团军解放了4000多平方公里的土地和873座城镇，毙伤德军8.8万人，俘虏3万余人。

五

德军发起疯狂的反攻

第三集团军在洛林地区的稳步推进让一部分盟军军官产生了盲目的乐观情绪。他们普遍认为，德军的大势已去，再也无法组织大规模的地面反攻了。但实际情况并非如此，疯狂的希特勒受到东西两线战场的压力几乎已经陷入了绝望的境地。为了扭转战局，他决定孤注一掷。1944 年冬，德军最高统帅部秘密制定了代号为"莱茵河卫兵"的作战计划。这个计划的主要内容是：集中优势兵力，迅速从美军防守薄弱点突破盟军防线，强渡马斯河，夺取盟军的主要补给港口安特卫普，把盟军一分为二，并制造第二个敦刻尔克，迫使英美两国单独和德国媾和。然后，德军再转头，集中所有的力量来对付苏联。

德军最高统帅部制定的这个计划主要是利用了美军的兵员无法得到及时补充的弱点。由于美军是在异国他乡作战，部队的缺额无法得到及时补充，致使一部分部队不得不在严重缺编的情况下继续战斗。此时已经划归第一集团军编成的第八军便是这样。第八军在布列塔尼清剿德军残敌之时遭到了惨重的损失，各师的缺编情况都很严重。布列塔尼的清剿战斗结束之后，米德尔顿便奉命将第八军拉到洛林地区，部署在了阿登山区。

阿登山区是霍奇斯的第一集团军与巴顿第三集团军的接合部，大约有130 公里宽。盟军司令部之所以将米德尔顿的第八军部署在这里，主要是考虑到这里的战略地位并不是十分重要，德军的防御力量也相对薄弱，发生大规模地面战斗的可能性比较小。艾森豪威尔在给美军参谋长马歇尔将军的一封信中指出："德军在阿登山区的兵力有限，而且时值冬季，进攻将会给德军的补给造成巨大困难。如果他们选择在这里进行反攻的话，那将是一个极大的错误。"

第十二集团军群司令布莱德利也支持艾森豪威尔的这一判断。实际上，德军最高统帅部瞄准的正是阿登山区这一美军防御的薄弱地点。敏锐的巴顿在此时似乎意识到了德军可能要冒险发动一次大规模的攻势。但他并不知道德军会在哪里实施这样的反攻。不过，德军若想发动大规模的攻势的话，势必要动用强大的装甲部队。因此，他便命令自己的情报处长科克严密关注德军第六装甲集团军各师的部署情况。

科克发现，德军的精锐装甲部队及其他部队在 11 月 20 日以后开始秘密向阿登山区附近集结，似乎已有足够力量发起一次大的军事行动了。他立刻将这一情况向巴顿和布莱德利做了汇报。巴顿判断，疯狂的德军很可能会在阿登山区发动反攻。但布莱德利却坚持认为，德军在阿登山区发动反攻的可能性比较小，即使出现这样的情况也不足为虑，他可以迅速调集北面的第一集团军和南面的第三集团军合围该地区的德军。

在第十二集团军群于 12 月 9 日召开的军事例会上，科克再次发出了警告。他说，德军在第八军正面集结的部队无论在数量上，还是质量上都处于绝对优势，第八军的防御体系又十分脆弱，处于无险可守的状态。在这种情况下，一旦当面的德军发起突然袭击，第八军将陷入极其危险的境地。遗憾的是，科克的呼吁并没有引起布莱德利的重视。

就在第十二集团军群讨论的德军是否会实施反攻，反攻地点将会在什么地方之时，德军已经悄悄地行动开了。德军准备在 12 月 16 日向美第八军的正面发起突然袭击。为了配合这一行动，德军还实施了两个特别行动以配合正面进攻。一是代号"鹰"的空降作战行动，目标占领美军后方的公路交通枢纽；另一代号"格里芬"行动则由德军特种部队——第一五〇装甲旅执行。他们装扮成美军，在德国大部队到来之前潜入盟军阵地，尽可能地制造混乱和破坏，占领战略要地。

12 月 16 日凌晨，夜黑风高，迷雾重重，大地一片沉寂。德军 13 个步兵团和 10 个装甲师已经在阿登山区做好了出发前的最后准备。然而，盟军对此依然毫不知情。5 点 30 分，德军 2000 门大炮一齐向美第八军的阵地发射炮弹。顷刻间，阿登山区被炮弹爆炸的火光照得如同白昼。

紧接着，德军地面部队发起了大规模的进攻，步兵跟随在装甲车后面，潮水般涌向美军阵地。惊慌失措的米德尔顿对当面德军的情况一点也不了解，根本不知道应当如何组织防御。更为严重的是，由于晨雾太重，盟军的空军和炮兵也无法提供有效的支援。美第八军立即陷入了一片混乱之中。

当天下午，布莱德利得到了第八军阵地遭到德军攻击的消息。他扫了一眼地图，摇了摇手，示意参谋军官们先把这件事情放一放。他判断，德军对阿登山区发动的是有限的攻击，其目的是迫使第三集团军推迟对齐格菲防线的全面进攻，回援阿登山区。由于布莱德利的判断失误，第八军在阿登山区苦战了一天，伤亡惨重。到了晚上，布莱德利才如梦初醒，德军确实是要在阿登山区发动全面进攻。

12 月 17 日，布莱德利急忙把巴顿及其参谋人员叫到第十二集团军群司令部，召开紧急军事会议。他首先向巴顿等人通报了战况，展示了从空中拍摄的战场形势照片。从当前的资料可以看出，德军已经在美第八军的阵地上撕开了一个巨大的缺口，其第五装甲集团军正蜂拥而入，形势万分危急。

介绍完战况之后，布莱德利说出了自己的作战计划。他打算让第一集团军在北部坚守，第三集团军的主力部队则停止在萨尔地区的攻势，调 3 个师火速驰援阿登山区。说完，布莱德利眼光游移不定地瞅了瞅巴顿，似乎在征询他的意见。此时，第三集团军的主力部队在萨尔地区正以旋风式的速度向前推进，布莱德利担心巴顿会因为这一计划而产生不良情绪。

虽然巴顿视军事荣誉如生命，但他是一个明事理、顾大局的军人。当他了解了当前的战局之后，立即表示无条件服从布莱德利的安排。更何况，第八军曾经属于第三集团军的建制，也算是他的老部队。

回到司令部之后，巴顿召开了第三集团军全体参谋人员会议，向大家强调了第三集团军参加阿登战役的重要意义。等到大家被说服之后，巴顿又以一种不容置疑的语气说道："我们的工作计划已经改变了！我们马上就要投入到战斗之中，不过那是在另一个战场上！我们必须高速行军！我们素来以行动迅速而自豪，这一次我们的行军速度要比以往还要快。我毫不怀疑，我们的士兵们会达到战争对我们提出的一切要求。来吧，让我们一如既往地继续消灭德军吧，不论这些狗娘养的从哪里冒出来。"

随后，巴顿从容自若地阐述了他的作战部署，对部队做了新的安排。

讲完话后，巴顿看了看表，正好9点。参谋人员立即根据巴顿的部署着手制订具体作战计划。司令部里安静极了，除了钢笔划在稿纸上的"沙沙"声，就是打字机发出的"哒哒"声。

巴顿在司令部又呆了10分钟，便乘车朝凡尔登方向驶去。布莱德利的第十二集团军群的司令部就设在凡尔登。盟军的高级将领们将于12月19日在那里召开一次重要的军事会议，安排未来的作战计划。

六

取得阿登战役的胜利

　　1944 年 12 月 19 日，盟军的高级将领们在凡尔登的第十二集团军群司令部召开了一次重要的军事会议。盟军总司令艾森豪威尔亲自主持了会议。会议开始时，大家的表情都很严肃，会议室里的气氛显得特别沉重和抑郁。善于调节气氛的艾森豪威尔故作轻松地说："嗨，伙计们，我们应该把目前的形势看作一个机会，而不是一个灾难。我们坐在这里应该是高高兴兴的！"

　　口无遮拦的巴顿立即接过话茬说："艾克，讲得好，我们要鼓足勇气！让那些狗杂种尽管一直打到巴黎去吧！到时候，我们就回过头来收拾他们，把他们一口吃掉！"

　　巴顿的一番话把大家都逗笑了。会议室里的气氛也逐渐变得轻松起来。分析完战局之后，艾森豪威尔明确地向大家说明，盟军必须尽可能早地在德军的南翼实施反攻，粉碎德军的计划。就当前的形势来看，让巴顿的第三集团军来担任反攻任务是最佳的选择。

阿登战役中，美军对包围"七条道路之枢纽"的巴斯托涅的德军，进行了猛烈的轰炸。

　　艾森豪威尔的这些主张得到了与会者的一致赞同。但在派遣多少部队参加进攻行动的问题上，发生了一点周折。由于布莱德利曾经命令巴顿派 3 个师的兵力向北进攻，巴顿便主动向艾森豪威尔承诺，第三集团军将于22日出动3个师的兵力向德军的南翼发动进攻。

艾森豪威尔思考了一下，认为3个师的兵力过于单薄，恐怕无法完成反攻任务。第十二集团军群司令布莱德利见状，当即宣布把米德尔顿的第八军从第一集团军的编制内调出来，划归第三集团军指挥。如此一来，可供巴顿在阿登战役中指挥的部队便多达6个师的兵力了。

艾森豪威尔同意了布莱德利的决定，同时又表示，巴顿不必在12月22日发动反攻，时间可以往后推迟一到两天。艾森豪威尔这样做主要是为了保护巴顿。当时已经是12月19日了，要在短短的3天时间内集结6个师的兵力，并且发起反攻，这几乎是不可能的事情。

会议临结束之时，艾森豪威尔总结道："我们下一步行动的主旨是在北部堵住战线上出现的巨大缺口，从南部发动协调一致的进攻！至于其他的问题，就交由巴顿全权处理好了。"

能够获得如此之多的主动权，巴顿十分开心。他轻松自如地点上了一支香烟，指着墙上的地图对布莱德利说："嗨，老伙计，这次德国鬼子的头伸到绞肉机里来了！"

巴顿猛吸了一口烟，将手在地图前用力一挥，做了一个抓住把手的动作，又狠狠地补充道："绞肉机的把柄已经在我的控制之中了！"

巴顿回到司令部之后立即以旋风式的速度展开了工作。距离发动攻势只有三四天的时间了，他不能耽误一秒钟。他先后前往各部队见了手下的指挥官，其中包括第八军军长米德尔顿、第四装甲师师长加菲和第三军军长米利金。除此之外，他还视察了第四、第八十师等部队，对部队战前动员。

与此同时，第三集团军各部门、兵种和作战单位也都根据巴顿的命令进入了临战状态，以最快的节奏投入到了工作之中。作战处立即做了新的军事部署，把原本由3个军组成的由北向南的战线改变为4个军的两条战线：一条安排在阿登山区，由东向西展开；另一条战线在萨尔地区，由北向南延伸。如此一来，整个战线便来了个90度大转弯。

后勤处也在马勒的领导下夜以继日地工作着，迅速建立起了一套高效率的补给系统。他们设立了几十个新兵站和仓库，想方设法抢运物资，并建立了大量的治疗点和后方医院。

运输部队、通讯部队和情报处等部门也都高速运转着。结果，第三集团军仅用了3天时间就完成了战线转移和战前准备工作。各参战部队于12月22日准时进入了阵地，其余部队也做好了一切准备工作。

美国空军向德军"四面包围的巴斯托涅"空投弹药，给养和物资，并且运走伤病员。

在这3天时间里，巴顿乘坐着米姆士驾驶的汽车几乎跑遍了集团军的各个部门和师以上单位。看到第三集团军如此高效的工作方式，司机米姆士古灵精怪地对巴顿说："将军，军队的指挥机构完全可以大幅度地精简。你看，政府花费那么多钱设立这么庞大的司令部，而这几天，第三集团军就在你我二人的指挥之下，工作干得多么出色！"

第三集团军的这次行动充分体现了美军已经在战争中成长起来了，同时也说明巴顿是一位杰出的军事指挥官和战术家，具有极其旺盛的精力和无与伦比的指挥才能。第十二集团军群司令布莱德利一直在卢森堡的办公室里透过玻璃窗密切注视着第三集团军的行动。当他看到士兵们的大衣上沾满了泥浆和雪花，冒着凛冽的寒风有条不紊地前进之时，一向沉着稳健的布莱德利情不自禁地流下了眼泪。

一切准备工作都已经做好了，

1944年12月26日，圣诞节期间，冒雪攻击前进的美军装甲部队和步兵。

卢森堡小镇巴斯托涅："阿登山区的 7 条道路，全部经过这里"（见照片中的七条道路的标识）。

剩下的事情便是按时发动进攻了。巴顿于 12 月 21 日在卢森堡召开了战前的最后一次军事协调会议。在这次会议上，第三集团军确定了作战原则和方案。他们的作战重点集中在阿登山区的交通枢纽之一的巴斯托涅小镇。小镇坐落在比利时东南部的一个狭小平原上，只有 4000 人口，面积也很小，但战略位置却十分重要，有 7 条公路在这里汇合。盟军只要控制住此地便能破坏德军的补给系统，牵制大量的德军。巴顿计划用一支精锐部队坚守小镇，然后由第三军依托小镇四周的稀疏林地和丘陵，从正面发动进攻。

12 月 22 日凌晨 6 点，第三集团军的行动正式开始了。第三军军长米利金及其参谋人员都是战场上的新手，但作战极其勇敢顽强，在第一天便向前推进了几十公里。巴顿兴奋极了，他在当天的日记里写道："米利金比我预想的干得好多了。我让他到前线听一听炮弹的爆炸声和子弹的呼啸声。我相信他会干得更加出色的！"

坚守在巴斯托涅的美第一〇一空降师干得也相当不错，他们在第一天成功地将德军牵制在了该镇的外围。为了拔掉巴斯托涅这个插入德军突击地区的障碍，德军方面派出了猛将弗里兹·拜尔林将军率重兵前来围攻。

巴顿为麦考利夫授勋

拜尔林是德军之中的后起之秀，曾经担任过隆美尔元帅的参谋长，作战十分勇猛。他根本就没有把美第一〇一空降师放在眼里，认为攻克小小的巴斯托涅只是举手之劳而已。他派重兵包围了巴斯托涅之后并没有下令进攻，而是派出了一名代表进入城中去劝降。狂妄的拜尔林认为，只要他的代表进入小镇，美军便会乖乖地缴械投降。他无论如何也没有想到的是，第一〇一空降师长麦考利夫将军只回答了一个字："呸！"

恼羞成怒的拜尔林对巴斯托涅发动了全面进攻，日夜不停地用重炮轰炸美军的阵地。第一〇一空降师的官兵们受到麦考利夫将军的鼓舞，没有丝毫退缩之意。但在德军的打击之下，美军伤亡惨重，巴斯托涅岌岌可危。

巴顿接到巴斯托涅的求援报告之后立即派空军全力轰炸德军的重要目标，减轻第一〇一空降师的压力。与此同时，巴顿还命令精锐的第四装甲师一部突破德军对巴斯托涅的包围圈，引导运输部队和救护车进入该镇。巴斯托涅的防御得到了加强，狂妄的拜尔林被挡在了镇外，惘然不知所措。

在麦考利夫将军坚守巴斯托涅的同时，米利金也率第三军在外围加强了对德军正面的进攻。第三军当面的德军全部是德国的精锐之师，能攻善守，抵抗十分顽强。双方在狭窄的地域内展开了拉锯战，战斗十分惨烈，双方的伤亡也都很大。但巴顿和他指挥的第三集团军到底顶住了压力，于12月26日彻底击溃了围攻巴斯托涅的德军。这是整个阿登战役的转折点，

巴顿乘坦克向巴斯托涅挺进

盟军已经度过了最艰苦最危险的时刻。

在猛烈的炮火中，美军迎来了 1945 年的新年。巴顿和第三集团军迎接新年的方式十分特别，他命令炮兵部队在午夜 12 点以最猛烈的火力向德军阵地持续炮击 25 分钟。在炮击开始的同时，巴顿向第三集团军发布了一道拿破仑式的命令。

士兵们：

　　从阿夫朗什的走廊到布莱斯特；穿越法国到萨尔，越过萨尔进入德国，现在又走过巴斯托涅，你们取得了连续不断的胜利。你们不仅打败了凶残、狡诈的敌人，而且以钢铁般的意志克服了各种地理和气候的困难。无论炎热、灰尘，还是洪水、冰雪，都不能阻挡你们前进的步伐。你们在速度、战绩上创造了军事史上不可逾越的高峰。

　　最近，我获得了"优异服务勋章"和"橡叶勋章"。这两枚勋章是授予我的，但并不是因为我做了什么贡献，而是因为你们取得的成就。我从内心感谢你们。我对你们的新的企盼和坚定的信念是：在上帝的保佑下，希望你们遵从我们伟大的总统和最高司令部的指示，继续沿着胜利的道路前进，去打倒法西斯独裁统治，为在战争中死去的兄弟们报仇，最终恢复世界的和平。

　　我还没有找到合适的词作为我的结束语。不过，我最好还是

· 229 ·

引用一句不朽的名言献给你们："勇敢的军人、老兵们，你们经

受了血与火的洗礼，成长为了钢铁巨人。"

美国陆军中将乔治·巴顿

巴顿的真挚感情和高度的英雄主义精神感动了第三集团军的每一个人。尽管战争十分残酷，身边不断有人倒下，但是他们从来没有停止前进的步伐。在巴顿的指挥下，他们顶住了压力，经过数日的血战，终于击退了德军的攻势。

盟军在西线发动反攻的同时，苏联红军也于 1 月 12 日提前发动了维斯瓦—奥德河战役，重创德军。希特勒不得不于 1 月 22 日将原本在西线战场的党卫军第六装甲集团军调往东线。如此一来，盟军的压力就大大减轻了。

盟军随即发动了强大的攻势，迅速将德军赶出了阿登山区，双方的战线又恢复到了战役之前的态势。阿登战役是纳粹德国投降前发动的最后一场大规模攻势，已经耗尽了德军在西线的所有精锐部队。尽管这次行动打乱了盟军进攻的时间表，但德军也付出了沉重的代价，损失坦克 800 余辆，飞机 1000 余架，伤亡和被俘 10 万余人。

巴顿的第三集团军在这场战役中始终扮演着主要角色。他们在取得重大胜利的同时也付出了沉重的代价。第三集团军的勇士们战死近万人，受伤 7 万余人。看着战场上成堆成堆的尸体和运送伤兵的汽车，一向以勇敢无畏著称的巴顿也黯然流下了眼泪。

· 第十一章 ·

与法西斯的决战

一

快速攻克特里尔城

阿登战役以后，盟军已经牢牢地掌握了西线战场主动权。阿登战役不仅使纳粹德国在西线的失败成为不可避免的趋势，而且也葬送了东线的德军，因为希特勒将他的最后的后备力量投入到了这场战役之中。在东线战场上，苏联红军以占绝对优势的兵力和装备迅速向西推进。到 1 月 27 日，朱可夫元帅率领的白俄罗斯第一方面军已经抢占了奥得河的登陆场，在 20 天内连续向前推进了 500 多公里，已经推进到德国本土，离柏林只有 150 公里了。德国法西斯的灭亡就在眼前了。

面对大好战机，盟军总司令艾森豪威尔决定再发动一次大的战役，全面突破齐格菲防线，彻底击溃德军，迫使纳粹德国无条件投降。但在制订作战计划时，艾森豪威尔和蒙哥马利再次因美英两军的矛盾而发生了争吵。他们争吵的主题依然是军事指挥权问题。

1944 年的圣诞节过后，蒙哥马利要求艾森豪威尔让他全权指挥地面作战。他甚至草拟了一份指示，让艾森豪威尔签字。在此之前，艾森豪威尔已经把美军第一集团军和第九集团军的指挥权交给了在北线作战的蒙哥马利，致使布莱德利的第十二集团军群编成内仅有巴顿的第三集团军。

阿登战役结束后，蒙哥马利一再强调：盟军没有足够的力量在两个战场上同时发动进攻，因此必须选定一个主攻战场，这就是他所在的北线战场。因此，他向艾森豪威尔提出，他要全面指挥地面部队的行动，以在北线发动攻势。如此一来，巴顿的第三集团军便无力发动大的军事行动了。蒙哥马利的意图十分明显，他要将打败纳粹德国的桂冠戴在英国人的头上。

布莱德利和巴顿对蒙哥马利的要求感到十分愤怒！当时，美军在西线战场已经有 50 多个师在作战，而英军只有 15 个师。让一个英国人来指挥如此之多的美军部队是不合适的。布莱德利和巴顿一再告诫艾森豪威尔，不但他们不会同意蒙哥马利的要求，罗斯福总统和马歇尔也不会同意。

艾森豪威尔自己也没有想到蒙哥马利会如此得寸进尺，他再也不愿忍受这位自大的英国元帅了。艾森豪威尔对他说："我很难过，我们之间产生这样一条不可逾越的信念方面的鸿沟，以致我们将不得不把我们的分歧提到盟国参谋长联席会议上去。"

艾森豪威尔已经意识到，一味地妥协并不能满足蒙哥马利的虚荣心和权力欲。不过，如果不向蒙哥马利做出适当的妥协的话，势必会损害反法西斯同盟之间的团结，从而对战争进程带来负面影响。经过与美军参谋长马歇尔磋商，艾森豪威尔又采取了妥协方案。除了没有将地面部队的指挥权交给蒙哥马利以外，他制定的"作战计划大纲"基本上都采纳了蒙哥马利的主张。

艾森豪威尔这个作战计划的中心是：以蒙哥马利的北线战场为主攻点，消灭莱茵河和摩泽尔河以西的德军，而后强渡莱茵河。整个战役分为两个阶段，第一阶段是向莱茵河进军，第二阶段是打到莱茵以及更远的地区去。蒙哥马利的第二十一集团军群将从鲁尔以北的下莱茵省进入德国的北部平原，布莱德利的第十二集团军群则向美因兹—法兰克福地区做辅助性进攻，与从东向西进军的苏联红军会师。刚从美国本土开赴欧洲战场不久的第六集团军群则在德弗斯将军的指挥下从南面助攻。这个作战计划对美军极其不公，包括巴顿的第三集团军在内的许多美军部队被迫停止了攻势，以配合蒙哥马利在北线的行动。巴顿对艾森豪威尔的这一安排极其不满。

从狭隘的爱国主义角度来讲，巴顿不希望将最后胜利的桂冠戴到英国人的头上。美军投入在欧洲战场上的兵力和战略物资差不多是英国的 3 倍，付出的伤亡代价也要比英国大得多！从这一点来看，最后胜利的光环应当戴在美军的头上。从军事的角度讲，德国的北部平原也不是大规模坦克战的理想场所。如果继续在德国中部和南部施加压力，以阻止德国人向北撤退，效果会更好。让蒙哥马利在北线战场发动如此大规模的攻势完全是一个错误的军事决策！从个人角度来讲，巴顿更加不希望自己被排除在胜利之战以外。他认为，单靠蒙哥马利，或者布莱德利都无法取得最后的胜利，只有巴顿与布莱德利联手合作，才能完成这一伟大的使命。

巴顿决定想办法打破当前的僵局，即使要担上抗命不从的恶名也在所不惜。他对部下说："让我们美军呆在这里袖手旁观，这是一种愚蠢而又不光彩的结束战争的办法。先生们，我们决不允许这种愚蠢和不光彩的事情出现。"

第十二集团军群司令布莱德利与巴顿的处境很相似，也很理解巴顿的心情。他允许巴顿指挥第三集团军在艾佛尔正面发动攻势，以阻止德军向北撤退。如果蒙哥马利发觉了第三集团军的行动并加以反对的话，巴顿便可以将这次攻势说成"进攻性防御行动"，其目的是阻止德军向北线的英军发动攻势。如此一来，巴顿的第三集团军便名正言顺地突破摩泽尔河西岸锡格弗里德的防御，向基尔河推进了。

2月6日，巴顿指挥第三集团军打响了艾佛尔战役。各部队的进展都十分顺利，迅速肃清了萨尔河与摩泽尔河三角地带、莱茵河西岸的德军残部。艾佛尔战役很快便以第三集团军大获全胜而宣告结束了。

第三集团军在向前推进的过程中遇到了一点小麻烦——特里尔城挡住了他们的去路。特里尔是德军重点防御的一个军事要塞，守军力量雄厚，地形复杂，易守难攻。怎么办呢？如果第三集团军想继续向前推进，就必须攻克特里尔。不过，攻克特里尔并不是一件容易的事情。一方面，特里尔城兵精粮足，巴顿的第三集团军大部分兵力都已经投入到了战场上，手上没有足够的兵力来担任攻城部队。另一方面，盟军司令部并没有给巴顿的第三集团军下达正式的作战命令。

面对千变万化的战局，巴顿决定无论如何也不能再等了，他要攻克特里尔，将其作为艾佛尔战役的额外收获。为了解决兵力和军事命令方面的问题，巴顿决定采取"迂回战术"。他决定向友军借调第十装甲师来配合自己的第九十四师在萨尔河和摩泽尔河之间的三角地带打开一个突破口。第十装甲师原来就归属第三集团军的建制，后来划归了第一集团军指挥了。为了要回这个师，巴顿于2月14日到巴黎进行了一次派头十足的"度假旅行"。在旅行中，他特意跟艾森豪威尔的作战部长布尔和怀特利两位将军套近乎。

当大家都玩得兴高采烈之时，巴顿便开始借着酒劲，大讲第十装甲师的长处和弱点，以及应该如何有效地使用这支部队。巴顿的话给布尔和怀特利留下了深刻的印象，认为由他来指挥第十装甲师最合适。

巴顿看到火候差不多了，便借故回到了第三集团军的司令部。一回到司令部，他便给布尔打电话，要求把第十装甲师交给他暂时指挥，以配合作战行动。布尔十分痛快地答应了他的要求，但同时也告诫他说："可以把这个师交给你，但你只能用它进行一次战斗，即消除三角地带的敌军。"

有了足够的兵力，剩下的事情便是如何争取作战命令了。恰在这时，一个机会降临在了他的头上。为了配合蒙哥马利在北线的行动，艾森豪威尔命令第三集团军向艾佛尔推进，穿过莱茵河在法尔茨地区发动攻击。

巴顿从这个命令中看到了自己的机遇，他对布莱德利说："根据我的理解，我有权把第三集团军的进攻范围向东扩展，渡过基尔河，沿着萨尔河渡口以东的深谷向南推进。此外，如果装甲部队在摩托化步兵的支援下有可能快速突进到莱茵河的话，我就有权抓住这个时机继续向前推进。"

布莱德利本来就对第三集团军继续为蒙哥马利的行动担任配角而感到不满，如今有一个扭转局势的机会，他怎么会不珍惜呢？于是，他便顺水推舟地对巴顿说，"当然，对于任何这种机会，你决不可放过。"

布莱德利的话实际上是同意了巴顿的请求。从2月22日开始，巴顿抓住这千载难逢的时机发动了强大的攻势。在不到4天的时间里，第三集团军便肃清了萨尔河与摩泽尔河三角地带的德军，攻克了萨尔堡，并在萨尔河对岸建立起一系列的桥头阵地。如此一来，特里尔便陷入了第三集团军的包围圈之中。

不过，根据布尔的指示，巴顿应该将第十装甲师归还第一集团军了。巴顿决定留下一部分部队在三角地带继续活动，假装在肃清德军残敌，让第十装甲师和第九十四师快速奔袭，在两天内攻占特里尔。为了保证这一攻势不被集团军群和盟军司令部的命令终止，巴顿中断了与布莱德利和艾森豪威尔的一切联系。第十装甲师和第九十四师果然不负所望，在2月28日以最快的速度向特里尔推进，并于次日下午攻入了城内。在当天夜里，全城的德军残部被肃清了。

3月2日拂晓，巴顿与集团军群司令部和盟军总部恢复了通讯联系。

不一会儿，总部便发来急电，给他下达了两项命令：第一，绕过特里尔，因为攻克它需要 4 个师的兵力；第二，立即归还第十装甲师。

看完电文，巴顿狡黠地笑了。他对部下说："我们遵命，立即让第十装甲师归队，我们绕开特里尔，继续前进。"

大获全胜的法尔茨

在艾佛尔战役接近尾声之时，巴顿已经开始思考如何在法尔茨打一个漂亮仗了。法尔茨战役的目标十分明确，就是攻克科布伦茨。为了能打一次漂亮的运动战，巴顿再次向上司们施展了自己的"计谋"。

3月初，战场上的形势对美军十分有利。第三集团军的第八军已推进到莱茵河畔，第二十军也已经逼近萨尔姆河，并向北开到了多尔多赫地区。部队的进展如此顺利让巴顿十分兴奋。但他又有些发愁，各部队都在奋力向前，根本无法抽出足够的兵力来发动法尔茨战役。按照当时的情况，要想达到攻克科布伦茨的目的，第三集团军必须再增加一个步兵师和一个装甲师。巴顿及第三集团军的参谋人员将目光锁定在了盟军司令部直属的预备队上。

3月9日，巴顿接到布莱德利的命令，要他马上到设在列日的集团军群司令部参加一次授勋仪式。巴顿灵机一动，和参谋们商量了一个借兵的办法。授勋仪式结束后，巴顿、艾森豪威尔和布莱德利等几个老朋友在列日欢聚一堂，开怀畅饮起来。

正在大家兴致正浓之时，第三集团军参谋长盖伊将军打来电话，告诉了巴顿一个好消息：埃迪将军率第十二军一部已夺取了摩泽尔河上一座完好无损的桥梁，目前正在扩大战果，建立牢固的桥头阵地。

巴顿立即把这一好消息转告布莱德利和艾森豪威尔。艾森豪威尔和布莱德利都十分高兴，举杯为巴顿庆功。巴顿的用意岂会在酒上呢？他立即乘艾森豪威尔和布莱德利高兴之际提出了要求。他说，趁着目前的大好形势，第三集团军应该继续扩大战果。艾森豪威尔和布莱德利均表示同意。

巴顿见艾森豪威尔和布莱德利答应了自己的要求，便趁热打铁地说：

经过巴顿将军的第三集团军凶悍的猛攻，美军在科布伦茨升起美国国旗

"要想扩大战果，我必须得到第八十师的指挥权。"

巴顿之所以要这个师，因为它使用起来十分顺手。第八十师原本就属于第三集团军的建制，后被划为盟军司令部直属的预备队指挥。正在兴头上的艾森豪威尔立即拍板，同意将第八十师的指挥权交给第三集团军。

得到了艾森豪威尔的允诺，巴顿立即给第三集团军参谋长盖伊将军打电话，要他发动法尔茨战役。第二天凌晨，法尔茨战役打响没多久，盖伊又打电话给巴顿，称第十二军攻占摩泽尔河一座完好无缺的大桥之事纯属误会，原因可能是电话出了毛病，他听错了第十二军军长埃迪将军的汇报。巴顿当着艾森豪威尔和布莱德利的面把盖伊骂了一顿。但他和盖伊的心里都乐开了花，他们俩一唱一和地把第八十师骗到了手。由于法尔茨战役业已打响，艾森豪威尔想反悔都来不及了。

3月16日，艾森豪威尔和他的参谋长史密斯将军一起乘飞机前往布莱德利的司令部。由于天气原因，飞机无法在司令部附近着陆，只好临时改在巴顿的临时机场降落。巴顿得到通知后，高兴得差点跳了起来。他马上命令参谋长盖伊将军，准备迎接艾森豪威尔和史密斯将军。

巴顿在社交上是一个高手，他组织了仪仗队和军乐队在机场举行了隆重的欢迎仪式。要知道，这在炮火连天的前线可是极为少见的。艾森豪威尔和史密斯看到眼前的情景就知道巴顿肯定又有求于自己了。但他们谁也没将这一层窗户纸捅破，便跟着巴顿尽情享受去了。

巴顿领着他们视察了三角地带，展示了第三集团军的战果。随后，他在特里尔为艾森豪威尔和史密斯安排了丰盛的晚宴。巴顿使尽了浑身解数，弄来了香槟酒和平时很难见到的各式佳肴，还特地找来 4 位迷人的年轻姑娘作陪。

看得出，艾森豪威尔和史密斯的兴致都很高。晚宴进行到高潮之时，巴顿又乘机向艾森豪威尔提出："根据第三集团军的进展情况，我还需要一个装甲师的兵力。艾克，你能否开开恩，再给我一个装甲师？"

艾森豪威尔乐了，他果然没有猜错，巴顿这家伙对自己献殷勤果然是有目的的。根据当前德军兵败如山倒的局势和第三集团军的战绩，再拨给巴顿一个装甲师也是合适的。于是，艾森豪威尔便满口答应，把第十二装甲师划到了第三集团军的建制内。

得到了第八十师和第十二装甲师两支生力部队，巴顿如虎添翼，立即向德军的防线猛扑过去。第四装甲师和第十二军的步兵部队在科布伦茨南面渡过摩泽尔河，揳入了德军的后方阵地；第二十军的装甲部队迅速突破齐格菲防线，攻向莱茵河；第七集团军也越过了齐格菲防线，快速向北推进。如此一来，当面的德军便陷入了第三集团军新月形包围圈内。

德军立即乱作一团，企图边打边撤。巴顿发现之后立即命令装甲部队迅速从三个方向向德军压缩过去，将其赶过莱茵河。德军的撤退很快变成了一场毫无秩序的大逃亡，一窝蜂似地从第三集团军故意留下的口子涌向莱茵河唯一尚存的渡口——施佩那尔。

在那里，巴顿早已经做好部署。正当德军溃兵争先恐后地渡河之时，盟国空军在他们的上空出现了。大量的炸弹顷刻间落在了狭小的范围内，掀起了巨大的气浪。盟国空军的轰炸还没有结束，第三集团军的步兵部队便压上来了。他们从来没有打过这么痛快的仗，跟在德军的屁股后面就像撵兔子一样穷追猛打，实在太过瘾了。

在法尔茨一役中，第三集团军歼敌数万，并抓获了 8 万俘虏。如此巨大的战果在一次小规模的战役中是不多见的。

率先渡过了莱茵河

法尔兹战役结束后，德军在西线尚有 3 个集团军群的编制，号称 60 个师，但实际兵力还不到半数，装备的缺口也很大，有些团一级的建制甚至只有几十个人。这样的部队，其战斗力是可想而知的。与此相对应的是，盟军远征军已增加到 93 个师，458 万人，拥有飞机 17000 多架。无论是在兵力上，还是在装备上，盟军都占据着绝对的优势。除了少数纳粹党卫军还在负隅顽抗之外，大部分德军刚和盟军交火就会放下武器，走出战壕，纷纷向盟军投降。盟军的进军速度有了极大的提高。

巴顿指挥第三集团军以前所未有的速度向莱茵河推进。3 月 22 日，莱茵河以西的德军已经全部被第三集团军合围了。仅仅这一天，第三集团军便俘获了 1.1 万德军。这是一个创记录的数字，它表明德军已经处在土崩瓦解的前夕了。

巴顿意识到，渡过莱茵河的时机已经成熟了。不过，由于向前推进的速度太快，第三集团军已经把后续部队远远地抛在了后面。在没有空中掩护，没有地面炮火的支援，甚至没有得到上级授权的情况下，第三集团军的渡河行动能够成功吗？

巴顿不愿意错过大好战机。何况蒙哥马利在北线也做好了渡过莱茵河的准备，而且他已经准备向全世界宣布：英军首先渡过了这条伟大的河流。蒙哥马利的部队在 3 月 12 日就抵达到了莱茵河西岸。但谨小慎微的蒙哥马利并没有命令部队迅速渡河，而是指挥 35 个师的庞大军队，为强渡莱茵河做准备工作。就其准备的规模和喧嚷程度而言，这次代号为"劫掠"的渡河战役似乎仅次于"霸王"行动。蒙哥马利集中了优势兵力，并调集了大量的战略物资和武器装备，准备与希特勒在西线尚存的精锐部队进行一次大决战。

丘吉尔、英国总参谋长布鲁克和盟军远征军总司令艾森豪威尔都亲自到莱茵河畔视察了蒙哥马利的准备工作。丘吉尔曾生动地描述过这次规模庞大的准备工作。他在日记中写道："我们将投入所有的力量。百万大军前面8万人的先头部队将猛扑过去。大量的船只和浮桥都已准备就绪。在河的对岸，是据守在战壕里并配备有各种现代化火器的德军。"

然而，一次意外的收获几乎使蒙哥马利的"劫掠"行动成为多余的举动。3月7日，沿着艾弗尔北边推进的美军第一集团军第九装甲师的部队，发现鲁登夫铁路桥仍然完好无损地横跨在莱茵河上。布莱德利指挥部队几乎不费吹灰之力就抢占了这一桥头堡，成为盟军远征军建立的第一个桥头堡。

巴顿接下来的举动更显得蒙哥马利的谨慎是多余的。在战斗中，他根据德军与盟军刚一接触便缴械投降的状况判断，德军已经失去了抵抗意志，眼下完全可以派部队强渡莱茵河。他对部下说："再也没有比现在更好的时机了，我们还在等什么？"

于是，巴顿在没有空中支援，没有地面炮火准备，没有在敌军防线后方空投空降部队，甚至没有真正得到上级授权进攻的情况下，发出了开始攻渡莱茵河的信号。巴顿命令一下，整编第五师即以两个营的兵力于3月22日晚上11点开始渡河。部队几乎没有遭到任何抵抗，便顺利地抵达了莱茵河东岸。到3月23日黎明时分，巴顿的第三集团军已经有6个营顺利地抵达了东岸，而伤亡人数只有34人。在这种情况下，巴顿当机立断，随后又把一个师的兵力运过河去，从而建立了美军第二个桥头堡阵地。

起初，巴顿对这次行动保持了沉默。直到3月23日上午，他才打电话对集团军群司令布莱德利说："嗨，布莱，我已经渡过了河，但先不要声张。"

布莱德利惊讶地说："什么？你说什么？你是说渡过了莱茵河？"

巴顿洋洋得意地回答说："是的，昨天夜间，我让一个师悄悄地渡过河。对岸德军部队少得很，他们现在还不知道呢。所以先不要声张，先保守秘密，然后再看看情况会如何发展。"

当晚，巴顿又给布莱德利打电话。这次他并没有要求布莱德利帮他保

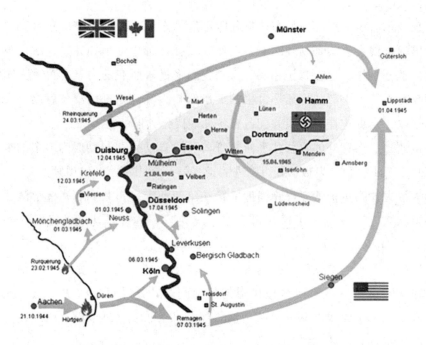

鲁尔工业区包围战：盟军包围和消灭 40 多万德军的示意图。

守秘密，而是大声嚷嚷着，要让全世界知道，他在蒙哥马利之前强渡了莱茵河。

3月24日一早，一身戎装、神采奕奕的巴顿便在第十二军军长埃迪将军等人的陪同下，以胜利者的姿态跨过了莱茵河。当汽车开到桥中间时，巴顿让司机把车停了下来。捣蛋的巴顿摇下车窗，朝河里吐了一口唾沫，而后洋洋得意让司机继续向前开去。巴顿的举动把他的部下们都逗乐了，这个伟大的将军以他率真的行为表现了他对德军的蔑视！

第三集团军渡过莱茵河的24个小时之后，蒙哥马利也指挥部队强渡了莱茵河。比蒙哥马利早24个小时渡过莱茵河是巴顿军事生涯的顶点。他所指挥的大规模战役就此结束了，接下来是蔚为壮观的大踏步推进，与其说是追击溃不成军的德军，倒不如说是享受胜利进军的喜悦和骄傲。

随着战局的发展，艾森豪威尔命令布莱德利和蒙哥马利迅速从南北两面包围德国主要工业区鲁尔以及退守在那里的德军 B 集团军群。3 月 27 日，包围圈马上就要合拢了。蒙哥马利向艾森豪威尔和英军总参谋长布鲁克报告，他将命令英国第一集团军和美国第九集团军必须以最快的速度和干劲向易北河猛进，直指从汉堡到马格德堡一线。蒙哥马利这一命令的用意非常明确，他是要部队抢占沿途的机场，为盟军向柏林进军准备条件。

艾森豪威尔同意了蒙哥马利的这一计划，但在第二天又改主意了。这主要是由于战局发展变化而引起的。当时，苏联红军在东线战场已经清除了进攻柏林的主要障碍，朱可夫元帅指挥的白俄罗斯第一方面军距离柏林仅仅60公里，而蒙哥马利的部队距离柏林尚有480公里。也就是说，盟军想抢先攻占柏林几乎是不可能的了。

于是，艾森豪威尔于3月28日直接同斯大林取得了联系，让盟军在西线的作战行动同苏联红军的作战计划协调起来。随后，他下令给蒙哥马利，同意蒙哥马利在鲁尔东面同布莱德利会师，但马上要将美国第九集团军的指挥权转交给布莱德利。另外，他还特别郑重地对蒙哥马利说，盟军的主要突击方向不是柏林，而是莱比锡和德累斯顿。

消息传出去之后，丘吉尔和英国军界人士极为恼火，纷纷指责艾森豪威尔越权与斯大林直接联系。实质上，他们的指责不在于艾森豪威尔同斯大林进行了直接联系，而在他改变了计划，不让蒙哥马利担任主要突击力量去攻占柏林。柏林是法西斯德国的大本营，攻占柏林是莫大的荣誉。英国人不愿意将这个荣誉让给苏联。但这主要是政治上的考虑，包括艾森豪威尔在内的美国人并不赞同这种看法。

丘吉尔多次写信给罗斯福，希望他能让艾森豪威尔改变主意。此时的罗斯福已经病入膏肓，距离逝世之日仅10余天的时间，所有的军事大权都握在参谋长马歇尔的手中，而马歇尔又极力支持艾森豪威尔的计划。就这样，丘吉尔始终未能改变盟军的战略计划。

实际上，艾森豪威尔做出这样的决定是正确的。

首先，从军事上来讲，盟军根本不可能赶在苏联红军之前攻克柏林。

其次，柏林是纳粹德国的大本营，希特勒势必会部署重兵把守，而且势必会拼死抵抗。在这种情况下，要强攻柏林，肯定要付出重大的伤亡代价。布莱德利将军回忆说："假设即使我们能在朱可夫元帅强渡奥德河之前到达易北河，那么易北河离柏林反正还有80公里的低地带。在柏林西部一带地区，湖泊棋布，河网纵横。艾森豪威尔问我，据我看，从易北河冲到柏林，我们要付出多大代价？对这个问题，我说，我估计我们大约要损失10万人。"

艾森豪威尔是一个十分珍惜士兵生命的统帅，他绝对不会用10万人的生命去换取一个不可能存在的胜利。

最后，苏、英、美三国首脑已经在雅尔塔会议上划定了各自在德国的占领区，柏林是在苏联占领区内，但柏林市将有盟军与苏联红军共同驻守。也就是说，盟军如果要攻克柏林，必须先帮苏联红军打几仗，占领柏林之后还要退出来。这从军事角度来讲是极不合算的事情。于是，艾森豪威尔极力坚持自己的意见，不愿为了政治上的威望而付出军事上的牺牲。

四

纳粹德国的覆亡

1945 年 4 月以后，盟军在德国本土几乎没有遇到什么抵抗。德军的防守部队只要听说盟军来了便会举起枪自动走出战壕，缴械投降。有的部队甚至还主动寻找盟军，向他们缴械投降。4 月 10 日之前，巴顿率第三集团军的装甲部队沿韦拉河两岸向爱森纳赫推进，越过富尔达河，粉碎了德军在埃德河、富尔达河和韦拉河一线进行防御抵抗的企图，并攻占了米尔豪森、戈塔和苏尔，部队抵达了克姆尼茨近郊。

在巴顿的第三集团军快速向前推进之时，盟军在鲁尔地区的包围圈也合拢了。德军 B 集团军群的 18 个师被牢牢地压缩在了一个狭小的包围圈内。4 月 10 日，美军又从中间穿插，将包围圈分割成了东西两个部分。4 月 16 日，东半部德军瓦解了。两天之后，西半部德军也投降了。在整个鲁尔战役中，美军俘敌 32.5 万人，德军 B 集团军群最高指挥官莫德尔也失踪了。后来，人们说他在此役中兵败自杀了。

为了迟滞盟军的进军速度，希特勒虚构了一个"全国防御堡垒"，并大肆宣传。希特勒所谓的"全国防御堡垒"成了盟军精神上的一个沉重负担。艾森豪威尔决定让巴顿率第三集团军粉碎这一堡垒。虽然巴顿早就怀疑这个"堡垒"只不过是人们想象中的海市蜃楼，但他还是坚决执行了命令。

巴顿暂停了部队的攻势，花费了几天时间，亲自去情报部门了解情况，派小股部队进行侦察。很快，他就用真凭实据向艾森豪威尔说明了情况：所谓的"全国防御堡垒"只不过是一个虚幻的空中楼阁。压在大家肩上的精神负担被巴顿解除了，盟军又恢复了旋风式的推进。

恰在此时，巴顿获得消息，陆军部将授予他四星上将军衔。巴顿十分

血胆将军 · 巴顿
· xuedanjiangjun ·
· ba dun ·

晋升为上将军衔的巴顿

得意，但表面上仍然做出一副玩世不恭的样子。他对部下说："如果早在第一批提拔我的话，我会更高兴的。"

随后，巴顿命令第三集团军转向南方，以发动新的战役，他的目标是迅速穿越德国，抢在苏军之前进入捷克斯洛伐克。尽管盟军司令部对此举的态度十分含糊，但巴顿还是指挥第三集团军的3个军沿着阿尔特米尔河、多瑙河和伊萨尔河一线推进。

在巴顿以旋风式的速度横扫德国本土之时，东线的朱可夫元帅也在加紧准备强渡奥德河，向柏林推进。德国法西斯已处在最终灭亡的前夕，反法西斯的战火正从东西两面猛烈而迅速地向着德国中心地区燃烧。4月16日凌晨5点，苏联红军开始强渡奥德河。经过4个昼夜的激战，苏联红军连续突破了德军的三道防线，逼近了柏林防御圈。希特勒被迫把全部预备队都投入了战斗，但已经毫无办法抵挡苏联红军摧枯拉朽般的攻势了。

4月20日，苏联红军开始炮击柏林。次日，朱可夫元帅指挥的白俄罗斯第一方面军从东面、北面，乌克兰第一方面军从南面和东南面向柏林突击，在郊区展开激战，并冲入市区。从4月21日到5月2日，白俄罗斯第一方面军11000门火炮向柏林发射了180万发炮弹，相当于36000吨钢铁重量。整个柏林几乎被夷为平地。在红军的猛烈攻击下，柏林的防御终于土崩瓦解了。

在生死存亡的最后一刻，希特勒命令党卫军向柏林南郊的苏联人发动全面反攻。他要求柏林的所有德军必须全部投入战斗。在命令中，他发狠道："所有按兵不动的司令，都要在5小时内被处决，保证只剩最后一个

1945年：前排左起第二位戴钢盔者是巴顿上将，美军第三集团军司令。前排中央是艾森豪威尔，盟军总司令，后任美国总统。

人也要投入战斗！"

　　但是德军大多数官兵在最危险的时刻没有选择同希特勒一起走向灭亡，他们选择了逃生。大量的德军官兵纷纷乔装出逃，甚至连他身边的指挥官也跑得无影无踪了。希特勒在这一刻绝望了，他尖叫道："这就是末日了！每个人都背叛了我。除了背叛、撒谎、腐化和怯懦之外，没有别的。一切都完啦！"

　　希特勒决心留在柏林，同他的第三帝国一起走向灭亡。尽管有人劝他离开柏林，到南方去，因为那里还有大量完整的集团军，还可以组织抵抗。但希特勒已经没有这个勇气了，他叫来秘书，当场面授指示：元首将要留在柏林，保卫到底。他命令把这一指示立即向德国和全世界广播出去。

　　消息广播出去以后，德国著名女试飞驾驶员汉娜·莱契小姐居然驾驶

第十一章　与法西斯的决战

飞机来到了希特勒身边，志愿与她心目中的偶像共存亡。汉娜问希特勒："我的元首，为什么你要留在这儿？为什么要使德国失掉你？元首必须活下去，德国才能活下去。人民要求你活下去。"

希特勒回答道："不，汉娜。如果我死去，这是为了我们国家的荣誉，这是因为我作为一个军人，必须服从自己的命令，保卫柏林到底。"

接下来，希特勒喋喋不休地向汉娜述说了他的理想和最后的希望。他希望温克将军的部队能够拯救柏林，拯救他。但这一切都已经落空了。因为温克的军队早已经被朱可夫指挥的白俄罗斯第一方面军打败，其残部正仓皇向西撤退。

让希特勒没有想到的是，在危难时刻，第三帝国的第二号人物戈林和最忠诚的党卫队全国总队长希姆莱都背叛了他。4月23日，戈林从上萨尔斯堡给希特勒拍了一封电报，探问他现在能不能替代希特勒，接管德国的全部领导权。希特勒看到这封电报，气得浑身发抖，戈林分明是在逼他下台。疯狂的希特勒立即下令解除了戈林的职务，并命令党卫军就地逮捕他。希姆莱也在背地里悄悄跟美国方面联系，表示德国愿意投降。

希特勒真的疯了，他冲着人群不断喊叫："把他们统统枪毙！把他们统统枪毙！"

整个地下室除了希特勒的尖叫声之外，剩下的便是几个女人低低的啜泣声。在生命的最后几天里，希特勒完全是在焦躁不安中度过的。志愿与他共存亡的军官和女人们也都是在焦躁不安中度过的。

4月28日晚，希特勒在地下室里收到消息：朱可夫的部队已经离总理府只有一条街了，可能在30小时以后，即4月30日早晨发起突击。希特勒意识到，他和第三帝国的末日来临了。希特勒作出了他一生中最后的决定——在黎明时与他的情妇爱娃·布劳恩结婚。

结婚仪式非常简单，气氛也非常凄凉。希特勒回顾了传奇性的一生，大大斥责了一番那些背叛的朋友和支持者，最后又凄惨地说："我一直认为婚姻会阻碍我把全部的精力献身于我们的党，影响领导我们的国家称霸世界。现在这一切都不存在了，我的生命也要结束了，我决定与我有过多年真诚友谊，自愿在柏林已遭围困之时来到这里与我同生共死的女人结婚。她自愿作为我的妻子同我一道死去。这就弥补了由于我服务于人民，投身于工作而给我们两人所带来的损失。"

4月30日早晨，希特勒指定海军元帅邓尼茨作为他的继承人，组建新政府。此时，他已经做好了自杀的准备。希特勒像往常一样，细嚼慢咽地吃了早餐。但与往日不同的是，他吃完早餐后把新婚妻子叫到了身边，与她一道同周围的人道别。凄凄惨惨的告别结束之后，希特勒带着爱娃·布劳恩回到了自己的卧室。

戈培尔、鲍曼等希特勒的铁杆粉丝守在元首的卧室外。下午3点30份，卧室里传来一声枪响。他们等待着第二声枪响，但是却久久没有动静。过了一会，他们轻轻地走进元首的房间，他们看到希特勒的尸体趴在沙发上，还在流血。他是对着自己的嘴开了一枪。他的新婚妻子躺在他的身旁，手中还有残留的毒药。

众人把希特勒和爱娃的尸体搬到花园里的一个弹坑中，然后浇上汽油点燃。当火焰升起时，在场的纳粹党徒们纷纷举起左手向他们的元首行告别礼。但仪式还没结束，红军的炮弹又落在了花园里。纳粹们纷纷四散逃命。对此，英国首相丘吉尔曾这样说："希特勒的火葬柴堆，和越来越响的苏联红军炮火的轰鸣，构成了第三帝国的悲惨结局。"

就在希特勒自杀的这个早晨，朱可夫指挥部队向国会大厦发起了突击。当晚，红军在大厦的主楼圆顶上升起了苏联的旗帜。

5月1日，邓尼茨组织的新政府派代表跟红军谈判，要求红军停战。红军代表根据斯大林的指令，拒绝了德国的要求，同时声明：德国政府只能无条件投降。山穷水尽的邓尼茨政府无可奈何，终于在次日下午3点停止了一切抵抗。德军柏林城防司令魏德林将军也在此时率残部投降。至此柏林战役结束。次日清晨，德国境内的战火逐渐平息下来。

5月7日，德国政府代表约德尔由弗雷德堡海军上将和一名副官陪同，来到兰斯的盟军司令部。在这里，德国代表们向美英苏代表签署了无条件投降书。签字后，艾森豪威尔向盟国联合参谋总部拍发了一封电报。电报说："盟军的任务在1945年5月7日当地时间2点41分完成。"

但是斯大林对兰斯的投降仪式不满意。因为他认为苏联红军是战胜德国法西斯的主力，又攻克了柏林，德国在盟军驻守的兰斯签订无条件投降书有损于苏联的威望。所以苏联政府与美英政府商讨之后决定：兰斯投降仪式只当作投降仪式的预演，正式的仪式将在柏林举行，并将由苏方主持。5月8日24点，苏、美、英三国代表又在柏林再次接受德国的投降。无条件投降书规定，从1945年5月9日零时起，该协议正式生效。第二次世界大战欧洲战场的战事至此全部结束了。

· 第十二章 ·

战神的最后岁月

一

寻找上战场的机会

在朱可夫元帅指挥苏联红军攻克柏林之时，巴顿指挥的第三集团军也以迅雷不及掩耳之势解放了捷克斯洛伐克大片领土。到5月5日，部队已经推进到了捷克斯洛伐克首都布拉格附近。布拉格的防守顷刻间便土崩瓦解了。捷克斯洛伐克的爱国主义战士迅速从地下转到地上，自动接管了布拉格。

巴顿立即打电话给布莱德利，告诉他夺取布拉格的条件已经成熟了，并要求立即进入该城。按照盟军事先的约定，布拉格处在美军占领区之外，第三集团军无权进入。布莱德利担心第三集团军进入该城会引起国际争端，遂拒绝了巴顿的要求。挂了电话之后，布莱德利马上向艾森豪威尔反映了情况。他知道，巴顿很可能会抗命不遵，命令部队开进布拉格。

布莱德利的猜测没有错。巴顿正想着如何才能率部进入布拉格。他又想故伎重演，在5月6日玩"失踪"，断绝与集团军群和盟军司令部的一切联系，命令第三集团军进入布拉格。艾森豪威尔太了解巴顿了，他似乎预料到了巴顿要玩"失踪"，急忙给巴顿下了死命令，要第三集团军务必停止在预定的分界线上。

就这样，第三集团军的战斗便停止了。两天以后，纳粹德国的代表便在兰斯向美英苏等国代表递交了无条件投降书，宣布投降了。战争结束了，巴顿突然感到一阵空前的孤独和疲劳。他率领第三集团军已经在欧洲战场奔袭了281天。在这281天的战斗中，第三集团军始终保持着150多公里宽的进攻正面，向前推进了1600多公里，占领了211000多平方公里的土地，解放了13000座城镇和村庄，其中大中城市27座。

巴顿和他的第三集团军给德军造成的损失更是任何一个集团军都无法

与之媲美的。在 281 天的战斗中，第三集团军击伤德军 386200 人，击毙 144500 人，俘虏 956009 人，共计 1486700 余人，击毁和缴获的武器装备更是不可胜数。

在整个战斗过程中，巴顿的军事领导艺术和指挥才能都得到了光辉的印证。尽管他是一个粗枝大叶的人，犯了不少错误，但他的军事决策基本上都是正确的。后来，巴顿在总结自己在欧洲战场的表现时，也不无得意地写道："在整个欧洲战争中，除了没有发布一项占领哈默尔堡的作战命令之外，我没有犯过别的错误。在其他方面，我对我的作战行动也感到十分满意。在所有的情况下，几乎是在整个作战中，我都处在上级指挥部门的约束之下。如果他们允许我放手干的话，我相信，战争可能会结束得更早，更多的生命会得到拯救。"

尽管已经在战争中建立了卓越的功勋，但战争的突然结束仍然让巴顿感到一阵可怕的孤独和惆怅。他似乎天生就是为战争而存在的，他的精神和灵魂都是为了适应战争而精心打造的。战争结束了，他的生命一下子失去了依托，精神也变得空虚起来。他在给妻子信中说："我热爱战争、工作和振奋人心的事。对我来说，和平就像是一座坟墓。"

欧洲战场的战事结束之时，亚洲战场上反抗日本侵略的战争仍然在继续进行，其中尤以中国战场的战事最为激烈。巴顿想离开欧洲，到中国参加对日作战。

欧战结束后，美军空军司令阿诺德将军对盟军司令部进行了一次访问。艾森豪威尔、布莱德利和巴顿等高级将领热情地接待了他。当别人都沉浸在胜利的喜悦之中时，巴顿却不合时宜地向阿诺德将军提出，请他在马歇尔面前替他游说，允许他率部赴中国作战。阿诺德将军并没有明确地回答他。他既不想让巴顿绝望，又没办法说动马歇尔，只能含糊其辞地回答。

巴顿还曾多次写信给马歇尔，表示愿意立即飞赴中国参战，他在信中信誓旦旦地说："哪怕只指挥一个师也好！"

巴顿以为他如此殷切地要上战场，马歇尔肯定会答应他的。他满怀信心和希望地对部下和记者们说："第三集团军将会尽快赴中国对日作战，彻底摧毁法西斯。"

但不久，巴顿到中国参加对日作战的梦想便破灭了。当时，亚洲的战事也已经接近尾声了，日本军国主义已经处于垂死挣扎状态了。根据雅尔塔会议确定的原则，苏联应在欧战结束后参加对日作战。

1945 年 4 月 5 日，苏联政府宣布在战前与日本签订的《苏日中立条约》到期后不再延长，在道义上做好了对日宣战的准备。与此同时，苏联将从欧洲战场上抽开部队密集地向苏中边境地区调集，准备出兵中国东北，对日本陆军精锐关东军发动攻势。日本军国主义的彻底失败已经近在眼前了。

在这种情况下，美国方面根本不需要劳师动众地将在欧洲的作战部队调往亚洲。巴顿到中国参加对日作战的请求也自然而然地遭到了拒绝。巴顿万分沮丧地认为，历史已经不再需要他了。

百无聊赖的巴顿暂时离开了司令部，到英国去旅行去了。虽然不能在战场上驰骋了，但是英国的草原和森林却给他提供了打猎的场所。在战争期间，作为集团军司令的他根本没有机会亲自端着枪与德军短兵相接。但在狩猎场上，他却可以像士兵一样，纵马扬鞭，去追击"目标"。

5 月 16 日，正当巴顿在愉快的旅行中暂时忘却了烦恼之时，盟军司令部作战部的布尔将军突然打来电话，让巴顿立即到司令部，向艾森豪威尔报到。巴顿兴奋极了，立即返回了法国。在飞机上，巴顿兴奋地想，战局肯定发生了变化，否则的话，艾森豪威尔肯定不会这么着急让自己到司令部报到的。

巴顿的猜测没有错，欧洲的战局确实发生了一些变化。南斯拉夫共产党领导人铁托率领民族解放阵线在苏联红军的帮助下解放了大片国土，正准备在巴尔干半岛建立无产阶级政权。一向将共产主义视为洪水猛兽的西方社会立即警惕起来。

艾森豪威尔担心共产主义会传播到阿尔巴尼亚和意大利的部分地区，遂决定派部队到意大利北部去干涉当地的共产主义运动。美军参谋长马歇尔同意了艾森豪威尔的这一决定，并指示他派巴顿去执行这一使命。

得到任命之后，巴顿再次兴奋起来。他立即投入到了紧张的工作之中。两天之后，他的第三集团军便做好了一切准备工作，随时可以出发了。但就在这时，形势突然来个 180 度大转弯，巴顿出兵意大利北部的计划泡汤了。原来，驻意大利盟军总司令马克·克拉克将军不愿让巴顿进入他的势力范围，出面向艾森豪威尔和马歇尔提出了抗议。在克拉克将军的干涉下，第三集团军出兵意大利北部的行动被取消了。巴顿的情绪一下子从波峰跌入了波谷！

二

根深蒂固的政治偏见

彻底失去了上战场的机会之后，巴顿便很沉默，情绪的波动也很大。他想回家，想跟妻子比阿特丽丝一起坐在客厅里，一起去看看无聊的电视。不久，巴顿便申请了短期休假，回到了阔别两年多的祖国。

经过长途的飞行，飞机终于在华盛顿的机场降落了。一下飞机，巴顿落寞的心情便一扫而光。他被眼前的情景震惊了，数十万人手捧鲜花、彩带在机场和沿途的街道上高呼着"巴顿"，欢迎他的归来。

被人群和欢呼声淹没的巴顿眼睛湿润了。英雄般的礼遇让他那颗疲劳伤感的心再次振作了起来。他不停地在心中嘀咕着："值了，值了！我所受的一切磨难和打击都得到了补偿！看，世界是多么美好啊！"

巴顿刚回到祖国，各界的人士便纷纷向他发出邀请，请他去发表演讲。他的日程被安排得满满的，几乎没有时间跟妻子比阿特丽丝相聚了。

在这些演讲中，巴顿充分表现了他那英武的雄姿和军人气度。他身穿戎装，迈着矫健的步伐，登上了一个又一个讲台，用威武宏亮的声音和不容置疑的口吻发表了他独特的见解。他在哈奇纪念堂发表演讲时说道："只是哀悼死者是愚蠢和错误的。相反，我们应当为他们曾经存在而感谢上帝。"

巴顿的这段话赢得了人们热烈的掌声，鼓舞了那些在战争中失去亲人的人们，让他们重新鼓起了生活的勇气。

在洛杉矶市政厅台阶上的一次讲演中，一向爱出风头的巴顿表现得十分谦虚。他想到了那些在战场上抛头颅、洒热血的战士，想到了那些永远也无法回到故乡的英灵。他抚摩着自己胸前的缓带，饱含深情地说："这是勇士们用鲜血换来的勋章，只不过由我佩戴而已。"

刚说完，他的眼角便流下了真情的泪水。现场的人都被他感动了，无数人都跟着他小声啜泣了起来。

巴顿这些悼念英灵、鼓舞人们勇敢生活下去的演讲赢得了人们普遍的赞誉，但他的另外一些演讲则引起了人们普遍的批评和不满。在很多场合中，巴顿依然以战时那种激昂癫狂的情绪向人们兜售他的思想主张。他说，战争并没有结束，人们要继续备战，继续保持高昂的士气！他的激烈措辞和凶悍的姿态就像是一个好战分子在进行战争动员。

他的这些演讲与时局格格不入，刚刚获得和平的美国人民厌弃了战争，渴望过祥和富足的生活，对巴顿这些类似战争动员的演讲提出了尖锐的批评！

巴顿的情绪再次跌入了低谷。他深深感到，战争已经结束，和平真的降临了。和平的降临对广大人民来说是一件天大的喜事，但对他巴顿来说却无异于一个残酷的打击。失去了表现的舞台，他将何去何从呢？

不久，巴顿被盟军司令部委任为驻巴伐利亚军事行政长官。巴伐利亚是德国最大的联邦州，也是德国最富裕的地区之一。由于战后的德国由美、英、苏、法等战胜国共同占领，担任巴伐利亚军事行政长官的巴顿不得不与各国政要打交道。巴顿是一个典型的军人，在政治上相当幼稚，让他来担任这一职位是极不合适的。在纷繁复杂的问题中，巴顿面临的最大风险是，他要与社会主义的苏联打交道。

巴顿出身贵族，受过良好的教育，在政治上属于典型的资产阶级自由派。他对共产党人和社会主义苏联抱有一种天生的敌意，而且时常流露在言谈举止之中，很难掩饰。

到巴伐利亚工作之后，巴顿尽量避免与苏联代表会面。能够让别

巴顿将军夫妇与儿女

人代办的事情尽量让别人代办。对不能不见的苏联代表，他便硬着头皮，勉强去见一见。在会见苏联人的时候，他总是表现出一种高傲而近乎无理的姿态。在他看来，所有的苏联人都是呆头呆脑、粗鲁无礼的土包子。

在柏林的一次阅兵式上，巴顿和几位苏联的著名将领见面了。巴顿在战争中的突出表现赢得了苏联红军将领们的普遍赞誉，他们对巴顿都十分尊重和热情。但巴顿对他们却不屑一顾。在阅兵式上，他始终耷拉着眼皮，紧皱着眉头，旁若无人地站在那里，一言不发。

阅兵式结束后，苏联方面举办了一场别开生面的宴会。巴顿在宴会上依然放不开，不愿跟苏联人讲话。这时，一位苏联将军还是主动派翻译前来请他去饮酒。没想到，巴顿竟然轻蔑地对翻译说："告诉俄国狗崽子，他们是我的敌人，我宁愿掉脑袋也不同敌人喝酒。"

那位苏联将军并没有因为巴顿的粗野无礼而生气。他落落大方地用善意的诙谐回答了巴顿："阁下，我对你的看法恰好同你对我的看法一样。既然如此，你为什么不愿同我一块儿喝一杯酒呢？"

由于这位苏联将军的宽宏大度，才避免了一场令人尴尬的外交事件。但巴顿并没有从中吸取教训，更没有改变对苏联人的看法。在很多私人场合，他讽刺苏联红军是缺乏教养的机器人，他讥讽朱可夫元帅是个滑稽的小丑，说苏军的将领都是缺乏绅士风度的无能之辈。

从这些根深蒂固的偏见和政治立场出发，巴顿深信西方资本主义社会与苏联之间必然会爆发一场规模浩大的战争。他甚至认为西方社会应该先发制人，在苏联尚未做好战争准备之前向苏联发动进攻。

为了应对这场臆测中的战争，巴顿甚至故意放缓了对德军俘虏的遣散工作。他的行为终于引起了苏联方面的不满。苏联军方向艾森豪威尔提交了照会，谴责了巴顿的行为。艾森豪威尔通过副手约瑟夫·麦克纳尼将军向巴顿转达了这一谴责。

巴顿顿时暴跳如雷，愤愤不平地说："他妈的，这些该死的俄国佬！我早晚要跟他们打一仗。为什么我们不趁着军队的建制还完整之时把这些该死的俄国佬赶回俄国去呢？如果我们把德国军队武装起来，让他们与我们一同行动，胜利绝对是轻而易举的事情！

反法西斯战争刚刚结束，巴顿便忘却了纳粹德国曾经犯下的罪行，不再将他们当做"德国鬼子"看待了，而是将他们视为西方社会反共反苏的坚强盟友。巴顿这些忘乎所以的言行得到了德国人的一致欢迎。巴代利亚的一些德国人甚至举着鲜花向他欢呼："巴顿是我们的救星，他能把我们从俄国强盗的手中拯救出来。"

巴顿在反苏反共的道路上越走越远，终于一发而不可收拾了。7月下旬，他到捷克斯洛伐克视察工作时，擅自下令迁走了1500名纳粹战犯。他的理由竟然是保护战犯们免遭捷克人民和政府的惩罚。9月，他雇佣了一个曾参加过德国党卫队的人。同时，他还为一批在战争中有污点的德国银行家和企业家辩护。

尽管巴顿这些带有偏见的观点很受一部分德国人的欢迎，但却引起了盟军大多数将领的不满，尤其是艾森豪威尔。信奉和平主义的艾森豪威尔已经与苏联的朱可夫元帅建立了深厚的个人友谊。他们普遍认为应当努力避免新的战争，实现普遍持久的和平，而其基础之一便是西方社会与苏联保持和解。艾森豪威尔迫于舆论压力，开始着手调查巴顿对纳粹分子的处理情况。在调查中，艾森豪威尔发现，巴顿对纳粹分子的处理十分不当，至少有20名按规定应予清除的纳粹分子依然在巴顿扶植的政府中身居要职。

正当艾森豪威尔考虑着该如何处理他之时，巴顿又捅了一个天大的篓子！在9月22日的记者招待会上，巴顿像往常一样，滔滔不绝，毫不隐瞒地介绍着自己的观点。在谈话中，他对盟军坚决剔除政府中的纳粹分子计划进行了抨击。他说："如果雇用更多的前纳粹分子参加管理，军管政府肯定会取得更好的成绩。"

巴顿的话刚落音，现场便一片惊讶之声！他们没有想到巴顿竟然会在公开场合谈论如此敏感的问题，而且观点还如此的极端！

记者们本来就想用尽一切办法来获得一些爆炸性的新闻，以抓住人们的眼球。巴顿的率真与口不择言乐坏了在场的记者。有一位狡猾老练的记者趁此机会将巴顿引向了另外一个重大政治问题。他问巴顿："将军，许许多多普通德国人参加了纳粹党，这与美国人参加民主党和共和党不是一样吗？"

粗心的巴顿并没有意识到这是记者给他设下的陷阱，信口开河地回答说："是的，差不多。"

结果，许多报纸第二天便以"一位美国将军说，纳粹党人就像共和党人和民主党人一样"为标题报道了这件事情。这一消息不胫而走，迅速传遍了欧洲和北美。人们纷纷起来指责巴顿，将他推到了风口浪尖之上。

艾森豪威尔和华盛顿的政客们都不愿意再忍受巴顿了。战争已经结束了，他们再也不需要巴顿这样的人，此时牺牲他并不会对大局产生什么负面影响。9月28日，艾森豪威尔召见了巴顿。在出示了他大量的言行调查材料之后，艾森豪威尔宣布，解除他第三集团军司令的职务。为了给这位战争英雄留一点面子，盟军司令部随即又任命他为第十五集团军司令。实际上，这支所谓的集团军根本不能称其为军队，只不过是一支由后勤人员组成的"服务部队"。

一代名将的最后岁月

在欧洲战场的战事刚刚结束之时，巴顿就曾产生过一种奇怪的预感——自己的生命就要终结了。被解除第三集团军司令的职务之后，这种感觉似乎更加强烈了。战争和第三集团军被他视为生命中最重要的东西。如今，他生命中最重要的两样东西都已经远去了，留下一具没有灵魂的肉体在世间还有什么意义呢？巴顿曾经多次对身边的人说："今后，我已经无所事事，不如一死了之算了。"

如果说这些只是巴顿偶尔发发的牢骚的话，那么他对孩子们说的话便有几分不祥的味道了。他曾经神秘兮兮地对身边的孩子们说："可爱的小天使们，我可能再也见不到你们了。真的，有人已经向我透露了。"

在纠结与失落之中，巴顿迎来了自己的60岁生日。人们并没有忘记这位拯救欧洲的英雄。比阿特丽丝和孩子们给他寄来了生日礼品和美好的祝愿，比利时政府给他颁发了战争十字勋章和利奥波德最高荣誉勋章，卢森堡政府则授予他阿道夫·德·拿骚骑士大十字勋章和战争十字勋章，许多城市还都在考虑授予他荣誉市民称号的事情。

美国国内也在大肆庆祝巴顿的生日。许多知名的报刊纷纷撰文，对他的60岁生日表示祝贺，歌颂他在战争中取得的功绩。他曾经生活过的一些城市甚至将他的生日当成节日一样庆祝，张灯结彩地举行了盛大的狂欢。

60岁生日过后，巴顿命运的航船驶入了最后的行程。12月9日是一个晴朗的星期天，巴顿在老搭档盖伊少将的陪同下，乘坐上等兵霍勒斯·伍德林驾驶的小轿车去法国法尔茨地区的施佩那尔附近打猎。

行车途中，巴顿的车与一辆大卡车相撞，巴顿颈部受重伤。美国作家罗伯特·威尔考克斯在2008年年底出版的《目标：巴顿——刺杀乔治·

巴顿将军与他的外孙子、外孙女们在一起

《巴顿将军的密谋》一书里对当时的情况进行了较为详细的描述。

伍德林是一个年轻的大兵，只有19岁，战争结束后便开始为巴顿开车了。那天，他开的是1938年出厂的凯迪拉克高级轿车。这种车是专为在欧洲驾驶设计的，车内可坐7人——前排两人，后排三人，还有两个活动座椅。总体来说，司机的驾驶技术和车况都不错。

道路的情况也不错，他们行进的公路有两条车道，路上的车辆也不多。一路上，巴顿和盖伊都默默地注视着车窗外的情况，路边都是战争留下的废墟。巴顿喃喃地说："战争多么可怕，看那些破车，看那堆垃圾！"

和凯迪拉克汽车同行的还有一辆敞篷吉普，载着猎枪，猎狗和其他打猎用具。在中途休息的时候，猎狗从吉普车换到了暖和的凯迪拉克汽车里了。巴顿很心疼他的猎狗，将前排的座位腾出来给它了。

吉普本来是跟在凯迪拉克汽车后面的。由于伍德林从来没有去过那个打猎的地方，不认识路，便让吉普车超过了自己，在前边领路。伍德林一边盯着前面的吉普，一边听身后的巴顿和盖伊时不时冒出的几句话，没太留意对面车道上过来了一辆卡车。

那辆载重两吨半的军用卡车开始开得十分平稳，但当两车靠近之时，它突然失去了重心，几乎来了个90度的急转弯，一下子就横到了凯迪拉克的前面。伍德林急忙踩了一下刹车，试图把车向左打，但仍与卡车狠狠地撞了一下。

伍德林没受伤，但当他回头，看到的景像让他心惊肉跳：盖伊没有大碍，可巴顿在后座上倒卧在盖伊身上，从鼻梁到头顶的一道伤口正在汩汩地流着鲜血。巴顿痛苦地对他们说："我的脖子很痛，我喘不过气来。帮我活动活动手指头。"

盖伊将军照巴顿的要求做了，但巴顿依然喃喃地说："活动活动我的手指头！"

附近一家咖啡店的一位妇女目击了车祸。她急忙跑到附近的第二九○工兵营部求助。工兵营的指挥官塔克少校和辛德上尉带着医务人员赶到了现场，把巴顿送到位于海德堡的第一三○驻地医院。军警也很快赶到了现场。巴顿的伤口是怎么造成的，盖伊和伍德林都没看见。军警推断说：巴顿被向前甩，头部撞上了前后座位之间的隔离板，致使他头部和颈部严重受伤了。

巴顿出车祸的消息传出去之后，美国朝野震动，时任美国总统的杜鲁门和盟军总司令艾森豪威尔严密地关注着事态的发展。巴顿的妻子比阿特丽丝也在第一时间跟随美国陆军医疗团为巴顿派出的最好医生一同飞到了海德堡。

12月11日下午，心焦如焚的比阿特丽丝终于来到了巴顿的病房。巴顿似乎已经预知了自己的死亡，他微笑着对妻子说："亲爱的，恐怕这是我们最后一次见面了。"

巴顿的伤势相当严重，医生在检查报告上写道："第三颈椎单纯性骨折，第四颈椎后部错位，第三颈椎以下完全瘫痪，病危，预后不定。"

巴顿静静地躺在医院的病床上，如梦如烟的往事，清晰地从记忆深处翻出来，又悄然地消逝。12月21日下午5点49分，距车祸发生11天零6个小时，巴顿的心力突然急剧衰竭，左肺受到血栓塞的猛烈袭击。一分钟后，这位在战场上创造了无数奇迹的战神败给了死神，在妻子比阿特丽丝的怀里溘然长逝了。

几天之后，巴顿的遗体被安葬在了卢森堡哈姆的美军公墓中。有6000

多名第三集团军阵亡将士长眠于此。像生前一样，巴顿依然同自己的士兵亲密无间。他的墓和士兵们的墓没有什么不同。他那朴实无华的白色墓碑上只有简单的两行字：

乔治·S. 巴顿

第三集团军上将　军号02605

这位铁血豪胆的一代名将就这样悄然离开了人世。他去世后的第二天，《纽约时报》发表了一篇社论，对巴顿做了一个较为中肯的评价。社论说："远在战争结束以前，巴顿就是一个传奇人物。他引人注目，妄自尊大，枪不离身，笃信宗教而又亵渎神灵。由于他是一个战士，因而容易冲动和发火；由于他在急躁的外表之下又有一颗善良的心，所以容易受到感动而流泪。他本身就是一个奇妙的火与冰的混合体。在战斗中，他炽热勇猛而又残酷无情，对目标的追求也坚定不移。他决不是一个只知道一味向前，去跟人拼命的坦克指挥官，而是一个深谋远虑的军事家。"